Central Bank
and
the Money Supply

中央银行与货币供给

（第二版）

盛松成　翟　春／著

中国金融出版社

责任编辑：王效端　张菊香
责任校对：张志文
责任印制：陈晓川

图书在版编目（CIP）数据

中央银行与货币供给/盛松成，翟春著．—2 版．—北京：中国金融出版
社，2016.8
ISBN 978 - 7 - 5049 - 8621 - 4

Ⅰ.①中…　Ⅱ.①盛…②翟　Ⅲ.①中央银行—研究②货币供给—研究
Ⅳ.①F830.31②F820.1

中国版本图书馆 CIP 数据核字（2016）第 168105 号

中央银行与货币供给（第二版）
ZHONGYANG YINHANG YU HUOBI GONGJI（DI-ER BAN）
出版
　　　中国金融出版社
发行
社址　北京市丰台区益泽路 2 号
市场开发部　（010）66024766，63805472，63439533（传真）
网 上 书 店　www.cfph.cn
　　　　　　（010）66024766，63372837（传真）
读者服务部　（010）66070833，62568380
邮编　100071
经销　新华书店
印刷　河北松源印刷有限公司
尺寸　169 毫米×239 毫米
印张　29.75
字数　526 千
版次　2015 年 4 月第 1 版　2016 年 8 月第 2 版
印次　2023 年 9 月第 10 次印刷
定价　75.00 元
ISBN 978 - 7 - 5049 - 8621 - 4
如出现印装错误本社负责调换　联系电话（010）63263947
编辑部邮箱：jiaocaiyibu@126.com

序一

西方货币供给理论发轫于上世纪 20 年代初。上世纪 60 年代，产生了现代意义的货币供给理论。到上世纪七八十年代，货币供给理论有了长足的发展，西方国家以货币供应量为中间目标的货币政策操作也逐步完善。

上世纪 90 年代后，美联储将货币政策中间目标由货币供应量调整为利率，但货币供应量仍是美国货币政策操作和宏观经济分析的重要参考指标。在欧元诞生之前，德国一直奉行货币供应量增长目标，实践长达 20 多年，成功控制了通货膨胀。至今，部分国家央行仍支持以货币供应量为货币政策中间目标。欧央行货币政策的制定也在很大程度上受德国成功经验的影响，货币供应量和信贷总量成为欧央行货币政策的重要指标。本次国际金融危机中，美联储推出的多轮量化宽松政策，实际上就是数量型调控。危机中，美联储长期实行零利率政策，其大规模资产购买实际上就是通过货币供应量扩张来影响经济运行。

上世纪八九十年代以来，随着我国市场经济体制的逐步建立，人民银行的货币政策操作发生了根本性转变。1995 年《中国人民银行法》实施后，中国人民银行开始独立执行货币政策，专门履行货币政策职责，逐步建立起了货币政策操作框架和货币政策调控机制。1998 年人民银行取消对商业银行信贷规模的直接控制，以货币供应量为中间目标，并于当年 5 月恢复公开市场操作，货币调控方式由直接调控向间接调控转变。至今，人民银行以货币供应量为中间目标的货币政策操作已有近二十年历史。这期间，我国总体上实现了低通胀下的经济高增长，经济发展成就世界瞩目。货币政策对于促进经济增长、维护物价稳定发挥了重要作用。

目前，我国的利率市场化尚未完成，利率调控机制也有待进一步完善。在未来较长时期中，我国的货币调控仍将是价格型调控和数量型调控相结合，并逐步从以数量型调控为主，转变为以价格型调控为主。为此，我们还需重视货币供应量指标。

盛松成同志在其 1993 年出版的《现代货币供给理论与实践》一书的基础上，吸收上世纪 90 年代以来国内外货币供给理论和货币政策实践的新发展，和翟春同志一起，撰写了《中央银行与货币供给》一书。该书对当代西方主要的货币供给理论和中央银行货币政策等一系列基本问题进行了全面、深入、细致和准确的阐述。理论部分评述了西方重要的货币供给乘数理论，提出了决定货币供应量的两大因素：基础货币和货币乘数，对基础货币的本质、特征及来源结构等诸多理论问题，提出了自己独到的见解；运用数理方法分析了 1914 年以来美国基础货币来源和供给结构的变化，1959 年以来各决定因素对美国货币乘数的影响，以及 1993 年以来我国基础货币和货币乘数的变化。实践部分以专章分别阐述了三大货币政策工具在美国和我国的源起、制度变迁和职能演变，尤其分析了两国在货币政策方面的最新变化：2003 年美联储对贴现窗口管理程序的调整，2008 年开始的美联储对准备金存款付息，国际金融危机中美联储货币政策工具的创新，及美联储操作对美联储资产负债表、基础货币和货币供应量的影响等；2013 年人民银行对再贷款分类的调整，分别于 2013 年和 2014 年创设常备借贷便利和中期借贷便利，及我国公开市场操作的最新变化等。同时，该书还在国际研究的基础上，分析了金融创新对我国货币供应量的影响，提出了完善我国货币供应量统计的设想；对我国存款准备金政策的有效性、人民银行对货币供应量的控制力、货币供应量与货币政策最终目标的关系等问题进行了实证研究。

该书兼顾理论与实践、国外与国内、历史与现实、理论论述与数量分析，结构合理、逻辑严密、条理清晰、论述深刻、文句精炼，既是一本货币供给的专门著作，也可作为高等院校金融专业的教材。自十八届三中全会以来，中国金融改革步伐进一步加快，人民银行的货币政策也在发生重要变化，相信该书的出版有助于广大读者理解货币供给的有关问题，也有利于我国中央银行金融宏观调控的实施。

吴晓灵

2015 年 1 月

序二

《中央银行与货币供给》是在盛松成 1993 年出版的《现代货币供给理论与实践》一书的基础上，吸收上世纪 90 年代以来国内外货币供给理论和货币政策实践的新发展，由盛松成和翟春撰写的又一部专著。

该书出版之前，为了写推荐语笔者曾对全书进行了粗读。笔者的第一印象是：该书兼顾理论与实践、国外与国内、历史与现实、理论论述与数量分析，结构合理、逻辑严密、条理清晰，是一部不可多得的优秀著作。后来松成、翟春邀笔者为该书撰写序言和书评，笔者未多考虑便欣然应允。但出乎笔者预料的是，一篇篇幅不长的书评却处于"难产"状态。尽管对该书的一些章节反复阅读、消化，笔者仍感觉难于动笔。但应允的事情，总应该有个结果，笔者只好满足于把自己的一些感觉和不成熟的看法写出来与大家分享。

首先，作者对西方货币供给理论了解之深入和细致，给笔者留下深刻印象。笔者自认对西方经济学说史比较熟悉，但作者在本书第二章《货币供给理论——货币乘数分析》讨论的一些理论模型却是笔者过去并未接触过的。阅读本书使笔者又重新回到学生时代，对过去缺失的知识进行补充。不仅如此，笔者对过去认为理所当然的一些概念和理论有了新的认识。

其次，作者对西方中央银行，特别是美联储货币政策演进、发展历史了解的翔实程度，以及对它们的货币政策操作细节了解的翔实程度，使笔者深感佩服。如果没有长期知识积累和孜孜不倦的努力，这是无论如何也达不到的。

再次，作者对中国中央银行货币政策演进、面临的挑战和未来发展趋势进行了权威的阐述。鉴于作者中央银行调统司负责人的地位，这种权威性是难以质疑的。笔者曾不揣冒昧为邹至庄教授主编的《中国经济手册》撰写过中国货币政策的章节。同松成和翟春的阐述相比，我不免有"局外人"孤陋寡闻之叹。

最后，但也是最重要的是，作者在本书提出了不少有关货币性质与功能的重要理论问题，并对这些问题进行了深入探讨。例如，作者在讨论乔顿的"货币乘数模型"时提出，定期存款在存款总额中比率的变化之所以会影响货币存量"有两大原因：第一，在存款总额中，定期存款的比率越大，活期存款的比率就越小，当存款总额和公众手持通货不变时，狭义的货币量 M_1 也就越少，反之则反是；第二，如前所述，只有活期存款才能开列支票，才能创造存款货币，而定期存款则不能，所以，当采用狭义的货币定义时，定期存款在存款总额中所占的比重越大，货币乘数就越小，反之则反是。"这是一个很有意思同时也重要的问题。笔者愚钝，正是在类似问题上颇费了一番思量，以致使序言迟迟不能交稿。

为了讨论上述问题，有必要首先简单重温一下大家所熟悉但却又不甚了了的货币创造过程。设在比例储备制度下，中央银行通过公开市场操作，从某个私人机构购买政府债券。若该客户（私人机构）将央行支票（或现金）存入某商业银行的活期存款账户，这家商业银行的活期存款和准备金将等量增加①。由于准备金率小于1，这家银行出现超额准备金。银行把超额准备金贷给客户，就需在客户的存款账户中计入一笔等额活期存款。有了活期存款，客户就可以开立等额的银行支票购买产品和劳务。而产品和劳务的出售者则会把支票存入另一家银行。第二家银行为存入支票的客户（产品和劳务的出售者）在其账户中计入一笔存款（活期还是定期取决于客户要求，这里设存入的是活期存款），同时把支票存入在中央银行的账户。中央银行则把与支票等额的准备金从第一家银行的账户划入第二家银行的账户。第二家银行的准备金和活期存款因此而等量增加。

由于准备金与存款等量增加，第二家银行也出现了超额准备金，它也会把超额准备金贷给客户。由于准备金的一部分要用于支持客户的活期存款，第二家银行可贷出的超额准备金小于第一家银行最初的超额准备金。同理，当这个客户用支票购买产品和劳务之后，第三家银行的准备金和活期存款等量增加。由于出现了超额准备金，第三家银行又会把超额准备金贷给新客户。第四家银行的准备金和活期存款又等量增加。这样，货币的创造过程会继续延伸下去，直至最初创造的超额准备金全部被各家银行用于支持各自的活期存款。

---

① 央行既可以从商业银行购买政府债券，也可以从非银行私人部门购买政府债券。两者对货币创造的作用没有本质区别。但在两种情况下，对货币创造过程的叙述会有所不同。在前者，叙述的起点是准备金增加。在后者，存款和准备金同时等量增加。在前者，第一笔新增存款出现在第二家银行（商品出售者在银行的存款）。在后者出现在第一家银行（国债出售者在银行的存款）。

在上述货币创造过程中，所有产品和劳务的出售者都把支票存入另一家银行的活期存款账户。如果他们都把支票存入另一家银行的定期存款账户，情况又有何不同呢？假设客户（私人机构）将出售政府债券（或外汇等其他资产）给中央银行所得的现金存入某商业银行的定期存款账户，该银行的准备金和定期存款等量增加。在这个例子中，新增准备金采取了新增现金的形式。假设定期存款的准备金率为零，新增现金（准备金）就全部是超额准备金。该银行可以把全部新增现金（超额准备金）贷给客户。客户将把这笔现金贷款用于购买产品和劳务。而产品和劳务的出售者则会把现金存入自己在另一家银行的定期存款账户。在上述过程中，由于不能根据定期存款开立支票，新增的作为流动手段的货币（M_1的增量）自始至终是客户最初存入银行的现金。M_1的乘数为1。但是，从理论上来说，定期存款却可以继续增加下去，直至银行客户不愿意或不再能够增加定期存款。换言之，在上述例子中，"定期存款的乘数"（最终的定期存款总量对客户最初存入银行的现金的倍数）——因而"M_2的乘数"——可能会远远大于1。在现实中，银行存款中当然既有活期存款也有定期存款。不难想象，正如作者所说的那样："当采用狭义的货币定义时，定期存款在存款总额中所占的比重越大，货币乘数就越小，反之则反是。"可见，尽管分析的角度有所不同，上述结论同作者对乔顿模型的批评完全一致。但是，我们似乎可以得出更为"极端"的结论：M_1是央行货币政策决定的，定期存款则取决于经济体中的储蓄（需求）。M_1与定期存款没有直接的关系。因而M_2同央行货币政策也没有直接关系。M_1与M_2之间的关系是通过两者同实体经济的各自关系而建立的。脱离实体经济，广义货币乘数和定期存款在存款总额中的比重等概念并没有什么意义。这些比率都是事后结果，对于预测广义货币的增长并无真正的帮助。中国M_1与M_2之间存在比较稳定的关系可能主要是实体经济中储蓄率比较稳定的结果。当然，到此为止，我们的分析只是现实情况的一级近似，在引入资本市场和金融创新等概念之后，M_1与M_2之间会呈现更为复杂的关系。依次分析这些关系，对于理解货币的性质和功能，从而更好地制定货币政策应该是很有必要的。

笔者注意到，本书作者对于货币作为流通手段和价值贮存手段的不同功能作了严格区分，十分强调M_1与M_2的区别。作者指出"流动性越强的资产，对经济的影响越直接、越迅速，也就是说M_1对经济的影响比M_2的影响更直接、更迅速，而M_2的影响又超过M_3的影响。这是因为M_1是现实的购买力，它的变化将直接引起市场供求和物价的变化，而 M_2 和 M_3 只有当它们转变成 M_1 后，才会产生这种影响。所以货币当局总是非常注重对狭义货币供应量的调控。而之所以统计广义的货币供应量，确定广义货币供应量的指标，首先是因为广义货币很容易被转换为狭义货币，货币当局如果不同时控制广义货币供应量，就很难控制狭义货币供应量。"笔者对作者的这些看法十分认同。

松成和翟春对货币的性质和功能，以及货币创造过程进行的深入分析很有启发性。至少对于笔者本人来说，他们的分析促使笔者对自己长期以来关注的问题进行了进一步的思考，理清了过去一些十分纠结的问题。

本书启发思考的亮点还很多，这里不再赘述。发现和回答真正的问题，不是纯书斋学者和纯行政官员所能做到的。而本书之所以具有独特价值正是因为本书是学者和实践者一身二任的产物。

目前，我国利率市场化尚未完成，利率调控机制有待进一步完善：一是基准利率目标体系尚未建立，选择适合国情的目标利率还需要深入研究和长期探索。二是调控手段有待进一步完善。三是利率传导还存在障碍。目前人民银行的货币政策工具能充分影响货币市场利率，但货币市场利率向实体经济融资利率的传导还存在较大障碍。也就是说，要实现利率市场化和真正的价格型调控，我国还有一长段路要走。在未来较长时期中，我国的货币调控仍将是价格型调控和数量型调控相结合，并逐步从以数量型调控为主，转变为以价格型调控为主。在新常态下，如何平稳实现上述转变是中国货币当局面临的严重挑战。《中央银行与货币供给》在评述西方货币供给理论的基础上，对国内外中央银行管理货币供给的历史经验的全面梳理和研究，对于中国货币政策的调整具有重要的理论价值和实践意义。

尽管本书内容丰富，结构合理，但笔者认为本书还是有一些可以改进的地方。例如，在货币供应理论中，所谓流量分析法（Flow of Funds Approach），同货币乘数理论相似，也是研究货币创造的重要方法。本书虽然在第三章实际上已涉及这一问题，但作者并未花费必要篇幅明确讨论此问题。鉴于公式 $\Delta M_2 = PSBR - \Delta bonds + \Delta BLP + \Delta F$[①] 对于理解货币供应变化具有的重要作用，这不能不说是一个缺憾。本书的第二章与第

---

① 其中 PSBR、$\Delta bonds$、ΔBLP 和 ΔF 分别代表政府赤字、新增政府债券、新增银行体系对公众贷款和新增外汇储备。

四章在内容上有重复之处，应该可以做些调整。对于 2008 年全球金融危机爆发之后，美国、欧元区和日本的数量宽松政策似乎可以单辟一章进行讨论。对于 90 年代以来风行于大部分发达国家的通货膨胀目标制（Inflation Targeting）的成败也应该有所讨论。否则读者难免会产生本书在历史和现实问题的讨论上篇幅不够平衡的感觉。不少读者对于中国货币当局如何统计各种货币总量的问题十分感兴趣，而作者在这个问题上最有发言权。遗憾的是，本书对于中国各种货币总量统计的技术性细节并未加以更具体的说明。另外，有些技术性问题，也有可改善之处。例如作者在第二章讨论货币乘数公式时，用偏微分证明乘数大于 1。其实，在 $r<1$ 的情况下，$m=(1+c)/(r+c)$ 一定大于 1，进一步证明是没有必要的。

总之，在我所涉猎过的国内已出版的货币供给问题著作中，《中央银行与货币供给》是对西方货币供给理论剖析最深入，对中、美货币政策实践比较研究最翔实的优秀专著之一。它是政府部门的决策者、经济金融领域的科研人员，以及大专院校有关专业的教师、研究生和本科生的一本非常有价值的参考书。由于时间有限，现在笔者只能对本书做一个挂一漏万的简单评述。可以肯定，一旦时间允许，笔者还将回头重读本书。

余永定
2015 年 2 月

再版前言

2015 年 4 月本书出版后，受到金融理论界和读者的广泛关注。中国金融出版社经考虑大众媒体的评价、专家学者的意见、读者的认知度和专业价值等因素，将本书评为"2015 年度金融版双十佳图书"。我们对专家学者和读者的认可表示感谢。

本书受到的广泛关注，体现了社会各界对货币供给理论和实践的重视。尽管我国货币政策调控方式正逐步从以数量型调控为主，转变为以价格型调控为主，但研究数量型调控方式在我国未来较长时期中仍具有现实意义。目前，我国的货币供应量变化与主要经济金融指标，如 GDP、CPI、利率、汇率和资产价格等都有较密切的关系。货币供应量是宏观经济分析的重要指标。研究货币供给过程对货币政策操作具有重要意义。

本次再版，我们修订了第一版前十章的部分内容，将统计数据更新至 2015 年末，并新增了以下三章内容：

第十一章"国际金融危机后非常规货币政策与货币供给"。非常规货币政策思想最早起源于凯恩斯主义和货币主义对 20 世纪 30 年代大萧条和流动性陷阱的理论之争。为应对 20 世纪 90 年代后期以来的通货紧缩和低利率困境，日本央行于 2001 年首次实施量化宽松货币政策，对抗通缩和经济下滑。本次国际金融危机爆发后，全球主要发达经济体的中央银行先后实施了大规模的非常规货币政策，关于非常规货币政策的讨论进入新阶段。从非常规货币政策与货币供给的关系看，严格讲来，非常规货币政策并不直接扩大货币供给而是创造基础货币——银行准备金。而且并不是所有的非常规货币政策均能创造基础货币，从基础货币的来源看，只有扩张央行资产负债表的非常规货币政策才能达到扩大基础货币的目的，如量化宽松货币政策。而且央行要实现量化宽松政策预定目标，还需将基础货币转化为货币供给，这既需要银行有贷款动力和能力，也需要市场有借贷需求。

所以短期内量化宽松政策并不必然带来货币供应量的大幅扩张。本章的分析显示，在本次金融危机中，美日欧等经济体的货币乘数大幅下降，量化宽松政策的确有助于稳定货币供给，由此避免货币供应量更大幅度下滑，从而起到防止通货紧缩和刺激信贷复苏的作用。

第十二章"社会融资规模与货币供给"。人民银行从 2010 年底起研究推出了社会融资规模指标。在社会融资规模指标推出以来的五年多时间里，该指标得到了社会各界的高度关注和广泛认可。2016 年 3 月 5 日，李克强总理在《政府工作报告》中提出："稳健的货币政策要灵活适度，今年广义货币 M_2 预期增长 13% 左右，社会融资规模余额增长 13% 左右"。这是我国第一次在国家层面提出社会融资规模增长目标。由此，社会融资规模与广义货币供应量一起共同作为货币政策的调控指标。社会融资规模和货币供应量是一个硬币的两个面，共同构成了货币政策传导的二元机制。社会融资规模从金融机构资产方和金融市场发行方进行统计，从全社会资金供给的角度反映了金融对实体经济的支持。而货币供应量正好相反，它从金融机构负债方统计，是金融机构的负债，是金融体系对实体经济提供的流动性和购买力，反映了社会的总需求。社会融资规模不仅能完整反映实体经济从金融体系获得的资金总额，也能反映实体经济通过不同金融工具融资的结构，以及不同地区、行业、部门融资结构的变化，从而避免货币供应量等总量指标所导致的结构数据缺失问题。因此，社会融资规模与货币供应量，具有不同的经济含义，分别从不同方面反映了货币政策传导的过程，两者互为补充，相互印证。社会融资规模统计制度的建立，是货币政策理论和实践的重要创新。这是我国首次在金融机构的负债方之外，创造性地从资产方提出的一个全新的涵盖范围最为全面的货币政策监测分析和调控指标。从世界范围来看，这也是第一次将资产方的指标直接地应用于货币政策实践。

第十三章"央行数字货币与货币供给"。随着互联网的发展以及支付技术的进步，央行数字货币引起了学术界和实务界的广泛关注。笔者首先从货币本质、现代货币发行基础、货币政策与现代国家的关系等角度论证，央行数字货币与私人数字货币大不同，央行数字货币才是真正意义上的货币；数字货币的技术创新无法取代央行货币发行和货币政策；央行数字货币将提升货币供给和货币政策的有效性。其次，根据我国支付体系发展特点和各社会主体支付习惯，综合考虑可行性和有效性，笔者认为央行数字货币的合理推广应遵循以下几个原则：先非现金，后现金；先金融机构，后非金融部门；先中央银行与商业银行，后非银行金融机构；先单位，后个人。合理可行的推广有利于数字货币的发行和流通，可以更好地支持经济和社会发展，助力普惠金融的全面实现。最后，笔者根据央行数字货币的推广路径，研究了央行数字货币将怎样影响货币供给，为央行数字货币的设计提供参考。

新增三章分别由陈少敏、李夏炎、蒋一乐根据我的思路完成初稿，并由盛松成、翟春修改定稿。她们三位为这三章的撰写做了大量工作，在此表示感谢。感谢专家、学者们对本书提出的意见、建议，也恳请读者不吝批评指正。

盛松成
2016 年 5 月

前　言

　　1993 年，中国金融出版社出版了拙著《现代货币供给理论与实践》。该书出版后，受到了理论界同行的好评，被认为"是中国大陆第一部系统研究当代西方货币供给理论和实践的专著"，"填补了国内这个研究领域的一项空白"。[①] "在迄今为止国内已出版的专门研究货币供给问题的著作中，该书是对西方货币供给理论作了最详尽的剖析，对中外货币供给实践作了最深入的比较研究的一部佳作。"[②]《现代货币供给理论与实践》的作者在这一新开拓的领域锐意研究，著书立说，无疑具有很大的理论意义和现实意义。"[③]

　　拙著写作于上世纪 90 年代初。此后，货币供给理论的基本框架和主要内容并没有突破性发展，但在货币政策实践方面却出现了众多的创新和变化。如美联储开始遵循泰勒规则，将货币政策中间目标由货币供应量调整为利率；美国三大货币政策工具中，存款准备金政策和再贴现政策演变为次要政策工具，而公开市场操作上升为主要的货币政策工具。始于 2008 年的本次国际金融危机期间，美联储在货币政策工具方面又有诸多创新。

　　从我国情况看，最近二三十年来，我国的市场经济体制逐步建立，货币政策操作发生了根本性转变。1995 年《中国人民银行法》实施后，中国人民银行开始独立执行货币政策，专门履行货币政策职责，逐步建立起了货币政策操作框架和货币政策调控机制。1998 年人民银行取消对商业银行信贷规模的直接控制，以货币供应量为中间目标，并于当年 5 月恢复公开市场操作，货币调控方式由直接调控向间接调控转变。

　　上述国内外实践变化都亟待梳理和研究。有鉴于此，我邀请我的同事翟春协助我，在《现代货币供给理论与实践》一书的基础上，补充了上世

　　① 王学青：《汇集各家精华　填补国内空白——评〈现代货币供给理论与实践〉》，载《金融研究》，1994（4）。

　　② 刘絜敖、施兵超：《盛松成新著〈现代货币供给理论与实践〉评介》，载《财经研究》，1994（6）。

　　③ 刘涤源：《货币供给理论研究的重要成果——评盛松成著〈现代货币供给理论与实践〉》，载《经济评论》，1995（6）。

纪 90 年代以来货币供给理论与实践的新发展,由此形成了《中央银行与货币供给》一书。

本书共有十章。其中,第二章《货币供给理论——货币乘数分析》、第三章《基础货币》、第四章《货币乘数》、第五章《金融创新与货币供给》、第六章《货币供给理论中的"新观点"》和第七章《法定存款准备金制度与货币供给》的前两节等章节的内容,基本来源于《现代货币供给理论与实践》一书。与该书相比,本书主要变化在于,我们更新了 90 年代以来的数据分析,加入了对美国和我国基础货币和货币乘数的实证分析。我们分析了 1914 年以来美国基础货币来源和供给结构的变化,1959 年以来各决定因素对美国货币乘数的影响,以及 1993 年以来我国基础货币和货币乘数的变化。我们利用现有公开资料,尽可能扩展分析的时间范围。第一章《货币的定义与度量》、第七章《法定存款准备金制度与货币供给》的第三节、第八章《再贴现政策与货币供给》、第九章《公开市场操作与货币供给》和第十章《货币供应量与货币政策中间目标》为新增章节,主要内容包括货币统计实践、与货币供给有关的中央银行货币政策操作等。其中,我们分别阐述了三大货币政策工具在美国和我国的源起、制度变迁和职能演变,尤其分析了两国在货币政策方面的最新变化:2003 年美联储对贴现窗口管理程序的调整,2008 年开始的美联储对准备金存款付息,国际金融危机中美联储货币政策工具的创新,及美联储操作对美联储资产负债表、基础货币和货币供应量的影响等;2013 年人民银行对再贷款分类的调整,分别于 2013 年和 2014 年创设常备借贷便利和中期借贷便利,及我国公开市场操作的最新变化等。我们还对我国存款准备金政策的有效性、人民银行对货币供应量的控制力、货币供应量与货币政策最终目标的关系等问题进行了实证研究。由于货币供给与中央银行的货币政策操作密切相关,因此我将本书取名为《中央银行与货币供给》。

我认为,《中央银行与货币供给》一书,对我国货币供给理论研究和货币政策实践的意义,主要体现在以下四个方面:

一是研究货币供给过程对货币政策操作具有重要意义。尽管上世纪 90 年代后,美联储将货币政策中间目标由货币供应量调整为利率,但货币供应量仍是美国货币政策操作和宏观经济分析的重要参考指标。除美国外,其他一些国家也相继放弃了货币供应量增长目标,或降低了货币供应量增长目标在货币政策目标中的地位,但在欧元诞生之前,德国一直奉行货币供应量增长目标，实践长达 20 多年。德国加入欧洲货币一体化后，德意志联邦银行难以按照流动性原则统计本国不同层次货币供应量，联邦银行才不得不将同业拆借利率作为货币政策中间目标。而且，在较长时期中，德国以货币供应量为中间目标的货币政策，成功控制了通货膨胀。至今，部分国家央行仍支持以货币供应量为货币政策中间目标。欧央行货币政策的制定也在很大程度上受德国成功经验的影响，货币供应量和信贷总量成为欧央行货币政策的重要指标。

目前，广义货币供应量 M_2 仍然是我国货币政策的中间目标。我国宏观调控具有重视数量目标的传统，如每年末都会对下一年 GDP、CPI、M_2 等重要经济金融指标的增速设定目标或目标区间，所以货币供应量指标在我国宏观调控中仍具有重要意义，目前还很难放弃货币供应量指标。

二是研究数量型调控方式在我国未来较长时期中仍具有现实意义。目前，我国利率市场化已取得很大进展，除人民币存款还存在利率上限管制外，其他种类的金融产品已基本实现市场化定价。但我国的利率市场化尚未完成，利率调控机制也有待进一步完善：一是基准利率目标体系尚未建立，选择适合国情的目标利率还需要深入研究和长期探索；二是调控手段有待进一步完善；三是利率传导还存在障碍。目前人民银行的货币政策工具能充分影响货币市场利率，但货币市场利率向实体经济融资利率的传导还存在较大障碍。也就是说，要实现利率市场化和真正的价格型调控，我国还有一长段路要走。所以，在未来较长时期中，我国的货币调控仍将是价格型调控和数量型调控相结合，并逐步从以数量型调控为主，转变为以价格型调控为主。为此，我们还需重视货币供应量指标。

三是一般意义上的价格型调控仍会涉及货币供给。美联储的公开市场操作不仅影响联邦基金利率，而且会影响货币供应量。本次国际金融危机中，美联储推出的多轮量化宽松政策，实际上就是数量型调控。危机中，美联储长期实行零利率政策，其大规模资产购买实际上就是通过货币供应量扩张来影响经济运行。目前，美联储仍以周为频率统计和发布货币供应量数据。这些都表明，美联储并没有完全放弃对货币供应量的关注，货币供应量仍然是美国货币政策操作和宏观经济分析所需要的指标。

四是研究货币供给过程是中央银行宏观调控的需要。研究货币供给过程，首先涉及中央银行对货币供应量指标的定义，同时涉及中央银行货币政策工具、货币政策中间目标及货币政策操作与中央银行资产负债表的联系，再者涉及货币供应量指标与宏观经济的联系，等等。这些都与中央银行宏观调控密切相关。

本书以货币供给过程、中央银行货币政策与货币供给的联系为主线，以当代西方主要的货币供给理论及美国和我国的货币政策操作为基本内容，对货币供给的基本理论和重要实践予以阐述和剖析。本书兼顾理论与实践、国外与国内、历史与现实、理论论述与数量分析。

在本书的写作过程中，人民银行调查统计司的多位同事给予了支持和帮助。全国人大财经委员会副主任委员、人民银行原副行长吴晓灵和中国社会科学院学部委员余永定在百忙之中为本书作序。北京大学国家发展研究院教授宋国青、中国投资有限责任公司副总经理谢平、清华大学苏世民学者项目主任李稻葵等专家学者给予本书推荐和评价。中国金融出版社社长魏革军、总编辑蒋万进十分关心和支持本书的出版。本书责任编辑王效端为本书的出版和发行付出了很多努力。在此一并诚致谢忱！

本书既是一本专著，也可以作为大学金融专业研究生和本科生的教材。自然，货币供给理论和实践是在不断发展的，而本书难免不足甚或错误，恳请读者不吝批评指正。

盛松成

2015 年 1 月

目录

第一章 货币的定义与度量

在做一项研究前，总得先给研究对象下个明确的定义，或规定研究对象的范围。"然而，由于某些充分的理由，当经济学家们转向货币时，关于货币定义的争论却显得异常的激烈"[1]。这些争论围绕着两个相互关联的问题而展开，即货币定义和货币构成。所谓货币的定义，就是对货币基本特征的精确表述，即说明"什么是货币"；所谓货币的构成，则是依据货币的定义而确定的货币所包括的内容，即说明"货币是什么"。货币的定义反映了人们对货币本质的认识，而货币的构成则是在这一认识的基础上，对货币范围的确定。前者是后者的前提和基础，后者是前者的运用和表现。

本章围绕上述两个问题展开，从货币的本质以及货币的构成两个方面出发说明什么是货币。货币统计实践中，各国都以流动性为标准定义本国的货币供应量，构成多层次的货币供应量体系，如常见的 M_1、M_2、M_3 等。本章在介绍美国、欧盟、日本及我国的货币供应量体系的基础上，总结了各国货币供应量定义的实践经验。

第一节 货币定义

一、从货币本质出发的货币定义——两种货币本质观[2]

关于货币定义的争论可谓源远流长。早在 19 世纪中叶英国的"通货论争"中就有两种关于货币定义的相互独立的观点：一种是"通货学派"（Currency School）的观点，一种是"银行学派"（Banking School）的观点。通货学派认为，只有金属货币及其代表——银行券才构成一国的货币，而银行

---

[1] 费希尔：《货币理论与货币需求》（Douglas Fisher, *Monetary Theory and the Demand for Money*），80 页，1980。

[2] 本部分内容来自盛松成、施兵超、陈建安：《现代货币经济学》，第三版，14－16 页，北京，中国金融出版社，2012。

券以外的其他各种信用形态都不能算作货币；银行学派则认为，不仅金属货币和银行券是货币，而且由于活期存款等信用形态同样发挥着交换媒介的作用，因而也应该属于货币。这是关于货币定义的第一次大论争。此后，这种论争就再也没有停止过。

在现代众多的货币定义理论中，可以概括出两种主要的货币本质观：一种观点认为货币是商品交换的媒介，另一种观点则认为货币是价值贮藏的手段。上世纪 60 年代以前，交换媒介的货币本质观为绝大多数经济学家所接受。在交换媒介论者看来，只有那些作为商品交换媒介的替代物才是货币，因为交换媒介是货币最基本的功能，也是唯一为货币所具有的功能。根据这一定义，现代货币就应该包括通货、商业银行的活期存款等可开列支票的存款和旅行支票，即通常所谓的 M_1。M_1 是现代最狭义而又为人们所广泛接受的货币定义。20 世纪 70 年代后，西方国家出现的金融创新活动极大地丰富了货币的内容，扩大了 M_1 的范围。金融创新中出现的自动转账账户（Automatic Transfer Service Account，简称 ATS 账户）和可转让提款通知书（Negotiable Order of Withdrawal，简称 NOW 账户）等金融工具成了新的交换媒介，从而无可争议地被包括在 M_1 的范围内。1980 年以来，美国曾多次重新定义各种货币总量，使各种定义的货币的范围都扩大了许多，但 M_1 仍是最狭义、最基本的货币定义，它仍包括了各种形式的商品交换媒介。

然而，货币并非只发挥交换媒介的作用，它还同时具有其他功能，如价值贮藏，即作为一般购买力的储存物。20 世纪 60 年代后，一些经济学家，如美国货币学派主要代表人物米尔顿·弗里德曼，开始倡导价值贮藏的货币本质观。在价值贮藏论者看来，货币最本质的特征和最基本的功能不是商品交换的媒介，而是价值贮藏的手段，即作为一般购买力的储存物。很显然，起着交换媒介作用的物品也能充当价值贮藏的手段，但充当价值贮藏手段的物品却不一定都能发挥交换媒介的作用，如商业银行的定期存款和储蓄存款是价值贮藏的良好手段，但它们并不能像活期存款那样，直接用于支付。由此可知，根据价值贮藏的货币定义所确定的货币的范围广得多。例如，在理论研究与政策实践中，几乎与 M_1 同样广泛地被使用着的 M_2，就是在 M_1 的基础上再加上定期存款和储蓄存款等项目而形成的。此外，还有在 M_2 的基础上加上大额可转让定期存单等项目而形成的 M_3，以及 M_4、M_5、…。但是，无论人们将货币的范围定义得多广，其理论基础也都是价值贮藏的货币本质观。

为什么关于货币定义的问题会引起人们如此持久和广泛的争论呢？对此，我们可引用 19 世纪中期英国议会议员格莱斯顿（W. E. Gladstone）的一句名言来回答："受恋爱愚弄的人，甚至还没有因钻研货币本质而受愚弄的人多。"在所有研究货币问题的经济学家中，马克思最全面、最深刻因而真正科学地阐明了货币的本质和职能。马克思将货币定义为"价值尺度和流通手段的统一"。他还说："在商品世界起一般等价物的作用就成了它（指货币——引者注）特有的社会职能，从而成了它的社会独占权。"① 根据马克思的货币定义理论，货币就是执行价值尺度、流通手段以及由此而发展的支付手段职能的金融资产。从马克思的这一定义和《资本论》的整个理论体系看，马克思是持有交换媒介的货币本质观的。由此我们不难发现，上述交换媒介的货币本质观比价值贮藏的货币本质观更正确，尽管交换媒介说也不够全面和完整。因为，一方面，充当商品交换的媒介，毕竟是货币的本质属性和最基本的职能，也是货币区别于其他事物的鲜明标志，在信用货币条件下尤其如此。价值尺度的职能最终是服务于流通手段和支付手段职能的。正是在充当商品交换媒介的过程中，货币才发挥着价值尺度的职能；正是为了充当商品交换的媒介，货币才需要价值尺度的职能。另一方面，虽然货币可作为价值贮藏的手段，但不能反过来说，价值贮藏的手段就是货币，因为除货币外，还有许多东西也能被人们作为价值贮藏的手段，可见，充当价值贮藏的手段并非货币的最本质属性。

关于货币定义的争论之所以会如此持久和激烈，还由于货币定义的问题同其他货币理论及货币政策的实行都密切相关。例如，通货学派根据其货币定义认为，国家经济政策的主要任务之一就是控制英格兰银行的银行券的发行；而银行学派则在否定通货学派的货币定义的基础上，指出通货学派的这一政策显然是无效的，因为既然除英格兰银行的银行券外还有其他资产也被用作交换媒介，那么仅仅控制这种银行券，当然难以达到控制货币供给的目的。现代经济学家对于同一货币现象得出的不同的研究结果，也往往源于他们所持有的不同的货币本质观。

关于货币本质观的认识是定义货币以及看待有关货币问题的根本出发点。近年来，诞生于互联网世界的虚拟货币受到了广泛关注。尤其是 2009 年出现的比特币（Bitcoin）发展最为迅速，影响也最广，其使用范围已从互联网渗透到现实世界。比特币的出现引发了人们对虚拟货币是否是真正意义上的货币的思考。有人认为比特币的出现是对现行货币体系的巨大挑战，甚至有人称其是"未来的黄金"。事实上，从上述货币本质特征及其货币的发展历史来看，以比特币为代表的虚拟货币本质上不是货币，也难以成为货币。2014 年初，本

① 马克思：《资本论》，中文版，第 1 卷，85 页，北京，人民出版社，2008。

书作者连续发表了《虚拟货币本质上不是货币——以比特币为例》[①] 和《货币非国家化理念与比特币的乌托邦》[②] 两篇文章，从货币的本质观出发，阐述了比特币不是真正意义上的货币，同时评述了上世纪 70 年代英国著名经济学家哈耶克所提出的货币非国家化思想的缺陷。两篇文章曾引起理论界和实务界的热烈讨论，两篇文章合为一篇《虚拟货币本质上不是货币》[③] 作为本书附录。

二、从货币构成出发的货币定义

虽然如何定义货币始终是经济学家们争论的热点，但是世界各国历来是以"货币性"或"流动性"来定义货币的。所谓货币性就是指一种资产能作为交换媒介的性质，而所谓"流动性主要是指投资者以低的交易成本将一种资产迅速转变为现金的能力"[④]，即转变为交换媒介的能力。根据流动性来定义货币，主要是因为具有不同流动性的资产对经济的影响是不同的。常见的 M_0、M_1、M_2、M_3 等货币定义就是根据这一标准来定义的。

国际货币基金组织（IMF）1996 年制定并颁布了《货币与金融统计手册》（Monetary and Financial Statistics Manual，MFSM），并于 1997 年、2000 年进行了两次修订。在 1997 年修订的《货币与金融统计手册》中，各层次货币的构成为：

M_0：流通中的现金。

M_1：M_0 + 可转让本币存款和在国内可直接支付的外币存款。

M_2：M_1 + 单位定期存款和储蓄存款 + 外汇存款 + 大额可转让存单（CDs）。

M_3：广义货币，M_2 + 外汇定期存款 + 商业票据 + 互助金存款 + 旅行支票。

2000 年版的《货币与金融统计手册》取消了货币定义和货币层次的划分，转而从金融资产、货币持有部门、货币发行部门三个方面描述广义货币量。（1）金融资产充当广义货币，必须具有流动性和价值贮藏的功能。一项金融资产是否纳入货币，主要由交易成本、可划分性、期限以及收益等基本因素决

① 盛松成、张璇：《虚拟货币本质上不是货币——以比特币为例》，载《中国金融》，2014（1）。
② 盛松成、翟春：《货币非国家化理念与比特币的乌托邦》，载《中国金融》，2014（7）。
③ 该文曾编著在杨凯生、盛松成、万建华等：《互联网金融》，149–161 页，北京，东方出版社，2014。
④ 库克：《国库券》，载威尔科克斯和米什金编：《关于货币、银行与金融市场的当前读物——1988—1989 年版》（Timothy Q. Cook，*Treasury Bills*，in Current Readings on Money，Banking，and Financial Markets：1988—1989 Edition，edited by James A. Wilcox & Frederic S. Mishkin），6–7 页，1988。

定。广义货币通常包括：法币、可转让存款、国内交易使用的旅行支票、货币市场基金、储蓄存款、期限很短的定期存款、外币存款、回购协议、存款性公司发行的非股票短期证券、存款性公司发行的可转让存单、存款性公司发行的商业票据、一些中期证券等金融资产。（2）货币持有部门。货币持有部门通常包括除存款性公司和中央政府之外的所有居民部门。一般包括公共和其他非金融性公司、中央政府之外的其他政府单位、住户和为住户提供服务的非营利机构、金融性公司部门中除存款性公司分部门（即中央银行和其他存款性公司）之外的所有机构单位。只有上述部门持有的上述金融资产，才包括在广义货币的范围，而中央政府、存款性公司和非居民单位持有的上述金融资产，通常不包括在广义货币之中。（3）货币发行部门。通常，中央银行和存款性机构发行的上述金融资产为广义货币，但财政部发行的铸币或纸币、与本币共同流通的外币、中央政府或公共非金融性公司（如邮政储蓄机构）发行的短期债券也可纳入广义货币范围。此外，IMF还建议在编制广义货币的同时，编制广义流动性总量。广义流动性总量的范围要超过广义货币。除广义货币外，广义流动性总量还包括其他被认为具有一定流动性、但还不足以纳入国家定义的广义货币范围之内的负债。

2008年，为了进一步加强各国货币与金融统计的全面性、准确性以及可比性，IMF推出了《货币与金融统计编制指南》（Monetary and Financial Statistics Compilation Guide，MFSCG）。作为对MFSM的补充，MFSCG对货币的界定作了进一步细化与补充，主要包括四个方面：一是明确了对财政发行的硬币和纪念币的处理；二是针对伴随经济全球化出现的美元化、本外币共同流通和货币同盟等情况进行了说明；三是对公共非金融性公司（如邮局、电信单位）、中央政府发行的存款进行了说明；四是对于金融创新带来的电子货币层次归属问题给出了明确的说明，MFSCG建议将其他存款性公司的电子货币账户视同为可转让存款。

为与《国民经济核算体系2008》（System of National Accounts，SNA2008）、《国际收支和国际投资头寸手册（第六版）》（Balance of Payments and International Investment Position Manual，BPM6）、《政府财政统计手册2014》（Government Finance Statistics Manual，GFSM2014）等统计标准一致，IMF统计部着手对MFSM和MFSCG进行了更新，并将两者合并为一本《货币与金融统计手册和编制指南》（Monetary and Financial Statistics Manual and Compilation Guide，MFSMCG）。MFSMCG的征求意见稿已在IMF官网发布。截至2015年，MFSMCG尚未定稿正式出版。

目前，多数国家都同时采用 M_1、M_2、M_3 等多种指标来测算货币供应量，以尽可能全面地反映货币供应量的变化及其对经济的影响。尽管 IMF 的《货币与金融统计手册》为各国的货币统计提供了基本原则，但由于各国经济发展、金融市场结构以及金融工具和衍生产品应用差别较大，目前各国的货币供应量结构体系和统计口径并不统一，各国主要从本国实际出发，定义各层次货币构成。

一般说来，流动性越强的资产，对经济的影响越直接、越迅速，也就是说 M_1 对经济的影响比 M_2 的影响更直接、更迅速，而 M_2 的影响又超过 M_3 的影响。这是因为 M_1 是现实的购买力，它的变化将直接引起市场供求和物价的变化，而 M_2 和 M_3 只有当它们转变成 M_1 后，才会产生这种影响。所以货币当局总是非常注重对狭义货币供应量的调控。而之所以统计广义的货币供应量，确定广义货币供应量的指标，首先是因为广义货币很容易被转换为狭义货币，货币当局如果不同时控制广义货币供应量，就很难控制狭义货币供应量。所以，从 M_1 到 M_2，甚至更广义的货币定义的产生，归根结底，是货币政策实行的需要，这也是划分不同层次货币供应量的根本原因。由于货币供应量层次划分的巨大实用价值，因此，尽管如前所述，迄今为止大多数经济学家仍持交换媒介的货币本质观，但极少有人反对从狭义货币量到广义货币量的层次划分。

第二节　主要国家货币供应量体系

一、美国的货币供应量体系

美联储自 20 世纪 60 年代开始测算并发布货币供应量，使用过 M_1、$M_1 A$、$M_1 B$、$M_1 +$、M_2、M_3、M_4、M_5、L 等货币供应量指标。随着金融实践的发展，美联储曾 16 次修订过货币供应量口径。其中 1980 年到 1984 年，每年均修订货币供应量口径。但 20 世纪 90 年代后，仅在 1998 年和 2006 年修订过货币供应量口径。

概括来看，美联储货币供应量统计体系的建立和修订历程可简单分为三个阶段：

1. 20 世纪 60 年代到 70 年代：多层次货币供应量体系的建立。1960 年美联储开始发布货币供应量指标 $M_1 A$，到 70 年代初逐步发展到包括 M_1、M_2、M_3，甚至 M_4、M_5 的多层次货币供应量体系。

2. 20 世纪 80 年代初：货币供应量体系的大幅修订。70 年代以后，金融机构为规避管制，金融创新层出不穷，美国涌现出了一系列新的金融工具和金融机构，美联储不得不在 80 年代初多次、大幅度修订货币供应量体系。金融创新对货币供应量的影响本书将在第五章深入分析。

3. 20 世纪 80 年代中期之后：货币供应量体系的小幅调整。80 年代中后期美联储调整了货币供应量目标，并于 1993 年最终放弃了将货币供应量作为货币政策中介目标。之后，虽然美联储仍然继续发布货币供应量指标，但指标体系的修订频率大幅减少，修订内容也非常有限，货币定义及层次相对稳定。

目前，美联储的各货币层次及构成如下：

M_1：（1）美国财政部、美联储和存款类机构库存之外的现金；（2）非银行机构发行的旅行支票；（3）商业银行活期存款（除去存款类机构、美国政府、外国银行和外国官方机构持有的活期存款），减去应收现金项目（Cash Items in Process of Collection，CIPC）和美联储浮款[①]；（4）其他支票存款，包括存款类机构的 NOW 账户和 ATS 账户、信贷协会股金提款账户、储蓄机构的活期存款。

M_2：在 M_1 外还包括：（1）储蓄存款（包括货币市场存款账户）；（2）10 万美元以下的小额定期存款，减去在存款类机构的个人退休金账户和 Keogh 退休计划[②]；（3）零售货币市场共同基金余额，减去货币市场共同基金中的个人退休账户和 Keogh 退休计划。

下面的专栏将回顾美联储货币供应量体系的建立及修订历程，从中我们可以清楚地看到美联储各层次货币定义的演变过程。

专栏

美国货币供应量体系的建立及修订历程[③]

一、多层次货币供应量体系的建立

1. 1960 年 11 月 14 日，美联储第一次以名为"活期存款、现金和相关项目"的 J.3 报表发布货币供应量统计指标。该报表发布频率为每月 2 次。

---

① 浮款是指在中央银行支票清算过程中，出现银行体系准备金总额暂时性增加的情形。如 A 银行签发支票给 B 银行，中央银行在进行支票清算的时候，往往先增加存入行即 B 银行的央行存款（也就是增加该银行的准备金），之后才减少支票签发行即 A 银行的央行存款（减少该银行的准备金），因而期间会出现准备金的暂时性增加。

② 一种退休金投资账户，是美国自由职业者为退休而存款建立的账户，可减免纳税。

③ 资料来源：《美联储货币供应量体系的时间演变》（The Evolution of the Federal Reserve's Monetary Aggregates：A Timeline），载《圣·路易斯联邦储备银行评论》，1994 年 3/4 月合刊。

在《美联储公告》中发布的指标数据是半个月的日平均值，而非某一时点值。货币存量（Money Stock）也叫作货币供应量（Money Supply）。这一货币供应量指标此后被命名为 M_1A——现金加上经调整的活期存款。其中，现金指财政部、美联储、所有商业银行库存之外的流通中的现金；活期存款是除商业银行和美国政府之外的部门持有的活期存款，减去应收现金项目和美联储的浮款。

2. 1962 年 9 月 11 日，M_1A 的定义进一步扩充，加入了美国境内银行持有的活期存款，以及美联储的外部需求余额，外部需求余额指外国政府、外国央行和国际机构在美联储的活期存款。

3. 1965 年，J.3 报表由 H.6 报表（货币供应量，Money Stock Measures）代替，发布频率改为以周为频率在每周四发布。H.6 中的数据为相应指标在发布日前一周的日平均值，即前一周的周四到发布周周三的 7 天数据平均值。

4. 1971 年 4 月 22 日，美联储开始发布 3 个层次的货币供应量：M_1、M_2 和 M_3。其中，M_1 和 M_2 的发布频率为周和月，M_3 的发布由于当时缺乏数据来源，仅以月为频率发布。

M_1 就是之前发布的 M_1A，仅仅是改变了 M_1A 的名称。

$M_2 = M_1 +$ 商业银行的储蓄存款、定期存款、除以周为频率报送数据的大型商业银行发行的 10 万美元及以上金额的大额可转让定期存单之外的定期存单。

$M_3 = M_2 +$ 互助储蓄银行的存款 + 储蓄贷款协会的存款。

5. 1975 年 4 月 3 日，美联储发布了 2 个更大口径的货币供应量指标：M_4 和 M_5。

M_1 和 M_2 的定义不变。

M_3 的定义包括了信贷协会股份。

$M_4 = M_2 +$ 以周为频率报送数据的大型商业银行发行的大额可转让定期存单。

$M_5 = M_3 +$ 以周为频率报送数据的大型商业银行发行的大额可转让定期存单。

6. 1978 年 11 月 16 日，美联储发布新的货币供应量指标：$M_1 +$。

$M_1+ = M_1 +$ 商业银行储蓄存款 + 银行和储蓄机构的 NOW 账户余额 + 信贷协会股金提款账户（Credit Union Share Draft Account，SDA）+ 互助储蓄银行的活期存款。

二、货币供应量体系的大幅修订

7. 1980 年 2 月 8 日，美联储对货币供应量定义进行了根本性的修订。

M_1 重命名为 M_1A，定义基本不变，差别仅在于：旧 M_1 包括了外国商业银行和政府机构在美国商业银行的活期存款，而新 M_1A 不包括这类存款。

$M_1B = M_1A +$ 商业银行和储蓄机构的 NOW 账户和 ATS 账户 + 信贷协会股金提款账户 + 互助储蓄银行的活期存款。

$M_2 = M_1B +$ 商业银行向非银行公众发行的隔夜回购协议（Repurchase Agreements，RP）+ 会员银行的加勒比分支机构向美国非银行消费者发行的隔夜欧洲美元 + 货币市场共同基金 + 商业银行和储蓄机构的储蓄存款和面额低于 10 万美元的小额定期存款。需要指出的是，M_2 并不是其各组成部分的直接加总，汇总中扣除了储蓄机构在商业银行的活期存款，以避免对公众货币资产的重复计算。

$M_3 = M_2 +$ 10 万美元及以上的大额定期存款（不包括国内银行、储蓄机构、美国政府、货币市场共同基金、外国银行和外国官方机构持有的存款）+ 商业银行和储蓄机构发行的定期回购协议 – 货币市场共同基金持有的定期回购协议。

美联储还同时发布了一个新的货币供应量指标：L。$L = M_3 +$ 非银行公众持有的美国储蓄债券、短期国债、商业票据、银行承兑票据（不包括货币市场共同基金持有的上述资产）。

8. 1981 年 5 月 22 日，引入经偏移调整的 M_1B，经偏移调整的 $M_1B = M_1B –$ 来自非活期存款的其他支票存款（Other Checkable Deposit，OCD）。

9. 1981 年 6 月 26 日，M_1 中加入了非银行发行的旅行支票。

10. 1982 年 1 月 15 日，美联储将货币供应量指标体系调整为 M_1、M_2、M_3 和 L，不再发布 M_1A 和经偏移调整的 M_1B。M_1B 重命名为 M_1，M_2、M_3、L 的定义不变。

11. 1982 年 2 月 5 日，M_1 在原基础上扣除了储蓄机构为提供其他支票存款服务而保有的库存现金的估计值，此外储蓄机构的活期存款也不包括在

M_1中。储蓄机构的扣除应收现金项目的交易保证金是包括在M_1中的。由于数据不可得，在之前的统计中，储蓄机构的应收现金项目并没有从货币供应量中扣除。

M_2经修订后包括进了 10 万美元以下的小额回购协议，不包括机构货币市场共同基金（Institution – only Money Market Mutual Funds）。

M_3在原定义基础上加入了机构货币市场共同基金份额，并以调整项加入了机构货币市场共同基金持有的隔夜回购协议。

12. 1983 年 2 月 14 日，M_2包括了通用/经纪人免税货币市场共同基金（General Purpose/Broker Dealer Tax – exempt Money Market Mutual Funds），剔除了存款性机构和货币市场共同基金的个人退休金账户（Individual Retirement Arrangement，IRA）和 Keigh 退休计划。

M_3加入了机构免税货币市场共同基金。

13. 1984 年 2 月 16 日，M_3经修订包括了美国居民持有的在加拿大和英国的定期欧洲美元。

三、货币供应量体系的小幅调整

14. 1988 年 2 月 18 日，联储修订了M_1口径，以同等对待储蓄机构与商业银行，即储蓄机构所有的库存现金、持有的活期存款和其他支票存款都从各自对应部分中予以扣除。之前，储蓄机构持有的库存现金和交易保证金只从M_1中进行了部分扣除，扣除的部分是储蓄机构持有的为提供其他支票存款服务而保有的库存现金和交易保证金的估计值，其余部分在M_2中扣除。

此外，信贷协会的 ATS 账户与商业银行和储蓄机构的 ATS 账户一样也包括在M_1的其他支票存款中，而不再体现在M_2的储蓄存款部分。

15. 1990 年 2 月 15 日，M_2中加入了储蓄机构发行的隔夜回购协议，而之前定期回购协议包括在M_3中的非M_2部分中。

16. 1998 年 8 月，联储不再发布 L 指标。

17. 2006 年 3 月 23 日，美联储不再发布M_3指标。

二、欧盟的货币供应量体系

欧央行的货币统计是在各成员国已有的货币层次划分的基础上，从众多货币统计口径中采用的一套能够被各成员国普遍接受的统一货币统计标准。

从发展过程看，欧央行的货币统计大致可以分为两个阶段：

第一个阶段是在上世纪 90 年代初期，欧共体中央银行行长委员会提出了各成员国金融资产分类的"货币性"原则，并据此提出了建立统一货币供应量统计的建议。但这种统计仍是以各国的货币与银行统计为基础，统一的货币统计是在原有各国货币统计层次的基础上，字母后增加一个"H"以作区别，如 M_2H。

第二个阶段是以 1996 年 7 月推出的"欧盟第三阶段统计要求（操作组合）"为标志。根据新的要求，各成员国改革了各自的货币与金融统计系统，建立了统一的资产和部门分类。在货币定义方面，主要基于四种准则：可转让性、可转换性、期限以及通知时效等。基于新标准的货币统计从 1998 年开始公布，目前欧央行的各货币层次及构成主要包括：

M_1：流通中的现金 + 隔夜存款。

M_2：M_1 + 2 年内到期的定期存款 + 3 个月的通知存款。

M_3：M_2 + 货币市场基金份额 + 回购协议 + 2 年内到期的债务证券。

三、日本的货币供应量体系

日本早在 1949 年之前就开始了货币统计，当时货币供应量主要包括货币流通量和银行券两部分。1949 年，日本银行建立了"存款货币及现金货币"统计，将活期存款纳入货币供应量的统计范围，1955 年公布的"货币增减因素分析"统计，又将货币统计的范围扩大到即付存款。1967 年，日本银行开始建立包括定期性存款（准货币）的货币供应量及相关指标统计，从而大体上奠定了目前的货币供应量统计体系基础。此后，为了适应经济金融结构的变化，日本对货币统计作了多次调整，最近一次是 2008 年 4 月。这次调整的内容主要包括：将证券公司、短期资本公司和非常住居民排除在货币持有者的统计口径中；流动性 L 不再包括回购协议和现金抵押证券，增加了投资信托和银行发行的普通债券。经过调整，目前日本的货币定义及层次如下：

M_1：流通中的现金 + 活期存款 – 被调查金融机构持有的支票和现钞。

M_2：流通中的现金 + 存款。

M_3：M_1 + 准货币（定期存款 + 定期储蓄存款 + 零存整取储蓄存款 + 居民外币存款） + CDs。

L：M_3 + 财产信托 + 投资信托 + 金融债券 + 银行发行的普通债券 + 金融机构签发的商业票据 + 本国政府债券 + 外国债券。

四、我国的货币供应量体系

1994 年 10 月中国人民银行正式编制并向社会公布"货币供应统计表"，

首次将我国的货币供应量划分为以下三个层次：

M_0：流通中的现金。

M_1：M_0 + 单位活期存款。

M_2：M_1 + 储蓄存款 + 单位定期存款。

2001 年 6 月，中国人民银行第一次修订货币供应量口径，将证券公司客户保证金计入 M_2。

2002 年初，中国人民银行第二次修订货币供应量，将外资、合资金融机构的人民币存款，分别计入不同层次的货币供应量。

2006 年，中国人民银行第三次修订货币供应量，将信托投资公司和金融租赁公司的存款不计入相应层次的货币供应量。

2011 年 10 月，中国人民银行再次修订货币供应量，在货币供应量中加入了住房公积金中心存款和非存款类金融机构在存款类金融机构的存款。

五、各国货币供应量定义的实践经验

（一）对货币供应量的定义，不仅要注重理论分析，更要注重对经济影响的定量研究

对于货币的定义和层次划分有两种基本方法，即理论方法和经验方法。其中，理论方法是运用经济学的理论推理来定义货币，而经验方法是通过实证检验来选择最优的货币口径，以准确反映货币与经济的关系。在货币定义中，单独使用任一种方法都不是完全适宜的：理论方法不够明确具体，经验方法得出的指标难以适用经济金融发展的不同阶段。从各国货币供应量统计的实践看，各国中央银行在确定货币统计口径时都兼顾了两种方法，但主要采取的是第二种方法，即各国修订货币供应量的目的都在于提高货币供应量对经济变化的敏感度，增强货币供应量与产出、物价等经济变量的相关程度。如果某项金融资产规模较小且对经济变化的影响不显著，即使根据理论方法该资产应该归为货币，也可以暂时不纳入货币供应量。如美国在上世纪 70 年代初就出现了货币市场基金，但到 1980 年美联储才把货币市场基金计入货币供应量，主要就是依据其规模对经济的影响。

各国货币统计口径的界定主要采用的是经验方法，各国在充分考虑自身经济与金融发展特点的基础上，确定相应的货币定义和货币层次划分。从横向看，由于各国国情不同，金融发展水平各异，同一金融产品不仅在规模上，而且在功能上在不同国家都可能有较大差别，因此即使两个国家流动性相同的货

币层次，实际所包含的具体资产内容也可能有较大差别。具体看，各国货币统计中狭义货币层次 M_1 在内容上较为相近，但在 M_2、M_3 等广义货币层次上，内容差异则相对较大。从纵向看，无论哪个国家，货币层次的划分都不是固定不变的，而是随着本国金融产品的创新、经济金融环境的变化，予以不断的修正和调整。金融产品创新速度越快，金融环境变化越大，货币供应量就越需要修订，如上世纪 80 年代初美国就频繁修订货币供应量。

（二）各国货币供应量层次变化与本国金融环境、货币供应量在货币政策中的作用等因素密切相关

以美国为例，在半个多世纪的统计实践中，美联储的货币供应量层次经历了由简到繁，再由繁到简的变化历程，影响这一历程的是不断变化的金融市场和金融政策环境。从上世纪 60 年代美联储建立货币供应量指标，到 70 年代美联储开始重视货币供应量指标，并在 80 年代完全盯住货币供应量指标，这期间美联储越来越重视货币供应量。当时美国存在大量的金融管制，包括对存款利率的管制、对银行准备金的管制等，其目的是加强美联储对货币供给的控制。在金融机构规避管制的过程中，新的金融产品和金融机构大量涌现。面对新的金融环境，美联储不断扩大货币的范围，扩展货币供应量层次，以使货币供应量指标能准确反映货币与经济的联系。美国的货币供应量指标体系由最初仅有 M_1A 发展到 70 年代的包括 M_1、M_2、M_3、M_4 和 M_5 等 5 个货币层次，80 年代初演变为 M_1、M_2、M_3 和 L 等 4 个层次，经历了由简到繁的变化过程。

然而金融创新日益扩大，货币供应的统计也日益困难。同时，货币乘数和货币流通速度并不稳定，由此削弱了美联储对货币供应量的控制力，货币供应量指标与经济的联系也日益减弱。在此情况下，美联储逐步放弃将货币供应量作为货币政策中介目标，同时金融自由化也促使利率等管制逐步放松。此后，美联储减少了货币层次划分，从 2006 年 3 月开始不再公布 M_3 口径的货币供应量，仅公布 M_1 和 M_2。这期间美联储对货币口径的修订频率大幅减少，修订内容也非常有限，货币口径相对稳定。

（三）金融资产的期限和面额大小是影响货币层次划分的重要因素

目前，各国央行都以"流动性"为依据对货币进行层次划分。一般而言，流动性强的金融资产，应归入狭义的货币层次；反之，流动性低的金融资产，应归入广义货币层次。多种因素影响金融资产流动性。根据各国货币统计实践，各国在判断金融资产流动性时主要考虑可转让性、到期期限和面额等因素。可转让性是指资产的所有权可以自由转让或自由流通。在这里需重点说明

到期期限和面额两个因素:

1. 到期期限。许多国家在设计货币统计口径时都考虑到货币的期限问题。一般认为储蓄存款和期限较短的定期存款可以在不产生或很少产生拖延及支取罚息的情况下转换为现金或可转让存款,因此具有一定的货币性,应归入广义货币层次;而长期存款在临时支取时都会出现拖延或需要支付罚息,因此这种存款具有较低的流动性,应归入更广义的货币层次,甚至被排除在广义货币之外。如欧央行 M_2 中仅包括 2 年内到期的定期存款和 3 个月的通知存款,而 2 年期以上的定期存款和 3 个月以上的通知存款不包括在欧央行的货币统计口径中。

2. 面额。许多国家在货币统计中都对金融资产的面额大小进行区分,在一些国家的货币统计中仅包括特定小面额的金融资产。如美国将面额小于 10 万美元的小额定期存款计入 M_2,大于 10 万美元的大额定期存款被排除在货币统计口径之外。

(四) 各国对货币持有部门还存有争议

根据 IMF《货币与金融统计手册》(2000 年版) 的规定,"货币持有部门"通常包括除存款性公司和中央政府以外的所有的居民部门。但在实践中,各国之间的分歧较大,争议主要集中在对非存款性金融机构和政府部门的处理上。

关于非存款性金融机构是否构成货币持有部门,各国在具体操作中存在较大差异。总体看,对非存款性金融机构的处理主要有三种方法:一是将所有非存款性金融机构都作为货币持有者,持有这种观点的国家较多。这也是《货币与金融统计手册》(2000 年版) 的处理方法。目前美国、欧盟、加拿大、韩国等国家(地区)都将非存款性金融机构视为货币持有部门进行统计。二是将所有非存款性金融机构都不视为货币持有部门,如日本和澳大利亚等国。三是将部分非存款性金融机构视为货币持有者,如英国。英格兰银行在 2007 年底提出了一个从 M_4 统计中排除部分非存款性公司的议案,并从 2009 年 7 月开始在发布原 M_4 的基础上,增加一项不包括中介类金融机构存款的 M_4 统计指标。

关于政府部门是否构成货币持有部门,各国在货币统计中也存在一定分歧,主要表现为对中央政府和对地方政府的处理方法上。对中央政府,美国、日本和我国均不将中央财政存款计入货币供应量,而欧盟将中央政府的部分存款计入货币供应量。对地方政府,美国、欧盟和日本等国将其作为货币持有部门,而我国地方政府存款不计入货币供应量。

第二章　货币供给理论——货币乘数分析

　　货币供给理论是当代西方主要的货币经济理论，但是，相对于货币需求理论，货币供给理论的产生和形成要晚得多。直到 20 世纪 60 年代，才出现现代意义上的货币供给理论。这是因为，在很长的时间里，绝大多数经济学家（包括凯恩斯）都把货币供给作为中央银行（货币当局）能够完全控制的外生变量，因而他们不研究货币供给的决定过程，而只研究当中央银行改变货币供给量的时候，经济会发生哪些变化。但事实上，中央银行并不具有绝对地控制货币供给的能力。中央银行能够直接控制的只是基础货币（又称高能货币、货币基数），而基础货币对全部货币供给量的影响还有赖于商业银行和非银行公众的行为。由于这些行为并不是独立于经济运行的外生变量，因而货币供给也不可能是一个外生变量。现在，经济学家们越来越清楚地认识到，货币供给的决定过程之复杂，绝不亚于任何其他经济变量的决定过程。

　　同上述视货币供给为外生变量的观点相吻合的，是那些对货币供给决定机制的简单的和机械的描述，这起源于菲利普斯（C. A. Phillips）的分析。[1] 菲利普斯分析了在银行不持有超额准备，公众也不持有通货或定期存款等假定情况下的货币供给过程。之后，一些教科书放松了假定条件，扩展了菲利普斯的分析，但是，它们并没有摆脱菲利普斯分析的基本框架，都是用几个简单的数学关系来描述货币供给决定机制。直到 20 世纪 60 年代，弗里德曼、菲里普·卡甘（Philip Cagan）等著名经济学家才试图脱离这一传统。他们深入分析了决定货币供给的各种因素，尤其是研究了政府、银行和公众的行为对货币供给的影响，从而形成了比较完整的货币供给的决定理论。

　　完整的货币供给理论应该包括货币供给的决定理论、货币供给影响经济的理论及控制货币供给的理论，但一般所谓的货币供给理论主要是指货币供给的决定理论，这也是本章将要介绍的内容。

　　本章将追溯货币供给理论从简单分析到复杂理论的演变过程。我们认为，

---

① 菲利普斯：《银行信用》（*Bank Credit*），1920。

这一演变过程至今已大致经历了三个阶段。第一阶段是以菲利普斯（C. A. Phillips）的理论为代表的简单的或原始的货币供给分析，第二阶段是以米德（J. E. Meade）的理论为代表的早期的货币供给分析[1]，第三阶段是以弗里德曼—施瓦兹（M. Friedman and A. J. Schwartz）和卡甘（Phillip Cagan）等人的理论为代表的现代货币供给决定理论分析[2]。

归结看来，在这些分析中，货币供给量都决定于基础货币与一个乘数的乘积，用公式表示就是 $M = mB$。所以，现代货币供给量决定因素的分析主要也就是货币乘数分析，现代货币供给的决定模型一般就是货币乘数模型。尽管 $M = mB$ 这一公式从形式上看很简单，但它包含着丰富的内容，凝聚着许许多多经济学家的贡献。

第一节　菲利普斯的货币乘数理论

菲利普斯的货币乘数理论常被称为教科书式的理论，因为曾经在很长的一段时期中存在于货币银行学教科书中关于银行准备金与货币供给的简单联系，就源于菲利普斯的分析。菲利普斯假设，银行不持有超额准备金，公众也不持有通货或定期存款，而只持有活期存款。于是，当银行的准备金增加时，银行就会增加贷款，从而增加活期存款。所增加的活期存款等于所增加的准备金与活期存款法定准备金率之倒数的乘积。

之后，不少教科书扩展了菲利普斯的分析，考虑了银行持有超额准备金和公众持有通货及定期存款等情况下的货币供给决定过程。但是，这些教科书并没能摆脱菲利普斯分析的基本框架。它们所描述的货币供给的决定机制，仍然只是几个简单的数字关系。它们即使已考虑到公众所持通货与银行存款之比及银行所持准备金与存款之比对货币供给的影响，也只是简单地假设（或实际上假设）这些比例关系为不变的常数。人们甚至在当代货币银行学教科书中，也能看到这一简单化传统的影响。

上述对货币供给决定机制的简单的和机械的描述，在上世纪60—80年代

---

① 米德：《货币数量与银行制度》（The Amount of Money and the Banking System），载英国《经济杂志》（Economic Journal），1934（44），77 – 83 页；重刊于美国经济学会编：《货币理论读物》（Readings in Monetary Theory），54 – 62 页，1952。

② 米尔顿·弗里德曼、安娜·J. 施瓦兹：《1867—1960 年美国货币史》（A Monetary History of the United States：1867—1960），普林斯顿大学出版社，1963；卡甘：《1875—1960 年美国货币存量变化的决定及其影响》（Determinants and Effects of Changes in the Stock of Money：1875—1960），1965。

受到了经济学家们的严厉批评。其中美国经济学家范德（David I. Fand）的一段批评意见经常被各种经济学文献所引用。他说："在货币银行学教科书中，有着银行准备金、存款与货币之间的简单明了的联系。在那里，银行使用它们所有的准备金，它们也没有自由准备金，而银行和公众的资产组合亦没有任何变动。于是，我们没有必要考虑货币供给的问题，因为它基本上只是一个算术问题。一旦我们抛弃了准备金、存款与货币之间的这一简单的和机械的联系，货币供给就作为一个经济变量而成为一个独立的存在物——这个经济变量决定于各经济主体的行为，并且可作为经济分析的对象。"[1] 可见，以菲利普斯理论为代表的简单的货币乘数分析，视中央银行所规定的法定准备率为决定货币乘数的唯一因素，视法定准备率和中央银行对商业银行准备金（也就是基础货币）的供给为决定货币供给的两大因素，而忽视了公众和商业银行的行为在货币乘数和货币供给决定过程中的重要作用，也就是忽视了经济活动对货币供给的影响。这一简单的货币乘数分析就是货币供给外生论的典型代表。

不过，也有人为菲利普斯的理论"鸣冤叫屈"。如英国著名经济学家佩塞克（Boris P. Pesek）认为，菲利普斯的理论准确地描述了银行信贷扩张的乘数过程，是"我们现代（货币乘数）理论的奠基石"[2]"菲利普斯的理论长期以来为人们所忽视，这是很遗憾的。"[3] 但是，佩塞克的观点并没有为多数经济学家所接受。

第二节　米德的货币供给模型

米德的货币供给模型是传统货币供给理论的代表，在西方货币供给决定理论中占有重要地位，直到今日，仍有着重要的影响。米德的货币供给决定理论经常为西方经济学家所引用，如已故英国著名经济学家 H. G. 约翰逊曾以米德的理论为例，来反驳托宾等人的所谓"新观点"对传统货币供给理论的攻击。[4] 他说："即使在凯恩斯革命很久以前，在关于货币供给决定理论的分析中，以通货与存款的意愿比率为表现形式的公众的资产偏好，就已经在银行存

---

① 范德：《货币供给分析的某些含义》（Some Implications of Money Supply Analysis），载《美国经济评论》，1967 年 5 月，380 页。

② 佩塞克：《货币与银行的微观经济学及其他论文集》（Microeconomics of Money and Banking and Other Essays），39 页，纽约州立大学出版社，1988 。

③ 佩塞克：《货币与银行的微观经济学及其他论文集》，58 页，纽约州立大学出版社，1988。

④ 关于"新观点"理论详见本书第六章。

款额的决定中扮演了一个基本的角色，而银行存款额决定的基础则是货币当局所供给的一定量的现金基数（Cash Base）。"[1] 米德研究了在三种不同类型的银行制度下，货币数量如何决定的问题。他同时还指出，他的研究方法能推而广之，运用到其他类型的银行制度中。

一、第一种银行制度下货币量的决定

米德研究的第一种银行制度为："没有金币流通，而由中央银行单独发行银行券。"[2] 米德假设，中央银行对它所发行的银行券及其会员银行（Member Banks）在中央银行的存款（即中央银行对会员银行的存款负债）保持一定比率的黄金准备。而会员银行也对其存款负债保持一定比例的准备金。这些准备金包括中央银行的银行券或在中央银行的存款。货币量则为会员银行的全部存款负债与公众持有的中央银行银行券之和。公众也在其货币持有额中保持一定比率的中央银行银行券。[3]

为导出货币量的决定公式，米德作了如下规定：G 代表中央银行持有的黄金量，N 代表中央银行的银行券发行量，其中 N_1 及 N_2 分别代表会员银行及公众所持有的银行券，B 代表中央银行对其会员银行的存款负债，D 代表会员银行的存款负债，M 代表货币量，l 代表中央银行银行券的黄金准备比率，m 代表中央银行对其会员银行的存款负债的黄金准备的比率，n 代表会员银行的存款准备金比率，p 代表会员银行在中央银行的存款占会员银行准备金总额的比率，q 代表公众所持中央银行的银行券占其货币持有额的比率。

根据以上规定，米德作了如下推导：

$$G = lN + mB$$
$$N = N_1 + N_2$$
$$nD = N_1 + B$$
$$B = p(N_1 + B)$$
$$M = N_2 + D$$
$$N_2 = qM$$

于是，货币供给量为

---

① H. G. 约翰逊：《货币经济学论文选》（Selected Essays in Monetary Economics），200 页，1978。
② 米德：《货币数量与银行制度》，重刊于美国经济学会编：《货币理论读物》，54 页，1952。
③ 米德没有指出公众所持货币额中的其余部分，但很明显，这其余部分就是公众持有的会员银行的存款负债。

$$M = \frac{G}{n(1-q)[l-p(l-m)]+lq} \tag{2-1}$$

二、第二种银行制度下货币量的决定

米德研究的第二种银行制度为："中央银行对其所有负债保持相同比例的黄金准备，而不管这些负债是中央银行的银行券，还是其存款负债。"[①] 显然，在这种银行制度下，$l = m$，并可设 $l = m = l'$。于是

$$M = \frac{G}{l'(n+q-qn)} \tag{2-2}$$

有趣的是，在式（2-2）中，p 消失了。这是因为，如果中央银行对它所发行的银行券与其存款负债保持相同比例的黄金准备，那么在会员银行的准备金中，会员银行所持中央银行银行券与会员银行在中央银行存款之间比例的变动，将不会影响货币量。

三、第三种银行制度下货币量的决定

米德研究的第三种银行制度为："中央银行银行券的发行量等于其黄金持有量加一既定的信用发行量，并使其银行券的发行量中不进入流通的部分与其对会员银行的存款负债保持一定的比例。"[②] 若以 K 代表上述信用发行量，k 代表银行部门内（不进入流通）的银行券与中央银行对其会员银行的存款负债之间的比例，就有

$$M = \frac{G+K}{n(1-q)(1-p)+q} \tag{2-3}$$

在式（2-3）中，p 又出现了。这表明，在第三种银行制度下，p 的变化将影响 M。这是因为，在会员银行的准备金总额中，会员银行所持有的中央银行银行券与其在中央银行存款之间的比例的变化，将会影响 k，从而影响 M。

四、米德模型的理论意义

米德对上述三个等式，并没有从理论上作进一步的分析。但是，我们不难看出，米德模型在根本点上已接近现代货币供给决定模型（如后文将要介绍的弗里德曼—施瓦兹与卡甘模型）。根据这三个等式，社会货币供给量等于某一基础货币量（G 或 $G+K$）与一乘数的乘积，而这一乘数又决定于公众和银

---

① 米德：《货币数量与银行制度》，重刊于美国经济学会编：《货币理论读物》，55 页，1952。
② 米德：《货币数量与银行制度》，重刊于美国经济学会编：《货币理论读物》，56 页，1952。

行的行为等一系列因素。这与现代货币供给决定模型的基本思路是一致的。尤其是在式（2-3）中，$G+K$ 在量上等于中央银行发行的全部银行券，为现代所谓基础货币的重要组成部分。可见，式（2-3）不仅在内容上，而且在形式上也同现代货币供给决定模型相一致。由此可以认为，现代货币供给决定模型与米德模型有着很深的渊源关系。

同时，我们还看到，米德模型很强调中央银行所持黄金量的变化对货币供给的影响，这可能是因为当时金本位制还没有完全崩溃的缘故。但时至今日，中央银行的黄金存量已不再是其通货供给量的主要决定因素，因而也不再是整个社会货币供给量的主要决定因素。所以，在现代货币供给决定模式中，以基础货币的概念代替米德模型中的 G 或 $G+K$，反映了决定货币供给的最基本因素的变化。

让我们进一步分析米德模型中货币乘数的决定。在上述三种银行制度中，比较接近现代银行制度的是第二种，而式（2-2）中的货币乘数也已很接近现代货币供给决定模型中的货币乘数。在下文中我们会看到，在弗里德曼—施瓦兹和卡甘等人的货币供给决定模型中，决定货币乘数的主要因素是商业银行的存款准备金比率和公众所持银行存款与所持通货之比。这两个比率的意义同式（2-2）中的 n 及 q 的意义基本相同。可以说，米德的货币乘数分析是现代货币乘数分析的先驱。

当然，米德并没有深入分析公众和银行行为对货币供给的具体影响。这是米德的理论同现代货币乘数分析的主要区别，也是米德理论的主要缺陷。正是在深入分析这些影响的过程中，以及在分析基础货币对货币供给的影响的过程中，诞生了现代货币供给的决定理论，或现代货币乘数分析。下面将介绍的都是现代货币乘数分析中具有代表性和很大影响的理论。

第三节　弗里德曼—施瓦兹的货币供给决定理论[①]

弗里德曼—施瓦兹关于货币供给量决定因素的分析见诸于他俩合著的《1867—1960 年的美国货币史》一书，主要是在该书的附录 B 中。

弗里德曼—施瓦兹将现代社会的货币划分为两种类型：一是货币当局的负债，即通货；二是商业银行的负债，即银行存款。若以 M、C 和 D 分别代表货币存量、非银行公众所持有的通货和商业银行的存款，则有下式：

[①]　本节及下四节中的大部分素材曾在盛松成、施兵超、陈建安所著的《现代货币经济学》中使用过，第三版，北京，中国金融出版社，2012。

$$M = C + D \qquad (2-4)$$

而根据高能货币（High-Powered Money）① 的定义，又有

$$H = C + R \qquad (2-5)$$

式中，H 和 R 分别表示高能货币和商业银行的存款准备金。由此可得下式：

$$\frac{M}{H} = \frac{C+D}{C+R} = \frac{\frac{D}{R}\left(1+\frac{D}{C}\right)}{\frac{D}{R}+\frac{D}{C}} \qquad (2-6)$$

或

$$M = H \times \frac{\frac{D}{R}\left(1+\frac{D}{C}\right)}{\frac{D}{R}+\frac{D}{C}} \qquad (2-7)$$

我们知道，货币量为高能货币与一乘数之积，即 $M = m \times H$。在上式中，货币乘数 m 为：$\dfrac{D/R\ (1+D/C)}{D/R+D/C}$。

式（2-7）是弗里德曼—施瓦兹在分析货币供给量决定因素时所使用的基本方程式。从这一方程式中我们可以看出决定货币存量的三个因素：高能货币 H、商业银行的存款与其准备金之比 D/R 以及商业银行的存款与非银行公众持有的通货之比 D/C。弗里德曼—施瓦兹称这三个因素为"货币存量的大致的决定因素（Proximate Determinants）"②。其中，D/R 与 D/C 为货币乘数的决定因素。下面我们逐一分析这些因素。

分析高能货币可从其来源与使用两个方面着手。弗里德曼—施瓦兹采用的是后一种方法。从高能货币的使用看，它是非银行公众所持有的通货与银行的存款准备金之和。它们之所以被称为高能货币，是因为一定量的这样的货币被银行作为准备金持有后可引致数倍的存款货币。而"如果其他条件不变（即 D/R 与 D/C 不变），高能货币总量的任何增长都将导致货币存量的同比率增长"③。

高能货币的一个典型特征就是能随时转化为（或被用作）银行的存款准

---

① 《1867—1960 年的美国货币史》出版后，西方经济学家开始广泛使用高能货币的概念，然而弗里德曼和施瓦兹并非这一概念的创造者。早在 1936 年，伯吉斯（W. R. Burgess）就已使用这一术语（参见弗里德曼—施瓦兹：《1867—1960 年的美国货币史》，英文版，50 页，注 59）。

② 弗里德曼—施瓦兹：《1867—1960 年的美国货币史》，英文版，791 页，普林斯顿大学出版社，1963。

③ 弗里德曼—施瓦兹：《1867—1960 年的美国货币史》，英文版，50 页，普林斯顿大学出版社，1963。

备，不具备这个特征的就不是高能货币。银行的存款准备金被视做高能货币的组成部分是理所当然的，但公众所持有的通货也成为高能货币的一部分，是因为如前所述，通货很容易被转化成银行存款，而后者又在一定条件下成为银行的准备金。从某种意义上说，通货是一种潜在的高能货币，只有当它转化为银行存款时，它才是现实的高能货币。所以，我们应该分析这一转变的可能性与实现条件。遗憾的是，弗里德曼—施瓦兹并未作此分析。在他们的理论中，通货与银行存款准备金在创造存款货币的过程中似乎有着相同的作用。

不难理解，D/R 比率的变化会引起货币存量的同方向的变化。这是因为，这一比率愈高，一定量的存款准备金所能支持的存款也就愈多。同样，D/C 的值愈大，高能货币中充当银行准备金的部分就愈大，从而货币乘数就愈大，货币存量也就愈大。就是说，D/C 比率的变化也将导致货币存量的同方向的变化。

但是，我们却难以直接从式（2-7）来看出这些影响。在该式的分子和分母中，都有 D/R 和 D/C，所以当这两个比率中的任何一个变动时，分子和分母都会发生变化，从而使人无法断定 m 将上升还是下降，也无从确知 M 竟将扩张还是收缩。对此，弗里德曼—施瓦兹也未予以阐明。不过这个问题并不难解决。[①]

若设 D/R 和 D/C 分别为 A 和 B，弗里德曼—施瓦兹的货币乘数公式就为

$$m = \frac{A(1+B)}{A+B} \qquad (2-8)$$

现对式（2-8）分别求 A 和 B 的偏导数：

$$\frac{\partial m}{\partial A} = \frac{(1+B)(A+B) - A(1+B)}{(A+B)^2} = \frac{A+B+AB+B^2-A-AB}{(A+B)^2}$$

$$= \frac{B(1+B)}{(A+B)^2} > 0 \qquad (2-9)$$

$$\frac{\partial m}{\partial B} = \frac{A(A+B) - A(1+B)}{(A+B)^2} = \frac{A^2+AB-A-AB}{(A+B)^2} = \frac{A(A-1)}{(A+B)^2} > 0 \text{[②]}$$

$$(2-10)$$

由式（2-9）和式（2-10）可知，货币乘数，从而货币存量分别为 D/R 和 D/C 的递增函数，即 D/R 和 D/C 的变化会引起货币乘数和货币存量的同方向的变化。这一结论与上述理论分析的结论相同。

我们还应看到，D/R 的变化与 D/C 的变化是互相联系着的，因此，货币量的影响并不像以上分析的那么简单。例如，当 D/R 比率上升时，存款 D 就

---

① 以下解决方法的思路是上海财经大学财政系 1989 级学生郑蓉向笔者提出的。

② 因为 $A = D/R > 1$。

增加。这势必影响到 D/C 比率，而且一般说来，这一比率也将提高。

从以上分析中我们不难看出，货币量的决定涉及到三个经济主体：公众、银行部门及货币当局。[①] 弗里德曼—施瓦兹还认为，上述三个决定货币存量的因素分别决定于这三个经济主体的行为。

"在信用货币制度下，……高能货币量决定于政府的行为"[②] 即决定于政府（在美国也就是财政部及联邦储备体系）关于发行多少信用货币作为公众手持通货和银行准备金的决策。

"银行存款与其准备金之比首先决定于银行体系，……"[③] 银行体系并不能决定其存款与准备金的绝对量，因为它们受到高能货币量的限制，并同银行存款与公众所持通货之比（即 D/C）有关，但却能决定这两者之比。一般说来，银行能通过改变其超额准备金而迅速地达到它们意愿的存款与准备金之比。当然，这一比率还受制于政府对银行存款准备率的规定，并且同经济形势直接相关。当银行由于经济萧条而无法顺利地实施其贷款时，银行将不得不改变其意愿的 D/R 比率。

"存款与通货之比首先决定于公众……"[④] 同样地，公众也只能决定其存款与通货之比，而无法决定各自的绝对量，而且，这一比率还受到银行所提供的与存款有关的服务及所支付利息大小的影响。这类服务越多，利率越高，在公众持有的货币中银行存款所占的比重就越大。

由上可见，不仅上述决定货币存量的三个因素互相联系着，而且这三个因素也并非独立地决定于不同的经济主体，而是同时受其他经济主体行为的影响。

弗里德曼—施瓦兹利用上述分析框架，检验了 1867—1960 年的美国货币史，得出了以下结论。首先，高能货币量的变化是广义货币存量的长期性变化和主要周期性变化的主要因素。[⑤] 其次，D/R 比率和 D/C 比率的变化对金融危

---

① 区分这些经济主体的标准在于它们各自在货币发行中的作用。例如，地方政府和州政府被列入"公众"的范围，因为他们没有发行货币的权力。

② 弗里德曼—施瓦兹：《1867—1960 年的美国货币史》，英文版，51 页，普林斯顿大学出版社，1963。

③ 弗里德曼—施瓦兹：《1867—1960 年的美国货币史》，英文版，52 页，普林斯顿大学出版社，1963。

④ 弗里德曼—施瓦兹：《1867—1960 年的美国货币史》，英文版，52 页，普林斯顿大学出版社，1963。

⑤ 这一结论有着重要的政策含义，这就是："联邦储备体系可以通过控制高能货币的发行，来抵消其他因素在某一短时期内的任何非意愿的变化，因而这一体系对货币量的控制发挥着重要的作用。"施瓦兹：《对 1929—1933 年萧条的解释》（Understanding 1929—1933），载卡尔·布伦纳：《大萧条回顾》（The Great Depression Revisited），27 页，1981。

机条件下的货币变动有着决定性的影响，而 D/C 比率的变化则对货币的温和的周期性变化起着重要的作用。

我们知道，弗里德曼—施瓦兹通过对近百年来美国货币史的分析，得出了三个重要结论。[①] 其中第一个和第三个结论就是，货币存量的变化同经济主体行为的变化密切相关，但货币的变化往往有其独立的渊源，而并非经济主体行为变化的简单的反映。不难看出，如果没有上述弗里德曼—施瓦兹关于货币存量决定因素的分析，他们也难以得出这些结论。

可以说，弗里德曼—施瓦兹是现代货币供给决定理论的先驱者。之后，许多经济学家沿着他们开辟的道路继续探索。也有人几乎与他们同时开展了这一方面的研究。菲里普·卡甘就是其中突出的一位。

第四节　卡甘的货币供给决定理论

几乎就在弗里德曼—施瓦兹写作《1867—1960 年的美国货币史》一书的同时，美国著名经济学家菲里普·卡甘也系统而又深入地研究了美国 85 年中货币存量的主要决定因素。这一研究的结果就是他出版于 1965 年的专著《1875—1960 年美国货币存量变化的决定及其影响》。虽然这两本著作都试图阐明货币在经济活动中的作用，但卡甘的著作就如书名所标明的，是专门分析货币存量决定因素及其影响的，而弗里德曼—施瓦兹的著作只是涉及到这一问题而已。就分析货币量的决定而言，这两本著作所使用的方法很相似，而且这三位经济学家在写作过程中经常交流研究成果，所以有人将他们的分析称为："弗里德曼—施瓦兹—卡甘分析"。[②] 但就笔者所知，卡甘的分析是对近 100 年美国货币供应量决定的最全面最深入因而也最具有代表性和权威性的分析，无论在理论上还是在方法上，都有着重大的意义。所以，本书将比较详细地阐述这一分析。

一、决定货币存量的三个因素

同弗里德曼—施瓦兹一样，卡甘也将货币定义为公众手持通货及商业银行

---

① 弗里德曼—施瓦兹：《1867—1960 年的美国货币史》，英文版，676 页，普林斯顿大学出版社，1963。

② 安德森：《货币存量决定的三种分析》（Leonall C. Andersen, *Three Approaches to Money Stock Determination*），载美国《圣·路易斯联邦储备银行评论》，1967 年 10 月，6–13 页。

的活期存款和定期存款,[①] 并且卡甘采用了与弗里德曼—施瓦兹相同的分析货币供给的框架,但是,在卡甘的模式中,决定货币存量的三个因素与弗里德曼—施瓦兹模式中的略有不同。这一模式如下:

$$M = \frac{H}{\dfrac{C}{M} + \dfrac{R}{D} - \dfrac{C}{M}\dfrac{R}{D}}[②] \qquad\qquad (2-11)$$

我们发现,弗里德曼—施瓦兹模式中的银行存款与通货之比和银行存款与其准备金之比分别为式 (2-11) 中的通货与货币存量之比和准备金与存款之比所代替。当然,这些区别并没有多大的理论上的意义。[③] R/D 只是 D/R 的倒数,而 C/M 同 D/C 一样也反映了 M、C 和 D 三者之间的关系,因为 $M = C + D$。卡甘将 C/M 和 R/D 分别称为通货比率(Currency Ratio)和准备金比率(Reserve Ratio)。

同弗里德曼—施瓦兹一样,卡甘也认为,政府控制高能货币,而公众和商业银行则共同决定高能货币为公众持有和为银行所持有的比例。公众通过将手持通货转换为银行存款或将银行存款转换为手持通货来改变其高能货币的持有额,而商业银行体系则可通过贷款及投资或收回贷款和投资来改变它所持有的高能货币额。公众的上述行为改变通货比率,而商业银行体系的行为则改变准备金比率。显然,当公众减少通货持有额而相对增加银行存款时,银行准备金就增加了;如果此时准备金比率保持不变,则货币存量将增加。同样,当银行增加贷款时,如果存款不变,准备金比率就降低了,货币存量则增加了。从式 (2-11) 看,通货比率和准备金比率都总是小于 1,所以,等式右边分母中的第三项小于前两项中的任何一项,因而,若高能货币以及通货比率和准备金比率中的任一比率保持不变,另一比率上升将使货币存量减少,反之则反是。可

---

① 卡甘将货币"包括商业银行的定期存款的主要理由是,在 1914 年以前的资料中,定期存款无法令人满意地与活期存款相分离,并且直到 30 年代,也不可能在两者中作出有意义的划分,因此,为了便于比较,在 30 年代以后的时期中,定期存款也包括在货币中。"(卡甘:《1875—1960 年美国货币存量变化的决定及其影响》(*Determinants and Effects of Changes in the Stock of Money*, 1875—1960),3 页,哥伦比亚大学出版社,1965。显然这同弗里德曼的货币定义略有不同,因为在弗里德曼看来,货币是财富贮藏的形式,所以必须包括银行定期存款。

② 根据定义:$M = C + D$
因此:$D/M = 1 - C/M$
于是:$R/M = R/D \times D/M = R/D(1 - C/M)$
从而:$H/M = (C + R)/M = C/M + R/M = C/M + R/D(1 - C/M) = C/M + R/D - R/D \times C/M$

③ 弗里德曼—施瓦兹就曾说过:"我们采用存款与通货之比,而不是它的倒数,以使货币存量同这一决定因素成正相关关系,而不是成负相关关系。"(《1867—1960 年的美国货币史》,788 页)卡甘也说:他使用不同于弗里德曼—施瓦兹的两种比率关系,只是为了"更方便"一些而已(卡甘:《1875—1960 年美国货币存量变化的决定及其影响》,12 页,注9)。

见，货币存量同通货比率和准备金比率成负相关关系。

除了分析货币存量的各个决定因素外，卡甘还阐述了这些因素间的相互联系。卡甘认为，这些联系可分为间接联系和直接联系两种。间接联系源于"各个决定因素对某些相同的经济现象的依赖"[1]。例如，在商业周期的各个阶段或发生金融危机时，各个因素都会发生变化。直接联系比间接联系更重要、更复杂，它源于某一决定因素对另一决定因素变化的反映。例如，当公众将一部分手持通货转变成银行存款，从而降低了通货比率并增加了银行准备金时，如果银行不能及时增加贷款或投资，则准备金比率就会提高。

二、各决定因素对货币存量变化的作用

卡甘不仅分析了决定货币供应量的各个因素，而且深入地检验了各个决定因素对货币存量变化的作用大小。这是卡甘的分析区别于弗里德曼—施瓦兹的分析以及其他各种货币量决定因素分析的显著标志之一。为了作此检验，卡甘首先对式（2-11）求自然对数，从而获得以下恒等式：

$$\ln M = \ln H - \ln\left(\frac{C}{M} + \frac{R}{D} - \frac{C}{M}\frac{R}{D}\right) \qquad (2-12)$$

并对上式求时间导数：

$$\frac{\mathrm{d}\ln M}{\mathrm{d}t} = \frac{\mathrm{d}\ln H}{\mathrm{d}t} + \frac{M}{H}\left(1-\frac{R}{D}\right)\frac{\mathrm{d}\left(-\frac{C}{M}\right)}{\mathrm{d}t} + \frac{M}{H}\left(1-\frac{C}{M}\right)\frac{\mathrm{d}\left(-\frac{R}{D}\right)}{\mathrm{d}t}[2] \qquad (2-13)$$

---

[1] 卡甘：《1875—1960 年美国货币存量变化的决定及其影响》，15 页。

[2] 因为

$$\frac{\mathrm{d}\ln\left(\frac{C}{M} + \frac{R}{D} - \frac{C}{M}\frac{R}{D}\right)}{\mathrm{d}t} = \frac{1}{\frac{C}{M} + \frac{R}{D} - \frac{C}{M}\frac{R}{D}} \cdot \frac{\mathrm{d}\left(\frac{C}{M} + \frac{R}{D} - \frac{C}{M}\frac{R}{D}\right)}{\mathrm{d}t}$$

$$= \frac{M}{H}\frac{\mathrm{d}\left(\frac{C}{M} + \frac{R}{D} - \frac{C}{M}\frac{R}{D}\right)}{\mathrm{d}t}$$

$$= \frac{M}{H}\frac{\mathrm{d}\left(\frac{C}{M}\right)}{\mathrm{d}t} + \frac{M}{H}\frac{\mathrm{d}\left(\frac{R}{D}\right)}{\mathrm{d}t} - \frac{M}{H}\frac{C}{M}\frac{\mathrm{d}\left(\frac{R}{D}\right)}{\mathrm{d}t} - \frac{M}{H}\frac{R}{D}\frac{\mathrm{d}\left(\frac{C}{M}\right)}{\mathrm{d}t}$$

$$= \frac{M}{H}\left(1-\frac{R}{D}\right)\frac{\mathrm{d}\left(\frac{C}{M}\right)}{\mathrm{d}t} + \frac{M}{H}\left(1-\frac{C}{M}\right)\frac{\mathrm{d}\left(\frac{R}{D}\right)}{\mathrm{d}t}$$

所以

$$\frac{\mathrm{d}\ln M}{\mathrm{d}t} = \frac{\mathrm{d}\ln H}{\mathrm{d}t} - \frac{\mathrm{d}\ln\left(\frac{C}{M} + \frac{R}{D} - \frac{C}{M}\frac{R}{D}\right)}{\mathrm{d}t}$$

$$= \frac{\mathrm{d}\ln H}{\mathrm{d}t} + \frac{M}{H}\left(1-\frac{R}{D}\right)\frac{\mathrm{d}\left(-\frac{C}{M}\right)}{\mathrm{d}t} + \frac{M}{H}\left(1-\frac{C}{M}\right)\frac{\mathrm{d}\left(-\frac{R}{D}\right)}{\mathrm{d}t}$$

以上等式的左边代表货币存量的变化率，等式右边分别代表高能货币的变化率、通货比率的变化率及准备金比率的变化率对货币存量的变化率的作用。

利用以上等式，卡甘运用统计手段并从理论上检验与分析了美国 1875—1960 年间各决定因素在货币存量的长期性增长和货币存量增长（及下降）率的周期性变化中所发挥的作用。

对于货币在长期中的增长，卡甘划分了两个时期——第一次世界大战前和第一次世界大战后。这一划分有两个原因：第一，在前一时期，美国是典型的金本位制国家，而到后一时期，这种典型的金本位制已不存在；第二，美国于 1913 年成立了联邦储备体系，这无疑对美国的货币供应以至整个货币金融领域产生了极其重大和深远的影响。

根据上述卡甘的货币定义，美国货币供应量从 1875 年到 1955 年平均每年增长 5.7%。从表 2－1 可以看出，高能货币的变化是货币存量在长期中增长的主要原因。"高能货币的增长是 9/10 的货币存量增长的原因"[1]。而通货比率和准备金比率的作用则很小。只有 1/10 的长期性货币增长是由这两个比率的下降所引起的，因为在大部分时期，这两个比率的变化对货币量的影响差不多都互相抵消了。

表 2－1　　　　　美国货币存量变化率的来源
——从 1875 年 8 月到 1955 年 12 月的平均数

	各因素的变化引起货币量变化的平均率（每年平均百分率）			各因素的相对影响（百分率）[2]			
	货币量的增长（1）	高能货币的影响（2）	通货比率的影响（3）	准备金比率的影响（4）	货币量的增长（5）	高能货币的影响（6）	通货比率的影响（7）	准备金比率的影响（8）
所有年份	5.7	5.2	0.5	0.1	100	91	9	2
两次大战期间	16.0	16.3	−5.5	6.0	100	102	−34	37
非战争期间	4.9	4.3	1.0	−0.3	100	88	20	−6
1917 年前	6.3	4.3	1.6	0.6	100	68	25	10
1918 年后	3.2	4.4	0.2	−1.4	100	138	6	−44

数据来源：卡甘：《1875—1960 年美国货币存量变化的决定及其影响》，19 页。

我们还发现，在两次大战期间，不仅货币供应量迅速增长，而且高能货币

[1]　卡甘：《1875—1960 年美国货币存量变化的决定及其影响》，19 页。
[2]　第（1）至（4）列分别除以第（1）列，得到第（5）至（8）列。

的增长更快于货币量的增长。而通货比率则异乎寻常地提高，以至于对货币量的增长产生了负面影响。这表明战争期间人们手持通货大大增加。这一现象的出现，可能是由于人们在战争期间有不安定的感觉，并对银行的信心下降。两次大战期间的另一反常现象是准备金比率剧烈下降，从而抵消了由于通货比率的提高而对货币量的增长产生的负面影响。

第一次世界大战后货币量的增长速度远远慢于第一次世界大战前，而高能货币的增长速度则有增无减，使得高能货币的增长对货币量增长的影响大大加强，从战前的68%提高为战后的138%。这一变化说明，一战后高能货币的增长速度超过了货币量本身的增长速度。与此同时，一战后准备金比率则比战前提高了，从而导致了它对货币量增长的负面影响。上述高能货币和准备金比率的变化，都表明了第一次世界大战后美国政府加强了对货币的管理和控制。

除了分析各决定因素对长期性货币增长的影响外，卡甘更注重研究各因素在货币存量增长（及下降）率的周期性变化中的作用。这可能是因为他觉得，通过对后者的分析，更能看出各因素的决定作用以及货币对经济的影响。

货币存量增长（及下降）率的周期性变化是指货币存量的增长率从上升、下降到再一次上升（也可能是从货币存量下降率的下降、货币存量增长、货币存量增长率的上升、货币存量增长率的下降、货币存量下降到货币存量下降率的再一次下降）的周期性变化。卡甘发现，货币存量增长（及下降）率的周期性变化同周期性的商业循环有着高度的相关性。除个别时期外，商业周期的低潮总是紧随在货币增长率的低潮后，商业周期的高潮也总是紧随在货币增长率的高潮后。"在货币变动的周期与相应的商业周期之间普遍存在着一对一的一致性（One–to–One Correspondence）"[1]。

卡甘分析了从1877年至1953年货币存量增长率（及下降率）变化的18个周期，并区分了非战时周期和战时（即两次大战时的）周期、剧烈变动的周期和温和变动的周期。他发现，对于这18个周期，通货比率的周期性变动是最重要的（见表2–2），它"是货币存量变化率周期性变动的差不多一半的来源"[2]，而"高能货币和准备金比率则分别是1/4的来源"[3]。而且，通货比率的周期性变动对货币存量的影响很有规律，而高能货币的影响却缺乏这种规律性，它的变动周期同货币存量的变动周期并不很一致。

---

[1] 卡甘：《1875—1960年美国货币存量变化的决定及其影响》，4页，1965。
[2] 卡甘：《1875—1960年美国货币存量变化的决定及其影响》，134页，1965。
[3] 卡甘：《1875—1960年美国货币存量变化的决定及其影响》，28页，1965。

但在两次大战期间，高能货币的影响比非战争时期提高了 1 倍以上，而通货比率的影响则下降到非战争时期的 1/2 以下，于是高能货币在战时完全取代了上述通货比率的地位。与此形成鲜明的对照，准备金比率的影响在战时并没有多大的变化。

表 2 - 2　各决定因素对货币存量周期性变化的相对影响（1877—1953 年）

单位：百分率

周期	货币量的变化	高能货币的影响	通货比率的影响	准备金比率的影响
所有 18 个周期，1877—1953 年	100	27	46	26
战时 2 个周期，1913—1918 年和 1937—1948 年	100	51	24	25
非战时 16 个周期，1877—1953 年	100	21	53	26
其中：10 个周期，1877—1913 年	100	3	48	47
6 个周期，1918—1953 年	100	37	56	7
其中：6 个剧烈变动周期，1877 —1953 年①	100	25	53	22
3 个周期，1877—1913 年	100	19	36	45
3 个周期，1918—1953 年	100	27	60	12
10 个温和变动周期，1877—1953 年	100	15	52	31
7 个周期，1877—1913 年	100	-6	56	48
3 个周期，1918—1953 年	100	65	44	-8

数据来源：卡甘：《1875—1960 年美国货币存量变化的决定及其影响》，26 页。

我们还发现，在第一次世界大战前的 10 个周期中，高能货币的影响微不足道，而在第一次世界大战后的 6 个周期中，高能货币的周期性变动却成了货币存量变化率周期性变动的主要原因之一。在下面的分析中我们将会看到，1913 年以后，美国高能货币的变化除受黄金存量的变动影响外，还增加了另一重要因素，即联邦储备体系的操作。这一新因素的加入，恐怕是导致上述高能货币的影响在一次大战前后发生巨大变化的主要原因。

有趣的是，准备金比率的影响在第一次世界大战前后的变化恰好与上述高能货币影响的变化相反，即从战前的举足轻重变为战后的微不足道。这是因为，战后随着联邦储备体系的建立和国家对金融管理的加强，银行体系的稳定性大大增强，除 20 世纪 20 年代末至 30 年代初的大危机以外，金融危机对银

---

① 剧烈变动周期是指与 6 次剧烈商业紧缩相一致的货币存量变化率的 6 个剧烈变动周期，而温和变动周期则包括非战时的所有其他周期。

行的威胁已不像战前那么严重，所以，战后银行准备金比率的波动幅度也较小。

令人惊奇的是，在货币存量变化率的剧烈变动周期和温和变化周期中，各因素的相对影响并没有很大的变化，只是高能货币的影响和准备金比率的影响略有不同——高能货币在剧烈变动周期中的影响较大，在温和变动周期中的影响较小，而准备金比率的影响则相反。

毫无疑问，在与剧烈的商业紧缩相一致的货币存量变化率的剧烈变动周期中，政府的干预一定比在温和变动周期中来得大，而改变高能货币量又是政府干预的主要手段之一，所以会有上述高能货币的影响在这两种周期中的不同。

那么，为什么准备金比率在剧烈变动周期中和在温和变动周期中的影响恰好与高能货币的影响相反呢？这是由于该比率对金融危机的反应存在着一个时滞。当危机爆发时，公众迅速增加对通货的需求，而减少其银行存款。这使银行的准备金减少，从而降低了准备金比率。由于银行收缩贷款和出售债券需要一定的时间，因而准备金比率不可能在短期内迅速回升。事实上，由金融危机引致的准备金比率的较大幅度的上升，往往并不发生在货币的剧烈变动周期中，而是出现在随后的温和变动周期的最初阶段中。如果没有这一时滞，准备金比率对剧烈变动周期的影响可能会大得多。

卡甘不仅详细分析了货币存量的各个决定因素，而且深入研究了各决定因素自身变动的原因。后者是卡甘关于货币存量决定因素的分析区别于其他分析的特点之一，也是我们下面要阐述的内容。

三、各决定因素变动的原因

首先分析高能货币变动的原因。

在美国，高能货币由以下三部分所组成：金币和金证券；并非由黄金所担保但却构成了财政部和（自1913年以来）联邦储备银行负债的通货和银行存款余额；（截至1935年）国民银行（National Banks）所发行而作为其负债的银行券。可见，美国高能货币有四大来源，即黄金存量、联邦储备银行、财政部和国民银行。但由于1935年后国民银行已停止发行银行券，因此，实际上当今美国高能货币有三大来源。

卡甘认为，尽管美国高能货币的发行从来没有完全集中过，但是高能货币最终决定于政府对它的控制，因为政府能改变高能货币的发行条件和发行量。所以，政府对货币的管理在绝大多数国家（尤其是在美国）货币史上扮演了重要的角色。当然，政府对高能货币的决定也受制于货币制度。在金本位条件下（如美国 1933 年以前），高能货币的发行受黄金储备的制约。后者又决定于黄金生产和国际贸易状况。因此，从长期看，"高能货币变化的基本源泉在于黄金存量的增长"[①]。而美国 1913 年以来，高能货币量同时受黄金储藏量和联邦储备体系操作的影响。

深入一步看，高能货币在长期中的变化还受经济条件的影响。这些经济条件主要是物价水平、利率水平及一般经济状况。我们知道，黄金的商品价值为一般物价水平的递减函数，所以，一国物价水平的变化会影响该国黄金生产和黄金在该国的流入或流出，从而改变该国的黄金存量。也就是说，物价水平的变化将对高能货币产生负的影响。但高能货币却是利率水平的递增函数，因为利率上升使国民银行发行银行券的收益增加，从而鼓励了银行券的发行，反之则反是。此外，一般经济状况的变化也是引起高能货币变化的重要原因，因为联邦储备体系操作的最重要目的是改善经济状况，而这一操作的重要手段则是改变高能货币量。

接下来我们讨论通货比率变动的原因。

在美国，通货比率在长期中具有下降的趋势。卡甘把这一趋势主要归因于收入和财富的增长以及城市化（Urbanization）。人均实际收入和人均财富的增长会提高人均消费额，从而降低通过支票账户结算每一单位支出的成本。"这可能会增加对存款的需求，而相对减少对通货的需求"[②]。

在这里，卡甘似乎忽视了收入和财富的增长使通货比率下降的另一重要原因，这就是：随着收入和财富的增长，储蓄在收入中所占的比率不断上升，而消费所占的比率则相对下降；由于公众储蓄的主要形式是银行存款，所以随着经济发展和收入增长，在公众所持有的货币总额中，银行存款的比率会不断上升，而通货的比率则逐渐下降。

城市化有助于通货比率下降的原因在于它扩展了银行业的服务范围而减少了通货的使用。银行存款在城市中往往比在乡村中多。城市中银行账户的使用也总是比乡村中广泛。例如，通过银行账户支付工资在城市中就比在乡村中更普遍。

最后分析准备金比率变动的原因。

在卡甘所研究的年代中，美国货币当局对不同类型、不同地区的银行及不

① 卡甘：《1875—1960 年美国货币存量变化的决定及其影响》，98 页，1965。
② 卡甘：《1875—1960 年美国货币存量变化的决定及其影响》，126 页，1965。

同种类存款的准备金的要求是不同的。① 首先，对联邦储备体系成立前的国民银行和成立后的联储会员银行所要求的准备率总是远远高于对其他商业银行所要求的准备率。其次，在国民银行和联储会员银行中，对位于中心准备城市（Central Reserve Cities）、其他准备城市（Other Reserve Cities）及乡村地区的银行所要求的准备率依次递减。再次，对定期存款所要求的准备率低于对活期存款所要求的准备率。

1875 年以来，美国银行系统的准备金比率很不稳定，经常处在较大幅度的变动状态中。卡甘认为，这是由两方面的原因造成的，即存款在不同类型、不同地区的银行及不同种类存款之间的转移和法定准备率的变化。

不难理解，存款在有着不同准备率的银行之间以及在定期存款和活期存款之间的任何重新分配都可能影响所有银行和全部存款的平均准备金率。"然而，事实上，这些转移往往并不发挥重大的影响"②。那些主要的银行受着基本相同的法律制约，又面对类似的经济环境，因而常常采用几乎相同的准备率。而且，存款在各家银行间的许多次无规则的转移往往会互相抵消。定期存款与活期存款间的转移对准备金比率的影响也很小，因为这些转移主要发生在乡村的联储会员银行中，而在这类银行中，定期存款与活期存款的法定准备率的差别远远小于它们在准备城市中的联储会员银行内的差别。总之，"在1875—1955 年期间，存款间的转移（对准备金比率的变化——引者注）总的来看是不重要的"③。

由此必然得出的结论是，法定准备率的变化是准备金比率变动的主要原因。卡甘指出，法定准备率的变化对准备金比率的影响取决于所谓"可用准备金"（Usable Reserves）④ 对法定准备率变化的反应。如果法定准备率的变化为可用准备金所完全吸收，也就是银行通过将可用准备金转化为法定准备金或将法定准备金转化为可用准备金来满足法定准备率上升或下降的要求，那么，总的准备金将保持不变，准备金比率也就不会受到影响。这正是美国二次大战前的情形。那时，银行总是保持着较高的可用准备金比率，所以当法定准备金

① 20 世纪 80 年代后，美国已取消了这种对不同类型存款机构的不同的准备金要求，而对所有的存款机构都实行统一的准备金要求。1990 年，联储取消了对定期存款的准备金要求。
② 卡甘：《1875—1960 年美国货币存量变化的决定及其影响》，152 页，1965。
③ 卡甘：《1875—1960 年美国货币存量变化的决定及其影响》，179 页，1965。
④ 与可用准备金相关的另外两个概念是超额准备金和自由准备金。超额准备金是指总准备金减去法定准备金，而自由准备金则表示超额准备金减去商业银行向联邦储备系统的借款。卡甘将可用准备金定义为超额准备金加上库存现金。

率变化时，银行只需改变可用准备金比率，而不必改变总的准备金率。然而，第二次世界大战后，经济环境发生了较大的变化，尤其是货币市场比以前稳定得多，所以银行已无须保持较高的可用准备金率，而且可用准备金率一旦发生变化，也总会迅速恢复到同以前几乎一样的水平。由于少而稳定的可用准备金难以吸收法定准备率的变动，因此当法定准备率变动时，银行往往不得不变动总准备金。卡甘由此得出结论，研究准备金比率的变动"可追溯至可用准备金比率"①。

　　综上所述，卡甘在深入研究美国 1875—1960 年货币存量变动的主要决定因素后，得出以下结论：长期的和周期性的货币存量的变动决定于高能货币、通货比率和准备金比率这三个因素。高能货币的增长是货币存量在长期中增长的主要原因，而货币存量的周期性波动则主要决定于通货比率的变动。高能货币的增长在 1913 年以前主要源于黄金储备的增长，而 1913 年以后则同时取决于黄金储备的增长和联邦储备体系的操作。通货比率在长期中的下降趋势主要归因于收入和财富的增长和城市化。至于准备金比率的变动，则主要是由法定准备率的变化所引起的。

---

　　① 卡甘：《1875—1960 年美国货币存量变化的决定及其影响》，292 页，1965。

第三章　基础货币

　　从第二章的分析中可以看出，货币供给量决定于两大因素，即决定于基础货币（也叫货币基数或高能货币）和货币乘数。本章和第四章分别讨论这两大因素本身的决定及与此有关的一系列问题。

　　上世纪 60 年代后，随着货币供给问题成为西方货币经济学研究的重点，基础货币也受到了理论界的广泛重视。关于基础货币的深入讨论首先是在货币学派经济学家中进行的，在基础货币问题上作出理论贡献的也几乎都是货币学派的经济学家。不难发现，基础货币受到重视是与货币学派的兴起同时发生的。在货币学派的货币供给理论中，基础货币的变动是决定货币量变动的最主要因素。可以说，货币学派关于货币供给决定因素的分析就是一种基础货币的分析。货币学派的主要代表人物之一卡尔·布伦纳曾经作过一段著名的论述，他说，货币学派有三个结论："（1）联储的行为主宰基础货币的运动；（2）基础货币的运动主宰货币供给在商业周期中的运动；（3）经济活动的加速或减速紧随着货币供给的加速或减速。因此，货币学派的论点提出了这样的命题，即联储的行为通过基础货币和货币供给的运动，被传送到经济活动中，而在这一传送过程中，各种资产的相对价格、负债和新资产的生产都得到了调整。"[1] 简单地说，布伦纳的这番话就是指，货币当局能通过控制基础货币来控制货币供给量，进而影响实体经济变量。我们知道，这一观点正是货币学派的理论核心。有些经济学家甚至认为，在一个星期内，联储对基础货币的控制的误差可不超过万分之一，并且随着控制期的延长，这一误差将更小。如果控制的目标期间为一个月或更长，那么联储控制基础货币的能力就极强了。换句话说，联储控制美国经济活动的能力是很强的。由此可见基础货币这一概念对现代经济

---

　　[1]　卡尔·布伦纳：《货币和货币政策的作用》（The Role of Money and Monetary Policy），载《圣·路易斯联邦储备银行评论》，1968 年 7 月，24 页。这是货币理论史上的一篇很重要的论文。在论文发表 20 多年后，最初发表该文的美国金融学界权威杂志《圣·路易斯联邦储备银行评论》，以篇首的地位再次全文刊登了这篇论文，并加上了一大篇编者按，对该文作了很高的评价（见该杂志 1989 年 9/10 月合刊）。这在美国一流经济学杂志上是很少见的现象。由此可见布伦纳这篇论文的重要性。

分析和对货币学派的理论体系的极其重要性。

本章我们首先认识基础货币、货币基数、高能货币这几个术语，并从理论上分析基础货币的本质和特征。在总结基础货币的四个主要特征的基础上，我们对基础货币进行明确的定义。

第二节我们对基础货币的来源和运用进行理论分析。实际上，基础货币的来源就是基础货币的供给，而基础货币的运用就是对基础货币的需求。在分析基础货币来源时，我们结合中央银行资产负债表，概要地介绍中央银行资产负债表主要项目及其与基础货币的关系。对于基础货币由一个以上机构负债组成的情况，我们也将讨论在此情况下计算基础货币的方法。

接下来，我们对美国的基础货币来源结构及其历史变化进行实证分析。美国的基础货币由联储和财政部的货币负债共同组成，我们通过前者的资产负债表算出前者的基础货币，然后将后者的货币负债加入到前者的基础货币中构建了美国近百年的基础货币序列。在此基础上，我们将美国基础货币来源结构的发展变化划分为了五个历史时期：（1）上世纪 40 年代初以前，以黄金储备为主、再贴现为辅的基础货币投放渠道；（2）上世纪 40 年代到 70 年代初，国债比重上升，黄金储备比重下降；（3）上世纪 70 年代至最近一轮国际金融危机前，国债成为联储投放基础货币的最主要渠道；（4）国际金融危机期间，量化宽松政策投放大量基础货币，同时联储资产结构发生巨大变化；（5）量化宽松政策结束后，财政存款增加和逆回购交易使基础货币逐步回笼。

在介绍第四个时期时，我们结合美联储实施的非常规货币政策特点，重点对危机期间的基础货币来源结构进行详尽的数据分析，以展示美联储如何通过各种政策工具快速扩张资产负债表，如何调整资产结构，又如何采取措施部分抵消资产扩张对基础货币的冲击。这部分内容有助于读者直观、形象地了解联储的货币政策。

同时，联储资产负债结构的变化与美国货币制度的演变密切相关，因而本章还有助于读者对美国货币制度的了解。

我们在第四节分析人民银行基础货币来源结构的变化。由于我国的基础货币仅由中国人民银行的负债构成，因而通过人民银行的资产负债表就能算出我国的基础货币。分析显示，上世纪 80 年代到 90 年代，再贷款及再贴现是人民银行投放基础货币的重要渠道。本世纪以来，人民银行投放基础货币的主要渠道转变为外汇占款。在外汇占款大幅增长阶段，人民银行通过对冲操作部分抵消了外汇占款增长对基础货币的影响。最近四年来，外汇占款增长速度显著放缓。为保持货币供应的平稳增加，人民银行一方面通过公开市场操作、新创设中期借贷便利等货币政策工具提供基础货币，另一方面通过降低准备金比率提高货币乘数。

本章第五节介绍准备金调整额，调整后的基础货币的概念、作用、计算方法、与货币政策操作的联系等内容。这里，我们探讨美国的准备金调整额的历史变化及其变化原因。同时，我们还将扩展限制条件，考虑包括了超额准备金率变动所产生影响的准备金调整额。并在此理论基础上，考察我国法定准备金率和超额准备金率的变动关系，以分析我国法定准备金政策的实际效果。

第一节　基础货币的本质和特征

一、三个不同的术语

在上世纪 70 年代初以来的西方货币银行学和货币经济学著作中，经常出现三个名词，一是高能货币（High - Powered Money），二是货币基数（Monetary Base），三是基础货币（Base Money）。实际上，这三个名词指的是同一事物，但它们的内涵还是不同的。在这三个名词中，高能货币产生最早，然后是货币基数和基础货币。

根据美国著名经济学家米尔顿·弗里德曼和安娜·施瓦兹的考证，早在 1936 年，伯吉斯（W. R. Burgess）就已使用高能货币这一术语。[①] 然而，这一概念受到普遍重视和广泛使用则是在弗里德曼和施瓦兹的巨著《1867—1960 年的美国货币史》（1963 年）出版之后。至今，高能货币已成为当代各种货币理论和货币政策分析的不可或缺的重要概念。

货币基数和基础货币这两个术语，则很可能直到上世纪 60 年代才产生。从我们所接触的西方经济学文献来看，较早使用货币基数这一术语的是美国著名经济学家卡尔·布伦纳（Karl Brunner）和阿伦·梅尔泽（Allan Meltzer）[②]，

[①] 弗里德曼—施瓦兹：《1867—1960 年的美国货币史》（A Monetary History of the United States：1867—1960），50 页，注 59，普林斯顿大学出版社，1963。这里，我对弗里德曼和施瓦兹关于伯吉斯最早使用高能货币这一术语的论断提出一个佐证，即英国著名经济学家米德（G. E. Meade）发表于 1934 年的关于货币供给决定问题的一篇重要论文中，都不曾提及这一概念。这一论文就是本书第二章详细介绍的《货币量与银行系统》（The Amount of Money and the Banking System，载英国《经济杂志》，1934（44），77－83 页）。

[②] 布伦纳和梅尔泽：《货币需求和供给函数的再探讨》（Some Further Investigation of Demand and Supply Functions for Money），载美国《金融杂志》（The Journal of Finance），1964 年 5 月。

以及安德森（Leonall C. Andersen）和乔顿（Jerry L. Jordan）。① 至于基础货币似乎并非某一著名经济学家所创用，而只是偶然地出现于货币银行学教科书中。②

尽管高能货币这一名词产生最早，但在西方经济学文献中，货币基数这一名词出现得最频繁，高能货币相对少一些，基础货币就更少见了。关于这一点，只要翻阅一下美国20世纪70年代以来金融方面的主要杂志就不难发现了。为什么大多数西方经济学家偏爱货币基数这一术语？货币基数与高能货币究竟有无区别？用哪个名词更确切？研究这些问题，绝不是为了玩弄名词游戏，也不是为了标新立异，而是为了深入探究两个名词所指的同一事物的内涵和本质，排除在这方面的误解和疑虑。我们认为，恰恰是在货币基数与高能货币有无区别这一不为人们注意的"小"问题上反映出了这一概念的含义，因为这两个名词本身恰好概括了这一事物的一些基本特征，这大概就是我们中国人常说的顾名思义吧。

二、从不同的名称看基础货币的本质和特征③

我们先讨论货币基数这一名词。显然，这一名词指出了货币基数作为整个货币供给量中的最基本部分这一特征。我们发现，使用这一名词的经济学家都自觉或不自觉地强调了货币基数的这一特征。那么，所谓最基本部分指的是什么呢？它指的是货币量中的货币当局的负债这一部分。我们知道，现代货币都是信用货币，因此本质上都是负债。这些负债基本上只有两种，一种是货币当局的负债，另一种是商业银行和其他存款机构的负债。前一种负债是后一种负债形成的基础，是一种最基本的负债。所以，在货币基数的一系列特征中，最本质的特征就是，它是货币当局的净货币负债。

那么，何为货币当局？何为货币当局的净货币负债？简单地说，货币当局是指有权发行通货（Currency）的国家机构。货币当局与中央银行并不完全是

---

① 安德森和乔顿：《货币基数——释义及其使用的分析》（The Monetary Base——Explanation and Analytical Use），载《圣·路易斯联邦储备银行评论》，1968年8月；乔顿：《决定货币存量的要素》（Elements of Money Stock Determination），载《圣·路易斯联邦储备银行评论》，1969年10月。

② 这里有一例外，即美国著名货币金融理论专家伯尔格（Albert E. Burger）曾在其成名著作《美国货币供给的过程》（The Money Supply Process，1971年）一书中使用过基础货币这一术语，但在他以后的一系列论著中，却基本上都使用货币基数这一名词了。

③ 上世纪80年代以来，我国大陆经济学论著中也经常出现货币基数的概念，但大陆经济学者对这一概念所普遍使用的名词是"基础货币"，而不是"货币基数"，这与西方学者恰好相反。为了符合我国读者的习惯，本章以"基础货币"替代"货币基数"。

同一个概念。在美国，由于联邦储备系统（中央银行）和财政部都有权发行通货，因此美国的货币当局包括联储和财政部。在我国，只有中国人民银行（中央银行）才能发行货币，所以我国的货币当局一般就是指人民银行。货币基数是货币当局的负债，但货币当局的负债并不都是货币基数，如美国财政部在联储的存款及财政部所持联储发行的通货也都是联储的负债，但它们不能算作货币基数，因为它们只是货币当局的"内部债务"，而不是货币当局对社会的负债。外国银行在中央银行的存款也不是货币基数，因为无论是货币基数，还是货币当局的净货币负债，都是以一国为范围而言的。由此可知，货币基数是货币当局对社会公众的负债。这就是所谓净货币负债的基本含义。

从上述净货币负债的概念中，已不难看出组成货币量的两种负债——货币当局的负债同存款机构的负债的根本区别：前者是政府对公众（银行和非银行公众）的负债，后者是社会公众相互间的负债。前者对公众来说是一种资产，而不是负债。这种资产对现代信用货币的运作有着极其重要的意义。

我们知道，无论是作为商品交换的媒介，还是作为财富贮藏的手段，货币都必须具有相对稳定的购买力。而要保持货币购买力的稳定，关键是要保持货币供给的相对稳定。如果货币供给没有约束，或者货币供给严重波动，那么货币的购买力就不可能稳定，这种货币就难以被人们所接受。就像美国货币金融理论专家巴尔巴克（Anatol B. Balbach）和伯尔格所说："对任何起着货币作用的资产来说，其使用者必须确信，它的供给要受到他们所信赖的某一机构的约束，要么受一组其他资产的约束，而这些资产在量上必定是相对固定的，或受市场力量或机构力量的适当控制。货币基数就是这样一组约束货币存量增长的资产。"[1] 伯尔格还指出，"货币基数具有三个主要特征"，而其中的第一个特征就是，"它由这样一组资产所组成，这组资产约束着向公众供应的货币的数量"。[2]

在完全的信用货币条件下，由于信用货币本身没有价值，因此，要保持货币供给的稳定，只有借助于经济之外力量的约束。这种经济之外的力量，可以是政府的经济计划和行政命令，如我国计划经济时代的情况；也可以是某种资产，这种资产的稳定性由政府来维持。这种资产就是货币基数。在现代货币和

---

[1] 巴尔巴克和伯尔格：《货币基数的由来》（Derivation of the Monetary Base），载《圣·路易斯联邦储备银行评论》，1976 年 11 月，3 页。

[2] 伯尔格：《测算货币基数的两种可供选择的方法》（Alternative Measures of the Monetary Base），载《圣·路易斯联邦储备银行评论》，1979 年 6 月，4 页。

银行制度中，这一约束着社会货币供给的货币基数，就是存款机构和非银行公众所持有的货币当局的负债。显然，存款机构的负债不是货币基数，因为它们不能约束货币量的增长。如果各存款机构将它们相互间的负债作为自身负债的保证，那么这种负债的增长就没有了约束，因为这些负债的使用者会频繁地把某一存款机构的负债存入另一存款机构中。这就像张三可以把李四的负债作为保证来发行自己的债务，李四又能以张三的负债为保证来发行他的债务。只要张三和李四能得到彼此的债务，他们两人的债务就会毫无约束地增长。要使张三和李四的债务增长受到约束，他们的债务就必须以某种不为他们自己所支配的资产作为保证。同样道理，不能以某一存款机构的负债作为另一存款机构负债的保证。这种保证只能是货币当局的负债，这就是货币基数。①

我们绕了这么大一个圈子，无非是为了说明，货币基数最本质的特征已由这个名词形象地概括出来了：它是货币量中的最基本部分，即货币当局的负债，这种负债是货币量中的另一组成部分——存款机构的负债的基础和保证。在本章以后几节的讨论中，我们会发现，说货币基数是货币当局的负债，实际上是指出了货币基数的来源。我们在研究中发现，使用货币基数这个名词的经济学家，往往更注重货币基数的来源，而不是货币基数的使用。

现在让我们来看高能货币这个名词。也有人把高能货币翻译成强力货币。我们觉得这两种翻译都很好，都译出了这个名词的主要含义。如上所述，弗里德曼和施瓦兹在他们的名著《1867—1960 年的美国货币史》中使用了高能货币这个名词。此后不久，美国另一位著名经济学家菲里普·卡甘（P. Cagan）也在其代表作中使用了这个名词。② 无论是弗里德曼和施瓦兹，还是卡甘，他们在使用这个名词时，似乎都更注重高能货币的使用，而不是它的来源，都更注重高能货币在货币供给决定中的关键作用，注重高能货币的变化对货币供给量的巨大影响。弗里德曼和施瓦兹说："如果其他条件不变，高能货币总量的

---

① 这说明了一个很重要的问题，即某一存款机构不能将另一存款机构的支票直接作为自己的准备金，不然的话，准备金就起不到约束货币增长的作用了，换句话说，作为存款机构准备金的，只能是货币当局的负债。在上世纪 80 年代，曾有人提出，我国存在着以专业银行负债（存款余额）作为准备金的现象，也有人不同意这种观点。关于这方面的争论，可参阅下列文献：胡海鸥：《我国准备金制度存在的问题》，载《金融研究》，1986（8）；邓富根：《论我国存款准备金制度的症结——兼评"现金准备"论》，载《金融研究》，1988（12）；胡海鸥：《论我国专业银行的存款派生机制》，载《金融研究》，1989（5）；林志强：《也谈超额货币究竟是怎么发出来的》，载《金融研究》，1991（10）；周晓寒：《金融经济论》，第四章第四节，北京，中国经济出版社，1988。

② 卡甘：《1875—1960 年美国货币存量变化的决定及其影响》（Determinants and Effects of Changes in the Stock of Money, 1875—1960），哥伦比亚大学出版社，1965。

任何增长都将导致货币总量的同比率增长。"① 卡甘说得更清楚："我们将这些资产称为高能货币，以表明它们能作为银行存款的倍数量（即倍数创造——引者）的基础。"② 正是因为在部分准备金制度下，这些资产被存款机构作为准备金持有后，能创造出多倍于自身量的存款货币来，所以它们被称为高能货币或强力货币。这里，我们又看到了货币基数或高能货币的又一个特征，即它们的运用能创造出多倍于其自身量的存款货币。

至此，我们实际上已经回答了前文提出的关于货币基数或高能货币这两个名词有何区别的问题。它们的细微区别在于各自强调了同一事物的不同方面：前者强调这一事物的来源，后者强调这一事物的作用。由于事物的来源反映了其最本质的特征，因此大多数西方经济学家偏爱货币基数这一术语。

除了上述基本特征外，货币基数的再一个主要特征是，它能为货币当局所直接控制。货币基数作为货币当局的负债与一般负债不同，前者是货币当局强制性地提供给社会的。这种负债不论供给多少，社会都必须接受它。因此，货币当局不仅能任意减少，而且也能任意增加这种负债。弗里德曼和施瓦兹说："在信用货币的制度下，……高能货币量决定于政府的行为"，③ 即决定于货币当局关于向社会发行多少高能货币的决策。美国著名货币金融理论专家安德森和乔顿也早在上世纪 60 年代就已提醒人们注意："货币基数是在联储的直接控制之下的"。④ 货币基数的这一特征使得货币当局通过控制货币基数来间接调控货币量成为可能。这正是使用货币基数这一概念的意义所在，也是货币基数受到货币当局和经济学家青睐的主要原因之一。就像巴尔巴克和伯尔格所说："货币基数只有在这样的经济结构中，才会有实际的用途，即货币当局无法直接预测和控制货币量，但能测算并控制货币基数。""如果货币当局能直接创造或取消每一单位的货币，或者，如果各种经济力量或政策行为对货币基数与

---

① 米尔顿·弗里德曼、安娜·J. 施瓦兹：《1867—1960 年美国货币史》（A Monetary History of the United States：1867—1960），51 页，普林斯顿大学出版社，1963。

② 卡甘：《1875—1960 年美国货币存量变化的决定及其影响》（Determinants and Effects of Changes in the Stock of Money：1875—1960），9 页，1965。

③ 米尔顿·弗里德曼、安娜·J. 施瓦兹：《1867—1960 年美国货币史》（A Monetary History of the United States：1867—1960），51 页，普林斯顿大学出版社，1963。

④ 安德森和乔顿：《货币基数——释义及其使用的分析》，载《圣·路易斯联邦储备银行评论》，1968 年 8 月，11 页。就我所知，安德森和乔顿的这篇文章是对货币基数概念的第一次系统阐述，是关于货币基数的经典性文献，它所提出的一些理论、概念和分析方法至今仍被人们所引用。

对货币存量的影响力是完全一样的，那么，就没有理由使用货币基数这一概念。①

综上所述，货币基数有如下四个主要特征：第一，它是货币当局的净货币负债；第二，它是商业银行及其他存款机构的负债产生的基础和货币供给的制约力量；第三，它的运用能创造出多倍于其自身量的存款货币；第四，它能为货币当局所直接控制。其中的第一个特征是货币基数的最本质的特征。据此，我们可以给货币基数下个明确的定义："我们把货币基数（有时又称为高能货币或基础货币）定义为商业银行和非银行公众所持有的政府（货币当局）的净货币负债"；② 在美国，"货币基数由'货币当局'或政府，即联邦储备系统和美国财政部的净货币负债所组成"。③

以下四节，我们将分别分析货币基数（基础货币）的来源和运用，美国和我国的基础货币，以及调整后的货币基数（基础货币）。通过这些分析，我们将会更深刻、更全面地了解货币基数（基础货币）这一概念的含义，并加深对货币基数（基础货币）上述特征的理解。

第二节　基础货币的来源和运用

如前一节所述，基础货币是货币当局的负债和其直接控制的变量，也是存款货币倍数创造的基础。那么，基础货币是如何成为货币当局的负债的，它为什么能为货币当局所直接控制，它又为什么能成为存款货币创造的基础？为了回答这些问题，就必须具体分析基础货币的来源和运用。

对基础货币来源和运用的分析，具有巨大的理论和实用价值。伯尔格曾指出："区别货币基数的来源与运用，对于讨论货币政策的操作策略，是极其有用和重要的。"④ 安德森和乔顿也认为："对于货币分析，区别作为货币当局供

---

① 巴尔巴克和伯尔格：《货币基数的由来》，载《圣·路易斯联邦储备银行评论》，1976年11月，2页。

② 伯尔格：《美国货币供给的过程》，8页，1971。该书是迄今为止最全面、最深入地阐述货币供给过程的专著。类似的著作似乎还找不出第二本。当然，随着美国上世纪80年代以来的金融改革，该书中的有些内容已不符合美国当前的现实。但是，伯尔格对货币供给过程的分析的基本框架仍然是合理的和有很大参考价值的。

③ 小劳埃德·托马斯：《货币、银行与经济活动》（Lloyd B. Thomas, Money, Banking, and Economic Activity），170页，1982。

④ 伯尔格：《美国货币供给的过程》，4页，1971。

给量的来源基数与经济其他部门对这一基数的需求，是很重要的。"[1]

实际上，基础货币的来源就是基础货币的供给，而基础货币的运用就是对基础货币的需求。研究基础货币的来源是为了了解哪些因素的变化，尤其是哪些政策行为的变化会影响基础货币；而研究基础货币的运用，则是为了了解基础货币的变化对货币供给量的影响。把这两者结合起来就可以看出，研究基础货币的目的是为了正确认识基础货币变动的原因及其影响，从而为货币政策的实际操作提供理论依据，尤其是为控制货币供给量的政策提供理论依据和具体方法。

一、基础货币的来源——对基础货币的供给

我们在上一节中曾经给基础货币下过一个定义，即它是货币当局的净货币负债。在现代社会中，货币当局的负债一般由三部分组成：一是公众所持有的流通中的货币，即通常所谓的公众所持通货；二是商业银行及其他存款机构所持通货，即通常所谓的库存现金；三是商业银行及其他存款机构在中央银行的存款。在现代银行制度中，商业银行及其他存款机构一般都以货币当局的负债作为这些存款机构自己负债的基础，因此，基础货币中的这后两个组成部分又构成了商业银行和其他存款机构的存款准备金，其中包括法定准备金和超额准备金。

（一）基础货币唯一由中央银行的负债所构成

我们先分析基础货币唯一地由中央银行负债所构成的情况。由于中央银行一般都维持其资产与负债的平衡，即资产负债表存在基本恒等公式：

$$资产总额 = 负债 + 资本项目$$

因而其通货负债及存款机构的准备金存款（即基础货币）的任何变化都反映了其资产、除这两项负债以外的其他负债和资本项目的变化，或者说，是其资产、其他负债和资本项目变化的结果。即

$$资产总额 = 基础货币 + 其他负债 + 资本项目$$
$$基础货币 = 资产总额 - （其他负债 + 资本项目）$$

这个方程式表明：在资产负债表的其他项目不变的情况下，中央银行资产的增加（或减少），会引起基础货币的增加（或减少）；而中央银行其他负债和资本项目的增加（或减少），会引起基础货币的减少（或增加）。可见，中

---

[1] 安德森和乔顿：《货币基数——释义及其使用的分析》，载《圣·路易斯联邦储备银行评论》，1968年8月，8页。

央银行资产负债表上各项目的变动，决定了基础货币的变动，也决定了基础货币的来源结构。

据此，基础货币就等于中央银行的资产负债表中除通货负债及准备金负债以外的其余各个项目的算术和，其中，资产取正号，其他负债和资本项目取负号。用这一方法而测得的基础货币常被称为"基础货币的来源"（the Sources of the Monetary Base），而这一方法则被称为基础货币的来源法。[①] 由于中央银行对基础货币的供给决定于这一"来源"，因此基础货币的分析、预测和控制都应该从这一"来源"着手。

为了具体分析基础货币的各项来源，我们就中央银行最主要的资产负债项目概括成表 3－1。

表 3－1　　　　　　　　　　简化的中央银行资产负债表

资产	负债
黄金存量及特别提款权	公众所持通货
贴现和放款	商业银行及其他存款机构所持通货
政府债券和财政借款	商业银行及其他存款机构准备金存款
外汇	财政存款
其他资产	外国存款及其他存款
	其他负债
	资本项目
合计	合计

下面我们概略说明货币政策操作与中央银行资产负债表项目的基本关系，也就是通过对中央银行资产负债项目的分析，了解中央银行影响基础货币的过程。

1. 中央银行资产项目。中央银行资产项目的增加（或减少），是引起基础货币增加（或减少）的基本因素。

（1）政府债券。买卖政府债券，是中央银行为调节基础货币而进行的公开市场操作。政府债券是西方国家中央银行资产中的最大组成部分。当中央银行向商业银行购买政府债券 100 单位，中央银行和商业银行的资产负债表中的有关项目就会发生如下的变化：

---

① 最早全面、系统阐述基础货币来源法的是巴尔巴克和伯尔格所作《货币基数的由来》一文，以后经济学家们对这一方法的叙述，几乎都因袭该文，而没有什么发展。本书对基础货币来源法的介绍也主要是在研习该文的基础上作出的。

表 3 – 2　　　向商业银行购买政府债券引起的中央银行资产负债变动

资 产		负债	
政府债券	+100	商业银行及其他存款机构准备金存款	+100

表 3 – 3　　　向商业银行购买政府债券引起的银行体系资产负债变动

资 产		负债
政府债券	−100	
在中央银行准备金存款	+100	

这表明，中央银行购买政府债券，一方面增加了政府债券持有量，另一方面也增加了等量的基础货币。反之，中央银行出售政府债券，减少政府债券持有量的同时也会引起基础货币的等量减少。即中央银行持有的政府债券的变化会引起基础货币的变化，并且基础货币的变化与中央银行持有的政府债券的变化是同方向的。

此外，中央银行公开市场操作还可以针对除政府债券之外的其他资产，这些操作对基础货币具有相同影响。

（2）贴现和放款。中央银行给存款机构的贴现或贷款，将直接增加银行体系的准备金存款，从而增加基础货币。

（3）外汇、黄金储备。如果外汇、黄金储备增加，基础货币也增加同等数额。如中央银行购买外汇，并开出支票支付。当支票交由银行体系进行结算时，中央银行将增加收票银行的准备金存款，引起基础货币增加。

2. 中央银行负债和资本项目。中央银行负债中最主要的部分是流通中的通货和商业银行准备金存款，二者构成基础货币。在资产额保持不变的情况下，除基础货币之外的其他负债项目和资本项目的增加（或减少），会引起基础货币的减少（或增加）。

（1）财政存款。政府部门在中央银行的存款增加，会引起基础货币的对应减少。当财政部门征税，企业或个人向财政部门缴纳税款时，可以支付现金或签发支票给财政部门。下面我们区分这两种支付方式分析财政部门征税对基础货币的影响。

假设企业或个人支付现金 100 单位向财政部门缴纳税款，财政部门将现金交存商业银行后，所引起的商业银行资产负债表变化如下。

表 3 – 4　　　公众以现金向财政部门纳税引起的商业银行资产负债变动

资 产		负债	
库存现金	+100	财政存款	+100

这一步，通货由公众持有转为商业银行持有，基础货币没有发生变化。下一步，商业银行将上述款项划转到中央银行，所引起的中央银行和商业银行资产负债表变化如下。

表3-5　　公众以现金向财政部门纳税引起的中央银行资产负债变动

资　产	负债	
	商业银行及其他存款机构准备金存款	-100
	财政存款	+100

表3-6　　　　　商业银行划转税款后的资产负债变动

资　产		负债	
在中央银行准备金存款	-100	财政存款	-100

商业银行划转税款后，其在中央银行的准备金存款减少100单位，而财政部门在中央银行的财政存款等量增加100单位。由于商业银行在中央银行的准备金存款减少了100单位，基础货币也就减少了100单位。

假设企业或个人以100单位支票向财政部门缴纳税款，支票结算后，企业或个人开户的商业银行在中央银行的准备金存款减少，而财政部门在央行的存款等量增加。中央银行和商业银行资产负债表变化如下：

表3-7　　公众以支票向财政部门纳税引起的中央银行资产负债变动

资　产	负债	
	商业银行及其他存款机构准备金存款	-100
	财政存款	+100

表3-8　　公众以支票向财政部门纳税引起的银行体系资产负债变动

资　产		负债	
在中央银行准备金存款	-100	客户存款	-100

这里，同样由于商业银行在中央银行的准备金存款减少了100单位，基础货币等量减少了100单位。

因而，财政部门征税后，无论纳税企业或个人是支付现金还是签发支票，基础货币都将等量减少。在以上各项中，对基础货币来源有影响的唯有财政存款。财政存款的变化会引起基础货币反方向的变化，财政存款增加100单位，基础货币就减少100单位。在这一例子中，基础货币的变化及其原因都一目了然。

（2）外国存款。这类存款大都是外国中央银行在本国中央银行的存款，其变动也会影响到基础货币。这类存款增加，表明本国企业或个人向外国中央银行签发支票金额的增加，从而商业银行在中央银行的准备金存款减少，而外国存款相应增加。

从中央银行向商业银行购买政府债券、财政部门征税两例中可以看出，利用基础货币的来源法测算中央银行基础货币的变化，首先要检验政策行为或经济行为的变化中是否影响基础货币的来源（即是否改变以上等式中的各有关项的值）；若影响此来源，则可以根据影响的方向和程度，通过初等数学的计算而得出基础货币的变化额。

（二）基础货币的来源——基础货币由中央银行和财政部的负债共同组成

以上讨论的是基础货币唯一地由中央银行负债所构成的情况。然而，有些国家（如美国）的中央银行和财政部都发行通货，于是，基础货币就包括商业银行及其他存款机构在中央银行的存款、商业银行及其他存款机构所持中央银行及财政部通货和公众所持中央银行及财政部通货。在这种情况下，基础货币的来源就应该通过中央银行与财政部的合并账户来获得。但各国财政部一般都较少保持完整的资产负债平衡账户，所以，在计算由中央银行负债和财政部负债共同组成的基础货币时，只能简单地将存款机构与公众所持有的财政部通货直接加入中央银行的基础货币和基础货币的来源中。这样，基础货币的来源就等于：

基础货币=中央银行资产总额-（中央银行其他负债+中央银行资本项目）+商业银行及其他存款机构所持财政部通货+公众所持财政部通货

在这种情况下，计算基础货币变化的方法与在前一种情况下的计算方法完全一样。

现假设，财政部将新印制的100单位通货发售给商业银行，商业银行将100单位中央银行存款划转给财政部进行结算。财政部、中央银行及商业银行的资产负债表变化如表3-9、表3-10和表3-11所示。

表3-9   财政部发售通货给银行引起的财政部资产负债变动

资产		负债	
财政存款	+100	通货发行	+100

表3-10   财政部发售通货给银行引起的中央银行资产负债变动

资 产	负债	
	商业银行及其他存款机构准备金存款	-100
	财政存款	+100

表 3 – 11 财政部发售通货给银行引起的商业银行资产负债变动

资　产		负债
所持财政部通货	+100	
在中央银行准备金存款	−100	

在以上财政部账户中，商业银行所持财政部通货增加了，同时财政部在中央银行的存款也有了同额增加。不过，由于两者的变化对基础货币的影响方向相反（在以上基础货币等式中，两者的符号相反），因此财政部的这一发售行为并不影响基础货币总额。

在以上商业银行账户中，商业银行将它存在中央银行的 100 单位存款换成了财政部通货，从而改变了其准备金的持有形式，但却没有改变其准备金总额，所以，商业银行的这一购买行为也不影响基础货币总额。

从以上中央银行账户的变化看，似乎基础货币减少了（作为基础货币的商业银行及其他存款机构的准备金存款减少了），而实际上这只是一种假象，实质是基础货币的形式发生了变化——商业银行在中央银行的 100 单位存款变成了商业银行所持 100 单位财政部通货。

总之，财政部的这一发售行为并不改变基础货币总额，而只是改变了基础货币各部分所占的比例。但是，如果财政部用它新发行的 100 单位通货直接向公众购买劳务，则情况就不同了。这一行为对中央银行和商业银行的资产负债没有影响，对财政部和公众的资产负债影响见表 3 – 12 和表 3 – 13。

表 3 – 12 财政部发售通货给公众引起的财政部资产负债变动

资　产		负债	
劳务	+100	公众所持财政部通货	+100

表 3 – 13 财政部发售通货给公众引起的公众资产负债变动

资　产		负债
财政部通货	+100	
劳务	−100	

虽然中央银行资产负债表未受影响，但基础货币增加了 100 单位，因为财政部负债"公众所持财政部通货"增加了 100 单位。

（三）对基础货币来源几种情况的综合分析

通过以上分析，我们可以将根据来源法测算基础货币概括成三种情况：

第一，如果基础货币由某一机构（如中央银行）的负债所构成，而这一机构保持着完整的资产负债表，则基础货币及其变化可通过资产负债表算出。基础货币的任何变化都反映了该资产负债表中的某一项目或几个项目的变化。

第二，如果基础货币由一个以上机构的负债组成，而这些机构都保持着完整的资产负债表（如香港的三家货币发行银行，实际上都发挥着中央银行货币供给的作用），则可将这些资产负债表加以合并，并通过合并后的资产负债表算出基础货币及其变化。

第三，如果基础货币由一个以上机构（如中央银行和财政部）的负债组成，而其中有的机构（如中央银行）保持着完整的资产负债表，有的机构（如财政部）不保持完整的资产负债表，那么，可以首先通过前者的资产负债表算出前者的基础货币，然后将后者的货币负债加入到前者的基础货币中。在这种情况下，中央银行只能控制它自己发行的基础货币，而不能决定基础货币总额中其他部分。当然，当今各国中，中央银行还是基础货币的主要发行者。

我们在本书中曾一再强调，基础货币是货币当局货币的负债。对基础货币来源的上述分析，进一步证明了这一论断。在本节一开始，我们也曾指出，研究基础货币的来源是为了正确认识基础货币变动的原因。通过上述分析，我们已经对基础货币变动的原因有了一个基本的了解。不过，这些还不是研究基础货币的根本目的。这一根本目的是了解货币当局为什么能够和如何直接控制基础货币的。巴尔巴克和伯尔格曾经指出："阐述货币基数的来源对货币当局是极其重要的。可把这一阐述作为一个框架，以分析货币当局的行为，如买卖证券，或向银行贷款，是如何影响货币基数，从而影响货币存量的。这一阐述也使货币当局能分析其他一些因素是如何影响货币基数的，从而使他们找出必须采取的能抵消这些外在影响的各种政策行为。"① 为了深入了解货币当局对基础货币的影响和控制，我们将在第三节和第四节分别对美国和我国的基础货币来源结构进行详细分析。

（四）从基础货币来源看中央银行对基础货币的控制

中央银行主要通过公开市场操作和贴现贷款对基础货币施加控制。其中，贴现贷款的规模虽然受中央银行设定的贴现率的影响，但最终由银行自身决定，不由中央银行完全控制。

因此，经济学家通常将基础货币分为两部分：一部分中央银行能够完全控制，而中央银行对另一部分的控制力较弱。控制力较弱的部分是中央银行贴现

---

① 巴尔巴克和伯尔格：《货币基数的由来》，载《圣·路易斯联邦储备银行评论》，1976 年 11 月，6 页。

贷款所创造的基础货币。贴现贷款之外的部分，也称为非借入基础货币（Non-Borrowed Monetary Base），它完全可以由中央银行通过公开市场操作控制。虽然财政存款等其他项目对基础货币也有重要影响，但它们所出现的短期波动通常可以预见，因而完全可以被公开市场操作所抵消。

以上讨论的是关于基础货币的来源问题。通过这些讨论，我们对前述基础货币的四个主要特征有了进一步的理解，尤其是加深理解了其中的两大特征，即基础货币是货币当局的净货币负债，它能为货币当局所直接控制。同基础货币的来源一样，基础货币的运用也能够并且应该反映基础货币的本质和特征。基础货币的运用主要反映了基础货币四个特征中的另外两个，即基础货币是银行及其他存款机构的负债产生的基础，它的运用能创造出多倍于其自身量的存款货币。下面就让我们来分析基础货币的运用。

二、基础货币的运用——对基础货币的需求

（一）基础货币运用的内涵

基础货币的运用实际上就是基础货币的存在形式，也就是人们通常所说的什么是基础货币。如前所述，作为货币当局的净货币负债，基础货币包括公众所持通货及商业银行和其他存款机构的存款准备金，后者又包括法定准备金和超额准备金。这就是基础货币的具体形态。

如果把基础货币作为一种资产，那么，基础货币的来源就是对这种资产的供给，而基础货币的运用则是对这种资产的需求。从需求主体看，可分为存款机构和非银行公众；从需求类型看，有强迫需求和自愿需求之分，以及间接需求和直接需求之分。商业银行及其他存款机构对法定准备金的需求是一种强迫的和间接的需求，它并不是银行主动的行为，而是导源于人们对存款机构存款的需求。因为货币当局规定，商业银行及其他存款机构必须对其存款保持一定比例的准备金（即法定准备金），且法定准备金不能为存款机构所动用，所以，存款机构需要法定准备金只是因为存在着人们对存款的需求。

存款机构对超额准备金的需求在某种意义上也是一种强迫的和间接的需求，因为存款机构保持超额准备金主要是为了应付其存款户的提款要求和与其他存款机构之间的资金清算需求，几乎所有的存款机构都要为此保存一定比例的超额准备金。然而，从一般意义上说，存款机构对超额准备金的需求是一种自愿的和直接的需求，因为这种需求毕竟是需求主体的自愿行为，而不是由于受强迫而产生的行为，并且超额准备金率也主要取决于存款机构对持有超额准

备金的成本与收益的权衡。这一成本是机会成本，是存款机构为持有超额准备金而牺牲的贷款利息收入与准备金存款利息收入的差额（如果中央银行不对准备金存款付息，这一成本就直接是存款机构为持有超额准备金而牺牲的贷款利息收入），而这一收益则是存款机构因持有超额准备金而免去的短期借款的利息支出（如中央银行再贴现利息），尤其是在紧急情况下的借款利息。

非银行公众对通货的需求是对基础货币的自愿的和直接的需求，因为公众完全能以别的形式而不是以通货保持其财富，同时公众对通货的需求也不是导源于任何别的经济主体的行为，而是决定于公众对保持通货的收益与成本的评判。这一收益就是通货的流动性和通货给其持有者带来的安全感，而这一成本则是因此而损失的银行存款或其他资产的收益。

由上可知，基础货币的供给主要决定于货币当局的决策，而基础货币的需求则主要决定于商业银行及其他存款机构和非银行公众的行为。如前所述，基础货币是货币当局强制性地提供给经济社会的一种资产。这种资产不管供应多少，都必须为社会所接受。从这一意义上说，基础货币的供给完全是一种主动的行为，而基础货币的需求则是一种被动的行为。这是基础货币的供给和需求与一般商品的供给和需求所不同的地方。那么，存款机构和非银行公众对基础货币需求变动的结果和影响何在呢？这一结果就是改变基础货币在存款机构和非银行公众之间的分配比例，而它最根本的影响就是改变基础货币创造存款货币的能力。

（二）为什么通货和准备金是基础货币的组成部分

众所周知，在部分存款准备金制度下，一定量的基础货币被存款机构作为准备金而持有，就能创造出数倍于该基础货币的存款货币来，基础货币由此而成为存款机构的负债产生的基础。从这个意义上说，基础货币确实是一种"高能货币"或"强力货币"。因此，存款机构的存款准备金被视作基础货币的组成部分就是理所当然的；但非银行公众所持有的通货不具有倍数创造能力，为什么也成了基础货币的一部分了呢？对此，有人提出疑问，国内甚至有人认为，公众所持通货不具有倍数创造能力，所以不能把它当作基础货币。

实际上，西方经济学家中早就有人看到并指出，公众所持通货并不能像存款机构的准备金那样，作为现实存款货币创造的基础，如三位美国著名经济学家在一本影响很大的货币银行学教科书中就曾这样说道："货币基数比银行准备金更为有利，因为它考虑到社会公众持有的通货，而银行准备金却忽略了这一因素。但是，在另一方面，货币基数又把通货持有额看得太重要了，它把社会公众持有的每 1 美元视同于银行掌握的每 1 美元，而忽视了 1 美元银行准备，不同于 1 美元通货，是会产生几美元货币的"。[①] 然而，西方经济学家并没有因此把公众所持通货排斥在基础货币之外，这是为什么呢？西方经济学家中也几乎没有人正面回答过这一问题。我们认为，主要原因可能在以下几个方面。

第一，基础货币的最本质的特征是社会公众（包括存款机构和非银行公众）所持有的货币当局的负债，而非银行公众所持通货作为货币当局的负债则是不言而喻的。大多数研究基础货币的西方经济学家都特别强调基础货币的这一本质特征，因此他们理所当然地把公众所持通货当作基础货币。甚至有些很强调高能货币在存款货币创造中的巨大作用的经济学家，如弗里德曼和施瓦兹以及卡甘等，也都根本没有怀疑公众所持通货应该作为高能货币的组成部分。

第二，西方经济学家研究基础货币的着眼点主要不在于基础货币的理论意义，而在于基础货币在货币政策实施过程中的实践意义。如果强调基础货币的理论意义，那么，公众所持通货似乎就可不包括在基础货币的范围内，因为，基础货币在理论上的最大意义莫过于它能数倍地创造存款货币。然而，从货币政策操作的实际需要看，研究基础货币最终无非是为了使货币当局能更有效地通过调控基础货币来调控货币供给量；可货币当局所能控制的只是其净货币负债的总额（基础货币总额），而不是净货币负债为存款机构所持有（准备金）和为非银行公众所持有（通货）之间的比例，也就是说，货币当局并不能分别决定准备金总额和通货总额。因此，如果基础货币不包括通货，那么，基础货币就不是货币当局所能直接控制的，货币政策也就难以通过基础货币的变动来实施。这不仅有悖于基础货币的基本特征，而且也使基础货币这一概念失去了其存在的实际意义。

基础货币——货币乘数分析不同于其他货币供给理论的最大特点就在于它的实践性。这一分析的主要内容和基本特征，就是通过分析货币当局的负债（基础货币）与存款机构的负债（存款货币）的关系，来分析货币政策对货币供给量，从而对社会经济活动的影响。而这一分析的最基本条件，就是货币当局对基础货币的直接控制。我想，这大概是西方经济学者几乎无一例外地视公众所持通货为基础货币的组成部分的最根本原因，不论以往有没有人指出过这一点。

---

① 托马斯·梅耶、詹姆斯·S. 杜森贝里、罗伯特·Z. 阿利伯：《货币、银行与经济》，第六版，237 页，上海，上海三联书店、上海人民出版社，2007。

第三，非银行公众所持通货占了基础货币总额的很大部分，如2007年末，美国非银行公众所持通货占基础货币来源总额的91.4%，2008年由于国际金融危机的爆发，基础货币大量扩张，年末这一比例降为48.6%。2015年末，这一比例为34.9%。如果基础货币不包括通货，则货币乘数将很大，也就是，基础货币的微小变化将引起货币供给量的巨大变动。这无论是对于货币理论的分析，还是对于货币政策的实施，都是很不利的。

第四，非银行公众所持通货随时可能转化为存款，并进而成为存款机构的准备金，所以公众所持通货尽管不是存款货币创造的现实基础，却是一种潜在的基础。因此，通货作为基础货币仍然符合基础货币的这一基本特征，只是为此需要将这特征表述得更为全面和准确，即表述为存款货币创造的现实的和潜在的基础。关于这一点，卡甘曾经讲过一段很有价值的话："美国政府（包括作为政府机构的联邦储备银行）控制那些资产的发行，这些资产被各银行用作它们货币负债的准备金。这样的资产被称为高能货币，以表明它们能作为银行存款的倍数扩张的基础。显然，当高能货币为银行所持有时，它们就不是为公众所持有的那部分货币存量。当这些资产不为银行所持有，而为公众所持有时，人们用同样的术语（指高能货币这一术语——引者注）来称呼它们，因为它们能在未来为银行所使用，而具有扩张货币存量的潜在的用途。因此，高能货币由银行准备金和公众所持通货所组成。"[1]

在上述四个原因中，重要的是前两个原因，它们分别是公众所持通货作为基础货币的理论基础和现实要求。根据以上理由，我们认为，通货作为基础货币是理所当然的。

在国内学者中，不仅有人认为通货不应该视作基础货币，而且有人认为，法定准备金也不能作为基础货币，理由也是所谓法定准备金不是存款货币创造的基础。[2] 对前一个论断，我们已经作了回答；对于后一个论断，由于它涉及到"调整后的货币基数"（Adjusted Monetary Base）的概念，因此留待本章第五节予以讨论。在此我们只想指出，后一个论断同前一个论断一样，其要害在

---

[1] 卡甘：《1875—1969年美国货币存量变化的决定及其影响》，9页，哥伦比亚大学出版社，1965年。

[2] 在基础货币构成问题上认识的不统一，不仅存在于大陆学者中，而且存在于港台学者中，甚至有人在自己的同一本著作中先后使用两种大相径庭的定义，这至少反映了他在这一问题上认识的模糊（香港大学的饶余庆先生在他的《现代货币银行学》（中国社会科学出版社1983年版）一书中说"基础货币又称强力货币，是商业银行存于中央银行的储备R，及流通于银行体系外的现钞之总和"（58页），又说"H＝基础货币（银行体系库存现金及存于中央银行现金的总和）"（118页）。根据他的第一种定义，基础货币包括非银行公众所持通货，而根据第二种定义，基础货币不包括公众所持通货。

于对基础货币的本质特征及其现实意义的认识不够充分和不够深刻。与非银行公众所持有的通货一样,存款机构的法定准备金也是货币当局的负债;与公众所持通货一样,法定准备金额也不为货币当局所直接控制,[①] 货币当局所能控制的只是基础货币总额。由此可见,法定准备金之作为基础货币与通货之作为基础货币一样,也有着理论的和现实的原因。如果不去深入研究这些理论的和现实的原因,而只是在法定准备金能否成为存款货币创造的基础这一问题上大做文章,得出所谓法定准备金不应作为基础货币的结论,就是很自然的。

有必要指出的是,关于基础货币的构成,在西方学者中几乎没有什么争论,是相当统一的。对此,我们同意他们的观点。这并不意味着我们迷信西方经济学家,也不是所谓"以讹传讹",而是因为他们的看法是建立在他们对基础货币的本质和特征及其意义的深刻认识的基础上的。

第三节 美国的基础货币

一、美联储资产负债表概况

美联储资产负债表的发布频率为周。联储通常在每周四的下午 4:30 左右在其官网发布前一天,即每周三的资产负债表。资产负债表包含在 H.4.1 统计表"影响存款性机构准备金的因素和联储银行报表"（Factors Affecting Reserve Balances of Depository Institutions and Condition Statement of Federal Reserve Banks）中。下面给出联储 2015 年 12 月 30 日的资产负债表。

表 3 – 14 2015 年 12 月 30 日美联储资产负债表

资产			负债		
	金额 (百万美元)	比重 (%)		金额 (百万美元)	比重 (%)
黄金	11 037	0.2	发行在外的联邦储备券	1 380 759	30.8
特别提款权	5 200	0.1	逆回购协议	498 519	11.1
硬币	1 887	0.0	存款	2 560 670	57.1
证券、未摊销的证券溢折价和贴现、回购协议和贷款	4 415 564	98.4	存款性机构定期存款	0	0.0

---

① 详见本章第五节的论述。

续表

资产			负债		
	金额 （百万美元）	比重 （%）		金额 （百万美元）	比重 （%）
持有证券	4 241 965	94.5	存款性机构其他存款	2 208 683	49.2
美国国债	2 461 554	54.9	财政存款	324 846	7.2
联邦机构债务证券	32 944	0.7	外国存款	5 231	0.1
抵押支持证券	1 747 467	38.9	其他存款	21 910	0.5
证券溢价的未摊销部分	189 539	4.2	待付现金项目	284	0.0
证券折价的未摊销部分	− 16 575	− 0.4	其他负债	6 903	0.2
回购协议	0	0.0	负债合计	4 447 136	99.1
贷款	635	0.0	自有资本	29 451	0.7
Maiden Lane LLC 的资产净额	1 717	0.0	盈余	10 000	0.2
待收现金项目	153	0.0	其他资本项目	0	0.0
固定资产	2 244	0.1	资本合计	39 451	0.9
中央银行货币互换	997	0.0			
外汇资产	28 029	0.6			
其他资产	19 757	0.4			
资产合计	4 486 587	100.0	负债及资本合计	4 486 587	100.0

数据来源：美联储官网 www. federalreserve. gov。

（一）资产项目

在美联储资产负债表中，最主要的资产项目是持有证券。这是因为买卖证券是联储货币政策操作的主要方式。2015 年 12 月 30 日联储持有证券资产 4.2 万亿美元，占总资产的 94.5%；其中美国国债 2.5 万亿美元，占总资产的 54.9%；联邦机构债务证券 329 亿美元，占总资产的 0.7%；抵押支持证券 1.7 万亿美元，占总资产的 38.9%。

1. 美国国债（U. S. Treasury Securities）。国债是美联储公开市场操作的主要工具。2007 年之前，联储持有的国债占总资产的比重维持在 90% 左右（见图 3 - 1）。2007 年国际金融危机爆发后，联储持有的国债余额先减后增，占总资产的比重也先降后升。

2. 抵押支持证券（Mortgage - Backed Securities，MBS）。MBS 是资产证券化的产物。MBS 是美国住房专业银行及储蓄机构利用其发放的住房抵押贷款，发行的一种资产证券化产品。发行 MBS 的操作方式是，金融机构把符合一定条件的住房抵押贷款做成贷款集合，利用贷款集合定期产生的本金及利息的现金流入发行证券（即以贷款集合的现金流入作为证券投资者的收益），并由政

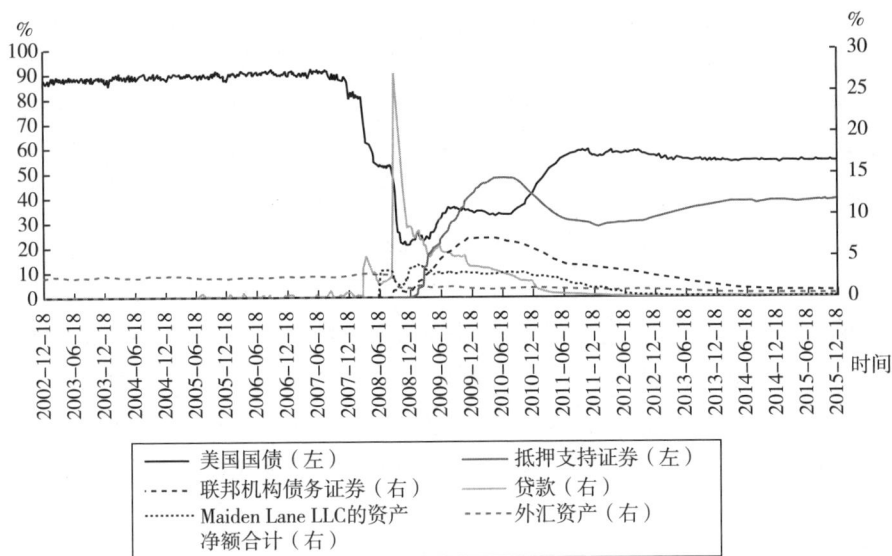

数据来源：美联储官网 www. federalreserve. gov，数据频率为周。

图3-1　2002年12月18日—2015年12月30日美联储主要资产项目比重

府机构或政府背景的金融机构对证券进行担保。

国际金融危机之前，联储并不持有 MBS。金融危机爆发后，为挽救抵押支持证券市场，联储在第一轮量化宽松政策（Quantitative Easing 1，QE1）中曾购入上万亿美元的 MBS。美联储购入的 MBS 是由房地美（Freddie Mac，联邦住房抵押贷款公司）、房利美（Fannie Mac，联邦国民抵押贷款协会）、吉利美（Ginnie Mae，国民抵押贷款协会）担保的 MBS，安全度相对较高。第三轮量化宽松政策中，联储也逐月购买 MBS。

3. 联邦机构债务证券（Federal Agency Debt Securities）。联邦机构债务证券简称机构债，是由美国联邦政府所属机构或联邦政府创办的经营机构发行的债券①。这类债券不由美国财政部发行，债券发行机构自身承担债券偿还责任，债券的发行和还本付息均不列入联邦预算。

----

① 美国有权发行联邦机构债券的机构有两类：一是联邦政府所属机构，称为联邦机构，其资金全部或大部分由联邦政府拨付，包括美国进出口银行、联邦住宅管理局、吉利美、邮政局、美国铁路协会、农业电气化管理局、田纳西流域管理局等，这些联邦政府所属机构发行的债券一般由联邦政府担保。二是由联邦政府主持或创办，目前已独立经营，但仍在某种程度上受政府控制和管理，具有相对独立性的机构，称为联邦创办机构。这类机构包括联邦农业信贷银行、合作银行、联邦住房贷款银行、房地美、房利美、联邦土地银行、联邦中介信贷银行、学生贷款销售协会等。这些联邦政府创办机构发行的债券虽不由联邦政府担保，但政府一般也不会听任这些债券大规模违约而袖手旁观。

国际金融危机之前联储同样也不持有机构债。危机爆发后，联储从 2008 年 9 月 24 日开始买进机构债。美联储买入的机构债是房地美、房利美、吉利美发行的债务证券。之后联储持有的机构债持续增加，2010 年 3 月余额达到 1 690 亿美元。2010 年 5 月机构债持有额开始缓慢减少。到 2015 年 12 月 30 日机构债持有额仅为 329 亿美元。

4. 证券溢价的未摊销部分（Unamortized Premiums on Securities Held Outright）。联储持有的证券按面值计入其资产负债表。当联储溢价购入证券时，购买价高于面值的溢价部分就需要在债券的剩余期限内进行摊销。美国国债和机构债的溢价部分，按直线法摊销，即每年的摊销额固定。MBS 的摊销依据实际利率计算，在摊销期内实际利率固定不变，每年的摊销额递增。

随着金融危机期间联储持有证券规模的增长，溢价证券的未摊销部分也较快增长。2015 年 12 月 30 日证券溢价的未摊销部分达到 1 895 亿美元，占总资产的 4.2%。

5. 证券折价的未摊销部分（Unamortized Discounts on Securities Held Outright）。与上述溢价证券的未摊销部分类似，当联储折价购入证券时，购买价低于面值的折价部分也需要在债券的剩余期限内进行摊销。折价证券的未摊销部分以负值在资产负债表的资产方反映。2015 年 12 月 30 日证券折价的未摊销部分为 –166 亿美元，占总资产的 –0.4%。

6. 贷款。国际金融危机期间，联储不仅向商业银行提供了大量贷款援助，而且还创设了多种新型货币政策工具①，向非银行金融机构、企业等机构提供流动性。为全面反映这些项目提供的融资，联储资产负债表资产方的贷款项目下除原有的一级信贷（Primary Credit）、二级信贷（Secondary Credit）和季节性信贷（Seasonal Credit）3 个子项外，还增设了 5 个子项。增设的 5 个子项分别是：一级交易商信用工具（Primary Dealer and Other Broker – Dealer Credit）、资产支持商业票据货币市场共同基金融资工具（Asset – Backed Commercial Paper Money Market Mutual Fund Liquidity Facility，AMLF）、对 AIG 的贷款（Credit Extended to American International Group，Inc）、定期资产支持证券贷款工具（Term Asset – Backed Securities Loan Facility，TALF）和其他扩展信贷（Other Credit Extensions）。

危机期间联储贷款项目曾在短期内急剧增大，之后又迅速回落。2015 年 12 月 30 日，联储贷款共计 6.4 亿美元，占总资产的 0.01%；其中一级信贷、二级信贷、季节性信贷和其他扩展信贷等 4 个子项的余额分别为 55 300 万美

---

① 本书第八章第二节将具体介绍这些创新性货币政策工具，本章不再赘述。

元、0、8 100 万美元和 0。危机期间增设的一级交易商信用工具①、资产支持商业票据货币市场共同基金融资工具②、对 AIG 贷款③和 TALF④ 等 4 个子项由于余额已减至 0，不再反映。

对于另外三种新型货币政策工具——所持有的商业票据融资便利有限责任公司资产净额（Net Portfolio Holdings of Commercial Paper Funding Facility LLC）⑤、短期资金标售工具（Term Auction Credit，TAF）和 TALF LLC 的资产净额（Net Portfolio Holding of TALF LLC），联储也曾在其资产负债表的资产方单设"所持有的商业票据融资便利有限责任公司资产净额"、"短期资金标售工具"和"TALF LLC 的资产净额"（Net Portfolio Holding of TALF LLC）⑥ 等

---

① 联储资产负债表中，贷款项下的一级交易商信用工具存在时间为 2008 年 3 月 19 日当周到 2009 年 5 月 13 日当周。2008 年 3—10 月对主要交易商信贷从 134 亿美元增长到 1 477 亿美元。之后信贷额逐步减少，至 2009 年 5 月 20 日当周减为 0。

② 联储资产负债表中，贷款项下的资产支持商业票据货币市场共同基金融资工具存在时间为 2008 年 9 月 24 日当周到 2009 年 10 月 14 日当周。2008 年 9 月—10 月 22 日该融资工具数额从 218 亿美元增长到 1 142 亿美元。之后数额逐步减少，至 2009 年 10 月 21 日当周减为 0。

③ 联储资产负债表中，贷款项下的对 AIG 贷款存在时间为 2008 年 9 月 17 日当周到 2011 年 1 月 19 日当周。2008 年 9 月—10 月 29 日对 AIG 贷款从 60 亿美元增长到 895 亿美元。之后贷款额逐步减少，至 2011 年 1 月 26 日当周减为 0。

④ 联储资产负债表中，贷款项下的对 TALF 存在时间为 2009 年 3 月 25 日当周到 2014 年 10 月 29 日当周。2009 年 3 月至 2010 年 3 月 TALF 从 7 亿美元增长到 482 亿美元。之后数额逐步减少，至 2014 年 11 月 5 日当周减为 0。

⑤ 2008 年 10 月为促进已陷入停滞的商业票据市场正常运转，联储创设了商业票据融资工具（Commercial Paper Funding Facility，CPFF）。纽约联储银行通过成立的一个特殊目的实体（SPV）向商业票据的发行者提供融资。这个特殊目的实体就是 CPFF LLC（Commercial Paper Funding Facility limited liability Company）。CPFF LLC 直接向合格的商业票据发行者购买 3 个月的资产支持商业票据。纽约联储银行向 CPFF LLC 提供融资，CPFF LLC 的资产作为贷款的抵押。由于纽约联储银行是 CPFF LLC 的唯一所有者，因而 CPFF LLC 的资产负债相应并入联储。

⑥ 该项目反映联储持有的定期资产支持证券贷款工具有限责任公司（Term Asset - Backed Securities Loan Facility limited liability Company）的资产净额。国际金融危机中，为帮助市场满足家庭和企业的信贷需求，联储于 2008 年 11 月 25 日创造了一个新型货币政策工具——定期资产支持证券贷款工具（Term Asset - Backed Securities Loan Facility，TALF），向资产支持证券的持有者发放贷款。该信贷工具的余额在前面介绍的贷款项下增设的子项中反映。2009 年 3 月，纽约联储银行首次在 TALF 项下，向某些高信用等级资产支持证券的持有者发放贷款，以为市场购买合格的资产支持证券提供融资。该信贷为无追索权贷款，借款人无法偿还贷款违约时只需要将资产支持证券交付纽约联储银行来进行抵债。因而，纽约联储银行成立了一个有限责任公司（TALF LLC）来购买和管理这些资产支持证券。该机构在纽约储备银行的指导下开展活动，其资产、负债相应并入联储。所以，在 TALF 违约时，联储一方面减计贷款项下的 TALF 子项，另一方面将资产支持证券交付 TALF LLC，联储持有的 TALF LLC 公司的资产净额相应增加，差额计入当期损益。

2009 年 11 月 18 日，美联储在资产负债表中增加了"TALF LLC 的资产净额"项目，以专门反映持有的 TALF LLC 公司的资产净额。2009 年 11 月 18 日该项目下的资产净额为 2.3 亿美元。此后缓慢上升到 2013 年 1 月末的 8.6 亿美元。之后净额开始减少，2015 年 12 月 30 日净额为 0，已不在资产负债表中反映。

3 个项目来反映对这些工具的持有额，与贷款项并列。同样，由于这三类工具余额已减至 0，所以没有反映在目前的资产负债表中。本节下一部分将对这三类工具进行分析。

7. 回购协议（Repurchase Agreements）。回购协议是指美联储向金融机构或市场交易商购买证券，并协议在日后（通常在短期内）再将这些证券卖回给出售者，出售者向联储还本付息。

2007 年 9 月之前，联储资产负债表中的回购协议余额在 200 亿~400 亿美元。2007 年 9 月回购协议余额开始增长，2008 年上半年迅速上升，到 2008 年 6 月末余额达到近 1 300 亿美元，占总资产的比重达到 14.5%。2008 年 9 月开始，回购协议余额开始下降，到 10 月减少到 800 亿美元。2009 年初余额再次下降，1 月末已经减至 0，并维持到 2015 年末。

8. Maiden Lane LLC 项目的资产净额。国际金融危机爆发后，为促进摩根大通与贝尔斯登的合并，美联储成立了特殊目的实体 Maiden Lane LLC，以向 Maiden Lane LLC 发放贷款的方式，由其收购和管理贝尔斯登的有关资产。Maiden Lane LLC 项目分为 3 个小项：Maiden Lane LLC 的资产净额、Maiden Lane Ⅱ LLC 的资产净额、Maiden Lane Ⅲ LLC 的资产净额。

（1）Maiden Lane LLC 的资产净额：2008 年 6 月 26 日，纽约储备银行开始向 Maiden Lane LLC 项目发放贷款。2008 年 7 月—2010 年 10 月联储持有的 Maiden Lane LLC 项目资产净额维持在 280 亿美元左右。2010 年 11 月净额开始逐步减少。2015 年 12 月净额仅为 17 亿美元。

（2）Maiden Lane Ⅲ LLC 的资产净额：2008 年 11 月 25 日，纽约储备银行开始向 Maiden Lane Ⅲ LLC 项目发放贷款。2008 年 11 月 26 日联储持有的 Maiden Lane Ⅲ LLC 项目资产净额为 211 亿美元，到 2009 年 1 月净额增至 275 亿美元。2009 年 2 月—2011 年 10 月净额在 190 亿~280 亿美元间波动。2011 年 11 月净额开始逐步减少。2012 年 9 月末净额减至 0.25 亿美元，2014 年 9 月减至 0。

（3）Maiden Lane Ⅱ LLC 的资产净额：2008 年 12 月 12 日，纽约储备银行开始向 Maiden Lane Ⅱ LLC 项目发放贷款。2008 年 12 月 17 日联储持有的 Maiden Lane Ⅱ LLC 项目资产净额约为 200 亿美元。之后净额开始缓慢减少，到 2012 年 3 月末净额仅为 0.19 亿美元。2014 年 9 月减至 0。

（二）负债项目

1. 联邦储备券（Federal Reserve Notes）。这里需要注意联邦储备券与流通中货币的联系与区别。在美国，美联储仅能发行联邦储备券，即日常使用的美钞纸币，流通中的硬币则由美国财政部发行。此外，1783 年北美独立战争结束后，美国联邦政府先后发行过国民银行券、银币券、金币券、联邦政府券、联邦储备券等多种纸币。其中若干纸币早已停止发行、流通，但仍可兑换。目前大量流通的联邦储备券，约占流通总量的 90% 以上。因此，从联储报表看，2015 年 12 月 30 日联邦储备券为 13 808 亿美元，而基础货币统计表 H.3 中公布的流通中的货币为 14 240 亿元，比前者多出 400 多亿美元。多出来的这部分就是尚在流通的其他美国货币，以及财政部发行的硬币。

2. 存款。联储负债方的存款项目分为 5 个子项：存款性机构定期存款、存款性机构其他存款、财政一般存款、外国存款和其他存款。危机期间也曾增设财政补充融资账户，但目前该账户余额已减至 0，因而不再反映。

2015 年 12 月 30 日存款项目余额 25 607 亿美元，占负债及资本项目的 57.1%。其中，存款性机构定期存款为 0；存款性机构其他存款 22 087 亿美元，占负债及资本项目的 49.2%；财政一般存款 3 248 亿美元，占负债及资本项目的 7.2%；外国存款 52 亿美元，占负债及资本项目的 0.1%；其他存款 219 亿美元，占负债及资本项目的 0.5%。

存款项目中，存款性机构定期存款、财政存款、外国存款和其他存款不计入基础货币，只有存款性机构其他存款计入基础货币。

3. 逆回购协议（Reverse Repurchase Agreements）。与资产方的回购协议相反，逆回购协议是联储将持有的证券出售给金融机构或市场交易商，并协议在日后（通常在短期内）重新买回。

2008 年 9 月之前，联储持有的逆回购协议余额低于 500 亿美元。2008 年 9 月逆回购协议余额增至 900 亿美元，11 月增至 1 000 亿美元。之后，逆回购协议余额缓慢减少至 500 亿~600 亿美元。2011 年 8 月逆回购协议余额再次上升到 800 亿~900 亿美元，2013 年 10 月余额突破 1 000 亿美元，2014 年和 2015 年余额平均值分别达到 2 405 亿美元和 2 855 亿美元。

二、美国的基础货币

1959 年，联储开始公布基础货币数据。目前，美国的基础货币数据包含在联储的 H.3 报表"存款性机构总准备金和基础货币"（Aggregate Reserves of Depository Institutions and the Monetary Base）中。

为构建 1959 年之前的美国基础货币历史数据，笔者翻阅了历年的美联储年报，查找到了 1914 年以来的联储资产负债表，形成了长达 102 年的联储资产负债项目时间序列（见图 3-2）。笔者试图用联储资产负债表中负债方的联邦储备券加上存款性机构其他存款，再加上除联邦储备券之外的纸币流通量、财政部发行硬币的流通量来构建 1914 年以来的美国基础货币时序。

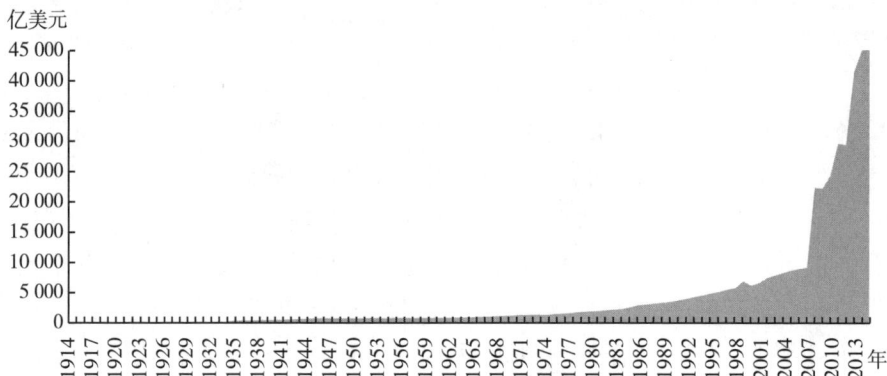

数据来源：1914—2001 年数据来自历年的美联储年报，2002 年之后数据来自美联储官网。

图 3 - 2　1914—2015 年美联储总资产

美国财政部与美联储联合编制的"美国纸币和硬币流通量统计表"（the U. S. Currency and Coin Outstanding and in Circulation Statement，简称 USCC）中，包含美国纸币和硬币的发行量、流通量数据。2015 年 12 月 31 日，美国纸币和硬币的流通量（发行量扣除财政部和联储持有的部分）合计为 14 249 亿美元（见表 3 - 15），其中纸币 13 800 亿美元，占 96.8%，硬币 450 亿美元，占 3.2%；纸币包括联邦储备券、联邦券（U. S. Notes，也叫政府券）、不再发行的其他纸币等三种，分别有 13 795 亿美元、2 亿美元和 2 亿美元，分别占纸币和硬币流通量的 96.8%、0.02% 和 0.02%。

表 3 - 15　　　　2015 年 12 月 31 日美国的纸币及硬币发行量和流通量　单位：亿美元

	发行量	减去：财政部持有的部分	减去：联储持有的部分	流通量
所有的纸币和硬币	15 973	3	1 721	14 249
1. 纸币	15 502	1	1 702	13 800
1.1 联邦储备券	15 498	1	1 702	13 795
1.2 联邦券	2	0	—	2
1.3 不再发行的其他纸币	2	0	0	2
2. 硬币	471	2	19	450
2.1 美元硬币	65	1	13	52
2.2 美分硬币	406	2	6	398

注：发行量减去财政部和联储持有的部分为流通量。

数据来源：美国财政部官网 www. fiscal. treasury. gov。

尽管我们构建的基础货币与联储 H.3 报表公布的基础货币在项目构成上基本一致，但两者在数量上仍有细微的差异（见图 3-3）。差异来源于，H.3 报表中的基础货币数据为时期平均数，而我们构建的基础货币为时点数。美国现行准备金维持期为 2 周，因而 H.3 报表中的基础货币指标为准备金维持期，即 2 周内日数据的平均值，而资产负债表、纸币和硬币流通量统计表中的数据为时点数据。

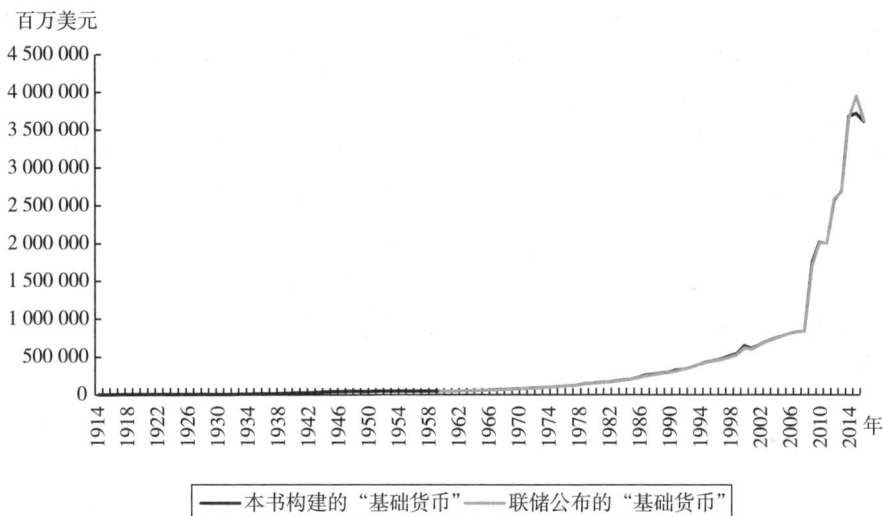

百万美元

数据来源：联储公布的"基础货币"来自美联储官网；本书构建的"基础货币"为本书作者根据来源于美联储年报和美联储官网公布的资产负债表数据、美国财政部官网公布的纸币和硬币流通量统计表的相关数据计算得到。

图 3-3 本书构建的基础货币（1914—2015 年）与联储公布的基础货币（1959—2015 年）

以 2015 年末为例：根据联储 H.3 统计表，2015 年 12 月 17 日—30 日的基础货币为 36 380 亿美元，其中流通中的货币 14 240 亿美元，存款性机构准备金存款 22 139 亿美元。而我们计算的 2015 年 12 月 31 日的基础货币为 36 349 亿美元，其中来源于联储资产负债表的联邦储备券流通量 13 808 亿美元，准备金存款 22 087 亿美元；来源于纸币和硬币流通量统计表中的联邦券流通量 2 亿美元、不再发行的其他纸币流通量 2 亿美元、硬币流通量 450 亿美元。也就是，我们构建的基础货币与联储公布的基础货币之间的差异约为 0.1%。

从中还可看出，目前流通中的硬币占美国基础货币的比率仅为 1.2%。

下面，我们将以本书构建的联储成立以来的基础货币时间序列为基础，对美国的基础货币的来源结构和运用结构进行分析。

三、美国基础货币来源结构的变化

（一）上世纪40年代以前：以黄金储备为主，再贴现为辅的基础货币投放渠道

美联储资产负债结构的变化与美国货币制度的演变紧密相关。在联储成立之初，美国处于金本位制时期。1913年通过的《联邦储备法》规定，联邦储备券的发行应有充足的准备，准备包括黄金、商业票据、汇票、外贸汇票、银行承兑票据等①。《联邦储备法》还规定了各种准备之间的弹性比例：黄金和黄金证券②，即黄金储备的比重不低于40%，若低于则征收超额发行税。此外，《联邦储备法》还规定，黄金储备与联储存款的比例不低于35%。

联储成立后到20世纪40年代，受金本位制和"真实票据"理论影响，美国的基础货币投放主要依靠联储吸收黄金储备和对商业银行再贴现，而以吸收黄金储备为主。1917—1940年，黄金储备加贴现贷款占同期基础货币的比率稳定在60%~90%，平均值为71.8%（见图3-4）。

此外，在联储成立之初的1914—1916年，由于联邦储备券的发行量有限，流通中的硬币占同期基础货币的比率曾高达40%以上。但随后，该比率迅速下降，1917年该比率降为15.6%，1935年之后降至10%以下。随着硬币流通量占基础货币比率的下降，财政部发行通货对基础货币的影响已微乎其微。

这段时期中的1917—1931年，贴现贷款规模占同期基础货币的比率相对较高，平均值为18.9%。除这15年外，其他年份贴现贷款占同期基础货币的比率普遍较低，1934年后该比率降至不到1%。

大萧条期间美国国债发行量有所扩大，联储购买国债支持财政融资，因而这期间联储通过购买国债投放的基础货币有所增多。1929—1933年国债占同期基础货币的比率从9.4%提高到34.9%，之后该比率迅速回落。

---

① 一战期间以及大危机时期《联邦储备法》经修订，允许美国政府证券可以作为联邦储备券的发行准备。之后该规定成为永久性规定。

② 黄金证券，也称黄金券，是指由美国财政部发行的以100%黄金作为准备的证券。根据1863年3月3日通过的法案，美国国会授权财政部发行黄金证券，以收进金币和金块。在1919年12月24日之前，黄金证券只能用以支付政府债务，在这之后作为美国货币供给的一部分在市面上流通，并可自由兑换黄金。20世纪30年代经济大危机，金本位制崩溃。1933年的美国银行法停止了黄金券的自由兑换，从而使黄金券退出了流通领域。从此，只有联邦储备银行被允许持有黄金券；这种黄金券由财政部发行，由联邦储备银行购买。联邦储备银行购买黄金券后，资产方增加黄金储备，负债方相应增加财政部存款。

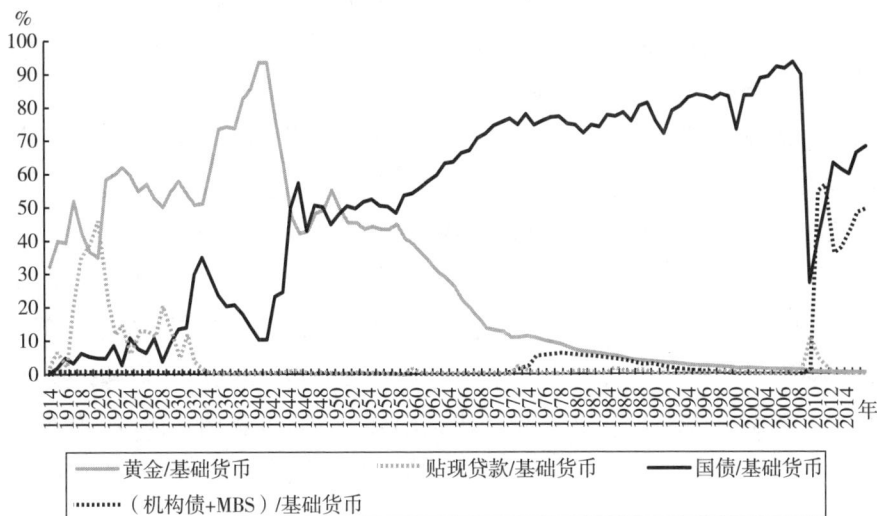

数据来源：1914—2001 年数据来自历年的美联储年报，2002 年之后数据来自美联储官网。

图 3-4　1914—2015 年美联储主要资产项目与同期基础货币之比

这一时期，黄金储备是联储的主要资产，也是联储投放基础货币的最主要渠道。除联储成立初的三年、贴现贷款和国债规模略有扩大的 1917—1933 年外，其他年份黄金储备占基础货币的比率都高于 70%，1941 年达到 93.5% 的历史高点。

值得注意的是，这段时期尤其是大萧条期间货币发行准备制度的弊端逐渐暴露，美国最终放弃了金本位制。在大萧条之前的十年，美国经济快速增长，市场货币需求旺盛。但由于货币发行需要 40% 以上的黄金准备，美国的货币供应受到黄金数量的限制，不能适应经济增长。大萧条期间，情况更加严重。由于居民担心银行倒闭，纷纷要求把手里的纸币兑换成黄金。于是联储不得不把黄金交还给银行，银行再兑换给储户。美联储的黄金储备减少后，必须相应减少货币发行量来满足黄金准备的比例要求。货币发行减少又进一步造成银行资金短缺，更容易引起储户挤兑。同时，联储货币发行减少还引起市场利率上升，降低了居民消费和企业投资的欲望。消费和投资需求降低导致生产下降，工人失业，公司倒闭。经济衰退使公众更担心银行部门的安全，更多人把手里的纸币兑换成黄金，迫使美联储进一步降低货币供应量。这样就形成恶性循环，大萧条中经济情况越来越差。

在这种情况下，美国政府不得不在 1933 年放弃金本位制度，要求银行停止美元和黄金间的兑换。1934 年罗斯福签署了《黄金储备法》（The Gold

Reserve Act），要求美联储把持有黄金的所有权移交给财政部，财政部按每盎司 20.67 美元的价格支付给联储对应金额的黄金券。该法案还把美元和黄金之间的价格从原来的每盎司 20.67 美元提高到 35 美元。通过提高黄金价格，财政部拥有黄金的美元价值上升。于是美联储就可以在不违反货币发行的黄金准备比例要求的情况下，增发更多货币以应对银行挤兑。《黄金储备法》颁布后，美国公民不能持有和交易黄金。但美国政府和其他国家间仍然交易黄金。当时每盎司 35 美元的价格是美国和其他国家央行和政府之间交易的黄金价格。

（二）上世纪 40 年代到 70 年代初：国债比重上升，黄金储备比重下降

1944 年 7 月，44 国在美国布雷顿森林召开联合国货币及金融体系会议，签订了《布雷顿森林协定》。根据该协定，美元与黄金直接挂钩，1 盎司黄金相当于 35 美元；同时其他会员国货币与美元挂钩，即与美元保持固定汇率关系。美元至此成为世界储备货币。

1945 年，黄金储备与联邦储备券的比例要求由不低于 40% 降至不低于 25%；黄金储备与联储存款的比例要求由不低于 35% 降至不低于 25%。1965 年，黄金储备与联储存款的比例要求被取消。1968 年，黄金储备与联储储备券的比例要求也被取消。从此，联邦储备券的发行不再要求有一定比例的黄金储备。

上世纪 30 年代末到 70 年代初，美国的黄金储备规模大致经历了 4 个变化时期：（1）1937—1940 年美国黄金储备从 91 亿美元增加到 198 亿美元，增加 116%。二战初期，美国处于中立，各国为购买战争物资，向美国输出了大量黄金。（2）1940 年 12 月美国向德国和日本宣战，政府支出大幅增加，黄金储备有所减少。1941—1945 年美国黄金储备从 205 亿美元减少到 179 亿美元，减少 13%。（3）1946—1957 年，战后各国对短缺商品的需求导致黄金流入美国，美国的黄金储备从 184 亿美元增长到 221 亿美元，增长 20%。（4）50 年代后，美国贸易逆差增大，各国担心美元贬值，开始将手中的美元兑换为黄金。1958 年后，美国的黄金储备急剧下降。1958—1971 年美国黄金储备减少 55%。黄金储备的减少使美元的贬值不可避免。尽管美国一度联合其他国家央行努力平抑金价，但 1 盎司黄金兑 35 美元的比价关系终究无法维系。1971 年美国尼克松政府放弃美元与黄金的直接挂钩。1973 年 2 月，随着美元的进一步贬值，布雷顿森林体系崩溃。

这段时期，黄金占同期基础货币的比率关系也经历了上述变化：1937—1940 年，从 73.6% 上升到 93.4%；1941—1945 年，从 93.5% 下降到 42.2%；1946—1957 年，从 42.8% 上升到 45%；1958—1971 年，从 40.7% 下降到

11%。黄金储备已不再是联储投放基础货币的主要渠道。

黄金储备的下降，加上二战期间，为满足财政融资的需要，联储持续购入国债，国债逐步上升为基础货币的重要投放渠道。1944年联储持有的国债规模首次超过黄金储备。1941—1971年，联储持有的国债占基础货币的比率从10.3%提高到76.5%。

（三）上世纪70年代到最近一轮国际金融危机前：国债成为联储投放基础货币的最主要渠道

1976年，国际货币基金组织通过的《牙买加协议》及两年后对协议的修改方案，确定了黄金非货币化。

黄金的非货币化加上黄金储备的大幅下降，美联储不再依靠吸收黄金来投放基础货币，公开市场操作上升为美联储最重要的货币政策工具之一，国债成为联储投放基础货币的最主要渠道。1971—2007年，国债占基础货币的比率长期保持在70%~90%的高位，比率平均值为80.2%。

（四）国际金融危机期间：量化宽松政策投放大量基础货币，同时联储资产结构发生巨大变化

国际金融危机期间，美国非常规货币政策引起联储资产负债表规模迅速扩张，基础货币大量投放。同时，联储的资产结构也从短期和中长期国债为主转变为长期国债、机构债和MBS为主。根据美联储政策实施的特点，其资产负债表规模和基础货币供应结构的变化大致可以划分为以下四个阶段：

1. 第一阶段（2007年8月1日到2008年12月17日）：美联储采取特殊的流动性措施，资产方流动性信贷工具的种类和规模急剧扩张，向市场提供大量流动性。

在此期间，美联储资产规模从0.9万亿美元扩张到2.3万亿美元，增加1.4万亿美元（见图3-5）。与此相对应，基础货币从0.8万亿美元急剧增加到1.6万亿美元，增加0.8万亿美元。基础货币的增量明显低于资产规模的增量，这是由于联储在财政部的配合下采取了对冲措施。

联储资产项目的主要变化有：（1）联储减持了约3 150亿美元的国债①，并用出售国债的资金购入180亿美元机构债、向金融机构贷款约2 060亿美元、回购协议买入证券550亿美元、向Maiden Lane LLC项目提供贷款约670

---

① 金融危机初期，联储不得不通过减持国债获得资金来购买其他资产或向金融机构提供融资。这是因为当时联储的资产总额在8800亿美元左右，而国债占90%左右，联储可动用的其他资金来源很少。

亿美元。(2)联储与其他国家央行签订货币互换协议,向国际市场提供流动性。期间,联储的货币互换项目余额从 0 增加至 5 831 亿美元。(3)联储通过新设立的 2 个临时性工具扩张信贷。这两个临时性工具是所持有的商业票据融资便利有限责任公司资产净额①(Net Portfolio Holdings of Commercial Paper Funding Facility LLC)和短期资金标售工具②(Term Auction Credit)。在此期间,两类工具余额分别增加了 3 190 亿美元和 4 480 亿美元。

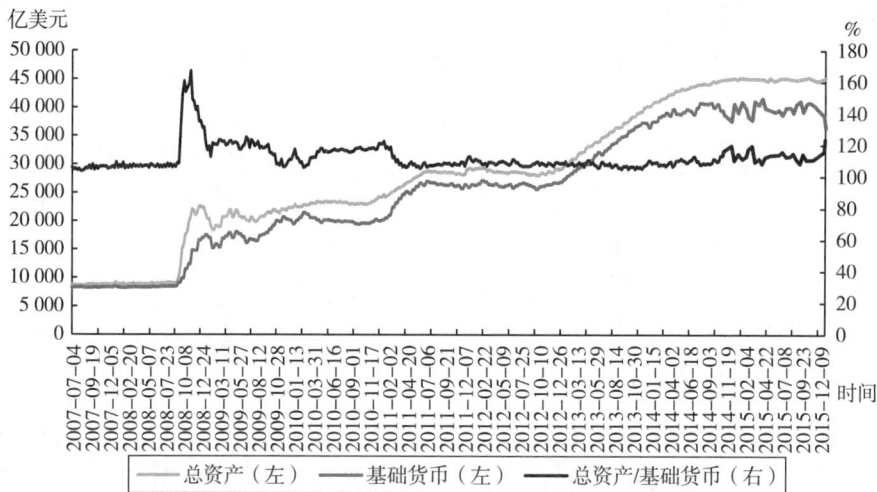

数据来源:美联储官网 www.federalreserve.gov,数据频度为周;其中资产负债表项目来自 H.4.1 报表,基础货币数据来自 H.3 报表。

图 3-5 国际金融危机期间美联储总资产与基础货币的变化

为对冲上述资产项目扩张对基础货币和联邦基金利率的影响,在此期间联储主要通过财政部补充融资计划③和逆回购协议等措施回收流动性。联储负债

---

① 所持有的商业票据融资便利有限责任公司资产净额在联储资产负债表中的存在时间为 2008 年 10 月 29 日当周至 2010 年 8 月 11 日当周。

② 短期资金标售工具在联储资产负债表中的存在时间为 2007 年 12 月 26 日当周至 2010 年 4 月 7 日当周。

③ 危机中,联储的流动性信贷大幅扩张。为抵消流动性扩张对基础货币和联邦基金利率的冲击,应联储请求,2008 年 9 月美国财政部推出了临时性的财政部补充融资计划:财政部以拍卖短期国债的方式,配合联储回收流动性。联储资产负债表中负债方的存款项下的财政存款除财政一般性存款外,增设了财政补充融资账户。2008 年 9 月 24 日当周财政补充融资账户余额 1 598 亿美元,后逐周增加,到 10 月 22 日增加至 5 590 亿美元。之后该账户余额逐步减少,2009 年 10 月降至 1 000 亿美元以下,12 月降至 50 亿美元。2010 年 3 月美国财政部扩大补充融资计划,将其从 2009 年 12 月以来的 50 亿美元扩大至 2 000 亿美元,并保持到 2011 年 1 月末。2011 年 2 月补充融资账户余额开始减少,3 月末降至 50 亿美元,8 月减至 0。

方的逆回购协议增加 400 亿美元，财政部在联储增设的补充融资账户增加
3 642亿美元，财政一般存款账户增加 1 157 亿美元。这些措施在很大程度上对
冲了联储扩张流动性对基础货币的冲击（见图 3 -6）。

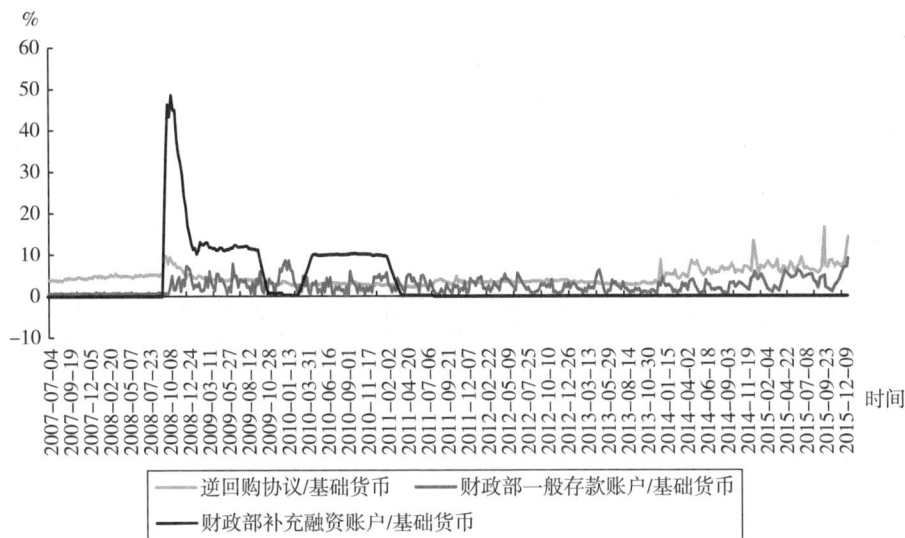

数据来源：美联储官网 www. federalreserve. gov。

图 3 -6　国际金融危机期间美联储主要负债项目与同期基础货币之比

与上述操作对应，国债占基础货币的比率从 95.5% 下降到 28.6%（见
图 3 -7），下降 66.9 个百分点；贴现贷款占基础货币的比率从 0.03% 提高到
12.4%，提高 12.4 个百分点；机构债占基础货币的比率从 0 提高到 1.1%，提
高 1.1 个百分点；货币互换占基础货币的比率从 0 提高到35%；所持有的商业
票据融资便利有限责任公司资产净额占基础货币的比率从 0 提高到19.1%；
短期资金标售工具占基础货币的比率从 0 提高到26.9%。

2. 第二阶段（2008 年末到 2010 年 10 月）：第一轮量化宽松政策实施期
间，联储资产规模相对稳定，但资产结构发生较大变化。

2008 年末至 2010 年 4 月，美联储资产方的短期流动性工具逐渐到期，规
模逐渐下降。为保持资产规模稳定，美联储实施第一轮量化宽松政策，购买机
构债、MBS 和长期国债，取代逐渐萎缩的短期流动性工具。虽然美联储资产
结构发生了显著变化，但整个期间内资产规模仅增加 404 亿美元，基础货币增

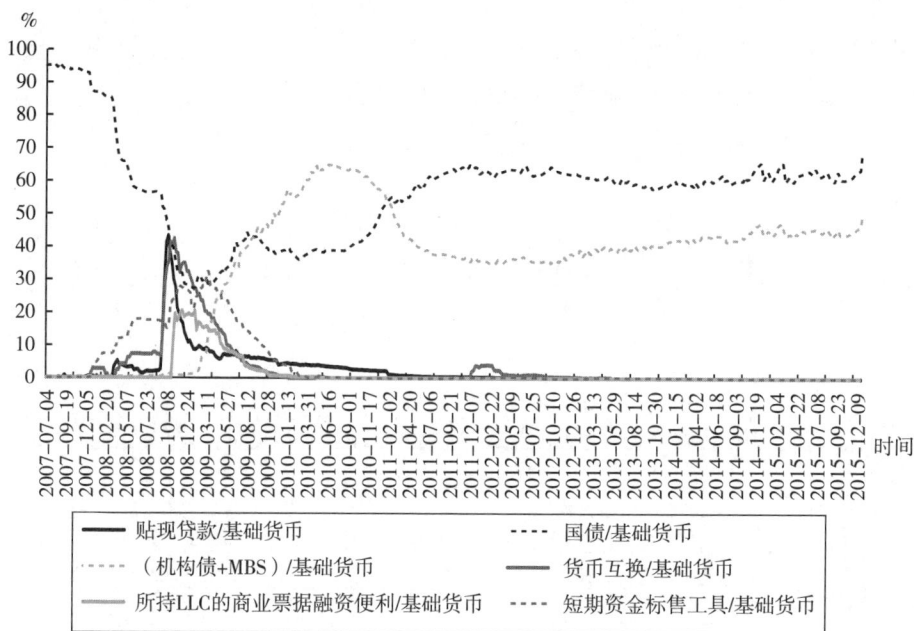

数据来源：美联储官网 www. federalreserve. gov。

图 3 - 7　国际金融危机期间美联储主要资产项目占同期基础货币的比率

加近 3 000 亿美元①。QE1 结束后，直到 2010 年 10 月，美联储资产规模都基本保持在 2.3 万亿美元，基础货币保持在 2 万亿美元。

联储资产项目的主要变化有：（1）联储贷款项目减少约 1 600 亿美元，中央银行货币互换减少 5 800 亿美元；所持有的商业票据融资便利有限责任公司资产净额和短期资金标售工具两项临时性政策工具的余额都减至 0，分别减少 3 190 亿美元和 4 480 亿美元。（2）联储增持国债约 3 600 亿美元，机构债 1 320 亿美元，MBS 约 10 500 亿美元。

与上述操作相对应，贴现贷款占基础货币的比率从 12.4% 下降至 2.4%，下降 10 个百分点；货币互换占基础货币的比率从 35% 下降到 0；所持有的商业票据融资便利有限责任公司资产净额占基础货币的比率从 19.1% 下降到 0；短期资金标售工具占基础货币的比率从 26.9% 下降到 0；国债占基础货币的比率从 28.6% 上升到 42.7%，提高 14.1 个百分点；机构债占基础货币的比率从 1.1% 提高到 7.6%，提高 6.5 个百分点；MBS 占基础货币的比率从 0 提高到

---

① 由于此期间财政补充融资账户和财政一般存款账户余额的净减少，基础货币的增量大于同期总资产的增量。

53.5%，提高 53.5 个百分点。

3. 第三阶段（2010 年 11 月到 2011 年 6 月）：第二轮量化宽松政策实施期间，联储通过大量购买国债，促进资产规模再次扩张，资产规模由 2.3 万亿美元上升到 2.9 万亿美元，基础货币从 2 万亿美元增至 2.6 万亿美元。资产的扩张额与基础货币的扩张额几乎相等。在上述第一阶段中，财政部曾使用补充融资计划帮助联储回收流动性。但受制于财政赤字上线，补充融资计划的继续实施需要国会通过。由于第三阶段时美国的政府赤字已急剧扩大，因而在此时及之后补充融资计划都无法再次实施。

在此期间，联储增持国债 7 800 亿美元[①]，机构债减少 330 亿美元，MBS减少 1 420 亿美元。同期，国债占基础货币的比率从 42.7% 上升到 61.5%，提高 18.8 个百分点；机构债占基础货币的比率从 7.6% 下降到 4.4%，下降 3.2个百分点；MBS 占基础货币的比率从 53.5% 下降到 34.6%，下降 18.9 个百分点。

4. 第四阶段（2011 年 9 月到 2014 年 10 月）：美联储启动扭曲操作，以及第三轮量化宽松政策。

前二轮量化宽松政策虽然取得了比较积极的效果，但对美联储资产负债表的资产规模与资产结构都造成了巨大冲击。当量化宽松政策效微力乏时，2011年 9 月美联储推出了价值 4 000 亿美元的扭曲操作（Operation Twist，OT）：在 2012 年 6 月底之前购买 4 000 亿美元的 6 年期至 30 年期国债，并同时出售同等规模的 3 年期或更短期国债。扭曲操作是通过买入长期国债，推低长期利率，从而推低与长期利率挂钩的贷款利率，包括按揭贷款和汽车贷款利率，以鼓励投资者买入高风险资产，进而推动股票等资产价格上升、引导资金投向长期投资领域，以此促进经济增长。扭曲操作不会引起美联储资产负债表扩张，因而有助于避免通胀上升。2012 年 6 月 21 日，由于就业状况仍然欠佳，美联储决定将已经到期的 OT 延期至年底，额度再增加约 2 670 亿美元。

2012 年 9 月 14 日，美联储启动第三轮更加积极的 QE3，决定每月购买400 亿美元 MBS，但未说明购买总规模和执行期限。

2012 年 12 月 12 日，美联储宣布每月采购 450 亿美元国债，替代扭曲操作，加上 9 月开始的 400 亿美元的 MBS 采购额，联储每月资产采购额达到 850

---

① 根据 2010 年 11 月 3 日联储通过的第二轮量化宽松货币政策的决议，国债的计划购买总量为6 000 亿美元。但 QE2 实际实施期间，联储增持的国债规模约为 7 800 亿美元。比计划多增持的部分主要是用以弥补同期机构债和 MBS 持有量的减少。

亿美元。除了量化宽松政策外，美联储还保持了 2012 年开始的零利率政策，把联邦基金利率保持在 0 到 0.25% 的极低水平。

2013 年 12 月联储宣布，从 2014 年 1 月起，将每个月的债券购买规模从 850 亿美元降至 750 亿美元，长期国债和 MBS 的购买量各减少 50 亿美元，即长期国债和 MBS 的购买量从之前的 450 亿美元和 400 亿美元缩减为 400 亿美元和 350 亿美元。

在美国经济活动和就业市场有所改善的情况下，联储在 2014 年 2 月、4 月、5 月、6 月、7 月和 9 月，多次缩减资产购买规模，每次均缩减长期国债和 MBS 的月购买量各 50 亿美元。经过历次缩减后，10 月资产购买规模降到了 150 亿美元。10 月末，联储最终将 150 亿美元月购买量完全取消，这意味着 QE3 资产购买行动的结束。

2011 年 9 月至 2014 年 10 月，联储共计增持国债 8 095 亿美元，减持机构债 700 亿美元，增持 MBS 8 329 亿美元。同期，联储资产规模从 2.9 万亿美元扩张到 4.5 万亿美元，扩张 1.6 万亿美元；基础货币从 2.7 万亿美元扩张到 4 万亿美元，扩张 1.3 万亿美元。同时，联储增大了逆回购操作，使基础货币扩张额略低于总资产扩张额。

在此期间，国债占基础货币的比率在 60% 上下波动，期初和期末比率均为 62.2%；机构债占基础货币的比率从 4.1% 下降到 1%，下降 3.1 个百分点；MBS 占基础货币的比率从 33.3% 上升到 43.4%，提高 10.1 个百分点。

（五）量化宽松政策结束后：财政存款增加和逆回购交易使基础货币逐步回笼

随着美国经济的复苏，2014 年 10 月后美联储终止了资产购买行动，并逐步小幅回笼基础货币。2014 年 11 月到 2015 年 12 月，美联储基础货币净减少 3180 亿美元，同期总资产仅净减少 2 亿美元；基础货币的净减少额大于总资产的净减少额，这是因为：经济复苏带来财政存款增加，引起基础货币减少，另一方面是美联储主动通过逆回购交易，回笼了基础货币。

四、美国基础货币运用结构的变化

以前文所构建的基础货币为基础，下面我们分析美国基础货币运用结构的变化，即分析美国流通中的通货、准备金存款占基础货币比率的变化。

从图 3-8 可以看到，联储成立以来，美国流通中的通货、准备金存款占基础货币比率的变化可以大致划分为以下四个阶段：

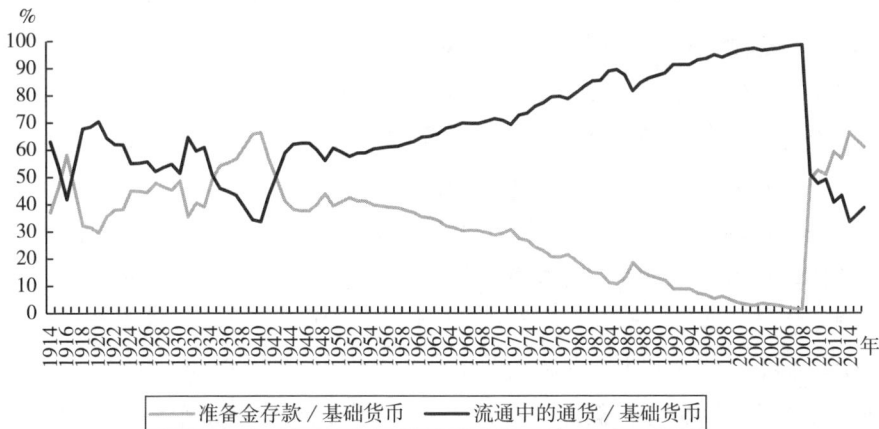

数据来源：1914—2001 年数据来自历年的美联储年报，2002 年之后数据来自美联储官网。

图 3 – 8　1914—2015 年美国基础货币运用结构

（一）上世纪 40 年代初以前：准备金存款所占比率总体上升，通货所占比率总体下降

联储成立后到 1941 年，除 1917 年法定准备金率有所下降外，这期间联储先后 5 次提高法定准备金率①。1913 年到 1941 年，美国中央准备城市银行、准备城市银行及乡村银行活期存款的法定准备金率由 18%、15% 和 12%，提高到 26%、20% 和 14%，三类银行定期存款的法定准备金率由 5% 提高到 6%。

随着法定准备金率的提高，准备金存款占基础货币的比率总体呈上升趋势，而流通中的通货所占比率总体呈下降趋势。1914—1941 年，准备金存款占基础货币的比率从 37% 提高到 56.7%，流通中通货占基础货币的比率从 63% 下降到 43.3%。

总体趋势如此，但大萧条期间两个比率的变化方向正好与总体趋势相反：流通中通货所占比率是上升的，准备金存款所占比率是下降的。1929—1933 年，准备金存款占基础货币的比率从 45.2% 下降到 39.1%，流通中通货占基础货币的比率从 54.8% 提高到 60.9%。这可能是由于人们在大萧条期间有不安定的感觉，增加了手持通货。

①　具体情况可见本书第七章第二节的介绍。

（二）上世纪 40 年代到本次国际金融危机前：准备金存款所占比率持续下降，通货所占比率持续上升

1941—2007 年，准备金存款占基础货币的比率从 56.7% 下降到 1.4%，流通中通货占基础货币的比率从 43.3% 提高到 98.6%。

准备金存款所占比率的下降可能与以下因素有关：

一是法定准备金率的总体下降。尽管此期间美国的法定准备金制度经历了几次大的变动，但商业银行的准备金负担总体上是逐步降低的。1941 年，中央准备城市银行、准备城市银行及乡村银行活期存款的法定准备金率分别为 26%、20% 和 14%，三类银行定期存款的法定准备金率为 6%。而到 1992 年，交易性账户净额中低档准备金份额之下部分、之上部分的法定准备金率分别为 3% 和 10%，对非交易性账户没有法定准备金要求。随着法定准备金率的大幅下降，商业银行在联储的准备金存款增长减缓，于是准备金存款占基础货币的比率下降。

二是金融市场的发展和金融环境的改善，导致商业银行减少超额准备金的持有。银行间资金清算更加迅速便捷、金融市场筹集资金功能增强、金融环境的改善使存款波动更加稳定可测，这些因素使美国商业银行无须保留较高的超额准备金，准备金存款占基础货币比率由此下降。根据联储公布的 1959 年以来的基础货币组成项目计算银行体系的超额准备金，并与同期基础货币相比，得到图 3-9。1959—2007 年超额准备金与同期基础货币的比率从 1% 下降到 0.2%。

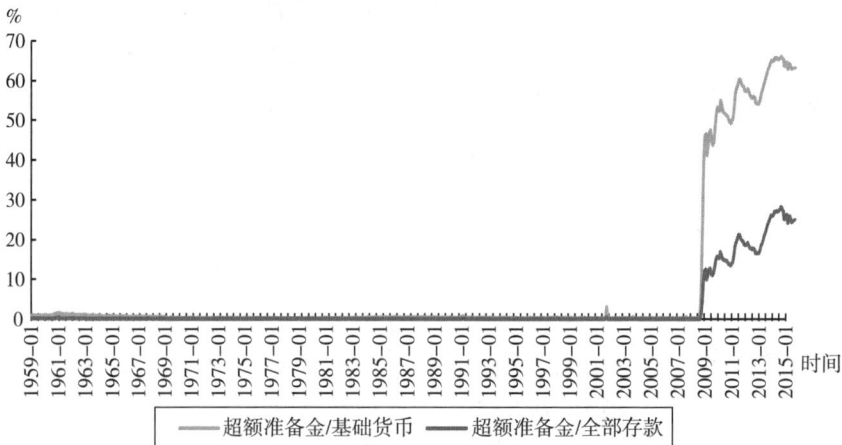

注：全部存款为广义货币供应量 M_2 减去流通中的通货和零售货币市场基金。

数据来源：美联储官网 www.federalreserve.gov，数据频度为月。

图 3-9 1959—2015 年美国超额准备金存款与基础货币、全部存款之比

（三）国际金融危机期间：准备金存款所占比率大幅上升，通货所占
比率大幅下降

2008 年 8 月到 2014 年 10 月，准备金存款占同期基础货币的比率从 2% 提高到 67.6%，流通中通货占同期基础货币的比率从 98% 下降到 32.4%。

本次国际金融危机期间，美国非常规货币政策引起联储资产负债表规模迅速扩张，基础货币大量投放。联储主要通过向金融机构提供信贷支持，向金融机构购买国债、机构债和 MBS 等方式投放基础货币。联储以这些方式投放基础货币，对应方的金融机构相应增加其在联储的准备金存款，因而准备金存款占基础货币的比率大幅上升。

危机期间，金融机构信贷萎靡，美联储投放的基础货币，很大部分形成了金融机构的超额准备金，超额准备金占基础货币的比率大幅上升，从 2008 年 8 月的 0.2% 提高到 2014 年 10 月的 65.5%。超额准备金与银行体系全部存款的比率，即超额准备金比率也大幅上升（见图 3－9），这使美国的货币乘数下降（见图 3－10）。因而，尽管危机期间美国的基础货币大幅增长，但由于货币乘数的下降，货币供应量的增长速度明显低于基础货币的增长速度（见图 3－11）。2008—2014 年，美国基础货币年均增长 28.1%[1]，而货币供应量 M_1 和 M_2 的年均增速分别为 11.6% 和 6.7%。这是美国扩张性货币政策没有引起通货膨胀的主要原因。

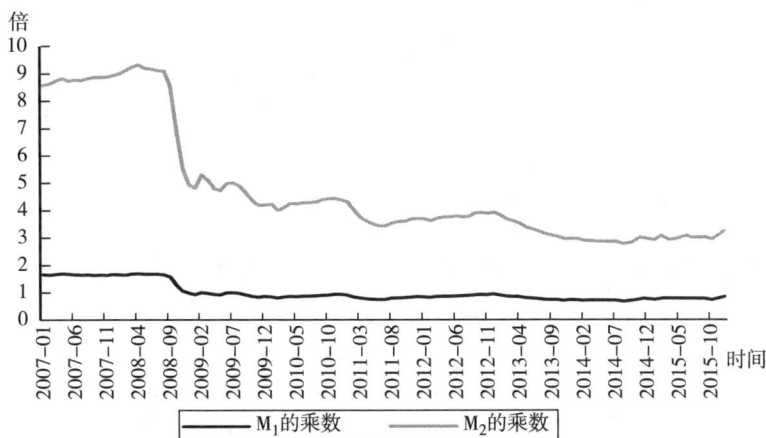

数据来源：根据来源于美联储官网的相关数据计算得到。

图 3－10　美国货币乘数

---

[1]　算术平均值。

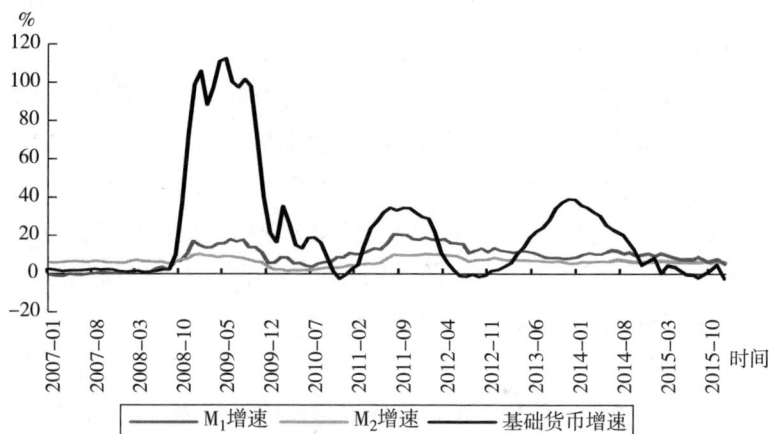

数据来源：根据来源于美联储官网的相关数据计算得到。

图 3 - 11　美国基础货币与货币供应量增速

（四）经济复苏期：准备金存款所占比率下降，通货所占比率上升

2014 年以来，随着美国经济复苏，银行业超额准备金逐步减少，准备金存款占基础货币的比率逐步回落，而通货所占比率有所上升。2014 年 10 月至 2015 年 12 月，准备金存款占同期基础货币的比率从 67.6% 下降到 63.1%，流通中通货占同期基础货币的比率从 32.4% 上升到 36.9%。

第四节　我国的基础货币

一、人民银行资产负债表概况

虽然人民银行资产负债表与美联储资产负债表的格式和主要项目基本一致，但各项目所占比重却有明显不同。

表 3 - 16　　　　　　　　　**2015 年末人民银行资产负债表**

资产项目			负债项目		
	金额（亿元）	比重（%）		金额（亿元）	比重（%）
国外资产	253 831	79.9	储备货币	276377	87.0

续表

资产项目			负债项目		
	金额 (亿元)	比重 (%)		金额 (亿元)	比重 (%)
外汇	248 538	78.2	货币发行	69 886	22.0
货币黄金	2 330	0.7	其他存款性公司存款	206 492	65.0
其他国外资产	2 964	0.9	不计入储备货币的金融性 公司存款	2 826	0.9
对政府债权	15 313	4.8	发行债券	6 572	2.1
对其他存款性公司债权	26 626	8.4	国外负债	1 807	0.6
对其他金融性公司债权	6 657	2.1	政府存款	27 179	8.6
对非金融性部门债权	72	0.0	自有资金	220	0.1
其他资产	15 339	4.8	其他负债	2 855	0.9
总资产	317 837	100.0	总负债	317 837	100.0

数据来源：中国人民银行官网 www.pbc.gov.cn。

（一）资产项目

1. 外汇。在人民银行资产负债表中，最主要的资产项目是国外资产，以外汇为主。2015 年末，外汇资产规模达到 24.9 万亿元，占总资产的 78.2%（见图 3 - 12）。1993 年这一比例仅为 10.5%，20 年来该比例持续上升，近年来上升态势有所缓和，并略有下降。这反映出 1994 年外汇管理体制改革以来，我国对外经济发展的特点，即经常账户和资本账户持续出现"双顺差"，在有管理的浮动汇率制度和强制结售汇制度下，人民银行不得不购入大量外汇，外汇资产的比重随之持续上升。2002 年开始，强制结售汇制度向意愿结售汇制度转变。这一过程中，意愿结售汇的比例要求从最初的 20% 逐步提高至 80%，直至 2007 年 8 月完全实现自主。近四年来我国外汇占款的增长速度有所放缓，但外汇占款规模仍然较大。

2. 对政府债权。2015 年末对政府债权 1.5 万亿元，占总资产的比重为 4.8%。1997—2006 年，对政府债权的规模在资产项目中仅居第四位，小于外汇资产、对其他存款性公司债权和对其他金融性公司债权。2007 年人民银行间接买入财政部当年发行的巨额特别国债，使该项目规模大幅提升，比重一度高达 9.6%。

3. 对其他存款性公司债权。对其他存款性公司债权为人民银行向商业银行发放的再贷款、再贴现等融资形成的债权。2015 年末对其他存款性公司债

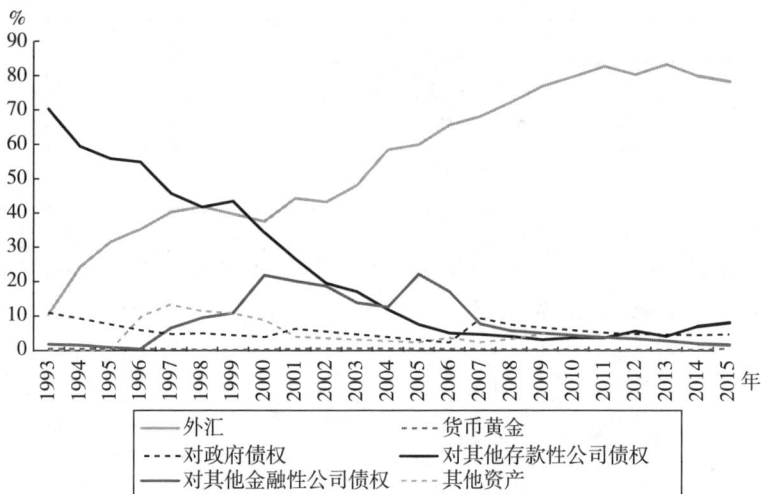

数据来源：1993—1998 年数据来自《1949—2005 中国金融统计》，1999—2015 年数据来自中国人民银行网站。

图 3 – 12　1993—2015 年人民银行主要资产项目比重

权 2.7 万亿元，占总资产的比重为 8.4%。上世纪 80 年代到 90 年代，再贷款及再贴现是人民银行投放基础货币的重要渠道，因而人民银行对存款性公司的这类债权占总资产的比重非常高。1993 年该比重为 70.3%，1993—1999 年平均为 53%。本世纪以来，该比重大幅下降，2013 年降至 4.1%。近十多年来该比重大幅回落的原因与外汇占款项目的迅速上升有关，反映了基础货币供应结构的巨大变化。这些变化也反映了我国商业银行经营机制的转变，银行更多从市场融资，而非依赖于中央银行。

2014 年下半年以来，外汇占款增速放缓，人民银行创设中期借贷便利（Medium – term Lending Facility，MLF）等货币政策工具提供基础货币，对其他存款性公司债权占总资产的比重有所提高。

4. 对其他金融性公司债权。对其他金融性公司债权主要是人民银行向其他金融性公司发放的再贷款。上世纪末到本世纪初，对其他金融性公司债权占总资产的比重一度高达 20% 左右。这主要是因为这段时间大量证券公司、信用社、信托投资公司风险爆发，人民银行向这些被救助和处置的高风险金融机构提供了数额巨大的再贷款。2007 年以后随着这些再贷款的逐步到期偿还，该比重显著下降，2015 年末仅为 2.1%。

（二）负债项目

1. 其他存款性公司存款。人民银行负债项目中，最主要的是其他存款性公司存款。1993—2015 年，其他存款性公司存款占总负债的比重从 36.9% 提高到 65%（见图 3 – 13）。随着经济发展，存款类金融资产和银行体系资产规模持续稳定增长，带动了银行体系准备金存款的增长。

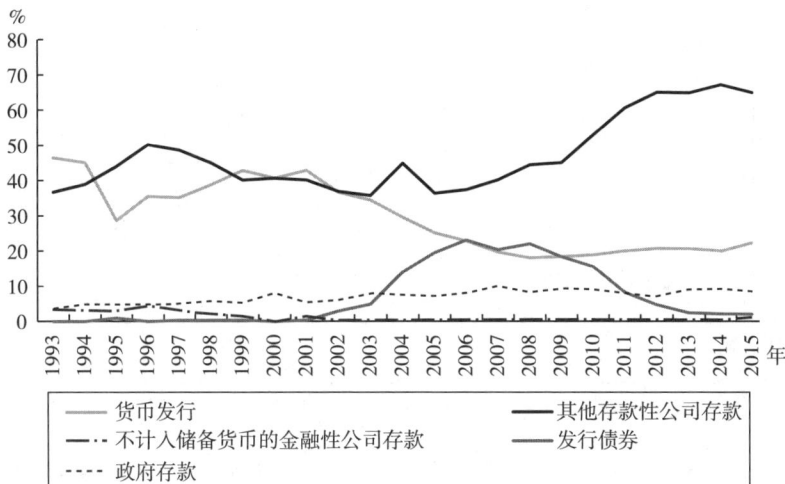

数据来源：同图 3 – 12。

图 3 – 13　1993—2015 年人民银行主要负债项目比重

2. 货币发行。1993—2001 年（除个别年份外），货币发行占总负债的比重维持在 35% 以上的高位波动，均值为 39.3%。2002 年以后该比重持续下滑，2008 年降至 17.9% 的低点。2009 年以后该比重小幅回升，稳定在 20% 左右。

3. 政府存款。政府存款的规模在负债项目中居第三位。1993 年以来政府存款占总负债的比重持续小幅上升，从 1993 年的 3.5% 提高到 2015 年的 8.6%。

4. 发行债券。人民银行发行的债券，也叫央行票据。2002 年以前，人民银行发行债券的规模非常小，占总资产的比重不到 1%。2002 年以后，该比重逐步上升。2006—2008 年为应对流动性过剩，人民银行通过发行大量央票回收市场流动性，发行债券占总负债的比重连续三年高于 20%。2011 年以来，流动性供需形势发生变化，人民银行则通过回收央票调节市场流动性，发行债券的规模和比重都明显下滑。2015 年末，该比重降至 2.1%。

二、我国基础货币来源结构的变化

1. 上世纪 80 年代到 90 年代，再贷款及再贴现是人民银行投放基础货币的主要渠道。1993 年再贴现和再贷款①占同期基础货币的比率达到了 86.8%（见图 3 - 14），而同期外汇资产占基础货币的比率仅为 12.6%。1993—2000 年再贴现和再贷款占同期基础货币的比率平均为 70.2%。

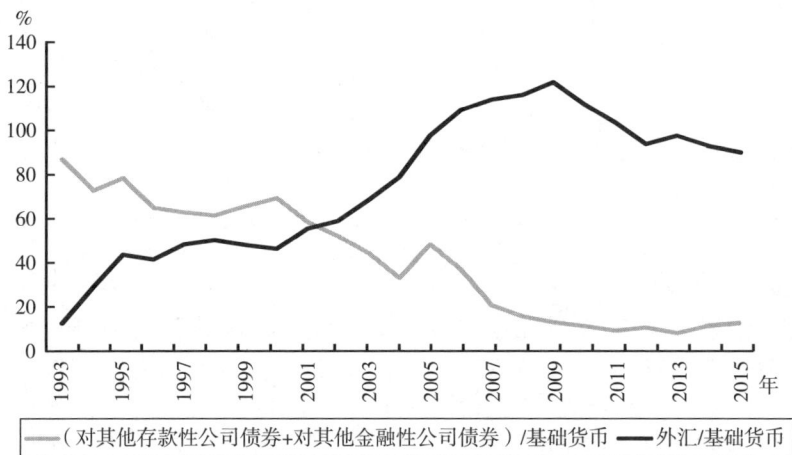

数据来源：同图 3 - 12。

图 3 - 14　人行主要资产项目占基础货币的比率

2. 本世纪以来，人民银行投放基础货币的主要渠道由再贴现和再贷款转变为外汇占款。2001 年以来，我国外汇占款规模迅速增长（见图 3 - 15），占基础货币的比率迅速上升，而再贴现和再贷款占基础货币的比率迅速下降。2002 年外汇占款规模首次超过再贴现和再贷款。之后，外汇占款规模的扩大与再贴现和再贷款的萎缩形成鲜明对比。2007 年以后再贴现和再贷款占同期基础货币的比率降至 20% 以下。而 2009 年外汇资产占基础货币的比率达到 121.8% 的历史高点。

3. 外汇占款大幅增长阶段，人民银行通过对冲操作部分抵消外汇占款增长对基础货币的冲击。外汇占款扩张引起的基础货币投放具有被动性。为保持基础货币适度增长，人民银行通过公开市场操作部分对冲了外汇占款扩张对基础货币的影响，即人民银行通过发行央行票据回收流动性。这在人民银行资产

---

① 人民银行资产负债表中资产方的对其他存款性公司债权和对其他金融性公司债权。

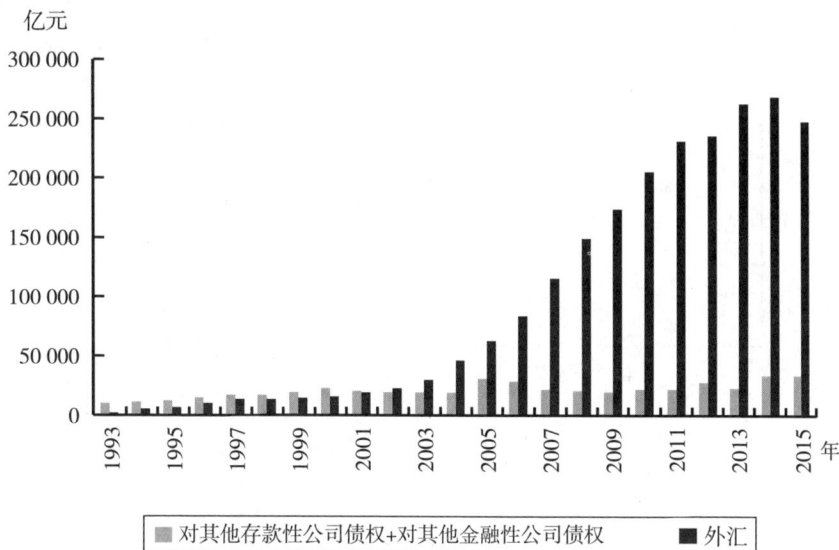

亿元

数据来源：同图 3 - 12。

图 3 - 15 对其他存款性公司和其他金融性公司债权、外汇资产规模

负债表上体现为负债方发行债券的增长。同时，负债方政府存款的增长也部分抵消了外汇占款扩张对基础货币的影响。

从 2002 年开始，人民银行央票发行规模迅速增长。2002—2008 年人民银行发行债券规模从 1 488 亿元扩张到 45 780 亿元，增长 29.8 倍；与同期外汇资产的比值从 6.7% 提升到 30.6%（见图 3 - 16）；与同期基础货币的比值从 4% 提升到 35.5%。2002—2008 年发行债券加上政府存款的规模与同期外汇资产的比值从 20.7% 提升到 41.9%；与同期基础货币的比值从 12.2% 提升到 48.6%。这相当于（以 2008 年为例）41.9% 的外汇占款通过央票和政府存款进行了对冲，从而减弱了外汇占款扩张对基础货币的冲击。

4. 最近四年来，外汇占款增长速度显著放缓，2015 年更是负增长，外汇占款占基础货币的比率下降至 90% 左右。为保持货币供应的平稳增加，人民银行一方面通过公开市场操作、新创设中期借贷便利等货币政策工具提供基础货币，另一方面通过降低准备金比率提高货币乘数。人民银行资产负债表中资产方的对其他存款性公司债权和对其他金融性公司债权占基础货币的比率从 2011 年的 9.3% 提高到 2015 年的 12%。同时，央票发行也逐渐减少，人民银行资产负债表中负债方的央票余额从 2011 年的 2.3 万亿元，减少至 2015 年的 6 572 亿元。总体看，在外汇占款渠道投放基础货币出现阶段性放缓的情况下，

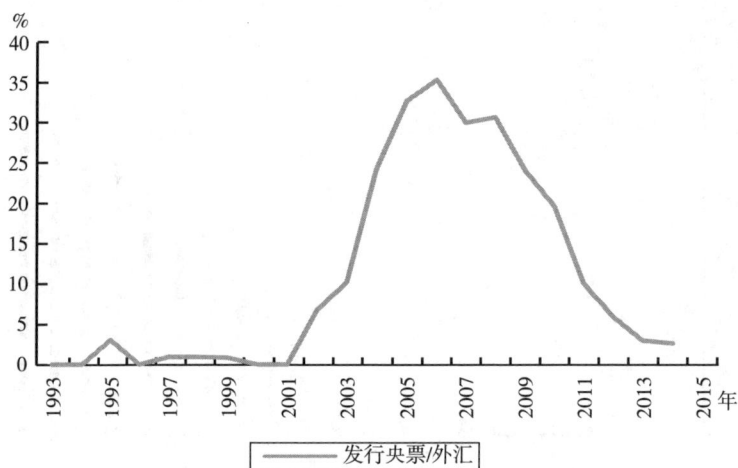

数据来源：同图 3 – 12。

图 3 – 16　发行央票与外汇之比

中期借贷便利起到了补充基础货币的作用，有利于引导货币信贷和社会融资稳定增长，为稳增长和调结构营造中性适度的货币金融环境。

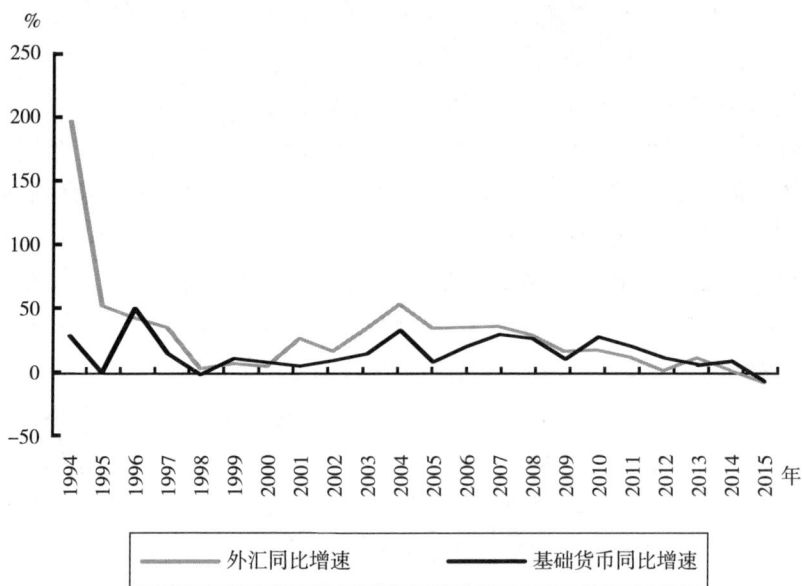

数据来源：同图 3 – 12。

图 3 – 17　外汇、基础货币同比增速

三、我国基础货币运用结构的变化

下面我们分析我国基础货币运用结构的变化，即分析我国流通中的通货、准备金存款各自占基础货币比率的变化。

从图 3－18 可以看到，1993 年以来，我国通货、准备金存款占基础货币比率的变化可以大致划分为以下三个阶段：

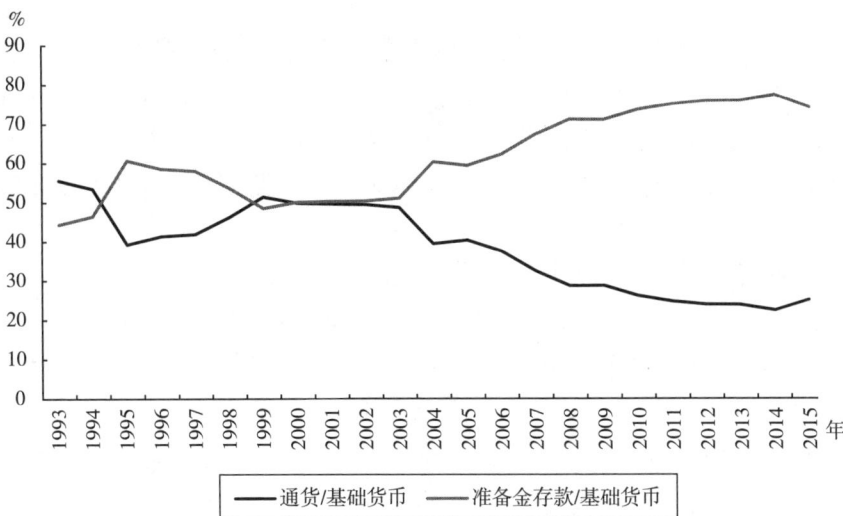

数据来源：同图 3－12。

图 3－18　1993—2015 年我国基础货币运用结构

（一）1993—2003 年：通货所占比率和准备金存款所占比率总体相对稳定

这期间（1995—1997 年除外），通货占基础货币的比率和准备金占基础货币的比率均在 50% 左右。

1995—1997 年，准备金存款占基础货币的比率接近 60%，通货占基础货币的比率在 40% 左右。此期间法定准备金率并没有发生变动，准备金存款所占比率的小幅提高可能与人民银行加强了对金融机构的备付金管理有关。1995 年之前，金融机构备付率要求为 5%~7%。1995 年，人民银行根据各家银行经营的特点重新确定了备付率，工行、中行不低于 6%，建行、交行不低于 5%，农行不低于 7%。这实际上相当于小幅提高了金融机构的备付金率，所以准备金存款①所占比率略有提高。

1998 年法定存款准备金率由 13% 下调至 8%，同时金融机构在人民银行的"准备金存款"和"备付金存款"两个账户合并，统称为"准备金存款"账户。这大大降低了金融机构的准备金负担，准备金存款占基础货币的比率由此下滑，降至 50% 左右。

（二）2004—2014 年：通货所占比率持续下降，准备金存款所占比率持续上升

2004 年到 2011 年，人民银行多次提高了法定准备金率②。2003 年末，金融机构法定准备金率为 7%，2011 年末大型存款类金融机构的法定准备金率提高到了 21%，中小型存款类金融机构的法定准备金率提高到了 19%。尽管 2012 年两次下调了准备金率，但目前的法定准备金率仍处于历史较高水平。

法定准备金率总体大幅提高，同时资金清算的便捷使通货增速放缓，这些因素促使准备金存款占基础货币的比率从 2003 年的 51% 提高到 2014 年的 77%，通货占基础货币的比率从 2003 年的 49% 下降到 2014 年的 23%。

（三）2015 年：通货所占比率上升，准备金存款所占比率下降

2015 年，人民银行多次普降、定向下调法定准备金率，准备金存款占基础货币的比率有所下降，为 75%，比 2014 年下降 2 个百分点；通货占基础货币的比率提高 2 个百分点。

第五节　准备金调整额和调整后的基础货币

关于基础货币，除了前述基础货币的来源和运用外，还有两个比较重要的概念，即"准备金调整额"（Reserve Adjustment Magnitude，通常以 RAM 表示）和"调整后的基础货币"（Adjusted Monetary Base，通常以 AMB 表示）。早在上世纪 60 年代，美国著名经济学家布伦纳（Karl Brunner）与梅尔泽（Allan Meltzer）以及乔顿就曾阐释过这两个概念，只是他们当时使用的名词不是准备金调整额和调整后的基础货币。布伦纳与梅尔泽对这两个概念所使用的名词分别是"自由准备金"（Liberated Reserves）和"扩大了的货币基数"

---

① 尽管当时"准备金存款"和"备付金存款"是两个账户，但在人民银行资产负债表中，无法区分开这两个账户，文中的准备金存款金额实际上是这两个账户金额的合计。

② 关于我国法定准备金政策调整的具体内容可见本书第七章第三节。

（Extended Monetary Base）[1]，而乔顿则把它们分别称为"准备金调整量"（Reserve Adjustments）和"货币基数"（Monetary Base）[2]。第一次深入阐述这两个概念及其计算方法的是 A. E. 伯尔格与拉希（Robert H. Rashe）发表于1977 年的一篇著名论文。[3] 此后，这两个概念在货币理论分析和货币政策制定中就经常为西方经济学家所使用了。在下面的论述中我们将会看到，这两个概念的意义不仅在于理论上，更重要的在于货币政策的实行中。这也是这两个概念在西方货币理论界受到普遍重视的根本原因。

一、RAM 和 AMB 的概念和作用

我们已经明确，货币当局决定基础货币总额，而商业银行及其他存款机构和非银行公众则决定着基础货币作为存款机构所持有的准备金和公众所持有通货之间的比例。更明确地说，货币当局只能决定基础货币总额，而不能决定基础货币在存款机构和非银行公众之间的分配比例。货币当局改变基础货币总额的主要方法是所谓"三大政策"中的两个，即中央银行的公开市场业务和中央银行向商业银行的贷款。很显然三大政策中的另一政策手段——改变法定准备金率并不能改变基础货币总额，而只能改变货币乘数。所以，"三大政策"影响货币供给量的途径是不尽相同的。尽管基础货币的变化和货币乘数的变化都会改变货币量，但它们是两个不同的政策变量。这就给中央银行实施货币政策带来了麻烦，因为他们不能用单一的政策变量来衡量各种货币政策对货币供给量的影响，也难以直接比较各种货币政策的效果。RAM 和 AMB 这两个概念就是美国经济学家为解决这一困难而提出的。

"根据基期法定准备率和当前的存款负债计算出来的准备金额与在当前的法定准备率下实际要求的准备金额之差就是 RAM"。[4] 通俗地说，RAM 就是两种法定准备金额之差，一种是根据基期的法定准备率和现期的存款额计算出来的，另一种则是根据现期的法定准备率和现期的存款额计算出来的。前者是人

---

① 布伦纳和梅尔泽：《货币需求和供给函数的再探讨》（Some Further Investigation of Demand and Supply Functions for Money），载美国《金融杂志》（The Journal of Finance），1964 年 5 月。

② 乔顿：《货币基数——释义及其使用的分析》，载《圣·路易斯联邦储备银行评论》，1968 年 8 月。在该文中，乔顿将人们通常所说的货币基数称为"来源基数"（Source Base），而将调整后的货币基数称为"货币基数"。

③ 伯尔格和拉希：《货币基数的修正》（Revision of the Monetary Base），载《圣·路易斯联邦储备银行评论》，1977 年 7 月。

④ R. A. 吉尔伯特：《影响调整后货币基数的新的季节性因素》（New Seasonal Factors for the Adjusted Monetary Base），载《圣·路易斯联邦储备银行评论》，1985 年 12 月，29 页。

为地计算出来的，后者是存款机构实际交纳的。RAM 的意义在于"将法定准备率变化的影响主要表现在基础货币的变化上"，[1] 而不是表现在货币乘数的变化上。例如，法定准备率下降意味着"释放"一部分本来被"捆"着的基础货币，而这一"释放"对存款机构的存款，从而对货币量的影响，同来源基数增加所产生的影响是差不多的。于是，"法定准备率变化（对货币存量）的影响就如同法定准备率不变而改变来源基数所产生的影响一样"。[2]

将准备金调整额加到来源基数（Source Base，即通过来源法测算的基础货币，以下以 SB 表示）中去，就产生了调整后的基础货币，即 $AMB = SB + RAM$。使用了 RAM 和 AMB 这两个概念后，法定准备金率的变化对货币量的影响就可不通过货币乘数的变化来反映，而通过 AMB 的变化来反映。"如果法定准备率下降（上升），则 RAM 上升（下降）。将 RAM 包括在 AMB 之中，就使法定准备率的变化不再影响货币存量与 AMB 之间的关系，即使法定准备率的变化会影响货币存量与来源基数之间的关系"。[3] 前已指出，传统的"三大政策"影响货币供给的途径有两条，即改变基础货币和改变货币乘数。使用了 RAM 和 AMB 这两个概念后，"就使联邦储备系统影响货币存量的各种政策行为唯一地通过基础货币的变化来表现"。[4] "人们设想出调整后的基础货币这一概念，以使它成为一个单一的测量指标，来测量联邦储备系统影响货币存量的所有政策行为，包括调整法定准备金"。[5] 这对于货币政策的实际操作和货币政策的理论研究，都有很大的意义。

有必要强调指出，RAM 和 AMB 完全是经济学家为了便于货币政策的操作和货币理论的研究而发明的两个概念。在现实经济中，不可能找出与这两个名称相对应的客观存在。法定准备率的变化只能改变货币乘数，而不能改变货币当局所供应的基础货币总额，也"不改变银行所持有的来源基数的量。基础

① 伯尔格和拉希：《货币基数的修正》，载《圣·路易斯联邦储备银行评论》，1977 年 7 月，13 页。

② 吉尔伯特：《影响调整后货币基数的新的季节性因素》，载《圣·路易斯联邦储备银行评论》，1985 年 12 月，29 页。

③ R. A. 吉尔伯特：《对货币基数的一种修正》（A Revision in the Monetary Base），载《圣·路易斯联邦储备银行评论》，1987 年 8/9 月合刊，24 页。

④ 塔托姆：《关于调整后货币基数的测算的问题》（John A. Tatom, Issues in Measuring An Adjusted Monetary Base），载《圣·路易斯联邦储备银行评论》，1980 年 12 月，11 页。

⑤ R. A. 吉尔伯特：《无时差准备金制度下的调整后货币基数的计算》（Calculating the Adjusted Monetary Base under Contemporaneous Reserve Require ments），载《圣·路易斯联邦储备银行评论》，1984 年 2 月，27 页。

货币并不为这些行为所创造，也不为这些行为所摧毁"。[1] 我们在前文中多次指出，使用了 *RAM* 和 *AMB* 的概念后，就可使法定准备率的变化对货币量的影响表现在基础货币的变化上——确切地说，这些基础货币是指调整后的基础货币，而不是指来源基数。关于这一问题，我们在本节后一部分还将谈到。现在我们来介绍几种 *RAM* 的计算方法以及在美国的实例。

二、RAM 和 AMB 的计算

为使计算方法简单明了，先做一些假设。尽管实际情况比假设的情况要复杂得多，但实际的计算方法可根据这些简明的方法推演。假设条件如下：（1）银行存款的唯一形式是活期存款（*D*）；（2）没有通货，于是货币存量（*M*）等于活期存款（*D*）；（3）因为不存在通货，所以来源基数（*SB*）等于银行准备金；（4）商业银行准备金（*R*）的唯一形式是法定准备金，而不存在超额准备金；（5）不管是哪一种类型的商业银行，也不管商业银行所持的活期存款额的大小，都适用于唯一的一种法定准备金率。

根据以上假设，可得到这样一些等式：

法定准备金比率 $r = R/D$，调整准备金比率 $L = RAM/D$，调整后的准备金比率 $r + L = R/D + RAM/D$，货币存量 $D = R/r$，准备金比率调整后的货币存量 $D = \dfrac{R + RAM}{r + L}$。

显然，计算准备金比率调整后的货币存量的关键是计算 *RAM*。下述第一种方法首先由卡尔·布伦纳和阿伦·梅尔提出，后经 A. E. 伯尔格和 R. H. 拉希发展而成[1]。

$$RAM1_t = (r_{t-1} - r_t)D_{t-1} \tag{3-1}$$

$$RAM1_{t+1} = RAM1_t + (r_t - r_{t+1})D_t \tag{3-2}$$

$$RAM1_{t+2} = RAM1_t + RAM1_{t+1} + (r_{t+1} - r_{t+2})D_{t+1} \tag{3-3}$$

其中，*RAM*1 表示根据第一种方法计算出的 *RAM*；t 表示 t 期，$t-1$ 表示 t 期以前的一期，$t+1$ 表示 t 期以后的一期，$t+2$ 表示 t 期后二期，……以此类推。使用这一方法计算 *RAM* 有以下几个特点：（1）本期 *RAM* 为从基期开始的 *RAM* 的累积额，即从基期开始，由于法定准备率变化而释放的或吸收的准备金的累积额。（2）利用上期 *D* 计算本期 *RAM*。由于上期 *D* 很容易得到，因而便于计算。（3）只有当本期法定准备率发生变化时，本期 *RAM* 才会与上期

---

[1] 伯尔格：《美国货币供给的过程》（The Money Supply Process），39 页，1971。

RAM 不同。例如，如果 $t+1$ 期的法定准备率 r_{t+1} 等于 t 期的法定准备率 r_t，那么 RAM_t 等于 RAM_{t+1}。（4）调整后的法定准备金比率 $r+L$ 是不稳定的，于是货币乘数 $1/(r+L)$ 也是不稳定的，因为即使法定准备率不变，存款 D 发生变化也会导致 L 的变化。

在上述计算 RAM 的方法的基础上，伯尔格和拉希导出了计算 RAM 的第二种方法：

$$RAM2_t = (r_0 - r_t)D_t \qquad\qquad (3-4)$$

$$RAM2_{t+1} = (r_0 - r_{t+1})D_{t+1} \qquad\qquad (3-5)$$

其中，$RAM2$ 表示根据第二种方法计算出来的 RAM；r_0 表示某一固定基期的法定准备金率。使用这一方法计算 RAM 有以下几个特点：（1）与本期法定准备金率相比较的是基期的法定准备金率，所以 RAM 不是累积的，而且，RAM 在某一时期是否为零，唯一地取决于该期法定准备金率是否等于基期的法定准备金率。（2）计算本期 RAM 所使用的是本期 D，而不是上一期的 D。（3）货币乘数是稳定的，它不随法定准备率的变化而变化。[2]其中第三个特点最重要，因为法定准备金率的变化对货币存量的影响完全表现在基础货币的变化上了，而这正是计算 RAM 的最终目的。

从上述 $RAM2$ 的计算中还能看出，如果 t 期的法定准备金率高于基期的法定准备金率，那么，就有较多的准备金为法定准备金所"吸收"，于是 RAM 为负数；由于 $AMB = SB + RAM$，因此 AMB 就减少。而如果 t 期的法定准备金率低于基期的法定准备金率，就有一部分法定准备金被"释放"出来，RAM 于是为正数，AMB 也就增加。可见，AMB 与法定准备金率呈反方向变动。如果说，法定准备金率变动对基础货币有什么影响的话，那么就是这样一种影响。也就是说，法定准备金率的变动只能影响 AMB，而不能影响 SB。

"然而，$RAM2$ 的这一计算法在实际应用上也存在着一个严重的欠缺。它的计算要求知道即期存款额。如果基础货币被作为受控制的变量，这就是一个严

---

① 伯尔格和拉希：《货币基数的修正》，载《圣·路易斯联邦储备银行评论》，1977 年 7 月。

② 因为，$L = RAM/D$，$RAM = L \times LD$，而 $RAM2_t = (r_0 - r_t)D_t$，所以，$L = r_0 - r_t$。于是，$\dfrac{1}{r_t + L} = \dfrac{1}{r_t + r_0 - r_t} = \dfrac{1}{r_0}$ 可见，任一时期的调整后的货币乘数都等于基期的货币乘数（基期法定准备率的倒数）。

重的缺陷。"[1] 因为货币当局只有了解了某一时期的银行存款额，才能计算出这一时期的 RAM ，然而在这一时期结束以前，货币当局是难以了解这一时期银行存款的精确数额的，也就是说货币当局只有在某一时期结束后，才能精确地测算出该时期的 RAM ，这对于货币政策的实际操作是很不利的。

为了克服上述缺陷，就产生了第三种计算 RAM 的方法。用这种方法计算本期 RAM 时，以上一期的 D 代替本期的 D 。因为上一期的 D 与本期 D 一般相差不大，所以货币乘数能保持相对稳定，从而尽可能地将法定准备金率变动的效果反映在基础货币的变动上；同时，由于使用了上一期的 D ，因而很容易计算本期 RAM ，这就有利于货币政策的实际操作。$RAM3$ 的计算方法如下：

$$RAM3_t = (r_0 - r_t)D_{t-1} \qquad (3-6)$$

此时，调整准备金率为

$$L = (r_0 - r_t)\frac{D_{t-1}}{D_t} \qquad (3-7)$$

可见，只要 D_t 接近于 D_{t-1} ，$1/(r_t + L)$ 也就接近于 $1/r_0$ 。

下面试举例说明以上三种计算方法的具体运用。

首先假设法定准备金率（r）为 12.5% ，于是货币乘数（m）为 $1/r = 8$ ，就是说，商业银行持有的 1 单位准备金能支撑 8 单位的存款，同时假设商业银行体系持有 200 单位的来源基数（此处即为法定准备金 R ，因为假设商业银行体系不持有超额准备金），并且假设在初始阶段 $RAM = 0$ 。这样，就得到如下简化的商业银行体系的资产负债表。

表 3-17　　　　　　　　第一阶段商业银行体系资产负债表

资　产	负　债
$R = 200$	$D = 1\ 600$
$E = 1\ 400$	

表中，E 表示银行的盈利资产。在第一阶段，商业银行体系的资产负债表处于平衡状态，因为在 12.5% 的准备率下，它所持有的 1 600 单位的存款恰好是它所持有 200 单位的准备金所能支撑的最大额度的存款。如果商业银行体系持有的 R 增加了，它就会增加盈利资产持有额，并通过倍数扩张过程而使银行存款增加。

① A. E. 伯尔格和 R. T. 拉希：《货币基数的修正》，载《圣·路易斯联邦储备银行评论》，1977 年 7 月，15 页。

现假设中央银行将商业银行的法定准备率降为10%，从而使1 600单位存款的法定准备金减少到160单位，于是商业银行体系出现了40单位的超额准备金。根据我们的假设，商业银行不持有超额准备金，因而它就增加贷款，或增购债券，即增加其盈利资产的持有额。在这一过程中，银行存款也不断扩大，直到商业银行体系得到如下资产负债表为止。

表3-18　　　　　　　第二阶段商业银行体系资产负债表

资产	负债
$R = 200$	$D = 2000$
$E = 1800$	

表3-18是在第二阶段结束时得到的。我们发现，商业银行体系所持有的来源基数并没有增加（R在第一阶段和第二阶段均为200单位），而货币存量则增加了，因为法定准备金率的降低"释放"了40单位的准备金，它们能用来支撑新的存款。根据新的10%的法定准备金率，这40单位准备金就能多支撑400单位存款。这样，存款总额就达到了2 000单位。在第二阶段开始时被"释放"的40单位准备金再次被商业银行所吸收，以支撑新的存款，所以，商业银行体系所持有的来源数既不增加，也不减少。当其他条件不变时，法定准备金率的降低并不改变商业银行体系所持来源基数额。

下面让我们利用前述三种不同方法来计算上例中的 RAM：

$$RAM1 = (0.125 - 0.10) \times 1\,600 = 40 \qquad (3-8)$$
$$RAM2 = (0.125 - 0.10) \times 2\,000 = 50 \qquad (3-9)$$
$$RAM3 = (0.125 - 0.10) \times 1\,600 = 40 \qquad (3-10)$$

其中，$r_0 = 12.5\%$，$r_t = 10\%$，$D_{t-1} = 1\,600$，$D_t = 2\,000$，$RAM_{t-1} = 0$。

将这三种 RAM 加到来源基数上，就可得到第二阶段的三种调整后的货币基数：

$$AMB1 = 200 + 40 = 240 \qquad (3-11)$$
$$AMB2 = 200 + 50 = 250 \qquad (3-12)$$
$$AMB3 = 200 + 40 = 240 \qquad (3-13)$$

这样，降低法定准备金率的主要影响就反映在货币基数（AMB）的变化上了。然而，就像表3-19所显示的，只有在 $RAM2$ 中，法定准备金率降低所产生的影响才全都反映在货币基数的变化上了，货币乘数（m）则保持不变，而无论使用 $RAM1$ 还是使用 $RAM3$，货币乘数都上升了。当然，如果不使用 RAM 的概念，而让所有的影响都反映在货币乘数的变化上，则 m 的上升还要大得多。

表 3 – 19 中，r 代表法定准备率，SB 代表来源基数，$AMB1 = SB + RAM1$，$AMB2 = SB + RAM2$，$AMB3 = SB + RAM3$，$m = D/SB$，$m_1 = D/AMB1$，$m_2 = D/AMB2$，$m_3 = D/AMB3$。

$RAM2$ 同 $RAM1$ 和 $RAM3$ 之所以不一样，是因为法定准备金率的降低会产生两种效果：（1）准备金"释放"的最初影响，即同量的来源基数能支撑较多的存款；（2）降低法定准备金率的持续性影响，因为只要保持较低的法定准备金率，每一单位的准备金就能支撑较多的存款，就是说，$RAM2$ 随着存款的增加而增加了。在第二阶段中，只有 $RAM2$ 才同时集中了这两种影响，因为计算 $RAM2$ 所使用的存款是即期存款，而计算 $RAM1$ 和 $RAM3$ 所使用的存款都是上一期的存款。

表 3 – 19 中，第三阶段的 RAM 的计算如下：

$$RAM1 = (0.10 - 0.10) \times 2\,000 + 40 = 40 \qquad (3-14)$$
$$RAM2 = (0.125 - 0.10) \times 2\,000 = 50 \qquad (3-15)$$
$$RAM3 = (0.125 - 0.10) \times 2\,000 = 50 \qquad (3-16)$$

需要指出的是，上例中的 $RAM3$ 与 $RAM2$ 之间的差别是被夸大了的，因为 D_{t-1} 与 D_t 之间的差别被夸大了，就像伯尔格和拉希所指出的："周与周之间或月与月之间的存款变化实际上要小得多，因而 $RAM3$ 是非常接近 $RAM2$ 的。"[1]

表 3 – 19 还表明，在第三阶段，$RAM1$ 和 $RAM2$ 没有发生变化，$RAM3$ 则增加了 10 单位。这是因为计算 $RAM3$ 所使用的是上一期的存款。第二阶段存款额的变化（由第一阶段的 1 600 单位提高到第二阶段的 2 000 单位），只有到第三阶段才影响 $RAM3$。于是，经过法定准备金率变化的最初阶段后，与 $AMB3$ 有关的货币乘数又回到了法定准备金率变动前的水平上了。在第三阶段，$RAM2$ 与 $RAM3$ 之间，从而 $AMB2$ 与 $AMB3$ 之间及 m_2 与 m_3 之间，一点区别也没有了。这进一步证明了，在很多情况下，用 $RAM3$ 代替 $RAM2$ 是可行的。甚至有人认为，在实行滞后准备金计算（Lagged Reserve Accouting）的条件下，"$RAM3$ 不一定只是（$RAM2$ 的）近似值"，而是一个"精确值"。[2] 因为在这一条件下，本期准备金本来就是根据前一时期的存款计算的，所以只要基

[1] A. E. 伯尔格和 R. T. 拉希：《货币基数的修正》，载《圣·路易斯联邦储备银行评论》，1977年 7 月，17 页。

[2] J. A. 塔托姆：《关于调整后货币基数的测算的问题》，载《圣·路易斯联邦储备银行评论》，1980 年 12 月，12 – 13 页。

期的准备金也是用上一期的存款计算出来的，那么实际上并不存在以上所谓计算 *RAM*3 时使用的存款的时滞问题了。当然，实行即时准备金制度（无时差准备金制度）后，那就另当别论了。

表 3 – 19　　　　　　　　　　　法定准备率变动的影响

阶段	第一阶段	第二阶段	第三阶段
政策行为	不变	降低法定准备金率	不变
r	12.5%	10%	10%
$RAM1$	0	40	40
$RAM2$	0	50	50
$RAM3$	0	40	50
SB	200	200	200
$AMB1$	200	240	240
$AMB2$	200	250	250
$AMB3$	200	240	250
D	1 600	2 000	2 000
m	8	10.00	10.00
m_1	8	8.33	8.33
m_2	8	8.00	8.00
m_3	8	8.33	8.00

三、RAM 和 AMB 两个概念与货币政策操作

至此，我们已经详细阐述了 *RAM* 和 *AMB* 这两个概念的含义及其计算方法。对 *RAM* 和 *AMB* 的计算和分析不仅具有理论意义，而且具有实用价值。在本节一开始，我们就曾经讲过，由于各种货币政策影响货币供给量的途径不尽相同，因此，在 *RAM* 和 *AMB* 这两个概念产生之前，人们不能用一个单一的政策变量来衡量各种货币政策的实施效果。这两个概念出现以后，这样一个统一的政策变量也就产生了，它就是调整后的基础货币 *AMB*，因为这种调整使法定准备金率变动的影响反映在 *AMB* 的变化上，而不反映在货币乘数的变动上。尽管这完全是一种人为的调整，这种调整并不影响本来意义上的基础货币，即不影响基础货币的来源与运用，但是，从货币供给量的角度看，*RAM* 的变化和来源基数具有相同的意义。

美国计算基础货币的权威机构——圣·路易斯联邦储备银行计算从 1917 年 12 月开始的月度 *RAM* 和 *AMB*；1984 年 2 月后，不仅按月，也按两周的频率计算 *RAM* 和 *AMB*。

对应于美国法定准备金制度的变化，美国的 *RAM* 分为了 5 个时段，分别记为：*RAM*（1922）、*RAM*（1935）、*RAM*（1972）、*RAM*（1975）和 *RAM*（1991），括号中的数字代表此时段 *RAM* 计算的基期年份。对应的美国法定准备金制度调整的基期分别为 1922 年 7 月、1935 年 9 月、1972 年 12 月、1975 年 1 月和 1991 年 1 月。当准备金制度发生大的变化时，前一时段的 *RAM* 终止，后一时段的 *RAM* 在新的基期基础上开始计算（见图 3-19）。

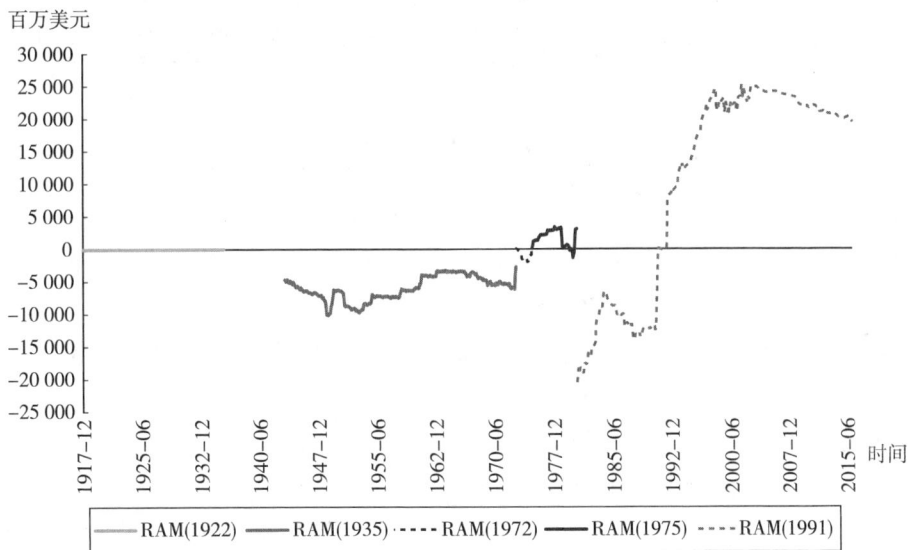

图 3-19　美国历史上 5 个时段的 RAM

数据来源：2002 年 9 月前数据来源于：Richard G. Anderson、Robert H. Rasche 和 Jeffrey Loesel：《圣路易联储调整后的基础货币和准备金调整额的重建》（A Reconstruction of the Federal Reserve Bank of St. Louis Adjusted Monetary Base and Reserves），载《圣·路易斯联邦储备银行评论》，2003 年 9/10 月合刊。2002 年 9 月后数据来源于圣路易斯联储官网。

目前，圣·路易斯联储公布的 *RAM* 为 *RAM*（1991），它包括从 1980 年 10 月开始到目前的 *RAM* 数据序列（见图 3-20）。从图中可知，1980 年以来美国的 *RAM* 变化趋势大体上可以划分为两个时期：

1. 1980 年到 2002 年 *RAM* 总体呈上升趋势

圣·路易斯联储计算的 2002 年 12 月的 *RAM* 为 246 亿美元，而 1980 年

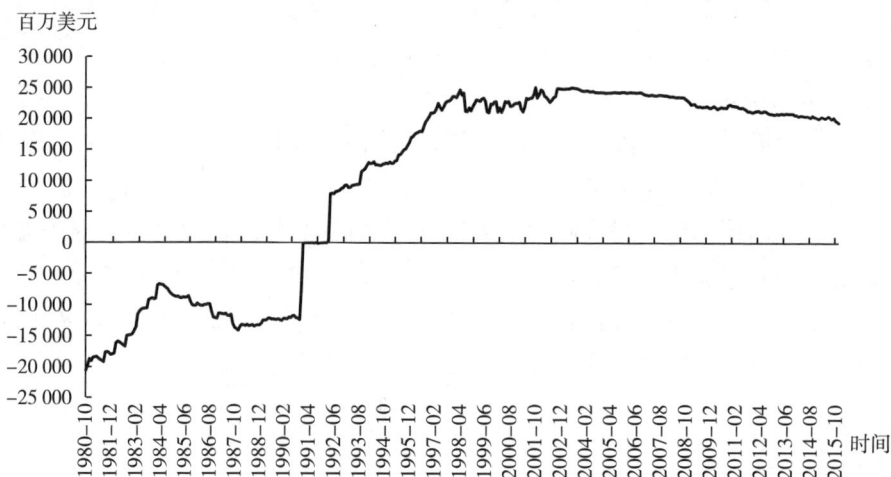

百万美元

数据来源：圣·路易斯联储官网。

图 3 - 20　1980 年以来的美国 RAM

10 月的 *RAM* 为 - 204 亿美元，即这 20 多年 *RAM* 增加约 450 亿美元。这表明，在这 20 多年中，美国法定准备金要求总的来说是下降了。1990 年 12 月和 1992 年 4 月，联储两次降低了法定准备金率。1990—1992 年 *RAM* 分别比上年增加 49 亿美元、74 亿美元和 92 亿美元，占这 20 多年中 *RAM* 总增加额的 50% 。

　　虽然这 20 多年间的其他时间里，美国的法定准备金率并没有发生变化，但按照 80 年代后新的准备金制度，每年的准备金免除额和低档准备金份额会根据上一年所有存款性机构适用准备金要求的负债总额和交易性账户净额增长率 80% 的幅度进行调整。2002 年美国银行机构适用的准备金免除额和低档准备金份额分别为 570 万美元和 4 130 万美元，而 1980 年的准备金免除额和低档准备金份额分别为 0 和 2 500 万美元（见表 3 - 20）。准备金免除额和低档准备金份额的总体提高，也在一定程度上降低了银行机构的准备金负担①。

---

　　① 上世纪 80 年代后，交易性账户净额低于准备金免除额的银行无需缴纳法定准备金；交易性账户净额高于准备金免除额的银行，其交易性账户净额低于低档准备金份额的部分适用较低的法定准备金率，高于低档准备金份额的部分适用较高的法定准备金率。本书第七章第二节对此有详细介绍。

表 3 – 20　　　　　　　美国历年的低档准备金份额和准备金免除额大小　单位：百万美元

起始生效时间	低档准备金份额	准备金免除额
1980. 11. 13	25	0
1982. 01. 14	26	0
1982. 12. 23	26	2. 1
1983. 01. 13	26. 3	2. 1
1984. 01. 12	28. 9	2. 2
1985. 01. 03	29. 8	2. 4
1986. 01. 02	31. 7	2. 6
1987. 01. 01	36. 7	2. 9
1987. 12. 31	40. 5	3. 2
1988. 12. 29	41. 5	3. 4
1989. 12. 28	40. 4	3. 4
1990. 12. 27	41. 1	3. 4
1991. 12. 26	42. 2	3. 6
1992. 12. 24	46. 8	3. 8
1993. 12. 23	51. 9	4
1994. 12. 22	54	4. 2
1995. 12. 21	52	4. 3
1996. 12. 31	49. 3	4. 4
1998. 01. 01	47. 8	4. 7
1998. 12. 31	46. 5	4. 9
1999. 12. 30	44. 3	5
2000. 12. 28	42. 8	5. 5
2001. 12. 27	41. 3	5. 7
2002. 12. 26	42. 1	6
2003. 12. 25	45. 4	6. 6
2004. 12. 23	47. 6	7
2005. 12. 22	48. 3	7. 8
2006. 12. 21	45. 8	8. 5
2007. 12. 20	43. 9	9. 3
2009. 01. 01	44. 4	10. 3
2009. 12. 31	55. 2	10. 7
2010. 12. 30	58. 8	10. 7

续表

起始生效时间	低档准备金份额	准备金免除额
2011. 12. 29	71	11.5
2012. 12. 27	79.5	12.4
2014. 01. 23	89	13.3
2015. 01. 22	103.6	14.5

数据来源：美联储官网。

1980—2002 年期间，以上因素共计"释放"了约 450 亿美元的准备金。如果 2002 年的 RAM 仍保持在 1980 年的水平，那么，为了达到 1980 年的实际货币供给量，联储就必须多供应 450 亿美元的基础货币，或者说，多购买 450 亿美元的政府债券。据统计，从 1980 年到 2002 年，联储所持有的政府债券增加了约 5 101 亿美元。如果在此期间，法定准备金率始终保持在 1980 年的水平，那么，为了达到 2002 年的实际货币供给量，联储所持有的政府债券就应该在现有基础上再增加 450 亿美元，换句话说，如果法定准备金负担不下降，联储所持政府债券就得增加约 8%。

从以上例子中，我们已能看出 RAM 这一概念对货币政策操作的实际意义了。所以有人认为，"RAM 提供了关于法定准备金要求变化方向的质的信息，以及关于这些变化幅度的量的信息"。[①]

2. 2002 年之后 RAM 略有下降

2015 年 12 月 RAM 为 193 亿美元，相比于 2002 年末减少约 53 亿美元。这表明，2002 年之后，美国法定准备金负担略有提高。其中，2008 年、2009 年和 2011 年的 RAM 减少额相对较大，分别为 10 亿美元、9 亿美元和 9 亿美元。这三年 RAM 的减少额占这 10 多年 RAM 总减少额的 52%。

2002 年以来美国的法定准备金率没有变化。而且，除 2007—2009 年外，准备金免除额和低档准备金份额总体也是上升的，其中准备金免除额从 2002 年的 570 万美元提高到 2015 年 1 450 万美元，低档准备金份额从 2002 年的 4 130 万美元提高到 2015 年的 10 360 万美元。因而，准备金免除额和低档准备金份额的变化总体上使得准备金负担减小了。

2002 年以来 RAM 的减少，可能与美国银行业的结构变化有关。根据美国联邦存款保险公司的统计数据，2015 年美国的商业银行和储蓄机构（Savings

---

[①] 哈斯拉格和海因：《联邦储备系统：1959—1988 年的法定准备金》，载美国《货币、信用和银行杂志》，1989 年 11 月，518 页。

Institutions）数量分别为 5 338 家和 844 家，分别比 2001 年减少2 742家和690家，分别减少34%和45%。银行数量的大幅减少，反映了本世纪以来美国银行业合并加剧、市场份额日渐集中的趋势①。在现行的累进准备金制度下，多家小的存款性机构合并为大存款性机构时，银行体系的实际准备金负担会有所提高。

举例说明如下。假设 2 家银行合并为一家银行，2 家银行合并前的交易性账户净额均为 7 000 万美元。按照 2015 年的准备金制度，合并前，对单家银行来说，由于其交易性账户净额低于当前的低档准备金份额（10 360 万美元），因而其 7 000 万美元交易性账户净额中只有高于准备金免除额（1 450 万美元）的 5 550 万美元部分适用 3%的法定准备金率，法定准备金为 166.5 万美元（ = （7 000 – 1 450）×3%）。即合并前，2 家银行法定准备金合计为333 万美元。2 家银行合并为 1 家银行后，合并后的银行交易性账户净额为14 000万美元，其中 1 450 万~10 360 万美元的部分适用 3%的法定准备金率，10 360万~14 000 万美元部分适用 10%的法定准备金率。如此计算，法定准备金为 631 万美元，高于合并前 2 家银行合计的法定准备金。

从这一例子中可以看出，小银行合并为大银行后，银行实际承担的法定准备金负担提高了，原因在于：一是合并使银行数量减少，减少了银行体系适用准备金免除额的数量。在上例中，合并前，2 家银行在计算法定准备金时都可以适用准备金免除额，准备金免除额共计适用 2 次；而合并后的银行在计算法定准备金时，准备金免除额就只能适用 1 次。二是合并后，银行的交易性账户净额增大，在累进准备金制度下，银行的部分交易性账户净额可能将适用更高的法定准备金率，银行实际承担的法定准备金率也就提高了。

2003 年圣路易斯联储银行的 Richard G. Anderson、Robert H. Rasche 和

---

① 上世纪 90 年代以前，美国银行业基本实施的是单一银行、分业制度，加之严格的反垄断法，这些都对美国银行业的并购活动产生了很大的限制。当时在美国，银行业并购要面对三方面问题，即并购引起的垄断问题，并购与跨州经营的问题，并购引发的银行分业经营与混业经营问题。面对越来越激烈的来自日本和欧洲的银行竞争压力以及"经济一体化"浪潮，美国银行业在上世纪 90 年代初进行了一些实质性的调整。1990 年底，美国共有 46 个州颁布法令，允许其他州的银行持股公司收购本州的银行，打破了美国金融史上占统治地位的"单一银行制度"和"单一州原则"限制，为银行业跨州并购打开了绿灯。1991 年国会通过的《联邦存款保险公司改进法》允许所有储蓄机构和国民银行之间在银行合并条例的范围内进行并购。1994 年美国国会又出台了《跨州银行法》，明确一家银行持股公司可以收购任何一个州的银行，银行可以在其注册地外的州直接开设一家分行。法案还明确提出，从1997 年 6 月 1 日起，任何一家独立的银行都可以与其他州的另一家银行合并。1999 年，美国国会通过了《金融服务现代化法案》，正式宣告限制美国银行业并购的、长达 60 多年的《1933 年银行法》时代的终结。这推动了美国银行业并购的发展。

Jeffrey Loesel 对美国 5 个时段的 *RAM* 进行技术处理，重建了美国 1918 年以来的调整后基础货币 *AMB*（见图 3 – 21）[①]，有兴趣的读者可以查看相关资料。

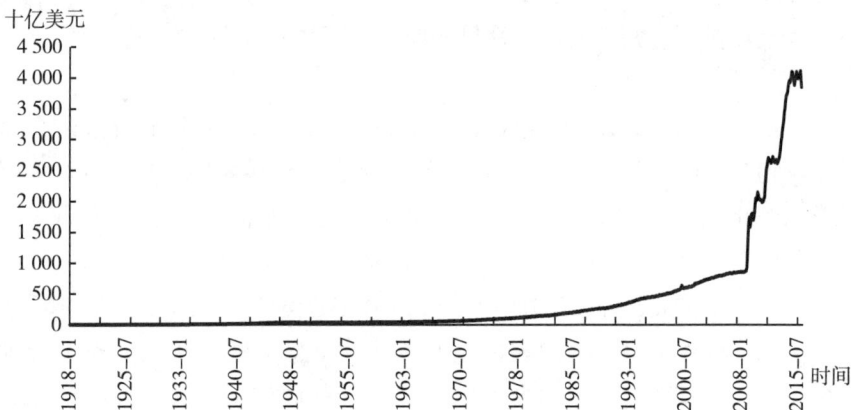

数据来源：圣·路易斯联储官网。

图 3 – 21　1918 年以来的美国 AMB

四、RAM 和 AMB 两个概念的限制条件及其在我国的应用

在作以上分析时，我们曾经作过一个假设，即商业银行准备金的唯一形式是法定准备金，而不存在超额准备金。事实上，任何一家商业银行都不可能不持有超额准备金。下面，我们将上述 *RAM* 和 *AMB* 的计算方法略作修正，以考虑商业银行持有超额准备金的情况。这就是在计算 *RAM* 时，应考虑超额准备金率的变动所产生的影响。为此，需要将前述计算 *RAM* 的三种方法作一番修正。设 *RAM^e* 代表包括了超额准备金率变动所产生的影响的准备金调整额，r^e 代表超额准备金率，就可得到以下等式：

$$RAM^e1_t = (r_{t-1} - r_t)D_{t-1} + (r_{t-1}^e - r_t^e)D_{t-1} \tag{3 – 17}$$

$$RAM^e1_{t+1} = RAM^e1_t + (r_t - r_{t+1})D_t + (r_t^e - r_{t+1}^e)D_t \tag{3 – 18}$$

$$RAM^e1_{t+2} = RAM^e1_t + RAM^e1_{t+1} + (r_{t+1} - r_{t+2})D_{t+1} + (r_{t+1}^e - r_{t+2}^e)D_{t+1}$$

$$\tag{3 – 19}$$

$$RAM^e2_t = (r_0 - r_t)D_t + (r_0^e - r_t^e)D_t \tag{3 – 20}$$

①　Richard G. Anderson，Robert H. Rasche and Jeffrey Loesel：《圣路易联储调整后的货币基数和准备金调整额的重建》（A Reconstruction of the Federal Reserve Bank of St. Louis Adjusted Monetary Base and Reserves），载《圣·路易斯联邦储备银行评论》，2003 年 9/10 月合刊，39 – 70 页。

$$RAM^e2_{t+1} = (r_0 - r_{t+1})D_{t+1} + (r_0^e - r_{t+1}^e)D_{t+1} \qquad (3-21)$$

$$RAM^e3_t = (r_0 - r_t)D_{t-1} + (r_0^e - r_t^e)D_{t-1} \qquad (3-22)$$

RAM 和 RAM^e 的区别在于，前者不包括超额准备金率变动所产生的影响，后者则包括了这种影响。将前述计算 RAM 的公式与上述计算 RAM^e 的公式作一比较，就很容易发现：如果超额准备金率随着法定准备金率的变动而作同方向的变动，那么 RAM^e 的绝对值将大于 RAM，法定准备金率变动对货币供应量的影响就增强了。如果超额准备金率随法定准备金率的变动而作反方向的变动，则 RAM^e 的绝对值小于 RAM，法定准备金率变动的效果就会部分地为超额准备金率的反向变动所抵消。因为此时法定准备金率变动的主要影响仅是改变了法定准备金与超额准备金之间的比率，而不是改变准备金总额与存款之间的比率，即不是改变货币乘数。在这种情况下，法定准备金政策就收效甚微。极端情况下，当超额准备金率的反向变动量与法定准备金率的变动量相等时，RAM^e 就为零，法定准备金率变动的效果完全为超额准备金率的反方向变动所抵消。

以上两种情况在我国都出现过。上世纪 80 年代下半期和 2003—2004 年，我国超额准备金率的变动方向与法定准备金率的变动方向相反，法定准备金率变动的效果部分地为超额准备金率的反方向变动所抵消。而 2006 年之后，情况发生了变化。部分时间里，超额准备金率的变动方向与法定准备金率的变动方向相同。

图 3-22 为 1985 年以来我国银行业机构法定准备金率和超额准备金率的变动情况。上世纪 80 年代下半期我国银行机构的超额准备金有两个主要特征：一是银行机构（当时为各国有专业银行）保有大量超额准备金，超额准备金率较高；二是超额准备金变动幅度较大，超额准备率很不稳定。而且，超额准备金率随法定准备金率的变动作反方向变动。这表明，当时的银行机构通过调整超额准备金率来抵御法定准备金率的变动。2003—2004 年的情况同样如此，伴随着法定准备金率的提高，银行机构的超额准备金率有所下降。

2006 年之后，法定准备金率与超额准备金率的变动关系发生了明显变化。一是 2006 年和 2011 年法定准备金率有所提高，但超额准备金率却有所上升，即超额准备金率的变动方向与法定准备金率的变动方向相同。二是 2007 年和 2010 年尽管法定准备金率的提高，伴随着超额准备金率的下降，但超额准备金率的下降幅度相比之前大大缩小。2007 年和 2010 年法定准备金率分别提高了 5.5 个和 3 个百分点，超额准备金率仅下降了 1.3 个和 1.1 个百分点。而 1988 年和 2003 年法定准备金率仅提高 1 个百分点，超额准备金率就下降了 2 个和 1.1 个百分

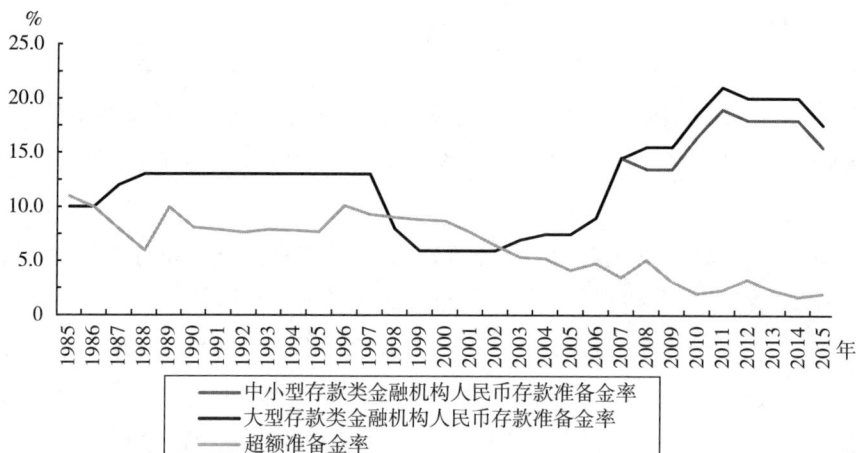

数据来源：1985—1989 年数据来自于刘鸿儒：《金融调控论》，306、308 页，中国金融出版社，1991；2001 年之后数据来自 Wind 资讯；1990—2000 年数据为本书作者根据相关数据推算。

图 3-22 1985—2015 年我国金融机构法定准备金率和超额准备金率

点。前一点说明银行机构没有通过调整超额准备金率来抵御法定准备金率的变动，后一点说明银行机构调整超额准备金率的幅度已大幅缩小。

出现上述现象的主要原因之一是，在此期间超额准备金率显著下降，金融机构调整超额准备金率应对法定准备金率调整的空间大大缩小。本世纪以来，我国银行机构的超额准备金率持续下降。2006 年后银行机构的超额准备金率已低至 2% ~3%，2015 年第四季度为 2.1%，远低于上世纪 80 年代下半期平均 9% 和 2003—2004 年平均 5.3% 的水平。超额准备金率下降的主要原因包括：一是 1998 年 3 月中国人民银行改革存款准备金制度后，法定存款准备金可用于营业日中支付清算；二是随着超额存款准备金利率逐步下调和大型商业银行改革的逐步完成，商业银行财务约束加大，为扩展利润空间纷纷降低超额准备金率；三是国民经济持续向好，信贷需求相对旺盛，金融机构超额准备金率因此下降；四是银行间同业拆借市场逐步发展完善，调剂银行间资金余缺的作用加强，商业银行无须为流动性管理而保持较高的超额准备金；五是随着人民银行支付清算技术的进步和系统发展，支付清算效率大大提高，为金融机构进一步降低超额存款准备金率提供了技术支持。

2006 年之后，超额准备金率显著下降，金融机构调整超额准备金率应对法定准备金率调整的空间大大缩小，人民银行调整法定准备金率的政策效应得以增强。本书第七章第三节对我国存款准备金政策有效性的数量分析，也同样证实了这一变化。

五、从 RAM 和 AMB 两个概念看法定准备金应算作基础货币

本节最后要讨论的一个问题已在第二节中谈到过，这就是关于存款机构的法定准备金是否应算作基础货币的问题。我们的回答毫无疑问是肯定的。得出这一结论的关键，除了把握住法定准备金是货币当局的负债这一点外，还须了解法定准备金率与法定准备金及准备金总额之间的关系，也就是正确认识货币当局改变法定准备金率的政策对各存款机构的法定准备金及准备金总额有何影响。

反对把法定准备金算作基础货币的主要理由之一是：法定准备金将随法定准备金率的上升而增加，随法定准备金率的下降而减少，因此，如果把法定准备金算作基础货币，那么基础货币，从而货币供给量将随法定准备金率的变动而作同向变动，这与法定准备金政策的实际效果是背道而驰的，所以，不能把法定准备金算作基础货币，而应把它作为减少货币供给的一个因素。可见，这里的关键问题是，各存款机构（或者更准确地说，全社会）的法定准备金及准备金总额会不会随着法定准备金率的变动而作同向变动。这方面的模糊认识普遍存在于理论界。当我们了解了准备金调整额和调整后的基础货币这两个概念后，就更应该纠正这些模糊认识了。

通过本章对基础货币来源的分析，我们已经知道，基础货币是货币当局的负债，只有中央银行资产负债表中的有关项目的变化，才能引起中央银行基础货币的变化；传统的"三大货币政策"中，能够对中央银行资产负债产生影响的是中央银行的公开市场操作和再贴现业务，而法定准备金政策却不能，也就是说，法定准备金率的变动并不能改变基础货币的总额。同时，本书第二章所介绍的关于货币供给量决定因素的理论还告诉我们，基础货币被非银行公众作为手持通货而持有和被存款机构作为准备金而持有，这两者之间的比例主要决定于非银行公众的意愿，同时也受存款机构行为的影响，但与货币当局的政策行为无直接关系，可见，法定准备金率的变动也不能直接影响准备金总额，即不能直接影响存款机构所持有的基础货币的数额。这表明，法定准备金率的变化并不能通过改变存款机构所持基础货币额来影响货币供给量。

进一步看，存款机构的准备金又分为法定准备金和超额准备金。一般情况下，法定准备金率的变动只能影响法定准备金，不能影响准备金总额。只有在超额准备金率不变，或存款机构不持有超额准备金的情况下，法定准备金率的变动才能影响准备金总额。事实上，存款机构一般都保持超额准备金。如果存

款机构以改变超额准备率的方法来应付法定准备金率的变化，那么超额准备金将随法定准备金的变动而作反方向的变动。在这种情况下，法定准备金率的变化虽然改变了存款机构的法定准备金，但不改变存款机构货币的准备金总额，即不改变存款机构所持基础货币额，同时也不改变存款机构创造存款货币的能力，因而不改变货币供给量。如果存款机构不以改变超额准备金率的方式来应付法定准备金率的变动，或超额准备金率的变动还不足以应付法定准备金率的变动，那么，当法定准备金率上升时，存款机构就必须收缩贷款（假定存款机构不能向中央银行借款，因为这是中央银行的贴现和贷款政策，而不是改变法定准备金率的政策）。贷款的收缩并不会增加各存款机构的法定准备金和准备金总额，而只是减少了存款机构所创造的存款货币，即降低了货币乘数。[①]法定准备金率的变动将直接影响存款机构的贷款发放，这是理解整个问题的关键。

由上可见，中央银行改变法定准备金率的政策，只能通过改变货币乘数，而不能通过改变存款机构所持基础货币额，来影响货币供给量，因而也就不存在所谓把法定准备金算作基础货币会使基础货币从而使货币供给量随法定准备金率的变动而作同向变动的问题。

综上所述，法定准备金率的变动并不能改变存款机构所持基础货币额。这里的基础货币是指来源基数，即货币当局的负债。如果说法定准备金率的变动会影响基础货币，那也只能影响调整后的基础货币。我们已经指出，准备金调整额和调整后的基础货币完全是两个人为的概念。有人之所以认为法定准备金率的变动会影响存款机构所持有的基础货币额，实际上是不自觉地混淆了来源基数和调整后的基础货币。运用准备金调整额和调整后的基础货币这两个概念，有助于我们理解基础货币的本质和特征，也有助于我们解决诸如基础货币的构成等理论问题。所以说，这两个概念不仅对于货币政策的实行具有实际的意义，而且具有理论上的意义。

---

① 参见本章为计算 *RAM* 和 *AMB* 所举的例子（前述"第一阶段"、"第二阶段"的例子）。从个别存款机构看和静止地看，似乎法定准备金率的变动会改变存款机构的准备金，但从存款机构体系看和从存款货币的整个创造过程看，法定准备金率的变动绝不可能改变存款机构体系所持有的准备金总额。

第四章　货币乘数

除基础货币外，决定货币供给量的另一基本要素是货币乘数。通过第二章对各种货币乘数理论的介绍，我们已经知道，货币乘数主要决定于通货比率、准备金比率和定期存款比率这三个因素。那么，这三个比率关系又是如何决定的呢？对此，西方经济学家曾作过不少研究，也提出了一系列的理论。在一些货币银行学教科书中，人们也能读到有关的阐释。实际上，教科书中的阐释只是对这些理论的概述。

与基础货币不同，货币乘数不仅决定于货币当局的政策行为，而且决定于商业银行及其他存款机构和社会公众的行为。可以说，货币供给的内生性主要表现在货币乘数的内生性上。而且，货币乘数的决定过程比基础货币的决定过程更复杂，货币乘数也比基础货币更容易发生变化。所以，经济学家们研究货币乘数的热情，甚至超过研究基础货币的热情。

我们现在所看到的货币乘数的决定理论，产生于上世纪 50 年代末至 80 年代初的 20 余年间。随着人们越来越深刻地认识到货币变动对经济的巨大影响，货币乘数问题的研究也越来越基于货币政策操作的实际需要，即中央银行控制货币供给的需要。"关于货币对经济活动的重要性的问题，主要同货币需求函数的具体形式和稳定性有关，而关于货币控制的问题，则主要同货币供给函数的具体形式和稳定性有关。"[1] 中央银行控制货币供给的能力，主要取决于央行能否准确地预测货币乘数及其决定因素的变化；而央行能否准确地作此预测，又取决于这些变化是否稳定。这些变化越稳定，央行的预测就越准确，其控制货币供给的能力也就越强。所以，对于货币乘数问题，西方货币理论家目前的研究重点，已转向研究货币乘数及其决定因素是否稳定以及是否可预测，而不再单纯研究货币乘数的决定。这些对货币乘数的稳定性和可预测性的研究，一般都运用了比较复杂的数学方法，而理论上则没有多少建树，所以不适

---

[1]　吉布森和考夫曼编：《货币经济学——关于当前问题的读物》（W. E. Gibson and G. G. Kaufman edited, Monetary Economics: Readings on Current Issues），223 页，1971。

宜作为本书讨论的对象。有必要指出，这些研究的理论基础仍是本章将要讨论的货币乘数的决定理论。[①]

本章首先将美国的狭义货币供应量 M_1 的乘数（m_1）和广义货币供应量 M_2 的乘数（m_2）表示为通货比率、准备金比率和零售货币市场基金比率的函数。通过将取自然对数的货币乘数对时间求导，我们将货币乘数的变化率分解为通货比率的变化率、准备金比率的变化率和零售货币市场基金比率的变化率的函数。在此基础上，我们计算了 1960—2015 年美国的通货比率、准备金比率变化对 m_1 的作用大小，以及通货比率、准备金比率和零售货币市场基金比率变化对 m_2 的作用大小，并划分时间段，对每个阶段决定因素的作用变化进行了对比分析。

第二节进一步对通货比率的决定因素展开分析。卡甘认为，通货比率取决于保持通货的成本、人均实际收入、零售交易量、人均旅行量、城市化程度以及交易税税率等一系列因素。我们建立美国通货比率与联邦基金利率、人均 GNP、城市化率等指标的多元对数线性回归模型，运用季度数据，对此进行实证检验。

第三节对美国准备金比率的决定因素展开分析。我们将准备金比率进一步表示为法定准备金率、超额准备金率和定期存款比率的函数。通过求偏导数，分析法定准备金率、超额准备金率和定期存款比率对准备金比率的影响方向。分析显示，m_1 中的准备金比率是法定准备金率、超额准备金率和定期存款比率的递增函数。m_2 中的准备金比率是法定准备金率和超额准备金率的递增函数，是定期存款比率的递减函数。在此基础上，我们考察 1960—2015 年美国的法定准备金率、超额准备金率和定期存款比率的变化趋势，并计算不同时间段中各比率对准备金比率的作用大小。此外，本节还将分析超额准备金率、定期存款比率和借入准备金比率的决定因素。

第四节对我国的货币乘数展开分析。1993—2015 年期间，我国的 m_1 先升后降，m_2 先升后降再升。我们实证检验了通货比率和准备金比率对 m_1 和 m_2 的影响力大小，并对比不同时间段中，两比率对货币乘数影响力大小的变化。

---

① 拉希、约翰尼斯：《控制货币总量的增长》（Robert H. Rasche and James M. Johannes, Controlling the Growth of Monetary Aggregates），1987。该书为货币乘数预测方面的一本代表性著作。

第一节　美国的货币乘数

一、M₁的乘数

（一）M₁乘数变化趋势

根据美联储公布的狭义货币供应量 M_1 和基础货币数据，得到 1959—2015 年美国的 M_1 乘数（见图 4 - 1）。1959 年美国 M_1 乘数为 2.79 倍，2015 年为 0.82 倍，年均下降1.8%[①]。

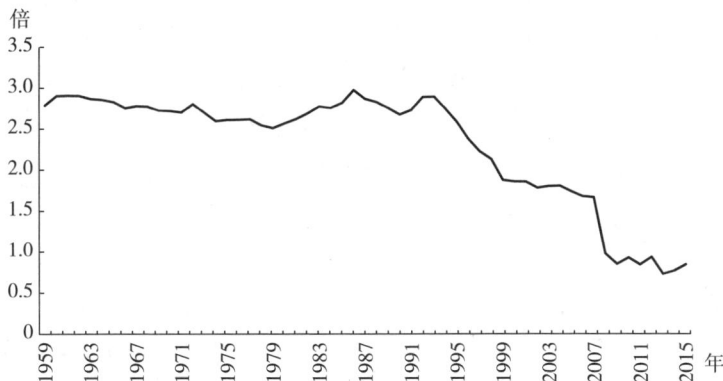

数据来源：Wind 资讯。

图 4 - 1　1959—2015 年美国货币供应量 M₁ 的乘数

根据图中 M_1 乘数的变化趋势，可以将 M_1 乘数的变化区间大致划分为以下六个阶段：

1. 1959—1979 年：M_1 乘数呈总体下降趋势。

1959—1979 年期间，除 1960 年、1961 年、1967 年、1972 年、1975—1978 年外，M_1 乘数都比上一年下降。1959—1979 年，M_1 乘数由 2.79 倍下降为 2.51 倍，年均下降0.5%。

2. 1980—1986 年：M_1 乘数呈总体上升趋势。

1980—1986 年期间，除 1984 年外，M_1 乘数持续上升。1980—1986 年，M_1乘数由 2.57 倍上升到 2.98 倍，年均上升2.5%。

3. 1987—2000 年：M_1 乘数总体下降，年度间波幅较大。

1987—2000 年期间，M_1 乘数的波动幅度明显扩大。此阶段 M_1 乘数的标准

[①]　年度变化率的平均值，下同。

差为 0.37，是所有 6 个阶段中的最大值。1987—2000 年，M_1 乘数由 2.87 倍下降到 1.86 倍，年均下降 3.2%。

4. 2001—2006 年：M_1 乘数小幅下降，年度间波幅缩小。

2001—2006 年期间，M_1 乘数的波动幅度明显缩小。此阶段 M_1 乘数的标准差为 0.06，是所有 6 个阶段中的最小值。2001—2006 年，M_1 乘数由 1.86 倍下降到 1.68 倍，年均下降 1.7%。

5. 2007—2013 年：M_1 乘数大幅下降。

本次国际金融危机爆发后，M_1 乘数总体大幅下降，其中 2008 年 M_1 乘数比上年下降 41.2%，2009 年下降 13.1%，2013 年下降 22.1%，下降幅度均超过 10%。2007—2013 年，M_1 乘数由 1.67 倍下降到 0.73 倍，年均下降 9.5%。

6. 2014—2015 年：M_1 乘数小幅回升。

随着美国经济复苏，2014 年后 M_1 乘数有所提高。2014 年和 2015 年 M_1 乘数分别为 0.76 倍和 0.83 倍，分别比上年提高 4% 和 7.9%。

（二）各因素对 M_1 乘数的影响分析

根据 M_1 乘数的定义：

$$m_1 = \frac{M_1}{B} \qquad (4-1)$$

其中，m_1 为狭义货币供应量的乘数；M_1 为狭义货币供应量；B 为基础货币。

根据上世纪 80 年代初修订后，并基本沿用至今的美国 M_1 的定义，将 M_1 表示为

$$M_1 = C + D \qquad (4-2)$$

其中，C 表示非银行公众持有的通货；D 表示包含在 M_1 之内的除通货外的其他部分，主要是活期存款，简称为活期存款（具体包括活期存款、其他支票存款、非银行发行的旅行支票①等，2015 年上述三项占 M_1 的比率分别为 40.7%、16.6% 和 0.1%）。

基础货币由通货加准备金（R）组成，即 $B = C + R$，因而式（4-1）可以进一步表示为

$$m_1 = \frac{M_1}{B} = \frac{C+D}{C+R} = \frac{1+\dfrac{C}{D}}{\dfrac{C}{D}+\dfrac{R}{D}} \qquad (4-3)$$

———————

① 由于非银行发行的旅行支票占 M_1 的比率非常小，因而将其划入活期存款 D 或非银行公众持有的通货 C 对分析几乎没有影响，下同。

对上式求自然对数，得到：

$$\ln m_1 = \ln\left(1 + \frac{C}{D}\right) - \ln\left(\frac{C}{D} + \frac{R}{D}\right) \tag{4-4}$$

再对上式求时间导数：

$$\frac{d\ln m_1}{dt} = \frac{1}{1 + \frac{C}{D}}\frac{d\left(\frac{C}{D}\right)}{dt} - \frac{1}{\frac{C}{D} + \frac{R}{D}}\left(\frac{d\left(\frac{C}{D}\right)}{dt} + \frac{d\left(\frac{R}{D}\right)}{dt}\right)$$

$$= \left(\frac{1}{1 + \frac{C}{D}} - \frac{1}{\frac{C}{D} + \frac{R}{D}}\right)\frac{d\left(\frac{C}{D}\right)}{dt} - \frac{1}{\frac{C}{D} + \frac{R}{D}}\frac{d\left(\frac{R}{D}\right)}{dt} \tag{4-5}$$

以上等式的左边表示 M_1 乘数的变化率，等式右边的两项分别代表通货比率（C/D）的变化率和准备金比率（R/D）的变化率对 M_1 乘数变化的作用①。

利用以上等式，我们运用统计手段，检验分析了美国 1960 年至 2015 年各决定因素在美国 M_1 乘数变化中的作用。同时，也根据上文 M_1 乘数变化的大致阶段，对每个阶段各决定因素的作用变化进行了对比分析，结果见表 4-1。

表 4-1　　　　1960—2015 年美国 M_1 乘数变化的来源②　　　单位：%

	各因素的变化所引起的 M_1 乘数的变化			各因素的相对影响	
	M_1 的货币乘数变化率	通货/活期存款的影响	准备金/活期存款的影响	通货/活期存款的影响	准备金/活期存款的影响
1960—2015 年	-1.8	0.2	-2.0	-10	110
其中：1960—1979 年	-0.5	-0.6	0.2	141	-41
1980—1986 年	2.5	0.9	1.6	35	65
1987—2000 年	-3.2	-3.3	0.1	102	-2
2001—2006 年	-1.7	-1.6	-0.1	92	8
2007—2013 年	-9.5	-0.9	-8.5	10	90
2014—2015 年	6.0	0.0	6.0	-1	101

① 上述推导方法与卡甘对美国货币存量变化率决定因素的分析类似，见卡甘：《1985—1960 年美国货币量变化及其影响》，19 页；也可见本书第二章第四节第二部分的分析。

② 实证分析中，在不同时间段里，上述等式拟合的优劣度（即等式左边的计算结果和右边的计算结果是否完全一致），取决于在这段时间终点的变化趋势与整个时间段的变化趋势的一致程度。如果一致性高，则等式拟合好，反之则反是。在本书分析中，部分时间段里等式能完全拟合，部分时间段里则拟合有少量差距。对拟合有差异的时间段，我们作了个别技术调整。

1960—2015 年，M_1 乘数年均下降 1.8%。从表 4-1 中可以得出如下结论：

1. 准备金比率的变化是 M_1 乘数变化的主要原因。准备金比率的变化对 M_1 乘数变化的贡献率为 110%，比通货比率变化的贡献率为 -10%。在 1960—2015 年的 50 多年里，准备金比率的变化使 M_1 乘数年均下降 2%。这似乎与人们的常识相矛盾，因为在人们的意识里，美国的"准备金比率"总体是呈下降趋势的，准备金比率的下降会促使 M_1 乘数提高。需要说明的是，式（4-5）中，我们定义的准备金比率为准备金与活期存款的比率（R/D），而人们通常所说的"准备金比率"是指法定准备金率，两者是不同的[①]，不同点在于：

一是我们定义的准备金比率的分子为全部的准备金，包括法定准备金和超额准备金。法定准备金率的分子仅为法定准备金。由于超额准备金的存在，法定准备金率的下降不会必然引起 R/D 比率的下降。典型的例子就是国际金融危机期间，美国的法定准备金率并没有发生变化，而超额准备金大幅增加使 R/D 比率大幅上升（见图 4-2）。

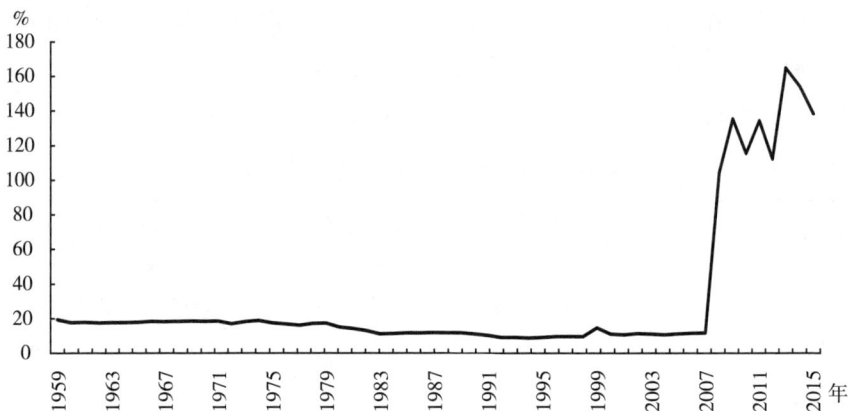

数据来源：根据美联储官网公布的相关数据计算。

图 4-2　1959—2015 年美国准备金与活期存款的比率

二是我们定义中准备金比率分子（准备金）中的法定准备金为全部存款的法定准备金，分母仅为活期存款。1990 年之前，除活期存款外，储蓄存款和定期存款也需缴纳法定准备金，此时法定准备金率的分母是全部存款，大于准备金比率的分母。所以，1990 年之前，全部存款的准备金与活期存款的比率就不一定随法定准备金率的下降而下降，而是有升有降的。1960—1990 年

[①] 本章第三节将进一步分析准备金比率与法定准备金率和超额准备金率的关系。

的 31 年里有 17 年 R/D 比率是上升的，14 年是下降的。

由于 m_1 是 R/D 比率的递减函数①，所以 1960—2015 年 R/D 比率的总体上升促使 M_1 乘数下降。

2. 通货比率的变化对 M_1 乘数变化的贡献率为 -10% 。1960—2015 年的 50 多年里，通货比率的变化使 M_1 乘数年均上升 0.2% 。

对式（4-3）中的 m_1 求 C/D 比率的偏导数，可得

$$\frac{\partial m_1}{\partial C/D} = \frac{\frac{C}{D} + \frac{R}{D} - 1 - \frac{C}{D}}{\left(\frac{C}{D} + \frac{R}{D}\right)^2} = \frac{\frac{R}{D} - 1}{\left(\frac{C}{D} + \frac{R}{D}\right)^2} \qquad (4-6)$$

从式（4-6）可以看出，C/D 比率变化对 m_1 的影响方向取决于 R/D 比率是大于还是小于 1。从图 4-2 可见，1960—2007 年期间，R/D 比率小于 1，m_1 是 C/D 比率的递减函数；2008—2015 年，R/D 比率大于 1，m_1 是 C/D 比率的递增函数。

从图 4-3 看，在 1960—1979 年、1987—2000 年、2001—2006 年期间通货比率总体是上升的，同时此期间 m_1 是 C/D 比率的递减函数，因而上述三个阶段里通货比率的变化促使 M_1 乘数下降。1980—1986 年期间，通货比率总体下降，此阶段 m_1 是 C/D 比率的递减函数，因而通货比率的变化促使 M_1 乘数上升。2007—2013 年和 2014—2015 年期间，通货比率大幅下降，同时此阶段的绝大多数时间（2008—2015 年）m_1 是 C/D 比率的递增函数，因而这一阶段中通货比率的变化促使 M_1 乘数下降。

3. 分阶段看，1960—1979 年、1987—2000 年和 2001—2006 年期间，通货比率的变化对 M_1 乘数的作用较大。三个时间段中，通货比率的贡献率分别为 141% 、102% 和 92% 。

在这三个时间段，准备金比率的变化较小，年均变化率分别为 -0.02 个、-0.1 个和 0.1 个百分点，因而准备金比率对 M_1 乘数的作用有所减小。而这三个时间段中通货比率的变化却相对较大，对 M_1 乘数的作用也相对较大。

---

① 对式（4-3）中的 m_1 求 R/D 比率的偏导数，可得

$$\frac{\partial m_1}{\partial R/D} = -\frac{1 + \frac{C}{D}}{\left(\frac{C}{D} + \frac{R}{D}\right)^2} < 0$$

即 m_1 是 R/D 比率的递减函数。

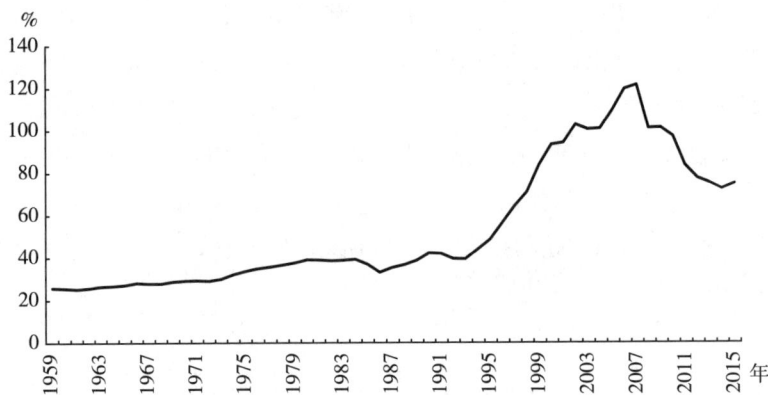

数据来源：根据美联储官网公布的相关数据计算。

图 4 - 3　1959—2015 年美国通货与活期存款的比率

二、M₂的乘数

（一）M₂乘数变化趋势

根据美联储公布的广义货币供应量 M₂ 和基础货币数据，得到 1959—2015 年美国的 M₂乘数（见图 4 - 4）。1959 年美国 M₂乘数为 5.84 倍，2015 年为 3.23 倍，年均下降 0.6%。

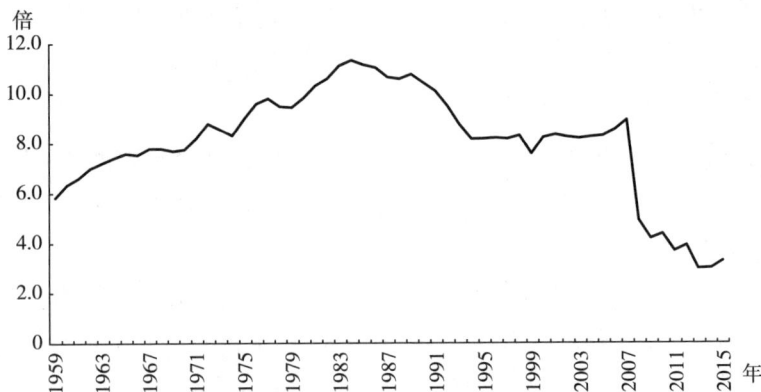

数据来源：Wind 资讯。

图 4 - 4　1959—2015 年美国货币供应量 M₂ 的乘数

根据图中 M₂乘数的变化趋势，可以直观地将 M₂乘数的变化趋势大致划分为以下五个阶段：

1. 1959—1984 年：M₂乘数呈总体上升趋势。

1959—1984 年期间，除 1966 年、1969 年、1973—1974 年、1978—1979 年外，M_2 乘数都比上一年上升。1959—1984 年，M_2 乘数由 5.84 倍上升到 11.32 倍，年均上升 2.7%。

2. 1985—1994 年：M_2 乘数呈总体下降趋势。

1985—1994 年期间，除 1989 年外，M_2 乘数持续下降。1985—1994 年，M_2 乘数由 11.15 倍下降到 8.18 倍，年均下降 2.7%。

3. 1995—2006 年：M_2 乘数总体稳定，小幅波动。

1995—2006 年期间，M_2 乘数的波动幅度明显减小。除 1999 年和 2000 年外，此时间段中 M_2 乘数的年度间变化幅度多在 1% 之内，M_2 乘数的标准差为 0.2，为所有 5 个阶段中的最小值。1995—2006 年，M_2 乘数由 8.19 倍小幅上升到 8.55 倍，年均上升 0.4%。

4. 2007—2015 年：M_2 乘数大幅下降。

本次国际金融危机爆发后，M_2 乘数总体大幅下降，其中 2008 年 M_2 乘数下降 44.9%，2009 年下降 14.7%，2011 年下降 15.4%，2013 年下降 24.1%，下降幅度均超过 10%。2007—2015 年，M_2 乘数由 8.93 倍下降到 2.98 倍，年均下降 12.1%。

5. 2014—2015 年：M_2 乘数止降回升。

随着美国经济稳步复苏，2014 年 M_2 乘数停止下降，与上年持平。2015 年 M_2 乘数回升到 3.23 倍。

（二）各因素对 M_2 乘数变化的影响分析

根据 M_2 乘数的定义：

$$m_2 = \frac{M_2}{B} \qquad (4-7)$$

其中，m_2 为广义货币供应量的乘数；M_2 为广义货币供应量；B 为基础货币。

根据上世纪 80 年代初修订后，并基本沿用至今的美国 M_2 的定义，将 M_2 表示为

$$M_2 = C + D' + F \qquad (4-8)$$

其中，C 表示非银行公众持有的通货；D' 表示包含在 M_2 之中的全部存款（包括活期存款、其他支票存款、非银行发行的旅行支票、储蓄存款和小额定期存款等）；F 表示包括在 M_2 内的零售货币市场基金。2015 年 12 月通货、全部存款和零售货币市场基金占 M_2 的比率分别为 10.8%、83.8% 和 5.3%；全部存款中活期存款、其他支票存款、非银行发行的旅行支票、储蓄存款和小额

定期存款占 M_2 的比率分别为 10.3% 、4.2% 、0.02% 、64.9% 和 4.3% 。

基础货币由通货加准备金（R）组成，即 $B = C + R$，因而式（4 - 7）可以进一步表示为

$$m_2 = \frac{M_2}{B} = \frac{C + D' + F}{C + R} = \frac{\dfrac{C}{D'} + 1 + \dfrac{F}{D'}}{\dfrac{C}{D'} + \dfrac{R}{D'}} \qquad (4 - 9)$$

对上式求自然对数，得到

$$\ln m_2 = \ln\left(1 + \frac{C}{D'} + \frac{F}{D'}\right) - \ln\left(\frac{C}{D'} + \frac{R}{D'}\right) \qquad (4 - 10)$$

再对上式求时间导数：

$$\frac{\mathrm{d}\ln m_2}{\mathrm{d}t} = \frac{1}{1 + \dfrac{C}{D'} + \dfrac{F}{D'}}\left(\frac{\mathrm{d}\left(\dfrac{C}{D'}\right)}{\mathrm{d}t} + \frac{\mathrm{d}\left(\dfrac{F}{D'}\right)}{\mathrm{d}t}\right) - \frac{1}{\dfrac{C}{D'} + \dfrac{R}{D'}}\left(\frac{\mathrm{d}\left(\dfrac{C}{D'}\right)}{\mathrm{d}t} + \frac{\mathrm{d}\left(\dfrac{R}{D'}\right)}{\mathrm{d}t}\right)$$

$$= \left(\frac{1}{1 + \dfrac{C}{D'} + \dfrac{F}{D'}} - \frac{1}{\dfrac{C}{D'} + \dfrac{R}{D'}}\right)\frac{\mathrm{d}\left(\dfrac{C}{D'}\right)}{\mathrm{d}t} + \frac{1}{1 + \dfrac{C}{D'} + \dfrac{F}{D'}}\frac{\mathrm{d}\left(\dfrac{F}{D'}\right)}{\mathrm{d}t} - \frac{1}{\dfrac{C}{D'} + \dfrac{R}{D'}}\frac{\mathrm{d}\left(\dfrac{R}{D'}\right)}{\mathrm{d}t}$$

$$(4 - 11)$$

以上等式的左边表示 M_2 乘数的变化率，等式右边的三项分别代表通货比率（C/D'）的变化率、零售货币市场基金比率（F/D'）的变化率和准备金比率（R/D'）的变化率的对 M_2 乘数变化作用。

利用以上等式，我们运用统计手段，检验分析了 1960—2015 年各决定因素在美国 M_2 乘数变化中的作用。同时，根据上文划分的 M_2 乘数变化的大致阶段，对每个阶段各决定因素的作用变化进行了对比分析，结果见表 4 - 2。

表 4 - 2　　　　　　　1960—2015 年美国 M_2 乘数变化的来源　　　　单位：%

	各因素的变化所引起的 M_2 乘数的变化				各因素的相对影响		
	M_2 乘数的变化率	通货比率的影响	零售货币市场基金比率的影响	准备金比率的影响	通货比率的影响	零售货币市场基金比率的影响	准备金比率的影响
1960—2015 年	-0.6	-0.1	0.1	-0.6	9	-12	103
其中：1960—1984 年	2.7	0.8	0.2	1.7	28	8	64
1985—1994 年	-2.7	-2.8	0.2	-0.1	104	-8	5
1995—2006 年	0.4	-0.4	0.1	0.7	-88	13	159
2007—2013 年	-12.1	0.3	-1.0	-11.4	-3	9	94
2014—2015 年	4.2	-0.3	-0.4	4.9	-7	-9	117

1960—2015 年，M_2 乘数年均下降 0.6%。从表 4-2 中可以得出如下结论：

1. 准备金比率的变化是 M_2 乘数变化的主要原因，准备金比率的变化对 M_2 乘数变化的贡献率高达 103%。在 1960—2015 年的 50 多年里，准备金比率的变化使 M_2 乘数年均下降了 0.6%。与上部分 M_1 乘数中的准备金比率类似，我们这里所定义的准备金比率也不同于人们通常所讲的法定准备金率①。式（4-11）中，我们将 M_2 乘数中的准备金比率定义为准备金与全部存款的比率，它不同于通常意义的法定存款准备金率，不同点在于：

一是我们定义中，准备金比率的分子为全部的准备金，包括法定存款准备金和超额准备金，而通常的法定准备金率的分子仅为法定准备金。

二是我们定义中，准备金比率的分母为全部存款。1990 年之后，仅活期存款②需缴纳法定准备金。所以，1990 年之后，法定准备金率的分母就是活期存款，而不是全部存款。

在这 50 多年中，前 47 年（1960—2006 年）准备金比率总体是下降的，由 1960 年的 7.2% 下降到 2006 年的 1.3%。但国际金融危机后，美国的准备金比率却大幅提高，由 2007 年的 1.3% 提高到 2013 年的 27.6%，2015 年为 24%（见图 4-5）。2007 年金融危机后的准备金比率平均值是之前 47 年平均水平的 5.1 倍，是之前十年平均水平的 10.3 倍。由于 M_2 乘数是准备金比率的递减函数③，金融危机期间准备金比率大幅提高，促使 M_2 乘数总体下降。如果排除 2007—2015 年，仅考察 1960—2006 年的情况，我们发现该期间准备金比率的变化是推动 M_2 乘数提高的因素。

2. 总体看，通货比率和零售货币市场基金比率的变化对 M_2 乘数变化的贡献相对较小。1960—2015 年，通货比率变化的贡献率为 9%，零售货币市场基

---

① 本章第三节将进一步分析准备金比率与法定准备金率和超额准备金率的关系。

② 规范的说法应该是 1990 年后，仅交易性账户需缴纳法定准备金，非交易性账户不需缴纳法定准备金。目前美国的交易性账户包括活期存款、ATS 账户、NOW 账户、股金提款账户、电话或预先授权转账账户（Telephone or Preauthorized Transfer Accounts）、不合格的银行承兑汇票（Ineligible Bankers Acceptances）、7 天内到期的附属公司发行的负债等。交易性账户近似于本章定义的活期存款，非交易性账户近似于本章第三节将要定义的定期存款（全部存款减去活期存款）。为保持上下文的一致性，本章使用"活期存款"和"定期存款"，而非"交易性账户"和"非交易性账户"，下同。

③ 对式（4-9）中的 m_1 求 R/D' 比率的偏导数，可得

$$\frac{\partial m_2}{\partial R/D'} = -\frac{1 + \frac{C}{D'} + \frac{F}{D'}}{\left(\frac{C}{D'} + \frac{R}{D'}\right)^2} < 0$$

即 m_2 是 R/D' 比率的递减函数。

金比率变化的贡献率为 -12%。

由于 M_2 乘数是通货比率的递减函数[①]，而 1960—2015 年期间，通货比率总体上升（见图 4 -6），因而通货比率的变化促使 M_2 乘数下降。

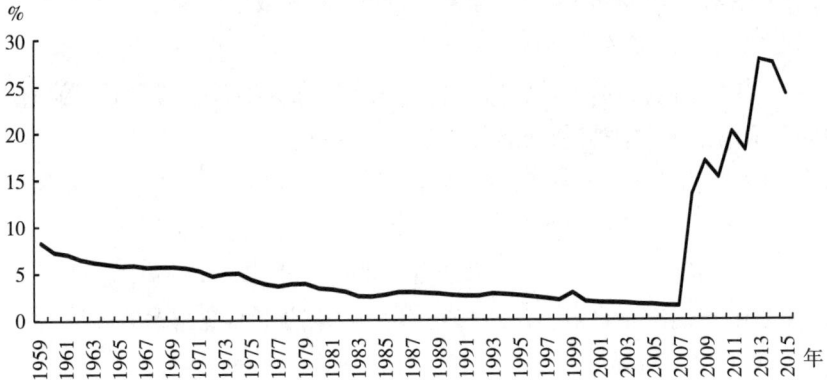

数据来源：根据美联储官网公布的相关数据计算。

图 4 - 5 1959—2015 年美国准备金与全部存款的比率

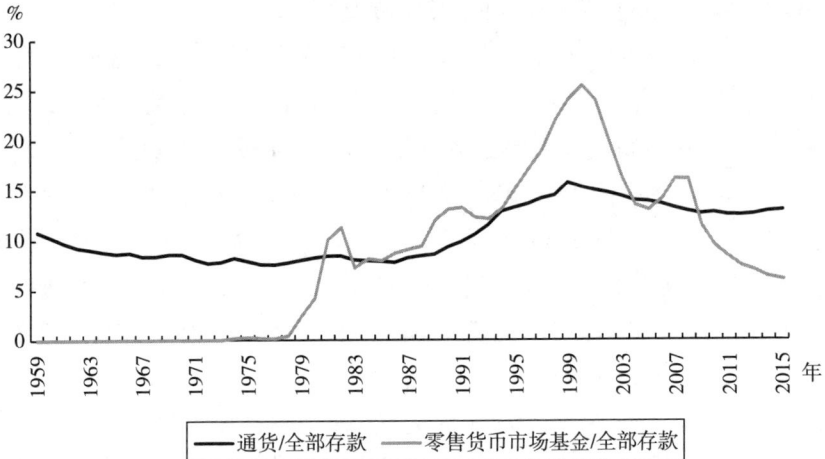

通货/全部存款   零售货币市场基金/全部存款

数据来源：根据美联储官网公布的相关数据计算。

图 4 - 6 1959—2015 年美国通货和零售货币市场基金与全部存款的比率

---

① 对式（4 -9）中的 M_2 求 C/D' 比率的偏导数，可得

$$\frac{\partial m_2}{\partial C/D'} = \frac{\frac{C}{D'} + \frac{R}{D'} - 1 - \frac{C}{D'} - \frac{F}{D'}}{\left(\frac{C}{D'} + \frac{R}{D'}\right)^2} = \frac{\frac{R - F - D'}{D'}}{\left(\frac{C}{D'} + \frac{R}{D'}\right)^2} < 0$$

即 m_2 是 C/D' 比率的递减函数。

同理可得，M_2乘数是零售货币市场基金比率的递增函数[1]，而 1960—2015 年期间，零售货币市场基金比率[2]总体上升，因而该比率的变化促使 M_2乘数上升。

3. 分阶段看，1985—1994 年和 1995—2006 年期间，通货比率变化对 M_2乘数的作用较大。这两个阶段中，通货比率变化的贡献率分别为 104% 和 -88%。

1980 年，美国的存款准备金制度进行了根本性改革。此后，美国的存款准备金制度变化很小。从图 4 - 5 可以看出，1985—1994 年期间，准备金比率的变化是所有五个阶段中最小的，准备金比率的年均变化率几乎为零，因而此时间段准备金比率对 M_2乘数的影响显著下降，贡献率仅为 5%。而通货比率却在此时间段大幅上升，致使 M_2乘数下降，对 M_2乘数变化的贡献率高达 104%。

1995—2006 年期间的情况与上述的 1985—1994 年期间的情况有所不同。1995—2006 年，准备金比率年均下降 0.1 个百分点，促使 M_2乘数上升。同期，通货比率仍总体上升，促使 M_2乘数下降。两者的影响相互抵消，最终准备金比率的作用相对较大，M_2乘数小幅上升。

4. 分阶段看，零售货币市场基金比率的变化对 M_2乘数的影响较为稳定，波动相对较小。即使在零售货币市场基金比率变化较大的 1985—1994 年和 2007—2013 年两个时间段，该比率的变化分别使 M_2乘数年均上升 0.2% 和年均下降 1%，贡献率分别为 -8% 和 9%。

以上分析了通货比率、准备金比率、零售货币市场基金比率等因素对货币乘数的决定作用。以下两节将进一步剖析通货比率和准备金比率自身受哪些因素的影响[3]。

第二节　通货比率

一、通货比率的三种概念及其相互关系

通货比率主要有三种概念，一是指非银行公众所持通货与全部货币存量之

---

[1] 对式（4 - 9）中的 m_2 求 F/D' 比率的偏导数，可得 $\frac{\partial m_2}{\partial F/D'} = 1 > 0$
即 m_2 是 F/D' 比率的递增函数。

[2] 美国广义货币供应量 M_2 中的零售货币市场基金数据开始于 1973 年。

[3] 零售货币基金比率主要受零售货币市场基金收益率与定期存款利率之差，以及货币市场基金风险的影响。由于零售货币市场基金比率对货币乘数的作用相对较小，而且在未将零售货币市场基金纳入货币供应量口径的国家，该比率不对其货币乘数产生影响，因而本书下文不对零售货币基金比率展开分析。

比（如卡甘曾使用的），以 C/M_1 或 C/M_2 表示；二是指非银行公众所持通货与所持活期存款之比（如乔顿和伯尔格曾使用的），以 C/D 表示；三是非银行公众所持通货与全部存款之比（如弗里德曼—施瓦兹曾使用的），以 C/D' 表示。虽然这三种概念的定义不同，但之间的关系在于：

$$\frac{C}{M_1} = \frac{\frac{C}{D}}{1 + \frac{C}{D}} \text{ 或} \frac{C}{D} = \frac{\frac{C}{M_1}}{1 - \frac{C}{M_1}} \qquad (4-12)$$

$$\frac{C}{M_2} = \frac{\frac{C}{D'}}{1 + \frac{C}{D'}} \text{ 或} \frac{C}{D'} = \frac{\frac{C}{M_2}}{1 - \frac{C}{M_2}}① \qquad (4-13)$$

且通过推导可以发现②，C/M_1 与 C/D、C/M_2 与 C/D' 是同方向变化的，即 C/D 变大，C/M_1 也会变大，反之则反是；C/D' 变大，C/M_2 也会变大，反之则反是。

因而，这三种概念在本质上并没有很大的区别，都表明了公众对通货的偏好程度。但是，人们使用较多的是第二种概念，在货币银行学教科书中出现的一般也是第二种概念，这可能是因为这一概念直接反映了公众在其所持货币中对通货与活期存款的相对偏好程度，并且这种偏好程度的变化对货币乘数从而对货币供给量的影响，无论在理论研究还是在实际测算中，都能让人一目了然。

二、卡甘等人对通货比率的分析

通货比率主要决定于非银行公众的意愿，这一观点几乎为当代所有研究货币供给问题的经济学家所认可，或者说几乎已成为一种定论。当然，首先强调这一观点的是弗里德曼与施瓦兹及卡甘等当代货币供给理论的先驱者。

卡甘的一篇著名论文是研究通货比率的较早和影响较大的文献。③ 该文不仅

---

① 为简化起见，这里，将 M_2 定义为通货加全部存款。

② 分别对 C/M_1 求 C/D 的导数，以及对 C/D 求 C/M_1 的导数，得到

$$\frac{\partial \frac{C}{M_1}}{\partial \frac{C}{D}} = \frac{1}{\left(1 + \frac{C}{D}\right)^2} > 0, \quad \frac{\partial \frac{C}{D}}{\partial \frac{C}{M_1}} = \frac{1}{\left(1 - \frac{C}{M_1}\right)^2} > 0$$

同理，C/M_2 对 C/D' 的导数和 C/D' 对 C/M_2 的导数也都是大于 0 的。

③ 卡甘：《通货比率——公众对通货的需求与货币总供给之比》（The Demand for Currency Relative to the Total Money Supply），载美国《政治经济杂志》（The Journal of Political Economy），1958 年 8 月。

对通货比率的决定提出了系统的理论，而且开创了一种新的研究方法。已故英国著名经济学家 H. G. 约翰逊曾经这样高度评价卡甘的论文："卡甘关于人们对通货的需求在全部货币供给量中所占比率的研究，开创了从经济学的角度阐释通货比率的新的方法。"① 这一方法就是根据人们保持通货和银行存款的成本与收益来分析通货比率。卡甘说："人们意愿的通货比率的水平取决于个人对通货或存款的偏好，而这一偏好是根据持有这些资产或其他资产的成本和收益来确定的。""经济学的需求理论告诉我们，持有通货而不持有存款的预期成本很可能是决定人们意愿通货比率的主要因素之一。当持有通货的成本不变时，这一意愿比率将反映持有通货相对于持有存款的比较优势（Comparative Advantages）。"②

（一）保持通货的成本

什么是保持通货的成本呢？是银行存款的利息。因为通货一般没有收益，而银行定期存款则有利息收入，所以这一利息就成了持有通货的机会成本。需要指出的是，美国活期存款一般不支付利息，或者利率很低，甚至还要扣除银行为活期存款账户提供服务（如支票结算）的费用，因此，保持通货的成本主要是指定期存款的利息。定期存款的利率变动频率较低，而且人们持有通货大都出于交易的必需，而较少考虑机会成本，于是，在多数时期，存款利率不成为通货比率变动的主要因素。"不管怎么说，存款利率还部分地解释了1930年后通货—货币之比率的变化，却不怎么解释在此以前的这一比率的长期下降。"③

既然保持通货的成本常常不是通货比率变动的主要原因，那么主要原因一定是持有通货（相对于持有银行存款）的比较优势了。"这些优势可能取决于一系列的变量，如预期人均实际收入、零售交易量、人均旅行量、城市化的程度以及交易税税率。"④

实际上，并不是卡甘最早认识到通货比率的这些决定因素。早在上世纪初叶，就有人开始了这一方面的研究，如美国著名经济学家费雪（Irving Fisher）、英国著名经济学家庇古（A. C. Pigou）⑤ 等。卡甘在他们的观点的基

① H. G. 约翰逊：《货币经济学论文选》（Selected Essays in Monetary Economics），42 页，1978。

② 卡甘：《通货比率——公众对通货的需求与货币总供给之比》，载美国《政治经济杂志》，1958年8月，305 页。

③ 卡甘：《1875—1960 年美国货币存量变化的决定及其影响》，125 页，1965。

④ 卡甘：《通货比率——公众对通货的需求与货币总供给之比》，载美国《政治经济杂志》，1958年8月，305 页。

⑤ 费雪：《货币的购买力》（The Purchasing Power of Money），51 - 52 页和 165 页，1926；庇古：《应用经济学论文集》（Essays in Applied Economics），184 - 185 页，1924。

础上作了进一步研究，并提出了比较系统的理论。

（二）人均实际收入

在美国，通货比率在长期中具有下降的趋势。卡甘把这一趋势主要归因于收入和财富的增长以及城市化（Urbanization）程度的提高。城市化因素留待下面讨论，先讨论收入和财富增长的影响。

随着收入和财富的增长，人们的支出就增加，作为支付手段之一的通货自然也增加，所以，公众手持通货的绝对量必然增加；但是，通货与银行存款（或货币总额）的比率，即通货的相对量却会下降。原因主要有三个[①]：第一，随着收入和财富的增长，储蓄在收入总额中所占比率不断上升，而消费所占的比率则相对下降；由于公众储蓄的主要形式是银行存款，因此随着经济的发展和收入增长，在公众所持有的货币总额中，银行存款的比率会不断上升，而通货的比率会逐渐下降。第二，由于规模经济的原因，支票结算总额的增加降低了支票结算的单位成本，这就增加了人们对活期存款的需求，而相对减少了对通货的需求。第三，在经济发展和收入增长的过程中，大额交易在交易总额中所占的比率也不断提高。大额交易一般都使用支票，因为支票结算既方便又安全。这也是收入增长导致通货比率下降的原因之一。

综上所述，只要通货比率并不很低，存款的收入弹性就大于通货的收入弹性，于是人均实际收入的增加会引起通货比率的下降。卡甘曾强调："存款的较高的收入弹性看来是通货比率在长期中下降的主要原因。"[②]

（三）城市化程度

在同样的收入和支出情况下，城里的居民比乡村的农民使用和保持的通货少，而使用支票和持有的银行存款则多。城市人口集中，商业网点密集，银行机构发达，这些自然有利于支票和银行账户的使用。城里的居民也很少以通货的形式保持财富，而较多地持有银行存款和其他资产。与上述情形相反，在农村中使用支票和信用交易相对比较困难，农民也比较习惯以通货形式保存财富。于是，农村中的通货比率一般比城里的高。也由于这一原因，一国的城市化程度越高，该国的通货比率就越低。

不过，卡甘认为，城市化程度对通货比率的影响明显小于收入和财富的影

---

① 卡甘指出了后两个原因，第一个原因是本书作者概括的。
② 卡甘：《通货比率——公众对通货的需求与货币总供给之比》，载美国《政治经济杂志》，1958年8月，306页。

响。"城市化仅引起通货比率的较小幅度的下降",① "它对通货比率的可想象的最大影响也只是该比率下降的五分之二的原因"②,而且实际上还不到这一程度。

(四)零售交易量

通货在交易中能被广泛地接受,而支票的使用范围相对小一些,有时还需要一定的条件,所以在零售交易中通货的使用相当普遍。于是,零售交易额在交易总额中所占比率的变化会引起通货比率的同方向的变化。这是引起通货比率的季节性变化的主要原因。圣诞节期间,由于零售交易特别兴旺,通货比率也往往达到一年中的最高点。与此相反,批发交易的相对增加将使通货比率下降,因为它们中的绝大部分是通过支票转账来完成的。但从长期看,这一因素对通货比率的影响不大,因为美国大部分货币掌握在个人手中,而从事批发交易的多为企业。

(五)人均旅行量

人均旅行量的增加会提高通货比率,因为远距离的或去陌生地区的旅行是很难使用银行支票的,而旅行支票在货币总量中所占比率很小可忽略不计。然而,除战争时期以外,人均旅行量不会有很大的变化,它在长期中的增长很缓慢,况且,为旅行而持有的通货毕竟在通货总额中所占比率不大,因此,它对通货比率的影响也不会很大。

(六)交易税税率

卡甘最后讨论的一个变量是交易税税率。为什么这一变量会影响通货比率呢?因为"有些人在交易中尽可能地使用通货而不向税务部门报税,以逃避纳税。……显然,只要交易税税率很高,就会造成足够的刺激,大规模的逃税就会发生。"③ 然而,在交易税中,主要的且税率较高的是所得税,而根据西方国家的习惯,收入一般是不用通货来支付的,所以,通过使用通货来逃避所得税是很有限的。至于交易税中的其他税种,如销售税和货物税,一般税率都很低,且很难逃避。因此,在正常情况下,交易税税率并不会对通货比率产生较大的影响。

---

① 卡甘:《通货比率——公众对通货的需求与货币总供给之比》,载美国《政治经济杂志》,1958年8月,312页。

② 卡甘:《通货比率——公众对通货的需求与货币总供给之比》,载美国《政治经济杂志》,1958年8月,310页。

③ 卡甘:《通货比率——公众对通货的需求与货币总供给之比》,载美国《政治经济杂志》,1958年8月,312页。

上述六个变量就是卡甘通过分析保持通货的成本与收益而发现的影响通货比率的基本因素。我们认为，卡甘分析的意义不仅在于找到了这些基本因素，更重要的是提出了研究通货比率之决定的一种新的经济学方法。这一方法被大多数货币理论研究者所接受。我们发现，在上世纪90年代以来出版的各种货币银行学教科书中，关于通货比率的决定因素的分析，一般都运用了这一方法。

（七）经济周期对通货的影响

作为对卡甘分析的补充，美国人诺曼·鲍舍（Norman N. Bowsher）于上世纪60年代中期研究了经济周期对公众所持通货的影响。[①] 这一研究以美国1950年至1965年的情况为例。

表4-3　　　　　　　1950—1965年美国公众手持通货的变化

变化期间	年平均变化百分率
1950年10月—1953年8月	4.2
1953年8月—1954年10月	-1.1
1954年10月—1957年7月	1.3
1957年7月—1958年3月	-0.5
1958年3月—1959年8月	2.3
1959年8月—1961年6月	-0.4
1961年6月—1962年10月	3.6
1962年10月—1965年1月	6.2
1950年10月—1965年1月	2.3

数据来源：诺曼·鲍舍：《通货与活期存款》，载《圣·路易斯联邦储备银行评论》，1965年3月，4页。

诺曼·鲍舍发现，在这15年间，公众手持通货的增加总是在经济复苏或高涨期间，而公众手持通货的下降总是在经济萧条、衰微时期。从表4-3可知，1950年10月至1953年8月，公众手持通货年平均增长4.2%，远远超过了整个考察期间的年平均增长率2.3%。同期美国的经济增长速度也比较快，其中非耐用品和劳务支出年平均增长6.6%。紧接着的1953年至1954年，美国经济经历了一次衰退。"很可能通货的交易需求也因此而下降"，由此导致了公众手持通货的减少。[②] 随着1954年秋季的经济复苏，公众也开始增加通货持有额。这一缓慢增长的趋势一直持续到又一次经济衰退到来的1957年中期。这次衰退持续时

---

① 诺曼·鲍舍：《通货与活期存款》（Currency and Demand Deposits），载美国《圣·路易斯联邦储备银行评论》，1965年3月。

② 诺曼·鲍舍：《通货与活期存款》（Currency and Demand Deposits），载美国《圣·路易斯联邦储备银行评论》，1965年3月，3页。

间较短，公众的通货持有额在衰退初期也只是停止增长而未明显下降，且 1958 年春季衰退一结束，公众即开始增加通货持有。这一增加的势头持续到 1959 年春末夏初。所以，1957 年 7 月至 1958 年 3 月的通货下降并不剧烈，而随后一个阶段的通货上升率则达到了整个考察期间的平均水平。从 1959 年中期到 1961 年中期，总的经济情况只有微小的变化，因此通货需求量也几乎没有什么大的变化。从 1961 年 6 月起，尤其是从 1962 年的冬季开始，公众所持通货快速增长。1962 年 10 月后的 2 年多时间里，年增长率高达 6.2%。"通货的这一异乎寻常的增长率可能主要是由非耐用商品销售的快速增长造成的。"[1]

诺曼·鲍舍的结论是，"自 1950 年以来，通货增长率的变化与经济的变化趋于一致，或稍显滞后。"[2] 为什么会造成这一现象呢？因为通货主要是满足人们的交易需求的，而交易需求的大小又取决于收入的多少。当经济形势较好、收入增加时，人们对消费品的需求就增加，所持通货也必然增加；反之，当经济萧条、收入下降时，人们所持通货也必然随着消费需求的下降而下降。所以，诺曼·鲍舍说，"流通中通货增长率的变化主要反映了人们对交易媒介需求的变化。"[3]

需要指出的是，诺曼·鲍舍所研究的只是通货的变化，而不是通货对活期存款的比率或通货对全部货币供给量的比率的变化，所以，并不能直接从这一研究中看出经济周期对通货比率的影响。以后，又有人在诺曼·鲍舍分析的基础上，进一步研究了经济周期对通货比率的影响。今天，多数货币理论研究者已把这一影响视为通货比率的决定因素之一。

（八）定期存款利率对通货比率的影响方向

在本节一开始，我们曾经指出，通货比率有三种概念，这三种概念并没有本质的区别。然而，在阐释通货比率的决定因素时，却不能完全混淆这三种概念，或者说，应该首先说明所使用的是哪一种概念，因为，这三种概念的通货比率的决定并不完全相同。例如，卡甘认为，通货比率是定期存款利率的递减函数，这没有错，因为卡甘所定义的通货比率并不是通货与活期存款之比，而是通货与全部货币供给量之比，且卡甘所选择的货币定义是较广义的货币供应

---

[1] 诺曼·鲍舍：《通货与活期存款》（Currency and Demand Deposits），载美国《圣·路易斯联邦储备银行评论》，1965 年 3 月，4 页。

[2] 诺曼·鲍舍：《通货与活期存款》（Currency and Demand Deposits），载美国《圣·路易斯联邦储备银行评论》，1965 年 3 月，5 页。

[3] 诺曼·鲍舍：《通货与活期存款》（Currency and Demand Deposits），载美国《圣·路易斯联邦储备银行评论》，1965 年 3 月，5 页。

量 M_2。但在这个问题上，我国台湾经济学者徐义雄先生却错了。他一方面将通货比率定义为"社会大众保有的钞券与硬币与活期存款（存款货币）的比率"，另一方面又认为"若定期与储蓄存款利率上升，保有通货的成本随即增高，社会大众将以定期与储蓄存款保有财富，以致通货比率下降"。[①] 他没有考虑到，由于活期存款利率一般都很低，甚至还会被银行倒扣手续费，因此定期存款的利息既是持有通货的机会成本，也是持有活期存款的机会成本，也就是说，公众所持通货与活期存款都会随着定期存款利率的升降而作反方向的运动，所以，定期存款利率对通货比率（通货与活期存款之比）的影响方向取决于通货与活期存款对定期存款利率变动的相对敏感性，即取决于定期存款利率的变动对通货与活期存款的影响大小的对比。由此可见，不能像徐义雄先生那样，只是通过简单的定性分析来确定定期存款利率对通货比率的影响。

关于这一问题，有些经济学家曾作过实证研究，其中比较有代表性的是美国经济学家泰根（Ronald L. Teign）所作的研究。[②] 根据这一研究，活期存款比通货对定期存款利率的变动更为敏感。于是，通货比率（通货与活期存款之比）与定期存款及储蓄存款利率之间就有了很密切的正相关关系。换言之，定期存款与储蓄存款的利率上升将使通货比率上升，反之则反是，而不是像徐义雄先生认为的那样，定期存款与储蓄存款的利率上升将使通货比率下降。根本原因可能在于，人们持有通货大都出于交易的必需，所以利率变动对通货持有额影响不大，而人们保持活期存款，除了主要为交易的目的外，同时也作为保持财富的一种形式，因此定期存款利率的变动对活期存款有一定影响。

三、对卡甘研究的实证检验

我们将 1960—2015 年美国的通货比率[③]、联邦基金利率、人均 GNP 和城市化率数据[④]，分别取自然对数进行标准化，并分别记为 $\ln C$、$\ln i$、$\ln income$ 和 $\ln urbanrate$ [⑤]。

---

① 徐义雄：《货币供给》，65 – 66 页，台湾联经出版事业公司，1977。

② 泰根：《美国货币部门的季度性总量模型——1953—1964 年》（An Aggregate Quarterly Model of the U. S. Monetary Sector, 1953—1964），载卡尔·布伦纳编：《货币政策的目标和指示器》（Targets and Indicators of Monetary Policy），180 – 181 页，1969。

③ 这里的通货比率采用卡甘的定义，即通货与广义货币供应量的比率。

④ 其中，城市化本为年度数据，我们通过等差插值法将其转化为季度数据。

⑤ 实际上，我们还获取了 1992 年第二季度到 2014 年第二季度美国零售和食品服务销售额和 GDP 中的消费支出数据，两者之比近似代表零售和食品服务销售额占消费支出的比重。我们将其作为自变量加入多元回归方程，但该变量的 P 值大于 5%，因而我们在回归模型中删除了该变量。

利用 1960—2015 年的上述季度数据，建立 $\ln C$ 与 $\ln i$、$\ln income$ 和 $\ln urbanrate$ 等指标的多元回归模型，进行回归分析，回归结果如下：

$$\ln C = -0.466 - 1.411\ln i - 0.082\ln income + 3.703\ln urbanrate$$

也可表示为：

表 4 – 4 对通货比率进行多元回归的结果

变量	系数	标准差	t 值	P 值
LNI	– 1.410736	0.245052	– 5.756890	0.0000
LNINCOME	– 0.082252	0.023510	– 3.498654	0.0006
LNURBANRATE	3.702620	0.562614	6.581097	0.0000
C	– 0.466471	0.368309	– 1.266519	0.2067
R – squared	0.645676	Mean dependent var		– 2.344925
Adjusted R – squared	0.640845	S. D. dependent var		0.155414
S. E. of regression	0.093139	Akaike info criterion		– 1.891752
Sum squared resid	1.908471	Schwarz criterion		– 1.830830
Log likelihood	215.8763	F – statistic		133.6337
Durbin – Watson stat	0.065009	Prob （F – statistic）		0.000000

多元回归模型的 R^2 达到 0.65，拟合较好。通过相关检验，模型不存在异方差、序列相关和多重共线性。从回归结果看，通货比率与联邦基金利率和人均 GNP 负相关；联邦基金利率每提高 1%，通货比率下降 1.4%；人均 GNP 每提高 1%，通货比率下降 0.08%。长期中，美国人均 GNP 持续提高，促使通货比率下降。由于联邦基金利率对通货比率的影响弹性较大，联邦基金利率的阶段性波动成为影响通货比率升降的主要因素。城市化率的影响系数为正值，与理论分析不一致。这可能与本文研究的时间范围有关，本文研究的是上世纪60 年代至今的通货比率变化，而上世纪 40 年代美国就已基本实现农业机械化，50 年代后逐步开始实现农业现代化，加上美国农村金融相对发达，因而在本书研究的时间范围内，其农村地区的现金使用已经相对较低。

第三节　准备金比率

本章第一节的分析，将美国的货币乘数表示为通货比率、准备金比率等比率的函数。本节将对其中的准备金比率展开进一步研究。

通货比率主要决定于非银行公众的意愿，而准备金比率则主要决定于银行体系的行为，也就是主要决定于商业银行及其他存款机构的行为。我们这里说"主要"，而不是"完全"，首先是因为存款机构只能在中央银行所规定的法定准备率之上决定总准备金比率，即存款机构实际所能决定的只是超额准备金率。除超额准备金率外，法定准备金率、存款在定期存款和活期存款之间的分配比率等其他因素也会影响准备金比率。同时，存款机构对超额准备金率的决定也是有条件的，如果他们找不到足够的贷款对象，就不得不持有较多的超额准备金。可见，准备金比率实际上决定于一系列的因素。

下面，首先研究准备金比率与法定准备金率、超额准备金率和定期存款比率之间的关系，得到准备金比率的决定因素，再通过实证分析考察各决定因素的作用大小。

一、准备金比率的决定因素

（一）M_1 乘数中的准备金比率

本章第一节中 M_1 乘数中的准备金比率为准备金与活期存款的比率，即 R/D。准备金由法定存款准备金和超额准备金组成，记为 $R = R^r + R^e$，其中，R^r 表示法定准备金，R^e 表示超额准备金。

1. 1913—1989 年

根据美国法定存款准备金制度的变革历史，1990 年前交易性账户（相当于本章所定义的活期存款 D）和非交易性账户（包括储蓄存款和定期存款等，相当于本章定义的全部存款 D' 减去本章定义的活期存款 D，我们将之简称为定期存款，实际包含小额定期存款和储蓄存款，下同）都需缴纳法定准备金，因而将 R^r 进一步分解为 R^{r1} 和 R^{r2}，以分别代表活期存款和定期存款的法定准备金。

因而 R/D 可以表示为

$$\frac{R}{D} = \frac{R^r + R^e}{D}$$

$$= \frac{R^{r1} + R^{r2} + R^e}{D}$$

$$= \frac{R^{r1} + R^{r2}}{D} + \frac{R^e}{D}$$

$$= \frac{\dfrac{R^{r1} + R^{r2}}{D'}}{\dfrac{D}{D'}} + \frac{\dfrac{R^e}{D'}}{\dfrac{D}{D'}}$$

$$= \left(\frac{R^{r1} + R^{r2}}{D'} + \frac{R^e}{D'}\right) \times \left(\frac{D' - D}{D} + 1\right) \qquad (4-14)$$

$$\text{或} = \frac{R^{r1}}{D} + \frac{R^{r2}}{D' - D} \times \frac{D' - D}{D} + \frac{R^e}{D'} \times \left(\frac{D' - D}{D} + 1\right) \qquad (4-15)$$

将超额准备金率定义为超额准备金与全部存款的比率，即 $r^e = R^e/D'$，将定期存款与活期存款的比率记为 t，$t = (D' - D)/D$，简称为定期存款比率。

这样，式（4-14）将 M_1 乘数中的准备金比率表示为全部存款的平均法定准备金率 $r^* = (R^{r1} + R^{r2})/D'$、超额准备金率 r^e 和定期存款比率 t 的函数。式（4-15）将 M_1 乘数中的准备金比率表示为活期存款的法定准备金率 R^{r1}/D、定期存款的法定准备金率 $R^{r2}/(D' - D)$、超额准备金率和定期存款比率的函数。

对式（4-14）中的准备金比率分别求全部存款平均法定准备金率和超额准备金率的偏导数，对式（4-15）中的准备金比率分别求活期存款法定准备金率、定期存款法定准备金率和定期存款比率的偏导数，可得

$$\frac{\partial \frac{R}{D}}{\partial \frac{R^{r1} + R^{r2}}{D'}} = \frac{D'}{D} > 0 \qquad (4-16)$$

$$\frac{\partial \frac{R}{D}}{\partial \frac{R^e}{D'}} = \frac{D'}{D} > 0 \qquad (4-17)$$

$$\frac{\partial \frac{R}{D}}{\partial \frac{R^{r1}}{D}} = 1 > 0 \qquad (4-18)$$

$$\frac{\partial \frac{R}{D}}{\partial \frac{R^{r2}}{D' - D}} = \frac{D' - D}{D} > 0 \qquad (4-19)$$

$$\frac{\partial \frac{R}{D}}{\partial \frac{D' - D}{D}} = \frac{R^{r2}}{D' - D} + \frac{R^e}{D'} > 0 \qquad (4-20)$$

即准备金比率是法定准备金率（包括全部存款的平均法定准备金率、活期存款法定准备金率和定期存款法定准备金率）、超额准备金率和定期存款比率的递增函数。根据第一节的分析，M_1 乘数是准备金比率的递减函数，因而 M_1 乘数是法定准备金率、超额准备金率和定期存款比率的递减函数。

2. 1990 年至今

1990 年 12 月 26 日之后，定期存款不再缴纳法定准备金，只有活期存款缴

纳法定准备金，因而 R/D 可以表示为

$$\frac{R}{D} = \frac{R^r + R^e}{D}$$

$$= \frac{R^r}{D} + \frac{R^e}{D}$$

$$= \frac{R^r}{D} + \frac{\dfrac{R^e}{D'}}{\dfrac{D}{D'}}$$

$$= \frac{R^r}{D} + \frac{R^e}{D'} \times \left(\frac{D' - D}{D} + 1 \right) \qquad (4-21)$$

准备金比率为活期存款法定准备金率 R^r/D、超额准备金率 r^e 和定期存款比率 t（$t =$（$D' - D$）$/D$）的函数。

同理，对式（4–21）中的准备金比率分别求活期存款法定准备金率、超额准备金率和定期存款比率的偏导数，可得

$$\frac{\partial \dfrac{R}{D}}{\partial \dfrac{R^r}{D}} = 1 > 0 \qquad (4-22)$$

$$\frac{\partial \dfrac{R}{D}}{\partial \dfrac{R^e}{D'}} = \frac{D'}{D} > 0 \qquad (4-23)$$

$$\frac{\partial \dfrac{R}{D}}{\partial \dfrac{D' - D}{D}} = \frac{R^e}{D'} > 0 \qquad (4-24)$$

即准备金比率是活期存款法定准备金率、超额准备金率和定期存款比率的递增函数。由于 M_1 乘数是准备金比率的递减函数，因而 M_1 乘数是活期存款法定准备金率、超额准备金率和定期存款比率的递减函数。

（二）M_2 乘数中的准备金比率

本章第一节中 M_2 乘数中的准备金比率（准备金与全部存款的比率，即 R/D'）可以进一步表示为法定准备金率、超额准备金率和定期存款比率的函数。

1. 1913—1989 年

$$\frac{R}{D'} = \frac{R^r + R^e}{D'}$$

$$= \frac{R^{r1} + R^{r2} + R^e}{D'}$$

$$= \frac{R^{r1} + R^{r2}}{D'} + \frac{R^e}{D'} \qquad (4-25)$$

$$\text{或} = \frac{\dfrac{R^{r1}}{D}}{\dfrac{D'-D}{D}+1} + \frac{\dfrac{R^{r2}}{D'-D}}{\dfrac{D'-D}{D}+1} \times \frac{D'-D}{D} + \frac{R^e}{D'} \qquad (4-26)$$

式（4-25）将准备金比率表示为全部存款平均法定准备金率（R^{r1} + R^{r2}）/D' 和超额准备金率 R^e/D' 之和。式（4-26）将准备金比率表示为活期存款法定准备金率 R^{r1}/D、定期存款法定准备金率 $R^{r2}/(D'-D)$、超额准备金率和定期存款比率（$D'-D$）/D 的函数。

对式（4-25）中的准备金比率分别求全部存款平均法定准备金率和超额准备金率的偏导数，对式（4-26）中的准备金比率分别求活期存款法定准备金率、定期存款法定准备金率和定期存款比率的偏导数，可得

$$\frac{\partial \dfrac{R}{D'}}{\partial \dfrac{R^{r1}+R^{r2}}{D'}} = 1 > 0 \qquad (4-27)$$

$$\frac{\partial \dfrac{R}{D'}}{\partial \dfrac{R^e}{D'}} = 1 > 0 \qquad (4-28)$$

$$\frac{\partial \dfrac{R}{D'}}{\partial \dfrac{R^{r1}}{D}} = \frac{D}{D'} > 0 \qquad (4-29)$$

$$\frac{\partial \dfrac{R}{D'}}{\partial \dfrac{R^{r2}}{D'-D}} = \frac{D'-D}{D'} > 0 \qquad (4-30)$$

$$\frac{\partial \dfrac{R}{D'}}{\partial \dfrac{D'-D}{D}} = \frac{1}{\left(\dfrac{D'-D}{D}+1\right)^2} \times \left(\frac{R^{r2}}{D'-D} - \frac{R^{r1}}{D}\right) < 0^{①} \qquad (4-31)$$

———————————

① 由于美国历史上,定期存款的法定准备金率 $R^{r2}/(D'-D)$ 都小于活期存款的法定准备金率 R^{r1}/D,因而此偏导数小于 0。

即准备金比率是法定准备金率（包括全部存款的平均法定准备金率、活期存款法定准备金率和定期存款法定准备金率）和超额准备金率的递增函数，是定期存款比率的递减函数。根据第一节的分析，M_2 乘数是准备金比率的递减函数，因而 M_2 乘数是法定准备金率和超额准备金率的递减函数，是定期存款比率的递增函数。

2. 1990 年至今

$$\frac{R}{D'} = \frac{R^r + R^e}{D'}$$

$$= \frac{\dfrac{R^r}{D}}{\dfrac{D'}{D}} + \frac{R^e}{D'}$$

$$= \frac{\dfrac{R^r}{D}}{\dfrac{D' - D}{D} + 1} + \frac{R^e}{D'} \qquad (4-32)$$

准备金比率为活期存款法定准备金率 R^r/D、超额准备金率 R^e/D' 和定期存款比率 $(D'-D)/D$ 的函数。

对式（4-32）中的准备金比率分别求活期存款法定准备金率、超额准备金率和定期存款比率的偏导数，可得

$$\frac{\partial \dfrac{R}{D'}}{\partial \dfrac{R^r}{D}} = \frac{D}{D'} > 0 \qquad (4-33)$$

$$\frac{\partial \dfrac{R}{D'}}{\partial \dfrac{R^e}{D'}} = 1 > 0 \qquad (4-34)$$

$$\frac{\partial \dfrac{R}{D'}}{\partial \dfrac{D'-D}{D}} = -\frac{1}{\left(\dfrac{D'-D}{D}+1\right)^2} < 0 \qquad (4-35)$$

即准备金比率是活期存款法定准备金率和超额准备金率的递增函数，是定期存款比率的递减函数。由于 M_2 乘数是准备金比率的递减函数，所以 M_2 乘数是活期存款法定准备金率和超额准备金率的递减函数，是定期存款比率的递增函数。

综上分析，M_1乘数中的准备金比率是法定准备金率、超额准备金率和定期存款比率的递增函数。M_2乘数中的准备金比率是法定准备金率和超额准备金率的递增函数，是定期存款比率的递减函数。

M_1乘数和M_2乘数都是法定准备金率和超额准备金率的递减函数。M_1乘数是定期存款比率的递减函数。M_2乘数是定期存款比率的递增函数。

下面分析美国的法定准备金率、超额准备金率和定期存款比率的变化趋势及其对准备金比率的作用。

二、法定准备金率、超额准备金率和定期存款比率的变化趋势

（一）法定准备金率的变化趋势

不仅在准备金比率的决定因素中，而且在货币乘数的所有决定因素中，只有一个变量是由货币当局直接控制的，这就是法定准备金比率。法定准备金率是一个外生变量，它决定于货币当局的政策行为，所以，在研究货币乘数的决定时，很少有人去深入研究法定准备金率自身的决定，人们讨论法定准备金率主要是讨论它的变化及其对货币乘数和货币供给的影响。

美联储成立以前，美国的法定准备金率很少变化。从 1864 年至 1914 年的半个世纪中，法定准备金率仅变更了 3 次。联储成立后，随着联储对货币金融管理和控制的加强，法定准备金率的变动次数就比较多了，尤其是 1935 年的《银行法》赋予联储委员会在一定的上、下幅度内任意改变法定准备金率的特权后，联储就更频繁地变动法定准备金率，以满足货币政策的需要。从联储成立之初到 40 年代末的 30 多年中，大幅度的法定准备率变动就有 5 次。[①] 进入 80 年代后，法定准备金制度更有了重大变革，这就是 1980 年的《货币控制法》确定，所有的存款机构都必须服从联储关于法定准备金的统一规定，而在此之前，只有联储会员银行才受制于联储的法定准备金制度。而且，《货币控制法》对各种存款的法定准备率也作了较大规模的调整。[②]

美国实施的并不是单一比率的法定准备金制度。在美国历史上，不同类型会员银行曾适用不同的法定准备金率（1913—1972 年），不同类型存款也曾适用不同的法定准备金率（1913 年至今），不同规模存款也曾适用不同的法定准备金率（1966 年至今），不同期限定期存款也曾适用不同的法定准备金率

---

① 卡甘：《1875—1960 年美国货币存量变化的决定及其影响》，182 - 184 页，1965。
② 详见本书第七章第二节。

（1972—1980 年）。1990 年之前，活期存款、储蓄存款和定期存款均需缴纳不同比率的法定准备金，1990 年后仅活期存款需缴纳法定准备金，每家银行的活期存款净额在扣减免除额后，按照累进制比率计算法定准备金。我们查找相关数据，计算了美国银行体系实际承担的法定准备金率，它相当于这些不同水平名义法定准备金率的平均值。我们得到了 1959—1989 年美国全部存款的平均法定准备金率[1]（见图 4 - 7），以及 1990—2015 年活期存款的实际法定准备金率[2]（见图 4 - 8）。

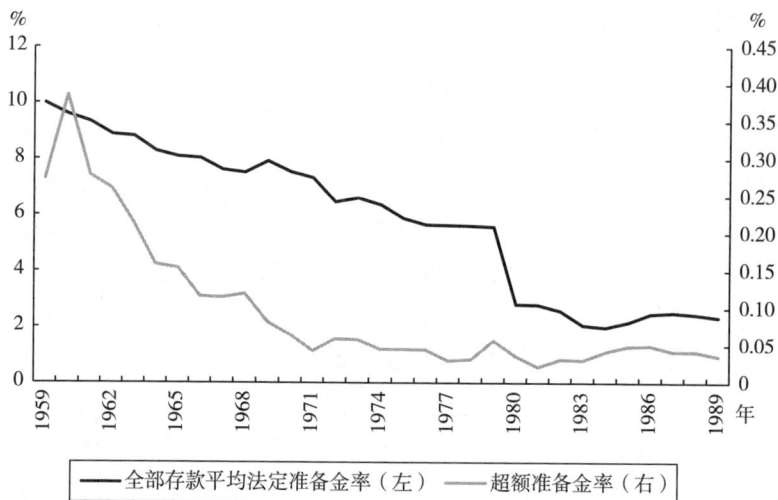

数据来源：根据相关数据计算得到；其中，准备金和 1980 年之后的存款数据分别来自于美联储官网的 H.3"存款性机构总准备金和基础货币报表"和 H.6"货币供应量报表"；1980 年之前，只有联储会员银行才适应联储的法定准备金要求，因而 1959—1980 年的存款数据采用的是联储会员银行的存款，数据来源于历年的联储年报。

图 4 - 7　1959—1989 年美国全部存款的平均法定准备金率和超额准备金率

从图 4 - 7 和图 4 - 8 可以看出，1959—2002 年美国的实际法定准备金率（1959—1989 年全部存款的平均法定准备金率和 1990—2002 年活期存款的实际法定准备金率）呈下降趋势，2003—2015 年实际法定准备金率（此期间的活期存款实际法定准备金率）有小幅上升。我们知道，1959—2015 年期间，

---

[1]　全部存款的平均法定准备金率＝全部存款的法定准备金/全部存款。

[2]　活期存款的实际法定准备金率＝法定准备金/活期存款。由于 1990 年之后仅活期存款需缴纳法定准备金，因而这里的法定准备金就等于活期存款的法定准备金。

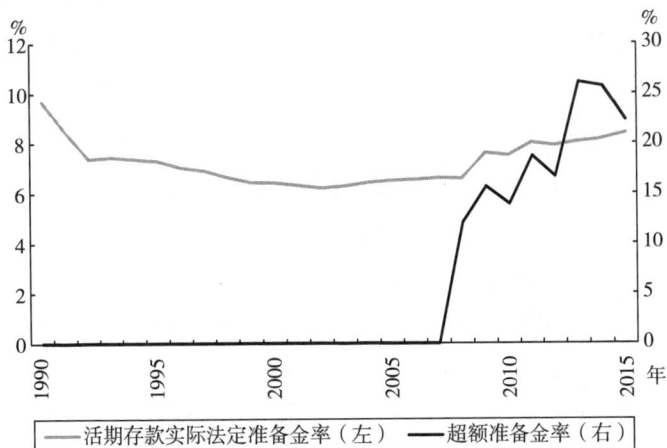

数据来源：根据相关数据计算得到；准备金和存款数据分别来自于美联储官网的 H.3 "存款性机构总准备金和基础货币报表"和 H.6 "货币供应量报表"。

图 4-8 1990—2015 年美国活期存款的实际法定准备金率和超额准备金率

除个别年份外，美国的名义法定准备金率都是下降的①。2003—2015 年实际法定准备金率与名义法定准备金率的变化趋势不一致，主要原因在于，本世纪以来，美国银行业合并加剧，在现行的累进准备金制度下，多家小的存款性机构合并为大存款性机构时，银行体系的实际准备金负担会有所增加（见本书第三章第五节第三部分对 2002 年以来美国准备金调整额（RAM）减少原因的分析）。银行业合并的加剧，是美国准备金调整额减少和实际法定准备金率小幅上升的共同原因。

（二）超额准备金率的变化趋势

从图 4-7 和图 4-8 可以看出，1959—1991 年美国的超额准备金率呈总体下降趋势；1992—2007 年超额准备金率相对稳定，小幅波动；2008—2013 年超额准备金率大幅上升；2014 年和 2015 年超额准备金率小幅下降。

本次国际金融危机之前，美国的超额准备金率非常低，1959—2007 年的平均值为 0.08%。而国际金融危机爆发后，超额准备金率急剧上升，2008—2013 年平均值为 17.2%，为 1959—2007 年平均值的 224 倍。国际金融危机期间，美国非常规货币政策投放大量基础货币。美联储主要通过向金融机构提供信贷支持、从金融机构购买国债、机构债和 MBS 等方式投放基础货币。美联

---

① 见本书第七章第二节的分析。

储以这些方式投放基础货币，对应方的金融机构相应增加其在联储的准备金存款，而当时经济低迷，存款机构找不到足够的贷款对象，因而不得不持有较多的超额准备金。

（三）定期存款比率的变化趋势

图 4 - 9 描绘了 1959—2015 年美国的定期存款比率走势。根据此图，我们大致将定期存款比率的变化划分为四个阶段：

1. 1959—1977 年定期存款比率持续上升，由 137% 提高到 371%。
2. 1978—1994 年定期存款比率总体下降，由 370% 下降为 241%。
3. 1995—2007 年定期存款比率总体上升，由 266% 提高到 817%。
4. 2008—2015 年定期存款比率总体下降，由 683% 下降为 490%。

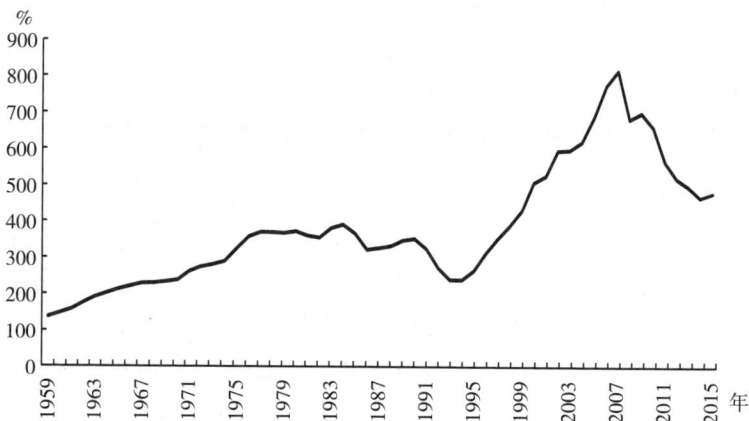

数据来源：根据美联储官网的 H.6 "货币供应量报表" 的相关数据计算。

图 4 - 9　1959—2015 年美国的定期存款比率

三、法定准备金率、超额准备金率和定期存款比率对准备金比率的影响分析

（一）前人的分析

伯尔格曾经概括了决定准备金比率的七个因素。[①] 经过上世纪 80 年代的准备金制度改革，只剩下其中的四个。这四个要素是：第一，联储规定的法定准备金率；第二，存款机构的超额准备金率；第三，存款总额在活期存款与定

[①] 伯尔格：《美国货币供给的过程》，66 页，加利福尼亚，1971。

期存款之间的分配比例（因为活期存款与定期存款的法定准备金率是不同的）；第四，存款总额在各存款机构之间的分配比例（因为不同的分配比例会造成各存款机构拥有的存款额不同，而不同的存款额实际承担的法定准备金率不同）。然而，根据卡甘的研究，这后两项因素对准备金比率的影响不大。"在1875—1955年期间，存款间的转移（对准备金比率变化的影响——引者注）总的说来是不重要的。"① 这样，影响准备金比率的主要因素就是法定准备金率和超额准备金率。

卡甘分析的是广义货币供应量的乘数。根据他的分析，1875—1955年期间，法定准备金率的变化是总的准备金比率变动的主要原因。在这80年里，总的准备金比率的变动同法定准备金率的变动保持了基本一致的态势。但是，准备金比率的变动和法定准备金率的变动又不完全相同。原因何在？在于法定准备金率的变化对准备金比率的影响，还取决于超额准备金率对法定准备金率变化的反应。如果法定准备金率的变化部分地为超额准备金率的反方向变化所吸收，也就是银行通过将超额准备金转化为法定准备金，或将法定准备金转化为超额准备金，来部分地满足法定准备率上升或下降的要求，那么，总的准备金和准备金比率所受到的影响就比较小。这正是美国二次大战前的情形。那时，银行总是保持着较高的超额准备金率，所以当法定准备金率变化时，银行往往变更超额准备金率，总的准备金比率就不会因法定准备金率的变化而大幅度地变动。但是，二战后经济环境发生了很大改变，尤其是货币市场迅速发展，银行无须保持较高的超额准备金率，而且超额准备金率一旦发生变化，也总会迅速恢复到同以前差不多的水平。由于少而稳定的超额准备金难以吸收法定准备率的变动，因此当法定准备金率变动时，银行往往不得不改变总的准备金，从而改变准备金比率。

（二）法定准备金率、超额准备金率和定期存款比率对 M_1 乘数中准备金比率影响的统计分析

1. 1959—1989 年②

---

① 卡甘：《1875—1960年美国货币存量变化的决定及其影响》，179 页，1965。

② 美联储公布的货币供应量等相关指标为 1959 年开始的时间序列，因而此部分分析的起始时间为 1959 年，下同。

根据式（4-14），计算此期间准备金比率的变化率，可得①

$$\left(\frac{R}{D}\right)_t - \left(\frac{R}{D}\right)_o = (r_t^* + r_t^e) \times (t_t + 1) - (r_0^* + r_0^e) \times (t_0 + 1)$$

$$(4-36)$$

式中，r_t^* 表示报告期的全部存款平均法定准备金率；r_t^e 表示报告期的超额准备金率；t_t 表示报告期的定期存款比率。

进一步推导：

$$\begin{aligned}\left(\frac{R}{D}\right)_t - \left(\frac{R}{D}\right)_o &= r_t^* t_t + r_t^e t_t - r_0^* t_0 - r_0^e t_0 + r_t^* + r_t^e - r_0^* - r_0^e \\ &= r_t^* t_t - r_t^* t_0 + r_t^* t_0 - r_0^* t_0 + r_t^e t_t - r_t^e t_0 + r_t^e t_0 - r_0^e t_0 + (r_t^* - r_0^*) \\ &\quad + (r_t^e - r_0^e) \\ &= r_t^* (t_t - t_0) + t_0 (r_t^* - r_0^*) + r_t^e (t_t - t_0) + t_0 (r_t^e - r_0^e) + (r_t^* - r_0^*) \\ &\quad + (r_t^e - r_0^e) \\ &= (r_t^* + r_t^e)(t_t - t_0) + (t_0 + 1)(r_t^* - r_0^*) \\ &\quad + (t_0 + 1)(r_t^e - r_0^e) \end{aligned}$$

$$(4-37)$$

此阶段准备金比率的变化还可以推导为

$$\begin{aligned}\left(\frac{R}{D}\right)_t - \left(\frac{R}{D}\right)_o &= r_t^* t_t + r_t^e t_t - r_0^* t_0 - r_0^e t_0 + r_t^* + r_t^e - r_0^* - r_0^e \\ &= r_t^* t_t - r_0^* t_t + r_0^* t_t - r_0^* t_0 + r_t^e t_t - r_0^e t_t + r_0^e t_t - r_0^e t_0 + (r_t^* - r_0^*) \\ &\quad + (r_t^e - r_0^e) \\ &= (r_t^* - r_0^*) t_t + r_0^* (t_t - t_0) + (r_t^e - r_0^r) t_t + r_0^e (t_t - t_0) + (r_t^* - r_0^*) \\ &\quad + (r_t^e - r_0^e) \\ &= (r_0^* + r_0^e)(t_t - t_0) + (t_t + 1)(r_t^* - r_0^*) \\ &\quad + (t_t + 1)(r_t^e - r_0^e) \end{aligned}$$

$$(4-38)$$

---

① 实际上，由于1990年之前定期存款和活期存款适用不同的法定准备金率，因而存款在定期存款和活期存款之间的分配比例的变化，即定期存款比率的变化，会影响全部存款的平均法定准备金率，因而应对式（4-15）进行分解，以准确分析法定准备金率、超额准备金率和定期存款比率对准备金率的影响。但1980年之前，联储会员银行的活期存款、定期存款根据存款净额的大小适用不同的法定准备金率，本书作者无法将法定准备金划分为活期存款的法定准备金和定期存款的法定准备金，无法对式（4-15）的分解结果进行数据计算，因而这里只能对式（4-14）进行分解，并根据分解结果，计算各因素对准备金比率的影响。下文对1959—1989年 M_2 乘数中的准备金率影响因素的分析，也面临同样的问题。

将式（4-37）和式（4-38）的两种推导结果加以平均，得到

$$\left(\frac{R}{D}\right)_t - \left(\frac{R}{D}\right)_o = \frac{(r_0^* + r_0^e + r_t^* + r_t^e)}{2}(t_t - t_0) + \left(\frac{t_t + t_0 + 2}{2}\right)(r_t^* - r_0^*)$$

$$+ \left(\frac{t_t + t_0 + 2}{2}\right)(r_t^e - r_0^e) \tag{4-39}$$

式（4-39）将准备金比率的变化分解为三部分，等式右边依次代表定期存款比率变化、全部存款平均法定准备金率变化和超额准备金率变化对准备金率变化的影响。

1959—1989年期间，定期存款比率上升、全部存款平均法定准备金率下降、超额准备金率下降。由于准备金比率是法定准备金率、超额准备金率和定期存款比率的递增函数，因而定期存款比率上升促使准备金比率上升，法定准备金率和超额准备金率下降促使准备金比率下降。

将1959—1989年的数据代入式（4-39），可以得到，法定准备金率和超额准备金率下降对准备金比率的影响，大于定期存款比率上升的影响，这期间的准备金比率是下降的。定期存款比率变化、全部存款平均法定准备金率变化和超额准备金率变化，对准备金率变化的贡献率分别为-98%、192%和6%。法定准备金率的影响，远大于超额准备金率的影响，是该阶段影响准备金比率变化的主要因素。

2. 1990年至今

根据式（4-21），计算此期间准备金比率的变化率，可得

$$\left(\frac{R}{D}\right)_t - \left(\frac{R}{D}\right)_o = r_t^{r1} - r_0^{r1} + r_t^e \times (t_t + 1) - r_0^e \times (t_0 + 1) \tag{4-40}$$

其中，r_t^{r1} 表示报告期的活期存款法定准备金率。

进一步推导：

$$\left(\frac{R}{D}\right)_t - \left(\frac{R}{D}\right)_o = r_t^{r1} - r_0^{r1} + r_t^e \times (t_t + 1) - r_0^e \times (t_0 + 1)$$

$$= (r_t^{r1} - r_0^{r1}) + r_t^e t_t - r_0^e t_0 + r_t^e - r_0^e$$

$$= (r_t^{r1} - r_0^{r1}) + r_t^e t_t - r_t^e t_0 + r_t^e t_0 - r_0^e t_0 + (r_t^e - r_0^e)$$

$$= (r_t^{r1} - r_0^{r1}) + r_t^e(t_t - t_0) + t_0(r_t^e - r_0^e) + (r_t^e - r_0^e)$$

$$= (r_t^{r1} - r_0^{r1}) + r_t^e(t_t - t_0) + (t_0 + 1)(r_t^e - r_0^e) \tag{4-41}$$

此阶段准备金比率的变化还可以推导为

$$\left(\frac{R}{D}\right)_t - \left(\frac{R}{D}\right)_o = r_t^{r1} - r_0^{r1} + r_t^e \times (t_t + 1) - r_0^e \times (t_0 + 1)$$

$$= (r_t^{r1} - r_0^{r1}) + r_t^e t_t - r_0^e t_0 + r_t^e - r_0^e$$

$$= (r_t^{r1} - r_0^{r1}) + r_t^e t_t - r_0^e t_t + r_0^e t_t - r_0^e t_0 + (r_t^e - r_0^e)$$

$$= (r_t^{r1} - r_0^{r1}) + (r_t^e - r_0^e) t_t + r_0^e (t_t - t_0) + (r_t^e - r_0^e)$$

$$= (r_t^{r1} - r_0^{r1}) + r_0^e (t_t - t_0) + (t_t + 1)(r_t^e - r_0^e) \qquad (4-42)$$

将式（4-41）和式（4-42）的两种推导结果加以平均，得到

$$\left(\frac{R}{D}\right)_t - \left(\frac{R}{D}\right)_o = (r_t^{r1} - r_0^{r1}) + \frac{(r_t^e + r_0^e)}{2}(t_t - t_0) + \frac{(t_0 + t_t + 2)}{2}(r_t^e - r_0^e)$$

$$(4-43)$$

式（4-43）将准备金比率的变化也分解为三部分，等式右边依次代表活期存款法定准备金率变化、定期存款比率变化和超额准备金率变化对准备金率变化的影响。

1990—2015 年期间，定期存款比率上升、活期存款法定准备金率下降、超额准备金率上升。由于准备金比率是法定准备金率、超额准备金率和定期存款比率的递增函数，因而定期存款比率和超额准备金率上升，促使准备金比率上升，法定准备金率下降，促使准备金比率下降。

将 1990—2015 年的数据代入式（4-43），可以得到，定期存款比率和超额准备金率变化对准备金比率的影响，大于法定准备金率下降的影响，这期间准备金比率是上升的。定期存款比率变化、活期存款法定准备金率变化和超额准备金率变化，对准备金率变化的贡献率分别为 11%、-1% 和 90%。由于国际金融危机期间超额准备金率的大幅变化，超额准备金率成为此阶段影响准备金比率变化的主要因素。

将 1990—2015 年划分为 1990—2006 年、2007—2015 年两个阶段，则1990—2006 年，法定准备金率的变化仍是此时间段影响准备金比率变化的主要因素（见表4-5）。

表 4-5　　　　　1990—2015 年 M_1 乘数中的准备金比率变化的来源　　　单位：%

	定期存款比率变化的相对影响	活期存款法定准备金率变化的相对影响	超额准备金率变化的相对影响
1990—2015 年	11	-1	90
其中：1990—2006 年	-6	100	6
2007—2015 年	-29	1	128

（三）法定准备金率、超额准备金率和定期存款比率对 M_2 乘数中准备金比率影响的统计分析

1. 1959—1989 年

根据式（4-25），计算此期间准备金比率的变化率，可得

$$\left(\frac{R}{D'}\right)_t - \left(\frac{R}{D'}\right)_o = (r_t^* - r_0^*) - (r_t^e + r_0^e) \qquad (4-44)$$

式（4-44）将准备金比率的变化分解为两部分，等式右边依次代表全部存款平均法定准备金率变化和超额准备金率变化对准备金率变化的影响。

1959—1989 年期间全部存款平均法定准备金率和超额准备金率下降。由于准备金比率是法定准备金率和超额准备金率的递增函数，因而法定准备金率和超额准备金率下降，促使准备金比率下降。

将 1959—1989 年的数据代入式（4-44），可以得到，全部存款平均法定准备金率变化和超额准备金率变化，对准备金率变化的贡献率分别为 97% 和 3%。此阶段，超额准备金率的变化幅度较小，对准备金比率的影响也较小，法定准备金率是影响准备金比率变化的主要因素。

2. 1990 年至今

根据式（4-32），计算此期间准备金比率变化率，可得

$$\left(\frac{R}{D'}\right)_t - \left(\frac{R}{D'}\right)_o = \frac{r_t^{rl}}{t_t+1} - \frac{r_0^{rl}}{t_0+1} + (r_t^e - r_0^e) \qquad (4-45)$$

进一步推导：

$$\left(\frac{R}{D'}\right)_t - \left(\frac{R}{D'}\right)_o = \frac{r_t^{rl}}{t_t+1} - \frac{r_t^{rl}}{t_0+1} + \frac{r_t^{rl}}{t_0+1} - \frac{r_0^{rl}}{t_0+1} + (r_t^e - r_0^e)$$

$$= r_t^{rl}\left(\frac{1}{t_t+1} - \frac{1}{t_0+1}\right) + \frac{1}{t_0+1}(r_t^{rl} - r_0^{rl}) + (r_t^e - r_0^e) \qquad (4-46)$$

此阶段准备金比率的变化还可以推导为

$$\left(\frac{R}{D'}\right)_t - \left(\frac{R}{D'}\right)_o = \frac{r_t^{rl}}{t_t+1} - \frac{r_0^{rl}}{t_t+1} + \frac{r_0^{rl}}{t_t+1} - \frac{r_0^{rl}}{t_0+1} + (r_t^e - r_0^e)$$

$$= r_0^{rl}\left(\frac{1}{t_t+1} - \frac{1}{t_0+1}\right) + \frac{1}{t_t+1}(r_t^{rl} - r_0^{rl}) + (r_t^e - r_0^e) \qquad (4-47)$$

将式（4-46）和式（4-47）的两种推导结果加以平均，得到

$$\left(\frac{R}{D'}\right)_t - \left(\frac{R}{D'}\right)_o = \frac{(r_t^{rl} + r_0^{rl})}{2}\left(\frac{1}{t_t+1} - \frac{1}{t_0+1}\right)$$

$$+ \frac{\left(\dfrac{1}{t_0 + 1} + \dfrac{1}{t_t + 1} \right)}{2}(r_t^{r1} - r_0^{r1}) + (r_t^e - r_0^e) \qquad (4-48)$$

式（4-48）将准备金比率的变化分解为三部分，等式右边依次代表定期存款比率变化、活期存款法定准备金率变化和超额准备金率变化对准备金率变化的影响。

1990—2015 年期间，定期存款比率上升、活期存款法定准备金率下降、超额准备金率上升。准备金比率是活期存款法定准备金率和超额准备金率的递增函数，是定期存款比率的递减函数，因而超额准备金率上升促使准备金比率上升，定期存款比率上升和法定准备金率下降促使准备金比率下降。

将 1990—2015 年的数据代入式（4-48），可以得到，超额准备金率上升对准备金比率的影响，大于法定准备金率和定期存款比率的影响，此期间准备金比率是上升的。定期存款比率变化、活期存款法定准备金率变化和超额准备金率变化，对准备金率变化的贡献率分别为 -2%、-1% 和 103%。由于国际金融危机期间超额准备金率的大幅变化，超额准备金率成为此阶段影响准备金比率变化的主要因素。

将 1990—2015 年划分为 1990—2006 年、2007—2015 年两个阶段，则活期存款法定准备金率的变化和定期存款比率的变化，是 1990—2006 年期间影响准备金比率变化的主要因素（见表 4-6）。

表 4-6　　　　　1990—2015 年 M_2 乘数中的准备金比率变化的来源　　　　单位：%

	定期存款比率变化的相对影响	活期存款法定准备金率变化的相对影响	超额准备金率变化的相对影响
1990—2015 年	-2	-1	103
其中：1990—2006 年	61	37	2
2007—2015 年	2	1	97

四、超额准备金率的决定因素

超额准备金率决定于商业银行和其他存款机构，因此，超额准备金率及其决定因素，是准备金比率及其决定因素的重要组成部分，甚至是最重要的部分，因为法定准备金率的决定基本上是外生的，而超额准备金率的决定则主要是内生的，是同经济运行密切相关的。研究超额准备金率的过程，既是研究商业银行和其他存款机构行为的过程，也是研究经济本身对超额准备金率的影响，从而对货币供给影响的过程。有人甚至认为，银行超额准备金率的变化是货币存量变化的基本原因。[①]

超额准备金率（以 r^e 表示），就是存款机构所持超额准备金与其全部存款之比。r^e 的大小主要取决于市场利率（以 i 表示）、联储贴现率（以 ρ 表示）及影响存款机构对超额准备金需求的其他一系列因素（以 π_1 表示）。这里所谓其他因素包括利率的变动、存款的变动以及存款机构对存款变动的预期。由此可得下式：

$$r^e = f(i, \rho, \pi_1) \tag{4-49}$$

2008 年 10 月之前，美联储对准备金存款不付息，2008 年 10 月开始对准备金存款（包括法定准备金存款和超额准备金存款）支付利息。因而，2008 年 10 月之前，存款机构为持有超额准备金而放弃的利息收入，是它们持有超额准备金的机会成本；2008 年 10 月之后，存款机构为持有超额准备金放弃的利息收入与超额准备金利息之差，是它们持有超额准备金的成本。这一成本主要受市场利率影响，利率越高，存款机构持有的超额准备金就越少，反之则反是。因此，r^e 为 i 的递减函数。

存款机构少持有超额准备金，也有其机会成本。存款机构保持一定量超额准备金的目的，主要是为了应付存款户的提款。如果超额准备金不足以应付提款，存款机构就将被迫迅速筹措资金，常见的就是向中央银行再贴现[②]。所以联储的贴现利息就成了美国存款机构少持有超额准备金的机会成本。这一机会成本越高（即联储贴现率越高），存款机构保持的超额准备金就越多，反之则反是。因此，r^e 为 ρ 的递增函数。

此外，利率变动和存款变动越大、存款机构对存款变动的预期越高，存款机构所保持的超额准备金也就越多，因为这些变动越大，存款机构需要使用的超额准备金就可能越多。换句话说，在剧烈的变动面前，银行将被迫保持较多的超额准备金，以防不测。所以，r^e 是 π_1 的递增函数。

[①] 布伦纳和梅尔泽译：《货币需求和货币供给函数的再探讨》（Karl Brunner and Allan Meltzer, Some Further Investigations of Demand and Supply Functions for Money），载美国《金融杂志》，1964 年 5 月。这是一篇研究货币需求和货币供给决定因素的重要文献。该文通过超额准备金的变化来论述货币量的决定，创造了一种研究货币供给决定因素的独特方法（详见盛松成等著：《现代货币经济学》，第三版，第三章第六节，北京，中国金融出版社，2012）。

[②] 当然，存款机构也可以通过同业拆借筹措资金，此时市场利率为存款机构少持有超额准备金的机会成本，这样，市场利率对超额准备金有正向影响。但存款机构都以利润最大化为经营目标，一般情况下，市场利率越高，存款机构也不会因为此种机会成本较高而多持有超额准备金，因而此种正向影响相对较小。所以，超额准备金率仍是市场利率的递减函数。

综上所述，我们可以得到对式（4-49）的三个偏导数：

$$\frac{\partial r^e}{\partial i} < 0, \frac{\partial r^e}{\partial \rho} > 0, \frac{\partial r^e}{\partial \pi_1} > 0 \qquad (4-50)$$

在美国历史上，决定超额准备金率的最主要因素是短期利率。伯尔格曾对上世纪 20 年代末至 60 年代末，联储会员银行的超额准备金率与短期利率（以 3 个月的国库券利率为代表）的变化趋势进行分析[①]。他将整个变化期间大致分为两个阶段：一是从 20 年代末到 40 年代初，二是从 40 年代中期到 60 年代末，中间以二次大战相隔。

在第一阶段，国库券利率呈迅速下降趋势，而超额准备金率则呈迅速上升趋势，并且两者反方向变化的幅度也相近。1929 年超额准备金率接近于零，1935 年上升到 6.6%，1937 年则下降为 2.9%，1940 年又上升到 12.1%，1941 年却陡然下降为 9.1%。具有启示意义的是，超额准备金率的这些剧变，恰与短期利率的变化相吻合。国库券利率 1929 年超过 5%，1936 年已下降到 0.14%，1937 年则陡然上升至 0.45%，但在以后的 3 年中，却剧降到历史最低点，1940 年后又开始上升。可见，超额准备金率的上升伴随着短期利率的下降，超额准备金率的下降则伴随着短期利率的上升。

与第一阶段的情形相反，在第二阶段，超额准备金率呈总体下降趋势，而国库券利率则呈总体上升趋势。"超额准备金率的这一长期性下降趋势，在很大程度上反映了制度方面的因素，如银行挤兑风险的消除，联邦基金市场的发展使银行能更有效地使用准备基数（Reserve Base），等等"[②]。不过，"在此期间，就像在二战前一样，人们仍然能看到短期利率与银行超额准备金率之间的紧密联系"[③]。例如，国库券利率从 1947 年的 0.6%，迅速上升到 1953 年的 1.9%，而同期超额准备金率则从 0.7% 剧降为 0.46%。1954 年，国库券利率下降，而超额准备金率上升。在以后的 3 年中，国库券利率逐年上升，而超额准备金率则逐年下降。1958 年，国库券利率下降，而超额准备金率上升。1959 年，国库券利率猛升，而超额准备金率则从 0.33% 剧降到 0.24%。1960 年，超额准备金率上升，国库券利率则下降。1961 年后，国库券利率不断上升，1969 年的国库券利率几乎为 1961 年的 3 倍。随着市场利率迅速上升，银行也不断降低其超额准备金率，1969 年的超额准备金率仅为 1961 年的二分之一。

① 伯尔格：《美国货币供给的过程》，62-66 页，加利福尼亚，1971。

② 伯尔格：《美国货币供给的过程》，62 页，加利福尼亚，1971。

③ 伯尔格：《美国货币供给的过程》，66 页，加利福尼亚，1971。

如今，联邦基金利率已成为美国的基准利率。图 4－10 为 1959—2015 年美国超额准备金率与联邦基金利率的走势图。为使读者更清楚地了解 2008 年之前的超额准备金率变化趋势，我们还绘制了 1959—2007 年的超额准备金率与联邦基金利率的走势图（见图 4－11）。

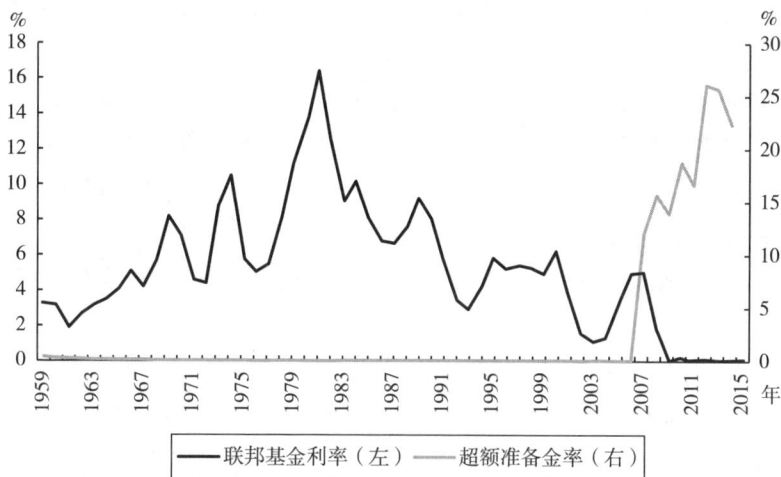

数据来源：超额准备金率根据相关数据计算得到，联邦基金利率来自于圣·路易斯联储官网 www.stlouisfed.org。

图 4－10　1959—2015 年美国超额准备率与联邦基金利率变动趋势

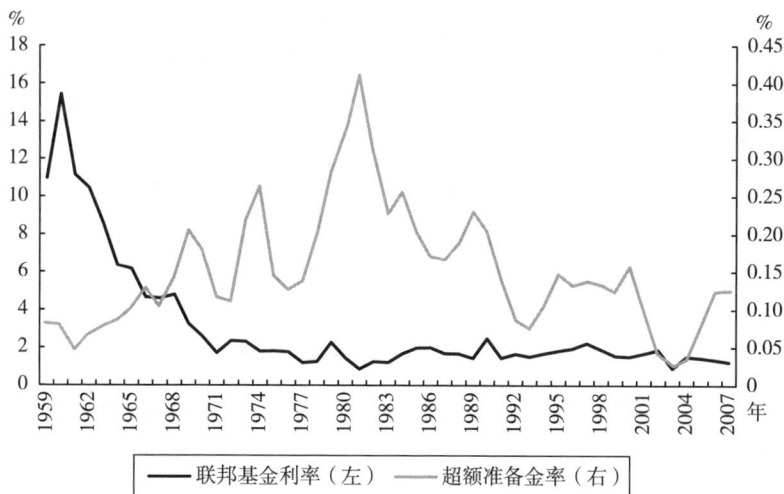

数据来源：同图 4－10。

图 4－11　1959—2007 年美国超额准备率与联邦基金利率变动趋势

从图 4 - 10 和图 4 - 11 可以看出，超额准备金率与联邦基金利率的变化成反向关系，即联邦基金利率上升，超额准备金率下降，反之则反是。1959—2015年超额准备金率与联邦基金利率之间的相关系数为 - 0.5。超额准备金率是利率的递减函数，利率是决定超额准备金率的主要因素之一。

五、定期存款比率的决定因素

定期存款比率就是公众所持定期存款及储蓄存款与活期存款（或可开列支票存款）之比。不难理解，定期存款比率主要决定于公众对财富持有形式的决策。这一决策又受哪些因素影响呢？美国经济学家赖茨曼（Dwayne Wrightsman）曾这样概括经济学家们的研究结果："各种研究表明，定期存款比率与公开市场利率（Open Market Rates of Interest）成反方向变化，而与银行支付的定期存款利率成同方向变化。人们发现定期存款比率与公开市场利率的反向关系，是基于这样的认识：作为公开市场证券的替代品，定期存款比可供花费的存款（Spendable Deposits，即可开列支票存款——引者注）具有更强的替代性，因此，当市场利率上升时，人们愿意持有的存款——无论是定期存款还是可供花费的存款，都会减少，但他们愿意持有的定期存款的下降幅度，会比他们愿意持有的可供花费的存款的下降幅度更大。定期存款比率与定期存款利率的同向关系，也源于一种替代效应。定期存款利率的上升促使人们增加对定期存款的需求，而减少可供花费的存款的需求，这两者都提高定期存款比率"。[1] 这里，赖茨曼指出了决定定期存款比率的两个主要因素：短期市场利率和定期存款利率。需要说明的是，赖茨曼之所以说，定期存款是比可开列支票存款更好的短期金融证券的替代品，是因为人们持有可开列支票存款基本是出于交易的需要，而保持定期存款和各种短期金融证券主要是为了获取利息收入。

除上述两项因素外，定期存款比率还受收入和财富等变量的影响。伯尔格曾以下式表示定期存款比率 t 的决定：[2]

$$t = f\left(i^f, i^t, \frac{W}{P_a}, \frac{Y}{Y_p}\right) \tag{4 - 51}$$

式中，i^f 表示除定期存款以外的各种金融资产的收益指数，即各种金融资产的平均收益率；i^t 表示各种定期存款的收益指数，即各种定期存款的平均利率；

---

[1] 赖茨曼：《货币理论与政策入门》（An Introduction to Monetary Theory and Policy），第三版，69 - 70 页，1983。

[2] 伯尔格：《美国货币供给的过程》，73 页，1971。

W/P_a 表示公众持有的非人力财富的实际价值;Y/Y_p 表示当前收入与恒久性收入之比。

显然,t 是 i^t 的递减函数,而为 i^t 的递增函数,因为 i^t 和 i^t 分别反映了持有定期存款的成本和收益;同时也不难理解,t 应是 W/P_a 和 Y/Y_p 的递增函数,因为相对于活期存款来说,定期存款是比较长久地持有财富的一种形式,随着人们的收入和财富的增加,定期存款在存款总额中所占比例也自然会增加。这些函数关系可表示如下:

$$\frac{\partial t}{\partial i^t} \grave{}\frac{\partial t}{\partial (W/P_a)} \grave{}\frac{\partial t}{\partial (Y/Y_p)} > 0, \frac{\partial t}{\partial i^f} < 0 \qquad (4-52)$$

细心的读者会发现,t 不仅取决于公众对定期存款的选择,同时还取决于公众对活期存款的选择,所以,为了全面、正确阐述 t 的决定因素,还应该分析影响活期存款的各种变量,尤其是分析活期存款对 i^t 和 i^t 变动的反应。对此可利用弹性概念进行分析。若以 D 表示公众所持活期存款,就有

$$\varepsilon(D,i^f) < 0, \varepsilon(D,i^t) < 0 \qquad (4-53)$$

上式说明,i^f 增加,D 就减少,i^f 减少,D 就增加;同样,D 也随 i^t 的变动作反方向的变动。需要说明的是,i^f 作为除定期存款以外的各种金融资产收益的综合指数,当然也包括活期存款收益在内,但由于活期存款利率很低,甚至不付利息,因此其收益率在 i^f 中的权数非常小,于是,i^f 代表了持有活期存款的成本,而不是收益,所以,活期存款仍为 i^f 的递减函数。

若用弹性概念来表示前述定期存款与 i^f、i^t 之间的关系,也有:

$$\varepsilon(T,i^f) < 0, \varepsilon(T,i^t) > 0 \qquad (4-54)$$

式中,T 表示定期存款。就此,可结合 i^f 和 i^t 的变动对 D 和对 T 的影响,来判断 i^f 和 i^t 的变化对 t 的影响。因为

$$t = \frac{T}{D}$$

所以

$$\varepsilon(t,i^f) = \varepsilon(T,i^f) - \varepsilon(D,i^f) \qquad (4-55)$$

$$\varepsilon(t,i^t) = \varepsilon(T,i^t) - \varepsilon(D,i^t) \qquad (4-56)$$

又由于

$$\varepsilon(T,i^t) > 0, \varepsilon(D,i^t) < 0 \qquad (4-57)$$

因此

$$\varepsilon(t,i^t) > 0 \qquad (4-58)$$

可见,综合定期存款利率的变动对定期存款和对活期存款的影响,仍可发

现，定期存款比率是定期存款利率的递增函数，而定期存款利率的变动对定期存款比率的影响力，则为定期存款利率的变动对定期存款的影响与对活期存款的影响之和。这两种影响越大，$\varepsilon(t,i^f)$ 也就越大，反之则反是。

但是，$\varepsilon(t,i^f)$ 的情况则有所不同。由于 $\varepsilon(T,i^f)$ 和 $\varepsilon(D,i^f)$ 都小于零，即 i^f 变动对 T 和 D 的影响方向相同，因此，$\varepsilon(t,i^f)$ 是大于零还是小于零，就得视 $\varepsilon(T,i^f)$ 和 $\varepsilon(D,i^f)$ 的绝对值而定，即取决于 i^f 变动对 T 和对 D 的影响的相对大小。有些经济学家曾经推测（如前述赖茨曼），或用实证资料证明，i^f 对 T 的影响明显大于对 D 的影响[1]，也就是

$$|\varepsilon(T,i^f)| > |\varepsilon(D,i^f)| \qquad (4-59)$$

由此可推得

$$\varepsilon(t,i^f) < 0 \qquad (4-60)$$

上式表明，综合金融资产利率对定期存款和对活期存款的影响，结果仍然是，定期存款比率是除定期存款以外的其他各种金融资产利率的递减函数。

以上主要是从持有定期存款和活期存款的成本和收益的角度，来分析定期存款比率的决定。也有人认为，活期存款主要不决定于持有它的成本，而是"同银行系统所能得到的准备金相关"，[2] "这些存款的变化主要反映了银行所能得到的准备金的变化"。[3] 表 4-7 反映了 1950 年至 1965 年的 15 年间，美国活期存款的变化和银行所能得到的用以支持活期存款的准备金的变化（当时，银行的准备金并不能全都用来支持活期存款，其中一部分还须用以支持定期存款）。显然，两者有着很大的相关性。

为什么银行可得准备金的变化，会在很大程度上引起活期存款的变化呢？因为前者决定了银行信贷扩张的限度，而银行信贷的变化又引起活期存款的变化。当然，银行准备金的变化与活期存款的变化并不完全同步，这主要是由下述情况造成的：在当时有差别的准备金制度下，准备金在受制于不同法定准备率的会员银行之间的转移、在会员银行与非会员银行之间的转移，以及会员银行超额准备金的变化等其他因素也会影响准备金。

鲍舍还认为，"个人和企业持有或使用活期存款的欲望对活期存款可能只有

---

① 如 J. L. 乔顿曾利用 1956—1966 年的横截面资料证明，定期存款需求对定期存款利率和对其他各种金融资产利率的弹性，远大于活期存款需求对这些利率的弹性［乔顿：《存款型金融资产的市场》（The Market for Deposit Type financial Assets），圣·路易斯联邦储备银行工作论文，1969 年第 8 号，159-166 页］。

② N. N. 鲍舍：《通货与活期存款》，载美国《圣·路易斯联邦储备银行评论》，1965 年 3 月，3 页。

③ N. N. 鲍舍：《通货与活期存款》，载美国《圣·路易斯联邦储备银行评论》，1965 年 3 月，6 页。

很小的影响。"[1] 这样，我们就可以从鲍舍的理论中得出一个推论：活期存款的变化在很大程度上取决于国家的货币政策，因为银行系统所能得到的准备金根本上取决于货币当局对基础货币的供给。

虽然鲍舍并没有直接论述定期存款比率的决定，而是论述活期存款的决定，但活期存款的变化会影响定期存款比率，所以，不妨把他的研究结果作为研究定期存款比率决定因素的一种补充意见。

表 4 - 7　　　　　　　1950—1965 年美国活期存款与
活期存款准备金的变化（年平均变化百分率）

时　期	活期存款的变化	活期存款准备金的变化
1950 年 10 月至 1952 年 11 月	5.0	3.2
1952 年 11 月至 1954 年 4 月	0.8	1.3
1954 年 4 月至 1955 年 5 月	5.5	3.7
1955 年 5 月至 1957 年 4 月	0.8	0.1
1957 年 4 月至 1958 年 1 月	-1.8	-1.8
1958 年 1 月至 1959 年 7 月	4.9	3.2
1959 年 7 月至 1960 年 7 月	-3.1	-2.8
1960 年 7 月至 1965 年 1 月	2.7	1.6
1950 年 10 月至 1965 年 1 月	2.3	1.4

数据来源：N. N. 鲍舍：《通货与活期存款》，载美国《圣·路易斯联邦储备银行评论》，1965 年 3 月，4 页。

六、借入准备金比率的决定因素

除法定准备金率、超额准备金率和定期存款比率外，还有一个比较重要的变量，就是借入准备金比率（存款机构向中央银行的贴现借款与其存款总额之比）。这一比率虽然不直接影响准备金比率，却影响超额准备金率，从而间接影响了准备金比率。

商业银行和其他存款机构向美联储的贴现借款取决于联储的贴现率（ρ）、市场利率（i）及联储的贷款条件等其他一系列因素（以 π_2 表示）。若以 b 表示借入准备金比率，可得下式：

$$b = f(i, \rho, \pi_2) \qquad (4-61)$$

贴现利息是存款机构向联储借款的成本，因此 b 为 ρ 的递减函数。市场利率则相反，它反映了存款机构放款的收益情况，于是 b 为 i 的递增函数，因为存款机构

---

① N. N. 鲍舍：《通货与活期存款》，载美国《圣·路易斯联邦储备银行评论》，1965 年 3 月，5 页。

向联储的借款越多，它们的放款也就能越多。联储的贷款条件又是指的什么呢？

历史上，联储曾规定，贴现借款只能用于非营利的目的，存款机构只有确实必需，才应该借款。如果过于频繁地贴现借款，联储将采取惩罚措施，即限制或停止其未来借款。在当时，"贴现窗口借款是对存款机构的一种优惠，而不是存款机构的一种权利"。2003 年，联储调整了贴现窗口的管理程序，取消了对贴现窗口的行政性管制，对满足资格要求银行使用一级信贷（Primary Credit）几乎不加限制。即便如此，部分银行可能仍不愿意向联储借款，因为银行向联储借款面临声誉风险。因而，借入准备金的量决定于复杂的价格的和非价格因素。所谓价格因素就是指贴现率和市场利率，所谓非价格因素在 2003 年之前主要是指联储对贴现窗口的行政性管制因素，2003 年之后主要是指银行借款所面临的声誉风险因素。但是，从历史资料看，这种非价格的约束毕竟不是决定贴现借款额的主要因素，而且，我们认为，讨论贴现借款的决定因素，主要应讨论直接的经济因素，而不宜讨论行政性管制以及声誉风险等因素，所以本文不深入研究 π_2 对 b 的影响。

通过以上分析，可以得到式（4 - 61）的三个偏导数：

$$\frac{\partial b}{\partial i} > 0, \frac{\partial b}{\partial \rho} < 0, \frac{\partial b}{\partial \pi_2} < 0 \qquad (4 - 62)$$

抽象地说，b 主要决定于 i 和 ρ，而在特定的年份中，还须具体分析这两个因素对 b 的影响的相对大小。伯尔格的分析显示，从上世纪 30 年代至 60 年代的 40 年中，i 的影响远远大于 ρ 的影响（见表 4 - 8）。在此期间，b 与 i 基本呈现了同方向变化的趋势，而 b 与 ρ 却未能呈现反方向变化的趋势，主要原因可能在于，i 变化的幅度远大于 ρ 变化的幅度，结果前者的影响抵消了后者的影响。

在上世纪 30 年代，虽然贴现率呈下降趋势，但由于利率下降幅度更大，因此会员银行贴现借款和借入准备金比率仍呈下降趋势。30 年代中后期，借入准备金比率几乎为零。同期会员银行向联储借款的成本（贴现率）远高于其放款收益（利率），这是导致贴现借款额和借入准备金比率大幅度下降的根本原因。

二战后的情况比较复杂。1947 年至 1950 年期间，短期利率和联储贴现率都呈上升趋势，其中前者的增长幅度大于后者。1950 年的短期利率比 1947 年增长了 100%，而同期贴现率才上升了 58%。尽管如此，同期贴现借款额和借入准备金比率却呈缓慢下降趋势。对此我们找出两个原因：第一，虽然利率上升幅度大于贴现率上升幅度，但贴现的成本仍大于银行贷款的收益，这就很难刺激银行向联储贴现；第二，这一时期，银行的超额准备金较多，超额准备金率较高，因而贴现的需求不大。

表 4-8　　　　　　　　1929—1970 年联储会员银行借入准备金比率
及其主要决定因素的变化

年份	联储会员银行借入准备金（百万美元）	借入准备金比率	三个月国库券利率	联储贴现利率
1929	943	2.06%		5.2%
1930	271	0.61%		3%
1931	323	0.82%	1.4%	2.1%
1932	518	1.62%	0.88%	2.8%
1933	234	0.18%	0.52%	2.5%
1934	29	0.09%	0.26%	1.5%
1935	7	0.02%	0.14%	1.5%
1936	6	0.01%	0.14%	1.5%
1937	14	0.03%	0.45%	1.3%
1938	9	0.02%	0.05%	1%
1939	4	0.01%	0.02%	1%
1940	3	0.01%	0.01%	1%
1941	5	0.01%	0.13%	1%
1947	156	0.13%	0.6%	1%
1948	140	0.11%	1.05%	1.35%
1949	115	0.09%	1.12%	1.5%
1950	106	0.08%	1.2%	1.58%
1951	289	0.21%	1.52%	1.75%
1952	780	0.55%	1.72%	1.75%
1953	768	0.52%	1.89%	2%
1954	147	0.10%	0.94%	1.6%
1955	606	0.38%	1.73%	2%
1956	831	0.51%	2.63%	2.77%
1957	837	0.50%	3.22%	3.08%
1958	294	0.17%	1.77%	2.14%
1959	799	0.43%	3.39%	3.38%
1960	431	0.23%	2.88%	3.5%
1961	79	0.04%	2.35%	3%
1962	104	0.05%	2.77%	3%
1963	248	0.11%	3.16%	3.21%
1964	289	0.12%	3.54%	3.54%
1965	470	0.17%	3.95%	4.04%
1966	635	0.22%	4.85%	4.5%
1967	173	0.05%	4.3%	4.17%
1968	563	0.16%	5.33%	5.13%
1969	1101	0.30%	6.64%	5.88%
1970	803	0.21%	6.42%	5.52%

数据来源：伯尔格：《美国货币供给的过程》，64 页、65 页和 70 页，1971。

从上世纪 50 年代初到 60 年代末，贴现借款额和借入准备金比率的变化趋势同短期利率的变化趋势基本一致，尤其是在 1951—1961 年的 10 年中，借入准备金比率与短期利率关系相当密切。1954 年、1958 年和 1960—1961 年间，国库券利率大幅度下降，同期贴现借款额和借入准备金比率也猛跌。在 50 年代的其他年份中，国库券利率呈上升趋势，贴现借款额和借入准备金比率也表现出上升趋势。1961 年至 1967 年，国券券利率逐渐上升，贴现借款额和借入准备金比率也有了较大幅度的增长。1967 年上半年，短期利率突降，借入准备金比率也剧降。1967 年中期至 1969 年，短期利率创历史最高纪录，1969 年的国库券平均利率达到 6.64%，比 60 年代初期增长了 1 倍以上。该年借入准备金比率也达到 0.3%，比 60 年代初期增长了 2 倍左右。

从以上分析可见，短期利率是决定借入准备金比率的最主要因素，两者保持了基本一致的变化趋势。

实际上，除国库券利率和贴现率外，还有一个变量也间接影响借入准备金比率，这就是联邦基金利率。联邦基金市场是存款机构的又一资金来源。存款机构所需资金可以通过贴现窗口获得，也可以通过联邦基金市场获得。毫无疑问，联邦基金利率与贴现利率的相对高低对贴现借款和借入准备金比率有较大影响。"可以预见，当银行的筹资者决定是否通过贴现窗口借款以及借多少时，他们会比较贴现窗口的成本与收益。贴现窗口借款的收益是由此而免除的联邦基金利率，因为在正常情况下，联邦基金市场是贴现窗口的最佳替代品。贴现窗口借款的边际成本包括两个部分。第一部分是贴现窗口借款的价格，即贴现率。第二部分是这样一种成本，这种成本是由联储为限制存款机构借款额而采取的非价格性措施所造成的。当上述边际收益与边际成本相等时，贴现窗口借款就达到了均衡水平。"[①]

在这里，门格尔（David L. Mengle）把联邦基金利率，而不是把国库券利率或其他短期利率作为存款机构贴现借款的收益率，这似乎与前文的分析不同，但实际是一回事。"联邦基金利率是成为货币市场其他利率之依据的基准利率。市场参与者根据当前及预期未来联邦基金利率来确定货币市场利率。……大额定期

① 门格尔：《贴现窗口》，载威尔科克斯和米什金编：《关于货币、银行与金融市场的当前读物——1988—1989 年版》（The Discount window, in Current Readings on Money, Banking, and Financial Markets: 1988—1989 Edition, edited by James A. Wilcox and Frederic S. Mishkin），217 页，1988。

存单（CDs）利率大致也是根据存单期限内的预期平均联邦基金利率来调整的。"[1] 从上世纪 60 年代初到目前，联邦基金利率、3 个月国库券利率和 3 个月大额定期存单利率，三者不仅变化方向完全一致，且变化幅度和任一时点的实际值都非常接近（见图 4 - 12），三者之间两两的相关系数均为 0.99。这样，联邦基金利率对贴现借款的影响与国库券利率或其他短期利率对贴现借款的影响就基本相同了。近年来，不少西方货币经济学文献都注重研究联邦基金利率的变化对贴现借款的影响，尤其注重研究联邦基金利率与联储贴现率之间的差额（即贴现的收益与成本之差）与贴现借款额的关系。

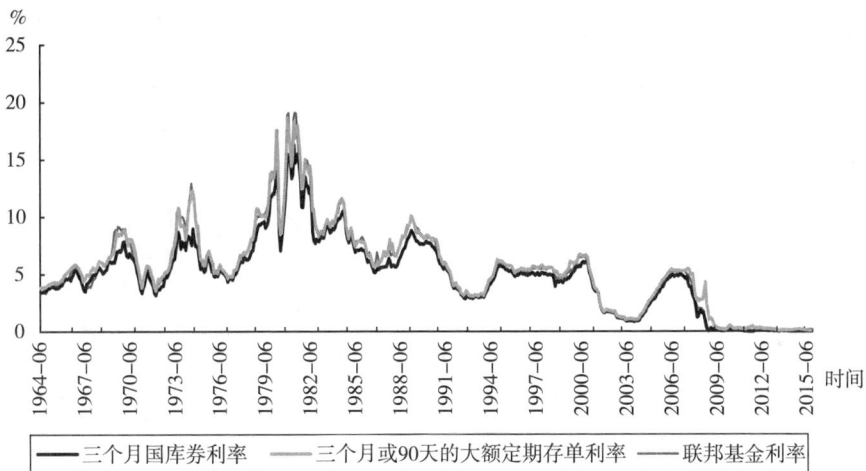

数据来源：圣·路易斯联储官网。

图 4 - 12　1964—2015 年美国国库券利率、大额定期存单利率和联邦基金利率

从图 4 - 13 可以看出，从上世纪 50 年代末期至 70 年代的 20 年间，美国存款机构的贴现借款同联邦基金利率与贴现率之差有着密切的正相关关系，相关系数为 0.5，即这一差额越大，贴现借款也越多，反之则反是。当这一差额表现为负数，即当贴现率高于联邦基金利率而使贴现借款的成本大于其收益时，贴现借款就会大幅度下降，由于这一原因，上世纪 60 年代初、70 年代初及 70 年代中期，贴现借款变得微不足道。与此相反，60 年代末、1973 年前后、70 年代末等年份，由于联邦基金利率远高于贴现率，贴现借款也创下纪

---

[1]　古德弗兰德和惠尔普利：《联邦基金——联邦储备政策的工具》，载古德弗兰德著：《实践中的货币政策》（Federal Funds：Instrument of Federal Reserve Policy，in Monetary Policy Practice），58 页，美国里士满（Richmond）联邦储备银行，1987。

录，个别年份甚至超过 19 亿美元。

但上世纪 80 年代后，贴现借款同联邦基金利率与贴现率之差的正相关关系
有所减弱。80 年代和 90 年代，贴现借款同联邦基金利率与贴现率之差的相关系
数下降为 0.2。本世纪以来，贴现借款同联邦基金利率与贴现率之差的关系进一
步减弱，正相关关系已不明显。

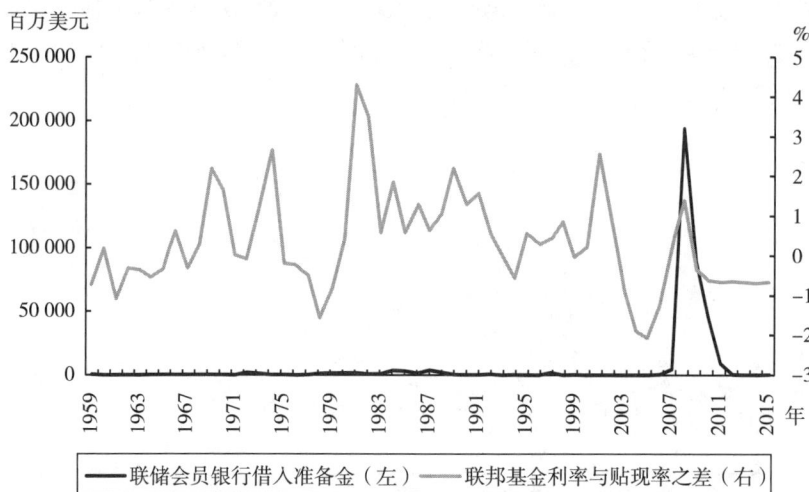

注：2003 年联储调整贴现窗口的管理程序后，各种信贷的贴现率不同，本图 2003 年后的贴现
率采用的是一级信贷（Primary Credit）的贴现率。

数据来源：贴现借款数据来源于历年的联储年度报告，联邦基金利率和贴现率数据来源于圣·
路易斯联储官网。

**图 4-13　1959—2015 年美国存款机构的
贴现借款和联邦基金利率与贴现率之差**

以上分析表明，短期利率和联储贴现率曾经是影响存款机构贴现借款的两
个主要因素，它们的相对高低决定着贴现借款额和借入准备金比率。但由于联
邦基金市场及多样化融资工具的发展，银行更多依赖其他渠道融资，贴现借款
的金额相对越来越小（本次国际金融危机期间除外）（见图 4-14），受利率的
影响也越来越小。2015 年末存款机构的贴现借款额仅为 6.35 亿美元，借入准
备金比率仅为 0.01%。

既然贴现借款并非唯一地决定于贴现率，它也就不为联储所完全控制。联
储通过公开市场业务所能直接控制的是存款机构的非借入准备金，而不是其借
入准备金。这是在理论研究和政策实施中区分借入准备金和非借入准备金的主
要原因之一。借入准备金既不为联储所完全控制，又直接影响存款机构创造存

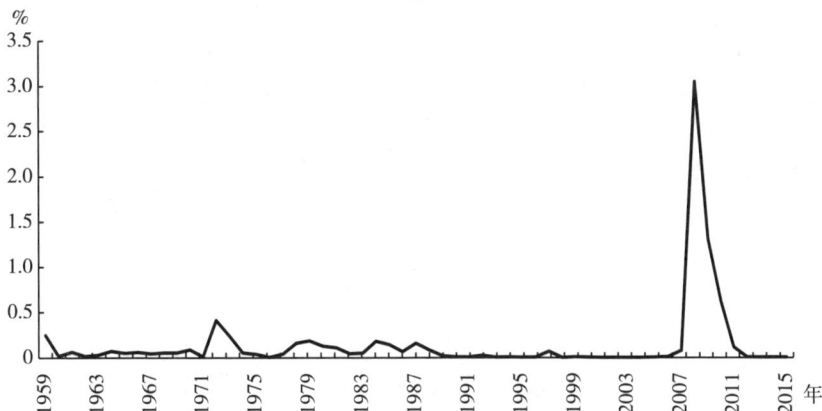

注：借入准备金比率 = 贴现借款/存款。其中 1980 年前为联储会员银行的存款，1980 年后为所有存款机构的存款。

数据来源：贴现借款和 1959—1979 年联储会员银行的存款数据来源于历年的联储年度报告；1980—2015 年的存款数据来自于联储公布的 H.6"货币供应量报表"。

图 4 – 14　1959—2015 年美国借入准备金比率

款货币的能力，所以历来为美国货币当局和理论界所重视，尤其是上世纪 80 年代以来，许多经济学家都致力于研究借入准备金比率的决定因素、它对货币供给量的影响以及如何控制它等问题。

第四节　我国的货币乘数

现在，我们运用本章第一节的方法，对我国的货币乘数及其影响因素进行分析。

一、M_1 的乘数

（一）M_1 乘数变化趋势

根据人民银行公布的狭义货币供应量 M_1 和基础货币数据，得到 1993 年至 2015 年我国的 M_1 乘数（见图 4 – 15）。1993 年 M_1 乘数为 1.43 倍，2015 年为 1.45 倍，年均上升 0.6%。

根据图中 M_1 乘数的变化趋势，可以将 M_1 乘数的变化区间大致地划分为以下三个阶段：

1. 1993—2003 年：M_1 乘数呈总体上升趋势。

1993—2003 年期间，除 1994 年和 1996 年外，M_1 乘数都比上一年上升。

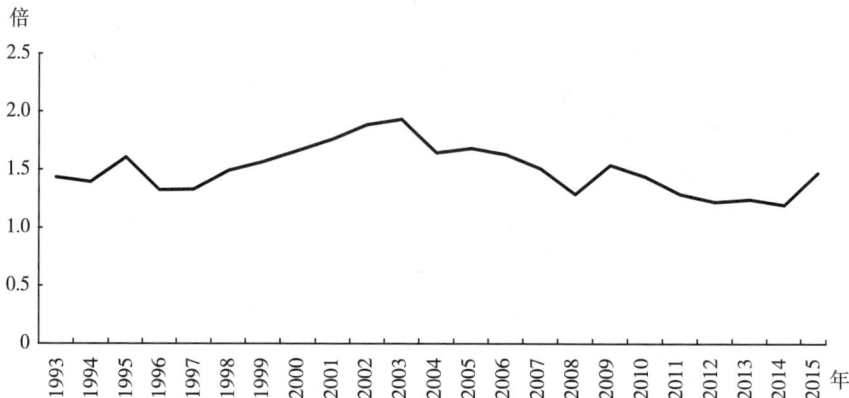

数据来源：根据人民银行公布的相关数据计算得到；货币供应量数据来自于 Wind 资讯；基础货币为人民银行资产负债表中的货币发行加其他存款性公司存款，1993—1998 年数据来自《1949—2005 中国金融统计》，1999—2015 年数据来自中国人民银行网站。

图 4 – 15　1993—2015 年我国货币供应量 M_1 的乘数

1993—2003 年，M_1 乘数由 1.43 倍上升为 1.93 倍，年均上升 3.4%。

2. 2004—2014 年：M_1 乘数呈总体下降趋势。

2004—2014 年期间，除 2005 年、2009 年和 2013 年外，M_1 乘数都比上一年下降。2004—2014 年，M_1 乘数由 1.65 倍下降到 1.18 倍，年均下降 4%。

3. 2015 年：M_1 乘数回升。

2015 年 M_1 乘数为 1.45 倍，比上年提高 22.6%。

（二）各因素对 M_1 乘数的影响分析

根据本章第一节所运用的方法，我们分析了 1994 年至 2015 年期间，通货比率（通货与活期存款的比率）和准备金比率（准备金与活期存款的比率）在 M_1 乘数变化中的作用。同时，也根据上文 M_1 乘数变化的三个阶段，对每个阶段各决定因素的作用变化进行了对比分析，结果见表 4 – 9。

表 4 –9　　　　　　　　1994—2015 年我国 M_1 乘数变化的来源　　　　　　　　单位：%

	各因素的变化所引起的 M_1 乘数的变化			各因素的相对影响	
	M_1 的货币乘数变化率	通货/活期存款的影响	准备金/活期存款的影响	通货/活期存款的影响	准备金/活期存款的影响
1994—2015 年	0.6	1.5	-0.9	256	-156
其中：1994—2003 年	3.4	1.5	1.9	44	56
2004—2014 年	-4.0	0.1	-4.1	-4	104
2014—2015 年	22.6	0.8	21.8	4	96

1994—2015 年，M_1 乘数年均上升 0.6% 。从表 4 - 9 中可以得出如下结论：

1. 通货比率的变化是 M_1 乘数的变化的主要原因。1994—2015 年期间，通货比率持续下降（见图 4 - 16）。由于 M_1 乘数是通货比率的递减函数，因而通货比率下降促使 M_1 乘数年均上升 1.5% ，贡献率为 256% 。从整个期间看，准备金比率与通货比率对 M_1 乘数的影响方向相反（准备金比率促使 M_1 乘数下降，通货比率促使 M_1 乘数上升），通货比率的作用部分为准备金比率的作用抵消，因而通货比率变化对 M_1 乘数的贡献率高于 100% 。

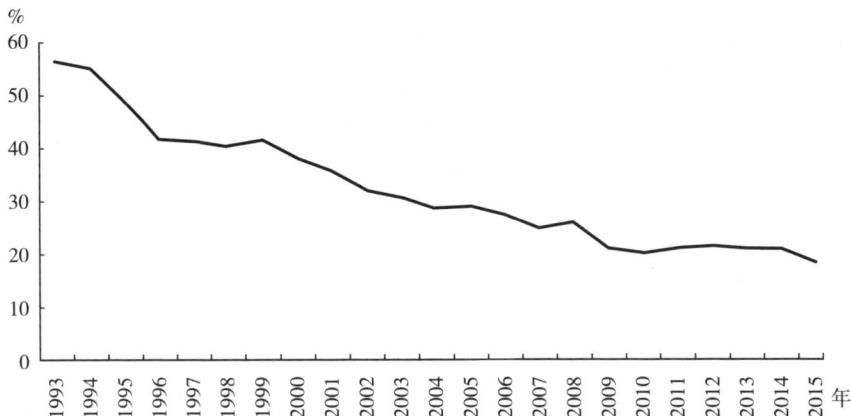

数据来源：根据人民银行官网公布的相关数据计算。

图 4 - 16　1993—2015 年我国通货与活期存款的比率

2. 准备金比率的变化也是 M_1 乘数变化的主要原因。1994—2015 年期间，准备金比率的变化对 M_1 乘数变化的贡献率为 - 156% 。在这期间，我国准备金比率年均上升 0.5 个百分点（见图 4 - 17）。根据本章第一节的分析，M_1 乘数是准备金比率的递减函数，所以 1994—2015 年准备金比率的总体上升促使 M_1 乘数年均下降 0.9% 。

3. 分阶段看，2004 年后准备金比率对 M_1 乘数的作用明显增大，而通货比率的作用减小。这是由于 2004 后我国准备金比率的变化幅度明显加大，而通货比率的变化幅度有所减小。

二、M_2 的乘数

（一）M_2 乘数变化趋势

根据人民银行公布的广义货币供应量 M_2 和基础货币数据，得到 1993 年至 2015 年我国的 M_2 乘数（见图 4 - 18）。1993 年 M_2 乘数为 3.07 倍，2015 年为

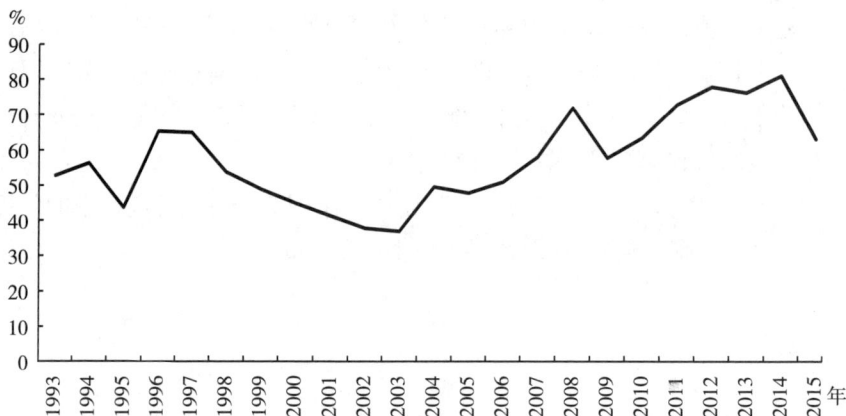

数据来源：根据人民银行官网公布的相关数据计算。

图 4 - 17 1993 —2015 年我国准备金与活期存款的比率

5.04 倍，年均上升 2.8%。

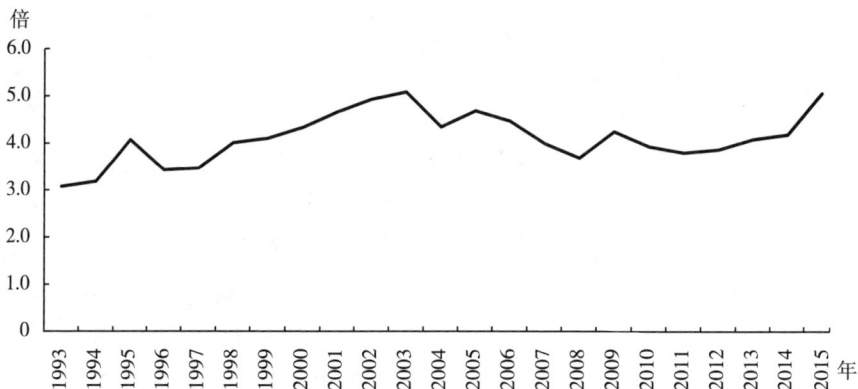

数据来源：同图 4 - 15。

图 4 - 18 1993—2015 年我国货币供应量 M_2 的乘数

根据图中 M_2 乘数的变化趋势，可以直观地将我国 M_2 乘数的变化区间划分为以下三个阶段：

1. 1993—2003 年：M_2 乘数呈总体上升趋势。

1993—2003 年期间，除 1996 年外，M_2 乘数都比上一年上升。1993—2003 年，M_2 乘数由 3.07 倍上升到 5.08 倍，年均上升 5.7%。

2. 2004—2011 年：M_2 乘数呈总体下降趋势。

2004—2011 年期间，除 2005 年和 2009 年外，M_2 乘数持续下降。2004—

2011 年，M_2 乘数由 4.34 倍下降到 3.79 倍，年均下降 3.2%。

3. 2012—2015 年：M_2 乘数呈上升态势。

2012 年，M_2 乘数止降转升。2012—2015 年，M_2 乘数比上年同期的变化率分别为 1.8%、5.8%、2.3% 和 20.6%，由 3.86 倍上升到 5.04 倍，年均上升 7.6%。

（二）各因素对 M_2 乘数变化的影响分析

运用本章第一节的方法，我们分析了 1994 年至 2015 年各决定因素在 M_2 乘数变化中的作用。由于我国 M_2 只包含通货和存款（存款包括单位活期存款、储蓄存款和单位定期存款等），因而决定因素只有通货比率（通货与全部存款的比率）和准备金比率（准备金与全部存款的比率）。同时，根据上文划分的 M_2 乘数变化的三个阶段，我们对每个阶段各决定因素的作用变化进行了对比分析，结果见表 4-10。

表 4-10　　　　1994—2015 年我国 M_2 乘数变化的来源　　　单位：%

	各因素的变化所引起的 M_2 乘数的变化			各因素的相对影响	
	M_2 的货币乘数变化率	通货/全部存款的影响	准备金/全部存款的影响	通货/全部存款的影响	准备金/全部存款的影响
1994—2015 年	2.8	2.3	0.5	81	19
其中：1994—2003 年	5.7	3.1	2.6	54	46
2004—2011 年	-3.2	1.1	-4.4	-35	135
2012—2015 年	7.6	1.4	6.2	18	82

1994—2015 年，M_2 乘数年均上升 2.8%。从表 4-10 中可以得出如下结论：

1. 通货比率和准备金比率的变化都是我国 M_2 乘数变化的主要原因。尽管从 1994—2015 年的整个期间看，只有通货比率的变化是 M_2 乘数变化的主要原因，准备金比率的变化对 M_2 乘数的影响较小，但分阶段看，在三个时间段里准备金比率的变化对 M_2 乘数的影响都较大。造成准备金比率对 M_2 乘数的影响大小在长期和短期不一致的主要原因在于，1994—2015 年期间我国的准备金比率先降再升再降（见图 4-19），不同阶段中准备金比率的变化对 M_2 乘数的作用抵消较多。而在整个期间，通货比率都持续下降（见图 4-20），对 M_2 乘数的作用没有发生抵消。

在 1994—2003 年、2004—2011 年和 2012—2015 年的三个时间段里，准备金比率年均分别变化 -0.7 个、1.2 个和 -1.4 个百分点。由于 M_2 乘数是准备金比

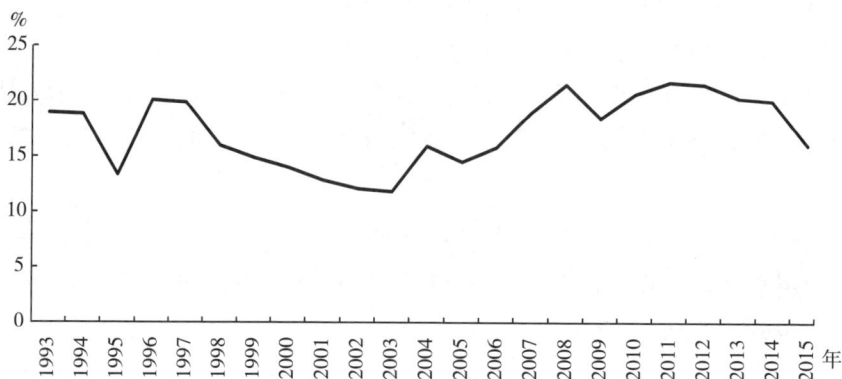

数据来源：根据人民银行官网公布的相关数据计算。

图 4 – 19 1993—2015 年我国准备金与全部存款的比率

率的递减函数，因而在这三个时间段中，准备金比率的变化促使 M_2 乘数分别年均上升 2.6%、年均下降 4.4% 和年均上升 6.2%，贡献率分别为 46%、135% 和 82%。在后两个时间段中，准备金比率的贡献率都大于通货比率的贡献率。

2. 1994—2015 年的整个期间，通货比率对 M_2 乘数变化的贡献率较高。

在 1994—2003 年、2004—2011 年和 2012—2015 年的三个时间段中，通货比率年均变化 -1 个、-0.4 个和 -0.4 个百分点。由于 M_2 乘数是通货比率的递减函数，因而在这三个时间段中，通货比率的变化促使 M_2 乘数年均分别上升 3.1%、1.1% 和 1.4%，贡献率分别为 54%、-35% 和 18%。

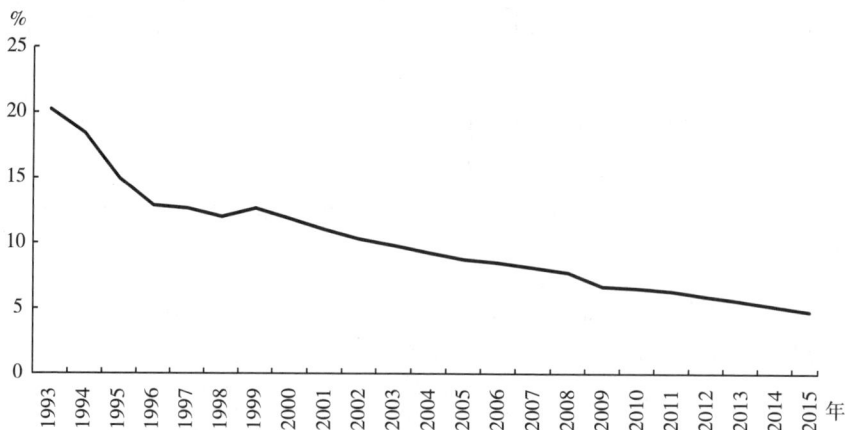

数据来源：根据人民银行官网公布的相关数据计算。

图 4 – 20 1993—2015 年我国通货与全部存款的比率

第五章　金融创新与货币供给

　　前几章阐述的货币供给一般过程的理论，大部分在上世纪 70 年代以前已经形成。上世纪 70 年代以来席卷世界各主要国家的金融创新（Financial Innovation）活动，对货币供给产生了很大的影响。因此，这一影响理应成为货币供给研究的对象。然而，在大量论述金融创新的文献中，深入研究金融创新对货币供给影响的却很少。

　　金融创新是指金融业突破传统经营的范围和方式，而采用新的金融技术、开办新的金融业务、创造新的金融工具、创立新的金融机构、开拓新的金融市场，进而形成新的金融运行机制。金融创新活动早已有之，而上世纪 70 年代则是资本主义各国金融创新最活跃的时期。引起这一时期金融创新的原因很多、很复杂，有经济方面的原因，也有科学技术方面的原因，其中主要原因之一就是各类金融机构为了获得在市场中平等竞争的地位和获得高额利润而试图逃避货币当局的金融管制。[①]

　　当时货币当局的各种金融管制，如对存款利率的管制、对银行准备金的管制等，归根到底，是对货币供给的控制。于是，金融机构规避金融管制的行为，必然削弱货币当局对货币供给的控制。这就是金融创新为什么会影响货币供给的根本原因。

　　"在过去的 20 年间，人们在所有的西方工业化国家中，都能看到金融创新的现象，……而最高程度的创新则发生在美国，这本质上是因为所有引致创新的因素在美国都已经存在了"[②] 所以，本书分析金融创新对货币供给的影响也以美国为例。

　　当然，并不是所有的金融创新活动都直接影响货币供给，但是，可以说，

---

　　① 经济学家们给金融创新所下的定义不尽相同。我觉得陈至还先生所下的定义比较简明和确切。他说："金融创新是指金融机构为争取业务或迎合其顾客的理财需要，而开办具有强势竞争力的新金融商品，其中有些金融创新是以规避金融法规的方式达成。"（《台湾经济金融月刊》，1991 年 2 月，第 313 期，1 页）

　　② 波多尔斯克：《金融创新与货币供给》（T. M. Podolski, Financial Innovation and the Money Supply），119 页，1986。

那些主要的、影响最大的金融创新现象都与货币供给有着直接的关系。为能深刻认识金融创新对货币供给的影响，我们首先简要介绍那些与货币供给过程有着直接联系的金融创新现象。在此基础上，我们分析这些金融创新对货币定义、货币量、货币乘数的影响。上世纪 60 年代，美联储第一次发布货币供应量统计指标以来，随着金融创新和金融环境的变化，美联储多次修订货币供应量定义。尤其是上世纪 70 年代后，金融创新层出不穷，美国涌现出一系列新的金融工具和金融机构，美联储不得不在上世纪 80 年代前半期多次、大幅度修订货币供应量体系。1980—1984 年间联储就 7 次修订货币供应量指标，其中 1980 年的修订是对货币供应量指标的根本性修订。随着利率市场化的实现，以及联储最终放弃将货币供应量作为货币政策中介目标，上世纪 90 年代后联储对货币供应量指标的修订频率大幅减少，除 1998 年不再发布 L 指标和 2006 年不再发布 M_3 指标外，联储仅 1990 年修订了一次货币供应量指标。本章我们将重点回顾美国 1980 年后对货币供应量指标的修订，并最终放弃 M_1 作为货币政策指标的情况。

目前，我国金融环境与西方国家上世纪 80 年代相似，金融总量快速扩张，金融结构多元发展，金融产品不断创新，金融体系关联性日趋复杂，货币供应量的范围及层次划分受到挑战。因而，本章我们还将讨论当前金融创新对我国货币供应量的影响，并提出了完善我国货币供应量统计的设想。

第一节　与货币供给直接相关的金融创新

对货币供给有着直接影响的是上世纪 50 年代到 80 年代涌现的一系列新的金融工具和金融机构。这些金融工具和金融机构主要是：自动转账账户、可转让提款通知书、大额定期存单、回购协议、货币市场互助基金、货币市场存款账户和超级可转让提款通知书，以及信贷协会股金提款账户等。以下我们对这些金融工具作一简单介绍，同时研究它们对货币供给的影响。

一、自动转账账户

如前所述，金融创新本质上是国家货币当局对私人金融机构和金融市场的管制与这些金融机构反管制的产物。没有这些管制与反管制，就不会有现在所谓的金融创新。货币当局的这些管制主要有：（1）规定只有商业银行才能经营活期存款业务；（2）规定商业银行对活期存款不能支付利息，或只能支付很低的利息；（3）规定储蓄存款和定期存款不能使用支票；（4）规定活期存款的法定准备率高于定期存款和储蓄存款的法定准备率。正是商业银行及其他存款机构和银行客户逃避这些管制的行为，才导致了自动转账账户和可转让提款通知书等金融工具的出现。

自 1978 年 11 月 1 日起，联邦储备委员会允许美国各商业银行和互助储蓄银行办理一种新型储蓄存款账户，叫作自动转账账户（Automatic Transfer Service Account，简称 ATS 账户）。1980 年后，美国所有的存款机构都能够办理这种账户。所谓 ATS 账户实际上是由两个账户合成的，一个是储蓄存款账户，一个是支票存款账户，而两个账户的余额能相互自动转移。存款人可与存款机构事先订立协议：当存款人开出的支票超过支票账户余额时，储蓄账户中的资金就会自动转入支票账户，以满足存款人的支付需要；当支票账户余额超过一定额度时，超额部分也会自动转入储蓄账户，以使存款人获取利息。由于美国存款机构普遍实行计算机服务，因此这种转账成本很低，从而使 ATS 账户成为可能。

ATS 账户既能给其持有者带来利息收入，又能为其持有者办理支票转账业务，所以是一种付息交易账户。ATS 账户是存款机构逃避 Q 项条例①的管制和寻找 Q 项条例漏洞的结果，因为 Q 项条例规定，银行不得对支票存款支付利息，但它并没有规定储蓄存款能否自动转入支票存款以实现支付。

二、可转让提款通知书

可转让提款通知书（Negotiable Order of Withdrawal，简称 NOW 账户）最初由马萨诸塞州的互助储蓄银行于上世纪 70 年代初创办，后逐渐扩展到其他各州。在经过一系列的争执之后，终于被 1980 年的美国银行法所认可。自

---

① Q 条例是大萧条后，美国联邦储备委员颁布的一项对存款利率进行管制的金融管理条例。Q 条例的内容包括：银行对于活期存款不得公开支付利息，并对储蓄存款和定期存款的利率设定最高限度，即禁止联邦储备委员会的会员银行对它所吸收的活期存款（30 天以下）支付利息，并对上述银行所吸收的储蓄存款和定期存款规定了利率上限。当时，这一上限规定为 2.5%，此利率一直维持至 1957 年都不曾调整，而此后却频繁地进行调整，它对银行资金的来源与运用都产生了显著影响。Q 条例的实施，对上世纪 30 年代维持和恢复金融秩序、40—50 年代初美国政府低成本筹措战争资金、战后美国经济的迅速恢复，起到了一定的积极作用。上世纪 60 年代，美国通货膨胀率提高，市场利率开始明显上升，有时甚至超过存款利率的上限。证券市场的不断发展，金融国际化、投资多样化又导致银行存款大量流向证券市场或转移至货币市场，造成金融中介的中断和"金融脱媒"现象的发生，且愈演愈烈。Q 条例的约束和分业经营的限制，使银行处于一种不公平的竞争地位。各存款类机构都出现经营困难，一些储蓄协会和贷款协会出现了经营危机，银行信贷供给能力下降，全社会信贷供给量减少。此时，人们不得不考虑 Q 条例的存废问题。从 70 年代起，美国逐步放松了利率管制，一直到 1986 年 4 月，Q 条例完全终结，美国的利率市场化得以全面实现。

1980 年 12 月 31 日起，美国所有的存款机构都能办理 NOW 账户。NOW 账户的特征是其持有者既可获取利息，又可通过签发转让通知书而将账户余额转移给第三者。与 ATS 账户一样，NOW 账户也是存款机构规避 Q 项条例的管制和寻找 Q 项条例漏洞的产物。Q 项条例规定，不能对支票存款支付利息，而 NOW 账户最初是由互助储蓄银行开办的，故被作为储蓄账户，因此可以支付利息；Q 项条例规定，只有商业银行才能办理支票存款账户，而其他存款机构只能办理储蓄存款和定期存款，但 Q 项条例并没有规定储蓄存款不能通过签发转让通知书而转移给第三者。NOW 账户持有者表面上签发的是转让通知，实质是通过转移而实行支付，即把一定量的款项从 NOW 账户中支付给第三者，所以，转让通知实际上是支票，NOW 账户于是成了付息支票账户。

三、大额定期存单

大额定期存单（Certificates of Deposits，CDs）是商业银行发行的一种吸收存款的凭证，是商业银行定期存款的一种形式。存单上注明存款金额、期限及利率。存单到期时，其持有人可向银行取得本金和利息。CDs 具有两个主要特征：一是起点金额比较大，一般都在 10 万美元以上，所以称为大额存单；二是可以转让，即持有者在存单到期前可将其出售，所以又称为可转让（negotiable）存单。

CDs 是上世纪五六十年代美国新的金融形势和货币市场激烈竞争的产物。随着当时通货膨胀的发展，市场利率不断上升，这对银行存款造成了很大的冲击。因为活期存款不能支付利息，而定期存款和储蓄存款则受 Q 项条例所规定的最高利率的约束。市场利率的上升意味着持有活期存款的机会成本上升，活期存款势必因此而减少，而当市场利率超过 Q 项条例所规定的最高利率时，人们持有银行定期存款和储蓄存款显然不如把资金直接投向金融市场。于是，在当时新的金融形势下，商业银行的存款面临着大公司所发行的债券和商业票据以及储蓄机构的融资工具的竞争。正是这种货币市场上的激烈竞争，导致了 CDs 的产生。

上世纪 60 年代初，纽约花旗银行首先发行 CDs，不久即得到法律认可。此后，CDs 迅速发展起来，进而成为美国商业银行筹集资金的主要方式之一。据统计，美国银行 1961 年发行的 CDs 不到 30 亿美元，到了 80 年代后期，美国公开市场上发行的 CDs 总额已突破 10 000 亿美元，占美国商业银行全部定期存款的 72% 左右。1991 年，美国 CDs 形式的储蓄更达到 12 000 亿美元。[1]

　　CDs 同时具备了活期存款的流动性和定期存款的盈利性的优点，而且利率往往较高，所以很受投资者的欢迎。从银行方面看，由于 CDs 面额较大，又容易出售，且其流动性并不妨碍发行银行在存单规定的期限内安全地使用这笔资金，因而 CDs 也受到商业银行青睐。

　　从本质上看，CDs 也是商业银行试图摆脱货币当局影响和控制的产物。商业银行通过发行 CDs，在货币市场上获得了资金，就可减少向中央银行的贴现借款。尤其是 1970 年后，CDs 的利率不再受 Q 项条例的限制，银行可以自由提高 CDs 的利率以吸收存款，从而在很大程度上摆脱了对中央银行的资金依赖和中央银行再贴现利率的影响。"因此，CDs 的创造以及它们的扩散和发展，同其他创新现象以及（金融机构对政府金融）管理的反应紧密联系在一起，而较大地削弱了（货币当局的）严厉的货币约束。"[2]

四、回购协议

　　回购协议（Repurchase Agreements，RPs）是个人与企业（包括银行）之间买卖政府债券等证券的一种协议。协议规定，证券的出卖方将在某一较短的时间内（通常是隔夜）重新买回这些证券。从表面上看，这是一种证券的买卖，实际上则是以证券为抵押的短期资金融通。证券买卖价格之差即为资金借贷的利息。RPs 产生于上世纪 50 年代，六七十年代得到了较大的发展。1979 年末，RPs 总额达 490 亿美元，约为 M_1 的 12%，其中 41% 是隔夜 RPs。

　　RPs 是货币市场的参与者逃避政府金融管制的产物；RPs 又反过来对美国货币政策的实行效果和货币政策的变革产生了一定的影响。波多尔斯克曾经将 RPs 的所谓"货币"效应（"Monetary" Effects）概括为以下五个方面：[3]

　　第一，RPs 使贷款者实际上能通过活期存款获得利息，因为 RPs 的期限一般都很短，只有一天，就像活期存款一样。

　　第二，RPs 不属于银行的储蓄存款和定期存款，因而不受 Q 项条例所规定的利率上限的约束，于是银行可以通过提高利率来发行更多的 RPs，从而在吸

---

　　[1]　进入 90 年代后，由于金融和经济环境的改变，CDs 形式的储蓄表现出逐渐收缩的趋势。详见英航：《美国大额存款单市场的变迁》，载《国际金融研究》，1992 年 9 月。

　　[2]　波多尔斯克：《金融创新与货币供给》，122 页，1986。

　　[3]　波多尔斯克：《金融创新与货币供给》，123 页，1986。

收存款方面增强它们同其他金融机构的竞争力。

第三，银行能通过提高 RPs 的利率来吸收更多的存款，这意味着银行能通过提高利率来实现存款的全面扩张，而不必求助于联储对货币基数供给的增加，也就是货币供给通过货币乘数的扩大而增加了①。显然，RPs 的出现在一定程度上导致了紧缩货币政策的失效。

第四，RPs 利率的易变性加剧了整个利率水平的波动和不稳定。

第五，由于以上原因，RPs 的产生和发展与其他因素一起，导致了联储于 1979 年放弃以利率作为货币控制的目标，而改为对货币基数的控制。

我们觉得还可以把上述第三个方面扩展一些，这就是，RPs 的出现使得银行比较容易筹得短期急需的资金，而不必求助于联储的贴现贷款。这也是导致联储对金融机构和货币供给失控的一个原因。

实际上，波多尔斯克所概括的以上五个方面的"货币"效应，并不为 RPs 所独有。细心的读者会发现，金融创新中所出现的其他一些金融工具，也或多或少地具有类似的"货币"效应。

五、货币市场互助基金

货币市场互助基金（Money Market Mutual Funds，MMMFs）是证券投资公司的一种投资基金，是金融创新过程中出现的一种新的金融机构。

美国 MMMFs 的发展与利率市场化进程相辅相成。20 世纪 60 年代末，在不断攀升的通胀压力下，居民储蓄意愿降低、存款增速下降，监管机构不得不考虑放松利率管制，吸引居民存款。上世纪 70 年代初，货币市场基金以存款替代品的身份出现，不仅分流了居民存款，造成存款"搬家"，也推进了存款利率市场化的进程。1977 年末基金总额还不到 40 亿美元，1983 年末已达到 1 785 亿美元，6 年中增加了 47 倍。1986 年又达到 2 283 亿美元。1977 年，MMMFs 仅为美国 M_2 的 0.3%，而到了 1983 年，已占 M_2 的 8%。

货币市场基金作为低风险、高流动的投资工具，自诞生起就受到投资者的欢迎。MMMFs 特别适合一般的家庭和中小投资者的需要。我们知道，家庭和小投资者的个别储蓄或投资额虽然不大，但这些储蓄和投资都是金融活动中最

---

① 货币乘数的扩大可源于通货比例（公众所持通货与银行存款之比）的下降，也可源于准备金比例（银行储备金与存款之比）的下降。利率上升意味着持有通货的机会成本增加，所以 RPs 利率的上升会使 RPs 形式的存款增加而公众手持通货减少；由于 RPs 以政府债券作为抵押品，因此不必缴纳法定准备金，显然，RPs 形式的储蓄增加会降低准备金比例。

主要的资金来源。货币当局为了有效地控制这一资金来源，总是想方设法使这些资金流向存款机构，而不直接流向货币市场。其方法之一就是要求货币市场工具的发行单位很大。于是，大部分货币市场工具都成了大额交易的工具，如CDs 的最低面额一般为 10 万美元，这就排斥了一般家庭和小企业的投入。MMMFs 就是投资公司针对这种情况而创造的。它以发行股票的方式吸收小额存款，并将股金集中投资于各种短期和大额的货币市场工具。这种短期投资一般都比较安全。例如，短期国库券与其他货币市场工具相比，具有流动性强、风险小、收益高的特点。国库券于是成了 MMMFs 的主要投资对象之一。1985年末，美国所有 MMMFs 持有的国库券达 240 亿美元，占其资产总额的 9.8%。"也有些货币市场基金只购买国库券，以迎合绝大多数厌恶风险的投资者们的爱好。"[①]

我们还知道，上世纪 80 年代以前，存款利率因受 Q 项条例的限制而往往低于货币市场利率，因此 MMMFs 的收益一般比银行存款收益高。MMMFs 不仅安全性和盈利性俱佳，而且具有较高的流动性，因为 MMMFs 所投资的货币市场工具一般都具有较高流动性，很容易在市场上兑现。因此，与一般股份公司的投资者不同，MMMFs 的投资者能随时就其投资余额签发支票，或收回投资。于是，基金不仅给投资者支付利息，而且为他们提供类似于活期存款的服务。当然，MMMFs 的支票签发受到最低额度的限制。这一最低额度规定为500 美元。由于上述特点，MMMFs 特别受一般家庭的欢迎。据统计，基金总额的 75% 来自于个人投资。MMMFs 还有一个特点，就是它不像银行存款那样需要缴纳准备金。这也是 MMMFs 收益较高的一个原因。

上世纪 70 年代中后期以及 80 年代中期，美国经济处于严重滞涨时期，为 MMMFs 的壮大提供了良好的时机。历史上，美国货币市场基金经历了两轮快速扩张，增速与货币市场平均收益率走势保持高度正相关。1971 年这类产品问世时恰逢市场利率下行，甚至低于储蓄存款的利率上限，市场对货币市场基金的认购并不积极；1972—1974 年，市场利率上升，利差不断创新高，货币市场基金进入第一轮爆发式增长期。1977—1981 年，美国经济出现严重的通胀，货币市场平均收益率一度高达 19%，带动货币市场基金连续五年净申购。上世纪 90 年代以来，通胀缓解、利差收窄，货币市场基

---

① 库克：《国库券》，载威尔科克斯和米什金编：《关于货币、银行与金融市场的当前读物——1988—1989 年版》（Timothy Q. Cook, Treasury Bills, in Current Readings on Money, Banking, and Financial Markets: 1988—1989 Edition, edited. by James A. Wilcox & Frederic S. Mishkin），8 页，1988。

金增速放缓。本世纪初以及本次国际金融危机爆发后，MMMFs 甚至出现负增长。

货币市场基金按照其销售对象，分为向个人提供账户的零售货币市场基金和向机构提供账户的机构货币市场基金。1980 年联储修订货币供应量口径时，将货币市场基金都归入了 M_2，但 1982 年 2 月后，M_2 经修订后不再包括机构货币市场基金，而将其包含在 M_3 内，但 2006 年后联储已不再公布 M_3。也就是说，目前仅有零售货币市场基金包含在美国的 M_2 内。图 5 – 1 是美国 M_2 中非 M_1 的三大组成部分——零售货币市场基金、储蓄存款和小额定期存款各自占 M_2 的比重图。

从图 5 – 1 中可以看到，美国零售货币市场基金占 M_2 的比重与储蓄存款占 M_2 的比重存在明显的此消彼长的关系。

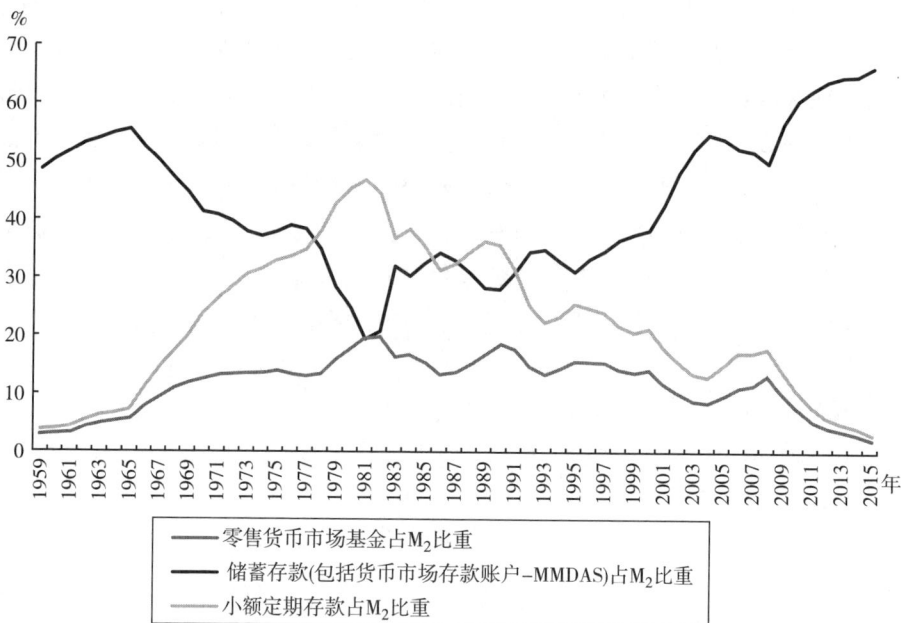

数据来源：美联储官网。

图 5 – 1　零售货币市场基金、储蓄存款、小额定期存款占 M_2 的比重

上世纪 80 年代初，零售货币市场基金迅速增长，占 M_2 的比重从 1976 年的 0.1% 迅速提高到 1982 年的 9.4%，同期储蓄存款占 M_2 的比重从 38.9% 下滑到 20.7%。而同期小额定期存款受货币市场基金的冲击较小，占 M_2 的比重仍保持上升态势。

1982 年后，通胀有所缓和，以及后文提到的货币市场存款账户的出现，在一定程度上缓解了储蓄存款相对于货币市场基金的低收益劣势。1983—1988 年零售货币市场基金占 M_2 的比重持续低于 1982 年水平，1989 年比重才超过 1982 年的水平，并持续小幅上升。1982 年后，储蓄存款占 M_2 的比重有所回升，但小额定期存款占 M_2 的比重开始大幅下滑。

本世纪以来，市场持续低利率，零售货币市场基金占 M_2 的比重持续下滑。尤其是国际金融危机爆发后，货币市场基金出现流动性危机、收益率明显下降，零售货币市场基金占 M_2 的比重下降至 10% 以下。而储蓄存款占 M_2 的比重却总体呈上升趋势。

本次国际金融危机后，美国对货币市场基金采取了更严格的监管①。2010 年在其他金融改革尚未取得进展时，美国证券交易委员会（U. S. Securities and Exchange Commission，SEC）就率先出台了对货币市场基金的增补条例，进一步要求货币市场基金资产加权平均久期不超过 60 天；只能投资"在两家大型评级机构获得最高两级信用评级"的信用债；多样化分散投资，持有同一发行人的证券不得超过总资产的 5%；持有国债类资产不得低于 10%；持有一周内到期资产不得低于 20%。2012 年 SEC 曾试图再次修订 Rule 2a – 7 以加强货币市场基金监管，一是允许货币市场基金净值浮动，二是要求货币市场基金的基金管理人计提风险准备金，但提案未获通过。

2013 年和 2014 年 SEC 陆续出台新规，要求面向机构投资者的优质货币市场基金采用浮动资产净值，不再维持每单位 1 美元的固定价格，以避免出现大规模赎回现象并引发金融市场动荡。SEC 同时允许所有货币市场基金在市场赎回压力大时征收流动性费用并设置赎回限制，以降低货币市场基金挤兑风险。

由于存在挤兑的可能，自上世纪 70 年代起，美国就存在着货币市场基金是否应缴纳准备金的争议，金融危机后这一政策再度被提及，但目前监管机构尚无征收计划。支持者认为，这一举措可帮助货币市场基金应对大额赎回等流动性风险事件。反对者则认为，货币市场基金和银行存款是完全不同的两个体系，与银行资产状况相比，货币市场基金披露持仓信息、控制资产期限和信用等级等，比银行资产透明度高得多，所以货币市场基金风险管理主要方式是分

---

① 根据 1983 年 Rule 2a – 7 的规定，货币市场基金必须将资产净值稳定在 1 美元附近，不能投资价格波动较大的证券，被投资证券的剩余久期不得超过 13 个月。1991 年修订后增加了"资产加权平均久期不得超过 90 天"的要求，限制货币市场基金配置高收益资产，强调货币市场基金的流动性管理功能，淡化投资功能。

散投资而非计提准备金；准备金侵蚀货币市场基金收益，降低产品竞争力，是变相保护银行业。

2013 年我国市场上诞生的余额宝，其本质上也是货币市场基金。由于具备高收益、高流动性、低门槛等特征，余额宝在诞生后不到一年的时间内爆发式增长。不受存款准备金管理是余额宝获取高收益的重要原因。由于货币市场基金与存款一样面临流动性风险、涉及货币创造等问题，因而对货币市场基金实施准备金管理可以以其存放银行的款项为对象。2014 年上半年，本书作者连续发表了《余额宝与存款准备金管理》[1]、《什么是存款准备金管理？》[2] 两篇文章，阐述了我国货币市场基金投资的银行存款应缴存存款准备金的理由。两篇文章曾引起理论界和实务界的广泛关注和讨论。

六、货币市场存款账户和超级可转让提款通知书

货币市场互助基金的巨大成功给银行和其他存款机构造成了很大的压力，大量资金从存款机构流向金融市场。这对存款机构不利，也对货币当局的货币控制不利。为了使存款机构能与货币市场互助基金展开平等的竞争，1982 年的"加恩——圣·杰曼存款机构法案"授权存款机构开设两种新的账户，即货币市场存款账户（Money Market Deposit Account，MMDAs）和超级可转让提款通知书（Super Negotiable Order of Withdrawal，S – NOWs）。

这两种账户很相似，都是支票付息账户。它们有以下三个共同点：第一，这两种账户的月平均余额都必须超过 2 500 美元；第二，这两种账户的存款利率都不受 Q 项条例所规定的最高利率的限制；第三，这两种账户都能办理转账和签发支票。它们也有三个不同点：第一，MMDAs 对任何个人和企业开放，而 S – NOWs 的所有者只能是个人、非营利团体及政府机构；第二，S – NOWs 的转账和支票签发的次数不受限制，而 MMDAs 的转账和支票签发每月限于 6 次，其中签发支票只能 3 次；第三，存款机构必须为 S – NOWs 缴纳 12% 的法定准备金，与其他可开列支票的存款相同；而 MMDAs 一般只需缴纳 3% 的法定准备金，与其他储蓄存款相同，且个人持有的 MMDAs 可不缴纳准备金。上述第二个区别使得 S – NOWs 被包括在 M_1 中，而 MMDAs 则被包括在新 M_2 中。上述第三个区别则使 MMDAs 的存款利率一般比 S – NOWs 的存款利率高，因为前者的成本比后者低。

---

[1]　盛松成、张璟：《余额宝与存款准备金管理》，载《金融时报》，2014 – 03 – 19。
[2]　盛松成、张璟：《什么是存款准备金管理？》，载《中国金融》，2014（9）。

七、信贷协会股金提款账户

本节最后要介绍的是信贷协会股金提款账户（Credit Union Share Draft Account，SDA）。顾名思义，SDA 是信贷协会创办的。信贷协会既是互助合作，又是股份制性质的组织。会员以入股的形式存款，同时取得向协会借款的资格。上世纪 70 年代以前，协会仅从事储蓄存款和消费贷款业务。70 年代中期出现的 SDA 允许会员将账户中的股金转移给第三者。这实际上是以转移股金的形式实行支付，就像利用活期存款账户实行支付一样。与活期存款不同的是，SDA 名义上是股金账户，所以其持有者能从协会获取利息。可见，SDA 同 ATS 以及 NOW 等账户一样，是一种支票付息账户。

以上我们简要介绍了上世纪 50 年代到 80 年代涌现的一些对货币供给有着直接影响的金融创新工具。在这些创新工具产生以前，在银行存款中，支票的使用与利息的支付是互不相容的。而这些创新工具兼备了活期存款和定期存款的优点，它们既能使用支票，又有利息收益。"这样，在所有这些创新之后，事实上我们几乎又回到了上世纪 20 年代的出发点——对支票存款账户支付利息以及所有金融机构之间几乎毫无制约的竞争时代。"① 这一转变，非同寻常。它对当时美国的金融和经济运行具有巨大影响，其中最显著的影响就是对货币供给和货币政策的影响。

需要说明的是，上世纪 50 年代到 80 年代的金融创新，主要是为了突破当时的利率管制。1984 年后美国利率市场化全面实现，美国的金融创新向新的方向发展，这就是抵押贷款再融资以及资产证券化。抵押贷款再融资是指抵押物重新评估以后再次贷款。如果抵押物重新评估后的价值比以前高，就可以多获得一部分贷款。上世纪 80 年代后，美国利率走低，抵押贷款再融资开始流行。在利率走低、抵押物评估价走高的情况下，借款者通过再融资不断借入新债（新债的数额超过原有债务），偿还旧债。对借款者而言，抵押贷款再融资可以使其不断获得资金来源，而且由于新债的利率降低了，其利息成本也降低了。对贷款者而言，抵押贷款再融资增加了抵押贷款的需求，也就增加了金融机构的业务量和收入。因而，抵押贷款再融资从表面上看似乎实现了借款者和贷款者的"双赢"。

为提高抵押贷款的流动性并分散贷款风险，美国又诞生了资产证券化这一

---

① 劳伦斯·S. 里特和威廉·L. 西尔伯：《货币、银行和金融市场原理》，85 页，上海翻译出版公司，1990。

金融创新。资产证券化是指以特定资产组合或特定现金流为支持，发行可交易证券的一种融资形式。1970 年美国的政府国民抵押协会（Federal National Mortgage Association，GNMA，也称 Ginnie Mae），首次发行以抵押贷款组合为基础资产的住房抵押贷款转付证券（Mortgage Pass – through Securities，MPS），实现首笔资产证券化交易。在之后的八九十年代以及本世纪初，资产证券化逐渐成为一种被广泛采用的金融创新工具，其发展迅猛，产品形式不断演变，由最初的 MPS 发展为抵押贷款担保债券（Collateralized Mortgage Obligation，CMO）、住房抵押贷款支持证券（Mortgage – backed Securities，MBS）、债务抵押证券（Collateralized Debt Obligation，CDO）等形式，多档分级结构逐步成为资产证券化产品的基本特征。

抵押贷款再融资以及资产证券化的金融创新与前述上世纪 50 年代到 80 年代的金融创新有根本性的区别，主要表现在两方面：

一是创新的目的不同。上世纪 50 年代到 80 年代的金融创新主要是为了突破当时的利率管制，而抵押贷款再融资主要是为了扩展金融机构的业务和收入，资产证券化最初是政府为了促进居者有其屋政策的落实而推动的。上世纪 70 年代前后美国战后婴儿潮开始成年，为缓解住房抵押贷款资金来源匮乏，并化解住房抵押贷款发放机构的风险，美国政府开启了资产证券化的创新。后期资产证券化的发展则更多地受到金融机构分散风险、满足投资者多样化投资需求、拓展市场等因素的推动。

二是对货币供应量的影响不同。上世纪 50 年代到 80 年代的金融创新直接影响了联储对货币的定义以及货币与经济的关系，并促使联储多次修订货币供应量指标。

抵押贷款再融资和资产证券化与货币定义没有直接的关系，它们对货币政策的影响主要体现为，增大了联储控制货币供给的难度以及减弱了货币政策传导效率。Richard C. Anderson[1] 认为，抵押贷款再融资增加了货币需求，增大了货币供应量 M_1 的波动。资产证券化对货币政策的影响，主要表现在对货币政策传导效率的影响。有关学者通过实证分析，研究了资产证券化对美国货币政策的影响。Arturo Estrella[2] 利用 1966—2000 年的数据，运用动态 IS 方程式

---

[1]　Richard C. Anderson：《抵押贷款再融资对货币需求和货币供应量的影响》（The Effect of Mortgage Refinancing on Money Demand and the Monetary Aggregates），《圣·路易斯联储评论》，1993 年 7/8 月合刊。

[2]　Arturo Estrella：《资产证券化及其对货币政策的影响》（Securitization and the Efficacy of Monetary Policy），纽约联储《经济政策评论》（Economic Policy Review），2002 年 5 月，第 8 卷。

模型，分析了上世纪 80 年代前后美国住房抵押贷款证券化发展对货币政策信用传导渠道效率的影响。他的研究发现，上世纪 80 年代后，产出和房地产投资对联邦基金利率的敏感度有显著下降的趋势，而抵押贷款利率对联邦基金利率的敏感度上升，所以他认为，美国住房抵押贷款证券化的发展显著地降低了货币政策信用传导渠道的效率。Mc Carthy 和 Peach[1] 运用向量自回归分析方法（VAR），以 1986 年为分界点，将 1975—1985 年作为资产证券化尚未发展时期，1986—2000 年为资产证券化发展时期，研究货币政策对房地产市场的影响。研究结果表明，前期房地产市场对货币政策的反应较为敏感，而后期对货币政策的反应减弱。

总体上看，美国历史上的经验数据并未显示，资产证券化与货币供应量之间有直接的关系。至少在资产证券化业务大规模发展时，美国的货币供应量并未随之增加。因而本章未将抵押贷款再融资和资产证券化这两个金融创新作为分析重点。

下面几节将具体分析上世纪 50 年代到 80 年代金融创新对货币供给的影响。

第二节 金融创新对货币定义和货币量的影响

金融创新对货币供给的主要影响之一，就是影响货币定义。货币定义对于货币政策的重要，就像靶子对于练习射击的重要一样。虽然关于如何定义货币始终是经济学家们争论的热点，但联储历来是以所谓"货币性"或"流动性"来定义货币的。所谓货币性就是指一种资产能作为交换媒介的性质，而所谓"流动性主要是指投资者以低的交易成本将一种资产迅速转变成现金的能力"[2]，即转变为交换媒介的能力。之所以要根据流动性来定义货币，主要是因为具有不同流动性的资产对经济的影响是不同的。常见的 M_1、M_2 等货币定义就是根据这一标准来定义的。自然，M_1 最具流动性，M_2 次之，以此类推。金融创新对货币定义的影响，主要表现在它极大地改变了作为交换媒介的资产和具有高度流动性的资产的构成。

---

① Jonathan McCarthy and Richard W. Peach：《货币政策传导机制对住房投资的影响》（Monetary Policy Transmission to Residential Investment），纽约联储《经济政策评论》，2002 年 5 月，第 8 卷。

② 库克：《国库券》，载威尔科克斯和米什金编：《关于货币、银行与金融市场的当前读物——1988—1989 年版》，6 - 7 页，1988。

上世纪 70 年代以前，具有交换媒介功能的主要是通货和商业银行的活期存款，因此 M$_1$ 由这两种资产所组成。如前节所述，金融创新中出现的 ATS 和 NOW 等账户实际上也具有交换媒介的功能。这就使原先的 M$_1$ 等货币定义失去了它们的实际的意义。为使货币量能成为货币政策的正确的指示器，也为了使各种货币定义能符合它们的实际含义，联储于 1980 年 2 月重新定义了各种货币总量，公布了各种定义的货币所包括的项目。至今，美国的货币定义都是以此为基础的，而没有很大的变化。尽管 1980 年后，美国货币定义有过几次小的修改，但都没有改变它们的基本内容和体系，而是使它们更趋完善、更符合它们的实际含义和货币政策的实际需要。

美国 1980 年对货币量的重新定义，是金融创新的结果，也是 70 年代中期以来美国金融理论界关于金融创新对货币定义和货币政策的影响的理论讨论的结果。1980 年所公布的货币系列，容纳了参与这一问题讨论的绝大多数经济学家的意见，因而与大多数人的观点一致。货币量重新定义后，又有不少经济学家发表论文，从各个角度论证了那次货币量重新定义的正确性和必要性。

一、新、旧货币定义的比较

这里的旧货币定义是指 1980 年以前的货币定义，新货币定义则是指 1980 年公布、后又经过几次小的修改后的货币定义。80 年代重新定义货币所依据的原则同旧货币定义的原则一样，即狭义货币 M$_1$ 包括主要的交换媒介，M$_2$ 和 M$_3$ 等广义货币则根据各种金融资产转变为交换媒介，即转变为狭义货币的难易程度来确定。显然，M$_2$ 比 M$_3$ 更容易转变为 M$_1$。但新的货币定义在这一方面也有例外，如货币市场互助基金和货币市场存款账户都可用作交换手段，可它们并不包括在 M$_1$ 中，而是包括在 M$_2$ 中。这可能是因为这两种资产作为交换媒介都受到了某种制约，而与其他交换媒介略有不同。货币市场互助基金的支票签发受到最低额度的限制，而货币市场存款账户则受到转账和支票签发次数的限制，因而它们不像其他可开列支票的存款那样，能在存款余额之内无限制地签发支票，也就是说，它们作为交换媒介是有条件的。也有人认为，"这些账户主要被用作储蓄账户，而不是交易账户"。[①] 但是，我们认为，如果将这两种资产排斥在 M$_1$ 之外是由于这一原因，那么，这种排斥是不恰当的，因为事实上，这两种资产并没有因为这些限制而未正常发挥交换媒介的作用。

---

① 哈弗：《美国新的货币总量》（R. W. Hafer, The New Monetary Aggregates），载《圣·路易斯联邦储备银行评论》，1980 年 2 月，26 页。

为了清楚地看出新、旧货币定义的区别，特列出表5－1。让我们从 M_1 开始看起。现在所谓的 M_1 基本上是根据1980年2月的定义。这一定义在1981年得到了一些小的修正。根据1980年和1981年的定义，M_1 被分为 M_1A 和 M_1B。旧 M_1 与新 M_1A 的主要区别是前者包括了外国商业银行和政府机构在美国商业银行的活期存款，而后者则不包括这类存款。由于这类存款数目很小（如1978年，这类存款占商业银行活期存款总额的2%还不到），而且 M_1A 还包括了非银行发行的旅行支票，因而旧 M_1 同新 M_1A 在量上并没有很大的差别。

表5－1　　　　　　　　　　新、旧货币定义所含项目的比较

所含项目	旧M_1	新M_1A	新M_1B①	旧M_2	新M_2	旧M_3	新M_3	旧M_4	旧M_5
通货	✓	✓	✓	✓	✓	✓	✓	✓	✓
商业银行的负债									
活期存款（包括外国商业银行和政府机构的存款）	✓			✓		✓		✓	✓
活期存款（不包括外国商业银行和政府机构的存款）		✓	✓		✓		✓		
NOW 账户②			✓		✓		✓		
ATS 账户			✓		✓		✓		
S－NOW 账户			✓		✓		✓		
隔夜 RPs					✓		✓		
MMDAs					✓		✓		
储蓄存款					✓	✓	✓		
小额定期存款（小于10万美元）					✓		✓	✓	✓
大额定期存款（大于10万美元）									
不包括大额可转让 CDs					✓		✓		
包括大额可转让 CDs							✓	✓	✓
长期 RPs							✓		
储蓄机构的负债：									
活期存款（互助储蓄银行）					✓		✓		
NOW 账户					✓		✓		
ATS 账户					✓		✓		
S－NOW 账户					✓		✓		
信贷协会股金提款账户					✓	✓	✓		✓
MMDAS					✓		✓		
储蓄存款（互助储蓄银行和储蓄贷款协会）					✓	✓	✓		✓
小额定期存款（小于10万美元）					✓		✓		✓
大额定期存款（大于10万美元）							✓		✓
长期 RPs（储蓄贷款协会）							✓		

---

①　即目前的 M_1。联储在1982年取消了 M_1A 和 M_1B 这两个概念，而采用了统一的 M_1 的定义。有关美国历次货币供应量定义修订的具体内容可参见本书第一章第二节。

②　1980年前，NOW 账户和 ATS 账户都包括在储蓄存款中。

续表

所含项目	旧M_1	新M_1A	新M_1B①	旧M_2	新M_2	旧M_3	新M_3	旧M_4	旧M_5
其他:									
非银行发行的旅行支票①		✓	✓		✓		✓		
隔夜欧洲美元存款（美国非银行居民持有）					✓		✓		
长期欧洲美元（美国非银行居民持有）							✓		
货币市场互助基金②					✓		✓		
综合调整③					✓		✓		

新 M_1B 同新 M_1A 以及同旧 M_1 的区别在于，新 M_1B 包括了上世纪 70 年代以来出现的一系列支票付息账户，即 NOW 账户、ATS 账户、信贷协会股金提款账户，也包括了储蓄机构的活期存款和旅行支票。可见，金融创新对货币定义的影响已基本体现在新 M_1B 中。

1982 年，联储又废除了 M_1A 与 M_1B 的区别，而采用了统一的 M_1 的定义，这一 M_1 与 M_1B 完全相等。废除 M_1A 与 M_1B 的区别的原因可能在于：第一，包括其他可开列支票存款的 M_1B 已为人们所普通接受；第二，作为商品交换的媒介，包括 M_1A 在内的 M_1B 的各组成部分，并没有多大的区别，因此已无必要区分 M_1A 与 M_1B 了。到了 1982 年，"已为人们所普遍承认的是，新的金融创新使得 M_1A 实际上已不再是测量货币行为影响支出和物价的有用指标了。"④ 从量上看，统一后的新 M_1 并不比旧 M_1 大多少，因为新 M_1 虽然包括了旧 M_1 所不包括的其他可开列支票的存款，但它却不包括旧 M_1 所包括的外国银行和政府机构所持有的活期存款。有人曾统计，处于新、旧 M_1 之交替期的 1979 年第四季度，新 M_1 仅比旧 M_1 多 18 亿美元，或多 0.5%。⑤

---

① 1981 年 6 月后，旅行支票被包括在货币中。

② 1982 年 2 月后，M_2 不包括那些向机构提供账户的货币市场互助基金，而 M_3 则包括所有基金。

③ 为防止重复计算而作的调整，主要是减去储蓄机构存在商业银行的自己的存款准备金，也就是说，在新 M_1 中应减去储蓄机构存入商业银行的自己的可开列支票存款的准备金，而在新 M_2 和新 M_3 中则应减去储蓄机构存入商业银行的所有准备金，但由于前一种准备金数量很少，因而在新 M_1B 的计算中省略了这一项。

④ 塔托姆：《最近的金融创新——它们是否歪曲了 M_1 的含义？》（John A. Tatom, Recent Financial Innorations: Have They Distorted the Meaning of M_1），载《圣·路易斯联邦储备银行评论》，1982 年 4 月，32 页。

⑤ 布罗德斯和古德弗兰德：《基础的转移和 M_1 的长期增长——最近十年来美国货币政策目标的经历》（Alfred Broaddus and Marvin Goodfriend, Base Drift and the Long Run Growth of M_1: Experience from a decade of Monetary Targeting），载古德弗兰德编：《实践中的货币政策》（Monetary Policy in Practice），美国里士满联邦储备银行，66 – 67 页，1987。

尽管早在上世纪 80 年代，联储就已取消了 M_1A 与 M_1B 的区别，但在货币理论的研究中，甚至在货币政策的实行中，这两个概念到 90 年代仍经常被人们所使用，因为只有 M_1A 才是人们完全为交易目的而持有的资产，而 M_1B 中的有些项目虽然也可作为交换媒介，但人们并不完全为交易目的而持有这些资产，因而它们实际上并不都发挥交换媒介的作用。

现在我们来看 M_2 和 M_3。新 M_2 同新 M_1B 的区别在于，前者包括了商业银行和储蓄机构的储蓄存款和小额定期存款、隔夜 RPs、隔夜欧洲美元和货币市场互助基金，而后者则不包括这些项目。这些项目的流动性当然比通货和活期存款等可开列支票的存款的流动性差，但比大额定期存款的流动性强，因此，这些项目被包括在新定义的 M_2 中，而不是 M_3。此外，货币市场互助基金等项目虽然也可开列支票，但被包括在 M_2 中，而不包括在 M_1 中，理由如前述。

新、旧 M_2 的区别是比较大的。它们的区别主要表现在两个方面：第一，新 M_2 包括了 NOW 账户等金融创新的产物，而旧 M_2 则不包括这些账户；第二，新 M_2 包括了储蓄机构的储蓄存款和小额定期存款，而旧 M_2 则不包括这些存款。在这两项区别中，第一项区别更重要，因此，从旧 M_2 到新 M_2 的变化，就像从旧 M_1 到新 M_1 的变化一样，反映了金融创新对货币定义的影响。

我们还发现，新 M_2 与旧 M_3 比较接近，因为两者都包括了储蓄机构的小额定期存款和储蓄存款。而它们的区别则表现在两个方面：第一，新 M_2 包括了 NOW 账户等一系列金融创新的产物，而旧 M_3 只包括其中的信贷协会股金提款账户；第二，旧 M_3 包括了大额定期存款，而新 M_2 不包括该项存款。

图 5-2 反映了从上世纪 50 年代末到本世纪初，新 M_2、旧 M_2 及旧 M_3 每年变化的百分率。从图中可以看出，新 M_2 与旧 M_3 的变化很接近，而新 M_2 与旧 M_2 反倒相差较大。

新 M_3 是在新 M_2 的基础上加上大额定期存款、长期 RPs 和长期欧洲美元而形成的。如上所述，这些存款的流动性较差，所以被包括在 M_3 中。新 M_3 同旧 M_5 比较接近。这一接近的主要原因也在于，两者都包括大额定期存款。

此外，在新、旧货币定义中，都还包括一个更广义的货币定义 L，它由所有短期流动性资产所组成。由于 L 在新、旧货币定义中所包括的项目相同，因而表 5-1 省略了 L 项目。

从上述新、旧货币定义的对比中可以看出：金融创新增加了社会货币供给量，因为金融创新创造了一系列新的交换手段，也创造了不少新的货币资产；金融创新也使货币当局对货币量的控制比以前更困难了，因为那些新创造的交换手段和货币资产本身就是金融机构逃避货币当局控制的产物。对此，皮尔斯

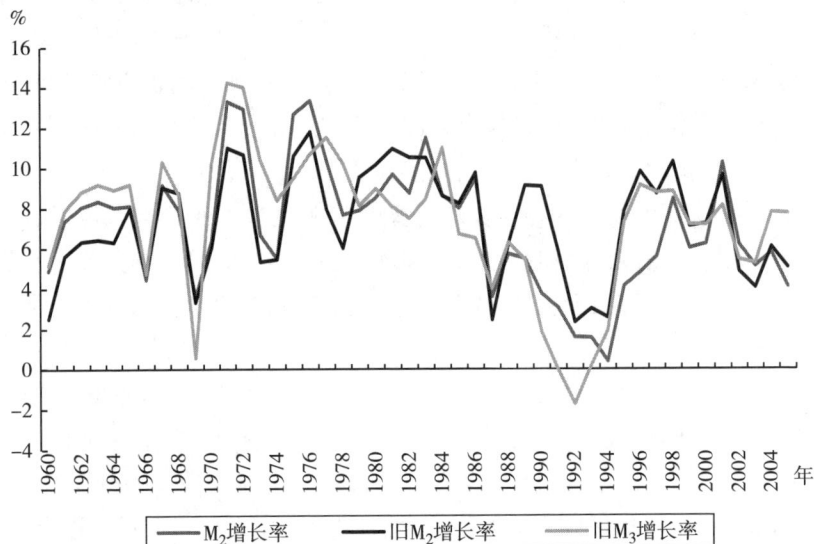

数据来源：通过圣·路易斯联储官网的相关数据计算得到。旧 M_2 等于新 M_2 – 其他可开列支票的存款 – 储蓄机构的储蓄存款 – 储蓄机构的小额定期存款；旧 M_3 等于新 M_2 – 其他可开列支票的存款 + 大额定期存款。

图 5 – 2　1960—2005 年新 M_2、旧 M_2 和旧 M_3 的变化状况的比较

（James L. Pierce）曾作过这样的概括：经过金融创新以后，未来的"货币量将完全是内生的，因而它们在短期内所受到的控制会更不严格。如果世界上的许多资产实际上都是完全流动性的，那么在这个世界上就不可能有一个富有意义的货币的定义。试图控制被任意地定义为货币的某一组流动性资产的增长，将只会鼓励人们去使用与这些流动性资产具有极大替代性的其他资产。"[①] 可见，经过金融创新以后，货币供给变得更为复杂、更难以控制了。

下面，让我们来看两项最具有代表性的金融创新工具——ATS 账户和 NOW 账户，对货币定义和货币量有哪些具体影响。"显然，许多金融创新都受到了经济学家们的关注。然而，没有任何一项别的金融创新能像 ATS 和 NOW 账户的引入那样，给狭义货币总量的测量和估算以很大的影响。"[②]

---

① 皮尔斯：《美国的金融改革和未来的金融体制》，载铃木善尾与四方宽编：《亚洲和西方的金融创新与货币政策》（Financial Reform in the United States and the Financial System of the Future, in Financial Innovation and Monetary Policy：Asia and the West, edited by Yoshio Suzuki and Hiroshi Yomo），195 页，东京大学出版社，1986。

② 塔托姆：《最近的金融创新——它们是否歪曲了 M_1 的含义?》，载《圣·路易斯联邦储备银行评论》，1982 年 4 月，23 页。

二、ATS 和 NOW 账户对货币定义和货币量的影响

ATS 账户的引入从两方面影响着货币供给。一方面，当交易余额从活期存款账户转入 ATS 账户时，旧 M_1 和 M_1A 就会下降，因为它们不包括 ATS 账户，而新 M_1（M_1B）或 M_2 则不变，因为它们本身已包括了 ATS 账户；当资金从储蓄存款账户转向 ATS 账户时，新 M_1（M_1B）就会上升，而旧 M_1 则不受影响。另一方面，ATS 账户的引入改变了商业银行的法定准备金总额。根据联储的规定，ATS 账户存款的法定准备率等于储蓄存款的法定准备率，而不是活期存款的法定准备率。由于活期存款的法定准备率远远高于储蓄存款的法定准备率，因此，当资金从活期存款账户转向 ATS 账户时，整个银行系统的法定准备金就会减少，超额准备金就会增加。随着银行贷款和投资的增加，存款就会增加，进而导致 M_1B 和 M_2 的增加，并将部分地抵消因存款从活期存款账户转向 ATS 账户而引起的旧 M_1 和 M_1A 的下降。

据塔托姆的统计，从 1978 年 10 月至 1979 年 10 月的一年中，ATS 等其他可开列支票的存款在美国全部可开列支票的存款中所占的比率从 2.5% 提高到 6.3%。这一变化使同期 M_1A 少增长了约 2.4%，而 M_1B 则多增长了 0.5%。在这一年中，M_1A 只增长了 4.8%，与同期旧 M_1 的增长率（为 5.2%）相差不多，但是比在此以前两年的旧 M_1 的增长率（年平均 7.9%）却低得多。而同期 M_1B 的增长速度与前两年的增长速度一样，都为 7.9%。[①]

同 ATS 账户一样，当资金从活期存款账户转入 NOW 账户时，旧 M_1 和 M_1A 会下降，而 M_1B 或 M_2 则不受影响。但是，NOW 账户对货币供给的影响与 ATS 账户的影响又有所不同。自 1980 年 12 月 31 日 NOW 账户在美国全国范围内合法化后，联储就规定了 NOW 账户与活期存款相同的法定准备率，即低于低档准备金份额的部分交纳 3% 的准备金，超额部分则交纳 12% 的准备金。所以，当资金从活期存款户流向 NOW 账户时，并不会像流向 ATS 账户那样，使法定准备金总额减少，因此也就不会提高 M_1B 的乘数。此外，由于在 1980 年对所有的存款机构实行统一的法定准备金制度以前，非会员银行和其他金融机构的交易账户的法定准备率低于会员银行活期存款的法定准备率，因此，当资金从这些交易账户转向 NOW 账户时，整个金融系统的平均法定准备率就会上升，而货币乘数则会下降。当然，1980 年以后，这种情况就不存在了。

---

① 塔托姆：《最近的金融创新——它们是否歪曲了 M_1 的含义?》，载《圣·路易斯联邦储备银行评论》，1982 年 4 月，24 页。

　　以上我们简述了 ATS 账户和 NOW 账户对货币定义和货币量的影响。其他金融创新工具对货币定义和货币量的影响由此可见一斑。最后，我们介绍与此有关的一个比较重要的概念，即"转移—调整后的 M_1B"（Shift – Adjusted M_1B）。

　　如上所述，ATS 和 NOW 等其他可开列支票的账户不仅为其持有者提供支票业务，而且给其持有者带来利息收入，因此人们把一部分储蓄存款或本来将存入储蓄存款账户的货币余额转入了这些可开列支票的账户。然而，这些转入额主要不是为了持有者的交易目的而存在，而往往是持有者为了维持这些开列支票账户的最低需要额，或为了既能获取利息，又能在必要的时候办理支票业务。于是，这些转入额并不像 M_1B 中的其他组成部分那样，成为实际的交换媒介，从而使"M_1B 可能包含一定量的'隐藏的储蓄'"，使"M_1B 的增长率可能夸大交易余额的实际增长率"。[①][②] 为了正确反映 M_1 的变化对支出和物价的实际影响，就有人在上世纪 80 年代初引入了"转移—调整后的 M_1B"这一概念，并在美国金融理论界引出了一场关于是否需要这一概念的争论。[③]

　　调整后的 M_1B 就是一般的 M_1B 减去从非活期存款账户转移到 NOW 等其他可开列支票账户中的余额。这些转移额是在大量抽样调查的基础上，利用统计方法测得的。据说，"通过剔除那些本来为非交易目的而持有的余额，就能获得一个'更纯的'测算交易余额的方法。"[④]

　　联储从 1981 年 3 月起公布调整后的 M_1B 的统计资料，1982 年更把调整后的 M_1B，而不是一般 M_1B，作为货币政策的主要目标指数。不过，随着 NOW和 ATS 账户等金融创新的普及并成为一般的金融现象，随着 M_1A 定义的取消和采用统一的 M_1 的定义，上世纪 90 年代后，调整后的 M_1B 这一概念，已不再像以前那样受到人们的重视。

第三节　金融创新对货币乘数的影响

　　金融创新不仅直接影响货币定义和货币量，而且影响货币乘数，即影响商

---

　　① 桑顿：《联储公开市场委员会 1981 年的工作——在变化着的金融环境中的货币控制》（Daniel L. Thornton, The FOMC in 1981: Monetary Control in a Changing Financial Environment），载《圣·路易斯联邦储备银行评论》，1982 年 4 月，4 页。

　　② 据估计，这些转入额使交易余额的增长率夸大了 2~3 个百分点。

　　③ 这一概念最初由沃尔克（Paul A. Volcker）于 1981 年 2 月 25 日给美国国会关于货币政策的报告中提出（Monetary Policy Report to Congress），载《联储公报》，1981 年 3 月，195–208 页。

　　④ 塔托姆：《最近的金融创新——它们是否歪曲了 M_1 的含义？》，载《圣·路易斯联邦储备银行评论》，1982 年 4 月，25 页。

业银行及其他存款机构创造存款货币的能力。对此，我们在上一节中已有所论及。本节以 ATS 账户为例，来深入讨论这种影响。

　　要说金融创新对货币乘数的影响，最典型的莫过于 ATS 账户对货币乘数的影响了，因为 ATS 账户发挥着支票存款账户的作用，却只缴纳储蓄存款的法定准备金[①]，这对货币乘数的影响当然很大。如前所述，由于 NOW 账户的法定准备率与活期存款的法定准备率相同，因此 NOW 账户对货币乘数的影响比 ATS 账户所产生的影响来得小。

　　现在就让我们来看 ATS 账户对货币乘数的影响。[②] 若以 C 和 CD 分别代表公众所持通货和可开列支票的存款，以 k 代表 C 与 CD 之比，就有

$$C = kCD \qquad\qquad (5-1)$$

　　再以 T 代表储蓄存款和定期存款，以 DD 代表活期存款，r_d 和 r_t 分别代表活期存款的法定准备率和定期存款的法定准备率。若假定存款机构不持有超额准备金，且假定除活期存款和 ATS 账户外，不存在其他可开列支票的存款，则整个存款系统的准备金总额（以 R 代表）就能以下式表示：

$$R = r_d DD + r_t T + r_t ATS \qquad\qquad (5-2)$$

　　由于假设只有活期存款和 ATS 账户这两种可开列支票的存款，因此活期存款和 ATS 账户各自在可开列支票的存款中所占的比例，就具有一种此长彼消的关系。若以 d 表示 ATS 账户余额在可开列支票的存款中所占的比例，则活期存款在可开列支票的存款中所占的比例就为 $1-d$。同时，若以 t 表示定期存款和储蓄存款与可开列支票存款之比，则式（5-2）所表示的准备金总额就可以下式来表示：

$$R = \left[r_d + r_t t - d(r_d - r_t) \right] CD = rCD \qquad\qquad (5-2')$$

　　上式中，r 为平均法定准备率，或确切地说，为准备金总额与可开列支票存款之比。上式的意义在于引入了 d。通过 d 的变化对货币乘数的影响，就能看出 ATS 账户的影响。

　　我们知道，货币量（M）为基础货币（B）与一乘数（m）之积，即

$$M = mB \qquad\qquad (5-3)$$

　　而基础货币又为公众所持通货与存款机构准备金之和，即

────────────

① 1980 年前 ATS 账户归入储蓄存款，只缴纳储蓄存款的法定准备金率，远低于活期存款的法定准备金率；1980 年后 ATS 账户的法定准备金率才与活期存款相同。

② 以下公式推导参照了塔托姆和兰格的论文：《自动转账账户与货币供给的过程》（John A. Tatom and Richard W. Lang, Automatic Transfers and the Money Supply Process），载《圣·路易斯联邦储备银行评论》，1979 年 2 月。

$$B = C + R = kCD + rCD \qquad (5-4)$$

或

$$CD = \frac{1}{k+r}B \qquad (5-5)$$

这样，就可通过以上几式来导出与各种货币总量相关的货币乘数。先导出旧 M_1（M_1A）的乘数。由于

$$M_1A = C + DD = kCD + (1-d)CD$$

$$= \frac{k}{k+r}B + \frac{1-d}{k+r}B$$

$$= \frac{(1-d)+k}{k+r}B$$

$$= \frac{(1-d)+k}{k+r_d+r_t t-d(r_d-r_t)}B$$

$$= m_1 B \qquad (5-6)$$

因而

$$m_1 = \frac{(1-d)+k}{k+r_d+r_t t-d(r_d-r_t)} \qquad (5-7)$$

用同样的方法可推导出包括其他可开列支票存款的新 M_1（M_1^* 表示）的乘数 m_1^* [1]。

$$m_1^* = \frac{1+k}{k+r_d+r_t t-d(r_d-r_t)} \qquad (5-8)$$

也可推导出 M_2（$M_1^* + T$）的乘数 m_2：

$$m_2 = \frac{1+k+t}{k+r_d+r_t t-d(r_d-r_t)} \qquad (5-9)$$

上式中的 t 为 T 与 CD 之比。

现通过式（5-7）、式（5-8）、式（5-9）分别求 m_1、m_1^* 和 m_2 对 d 的偏导数。结果如下 [2]：

$$\frac{\partial m_1}{\partial d} = \frac{1}{(k+r)^2}[k(1-r_d)+r_t(1+t+k)] < 0 \qquad (5-10)$$

$$\frac{\partial m_1^*}{\partial d} = \frac{1+k}{(k+r)^2}(r_d-r_t) > 0 \qquad (5-11)$$

---

① 为分析简便起见，这里假设其他可开列支票的存款只有 ATS 账户，即 $M_1^* = C + DD + ATS$。

② 需要注意的是，$1 > r_d > r_t$。

$$\frac{\partial m_2}{\partial d} = \frac{1+k+t}{(k+r)^2}(r_d - r_t) > 0 \qquad (5-12)$$

由以上三式可知，m_1 为 d 的递减函数，而 m_1^* 和 m_2 则都为 d 的递增函数。这说明，ATS 账户余额在可开列支票存款中所占比例增大，将使 m_1 下降，从而使 M_1A 减少，反之则反是；ATS 账户余额在可开列支票存款中所占比例增大，将使 m_1^* 和 m_2 上升，从而使新 M_1 和 M_2 增加，反之则反是。

作为可开列支票的存款，ATS 账户同活期存款并没有本质的区别，两者在存款货币的创造过程中发挥着同样的作用，那么为什么 ATS 账户相对于活期存款的增加，会使新 M_1 和 M_2 的乘数上升呢？原因在于，ATS 账户的法定准备率等于储蓄存款的法定准备率，而远远低于活期存款的法定准备率。"如果对活期存款和对 ATS 存款的准备金要求是相同的，则 ATS 账户在支票余额中所占比率的上升所产生的唯一影响将是使 M_1（指旧 M_1——引者注）下降。"[1]

ATS 账户余额的变化对新、旧 M_1 的不同影响给货币政策的实施带来了困难。ATS 账户余额在可开列支票的存款中所占的比例增大会使新 M_1 和 M_2 增加，而要维持新 M_1 和 M_2 不变，货币当局就得减少基础货币的供给。与此相反，ATS 账户余额在可开列支票的存款中所占比例增大则将使旧 M_1（M_1A）减少，而如果货币当局要维持旧 M_1 不变，它就必须增加基础货币的供给。可见，在 ATS 账户余额发生变化时，货币当局者无法使旧 M_1 和新 M_1 都保持不变，从而难以同时达到新、旧 M_1 的目标指数。上世纪 80 年代后，联储取消了旧 M_1 的定义，而采用了统一的 M_1 的定义。ATS 账户的上述影响可能也是导致联储对货币定义的这一改革的原因之一。

第四节　金融创新对货币政策指标 M_1 的影响

最后讨论金融创新对货币政策指标 M_1 的影响。M_1 不仅是最重要的货币定义，而且曾经被西方经济学家和货币当局视为最重要的货币政策指标，因为在很长一段时期中，M_1 具有以下三个特征：第一，M_1 包括了主要的交换媒介，而人们持有 M_1 主要也是为了交易的目的；第二，M_1 与国民经济保持着稳定的和可预测的关系；第三，在各种货币政策指标中，M_1 最容易为货币当局所控

---

[1] 塔托姆和兰格：《自动转账账户与货币供给的过程》，载《圣·路易斯联邦储备银行评论》，1979 年 2 月，6 页。

制。其中第二点最重要，因为一种有效的货币政策指标必须同经济中的一些主要变量（如收入和物价等）保持稳定和密切的关系，不然的话，货币当局就无法确定该指标的合适的增长率，以通过它的变化来影响经济中的主要变量。上世纪80年代以前，M_1同经济的关系比较密切和稳定，所以M_1成了美国货币政策的主要指标。

但是，1981年以来，情况有了很大的变化。联储从1982年起就不再特别重视M_1，并于1987年放弃了M_1这一政策指标，不再公布M_1增长的目标范围，而代之以广义的货币量M_2和M_3。[①]"这样一种行动在十年前是不可想象的，借用威廉·普尔的话来说就是，那时'人们普遍认为，M_1是（与货币需求问题相配合的）最合适的货币总量。'"[②]

导致货币政策目标的这一变化的根本原因，在于1981年后M_1与经济的稳定关系的消失。80年代后M_1的流通速度的变化说明了这一事实。从图5－3中可见，从1970年到1981年，M_1的流通速度（GNP/M_1）平均每年增长3.3%，增长很平衡。这反映了当时M_1与经济关系的稳定和密切。然而，从1982年后，M_1的流通速度陡然下降，而且下降得很不平稳，其中也有突然的上升。从1982年到1986年，M_1的流通速度平均每年下降2.9%，而1985年和1986年两年分别下降了4.4%和9.8%。M_1在1985年和1986年分别增长了12.2%和16.8%，而名义GNP在这两年中才分别增长了7.2%和5.4%。有人认为，"M_1的流通速度与它在70年代的行为的这一背离是1981年后期M_1与经济的关系明显破裂的最新表现。"[③] 导致这一关系破裂的主要原因是由于金融创新引起的M_1构成的变化以及80年代后联储对存款利率管制的放松。

70年代末以前，人们持有M_1几乎都是为了交易的目的，即为了预期中的支付而持有的。M_1的变化于是无可置疑地与收入和物价的变化保持一致。当时的统计资料也证明了这一点。尽管短期市场利率的变化也会影响M_1，因为前者是后者的机会成本，但由于M_1只是作为交易余额而存在，因此这种影响

① 1976年，联储就在其提交国会的关于货币政策的报告中公布了货币增长的目标，1978年的《充分就业和平衡增长法案》更使货币增长的目标成为联储主席每年两次向国会的报告中必不可少的内容。

② 罗伯兹和怀特曼：《作为货币政策目标的货币总量——一项统计调查》（William Roberds and Charles H. Whiteman, Monetary Aggregates as Monetary Targets: A Statistical Investigation），载美国《货币、信用和银行杂志》，1992年5月，143－144页。

③ 罗思：《放松管制使M_1不再成为货币政策的指标了吗?》，载威尔科克斯和米什金编：《关于货币、银行与金融市场的当前读物——1988—1989年版》，178页。

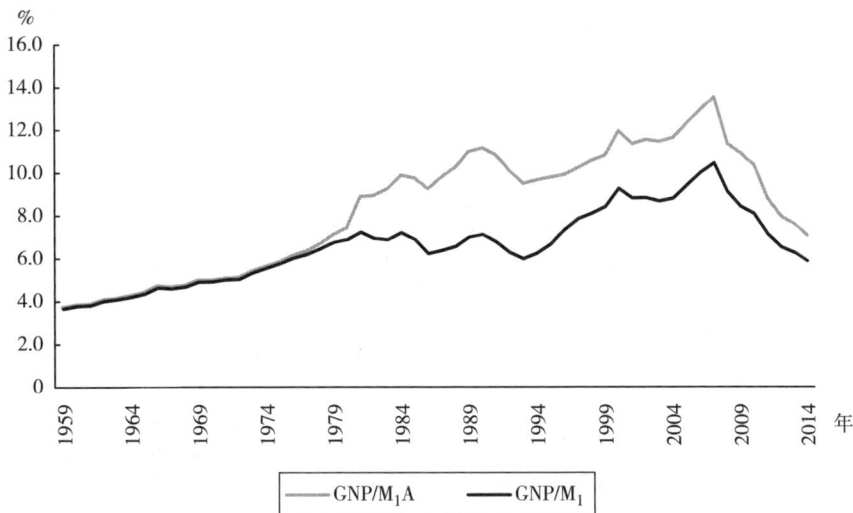

数据来源：M_1 和 M_1A 的流通速度由本书作者计算得到，其中 M_1 和 GNP 数据来自圣·路易斯联储官网；1959—1980 年的 M_1A 也来自圣·路易斯联储官网，1980 年以后的数据由本书作者根据官网公布的通货加上活期存款计算得到。为使 M_1 和 M_1A 流通速度的计算具有可比性，我们并未直接采用圣·路易斯联储官网公布的经季节调整后的 M_1 流通速度，该数据与我们计算得到的 M_1 流通速度总体趋势一致，但具体数值有细微的差异。

图 5 - 3　M_1 和 M_1A 的流通速度

并不很大，且这种影响是稳定的和可预测的，所以 M_1 与经济的关系仍是可预测的。

　　然而，随着金融创新的发展和联储对一系列金融创新（如 ATS 账户、NOW 账户等）的认可，以及由此而引发的 1980 年后对货币的重新定义，M_1 的构成发生了很大的变化，除了通货和活期存款及旅行支票外，还增加了一系列其他可开列支票的存款，而且其他可开列支票存款的增长速度远远超过前三者的增长速度。这就使其他可开列支票的存款在 M_1 中所占的比例越来越大，从 1978 年的 2.3% 迅速增加到 1986 年的 32.1%（见图 5 - 4）。

　　尽管其他可开列支票的存款能用作交换媒介，但人们持有这些存款并不全是为了交易的目的，而是同时为了获取利息收益。于是其他可开列支票的存款并未都用于当前和未来的支付，其中很大一部分倒成了人们储蓄的形式。因此，"越来越不好说，M_1 代表着理论上纯粹的交易余额的衡量尺度。相反，似

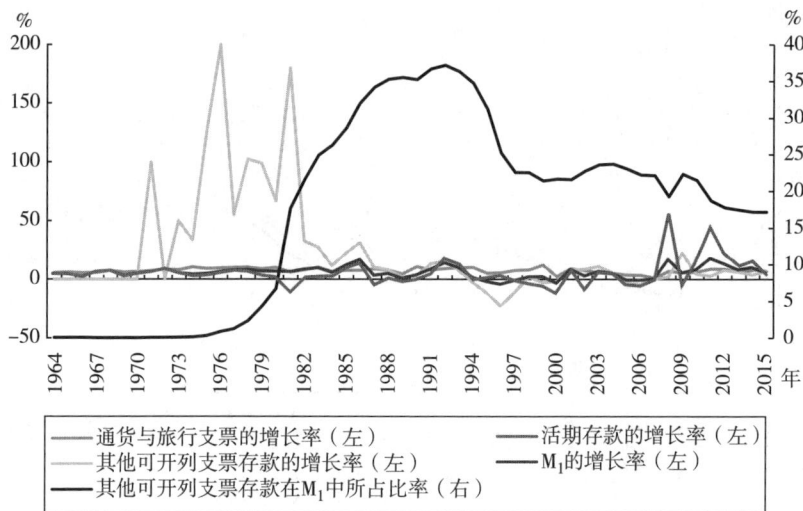

数据来源：美联储官网。

图 5 - 4　M₁ 及其组成部分的增长率，及其他可开列支票存款在 M₁ 中的比重

乎很可能的是，在那些带利息的新交易账户的资金中，至少有一部分代表着储蓄。"[①] "在 80 年代，M₁ 似乎已成了更像储蓄类型的总量，而不像一个纯粹的交易总量。"[②]

问题在于，决定交易余额的因素与决定储蓄余额的因素是不相同的。前者主要决定于收入和物价，因而交易余额同经济保持着密切的关系。后者则决定于人们以何种形式持有其财富的决策，即决定于人们如何将其财富分配于各种金融资产和实物资产。这种决策"将不会很受收入和物价变化影响。相反，各种金融资产利率之间的差距以及可能存在的金融资产和实物资产收益率之间的差距，则是人们在分配财富时的重要考虑因素，就像通货膨胀预期和作为财富持有形式的各种资产的相对风险是重要的考虑因素一样。因此，如果 M₁ 成了储蓄余额的具有吸引力的贮存所，M₁ 将更多地受到财富变化的影响，更多地受到其他可开列支票存款的利率与其他金融资产利率之间差距的影响，更多

---

① 加文和帕科：《M₁A——M₁A?》，载威尔科克思和米什金编：《关于货币、银行与金融市场的当前读物——1988—1989 年版》，190 页。

② 贾德和特里哈恩：《不再很重视 M₁》（John P. Judd and Bharat Trehan, Downgrading M₁），载威尔科克斯和米什金编：《关于货币、银行与金融市场的当前读物——1988—1989 年版》，194 页。

地受到其他可开列支票存款的利率与实物资产收益率之间差距的影响——而其中没有一项同收入和一般物价水平紧密联系着。"[1]

可见，金融创新使 M_1 已不那么单纯，它还包括其他可开列支票的存款，因此，M_1 的主要决定因素已不只是收入和物价，同时还包括其他一些变量，其中最重要的是其他可开列支票存款的利率与短期市场利率之间的差距，因为短期市场利率的变化往往反映了各种金融资产和实物资产收益率的变化。如果其他可开列支票存款的利率不能同步于市场利率的变化而变化，那么这一差距就会发生变化，这意味着其他可开列支票存款的利率同其他金融资产利率和实物资产收益率之间的差距改变了，于是其他可开列支票的存款额也势必发生变化。有些西方经济学家认为，这是引起 70 年代末以后其他可开列支票存款迅速增长的主要原因。如 80 年代中期，市场利率不断下降，而其他可开列支票存款的利率却很少变化，这就使两者的差距不断缩小。"于是，公众就可能将某些以定期证券形式存在的储蓄余额转移为 M_1 中的可开列支票的存款，因为将资产转移到这些更具有流动性的存款中而损失的收益已经变得很小了。"[2]

大量定期存款转变为可开列支票的存款必然使 M_1 迅速增加，使 M_1 的流通速度下降。对此，最有说服力的是图 5－3 中的两条曲线。由于 M_1A 不包括其他可开列支票的存款，因此，70 年代末以后，M_1A 的流通速度仍保持着它在整个 70 年代的上升的趋势，只是到了 1985 年和 1986 年才略有下降，而这可能是由于其他因素引起的。所以，80 年代中期后，又有人重提 M_1A 的概念，甚至有人主张应重新将 M_1A 和 M_1 区别开来，并主张将 M_1A 作为货币政策的指标，理由是 M_1A 与收入和物价始终保持着比较稳定的关系。

从以上分析中可以看出，M_1 与经济关系不稳定的关键在于其他可开列支票存款的不稳定。这里所谓的不稳定实际上就是不可预测。为什么在目前的条件下，其他可开列支票存款的变化难以预测呢？从以上分析中我们还可以看出，若要准确预测其他可开列支票存款的变化，首先要能准确预测市场利率的变化，其次必须能准确预测其他可开列支票存款的利率与市场利率之间的差距的变化，最后还必须能准确预测这一差距的变化对其他可开列支票存款的影响程度。由于其他可开列支票的存款已成了 M_1 的重要组成部分，因此，这三个

---

① 罗思：《放松管制使 M_1 不再成为货币政策的指标了吗?》，载《关于货币、银行与金融市场的当前读物 1988—1989 年版》，176－177 页。

② 贾德和特里哈恩：《不再很重视 M_1》，载威尔科克斯和米什金编：《关于货币、银行与金融市场的当前读物——1988—1989 年版》，195 页。

条件也是准确预测 M_1 的变化的基本条件。这里所讨论的，归根结底是 M_1 对市场利率变化的敏感性。如果这一敏感性问题解决了，M_1 与收入和物价的关系就不难发现了。下面我们来看这三个条件是否存在。

显然，第一个条件尚不具备。短期利率很容易变化而又很不容易预测。目前的经济分析手段还不足以保证人们对短期利率的准确预测，这已为大量事实所证明。不过，这第一个条件之未能满足，还不至于使上述敏感性问题的解决完全无望，因为第一个条件是为后两个条件服务的。当然，由于没能准确预测短期利率，后两个条件就比较难实现了。

事实上，第二个条件也不具备，因为其他可开列支票存款利率的变化不仅难以预测，而且同短期市场利率的变化很不一致。其他可开列支票存款的利率随着短期市场利率的变化而作的调整显得很慢，被西方经济学家称为缓慢的调整（Sluggish Adjustment）。以 1985 年和 1986 年两年为例，在 1985 年和 1986 年两年中，联邦基金利率和小额定期存款利率变化比较频繁，波动幅度也比较大，而其他可开列支票存款利率变化较小，显得很平稳。这一事实必然引起其他可开列支票存款利率与短期市场利率之间的差距的变化，而且这一变化是很难预测的。

由于前两个条件不具备，第三个条件当然也不可能具备，因为第三个条件是建立在前两个条件的基础上的。

综上所述，金融创新以及由此而引起的货币的重新定义，使得上世纪 80 年代后 M_1 与经济的关系很不稳定，又很难预测。这最终迫使联储放弃了以 M_1 作为货币政策的指标，且至今未予恢复。可以预料，只要 M_1 与经济的稳定和可预测的关系不恢复，M_1 就不可能再次成为货币政策的指标。

但是，能不能因此而说 M_1 不再重要了呢？有人确实这样认为。但我们的回答是否定的。而且我们认为，M_1 比以前更重要了。因为，M_1 之所以不再成为货币政策的指标，这完全是由于货币政策操作上的原因，是因为它不能满足货币政策操作的实际需要，而不是因为 M_1 的性质发生了变化。事实上，在各种定义的货币中，M_1 仍然是唯一的商品交换的媒介，仍然是其他各种货币定义的基础和出发点。而且，金融创新使 M_1 变得更丰富，对经济的影响也更大、更复杂。尽管 M_1 早已不作为货币政策的指标了，但西方经济学家并没有停止对 M_1 的研究，甚至比以前研究得更深入、更广泛。在近年来西方国家出版的各种货币银行学和货币经济学论著中，出现得最频繁的还是 M_1，而不是其他货币定义。这也是金融创新在金融理论研究中的反映。

第五节 金融创新对我国货币供应量统计的影响

一、金融创新对我国货币供应量的影响

目前，我国金融环境与西方国家上世纪 80 年代相似，金融总量快速扩张，金融结构多元发展，金融产品不断创新，金融体系关联性日趋复杂，现行货币供应量与 GDP、CPI 等主要经济变量之间的相关性有所削弱，货币供应量的范围及层次划分受到挑战。

（一）银行卡结算账户下的活期存款

受益于电子化技术的发展，现代支付结算效率大幅提高。这带动了银行卡业务的快速发展，我国银行卡品种日益丰富，发卡量大幅增加。越来越多的居民将银行卡项下的个人活期存款作为支付工具使用。2003 年前，银行卡项下的个人活期存款占全部活期存款的比重仅为 2% 左右。在银行卡联网推广使用以后，支付环境不断改善，持卡人用卡意识逐步增强，特别是在网上银行、手机银行、电话银行等电子商业的助推下，银行卡项下的个人活期存款占全部活期存款的比重迅速上升。2015 年末，全国银行卡在用发卡数量 54.42 亿张，其中借记卡在用发卡数量 50.10 亿张，信用卡和借贷合一卡在用发卡数量 4.32 亿张，全国人均持有银行卡 3.99 张。2015 年末，银行卡项下的个人活期存款约 17.1 万亿元，占住户和企业活期存款的 45.4% 左右。

（二）金融机构资产管理产品

在金融业"分业经营、分业监管"的格局下，金融机构创新业务操作模式和交易渠道，实现跨行业、跨机构、跨产品合作，为客户提供综合性服务。金融机构提供的多元化理财产品或资产管理产品分流了银行存款，对广义货币供应量造成较大冲击。如商业银行开展的表外理财业务，其管理模式分为开放式和封闭式两种。开放式产品大多投资于货币或债券市场，单位份额的价值较稳定，通常可以随时申购、赎回，资金在 T+1，甚至 T+0 即可回到银行卡账户下用于支付结算，流动性比较强。封闭式产品的期限也较短，以 1~6 个月为主。

这些理财产品具有较强的货币属性，应考虑将其纳入货币供应量。截至 2015 年末，我国商业银行表外理财产品达 16.6 万亿元，与同期广义货币供应量 M_2 之比达 11.9%；同比增长 71.7%，增长速度远高于同期各项存款和货币供应

量增速。2015 年末，与之类似的资金信托产品规模也达到了 14.4 万亿元，同比增长 12.9%。此外，券商资管产品、保险公司资管产品也发展迅猛。

（三）证券投资基金及互联网理财

近年来，我国证券投资基金市场发展较为平稳。2012 年末开放式证券投资基金净值为 2.7 万亿元，其中货币市场型基金净值约 5 717 亿元。2013 年互联网企业借助第三方支付、网络借贷、众筹融资、网络金融产品销售等业务迅速介入金融业，规模和影响不断扩大。这推动了证券投资基金尤其是货币市场基金的快速发展。以 2013 年 6 月成立的余额宝为例。余额宝是支付宝公司与天弘基金合作的货币市场基金直销平台。它凭借门槛低、收益率高、客户广泛、手续简便、交易快捷的优势吸纳了大量小额客户资金，分流了银行存款。成立时余额宝规模仅为 2 亿元，2013 年来规模就达到 1853 亿元，用户数量4303 万人。2014 年末，余额宝用户数量增长到 1.85 亿人，规模达到 5 789 亿元。2015 年收益率降低阻碍了余额宝规模攀升，年末规模为 6207 亿元，但用户数量仍持续增长，达到 2.6 亿人。近年来其他互联网企业也纷纷开发类似产品，如腾讯财付通、百度百发等。在互联网的助推下，截至 2015 年末我国开放式证券投资基金净值达到 8.2 万亿元，同比增长 86.5%，其中货币市场型基金净值 4.4 万亿元，同比增长 113%；货币市场基金规模约为同期金融机构各项存款的 3.2%，为银行表外理财规模的 26.8%。

二、金融创新对我国货币函数的影响

（一）对货币流通速度的影响

货币需求理论通常假定货币流通速度是由制度因素所决定的，如支付习惯、信用发达程度、通讯条件等。在金融市场较为发达的国家，货币流通速度基本保持稳定。而近些年我国依托信息技术的发展，金融机构电子化和支付清算系统实现跨越式发展，已形成人民银行、银行业金融机构、清算机构、支付机构、证券结算机构等组成的支付服务组织格局，支付服务专业化分工日益明显，市场化程度不断提高，电子支付手段如银行卡支付、手机移动支付等广泛应用，提高了支付效率，降低了交易成本，加快了货币周转速度，减少了狭义货币的需求。

（二）对货币乘数的影响

从货币供给理论看，货币供应量是基础货币与货币乘数共同作用的结果。货币乘数主要受法定准备金率、超额准备金率、通货/存款比率等因素的影响。

美国、日本、德国等国家经验表明，金融创新的深化会导致货币乘数增大。当前，金融创新对我国货币乘数的影响主要表现在以下几个方面：

一是商业银行为了规避存款准备金的管理，通过创新金融产品替代存款负债，降低缴存存款准备金的基数，使得货币乘数有增大的趋势。但同时也存在商业银行为应对存贷比等监管考核，与金融创新型机构或产品合作做大存款规模的现象，这会一定程度上削弱金融创新对货币乘数的影响。

二是金融创新为商业银行管理流动性提供了更多的工具和渠道，也提高超额准备金的机会成本，因此商业银行加强备付金管理，超额准备金率趋于下降，由此提高货币乘数。

三是金融创新为公众提供了更多支付工具和高效支付系统，降低了公众持有货币的需要，货币乘数相应提高。

三、完善我国货币供应量统计的设想

目前，我国利率市场化改革尚未完成。在未来一段时期内，我国还难以像西方国家那样将某种利率确定为货币政策的操作目标，货币供应量仍将作为我国货币政策的中间目标。因此，人民银行应适时修订货币供应量统计口径，为货币政策和宏观调控提供合适指标。

鉴于目前 M_1、M_2 与主要宏观经济指标的相关性下降，建议对现行统计口径进行调整。M_0 维持不变；将 M_1 扩充为反映企业和个人支付手段的货币总量，提高 M_1 和社会消费品零售总额、工业增加值等指标的相关性；将 M_2 扩充为反映整个社会支付手段和短期价值贮藏的总量，改善 M_2 和 GDP 相关性的同时，减弱 M_2 的月度、季度间不规则波动，提高货币供应量的稳定性。

同时建议不扩大货币供应量层次，原因主要有三：一是 M_2 长期作为货币政策中间目标，已为社会各界广泛接受。若增设 M_3，社会需要较长时间接受新的货币供应量指标。二是若货币总量层次过多，各指标间容易出现不协调、不一致，甚至可能出现背离，这容易引起市场的误读。三是从国际实践经验看，目前各国央行普遍还在编制和公布 M_2，编制过 M_3 的一些央行如美联储也已放弃编制 M_3。由于 M_3 一般包括流动性更弱、价值贮藏功能更强的金融产品，数据的可得性、准确性、及时性较难保证。我国货币政策调控方式正逐步向价格型调控方式转变，新增设数量型调控指标的意义不大。

第六章　货币供给理论中的"新观点"

前几章阐述的货币供给理论，是西方货币供给理论中的"正统"理论，或占主导地位的理论。这一理论自成一个完整的系统。它有时被人们形象地称为基础货币—货币乘数分析。基础货币—货币乘数分析这一名词概括了这一理论的特征。根据这一分析，货币量决定于基础货币和货币乘数这两个基本变量，而基础货币和货币乘数又分别决定于不同的因素。通过分析这些因素来研究货币供给的决定，这就是基础货币—货币乘数分析的特点。

在当代西方货币供给理论中，除了基础货币—货币乘数分析外，还有一种被称为"新观点"（the New View）的理论。实际上，"新观点"并不新，它形成于上世纪 50 年代中期至 60 年代中期的近 10 年中，比前述弗里德曼等人的货币供给理论还略早几年产生。它之所以被称为"新观点"，是因为它的对立面是菲利普斯（C. A. Phillips）以来的货币银行学教科书中的关于货币供给决定的传统理论。这一传统理论又被称为"旧观点"（the Old View）。对"新观点"理论作出贡献的主要是英国《拉德克利夫报告》的作者们，美国著名经济学家格利（John. G. Gurley）和肖（Eduard S. Shaw）及托宾等人。

在分析方法上，"新观点"与基础货币—货币乘数分析很不相同，前者的分析不局限于商业银行和中央银行的范围内，而是以包括银行和非银行金融机构在内的整个金融系统，甚至整个经济体系为分析的对象。因此，"新观点"不具有上述基础货币—货币乘数分析的特点。"新观点"理论的主要观点是：第一，对经济有着重大影响的，不仅仅是狭义的货币，而且是包括狭义货币在内的所有的短期流动性资产；第二，决定货币供给的不仅仅是商业银行和中央银行的行为，而且是包括银行和非银行金融机构在内的整个金融系统的活动和整个经济体系的运行；第三，货币当局不仅应该控制商业银行及其负债，而且应该控制其他金融机构及其负债；第四，货币供给并不是决定于货币当局的外生变量，而是一个内生变量，它决定于经济过程本身。以下我们分别阐述《拉德克利夫报告》、格利和肖以及托宾的"新观点"理论。

第一节　《拉德克利夫报告》

1957 年 5 月，在英国财政部的领导下，成立了以拉德克利夫（Radcliffe）勋爵为首的"货币系统运行研究委员会"（The Committe on the Working of the Monetary System），以"调查（英国）货币和信用系统的运行情况，并对此提出建议"。经过两年的广泛调查和深入研究，该委员会于 1959 年提呈了一份报告，即著名的《拉德克利夫报告》。这一报告和四大卷浩繁的证明材料竟多达 350 万字。报告内容广泛，涉及到货币理论和货币政策的许多方面，并对当代西方货币理论的发展和货币政策的制定，产生了持久的影响。因此，有人曾指出，"这份报告不仅过去是，而且现在也是很重要的。"[1] 我们发现，《拉德克利夫报告》（以下简称《报告》）所提出的一些思想正是对"新观点"理论的最初阐述，并成为"新观点"理论的重要内容。

一、流动性的概念

《报告》的一个中心论点是：对经济真正有影响的不仅仅是传统意义上的货币供给，而且是包括这一货币供给在内的整个社会的流动性；决定货币供给的不仅仅是商业银行，而且是包括商业银行和非银行金融机构在内的整个金融系统；货币当局所应控制的也不仅仅是这一货币供给，而且是整个社会的流动性。就像美国著名经济学家格利所指出的："《报告》视货币为许多资产中的一种，视银行为许多金融机构中的一种类型，视货币控制为整个金融政策的一个方面。"[2] 英国著名经济学家纽林（W. T. Newlyn）也说：根据《报告》，"货币对总需求的影响是通过改变金融机构及企业流动性状况和改变人们希望耗费的实物资源来实现的；货币供给本身并不是关键因素。"[3]

《报告》自始至终的一个观点是，经济中的"流动性"（Liquidity）或"总的流动性状况"（the Whole Liquidity Position）最重要。何谓流动性？对

---

① 奇克：《货币政策的理论》（Victoria Chick, The Theory of Monetary Policy），58 页，1977。

② 格利：《拉德克利夫报告及其证明材料——评论文章》，（The Radcliffe Report and the Evidence: A Review Article），载《美国经济评论》，1960 年 9 月，672－673 页。

③ 纽林：《拉德克利夫报告——苏格拉底似的深究》（The Radcliffe Report: A Socratic Scruting），载约翰逊编：《英国货币经济学读物》（Readings in British Monetary Economics, edited. by H. G. Johnson），527 页，牛津大学出版社，1972。

此,《报告》并没有下过明确的定义,而且《报告》在各处对流动性的含糊的解释也是很不统一的。在这些含糊不清的解释中,有一段话比较引人注意:"正是总的流动性状况同人们的支出决定有关",而支出又"同人们认为他们能掌握的货币量联系在一起"。具体地说,这一货币量取决于人们的资产的数量和组成、他们的借款能力、他们预期的未来收入以及"金融机构和其他企业向人们提供资金的方法和数量"。[①] 如果用这段话来解释流动性,那么所谓流动性,就是人们预期在未来的一段时间内可能得到的货币量。在这些货币中,一部分是劳动(或以前劳动)的报酬,另一部分则是借债的结果,所以借贷市场的状况是决定流动性的重要因素之一。

格利对《报告》中的流动性这一概念也有类似的解释:"《报告》的主要观点似乎在于,公众的流动性不仅仅由货币供给,而且还由公众所能掌握的货币量所构成。"[②]纽林也指出:"拉德克利夫委员会实际上在《报告》的任何地方都没有定义过流动性,但是,流动性似乎意味着,'消费者为了购买商品和劳务而试图筹集货币的难易程度'。这里的筹集货币包括出售资产和借款。"[③]

在对流动性的各种解释中,有一种解释显得比较明确,这就是英国著名经济学家、《报告》的主要作者之一塞耶斯(R. S. Sayers)在其著名的《英国的货币思想与货币政策》一文中所作出的解释:"我们必须以流动性资产这一范围广泛的概念来代替传统的'货币供给'的概念,以作为影响商品和劳务的总的有效需求的货币量。"而流动性资产"不仅包括银行的存款负债,而且包括范围广泛的其他金融中介机构的短期负债",即应该"包括信贷"[④],根据塞耶斯的这一解释,所谓流动性不仅包括传统意义上的货币供给,而且包括银行和非银行金融机构所创造的所有的短期流动性资产。

塞耶斯进一步指出,由于流动性包括信用,因此,提供流动性的机构不仅不限于银行,"而且也不限于一般所谓金融中介机构。在那些以制造或贸易作为其主要业务的企业中,大多数进行许多贷和借的活动:他们向客户提供'商业信用',他们也接受别的企业提供的'商业信用'。许多企业在贷和借两

---

① 《拉德克利夫报告》,389 段,1959。

② 格利:《拉德克利夫报告及其证明材料——评论文章》,载《美国经济评论》,1960 年 9 月,685 – 686 页。

③ 纽林:《拉德克利夫报告——苏格拉底似的深究》,载约翰逊编:《英国货币经济学读物》,530页,牛津大学出版社,1972。

④ 塞耶斯:《英国的货币思想与货币政策》(Monetary Thought and Monetary Policy in England),载英国《经济杂志》(The Economic Journal),1960 年 12 月,712 – 713 页。

方面都很活跃，而几乎所有的企业都参与信用交易中的这两个方面的某一方面。在货币领域中，把银行作为信用的创造者，而把其他企业作为信用的使用者或中介人，这样的区分如果不是完全错误的，就是混淆视听的。从对有效需求产生压力的观点出发，关键在于，是什么提高了人们获得商品和劳务的能力……银行绝不是唯一将这种能力赋予别人的企业"。[①]

根据塞耶斯的上述观点，所谓流动性就是广义的信用，它包括银行信用和商业信用以及各种非银行金融机构的短期负债（也是一种信用）。提供信用就是提供流动性。银行和各种非银行金融机构以及其他企业都是流动性的提供者或接受者。所以，从流动性这一角度看，银行与非银行金融机构，甚至与其他各种企业之间，都没有本质的区别。无论哪一种信用都对社会有效需求产生影响。提供信用同供应货币是一样的，因此，货币和信用对经济的影响是相同的。由此必然得出的结论是，重要的不只是货币，而且是全部信用，或所谓流动性。

二、流动性的控制

既然对经济有着重大影响的不仅仅是货币供给，而且是整个社会的流动性，那么货币当局就不应该只控制商业银行，而应该同时控制大量的非银行金融机构。"这一信用的供给，……并非银行的专利；银行创造信用的能力（这里有关的是信用，而不是货币）并不能证明控制银行而不控制其他提供信用的机构的合理性。"[②] 在《报告》作者看来，"流动性的最重要的来源是大量的（非银行）金融机构"，"这就是拉德克利夫委员会在《报告》中以较多篇幅不仅论述货币系统，而且论述大量非银行金融中介机构的原因。"[③] 这些金融中介机构包括贴现公司、保险公司、退休金基金会、邮政储金局、建房贷款公司、投资信托公司等。《报告》指出，1958 年末，英国的非银行金融机构的资产总额比英格兰银行、伦敦清算银行和苏格兰及北爱尔兰银行的资产总额还多60%。这些金融中介机构的扩展大大地增加了整个社会的可贷资金的供给，即增加了社会的流动性。所以，在控制商业银行业的同时，必须控制非银行金融机构。

---

① 塞耶斯：《英国的货币思想与货币政策》，载英国《经济杂志》，1960 年 12 月，713 页。
② 塞耶斯：《英国的货币思想与货币政策》，载英国《经济杂志》，1960 年 12 月，714 页。
③ 格利：《拉德克利夫报告及其证明材料——评论文章》，载《美国经济评论》，1960 年 9 月，685 页。

《报告》作者之所以强调控制整个社会的流动性，还由于他们认为，如果不控制流动性，传统的货币政策工具是难以控制商业银行的信用扩张的。例如，传统的货币理论认为，中央银行只要规定商业银行的法定存款准备金率，便能决定商业银行的信贷规模，即决定商业银行创造存款货币的能力。《报告》指出，中央银行的这一政策措施实际上收效甚微，因为当商业银行的准备金率低于法定的要求时，它总可以通过收回短期拆放、减少国库券持有额、向中央银行借款等方式获得新的准备金，而不影响其信贷规模，即商业银行可以从其他经济部门获得流动性。所以，金融当局只有控制整个社会的流动性，才能控制商业银行的信贷，才能控制货币供给量。

三、对《报告》的评价

如前所述，《报告》在西方经济学界产生了广泛而持久的影响。虽然《报告》已发表了半个多世纪，但它至今仍是西方货币理论研究的对象之一和西方国家货币政策制定的理论依据之一。从货币供给理论的角度看，所谓"新观点"的一些基本理论和观点，都已为《报告》所提出。但是，《报告》也在西方经济学家中引起了激烈的争论，并遭到了许多经济学家的尖锐批评。

英国经济学家阿梯斯（M. J. Artis）指出，《报告》最大的缺陷在于，没有对流动性及其有关的概念予以精确的定义。他不无讽刺地说："毫无疑问，该委员会所试图建立的新的理论既新颖又模糊，以致连这一新理论的中心概念——'总的流动性状况'——都没有定义清楚，以致连由这一概念可望获得的新见解都没有详细地阐述清楚。"[1] 已故英国著名经济学家哈罗德（R. Harrod）则认为，《报告》中的所谓流动性是建立在凯恩斯使用的"可得流动性量"（Amount of Liquidty Available）这一术语的基础上的，实际上同货币供给的概念并无很大的区别，因而控制流动性也不比控制货币供给更重要。[2]

对《报告》关于非银行金融机构的论述，经济学家们也不无微词。英国经济学家吉布森（N. J. Gibson）说："《拉德克利夫报告》可能夸大了金融中介机构在抵消货币政策中的作用。"[3] "新观点"理论倡导者之一、美国著名经

---

[1] 阿梯斯：《流动性及其对数量说的抨击》（Liquidity and the Attack on Quantity Theory），载约翰逊编：《英国货币经济学读物》，344 页，牛津大学出版社，1972。

[2] 哈罗德：《货币供给重要吗？》（Is the Money Supply Important?），载英国《威斯敏斯特银行评论》（Westminster Bank Review），1959 年 11 月，3 - 7 页。

[3] 吉布森为约翰逊编《英国货币经济学读物》第五章《金融中介机构》所写的《序言》，见该书 342 页。

济学家托宾也承认，只要非银行的金融资产和非银行的信用不是银行货币和银行信用的完全替代品，非银行金融中介机构的活动就不可能完全抵消货币政策的作用，虽然货币政策将由此而受到某种程度的削弱。[①]

不过，平心而论，《报告》强调流动性对经济的重要性，强调非银行金融机构与商业银行的同一性，主张以控制整个社会的流动性（实际上也就是控制信用）作为货币政策的主要手段，正是上世纪 50 年代后，西方国家出现的金融机构、金融工具和信用渠道多样化的趋势在货币理论研究中的反映，在这一趋势刚露端倪之时，《报告》作者们便敏锐地察觉出它在理论上和政策上的意义，确也是难能可贵的。

关于《拉德克利夫报告》的意义，我们认为格利的意见是比较中肯的。他说：《报告》给人的印象是"含糊不清"，无论是关于货币供给的作用，还是关于非银行金融中介机构的地位，或关于流动性的概念，等等，《报告》都没有提供清晰的阐述和明确的答案，所以，《报告》并未完成其主要任务；然而，"《报告》就像一出荒诞剧，收到了'异常的激动人心'的效果，这就是，《报告》所给予的对金融世界的广阔的视野，使得许多将自己束缚于这一世界之一隅的货币理论家和决策者感到浑身不自在"，因为《报告》给他们展现了一个"非常广阔的世界"。[②]

从经济学说史的角度看，《拉德克利夫报告》实际上是对当时正盛行于世的凯恩斯学派理论的补充和发展。已故英国著名经济学家、货币主义者约翰逊（H. G. Johnson）曾深刻地指出：拉德克利夫委员会对英国的货币体系进行调查的时候，正值凯恩斯学派的学说处于其鼎盛时期。这一学说的特点之一就是怀疑货币政策的有效性和传统货币理论的正确性。而当《报告》出版时，凯恩斯学派怀疑货币政策的理论已在学术界走下坡路了。这就是为什么《报告》在受到人们欢迎的同时，又受到了人们的严厉批评的原因。在《报告》出版后的 10 年中，理论界越来越重视的是货币政策和货币理论，而不是收入和就业理论。伴随着这一变化的就是货币学派的兴起。[③]

---

① 托宾和布雷纳德（W. C. Brainard）：《金融中介机构与货币控制的有效性》（Financial Intermediaries and the Effectiveness of Monetary Control），载《美国经济评论》，1963 年 5 月。

② 格利：《拉德克利夫报告及其证明材料——评论文章》，载《美国经济评论》，1960 年 9 月，699 - 700 页。

③ 约翰逊：《货币理论的最新发展——我的评论》（Recent Development in Monetary Theory——A Commentary），载约翰逊：《货币经济学论文选》（Selected Essays in Monomics），181 页，1978。

第二节　格利和肖与金融中介机构理论

格利和肖都是美国著名经济学家。他们在经济理论上的最大贡献就是他们对金融中介机构的理论分析。他们从金融中介机构不仅包括商业银行，而且包括各种非银行金融机构这一事实出发，分析了商业银行和其他金融机构在信用创造过程中的类同性，分析了货币和其他金融资产的类同性和相互间的替代性，得出了货币当局不仅应该控制货币和商业银行，而且应该同时控制其他金融机构和其他金融资产的结论。格利和肖的这一理论与传统的货币理论有着很大的区别，是一种崭新的货币金融理论，也是所谓"新观点"的货币供给理论的重要组成部分。上世纪50年代中期，他们联名发表了两篇论文，初步阐述了他们的观点，[①] 60年代初，他们又出版了《金融理论中的货币》这一名著，对他们的理论作了进一步的论述和完善。

一、方法论和基本概念

以色列著名经济学家唐·帕廷金（Don Patinkin）曾经指出，《金融理论中的货币》是"一本每一个研究货币理论与政策的认真的学生都必须阅读的书"。[②] 不过，在我们看来，该书是当代西方经济学文献中比较难读的著作之一。原因可能在于：第一，该书是第一本以银行和非银行金融中介机构为主要研究对象的著作，它涉及的面非常广，几乎涉及到整个金融系统，而不像以往的货币理论著作那样，只是囿于货币和商业银行的范围内；第二，该书采用了从抽象到具体的分析方法，它从一个实际经济生活中并不存在的所谓初始的金融（Rudimentary Finance）出发，逐步地过渡到比较接近于美国实际的金融体系，所以，该书大部分篇章的研究对象都与实际经济状况相差较远，就连作者本人都承认，该书的一系列模型是不能直接用于推导实际的货币政策的；[③] 第三，该书的阅读对象不是一般读者，而是专业经济理论工作者，因此，作者既

---

① 格利和肖：《经济发展的金融方面》（Financial Aspects of Economic Development），载《美国经济评论》，1955年9月；《金融中介机构与储蓄—投资过程》（Financial Intermediaries and the Saving - Investment Procese），载美国《金融杂志》，1956年5月。

② 唐·帕廷金：《金融中介机构与货币理论的逻辑结构——评论文章》（Financial Intermediaries and the Logical Structure of Monetary Theory：A Review Article），载《美国经济评论》，1961年3月，99页。

③ 格利和肖：《金融理论中的货币》（Money in a Theory of Finance），华盛顿1979年重印本；中译本，原版前言，3页，上海，上海三联书店，1988。

没有对他们的理论作通俗化的工作，也没有阐述其理论的渊源；第四，该书使用了许多作者杜撰的名词概念，如"原始证券"（Primary Securities）、"间接证券"（Indirect Securities）等，于是读者必须首先充分理解了这些概念，才有可能理解作者的理论，而且，如帕廷金所指出的，该书的"语言有时模糊不清，而且常常过于夸张"。[1]

在阐述格利和肖的理论以前，有必要首先阐明这一理论中的几个重要概念，它们是"原始证券"、"间接证券"和"金融中介机构"。原始证券一译初级证券，是指非金融的支出单位（普通消费者、工商企业、政府机构）为筹集资金而发行的证券，如政府证券、公司债券、股票、抵押票据、消费者债券等。可见，原始证券是非金融支出单位的负债。而间接证券则是金融中介机构的负债，如通货、活期存款、定期存款、储蓄存款、储蓄贷款协会股份等。由最终借款人直接向最终贷款人出售原始证券，就是所谓直接融资；由金融中介机构向最终借款人购买原始证券，并向最终贷款人出卖间接证券，则形成了间接融资。所以，金融中介机构的主要职能就是"在某一利率水平上贷出（资金），而在一个较低的利率水平上借入（资金）。它们从市场中购买原始证券，而出卖间接证券或间接金融资产——这些间接证券和间接金融资产的特性使它们获得了较高的价格。原始证券的收益与间接证券的收益之间的差额，就是对（金融）中介机构所提供的特殊服务的补偿"。[2]

格利和肖进一步将金融中介机构分为货币系统和非货币的中介机构。前者主要包括中央银行和商业银行，后者则包括储蓄贷款协会、互助储蓄银行、保险公司、邮政储金局、养老金基金等。可见，非货币的中介机构也就是通常所谓非银行的金融中介机构。货币系统购买原始证券而创造货币，非货币的中介机构则购买原始证券而提供非货币的间接证券。

二、货币系统与非货币中介机构的类同性和竞争性

与传统的货币理论不同的是，格利和肖的理论更强调货币系统与非货币的中介机构的类同性。他们指出："货币系统与非货币的中介机构有许多相似之处，而且这些相似之处比那些不同之处来得更重要。这两类金融中介机构都创

① 唐·帕廷金：《金融中介机构与货币理论的逻辑结构——评论文章》，载《美国经济评论》，1961年3月，99页。

② 格利和肖：《金融中介机构与储蓄—投资过程》，载《金融杂志》，1956年5月，重刊于史密斯和泰根编：《货币、国民收入与经济稳定政策之读物》（Readings in Money, National Income, and Stabilization Policy），218页，1970年修订版。

造金融债权，它们都可以依据所持有的某类资产而创造出成倍的特定负债。……而且，它们都能创造可贷资金，都能引起超额货币量，并都能产生大于事先储蓄的超额事先投资。"① "可见，货币系统和非货币的中介机构在这方面的区别，并不在于这个创造了而那个没创造，而在于各自创造了独特形式的债务。"② 也就是说，银行和非银行的金融机构在充当信用中介的过程中，都创造着某种形式的金融债权凭证，都发挥着信用创造的作用。在这一方面，商业银行与非银行的金融机构并没有本质的区别。

正因为这两种金融中介机构有着很大的类同性，所以它们往往处于相互竞争的地位。"货币系统在很大程度上与其他金融中介机构处于竞争的地位。随着这些中介机构的增长而增长的间接债券和各种原始证券都是货币的替代品，并抑制了货币的增长。它们所发行的间接债券取代了货币，而它们所持有的原始证券则在较大的程度上造成了银行资产的损失。"③

格利和肖指出，通货和活期存款作为支付手段，具有排他性和独占性。如果人们持有货币只是为了目前和未来的支付，即只是为了交易的目的，那么，货币系统就处于垄断的地位，而不会受到其他金融中介机构的竞争。然而，人们对货币的需求不仅出于交易的动机，而且出于预防的动机和投机的动机。而为了达到后两种目的，人们可以持有货币，也可以持有其他金融资产。也就是说，非货币的中介机构所创造的金融债权凭证与货币之间具有很强的替代性。于是，货币和货币系统就不可避免地受到其他金融资产和非货币的金融中介机构的竞争。而且，即使为了交易的目的，尤其是为了未来交易的目的，人们也可以保持其他金融资产，而不保持货币，因为其他金融资产是很容易转化为货币的。

由上可知，"在交易的、预防的、投机的和我们将会看到——多样化的资产余额中，非货币的金融资产作为货币的替代品越是充分，在一定的国民收入的水平上，货币供给就越少。对于任何一种收入水平，只有当人们了解了银行所创造的货币与其他中介机构所创造的金融资产之间的替代程度，才能够确定合适的货币供给量。货币系统的规模有多大，部分取决于来自储蓄银行、人寿保险公司、养老金基金和其他中介机构的竞争程度。"④ 随着非货币金融中介

---

① 格利和肖：《金融理论中的货币》，英文版，202 页；中译本，175 – 176 页。

② 格利和肖：《金融理论中的货币》，英文版，198 页；中译本，172 页。

③ 格利和肖：《金融中介机构与储蓄—投资过程》，重刊于《货币、国民收入与经济稳定政策之读物》，220 页。

④ 格利和肖：《金融中介机构与储蓄—投资过程》，重刊于《货币、国民收入与经济稳定政策之读物》，220 页。

机构的发展，整个社会的原始证券的越来越大的部分为这些中介机构所持有，它们所发行的间接证券也在整个社会的间接金融资产中占据越来越大的份额，而银行系统的规模和影响则相对缩小。

三、非货币中介机构与货币政策

格利和肖认为，由于传统的货币政策对非货币金融中介机构只具有间接的和较小的影响，因此这些中介机构的迅速发展削弱了传统的货币政策的作用。对此，他们在《金融理论中的货币》一书和前述两篇论文中都花了不少笔墨予以论述。然而，他们的论述极不清晰，致使这一方面的内容成了该书最难理解的内容之一。美国经济学家马蒂（A. L. Marty）曾经指出，对这一论断，格利和肖在该书的"任何地方都没有提供严格的证据。"[1] 事实上，他们不仅没有对自己的论断提出严格的论据，而且有关论述都是极其含糊不清的。但由于这一内容无论是对格利和肖理论体系的完整，还是对这一理论的实际意义，都是极其重要的，因此，我们根据自己的理解，并借助帕廷金的图表，予以简述如下。

非货币的中介机构的扩张之所以会降低货币政策的效果，其原因在于，这些中介机构的负债在很大程度上成了货币的替代品，由此降低了在一定的产出、物价和利率水平上的货币需求，并进而削弱了货币供给量的变化对利率和物价的影响。帕廷金曾根据格利和肖的几张图绘成图 6－1[2]。图中，横轴代表货币量，纵轴代表市场利率，直线 SC 和 $S'C'$，分别代表两种不同的货币量，D、D''和 D' 分别为三条不同的货币需求曲线。

格利和肖说："非货币的中介机构是政府货币系统的竞争者，就是说，前者的成长通常会减缓支出单位对货币的需求的增长；在既定的一系列政策目标的背景下，这会阻滞货币系统的适当扩张。……这些债权的增长通常会降低所要求的货币存量的增长。"[3] 非货币金融中介机构的负债在很大程度上成为货币的替代品，这就减少了在一定利率水平下的货币需求。如果以 D 曲线来代表不存在着这种竞争时的实际货币需求，显然，在一定利率条件下的 D''曲线所代表的货币需求，小于 D 曲线所代表的货币需求。由于利率决定于货币需

---

① 马蒂：《格利和肖的〈金融理论中的货币〉》（Gurley and Shaw on Money in A Theory of Finance），载美国《政治经济杂志》，1961 年 2 月，59 页。

② 唐·帕廷金：《金融中介机构与货币理论的逻辑结构——评论文章》，载《美国经济评论》，1961 年 3 月，110 页。为便于本文的分析，我对原图作了局部改动。

③ 格利和肖《金融理论中的货币》，英文版，228 页；中译本，197 页。

求与货币供给之间的均衡，因此，为达到一定水平的利率所要求的货币供给量，在有来自于非货币的中介机构的竞争的情况下比在没有这种竞争的情况下来得少。从图中看，当货币量为 OC 时，在后一种情况下，利率为 i_1，而在前一种情况下则为 i_0，如果要在前一种情况下使利率达到 i_1，那么货币量就必须减少到 OC'。

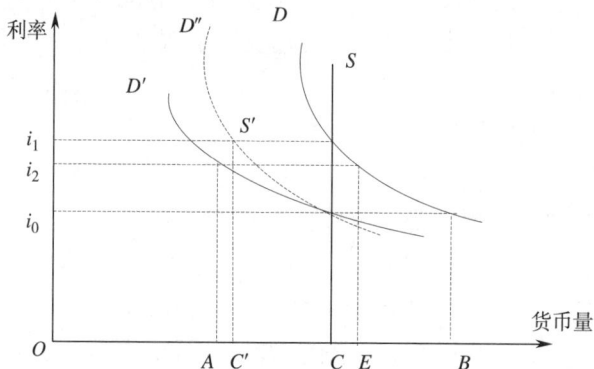

图 6-1　非货币中介机构对货币政策的影响

非货币金融中介机构的存在不仅减少了社会货币需求量，使一定时点的货币存量比不存在这些中介机构的情况下来得少，而且提高了货币需求的利率弹性，削弱了货币供给的变化对利率、物价和实际经济的影响。格利和肖指出，非货币中介机构的存在使借贷双方能够在更广阔的范围内进行更有效的选择，由此增加了债券等原始证券的流动性、安全性和盈利性。最终贷款人对这些中介机构所发行的间接证券的需求，说到底就是对原始证券的需求，只是原始证券经过它们转化为间接证券后，对最终贷款人有更大的吸引力，或者说，成了货币的更好的替代品了。这不仅使一定利率条件下的货币需求减少，也使货币需求曲线变得较为平坦。从图中看，就是 D 曲线不仅变成了 D'' 曲线，还进一步变成了 D' 曲线。当货币需求曲线为 D' 时，为了使利率从 i_0 上升到 i_2，货币供给就必须从 OC 减少到 OA，即减少了 AC；而当货币需求曲线为 D 时，货币供给量只要减少 EB 就能使利率从 i_0 上升到 i_2。由于 D' 曲线比 D 曲线平坦，D' 曲线的利率弹性大于 D 曲线，在纵轴变化量相同的时候，D' 曲线的横轴变化量比 D 曲线要大，即 $AC > EB$。D' 曲线代表存在着非货币中介机构情况下的货币需求，而 D 曲线则代表不存在这些中介机构情况下的货币需求。可见，非货币中介机构的存在和发展削弱了货币政策的作用。

格利和肖认为，非货币中介机构对货币政策的削弱程度，取决于货币当局对它们的控制程度。只有不受控制的非货币中介机构的活动才会使货币政策的效果受到较为严重的削弱。例如，当货币当局在经济高涨时期紧缩银根以提高利率、抑制物价时，较高的利率使不受控制的非货币中介机构有利可图而增加对自身债权的供应。"任何由于紧缩的货币政策与累积的负债的综合因素而造成的利息率的上升都为非银行中介机构创造了提供更昂贵的吸引物（More Expensive Attractions）的机会。"① 这里所谓更昂贵的吸引物就是指非银行金融机构能以较高的利率提供贷款。它们既能以较高的利率提供贷款，当然也能以较高的利率接受存款，也就是以较高的价格出售非货币的间接金融资产。结果把对货币的需求引向了对非货币金融资产的需求。面对较少的货币需求，货币当局必须进一步减少货币供给，才能达到提高利率、抑制物价的目的。"这样，货币政策的作用就被不受控制的中介机构的活动所削弱。"② "货币控制限制了一种金融资产的供给，这种金融资产就是货币，然而，在一个提供各种金融资产的复杂的金融结构中，……单纯对货币的控制作为一种管理可贷资金的流动和商品与劳务的消费的方法，其效率是不断下降的。"③ 但如果货币当局能像控制商业银行的存款负债那样，直接控制非货币间接资产的供给，那么货币政策的作用就不会有较大的削弱。这就是格利和肖试图通过他们的理论分析所要得出的结论和政策建议。

以上就是格利和肖关于不受控制的非货币金融中介机构的活动削弱了货币政策的实际效果的理论。我们认为，这一理论的正确与否，关键取决于这些中介机构的负债同货币的替代程度。如果这一替代程度很高，那么可以想见，这种削弱无可避免地会比较严重；反之，如果两者间并无很强的替代性，则非货币中介机构的活动就不会严重削弱货币政策的实际效果。马蒂指出，"随着非银行中介机构的增长，（货币当局）控制的范围是否应该扩展到诸如储蓄贷款协会的股份之类的资产，取决于这些资产与货币之间的替代性是否有较大幅度的增长。"④ 可以认为，马蒂所要表达的实际上也是这个意思。

非货币中介机构的负债同货币的替代性究竟如何，这只有通过经验研究才能得到证实。可惜的是，不仅格利和肖未作这一研究，而且其他经济学家至今也没有作出这一方面的经验研究。事实上，这一经验研究不仅需要，而且完全

---

① 格利和肖：《经济发展的金融方面》，载《美国经济评论》，1955 年 9 月，532 页。
② 格利和肖：《金融理论中的货币》，英文版，240 页；中译本，208 页。
③ 格利和肖：《经济发展的金融方面》，载《美国经济评论》，1955 年 9 月，537 页。
④ 马蒂：《格利和肖的〈金融理论中的货币〉》，载美国《政治经济杂志》，1961 年 2 月，61 页。

可能。联想到"新观点"的所有理论，几乎都缺乏经验研究的证明，不能不令人感到遗憾。

四、对格利和肖理论的评论和这一理论的意义

格利和肖关于非银行金融中介机构的理论在西方经济学界引起了较大的反响，当然也无可避免地遭到了一些经济学家的尖锐批评。在这些批评中，美国经济学家史密斯（W. L. Smith）的观点最具代表性。①

史密斯认为，格利和肖"夸大了商业银行与其他金融中介机构的相似性"。② 在史密斯看来，商业银行的真正的特性，在于它们的准备金在银行系统内部流转的迅速和自发性。"由于人们普遍习惯于在获得收入后，把收入马上存入商业银行的支票账户中，因此，在正常情况下，一银行因贷款而损失的准备金会迅速而自动地回归到银行系统中。"史密斯指出，"这是我们的支付机制的固有的特征。"这一特征使"商业银行具有独特的扩张信用的能力。"③ 而其他金融机构只能接受储蓄，并通过贷款把储蓄转化为投资，因此，它们虽然也能在放款和投资的过程中，参与信用扩张的活动，但它们的信用扩张却依赖于支出、收入和储蓄的扩张过程，因为只有这后一种扩张才会有非银行金融机构的信用扩张。商业银行的主动性的信用扩张活动，往往是这后一种扩张的先导。史密斯据此认为，在信用扩张活动中，非银行金融中介机构至少在三个方面与商业银行不同。④

第一，信用创造过程的时间长度不同。商业银行的信用创造与支付过程密切相连。一次信用创造的时间长度等于从一笔活期存款为一家银行所接受，到这笔存款的绝大部分（扣除准备金后的余额）为另一家或数家银行所接受的时间间隔。一家银行接受到一笔存款后，一般会比较迅速地把它贷放出去，而贷款接受者又会迅速将贷款存入他（们）在商业银行的活期存款账户。所以，商业银行的信用创造过程很短，一次信用创造一般在几天时间内就完成了。而

---

① 史密斯：《金融中介机构与货币控制》（Financial Intermediaries and Monetary Controls），载美国《经济学季刊》，1959 年 11 月，重刊于史密斯和泰根编：《货币、国民收入与经济稳定政策之读物》，1970 年修订版。

② 史密斯：《金融中介机构与货币控制》，重刊于《货币、国民收入与经济稳定政策之读物》，233 页。

③ 史密斯：《金融中介机构与货币控制》，重刊于《货币、国民收入与经济稳定政策之读物》，234 页。

④ 史密斯：《金融中介机构与货币控制》，重刊于《货币、国民收入与经济稳定政策之读物》，234 – 236 页。

非银行金融机构的信用创造过程则长得多，它等于一次收入到另一次收入的间隔期。

第二，在信贷扩张过程中，非银行金融中介机构的收入漏损远远大于商业银行的现金漏损。在商业银行的信用创造过程中，除了会有很小一部分现金漏损外，绝大部分可贷资金都在商业银行系统内流转；非银行金融机构则只能通过它们所接受到的社会总储蓄的部分来进行信用创造活动，而这部分储蓄显然只占社会总收入的很小一部分。由此可见，非银行金融机构的信用扩张能力比商业银行的信用扩张能力小得多。

第三，两种信用扩张过程的经济意义不同。商业银行的信用创造提供了追加的可用资金，它使社会支出能大于社会收入，因而提高了总需求；非银行金融机构则只能使一部分储蓄转化为投资，而不能创造出超过现期收入的新资金来，"因而它们是名副其实的中介机构"。[1]

史密斯根据上述三大区别而断言，商业银行的信用扩张与非银行金融中介机构的信用扩张，是同一名称下的两种性质不同的现象。

我们认为，史密斯所指出的这三点区别，都是事实，尤其是第三点，揭示了这两种信用扩张对经济的不同影响，告诫货币当局不能完全同等地看待这两种信用，因而不应完全同等地对待商业银行和非银行的金融机构。如果这样理解史密斯的分析，那么，他的观点就是正确的。然而，他的分析却是为了得出这样的结论，即"非银行金融中介机构对近年来的经济不稳定和货币政策的失效，并不负很大的责任"，也"没有足够的证据证明，应该把联储的控制范围扩展到非银行金融中介机构。"[2] 史密斯的这一结论是难以令人接受的。且不说今天西方国家的经济现实与史密斯的结论不相符合，即使在史密斯所研究的年代（上世纪50年代末），非银行中介机构的活动对经济稳定以及对货币政策的实际效果，也已经有了一定的影响。而且，作为一个经济学家，不应无视经济现象的蓬勃发展的趋势。

我们知道，在相当长的时期里，各种不同的金融机构之间，尤其是商业银行与其他金融机构之间确实存在很大的差别，但上世纪70年代以来，这些差别已在逐渐缩小，各种存款性金融机构正在逐步趋向一致化。

---

① 史密斯：《金融中介机构与货币控制》，重刊于《货币、国民收入与经济稳定政策之读物》，235 页。

② 史密斯：《金融中介机构与货币控制》，重刊于《货币、国民收入与经济稳定政策之读物》，245 – 246 页。

上世纪70年代以前,商业银行与其他存款机构的最大区别,在于前者能办理活期存款业务,因此能在部分准备金制度下,成倍地创造存款货币,而后者只能办理储蓄存款,因而不具有创造存款货币的功能。商业银行的这一特征使得商业银行的经营活动对货币供给量、进而对社会经济活动产生了重大的影响。这些影响都是其他金融机构所无法比拟的。并且,商业银行的资产规模在所有存款性机构中是最大的,其资金过去主要来源于活期存款。所以,商业银行成了货币当局控制的最主要对象,也成了经济学家分析的主要对象。

然而,上世纪70年代以来,随着金融创新而产生的NOW账户、ATS账户等其他支票存款账户的出现,商业银行创造存款货币的垄断地位被打破了,储蓄贷款协会、互助储蓄银行以及信贷协会等存款性机构也在其经营过程中创造着货币。① 这是使商业银行与其他存款性机构的区别变得模糊的最主要的原因。实际上,这也是金融创新活动的最大影响。所以,我们认为,从货币供给的角度看,金融创新的最大意义就在于创造了一系列的支票存款账户。金融领域中所出现的这些新情况,迫使货币当局在控制货币的过程中,不能只控制商业银行,而必须同时控制其他存款性机构。这方面的一个大事件就是1980年美国国会通过了《货币控制法》。该法规定,所有接受存款的机构都必须服从联储关于法定存款准备金的统一的规定。

此外,上世纪80年代以前,只有商业银行才能从事商业贷款,而其他存款性机构则只能经营某些专业性贷款,如抵押贷款等。美国1982年的《加恩-圣·杰曼法》废除了这一限制,也允许其他存款机构经营商业贷款和消费贷款。该法甚至允许其他存款机构对与之有借款关系的企业提供活期存款账户。"由于这一新的法令,政府加于银行与储蓄机构的区别实际上已经消除。未来发生的区别在很大程度上将是(各种存款机构)自由选择专业的结果,而不再是政府法令的结果。有些储蓄机构很可能会变得类似于商业银行,而其他一些储蓄机构仍将主要从事住宅信贷等业务。今天,谈论所谓'存款机构'是很平常的,而不再区分银行和储蓄机构;这一区分变得太模糊而并不很有意义了。"② 我们发现,在上世纪80年代中期以来的美国货币经济学和货币银行学文献中,存款性机构(Depository Institution)这一名词出现的次数比商业银

---

① 关于金融创新与货币供给的关系,详见本书第五章。

② 皮尔斯:《美国的金融改革和未来的金融体制》,载铃木善尾与四方宽编:《亚洲和西方的金融创新与货币政策》(James L. Rierc, Financial Reform in the United States and the Financial System of the Future, in Financial Innovation and Monetary Policy: Asia and the West, edited by Yoshio Suzuki Hiroshi Yomo),185–186页,东京大学出版社,1986。

行出现的次数多得多。这表明，美国货币理论界已将研究对象扩展至包括商业银行在内的所有存款性机构，而不再将研究的范围囿于商业银行系统内。在今天的美国，几乎所有研究货币供给的论著都不再撇开非银行金融机构而单独研究商业银行的经营行为了。

上世纪 70 年代以来美国金融领域中的巨大变化，说明了格利和肖关于金融中介机构的理论具有相当程度的合理性，也说明他们具有理论上的先见之明。当然，凡事都有一个度。尽管非银行金融中介机构在社会经济活动中发挥着越来越重大的作用，西方国家货币控制的范围也早已扩展到了这些金融机构，但是，它们对经济的影响毕竟远不如商业银行，而且可以预见，在以后相当长的时期内，情况仍将如此。从货币供给的角度看，商业银行仍是创造存款货币的最主要机构，它们的活动仍将对货币供给产生至关重要的影响，因而它们仍是货币当局控制的主要对象。所以，既应该重视非银行金融机构的活动和影响，又不能"一视同仁"地对待它们与对待商业银行。无论是进行理论分析，还是制定货币政策，都应如此。

第三节　托宾与"新观点"

尽管"新观点"理论的一些基本观点在《拉德克利夫报告》和在格利与肖等经济学家的论著中已被提出，但是"新观点"这一名词则是托宾在他发表于 1963 年的一篇论文中首次提出来的。[①] 托宾的"新观点"是相对于"旧观点"而言的。他所谓的"旧观点"就是关于货币与银行的传统理论，或通常所说的货币银行学"教科书"中的理论。所以，托宾对"新观点"的阐述是从对"旧观点"的批判开始的。

一、对"旧观点"的批评

托宾指出，在传统货币理论家看来，商业银行似乎是一个"寡妇的取之不竭的坛子"（The Widow's Cruse），它能无限制地创造流通中资金，因为根据传统理论，商业银行创造的活期存款与通货一样，是社会所必须接受的货币，商业银行创造货币的能力仅仅受制于其存款准备率，而不受其他因素的影响。

---

① 托宾：《作为"货币"创造者的商业银行》（Commercial Banks as Creators of 'Money'），载长森编：《银行和货币的研究》（Banking and Monetary Studies，edit. by Deane Carson），1963 年版，重刊于托宾著《经济学论文集》（Essays in Economics）第一卷，牛津大学出版社，1971。

于是，在一定的准备率条件下，银行存款总额的决定只是一个数学上的问题，即存款总额为准备金与准备率之商。① 托宾把这种理论称为"一幅公认的讽刺画"，② 并把商业银行通过活期存款账户创造出来的货币戏称为"自来水笔货币"（Fountain Pen Money），因为这种货币只不过是商业银行用笔在其活期存款户的账户上所增加的余额而已。

托宾接着指出，商业银行无限制地创造货币的能力只是一种表面现象，而从根本上看，"除了法定准备金要求外，商业银行的贷款规模同其他中介机构的贷款总额一样，受制于同样的经济过程。"③ 确实，商业银行在向客户贷款时，可以只在客户的存款账户上增加这笔款项，却不必付出真实的支付工具，于是银行的资产与负债同时增加，而其他金融机构则必须向借款者付出真实的支付工具，这就使这些金融机构的资产不可能因为其负债的增加而增加；但商业银行的这一行为只是一瞬间的。从动态看，银行客户总要使用这笔贷款，谁都不能保证它呆在银行账户中不动。一旦客户使用这笔贷款，银行就不得不付出真实的支付工具了。除非银行能找到新的存款户，不然的话，银行的资产与负债就不能保持原来的水平，即银行所提供的流通资金就不得不减少。所以，商业银行能否持有这"寡妇的坛子"，取决于它能否找到新的存款户。同样，其他金融机构只要能找到新的存款户，它们也能无尽地向社会提供资金。所以说，商业银行的贷款与其他金融机构的贷款受制于同样的经济过程。

在美国，大约有15%的私人财富以银行存款的形式存在。若要提高这一比率，其他资产的收益率就必须下降，或者银行存款的利率就必须上升。前者使银行贷款和投资的收益减少，后者则使银行经营的成本增加。"最后，考虑到所涉及的风险和管理成本，银行贷款和投资的边际收益将不会超过银行为吸收和持有追加的存款而承受的边际成本。此时，这'寡妇的坛子'就干涸了。"④ 它再也不能为社会提供追加的资金了。

而且，事实上，与其他金融机构不同，商业银行的资产和负债业务在达到

---

① 英国著名经济学家古德哈特（C. A. E. Goodhart）认为，基础货币—货币乘数分析也"常常引导教书匠们以机械的乘数来解释货币量的变化，在此乘数中，高能货币就像一只烫手的马铃薯一样，从一个人的手中传到另一个人的手中。根据这一描述，银行的资产调整显然不发挥作用，除非他们试图改变其准备金比率。公众的资产选择也好像与货币存量的决定无关，除非他们试图改变其现金/存款比率。"（古德哈特：《货币存量之决定的分析》，载帕金（M. Parkin）编：《现代经济学论文集》（Analysis of the Determination of the Stock of Money, in Essays in Modern Economics），248 – 249 页，1973）。

② 托宾：《作为"货币"创造者的商业银行》，重刊于托宾著《经济学论文集》第一卷，273 页。

③ 托宾：《作为"货币"创造者的商业银行》，重刊于托宾著《经济学论文集》第一卷，276 页。

④ 托宾：《作为"货币"创造者的商业银行》，重刊于托宾著《经济学论文集》第一卷，277 页。

边际收益与边际成本相等的利润最大化之前，就必须停止下来，因为商业银行受到货币当局的双重限制，即准备金限制和利率限制。货币当局不仅规定了商业银行的法定准备率，而且规定了商业银行的最高存款利率，如在当时的美国，商业银行一般不得对活期存款支付利息。所以，商业银行不能像其他金融机构那样，通过提高存款利率来吸引资金。尽管商业银行可以为客户提供其他服务，但这些服务毕竟不能完全替代利息的支付。

如果没有货币当局的这两种限制，那么商业银行的信用和存款的扩张就会像绝大部分商品的生产一样，受制于边际成本与边际收益相等这一规律。具体地说就是，一方面，随着银行贷款的增加，贷款利率就要降低，另一方面，银行为了吸收更多的存款，存款利率就必须上升。直到贷款利率等于存款利率与银行其他经营成本之和，银行贷款的扩张才会停止。但由于存在着上述两种限制，银行经营的边际收益一般总是高于边际成本。因为一方面，法定准备率的约束使贷款不能随意扩张，贷款利率也就不会无限制地下降，另一方面，最高存款利率的规定又使存款利率不能无限制地上升，所以，银行经营的边际收益与边际成本之差总是存在。[1]　在这种情况下，银行只要能获得追加的准备金，就会追加贷款，扩张信用，从而获利。

"正是这种收益与成本之间的差额，而不是银行负债的货币性质，使得经济学教师能够说，由于新的准备金而允许的追加贷款会产生它们自己的存款。金融机构的任何其他系统，如果它们受类似的准备金约束和类似的最高利率限制，也会出现同样的情形。在这个意义上，更确切地说，应该把银行在金融中介机构中的特殊地位归因于它们所唯一受到的这些法律约束，而不应该把这些约束归因于银行负债的特殊性质。"[2]　就是说，商业银行所具有的表面上无限扩张信用的能力，并不是来自于银行和存款的特殊性质，而是来自于货币当局对商业银行的特殊的管制。但其他金融机构由于不受法定准备金和最高利率的制约，因此它们经常处于边际收益与边际成本相等的经营状况，于是它们的贷款不具有无限扩大的倾向。所以，甚至可以说，商业银行的信贷扩展能力还不如其他金融机构，因为前者的贷款在其边际收益与边际成本相等之前就已经停止了。

①　类似的论述也见于格利和肖的著作中。参见格利和肖：《金融理论中的货币》，英文版，284－285页；中译本，245－246页。
②　托宾：《作为"货币"创造者的商业银行》，重刊于托宾著《经济学论文集》第一卷，279页。

二、对"新观点"的阐述

以上就是托宾对所谓的"旧观点"的主要批评意见。这些批评的核心在于否定传统的货币理论对商业银行和其他金融机构的严格区分。与"旧观点"相反,"新观点"则强调商业银行与其他金融机构的同一性,以及货币与其他金融资产的同一性。

"新观点"所强调的各种金融机构的同一性,主要表现在它们作为资金借和贷的中介的同一性上。"根据'新观点',包括商业银行在内的金融中介机构的基本功能,是同时满足两种类型的个人或企业的资产偏好。一种类型是借入者,他们希望超过自己的净财富的限制,来扩张他们持有的实物资产——各种存货、房地产、工厂和设备等。另一种类型是出借者,他们希望以某些资产的形式来持有其部分或全部的净财富,这些资产的货币价值稳定,而被拖欠付款的风险则很小。金融中介机构的资产——期票、债券、各种抵押品是上述借入者的负债,而金融中介机构的负债——银行存款、保险单、养老金领取权则是上述出借者的资产。"①

"新观点"所强调的货币与其他金融资产的同一性,主要表现在它们作为信贷工具的同一性上。"借入者的市场并不是完全分割的,同一信贷工具并非只为一种金融机构所掌握,许多借入者的负债形式也是灵活多变的,因此,就借入者对信贷的需求而言,各种中介机构的资产有着某种程度的替代性。"②就是说,作为信用工具,货币和其他金融资产只有形式上的不同,而没有本质的区别。

为了证明这一点,托宾还讲了一个奇怪的道理:"在经济分析中,唯有商业银行能'创造'支付工具,因此这种重视往往被认为是正确的。然而这一理由看来并不能令人信服,活期存款作为支付工具这一性质,确实是商业银行的负债区别于其他金融机构负债的一个特点。死亡保险也同样是人生保险单区别于其他中介机构(包括银行)的负债的一个特点。显然,不应该把一种不同点选来作为分析上的特殊注重点"。③

托宾以上这段话讲得很明白,但对他的这一极端的意见,我们却不敢苟同。商业银行活期存款作为货币流通量的重要组成部分,对社会商品需求和

---

① 托宾:《作为"货币"创造者的商业银行》,重刊于托宾著《经济学论文集》第一卷,274页。
② 托宾:《作为"货币"创造者的商业银行》,重刊于托宾著《经济学论文集》第一卷,275页。
③ 托宾:《作为"货币"创造者的商业银行》,重刊于托宾著《经济学论文集》第一卷,275页。

商品流通，从而对整个经济有着很大的影响。这种巨大的影响是其他任何金融资产都不可能有的。诚然，对于人们的资产选择，活期存款与定期存款及其他金融资产只有形式上的区别，但它们对经济的影响却有着本质的不同。因此，在经济分析中，对商业银行和活期存款予以"特别重视"，是理所当然的。不能因为其他金融机构和其他金融资产也有其特殊性，而否定商业银行和活期存款更重要。根据托宾的理论，任何事物都不具有相对重要性，因为每一事物都有其特殊性，于是，对于二次世界大战，希特勒与德军的一个普通士兵并没有很大的区别，历史学家也不应该特别"袒护"希特勒。

当然，"新观点"论者所要否定的是金融系统内部各种机构和各种资产的本质区别，与此相反，他们倒是很强调金融部门与实物部门的区别。就像H. G. 约翰逊所总结的，"对耶鲁学派来说（就像对拉德克利夫委员会一样），关键的区别是金融部门与实物部门的区别，……而不是银行系统与经济的其余部门的区别……"① 我们知道，以托宾为首的耶鲁学派对一般均衡理论和资产选择理论的发展作出了很大的贡献。根据一般均衡理论，经济本身是一个整体，任何一种商品的供给和需求，不仅取决于该商品的价格，而且取决于其他所有商品的供给和价格。根据资产选择理论，人们总是在范围很广的各种金融资产和实物资产中间，进行他们的资产组合的选择；而对每一种资产的需求，不仅取决于该资产的收益率，而且取决于其他所有资产的收益率。于是，重要的是金融部门与实物部门的区别和金融资产与实物资产的区别，而不是商业银行与其他金融机构的区别以及货币与其他金融资产的区别。"这一理论的主要含义之一是必然地'将利率结构、各种资产的收益和各种形式信用的可得性，而不是将货币量，视为联接货币及其他金融机构与实物经济的纽带'"。②③ 可见，一般均衡理论是"新观点"的理论基础。

从这一理论基础出发，"新观点"还得出了货币供给内生性（endogenous）的结论。内生性是相对于外生性而言的。所谓货币供给的外生性是说，货币供给决定于经济过程以外的因素，具体地说，就是决定于货币当局的意愿，因而

---

① H. G. 约翰逊：《货币经济学论文续集》（Further Essays in Monetary Economics），38 页，哈佛大学出版社，1972。

② H. G. 约翰逊：《货币经济学论文续集》，38 页。

③ 有人干脆称"新观点"为"货币供给的'资产组合理论'"（彼得·厄尔：《从货币入手——研究金融体系的现代方法》（Peter E. Eart, Monetary Scenarios: A Modern Approach to Financial System），184 页，Gower 出版公司，1990）。这不仅因为托宾是现代资产组合理论的先驱者之一，而且更因为"新观点"以资产组合分析作为其基本的分析方法。

是货币当局所能完全控制的；而所谓货币供给的内生性则是说，货币供给决定于经济过程本身，具体地说，就是决定于私人经济部门的活动，因而并不是货币当局所能完全控制的。如上所述，在"新观点"论者看来，商业银行只是各种金融机构中的一种，货币也只是各种金融资产中的一种；货币的供给和需求同其他金融资产的供给和需求一样，不仅决定于这种资产本身的价格和收益，而且决定于其他所有资产的价格和收益。于是，货币供给与其他金融资产的供给一样，决定于商品生产和商品流通过程本身。

实际上，在上述托宾和格利与肖的理论中，都充塞着这种货币供给内生性的观点。前已指出，在托宾看来，商业银行无限制地创造货币的能力只是一种表面现象，商业银行的信贷规模同其他金融机构的贷款总额一样，受制于同样的经济过程，并且在没有货币当局的准备金限制和利率限制的条件下，同样会受到边际成本与边际收益相等的产出极大化规律的约束。格利与肖也指出，商业银行和其他金融机构都提供信用，于是，在信用创造的过程中，商业银行受到了其他金融机构的竞争，因此，商业银行的存款货币的创造，不仅决定于商业银行本身，而且决定于其他金融机构及社会公众的行为。这样，非银行金融机构的发展就削弱了货币政策的效果。可见，"传统定义上的货币量并不是一个由政府当局所控制的自变量，而是一个反映着银行与其他私人经济单位之经济行为的内生的或内在的变量"[①]。

综上所述，托宾对"新观点"的理论作了系统的阐述，但是我们也发现，托宾理论中的基本观点实际上已由《拉德克利夫报告》和格利与肖所提出，所以，我们认为，"新观点"的主要倡导者应该是《拉德克利夫报告》的作者和格利与肖。托宾的贡献在于对"新观点"理论的系统化和通俗化。西方经济学有关文献都没有指出这一点，而往往很强调托宾在这一理论形成过程中的作用，这是不够准确的。

第四节　布伦纳等人与反"新观点"

"新观点"理论提出后，在西方经济学界引起了较大的反响，可谓毁誉纷纷。誉者多为凯恩斯主义者，而毁者则多为货币主义者。从双方争论的内容和历史背景看，这一争论归根结底是凯恩斯学派与货币学派的理论争论。

[①]　赫斯特（Donald D. Hester）和 J. 托宾编：《金融市场与经济活动》（Financial Markets and Economic Acitivity），8 页，1967。

我们知道，货币学派的中心命题是，货币最重要，货币量的变动是就业、产出和物价变动的最根本原因，而货币当局的政策行为又是决定货币量变动的最主要因素，因此，货币当局可以通过对货币的控制来调节整个经济。这就是货币供给决定理论中的基础货币—货币乘数分析的理论基础。因为货币当局所直接控制的是基础货币，而货币乘数反映了基础货币与货币供给量的关系。所以，货币学派的货币供给决定理论就是基础货币—货币乘数分析的理论。对这一理论作出贡献的主要是货币学派经济学家。

凯恩斯学派则认为，货币虽然是重要的，但不是决定经济变动的最主要因素，最主要的因素是包括利率在内的各种资产的收益率，而且，货币量并不为货币当局所完全控制。"新观点"的倡导者们采纳了这样的看法，即货币供给量是一个反映银行和其他经济单位的行为的内生变量，因此不应该只把注意力集中在货币量及其流通速度上，而应该集中在一系列资产的需求和供给上，集中在各种资产的收益及信用的可得性上。[①] 可见，在这一方面，凯恩斯学派与货币学派、"新观点"的倡导者与反对者的意见是针锋相对的。

一、货币学派对"新观点"的批评

那么，"新观点"的反对者对"新观点"的具体批评意见，究竟有哪一些呢？下面我们来介绍"新观点"的主要批评者布伦纳（Karl Brunner）和 H. G. 约翰逊等人的批评意见。他们的意见比较全面，也比较有代表性。布伦纳的意见主要表述在其著名的《货币与货币政策的作用》（The Role of Money and Monetary Policy）[②] 一文中。

首先，布伦纳等人站在货币学派的立场上，抨击"新观点"理论抹杀了货币学派关于货币供给的分析与教科书中的传统理论的区别。布伦纳指出，"新观点"论者将传统理论与货币学派的理论混为一谈，目的在于通过否定前者来否定后者。在布伦纳等人看来，传统理论与货币学派的理论虽然都强调货币当局在货币供给过程中的决定作用，但两者又有很大的区别。最大的区别就是，货币学派在研究货币当局的政策行为对货币供给的决定作用的同时，也研究了商业银行与公众的行为对货币供给的影响，而传统理论则缺乏对商业银行

---

① 西杰本：《固定的货币增长规则——理论基础和最近的经验》（J. Sijben, A Fixed Monetary Growth Rule: Theoretical Foundations and Recent Experience），载德国《经济学家》杂志，1983（2），230–231 页。

② 载《圣·路易斯联邦储备银行评论》，1968 年 7 月，重刊于该杂志 1989 年 9/10 月合刊。

与公众的行为的研究。约翰逊甚至嘲讽"新观点"理论"通过与一个稻草人（Straw Man）的对比来获得力量，这个稻草人就是'教科书'中的旧观点，即银行存款的数量决定于一个基于银行准备金的机械的乘数过程，在此过程中，公众的资产偏好并不发挥作用。即使在凯恩斯革命以前很久，在关于货币供给的决定的理论分析中，以通货与存款的意愿比率为表现形式的公众的资产偏好，就已经在银行存款额的决定中扮演了一个基本的角色，而银行存款额决定的基础则是货币当局所供给的一定量的现金基数。"[①]

应该说，约翰逊等人的分析有一定的道理。读者从本书的最初几章的分析中已能看出，货币学派既没有否定商业银行和公众在货币供给决定中的作用，也没有把货币供给的决定看成一个机械的乘数过程，而且，是货币学派首先深入研究了商业银行和公众的行为对货币供给的影响，也是货币学派较早从宏观经济的角度去研究货币供给问题。

"新观点"理论的反对者对这一理论的最尖锐的批评，莫过于它缺少实证研究，而只有抽象的理论分析。布伦纳指出，货币学派经济学家在作货币分析时，也运用了资产选择分析和相对价格分析，所以从这一方面看，他们与"新观点"论者并没有什么分歧。两者的分歧在于，货币学派不仅在理论上精心阐述和论证了自己的观点，并且对此作了一系列的实证研究，而"新观点"论者只是在抽象经济学的范畴内发展着他们的理论，他们没有、也不可能对自己的理论进行实证研究。于是，"新观点"理论成了"一个没有多少经验内容的空洞的形式"。[②]"'新观点'对现实世界的抽象达到了这样一个高度，以至于使自己几乎成了一个空洞的形式"。[③]

平心而论，布伦纳等人的这一抨击确实抓住了"新观点"的一个很大的弱点。在当今西方经济学界，实证研究已成了对每一种经济理论的基本要求之一。然而，至今我们也没有见到"新观点"理论像样的实证研究。原因可能在于，作这样的研究难度太高，它几乎要涉及到经济中的所有变量。与此形成鲜明对照的是，作为"新观点"理论对立面的货币学派理论则以实证研究见长和著称，似乎后者的每一项理论都是被实证研究所证实了的。

不过，在我们看来，若因此而否定"新观点"，那也未免失之偏颇。经济

① H. G. 约翰逊：《货币经济学论文续集》，40 页。

② 布伦纳的《货币与货币政策的作用》一文的编者按，载《圣·路易斯联邦储备银行评论》，1968 年 7 月，8 页。

③ 兰德尔·雷：《资本主义经济中的货币与信用》（L. Randall Wray, Money and Credit in Capitalist Economies），141 页，1990。

学中的实证研究只能在一定条件下和在一定程度上、而不能完全证明某一理论。不然的话，为什么两种截然对立的理论，往往都能得到实证证明呢？为什么有些经过实证证明的理论也得不到大多数人的承认呢？而且，"新观点"缺少实证研究，这既不是这一理论倡导者的过失，也不是这一理论的固有缺陷，而是经济学实证研究的手段还不够发达的缘故。

"新观点"理论的反对者还批评这一理论过分强调各类金融机构的同一性，而忽视了每一种金融机构的特殊性，即只注意事物的普遍性，而忽视了事物的特殊性。布伦纳指出，"在'新观点'的近乎空洞无物的形式中，几乎不存在一事物与它事物的区别"，"'差不多每一事物几乎都与其他每一事物相类似'。然而，事物的这种无差别的状态，并不是我们所看到的世界的本来面目。"[①] 应该说，布伦纳的这一番评论是切中"新观点"理论要害的。"新观点"论者为了论证非银行金融机构的活动也对货币供给有着很大的影响，而否定了商业银行与非银行金融机构在经济中的不同地位，否定了商业银行的负债（尤其是其中的活期存款）与非银行金融机构负债对经济的不同影响，这未免失之偏颇。对此，我们在前文中也已经有所评论。

二、"新观点"理论的命运、地位和意义

以上是"新观点"的反对者对这一理论的主要批评。从这些批评中可以看出"新观点"理论的主要弱点。这些弱点也决定了这一理论的命运和它在西方货币经济学中的地位。我们想就此谈谈自己的看法。

"新观点"产生至今已有几十年的历史，不少著名经济学家都对它的发展作出过贡献，但它始终未能成为西方一种"正统"的货币供给理论。对此我们提出一个证明，这就是在西方所有货币银行学和货币经济学的教科书中，几乎没有一本把"新观点"作为阐述的重点对象。有的只字不提，有的一笔带过。唯一的一本给"新观点"以"应有"重视的是三位美国著名经济学家——梅耶、杜森贝里和阿利伯的名著《货币、银行与经济》；然而，即使在该书第三版中，有关"新观点"的讨论在全书700多页中也只占3页的篇幅[②]。而该书第六版已经完全删除了这部分内容。可见，"新观点"至今未能

---

① 布伦纳的《货币与货币政策的作用》一文的编者按，载《圣·路易斯联邦储备银行评论》，1968年7月，7页。

② 托马斯·梅耶、詹姆斯·S. 杜森贝里、罗伯特·Z. 阿利伯：《货币、银行与经济》，第三版，280-282页，上海，上海三联书店，1988。

进入西方货币经济学的"殿堂"。究其原因，恐怕主要有以下三点。

第一，如前所述，"新观点"理论由于涉及到整个经济体系的变化，因而目前还无法对它进行实证研究。在当代西方经济学界，未经实证研究予以证明的理论往往难以得到普遍认可。

第二，由于"新观点"涉及的面极广，且得不到实证证明，因此它不具有可操作性。在极其重视理论的实用价值的当今西方经济学界，一种不具有可操作性的理论是很难成为"正统"理论的。能予以实证证明和具有可操作性，正是最近几十年来西方经济学界对经济理论的最基本的要求。而"新观点"恰恰无法满足这两个基本的要求。H. G. 约翰逊曾经指出："关键问题是，金融部门与实物部门的相互关系……是否足够的稳定，以使人们能够通过基础货币的变化（或更近似的，通过以传统方法测量的货币量的变化）来分析和预测实物部门的变化（包括产出和价格水平的变化），……在这一点上，'新观点'对这一可能性的理论分析是很精致的，但是，当考虑到货币部门与实物部门的相互影响时，却很少有可检验的或经过检验的关于经济运行方式的理论论述，尤其是缺乏关于经济对货币冲击的反应的论述。"[1] 这里，约翰逊不仅指出了"新观点"缺乏实际可操作性这一弱点，并且指出了这一弱点的原因，即"新观点"涉及的面非常广，涉及到金融部门与实物部门以及这两部门的相互联系，也就是涉及到整个经济体系，而且"新观点"缺少相应的实证研究。

第三，长期以来，在西方货币供给理论中占主导地位的是基础货币—货币乘数分析。这一分析恰恰在实用性和经验证明这两点上占有许多经济理论都无法比拟的优势，所以它深受各国货币当局和经济分析家们的青睐，对它的研究和发展充塞各种经济学文献。在当代西方所有的货币银行学和货币经济学著作中，基础货币—货币乘数分析几乎都占据相当的篇幅。而且这一分析又是当代西方经济学主要流派之一的货币学派的基本分析方法及理论支柱之一，为所有货币学派的或持有货币学派观点的经济学家所鼓吹、运用。在这样一种形势下，作为基础货币—货币乘数分析对立面的"新观点"当然难以取得西方货币供给理论中的正统地位，而只能作为基础货币—货币乘数分析的一种补充。

当然，这一补充是有意义的。它的意义主要表现在两个方面。第一，"新观点"理论强调，对货币供给和对经济活动有着重大影响的不仅仅是商业银行及其负债，而且还有其他金融机构及其负债，所以，货币当局在控制商业银

---

① H. G. 约翰逊：《货币经济学论文选》，201 页，1979。

行的同时，还应该控制其他金融机构。这一观点已经为大多数经济学家所接受，也已经为西方国家金融环境的变化所证实，并且已经体现在西方国家，尤其是美国上世纪 80 年代以来的各项货币政策上。这些，我们在前文中都已有所论及。

第二，"新观点"理论坚持货币供给的内生性，认为货币供给并不为货币当局所完全控制，它最终决定于经济过程本身。虽然货币供给的内生性与外生性的概念由格利和肖首先提出，但有关货币供给内生性与外生性的争论，在西方经济学说史上已源远流长。"新观点"理论的提出再一次把这一争论推向高潮。这一争论的要害在于货币当局能否直接通过控制货币供给来控制经济。所以有人说："在分析货币在宏观经济中的作用时，即试图发现货币供给是否以及如何影响产出、物价和利率等变量时，货币供给的这一外生性和内生性是非常重要的。"①

我们的观点是，货币供给在短期内和在表面上，是外生的，它能为货币当局所直接控制，但从长期看和在本质上，则是内生的，它决定于整个经济的运行。因此，货币当局通过控制货币供给来控制经济，是有条件的，它离不开一定的经济条件。显然，许多经济问题并不是由货币因素所引起的，也不是通过货币控制就能解决的。现在，我国越来越多的经济学家也已经认识到了这一点。从这一点看，货币供给就不是外生的。

---

① 皮尔斯和泰索姆：《货币经济学——理论、证据与政策》（D. G. Pierce and P. J. Tysome, Monetary Economics: Theories, Evidence and Policy），84 页，1985。

第七章　法定存款准备金制度与货币供给

我们将在下面的三章分别从中央银行货币政策三大工具（存款准备金制度、再贴现制度、公开市场操作）出发，逐一分析各个政策性工具的内涵、发展演变以及中央银行如何运用这些工具来控制货币供应量。

本章从存款准备金制度出发，重点介绍美国存款准备金制度的功能演变。存款准备金政策的实施自然会影响货币供给，这几乎已成了经济学的一种常识。而且，人们之所以极其重视这一政策，其主要原因就在于它能极大地影响货币供应量，或者说，人们是把它作为影响货币供应量的主要政策工具之一来加以研究的。然而，在美国实行存款准备金制度的一个半世纪中，这一制度究竟在多大程度上影响了美国的货币供给？美国当局实行存款准备金制度的主要目的及这一制度的主要作用究竟何在？美国的法定准备金制度有过哪些重大变革？这些是本章的主要内容之一。

其次，本章还对我国的存款准备金制度进行了回顾。1984年我国建立存款准备金制度，存款准备金制度在1998年成为了真正意义上的一般性货币政策操作工具。近年来，差别准备金动态调整机制的引入赋予了准备金政策更多的内涵，人民银行通过准备金政策可以从宏观审慎的角度、逆周期地调节信贷投放，这是我国宏观调控制度的重大创新。2006年以来，人民银行频繁调整法定准备金率。为什么存款准备金政策在西方国家是威力巨大的"猛药"，而在我国却是近年来货币政策主要的操作工具，其控制货币供应量的效果如何呢？本章也将对此进行分析。

第一节　存款准备金制度概览

一、存款准备金制度内涵

存款准备金制度是指中央银行在法律所赋予的权力范围内，通过调整商业银行缴存中央银行的存款准备金比率，以改变货币乘数，控制商业银行的信用创造能力，间接地控制全社会货币供应量的活动。

常常有人误认为法定存款准备金制度始于美国的《联邦储备法》（The Federal Reserve Act），而实际上这一制度始于比《联邦储备法》早整整半个世纪的美国 1863 年通过的《国民银行法》（National Bank Act）。不过，自 1935 年起，联储才有权制定和改变其会员银行的活期存款和定期存款的法定准备率。

存款准备金制度的基本内容主要包括以下几个方面：（1）对法定存款准备金比率的规定。该比率规定可以根据不同存款的种类、金额及银行规模和经营环境而有所区别；也有采用单一比率的，如 1953 年后建立法定存款准备金制度的国家大多对所有存款按统一比率计提准备金。（2）对作为法定存款准备金的资产种类的限制。一般限定为商业银行在中央银行的存款；在有些国家，一些高度流动性的资产，如库存现金和政府债券等也可以作为法定存款准备金。（3）法定存款准备金的计提，包括存款余额的确定及缴存基期的确定等。（4）法定存款准备金比率的调整幅度等。

从存款准备金制度在西方国家发展的历史看，存款准备金制度建立的目的一般有三个：（1）保证银行的流动性和现金兑付能力。在金融业发展的初期，由于银行间的同业资金拆借以及中央银行作为最后贷款人的机制尚未完全发育成熟，银行资产对临时性的现金需求弹性系数小，应变能力差，往往在资金流动性需求突发性上升或出现大量现金挤兑时发生金融恐慌和危机。法定存款准备金制度的建立为银行流动性管理提供了一个缓冲和保险装置，这也是建立法定存款准备金制度的初始动机。（2）控制货币供应量。根据货币乘数理论，货币供应量为基础货币与货币乘数之积，而法定存款准备金率是决定乘数大小从而决定派生存款倍增能力的重要因素之一。派生存款和货币供应量对法定存款准备金率的弹性系数很大，准备金率的微小变化将会导致货币供应量的大幅度增加或减少。因而法定存款准备金率可以成为中央银行调节货币供应量的一种手段。（3）对以直接控制为主要特征的中央银行信用体制而言，法定存款准备金制度的建立还有助于中央银行进行结构调整。中央银行借助于准备金的缴存集中银行资金，通过直接贷款或调整再贷款等计划分配手段，就可以实施以结构调整为目的的信贷控制。

二、对存款准备金政策有效性的评价[①]

与另外两种一般性货币政策工具一样，经济学界对存款准备金政策的评价也是众说纷纭，褒贬不一。撇开极力反对存款准备金政策的米尔顿·弗里德曼等人，即使肯定该政策工具之有效性的经济学家，也往往指出它具有较大的副作用，或认为它存在某些缺点，因而必须加以改进。在这里，我们选择较有代表性的三位经济学家对存款准备金政策的评价作一简述。

美国经济学家保罗·霍维慈（R. M. Horwitz）认为，作为中央银行调整法定准备金和超额准备金数量的工具，存款准备金政策不仅很有效，而且生效也很迅速。在霍维慈看来，法定准备金率的变动可以对银行体系准备金的数量和货币供给产生直接而又重大的影响。因此，中央银行可以通过很小的准备金率变动实现货币供给大幅度变动的政策目标。但是，霍维慈也明确指出，存款准备金政策具有严重的副作用。首先，中央银行调整法定准备金率将导致银行资金的周转不灵，使原本保有的超额准备金一笔勾销，甚至发生准备金短缺，迫使银行调整资产结构，以满足法定准备金的要求。但这种资产结构的调整往往使银行盈利能力下降。其次，法定准备金率的调整对经济将产生重大的冲击，不利于经济的稳定。因此，霍维慈指出："由于这种办法副作用严重，所以调整法定准备金的权力，似乎只能作为联邦储备当局武器库中一种威力巨大而不常用的武器。"[②]

米尔顿·弗里德曼基于其稳定货币供给的思想，极力反对采用存款准备金政策。他认为，准备金政策影响十分剧烈，而且不能连续地加以实施。因此，这种政策工具的运用非但不能稳定货币供给，而且会导致货币供给的剧烈波动，进而引起经济的剧烈波动。同时，各银行对存款准备金政策的反应是不同的。所以，中央银行难以通过这一政策控制存款货币的数量。为使中央银行有效地控制货币供给，弗里德曼主张对银行体系实行100%的存款准备金方案，以剥夺银行体系创造存款货币的权力。

詹姆斯·托宾虽然赞成采用存款准备金政策，但他认为该政策必须加以改进和完善，以有效地发挥其作用。在托宾看来，银行除了自己保留一部分准备

① 本部分内容来自盛松成、施兵超、陈建安：《现代货币经济学》，第三版，337－338页，北京，中国金融出版社，2012。

② 保罗·M. 霍维慈：《美国货币政策与金融制度》，中文版，44页，北京，中国财政经济出版社，1980。

金外，还可通过向中央银行借入或向其他银行拆入等途径获得货币资金，以满足法定准备金要求。只要借款成本低于贷款和投资的收益，它们都会出于盈利性的考虑而借入准备金，以扩大贷款和投资。在这种情况下，中央银行就难以有效控制银行体系的准备金，也难以控制货币供给。为此，托宾主张中央银行按再贴现率的标准对银行持有的超额准备支付利息，以避免银行为增加盈利而缩减超额准备金、扩大贷款和投资的倾向。托宾认为，通过这种方法，银行的超额准备金将保持稳定，而中央银行控制货币供给的能力可得到强化。

三、西方法定存款准备金制度的发展趋势

目前，存款准备金政策是我国中央银行常用的货币政策工具之一。近年来，我国中央银行多次调整法定准备金率，以调控银行信用和市场流动性。但从国外看，存款准备金在西方国家的信用调节功能已日益减弱，这种传统的货币政策工具似乎已被越来越多的国家所放弃。上世纪 90 年代以来，许多国家的中央银行一直在降低法定准备金率，有些国家甚至已经取消了这种制度。在美国，联储于 1990 年 12 月取消了定期存款的法定准备金要求，1992 年 4 月将可签发支票存款的法定准备金率从 12% 降至 10%。加拿大 1992 年 4 月生效的金融市场法规取消了 2 年以上期限存款的法定准备金。瑞士、新西兰、澳大利亚等国的中央银行也已完全取消了法定准备金。很多国家实行"零准备金"制度[①]。这主要是基于以下原因：

第一，自 20 世纪 80 年代以来，经济理论界和政府决策部门已有很多理论分析和实证研究都表明，法定准备金政策工具实际产生的效果很有限，而其副作用却很严重。即使在存款准备金制度实施历史最悠久的美国，实践中美联储也很少将存款准备金率的调整作为货币政策操作工具使用。

第二，典型的中央银行并不对准备金存款支付利息，即商业银行在中央银行的准备金存款没有收益，因而银行缴存法定准备金就要承担机会成本，机会成本就是这笔款项用于贷款或投资所可能取得的收益。这意味着银行较之那些无须缴纳法定准备金的金融媒介机构承受着较高的成本，因而竞争力较弱。随着金融自由化思潮在西方的盛行，西方主要国家都纷纷修改银行法，降低法定准备金率，以使银行更具竞争力。当联储在 1992 年 2 月 18 日宣布从 1992 年 4 月起降低法定准备金率时，它在发行的出版物中这样说到"法定准备金率的降低将会减少接受存款的银行的资金成本，并加强它们的资金实力。从长期来

---

① 杰格迪什·汉达：《货币经济学》，中文版，281–282 页，北京，中国人民大学出版社，2005。

看，这些成本的大部分会转移给存款人和借款人来承担。"

第二节 美国存款准备金制度与货币供给

美国的法定准备金制度历史悠久，影响广泛，在世界主要国家中具有较强的代表性，所以经济学家研究法定准备金制度，一般都以美国为对象。

一、美国法定准备金制度及其指导思想的历史演变

美国1863年通过的《国民银行法》，第一次规定了在美国全国范围内实行法定存款准备金制度。法定准备金制度在美国的实行至今已有150余年的历史。在这150多年间，美国的经济金融环境、金融制度以及货币政策框架体系都发生了巨大变化，美国的存款准备金制度及其指导思想或一般目的变化也较大。

从制度设计看，美国的存款准备金制度变化可以划分为四个阶段：（1）国民银行或联储会员银行以所处地理位置级别为标准，适用差别准备金率（1863—1966年）；（2）会员银行以所处地理位置级别和吸收存款金额大小为标准，适用差别准备金率（1966—1972年）；（3）所有会员银行适用累进准备金制度（1972—1980年）；（4）所有存款类机构适用简化的累进准备金制度（1980年之后）。

同时，美国准备金制度指导思想的历史演变也大致可分为四个阶段：第一阶段是为了维护银行的流动性；第二阶段是为了推行联储的信贷政策；第三阶段则是为了保证联储的货币控制政策；第四阶段是作为其他货币政策操作工具的辅助性工具和存款机构支付和清算保证。就前三个阶段而言，就像美国经济学家古德弗兰德（Marvin Goodfriend）和哈格雷夫（Monica Hargraves）所说："法定存款准备金制度从未很好地发挥这些功能，甚至常常就根本没有发挥这些功能。而另一方面，法定存款准备金制度倒是不断地帮助着美国财政部筹措资金。"[1]

下面，我们主要以准备金制度指导思想的历史演变为主线，介绍美国的存款准备金制度及其指导思想。

---

[1] 古德弗兰德和哈格雷夫：《对法定准备金制度的原理和机能的历史的评价》（A Historical Assessment of the Rationales and Functions of Reserve Requirements），载古德弗兰德著《实践中的货币政策》（Monetary Policy in Practice），35页，美国里士满（Richmond）联邦储备银行，1987。

（一）上世纪 20 年代以前：维持银行的流动性

美国历史上，首批商业银行是经州政府注册成立的。18 世纪直到 19 世纪中期《国民银行法》诞生前，美国没有全国性的银行，也没有可以在全国流通的纸币，各商业银行各自发行本行的银行券（Bank Notes），州政府不要求银行对其发行的银行券保持准备金。各行发行的银行券作为交易媒介，存在较高的兑换成本。同时，有关银行清偿能力方面的信息非常有限。这两个特点使得这些单家银行发行的银行券只能在很小的地理范围内使用。为扩大银行券的使用范围，纽约地区和新英格兰①地区的银行在 1820 年引入了自愿兑换安排（Voluntary Redemption Arrangements）。在这一安排下，一家银行承诺向公众以面值兑换另一家银行的银行券，前提是发行该银行券的银行在兑换时存入足够的硬通货存款（金币或等价物）作为兑换其银行券的支持。这些存款具备了准备金的形式。保有这些存款的主要目的是通过保证银行券能兑换为金币，提高银行券的流动性。之后，一些州开始要求银行对其发行的银行券保持准备金，少数州甚至开始要求银行对其存款保持准备金，但大部分州对银行仍然没有准备金要求，直到 1861 年南北战争爆发。

从南北战争到联储创立的这段时期中，关于法定存款准备金制度之必要性的占主导地位的思想是维持所谓银行的流动性，即保持银行以现金形式偿还其负债的能力。

1863 年通过的《国民银行法》，第一次规定了在美国全国范围内实行法定存款准备金制度。该法允许银行经联邦政府注册后成立所谓的"国民银行"（National Banks）。国民银行可以在全国建立跨区域的机构网络，他们发行的银行券就可以更方便地在全国流通。为获得该特许，国民银行必须实行法定准备金制度。其中，"中央准备城市银行"必须对其银行券发行和存款保持 25% 的准备金②，而且这些准备金必须是银行库存的法币（硬币和绿背纸币 greenbacks——美国南北战争时期发行的一种不兑换纸币）。该法对其他"准备城市银行"也规定 25% 的准备金，但其中的二分之一能以其在中央准备城市银行的付息存款的形式持有。其余的地方银行（或称"乡村银行"）的法定准备率则为 15%，且其

---

① 美国东北的一个地区，由现在的缅因州、新罕布什尔州、佛蒙特州、马萨诸塞州、康涅狄格州和罗得岛州组成。

② 现代银行的主要负债项目是存款，而大部分存款是在银行发放贷款时转入收款人的存款账户而形成的。但早期的银行发放贷款时不是将贷款转入存款账户，而是向借款者发出银行券。于是，早期银行的主要负债项目是银行券发行而不是存款。但银行券是可以兑现的，就像存款可以提取存款一样，因此，两者属于银行的同一类型的负债，对银行券发行保持准备金和对存款保持准备金是同一回事。

中的五分之三能以其在准备城市银行的付息存款的形式存在①。1864 年修正后的《国民银行法》进一步规定，除纽约市以外的所有国民银行都能以其在纽约市的国民银行的付息存款的形式持有其二分之一的法定准备金。

为保证国民银行券在全国范围的流动性和提高公众对它们作为交易媒介的接受度，准备金要求是必要的。联邦政府对国民银行不仅有准备金的要求，而且也要求其持有一定的政府债券以支持银行券的发行，后者有助于联邦政府为南北战争筹资。为此，联邦政府采取了多项措施来提高国民银行券的使用活跃度。确实，之后，这些国民银行券开始在全国范围广泛流通并很少遭到赎回。既然银行券的可转换性已不再成为问题，1873 年联邦政府取消了对国民银行券的准备金要求，但仍要求国民银行对存款保有准备金。

虽然这一时期美国实行法定存款准备金制度的主要目的是维持银行的流动性，但事实上，《国民银行法》所规定的存款准备金制度并不能保证这一目标的实现。最主要的原因在于，将所有的银行作为一个整体看，名义准备金中的很大部分是虚构的，也就是能实际用于应付对银行系统提现的准备金大大少于名义准备金，因为地方银行和准备城市银行的准备金中的很大部分分别以其在准备城市银行和中央准备城市银行的存款的形式而存在。从整个银行系统看，只有中央准备城市银行的准备率才名副其实是 25% ；准备城市银行的准备率实际上并不是 25% ，而是 15.6% （$25\% \times 1/2 + 25\% \times 1/2 \times 25\% = 12.5\% + 3.125\% = 15.625\%$）；地方银行的准备率也不是 15% ，而是 7.406% （$15\% \times 2/5 + 15\% \times 3/5 \times 15.625\% = 7.406\%$）。

我们还可以从以下假设的各地方银行、准备城市银行和中央准备城市银行的综合资产负债表，来看出国民银行法这一准备金制度的弊端。

现假设地方银行持有 100 万美元准备金。根据《国民银行法》，它们可将其中的 60 万美元存入准备城市银行，于是地方银行的资产负债表发生了如下变动：

表 7 - 1　　　　　　　　　　各地方银行综合资产负债表

资产		负债
库存现金	－ 600 000	
准备城市银行存款	600 000	

① 直到 1972 年，美国的银行都划分为这样三种类型，并且都根据这样几种不同类型的银行规定不同的法定准备率。

此时，地方银行的准备金总额并没有变化，只是其中的五分之三从库存现金转变成了准备城市银行的存款，而准备城市银行却因此而增加了 60 万美元的准备金。同时，准备城市银行也可将其中的 30 万美元存入中央准备城市银行。由此引起准备城市银行和中央准备城市银行的资产负债表发生如下变化：

表 7 - 2 各准备城市银行综合资产负债表

资产		负债
库存现金	+ 600 000	地方银行活期存款 + 600 000
库存现金	− 300 000	
中央准备城市银行存款	+ 300 000	

表 7 - 3 各中央准备城市银行综合资产负债表

资产	负债
库存现金 + 300 000	准备城市银行活期存款 + 300 000

从整个银行系统看，地方银行的最初的 100 万美元准备金，最终演变成了各个银行的 100 万美元库存现金和 90 万美元准备金存款，准备金总额虚增至190 万美元。

由于《国民银行法》规定地方银行和准备城市银行能以同业存款作为其准备金，而同业存款又能收取利息，因此大量准备金就集中在中央准备城市银行，尤其是集中在纽约的各国民银行中。这样就对那些准备城市银行，尤其是中央准备城市银行造成了流动性短缺的巨大压力，它们不但要应付一般客户的提款，还要应付那些同业银行的提款（如上例中的 90 万美元）。于是，一有风吹草动，那些中央准备城市银行就首当其冲，成为金融危机的始发地。准备城市银行自然也难逃厄运。美国 1873 年、1893 年和 1907 年的金融危机充分说明了这一点。所以，"现在人们对《国民银行法》中有关法定准备金条款的主要批评，就是它们允许对处于金融中心的银行的准备金实行'金字塔'式的层层加码"，"虽然部分准备金制度对个别银行的流动性有所帮助，但《国民银行法》时代和 30 年代初期的银行业危机却证明，法定准备金制度并不能保证整个银行系统的流动性。"[1]

---

① 古德弗兰德和哈格雷夫：《对法定准备金制度的原理和机能的历史的评价》，载古德弗兰德著《实践中的货币政策》，36 页和 50 页，美国里士满联邦储备银行，1987。

《国民银行法》的另一个缺点是，它并没有形成银行流动性的最后提供者，即银行只能以自己的准备金或通过回收贷款来应付客户的兑现，却无法从别处获得资金，而从整个社会看，就是缺少可伸缩的通货（Elastic Currency）。所以很容易造成银根紧缺，继而导致金融危机，有人甚至认为，《国民银行法》的"主要缺陷就是没有关于在危机时期支援银行的任何条款"①。

1913 年通过的《联邦储备法》在很大程度上就是为了弥补《国民银行法》的上述缺陷。就像《联邦储备法》的《绪论》所指出的，该法案的目的是"为建立联邦储备银行作准备、为提供一种可伸缩的通货、为商业票据的再贴现提供手段、为美国银行业建立一种更有效的监督和管理，以及为了其他一些目的。"② 具体说来就是：第一，建立联邦储备银行，即美国的中央银行，以统一管理整个金融业。联邦储备银行发行联邦储备券，即美钞纸币，各商业银行停止发行银行券。第二，规定联储会员银行的法定准备金只能是它们的库存现金和直接存入联邦储备银行的存款（1917 年《联邦储备法》的修正案又规定，所有的法定准备金都必须直接存入联邦储备银行，直到 1959 年才又允许法定准备金可以以库存现金的形式存在）。这就避免了准备金中的虚假因素和对中央准备城市银行的流动性压力，从而杜绝了金融危机的一个突破口。第三，建立再贴现制度，即允许商业银行以其持有的商业票据向联邦储备银行申请再贴现。这样，联邦储备银行就成了商业银行准备金的最后提供者，从而在很大程度上保证了商业银行的流动性。

《联邦储备法》像《国民银行法》一样，仍然对联储体系的会员银行区分了所谓中央准备城市银行、准备城市银行及乡村银行③，并且对这三种不同类型的银行制定了不同的法定准备率。此外，《联邦储备法》在规定法定准备率时，还区分了活期存款和定期存款。中央准备城市银行、准备城市银行及乡村银行的活期存款的法定准备率分别下降到 18%、15% 及 12%，三类银行的定期存款法定准备金率均为 5%（见表 7-4）。

---

① 辛普森：《货币、银行与经济分析》（Thomas D. Simpson, Money, Banking and Economic Analysis），185 页，新泽西，1976。

② 《1913 年联邦储备法》，载联储《1914 年年度报告》，25 页。

③ 1913 年，纽约、芝加哥、圣路易斯地区的会员银行为中央准备城市银行，其他 50 个城市的会员银行为准备城市银行。1922 年，圣路易斯地区由中央准备城市调整为准备城市。1962 年，联储取消了中央准备城市这一类别，仅将会员银行划分为准备城市银行和乡村银行。之后，联储对准备城市的范围进行了多次调整。

表 7-4　　　　　　　**1913—1966 年联储根据会员银行**
地理位置级别制定的法定准备金率　　　　单位：%

生效日期	活期存款			所有会员银行的 定期存款
	中央准备城市银行	准备城市银行	乡村银行	
1913.12.23	18	15	12	5
1917.06.21	13	10	7	3
1936.08.16	19.5	15	10.5	4.5
1937.03.01	22.75	17.5	12.25	5.25
05.01	26	20	14	6
1938.04.16	22.75	17.5	12	5
1941.11.01	26	20	14	6
1942.08.20	24	20	14	6
09.14	22	20	14	6
10.03	20	20	14	6
1948.02.27	22	20	14	6
06.11	24	20	14	6
09.24，09.16	26	22	16	7.5
1949.05.1	24	21	15	7
06.30，07.01	24	20	14	6
08.01	24	20	13	6
08.11，08.16	23.5	19.5	12	5
08.18	23	19	12	5
08.25	22.5	18.5	12	5
09.01	22	18	12	5
1951.01.11，01.16	23	19	13	6
01.25，02.01	24	20	14	6
1953.07.09，07.01	22	19	13	6
1954.06.24，06.16	21	19	13	5
07.29，08.01	20	18	12	5
1958.02.27，03.01	19.5	17.5	11.5	5
03.20，04.01	19	17	11	5
04.17	18.5	17	11	5
04.24	18	16.5	11	5
1960.09.01	17.5	16.5	11	5
11.24	17.5	16.5	12	5
12.01	16.5	16.5	12	5
1962.07.28	16.5	16.5	12	5
10.25，11.01	16.5	16.5	12	4

注：部分行的生效日期中出现两个日期，其中第一个日期为中央准备城市银行和准备城市银行的生效日期，第二个日期为乡村银行的生效日期。

数据来源：J N. Feinman：《存款准备金制度的历史、当前实践及潜在改革》（Reserve Requirement：History Current Practice, and Potential Reform），587 页，1993 年美联储公告第 1 期。

表面看来，这些银行的法定准备率都下降了，但实际上，除了中央准备城市银行的法定准备率在实际意义上有所下降外，准备城市银行和乡村银行所须持有的无利息收益准备金占其存款的比例反而上升了（当时联邦储备银行并不对商业银行存放在它们那儿的准备金支付利息，而之前准备城市银行和乡村银行存于中央准备城市银行或准备城市银行的那部分准备金是付息的），因为，根据《国民银行法》，这两个比例实际上分别为 12.5% 和 6%。

为进一步减轻会员银行的负担，1917 年中央准备城市银行、准备城市银行及乡村银行的活期存款法定准备率分别下降为 13%、10% 及 7%，三类银行的定期存款法定准备金率由 5% 降为 3%。

所以，由《联邦储备法》代替《国民银行法》以后，美国商业银行的存款准备金总的说来有所下降。这主要是为了减轻商业银行的负担，维持商业银行正常的业务经营，同时也表明，在新的经济和金融条件下，维持银行流动性所必需的准备金占全部存款的份额已有所下降。

（二）上世纪 20 年代到 50 年代初：控制银行的信贷扩张

由《联邦储备法》代替《国民银行法》后，美国商业银行的流动性有了较大程度的保证。但是，《联邦储备法》并没有改变美国实行法定准备金制度的指导思想和基本目的。在上世纪 20 年代以前，这一指导思想和基本目的，仍然是为了维持银行的流动性，防止银行破产和金融危机。直到 20 年代，联储的存款准备金政策才从这一几乎完全是预防性的政策转变为以影响整个社会信贷状况为目的的、积极的政策。

联邦储备系统的银行准备金委员会在它 1931 年的报告中，第一次以官方身份宣布不再以维持银行流动性作为存款准备金政策的主要目的："本委员会持如下立场，即保证或维持单个会员银行的流动性已不再是法定存款准备金的主要目的。保持流动性必须是银行管理的责任，并且应由单个银行在其资产总额中保持适当比例的较易转变成现金的资产，来达到流动性的目的。由于建立了联邦储备系统，单个银行的流动性就受到了联邦储备银行的更充分的保护。组成联邦储备银行的目的之一就是为了提高会员银行的流动性。而达到这一目的的办法是由联储向其会员银行提供合格票据的再贴现，而不是由联储来掌握其会员银行的法定准备金。"[1]

---

[1] 《会员银行准备金——联邦储备系统的银行准备金委员会的报告》（Member Bank Reserves——Report of the Committee on Bank Reserves of the Federal Reserve System），载联储《1932 年年度报告》，260–261 页。

那么，为什么有必要继续实行法定准备金制度呢？或者说，在新的经济条件下，法定准备金的作用何在呢？上述报告指出，"会员银行法定准备金的最重要的作用是控制信贷。……信贷的过度扩张可能会采取特殊的形式，如过度的农田抵押贷款、过度的城市不动产抵押贷款，或过度的证券抵押贷款，或者采取更一般的形式，以一系列银行可承兑的资产作抵押而进行的贷款。……法定准备金的作用就在于让银行在扩张其信贷前必须提供额外的准备金，以此抑制如上所述的信贷的过度扩张。"① 可见，联储对其会员银行实行法定准备金制度，是为了控制这些会员银行的信贷扩张。

这一指导思想显然已大不同于《国民银行法》中关于实行法定准备金制度的指导思想，后者只是为了保持银行的流动性，防止银行破产和金融危机。这一转变反映了人们对存款准备金作用认识的深化，也反映了美国货币政策重心的转移。从法定准备金制度和货币政策的历史发展看，这一转变具有重大意义。人们自觉运用法定准备金制度来影响信用、影响货币供给，进而影响经济，也正是从这一转变开始的。所以，这一转变标志着美国法定准备金制度步入了一个新的阶段。

但是，在这一转变的初期，即在整个 20 年代，美国的法定准备金制度并没有真正起到控制信贷的作用。就像联储银行准备金委员会在上述报告中所承认的那样，"然而，在 1928 年和 1929 年的股票市场异常繁荣时期，信贷的超额需求表现在非银行的贷款增加上，也表现在银行存款活动空前的繁忙而存款总额却没有增加上，结果，在那些危急的年份中，法定准备金根本没能制止信贷的泛滥。"② 根本的原因在于，银行能够很容易地从别处获得所需资金，而无须通过存款的增加来增加其准备金。尤其是，在 20 年代的大部分时期，联储的再贴现率远低于市场借贷利率，于是商业银行可以不通过存款业务，而只要通过向联储的再贴现和向工商企业的贷款就能获利。1919 年和 1920 年两年中各会员银行通过再贴现从联储获得约 20 亿美元的资金，甚至超过各会员银行在联储的准备金余额。而在整个 20 年代，再贴现的资金超过联储信贷总额③的一半。在这样的

① 《会员银行准备金——联邦储备系统的银行准备金委员会的报告》（Member Bank Reserves——Report of the Committee on Bank Reserves of the Federal Reserve System），载联储《1932 年年度报告》，264－265 页。

② 《会员银行准备金——联邦储备系统的银行准备金委员会的报告》，载联储《1932 年年度报告》，265 页。

③ 联邦储备体系购买与贴现的票据总量、持有的美国政府债券及其他部分，其他部分主要包括承诺给会员银行的"浮动"或超额信贷、会员银行还款中产生的其他项目。

情况下，存款准备金政策既没有也不可能对信贷的控制发挥较大的作用。

纵观美国在上世纪一二十年代的货币政策，我们发现，再贴现利率是其主要的政策工具，联储往往通过再贴现利率的升降，来影响市场利率和调节信贷，"在1914年后的许多年份中，联储并未公布，而且很可能都没有收集关于货币供给或其增长率的统计资料。几乎没有任何证据能表明，联储把货币供给的变动看得比现行利率的变动更重要。"甚至可以说，"货币增长率的周期性变化被认为是不重要的，而联储的主要注意力集中在'货币市场条件'——利率以及银行信贷的变化上。"[①] 这就是联储成立初期，美国货币政策的基本特征。

到了30年代，市场利率迅速下降，3个月期国库券利率从1931年的1.4%下降到1940年的0.01%（见表7-5）。9年后的国库券利率还不到9年前的1%，下降之骤，令人惊异。而同期联储的贴现利率虽然也下降了不少，但下降幅度远远不如国库券利率的下降幅度。联储贴现率从1931年的2.1%下降到1939年的1%，也就是说，9年后的联储贴现率仍为9年前的近二分之一。结果，联储贴现率远远高于市场利率。1932年和1933年两年，国库券利率与贴现率之差竟分别高达-192和-198个利率基点。30年代其余各个年份的国库券利率与贴现率之差也在-100个利率基点上下。这同20年代的情形正好相反。于是，到了30年代后期，各商业银行向联储的再贴现额就微乎其微了。再贴现率当然也就不再成为信贷政策的主要工具了。

表7-5　　　　1929—1941年美国利率和超额准备金率等变量的变化

年份	3个月国库券利率（%）	联储会员银行超额准备金（百万美元）	会员银行超额准备金率（%）	联储贴现利率（%）	国库券利率与贴现率之差（利率基点）
1929		43	0.09	5.2	-17
1930		55	0.12	3.0	-52
1931	1.4	89	0.23	2.1	-70
1932	0.88	256	0.8	2.8	-192
1933	0.52	528	1.83	2.5	-198
1934	0.26	1 564	4.67	1.5	-124

---

① 阿伦·梅尔泽：《货币供给的回顾——评论文章》（Money supply Revisited：A Review Article），载美国《政治经济杂志》，1967年4月，177页。

续表

年份	3 个月 国库券 利率（%）	联储会员银行 超额准备金 （百万美元）	会员银行超额 准备金率 （%）	联储 贴现利率 （%）	国库券利率与 贴现率之差 （利率基点）
1935	0.14	2 469	6.63	1.5	−136
1936	0.14	2 512	5.96	1.5	−136
1937	0.45	1 220	2.88	1.3	−85
1938	0.05	2 522	5.91	1.0	−95
1939	0.02	4 392	9.41	1.0	−98
1940	0.01	6 326	12.13	1.0	−99

数据来源：A. E. 伯尔格：《美国货币供给的过程》，64 −65 页，1971。

　　30 年代美国借贷市场的一个特征是低利率，还有一个特征就是大多数银行都持有大量超额准备金。在 30 年代，联储会员银行的超额准备金和超额准备金率逐年大幅度上升。超额准备金从 1930 年的 5 500 万美元增加到 1940 年的 63.26 亿美元，10 年间增加了 115 倍，超额准备金率也从 1930 年的 0.12% 上升到 1940 年的 12.13%，10 年间上升了 100 多倍。造成这一现象的主要原因，在于当时的低利率使银行贷款获利甚少；同时，银行担心再发生 30 年代初期那样的金融危机而增加了对流动性的需求；此外，大危机后，随着美国经济复苏，大量黄金从国外流入，这也使银行有可能持有大量超额准备金。

　　30 年代美国借贷市场的低利率和银行持有大量超额准备金这两个特征，使得联储已不必再通过存款准备金政策来控制信贷了。

　　但是，1936 年 8 月以后，美国的法定准备率却大幅度地提高了。在短短的二三年时间里，就提高了 50%。如 1936 年联储会员银行活期存款的月平均法定准备率为 13%，1937 年猛升为 20.2%，此后几年中，也维持在 20% 左右。又如 1936 年会员银行定期存款的月平均法定准备率为 3.6%，1937 年上升为 5.8%，以后几年中，也都在 5% 以上。这又是为什么呢？因为联储意识到了银行的大量超额准备金会"成为通货膨胀的潜在的源泉"[1]，所以采取"这一预防措施，以避免未来发生无法控制的信贷的扩张"[2]，也就是将流动性很强的超额准备金变为不具有流动性的法定准备金。这确实有利于消除潜在的信贷扩张风险。

---

　　[1] 菲里普·卡甘：《1875—1960 年美国货币存量变化的决定及其影响》，183 页，哥伦比亚大学出版社，1965。

　　[2] 《联邦储备系统理事会 1937 年年度报告》，2 页。

　　然而，由于30年代美国并不存在信贷扩张的现实经济条件，因此联储这一提高法定准备率的政策，在抑制信贷方面并没有发挥多少实际的作用。换句话说，美国30年代的信贷紧缩，主要地不是由于联储提高法定准备率的政策造成的，而是因为在当时的经济活动中，已存在着一系列抑制信贷扩张的因素。尽管1936年8月以后，联储大幅度地提高会员银行的法定准备率，但是，会员银行的超额准备金和超额准备金率除1937年骤降外，1938年又连年迅速上升。一般说来，在商业银行持有大量超额准备金和超额准备金率很高的情况下，法定准备金率的变化是很难影响银行信贷规模的。

　　总之，尽管20年代后，联储对其会员银行实行法定准备金制度的指导思想是为了控制银行信贷，但实际上，这一制度在整个30年代就没有发挥过这一作用。

　　那么，50年代的情况又是怎样的呢？从1942年到50年代初，联储信贷政策的基本任务是维持较高的政府债券的价格，即保持较低的利率，以此为二次大战筹措经费。具体的做法就是联储以固定价格买入政府债券。显然，此时联储并不要求紧缩信贷，反而在一定程度上要求扩张信用、创造货币，所以，这一时期，美国的法定存款准备金制度也就根本没有发挥抑制信贷扩张的作用。

　　（三）上世纪50年代到80年代末、90年代初：控制货币供应量

　　1951年联储与财政部达成协议，联储不再承担以盯住价格维持政府债券市场的责任，联储开始独立、积极地实施货币政策。随后，联储为调节整体货币和信贷环境，多次调整法定存款准备金率，以加强或辅助公开市场操作和再贴现政策的操作效果。60年代和70年代，联储通过调节商业银行融资成本对货币和信贷扩张施加影响，存款准备金是联储货币政策操作的辅助工具。这期间，金融创新涌现，金融创新为商业银行提供了新的融资渠道。联储开始对这些新的金融产品采用准备金政策，并经常性地调整它们的准备金率。如60年代，银行开始依靠发行CDs融资，联储周期性地调整CDs的准备金率，以影响CDs的发行成本，进而影响信贷供给。有时，联储还对CDs采用边际准备金要求，即对该存款的新增量附加更高比例的准备金要求。同时，准备金要求也开始适用于一些功能上与存款类似、新出现的负债产品。如60年代末，商业银行为规避准备金要求，开始越来越依赖欧洲美元借款融资。70年代联储对这些负债采用了边际准备金制度并周期性地调整其准备金率。70年代末，为减轻物价上涨压力，联储的政策目标是约束货币和信贷扩张，对这些新负债产品实施准备金制度在其中发挥了积极作用。

表 7 - 6　　　　1966—1972 年联储根据会员银行地理位置级别和
存款规模制定的法定准备金率　　　　单位：%

生效日期	活期存款净额				所有会员银行的定期存款		
	准备城市银行		乡村银行		储蓄存款	其他定期存款	
	0~500万美元	高于500万美元	0~500万美元	高于500万美元		0~500万美元	高于500万美元
1966.07.14，07.21	16.5	16.5	12	12	4	4	5
09.08，09.11	16.5	16.5	12	12	4	4	6
1967.03.02	16.5	16.5	12	12	3.5	3.5	6
03.16	16.5	16.5	12	12	3	3	6
1968.01.11，01.18	16.5	17	12	12.5	3	3	6
1969.04.17	17	17.5	12.5	13	3	3	6
1970.10.01	17	17.5	12.5	13	3	3	5

数据来源：同表 7 - 4，588 页。

从联储实行准备金制度的指导思想看，50 年代该指导思想与基本目的又有了比较大的转变，即从单纯为控制银行信贷转变为同时控制货币量，因为从50 年代起，人们越来越深刻地认识到货币供给同经济的密切关系，因而把货币供应量作为一个极其重要的经济政策指标，同时人们也认识到，在一定的条件下，改变法定准备率是影响货币供应量的有力的政策工具。70 年代，狭义货币供应量 M_1 更成了美国货币政策主要的中间目标。大量经济学文献都集中于研究 M_1 同实际经济变量的关系，以及法定准备率等政策变量变化同 M_1 的关系。80 年代后，虽然较广义的货币量 M_2 取代了 M_1 而成为主要的货币政策指标，但是法定准备率的变化对货币供应量的巨大影响依然存在。这就是美国实行法定准备金制度指导思想与基本目的的又一次转变的历史背景。

从单纯为控制银行信贷转变为同时控制货币量，这一转变当然有着不可低估的意义，它不仅反映了人们对法定准备金之积极作用认识的深化，而且表明人们比以往任何时候都能够更自觉地利用法定准备金这一工具来为经济稳定和经济发展服务。然而，将这一次转变与前述 20 年代那次转变相比较，我们认为，后者的意义和影响更大。因为，从利用法定准备金来维持银行的流动性到利用法定准备金来控制银行信贷，这是一个质的飞跃，是一个历史性的转变。维持银行流动性与控制银行信贷，毕竟是两回事，两者并没有直接的联系。而且，维持银行流动性的着眼点是个别银行，而不是银行系统或整个经济。虽然个别银行因流动性不足而破产也会影响到整个经济，但这种影响只能是间接的和迂回的。而控制银行信贷的着眼点则不是个别银行，而是整个银行系统，是整个银行系统的信贷及其对经济的影响。由此可见，从维持银行的流动性转变为控制银行信贷，表明法定准备金的作用已从单纯的金融系统内部扩展到了整个经济，表明人们已开始自觉利用法定准备金这一工具来影响经济。所以实行法定准备金制度的指导思想和基本目的的这一转变，在货币政策和货币理论的历史上具有重大的意义。

再让我们看上述第二次转变。如上所述，这次转变虽然也具有较大的意义，但只是一种量的变化。原因在于，银行信贷与货币供给有着直接的联系，银行信贷的变化对货币供给有着直接的且同方向的影响，因而控制银行信贷与控制货币供给也有着十分密切的关系。从某种意义上说，控制银行信贷就是为了控制货币量。法定准备率变化对货币量的影响，主要也是通过改变银行信贷而实现的。所以说，从控制银行信贷转变为控制货币供给，只是法定准备金制度作用的扩展与深化，而不是该制度作用的质的变化。

此外，这一期间联储还通过准备金制度的调整，努力维持会员银行体系的稳定。当时，州立银行可以自由选择是否成为联储的会员银行。如果州立银行不加入联储会员体系，他们接受州监管部门的监管，适用的准备金要求较低，于是50年代一些州立银行开始脱离联储会员体系。联储担心如果大量银行脱离会员体系，将削弱货币政策的实施效果。为此，联储相应调整了准备金制度：

1. 1959年12月，联储允许会员银行将库存现金作为准备金。这大大减轻了银行尤其是小银行的准备金负担，因为小银行通常要保留较高比例的库存现金以应对提现需求。由于小银行通常最有可能脱离联储会员体系，因而此举对于缓解会员银行流失非常有效。而大型银行对联储清算等服务的依赖较大，他们脱离联储会员体系的动力相对要小。

2. 实行累进准备金制度。60年代末，联储开始逐步改变根据会员银行所处城市地理级别规定不同准备金率的思路，将会员银行仅划分为准备城市银行和乡村银行。1972年，联储彻底改革了准备金制度，开始实施累进准备金制度。在新的准备金制度下，所有会员银行的不同种类存款主要根据存款金额的大小适用累进的准备金率；吸收存款的金额越大，适用的准备金率就越高（见表7-7）。这样，小银行适用的准备金率降低了，他们脱离联储会员体系的动力也减弱了。

---

① 这里的日期是票面日期。

表 7 – 7　　　　　　　　　　1972—1980 年联储为所有会员

银行制定的累进准备金率　　　　　　单位: %

生效日期	活期存款净额					储蓄和定期存款						
	0 ~ 200 万美元	200 万 ~ 1000 万美元	1000 万 ~ 1 亿美元	1 亿 ~ 4 亿美元	高于 4 亿美元	储蓄存款	定期存款					
							0 ~500 万美元			高于 500 万美元		
							30 – 179 天①	180 天 – 4 年	4 年及以上	30 – 179 天	180 天 – 4 年	4 年及以上
1972. 11. 09	8	10	12	16.5	17.5	3	3	3	3	5	5	5
11. 16	8	10	12	13	17.5	3	3	3	3	5	5	5
1973. 07. 19	8	10.5	12.5	13.5	18	3	3	3	3	5	5	5
1974. 12. 12	8	10.5	12.5	13.5	17.5	3		3	3	6	3	3
1975. 02. 13	7.5	10	12	13	16.5	3		3	3	6	3	3
10. 03	7.5	10	12	13	16.5	3		3	3	6	3	1
1976. 01. 08	7.5	10	12	13	16.5	3		2.5	3	6	2.5	1
12. 03	7	9.5	11.75	12.75	16.25	3		2.5	1	6	2.5	1

数据来源: 同表 7 – 4, 588 页。

3. 实行滞后准备金制度。根据准备金计算期与持有期在时间上的对应关系, 存款准备金制度分为"即时准备金制度"（Contemporaneous Reserve Requirements）和"滞后准备金制度"（Lagged Reserve Requirements）。持有期与计算期在时间上有重叠的准备金制度称为"即时准备金制度", 持有期与计算期在时间上没有重叠的准备金制度称为"滞后准备金制度"。1968 年, 联储将即时准备金制度调整为滞后准备金制度, 银行准备金的计算期早于持有期 2 周（见表 7 – 8）。联储采用滞后准备金制度的目的是为了方便银行计算自身的准备金要求, 从而降低银行管理准备金头寸的成本。滞后准备金制度的一个缺点是, 它减弱了准备金与货币供给之间的直接、即时联系, 这样联储调整准备金政策可能在短期内难以实现调节货币供给的目的。但由于当时联储货币政策的操作目标并不是短期内严格控制货币供给, 因而这一问题显得并不重要。

表 7 – 8　　　　美联储对存款准备金计算期与持有期的调整历史

	准备金制度及其调整	调整目的
1968 年 9 月前	即时准备金制度	—
1968 年 9 月	调整为滞后准备金制度	减轻银行负担; 稳定货币控制; 治理通货膨胀
1984 年 2 月	调整为即时准备金制度	减少信用控制; 控制通货膨胀; 增强对 M_1 的控制
1998 年 8 月	调整为滞后准备金制度	增加信用总量; 缓解金融危机压力; 稳定美元利率

然而, 70 年代末利率上升加重了会员银行的准备金负担, 尽管联储采取了以上措施, 但也没能阻止银行脱离联储会员体系的趋势, 会员银行交易性存

款占所有交易性存款的比重跌至 65% 以下。改革准备金制度的呼声再次高涨。1978 年联储甚至提出了向准备金存款付息的提议，但遭到了国会的反对①。

1979 年 10 月后，联储采用了以准备金为基础的操作程序，新的操作程序更加注重对货币供应量 M_1 的短期、紧密控制。此时，会员银行流失这一问题变得尖锐起来。因为联储对货币供应量 M_1 的控制力部分依赖于会员银行准备金与整个银行体系 M_1 存款的联系是否紧密，会员银行的流失削弱了这种联系，这使联储更难控制货币供给。

为彻底扭转会员银行的流失并提高联储对 M_1 的控制力，经过几年的争论后，国会最终同意改革准备金制度。1980 年的《货币控制法》（The Monetary Control Act）赋予联储向所有存款类机构（无论其是否是联储会员银行）实施统一的法定准备金制度的权力。该法案大大简化了原有的累进准备金制度，银行的交易性账户和非交易性账户②分别适用不同的法定准备金率③（见表 7–9）。交易性账户净额④中低于 2 500 万美元的部分（该金额标准称为低档准备金份额"Low Reserve Tranche"）适用 3% 的准备金率，高于 2 500 万美元的部分适用 12% 的准备金率。低于低档准备金份额的部分适用更低的准备金率，这是对小银行的特别让步。非交易性账户的法定准备金率为 3%。

《货币控制法》还赋予联储对交易性账户追加不超过 4% 准备金的权力。该法案使准备金与货币供应量之间的联系更加紧密，同时由于更多的银行需要向联储报告他们的存款数据，联储数据的准确性和及时性也得到了提高，这些都有利于加强联储对货币的控制力。

表 7–9　　　　　　1980 年《货币控制法》通过后的法定准备金率　　　　　单位：%

生效日期	交易性账户净额		非交易性账户
	低档准备金份额之下的部分	低档准备金份额之上的部分	
1980. 11. 13	3	12	3
1990. 12. 26	3	12	0
1992. 04. 02	3	10	0

数据来源：同表 7–4，589 页。

---

① 联储提议的细节见《1978 年 7 月联储公告》，605–610 页。国会的反馈见国会听证会《货币控制和会员体系问题》（Monetary Control and the Membership Problem）。

② 包括储蓄存款、非个人定期存款和欧洲美元负债等项目。

③ 联储的目标是控制包含在 M_1 之中的交易性存款，所以所有的交易性存款都适用准备金要求，但一些种类的非交易性存款也要求计算法定准备金。联储认为，此举可以有效扩大准备金基础和要求更多的存款机构保持准备金。这样，联储调节准备金数量以影响存款总额和货币供应量的能力就提高了。

④ 账户余额中减去其他存款类机构持有的部分和应收现金项目后的净额。

1982 年，《Garn - St. Germain 法案》进一步规定，存款中低于 200 万美元的部分免于计算准备金。同时，该法案还规定每年根据上一年[①]所有存款机构的交易性账户净额和适用准备金要求的负债总额（Total Reservable Liabilities）[②]的增长率 80% 的幅度，调整低档准备金份额标准和免除额大小。如 1984 年的低档准备金份额标准和免除额分别为 2 890 万美元和 220 万美元。1983 年 6 月 30 日到 1984 年 6 月 30 日，所有存款机构的交易性账户净额和适用准备金要求的负债总额的增长率分别为 3.9% 和 11.4%，两个增长率分别乘以 80%，分别为 3.1% 和 9.1%，则 1985 年开始的低档准备金份额标准和免除额就在 1984 年的基础上增长 3.1% 和 9.1%，即为 2 980 万美元和 240 万美元[③]。当然，如果上一年所有存款机构的交易性账户净额和适用准备金要求的负债总额是负增长，则新一年的低档准备金份额标准和免除额就会调低。

关于美国存款准备金政策对货币量的影响，在西方经济学家中有着很多争论。有些经济学家认为，美国存款准备金政策并没有对货币量的控制发挥有效的作用。我们也持这种观点。因为存款准备金政策对货币量的有效控制需具备一系列条件，而它们在美国很少具备过。这些条件主要是：

第一，需要比较稳定或者说可预测的货币乘数，不然的话，法定准备率的变化就很容易为预料之外的货币乘数的变化所抵消。上世纪 50 年代以来，美国的货币乘数从来没有稳定过。70 年代以来，尽管许多经济学家都致力于货币乘数的预测及有关的研究，并取得了一定的成果，但关于货币乘数究竟能否预测以及如何预测的问题，在西方经济学家中至今未取得比较一致的意见，且不少预测事后证明都有较大的误差。

第二，货币当局在实行存款准备金政策的同时，必须有效地控制商业银行的准备金总数，即有效地控制准备金来源，使商业银行不能轻易地获得准备金。"如果银行对准备金的需求能比较容易地得到满足，那么法定准备金的作用只是使银行在其存款余额一定的条件下，扩大对准备金的需求。在此情况下，存款额的决定就独立于法定准备金了。"[④] 就是说，此时，法定准

①　前年 6 月 30 日到上年 6 月 30 日的增长率。

②　目前，适用准备金要求的负债总额包括交易性账户净额、非个人定期存款（Non - personal Time Deposits）、欧元负债（Eurocurrency Liabilities）等三项，其中后两项的法定准备金率为 0。

③　本书第三章第五节中的表 3-20 列出了美国历年的低档准备金份额和准备金免除额大小。

④　古德弗兰德和哈格雷夫：《对法定准备金制度的原理和机能的历史的评价》，载古德弗兰德著《实践中的货币政策》，39 页，美国里士满联邦储备银行，1987。

备率的变化将不影响银行的信用创造和银行存款额，从而不影响货币供给量。尽管这一现象长期以来为人们所忽视，但它确实是削弱美国存款准备金政策实际效果的主要原因之一。事实上，美国货币当局从来没有采取过有力的措施，来控制商业银行的准备金来源，甚至都没有认真考虑过这一问题。

第三，准备金的计算与准备金的保持必须基本同步，而不能有较大的时差。但是，1968年9月到1984年2月，美国实行的是"滞后准备金"计算制度（见表7-8）。在这一制度下，要有效地控制银行准备金是很困难的。1984年到1998年8月美国实行"即时准备金"计算法，这显然有利于联储对银行准备金的控制。但经济学家们对此仍有很多争议。究竟采取怎样的准备金计算与保持的方法才能有效地控制商业银行的准备金，这还是一个实践中的问题。

（四）上世纪90年代初以来：作为其他货币政策操作工具的辅助性工具和存款机构支付和清算保证

在《货币控制法》通过后的十年里，美国的准备金制度没有大的变动。90年代初，联储对准备金制度进行了两项大的调整：一是1990年12月，联储取消了非交易性账户的准备金要求；二是1992年4月，交易性账户的法定准备金率由12%降为10%。

联储调低准备金要求的原因在于：一是促进信贷增长。当时，贷款人对发放贷款趋于谨慎，这影响了部分借款人的贷款可得性和借款成本。联储调低准备金要求，降低了存款机构的融资成本，有利于促进贷款增长。二是90年代初，在理性预期理论以及新古典综合派等经济理论与货币政策理论的影响下，美联储逐步信奉"中性货币政策"，并构建了相应的货币政策操作框架，联储不再强调对货币供应量的控制。同时，公开市场操作也已成为最主要的货币政策操作工具。上述两方面情况大大降低了联储运用存款准备金制度实施货币政策的必要性。但为了保证银行的清算资金需求，联储也并未更大幅度地降低准备金率。

目前，美联储存款准备金制度覆盖的机构范围包括商业银行、储蓄银行、互助储蓄银行和信贷协会、外国银行在美国的分支机构和代理机构、艾契公司①（Edge Corporation）和协议公司（Agreement Corporation）。适用准备金要求的交易性账户包括活期存款、ATS账户、NOW账户、股金提款账户、电话

---

① 根据《联邦准备法》第25条规定设立的联邦注册公司（National Chartered Corporation），专门从事有关国际金融及投资业务，经营项目包括接受国外或非居民的活期及定期存款、国际贸易融资、银行承兑汇票等其他国外业务。

或预先授权转账账户（Telephone or Preauthorized Transfer Accounts）、不合格的银行承兑汇票（Ineligible Bankers Acceptances）、7 天内到期的附属公司发行的负债等。法定准备金率为：以上交易账户净额中，1 450 万 ~ 10 360 万美元的部分，法定准备金率3%，高于 10 360 万美元的部分，法定准备金率10%。即2015 年准备金制度的免除额为 1 450 万美元，低档准备金份额标准为 10 360 万美元[①]。此外，联储根据自身的判断，可以将 10% 的准备金率酌情在 8% ~ 14% 调整。特殊情况下，该比率可以高达 18%。

目前，美联储通过改变银行体系准备金的成本和可获得性，影响总体货币与信用状况；通过控制总准备金供给，获得理想的准备金市场状况，防止对货币市场形成潜在的破坏性影响[②]。存款准备金制度被普遍认为"是货币政策的支点，法定准备金率提供了一种已知的可控制的准备金基础。通过这一制度，美联储的货币政策工具（主要是公开市场业务）可以以合理的可预见的方式影响货币供给的增长。"[③] 而现行的操作账户则为存款机构的支付和清算提供流动性保证。由此，存款准备金制度演变成为其他货币政策操作工具的辅助性工具以及存款机构的支付和清算保证。存款准备金制度似乎回归了其"原始状态"[④]。

值得一提的是，2008 年 12 月美联储宣布，从 2008 年 10 月开始对准备金存款（包括法定准备金存款和超额准备金存款）支付利息[⑤]。联储在其新闻公告中指出，"对法定准备金存款付息有助于减轻对存款性金融机构的隐性准备金税负，而对超额准备金存款付息为联储创造了一个额外的货币政策操作工具。"

联储根据联邦基金目标利率确定给准备金付息的利率水平。法定准备金存款的利率为准备金保持期期间联邦基金目标利率的平均值，超额准备金存款的利率为准备金保持期期间联邦基金目标利率的最低值。美国的准备金保持期为14 天，从某周的周四到下下周的周三。以 2008 年 12 月 4 日（周四）到 12 月

[①]　见联储官网的《存款准备金制度》（Reserve Requirement）。

[②]　J N. Feinman：《存款准备金制度的历史、当前实践及潜在改革》（Reserve Requirements：History, Current Practice, and Potential Reform），1993 年美联储公告第 1 期，569 – 589 页。

[③]　弗里德曼：《货币与银行》，118 – 172 页，北京，中国计划出版社，2001。

[④]　李扬、彭兴韵：《存款准备金与资本充足率监管的货币政策效应》，《财经理论与实践》，2005年第 3 期，11 – 17 页。

[⑤]　这些年来美联储一直请求国会立法准予它向准备金付息。2006 年通过的《金融服务监管救济法》（The Financial Services Regulatory Relief Act），允许美联储向准备金付息，但该法案要到 2011 年才生效。后来生效日期提前到 2008 年 10 月。

17 日（周三）的这一准备金保持期为例，这一期间前期联邦基金目标利率为 1%，12 月 15 日联储将联邦基金目标利率调整为 0～0.25%，因而这一保持期内法定准备金存款的利率为：前 12 天（12 月 4 日到 15 日）以 1% 计算，后 2 天（12 月 16 日和 17 日）以 0.25% 计算；整个期间超额准备金存款的利率为 0.25%。

米什金认为联储向准备金付息的理由如下[①]：一是对准备金付息，尤其是将准备金利率设定到与联邦基金利率目标相近的水平上，银行持有准备金的机会成本显著降低，银行为规避这些机会成本而实施不必要交易的需要大大减少，从而有助于提高经济运行效率。

二是对准备金付息可以改善货币政策实施效果。银行准备金的机会成本相对稳定后，当利率波动时，超额准备金的变动就会比较小，这会减少货币供给的波动，提高对货币供给控制的有效性。此外，对准备金付息相当于为联邦基金利率设定了一个下限，联邦基金利率围绕其目标水平的波动幅度也会相应降低。

第三个理由与 2007—2008 年间的次贷危机有着密切的关系。危机期间，为减少金融危机的破坏性，美联储利用贷款便利向金融体系的某些部门提供流动性。通常，这会引起基础货币与准备金随之扩张，进而导致货币供给增加，联邦基金利率也会随之下降。然而，美联储采取了抵消手段以避免这种情况的发生，在公开市场上出售证券，以"冲销"由其贷款所创造的流动性，从而将货币供给和联邦基金利率保持在之前的水平上。但是，这会减少联储资产负债表上所持有的证券资产。联储持有的证券资产规模是相对有限的，如果不调整货币政策，当联储持有的证券资产耗尽时，联储就再也不能冲销其贷款所创造的流动性，也就耗尽了向金融体系提供流动性的能量。在次贷危机期间，当联储的巨额放款导致其证券资产大幅度减少时，这个问题变得尤为尖锐，市场担忧联储将无法继续发放贷款。

联储有了向准备金付息的权力，就可以解决资产负债表能量的问题。准备金利率相当于给联邦基金利率设定了下限，因为如果联邦基金利率下跌到低于超额准备金利率水平时，银行就不愿意按较低的利率水平在隔夜市场上放款，这会促使联邦基金利率回升。如此，联储贷款扩张将不会引起货币供给扩张。一旦联邦基金利率达到由准备金利率设定的下限水平，联储放款所导致的准备

[①] 弗雷德里克·S. 米什金（Frederic S. Mishkin）：《货币金融学》，中文第九版，351－352 页，北京，中国人民大学出版社，2010。

金增加，就会引起超额准备金的持续增加，不会出现货币供给的多倍扩张，从而也不会使联邦基金利率大幅度偏离其预期水平。这大大地增强了次贷危机期间美联储放贷的能力。

综上所述，美国实行法定准备金制度的150多年来，准备金制度本身及其指导思想和基本目的有了很大的变化。这些变化反映了人们对存款准备金作用认识的深化。但是，这150多年来，美国法定准备金制度并没有发挥人们预想的作用，没有达到其目的。这说明，并不是有了法定准备金制度就能保证银行的流动性，也不是有了这一制度就能保证货币当局对货币的控制了。唯有正确运用存款准备金政策，才能收到实际的效果。不然的话，很可能收效甚微，甚至徒有虚名。

二、法定准备金制度的实际结果和深层原因——为财政筹措资金

美国实行法定准备金制度的公开的指导思想和目的，是保持商业银行的流动性和控制货币供给，而美国实行法定准备金制度的实际结果和深层原因，则是为财政筹措资金。实际上，为财政筹措资金，这从来就是美国实行法定准备金制度的基本原因。

（一）历史上的准备金制度与财政筹资的关系

美国在全国范围实行法定准备金制度始于1863年的《国民银行法》。就像不少经济学文献所指出的，美国国会通过《国民银行法》的主要目的之一，就是为当时正在进行的南北战争筹措经费。该法规定，国民银行发行纸币必须以公债作保证。其目的是推销公债，以支援战争。美国经济学家保罗·霍维慈说："虽然建立一种国民银行制度的理由是很多的，但是如果不是这个条例有助于解决政府战时财政问题，也许这个条例不能获得通过。"[1] 另一位美国经济学家克莱因（John J. Klein）也说："使这一银行法规（指《国民银行法》——引者注）得以通过的原因很可能是战争所造成的财政上的压力。"[2][3]

---

[1]　保罗·M.霍维慈：《美国货币政策与金融制度》，83页，北京，中国财政经济出版社，1980。

[2]　J.L. 克莱因：《货币与经济》（Money and the Economy），176页，1982。

[3]　当然，也有人认为，《国民银行法》的主要作用不是筹措战费，如日本的矢岛保男先生就指出："《国民银行法》的目的，第一是为筹措南北战争的战费，确定国民银行制度，第二是发行健全的国民银行券，来代替不健全的州立银行券，以挽救混乱的货币。实际上，这个法律在筹措战费上没起多大作用，而在确定国民银行制度上，却具有划时代的意义。"（矢岛保男：《银行论》，中国金融出版社1991年版，107页）。尽管有些经济学家否认《国民银行法》的主要作用是筹措战费，但他们至少承认了筹措战费是该法的主要目的之一或原始目的之一。

虽然，根据《国民银行法》建立法定存款准备金制度的指导思想是维持商业银行的流动性，然而，该法既不允许商业银行在紧急情况下使用法定准备金，又没有确立能够为商业银行担当最后贷款人的类似中央银行的机构，最终导致国民银行时代银行危机的频繁爆发。由此不能不让人怀疑，《国民银行法》确立法定存款准备金制度，究竟是为了维持商业银行的流动性，还是为了集中银行的准备金，以应付当时财政的需要。

不仅战时通过的《国民银行法》的主要目的之一是为财政筹措资金，而且，就像两位美国经济学家所说："在联邦储备系统的整个历史时期，筹措资金的考虑始终极大地影响着对法定准备金的规定"。[1]

《联邦储备法》规定，联储会员银行的法定准备金必须直接存入联邦储备银行，或以库存现金的形式存在，而不能是同业存款。该法作这一规定的公开的目的，是避免法定准备金中的虚假因素和维持整个银行系统的流动性，但很显然，这不会是这一规定的唯一目的，甚至不是根本目的，因为只要规定法定准备金必须是商业银行的库存现金，就能达到这一目的，为什么还要规定法定准备金必须存入联邦储备银行呢？而且，1917 年修正后的《联邦储备法》又进一步规定，法定准备金必须全部存入联邦储备银行，而不能再以商业银行库存现金的形式存在。这是为什么呢？不难发现，《联邦储备法》作出上述规定，除了为维持商业银行流动性外，一定还有更深的目的。这一目的就是集中美国全国的黄金准备，作为联储发行货币的基础，以此为联储自己，也为国家财政筹措资金。

我们已经知道，美国上世纪一二十年代货币政策的主要工具是再贴现利率，联储掌握的黄金储备越多，它就能通过再贴现的方式，向商业银行发行越多的联邦货币。通过再贴现，联储持有了大量的有价证券（主要是美国财政部发行的债券），这一方面给联储带来了收益，另一方面又帮助财政部推销了债券。尤其是"在战争时期，联邦储备系统变成了财政部的附属机构。它的政策受到财政部筹措资金目标的支配"[2]。1918 年至 1919 年，美国财政支出超过 300 亿美元，而 1916 年的财政支出还不到 6.5 亿美元。一次大战期间，美国政府支出的近四分之三来源依靠借债，而不是依靠税收。联储为了帮助财政借债，将贴现率降到低于公债利率，使商业银行购买公债后，以这些公债作抵

---

[1] 古德弗兰德和哈格雷夫：《对法定准备金制度的原理和机能的历史的评价》，载古德弗兰德著《实践中的货币政策》，41 页，美国里士满联邦储备银行，1987。

[2] 托马斯·梅耶等：《货币、银行与经济》，第三版，564 – 565 页，上海，上海三联书店，1988。

押向当地联邦储备银行借款，仍然有利可图，以此鼓励商业银行购买公债。

所有这一切，都离不开联储自己的黄金准备①。由于当时美国处于金本位制度下，所谓准备金主要是黄金和可兑换成黄金的证券，因此，规定商业银行的准备金必须存入联邦储备银行，就能使联储集中全国的黄金准备。就像菲里普·卡甘所说："将所有的准备金移至联邦储备银行，这帮助了联邦储备委员会尽可能多地获得国内的黄金存量，而后者又被认为是满足美国因加入一次大战而引起的信贷需求的必不可少的措施。"②

从联邦储备系统成立一直到 2008 年的近百年时间里，联邦储备银行对其会员银行存放在它们那儿的准备金是不支付利息的。根据美国 1980 年的《货币控制法》，不仅联储会员银行，而且其他的存款机构都必须执行联储关于缴存款准备金的规定。联储对其他存款机构的法定准备金（存款机构的库存现金和它们在联储的存款），当然也是不支付利息的。从存款机构看，"可以把这些利息看作为一种税收"，因为，如果这些准备金用于投资，则存款机构本来是能够获得收益的。③从联储看，存入联储的准备金则成了联储的资金来源之一。联储通过运用它的资金，获得了巨额利润。联储通过再贴现业务和公开市场业务，不仅发行了巨额货币，而且购入了大量有价证券。这些有价证券为联储带来了大量的利息收入。

联储是一个股份制性质的机构。其股票由各会员银行认购，但这些会员银行只能得到 6% 的固定股息，而无权分配联储的所有净收益。于是，联储的实际收入大大超过其股息支出和经营成本。超过额的大部分并不为联储所有，而是作为"特许权税"（Franchise Rights）转交给了美国财政部，因为据说联储之所以能有如此巨额的净收益，是由于国家赋予联储以发行货币的特权，所以这一收益的大部分理应归于国家。联储向美国财政部的转交额在长期中呈递增趋势，从联储成立之初的 1917 年的 100 万美元增加到 1981 年的 140.24 亿美元，60 余年中增加了 14 000 多倍。到了 1985 年，这一转交额更增加到 168 亿美元④。不仅这一转交额的绝对值迅速增加，而且这一转交额占美国财政收入

①　根据当时的《联邦储备法》，联邦储备银行发行纸币必须有 40% 的黄金或金证券的准备。

②　菲里普·卡甘：《1875—1960 年美国货币存量变化的决定及其影响》，183 页，哥伦比亚大学出版社，1965。

③　桑托尼：《美国货币控制法，准备金税和商业银行的存货价格》（G. J. Santoni, The Monetary Control Act, Reserve Taxes and the stock Prices of Commercial Banks），载《圣·路易斯联邦储备银行评论》，1985 年 6/7 月合刊，12 页。

④　托马斯·梅耶等著的《货币、银行与经济》，第三版，200 页，上海，上海三联书店，1988。

的百分比也不断上升，以 1930 年的仅占 0.0007% 上升到 1981 年的占 2.232%，半个多世纪中增加了 3 000 倍。这说明，联储的转交额对于美国的财政收入有着不断增大的意义。所有这一切，都同联储集中其会员银行的大量准备金有关。1980 年后，所有的存款机构都必须向联储缴存法定准备金，这样，联储所集中的准备金就更多了。这些准备金成了联储资金来源的重要部分。

（二）现实的法定准备金制度改革与财政筹资的关系

由以上分析可见，美国法定存款准备金制度的实际结果确实是为美国财政筹措了资金。而且，在美国历次法定存款准备金制度的改革中，法定准备金同财政筹资的关系始终发挥着极大的影响，有时甚至起了关键性的作用。

《联邦储备法》1917 年修正案规定，联储会员银行的库存现金不能作为准备金。1959 年为了消除会员银行与非会员银行之间的不平等和减轻会员银行的准备金负担，以遏制会员银行不断退出联邦储备系统的势头，才取消了这一规定，而允许会员银行的法定准备金包括一定比例的库存现金。当然，这一措施并未根本解决会员银行不断减少的问题[①]。此后，一直到 1980 年通过《货币控制法》，在这整整 20 年中，关于如何消除会员银行和非会员银行之间的不平等，以及如何减轻会员银行的法定准备金负担的问题，始终是美国法定存款准备金制度改革的中心问题。而改革的难点恰恰在于法定准备金同财政收入之间的关系上，也就是，改革很可能减少联储转交给财政部的资金。

显然，允许会员银行将库存现金作为法定准备金，将减少会员银行存入联储的准备金，从而减少联储的资金来源，进而减少联储的净收益和联储向财政部转移的资金。在 60 年代的最初几年中，联储每年向财政部转移的资金都比1959 年少。造成这一现象的主要原因，很可能就是上述 1959 年的法定存款准备金制度的改革。

由于法定存款准备金制度的改革很可能减少联储向财政部转移的资金，因此改革的阻力不在银行系统内部，而往往来自于美国国会，因为后者代表着国家财政的利益。在长期而又艰难的讨论过程中，联储提出了多种改革方案，如降低法定准备率，对会员银行法定存款准备金支付利息，以及对所有的银行

---

① 据统计，1959 年底，会员银行家数占全部商业银行家数的 46.3%，会员银行的存款占全部商业银行存款总额的 84%，而到 1979 年底，它们分别下降为 36.8% 和 71.8%。1979 年美国新注册的商业银行有 237 家，而其中只有 73 家选择了成为会员银行（参见小劳埃德·托马斯：《货币、银行与经济活动》（Lloyd B. Thomas, Money, Banking and Economic Activity），159 - 160 页，新泽西，1982）。

（无论是联储会员银行还是非会员银行）实行统一的法定存款准备金制度。前两项措施将有利于商业银行，所以受到商业银行的欢迎。联储也认为，对法定准备金余额支付利息是最简便、最适当的改革措施。但是，这两项措施都会减少联储的收入，从而减少联储向财政部的资金转移。据估计，如果在 70 年代后期实行对会员银行法定准备金支付利息等一系列改革措施，联储向财政部的资金转移每年将减少 3 亿美元。这是美国国会所难以接受的。于是这些改革建议很自然地遭到了美国国会和美国财政部的强烈反对。

经过联储和美国国会之间的长期争论和讨价还价，国会终于在 1980 年通过了《货币控制法》。这一法案在很大程度上是联储与财政部之间的一次妥协。因为这一法案有两项重要的内容，一是规定所有的存款性机构都必须服从联储的法定准备金要求，二是普遍降低法定准备率①。从联储的角度看，该法案基本解决了会员银行减少的问题，有助于联储对金融业和对货币供给的控制。从财政的角度看，降低对会员银行的法定准备金要求虽然减少了联储的收入，从而减少了联储向财政的转移资金，但这一减少的幅度并不大，且因实行了全国统一的法定存款准备金制度，财政的这一损失在一定程度上得到了弥补②；如果不是实行这两项政策，而是采取对会员银行法定准备金支付利息的办法，那么，联储收入下降的幅度将更大，财政的资金损失也将更大。

从以上两部分的分析中可以看出，在美国实行法定存款准备金制度至今

---

① 为了平稳地过渡到新的法定准备金制度，《货币控制法》所确定的这两项改革是分阶段实行的，1984 年底以前完成对会员银行的法定存款准备金制度的改革，而 1988 年底以前完成对其他存款机构的法定准备金制度的改革。"这一新的准备金要求意味着这些存款机构的负担加重了，所以人们认为应该谨慎地在长达八年的时期中对这些存款机构逐步实行这一新的制度。而对于绝大多数会员银行，新制度使它们的准备金要求的平均水平总的说来下降了，因此，会员银行欢迎在大约三年的时间中完成法定准备率的迅速下降"（小劳埃德·托马斯：《货币、银行与经济活动》，277 页，注 1，新泽西 1982 年版）。

② 《货币控制法》一方面降低了会员银行的法定准备率，从而减轻了会员银行的法定准备金负担，另一方面又要求所有的存款性机构都缴纳法定准备金，那么，从所有存款机构的角度看，它们的法定准备金负担究竟加重了还是减轻了呢？也就是说，在一定的社会存款总额的条件下，法定准备金总额增加了还是减少了呢？对此，西方经济学家的看法并不一致。有人指出："这些互相抵消的力量的净效果是很不明显的"（哈斯拉格和海因：《联邦储备系统：1959—1988 年的法定准备金》（Joseph H. Haslag & Scott E. Hein, Federal Reserve System, Reserve Requirements, 1959—1988），载美国《货币、信用和银行杂志》，1989 年 11 月，515 页）。甚至有人认为，"总的说来，法定准备金的负担加重了"（马克·托姆：《联邦储备系统在法定准备金管理中的作用》（Mark Toma, The Role of the Federal Reserve in Reserve Requirement Regulation），载《卡托杂志》（The Cato Journal），1988 年冬季期，717 页）。如果这种观点是正确的，那么，《货币控制法》不仅没有使联储的准备金收入减少，反而增加了这一收入。不过，这一观点并未得到有力的证明。但可以肯定的是，即使联储的准备金收入因此而下降了，下降的幅度也是比较小的。

150 多年的历史中，这一制度的内容及其指导思想都发生了很大的变化，其间也经历了多次改革，但是，为财政筹措资金，这始终是美国法定存款准备金制度的实际结果和深层的原因，也是法定准备金制度改革中不得不考虑到的一个具有根本性的问题。这正是美国法定存款准备金制度的一大特征。

<h2 style="text-align:center">第三节　我国的存款准备金制度
及其有效性分析</h2>

一、我国存款准备金制度功能演变

我国的存款准备金制度是 1984 年建立起来的。依据存款准备金制度在我国货币政策操作体系中实际发挥的作用，存款准备金制度在我国的功能演变大致分为三个阶段。

（一）1984—1998 年：中央银行筹集资金手段

此阶段，中国人民银行通过存款准备金制度筹集资金，用以支持信贷结构调整以及为大型建设项目融资。与此相对应，中国人民银行对存款准备金支付相对较高的利率。具体地，人民银行按存款种类规定了法定存款准备金率，企业存款为 20%，农村存款为 25%，储蓄存款为 40%。过高的法定存款准备率使当时的专业银行资金严重不足，人民银行不得不通过再贷款（即中央银行对专业银行贷款）的形式将资金返还给专业银行。

为克服法定存款准备率过高带来的不利影响，促进各专业银行资金自求平衡，中国人民银行从 1985 年开始将法定存款准备率统一调整为 10%。

1987 年和 1988 年，中国人民银行为适当集中资金，支持国家重点产业和项目的资金需求，也为了紧缩银根，抑制通货膨胀，两次上调了法定准备率。1987 年从 10% 上调为 12%，1988 年 9 月进一步上调为 13%。这一比例一直保持到 1998 年 3 月 20 日。

当时，各专业银行在央行的法定准备金存款不能用于支付和清算。金融机构按规定在中国人民银行开设一般存款账户，统称备付金存款账户，用于资金收付。1989 年，中国人民银行对金融机构备付率做了具体规定，要求保持在 5% ~ 7%。1995 年，中国人民银行根据各家银行经营的特点重新确定了备付率，工行、中行不低于 6%，建行、交行不低于 5%，农行不低于 7%。

（二）1998—2004 年：一般性货币政策操作工具

1998 年，同业拆借市场恢复运行，再贴现利率生成机制实行改革，我国基本上构建了间接型货币政策操作框架，存款准备金制度也成为真正意义上的一般性货币政策操作工具。

1998 年 3 月 21 日，中国人民银行对金融机构的存款准备金制度进行了重大改革，将各金融机构在人民银行的"准备金存款"和"备付金存款"两个账户合并，统称为"准备金存款"账户；法定存款准备金率由 13% 下调至 8%，准备金存款账户超额部分的总量及分布由各金融机构自行确定；对各金融机构的法定存款准备金按法人统一考核；对各金融机构法定存款准备金按旬考核；调整金融机构一般存款范围：将金融机构代理人民银行财政性存款中的机关团体存款、财政预算外存款，划为金融机构的一般存款，金融机构按规定比例将一般存款的一部分作为法定存款准备金存入人民银行。

（三）2004—2011 年：一般性与结构性的货币政策操作工具与支付清算保证

2003 年，我国出现经济过热，并呈现出明显的结构性过热特征。从 2004 年 4 月 25 日起，央行实行差别存款准备金率制度，创造性地将存款准备金工具改造成具有结构性调整功能的一般性操作工具，将银行机构存款准备金率的确定与其资本充足率、资产质量等指标联系起来，对资本充足率低于一定水平的金融机构实行相对较高的存款准备金要求，建立起正向激励与约束机制，从而实现了货币政策职能与金融监管职能的有机结合，也创造性地发展了存款准备金制度的货币政策操作工具属性。

2006 年以来人民银行针对流动性供需形势变化，多次调整存款准备金率。特别是 2006 年下半年至 2008 年上半年，针对"双顺差"持续扩大、外汇大量流入的态势，为对冲多余的流动性，防止经济由过快向偏热发展，央行频繁上调存款准备金率，2006 年下半年先后 3 次上调存款准备金率共 1.5 个百分点，2007 年年内上调达 10 次之多（共上调 5.5 个百分点），2008 年上半年又先后 5 次上调存款准备金率共 3 个百分点，存款准备金率由 2004 年的 7% 调高至 2008 年 6 月的 17.5%。这段时间存款准备金政策成为了央行应对流动性过剩的主要货币政策操作工具。

2008 年下半年以后，随着国际金融动荡加剧，为保证银行体系流动性的充分供应，人民银行先后 4 次下调金融机构人民币存款准备金率，其中大型存款类金融机构累计下调 2 个百分点，中小型存款类金融机构累计下调 4 个百分点。

2010 年，全球流动性宽松，我国国际收支顺差仍然较大，我国银行体系流动性供给总体偏多。中国人民银行在灵活开展公开市场操作的同时，较多地使用了存款准备金率工具，先后 6 次上调存款类金融机构人民币存款准备金率各 0.5 个百分点，累计上调 3 个百分点。

（四）2011 年至今：一般性货币政策操作工具与宏观审慎政策工具

2011 年初，在总结国际金融危机教训的基础上，人民银行引入了差别准备金动态调整机制。该机制将信贷投放与宏观审慎所要求的资本水平相联系，并考虑了各金融机构的系统重要性和稳健性状况，以及经济运行和经济景气程度，引导和激励金融机构自我保持稳健，并逆周期调节信贷投放。

差别准备金动态调整机制与之前的差别准备金率制度相比，两者最主要的差别在于：差别准备金动态调整机制是从宏观审慎的角度、逆周期地调节信贷投放；而差别准备金率制度仅是从微观审慎的角度，建立了微观金融机构信贷投放的正向激励与约束机制，防止金融宏观调控中的"一刀切"。差别准备金动态调整机制是宏观调控方式的重大创新，它把货币信贷和流动性管理的总量调节与宏观审慎政策结合起来，使准备金制度的政策内涵更加丰富。

在国际收支总体上继续保持较大顺差的背景下，2011 年上半年，人民银行先后 6 次上调存款类金融机构人民币存款准备金率各 0.5 个百分点，累计上调 3 个百分点。2011 年第四季度，受欧洲主权债务危机加剧、市场避险情绪上升等因素影响，我国外汇占款出现波动。人民银行在 12 月下调存款准备金率 0.5 个百分点，使银行体系流动性处于适度水平。

2012 年根据流动性供需形势变化，人民银行两次下调存款准备金率各 0.5 个百分点。在差别准备金动态调整机制方面，2012 年和 2013 年人民银行根据国内外经济金融形势变化和金融机构稳健性状况及信贷政策执行情况，对差别准备金动态调整机制的有关参数作了调整，以有效发挥该机制的逆周期调节作用，引导信贷平稳适度增长，同时提高金融机构抗风险能力。

2015 年以来，国内经济下行压力有所加大，价格涨幅保持低位，人民银行继续实施稳健的货币政策，灵活运用各类货币政策工具，加强预调微调，保持流动性合理充裕，引导降低融资成本，促进经济结构调整。2015 年人民银行五次调整了存款准备金率，包含四次普遍降准和五次定向降准，累计普遍下调金融机构存款准备金率 2.5 个百分点，累计额外定向下调金融机构存款准备金率 0.5 个至 6.5 个百分点。同时，为进一步完善存款准备金制度，优化货币政策传导机制，为金融机构管理流动性提供缓冲机制，人民银行自 2015 年 9 月改革存款准备金考核制度，实施平均法考核存款准备金，并采取小步审慎推进的做法，在初期辅以日终透支上限管理。

专栏

以定向降准方式加强准备金政策的结构性调整功能

为进一步增强金融服务实体经济能力，加强对"三农"、小微企业和棚户区改造等国民经济重点领域和薄弱环节的支持，按照国务院常务会议精神，2014年和2015年人民银行多次定向下调存款准备金率，具体情况如下：

1. 2014年4月和6月，人民银行分别下调县域农村商业银行和农村合作银行人民币存款准备金率2个和0.5个百分点，对符合审慎经营要求且"三农"或小微企业贷款达到一定比例的商业银行下调人民币存款准备金率0.5个百分点。此外，下调财务公司、金融租赁公司和汽车金融公司人民币存款准备金率0.5个百分点。

2. 2015年人民银行实施了五次定向降准，累计额外定向下调金融机构存款准备金率0.5个至6.5个百分点。一是支持"三农"和小微企业等重点领域，累计额外下调满足审慎经营要求且"三农"或小微企业贷款达到一定比例的商业银行存款准备金率0.5个至1个百分点，累计额外下调农村金融机构（农村合作银行、农村信用社和村镇银行）存款准备金率2个至2.5个百分点；二是支持重大水利工程和基础设施建设，累计额外下调农业发展银行存款准备金率6.5个百分点；三是支持企业提高效益和支持扩大消费，累计额外下调财务公司、金融租赁公司和汽车金融公司存款准备金率4个至4.5个百分点。总的看，享受定向降准政策机构占全部金融机构的比例超过98%。

总体上，货币政策是总量政策，任何结构性调整都是货币政策的辅助性手段，并未改变稳健货币政策的取向。在信贷总量较大的情况下，关键是优化信贷结构。定向降准是对过去特别是上一年"三农"、小微企业贷款投放比例较高的商业银行予以鼓励，建立一种正向激励。这样的激励机制，将发挥引导信贷投向的作用。

定向降准的"微刺激"措施向市场发出了货币政策保持定力、主动作为、适时适度预调微调的信号，有利于实现稳增长与调结构双重目标。结构上，人民银行引导金融机构将更多资金配置到"三农"、小微企业和棚户区改造等国民经济重点领域和薄弱环节，符合"精准发力"的宏观调控原则。定向降准适度补充了金融体系的流动性，有利于降低企业融资成本，缓解经济下行压力。

国外也有类似的结构性调整的货币政策。比如，美联储于2011年9月启动的扭曲操作，其特点就是购买长期国债，抛售短期国债，以提高长期国债的价格，降低长期利率，促进中长期投资。

二、我国存款准备金政策有效性分析

(一) 存款准备金政策对中间目标的影响

作为货币政策操作工具，法定存款准备金政策首先影响货币政策中间目标。我国货币政策中间目标是货币供应量和各项贷款，下面考察法定准备金率与货币供应量和各项贷款增速的关系。

1. 统计分析。图 7–1 是 1998—2015 年我国人民币存款准备金率变动与广义货币供应量 M_2 及各项贷款增速的月度数据图。从图中可以看出，我国准备金率的变动与货币供应量及各项贷款的关系大致分为两个阶段：

(1) 1998—2005 年：存款准备金率的变动频率较低，与货币供应量和各项贷款增速的反向变动关系不显著；存款准备金率与各项贷款增速仅在滞后 2 个月之后出现非常微弱的负相关关系，相关系数 –0.04；存款准备金率与货币供应量增速在滞后 3 个月之后出现非常微弱的负相关关系，相关系数 –0.02。

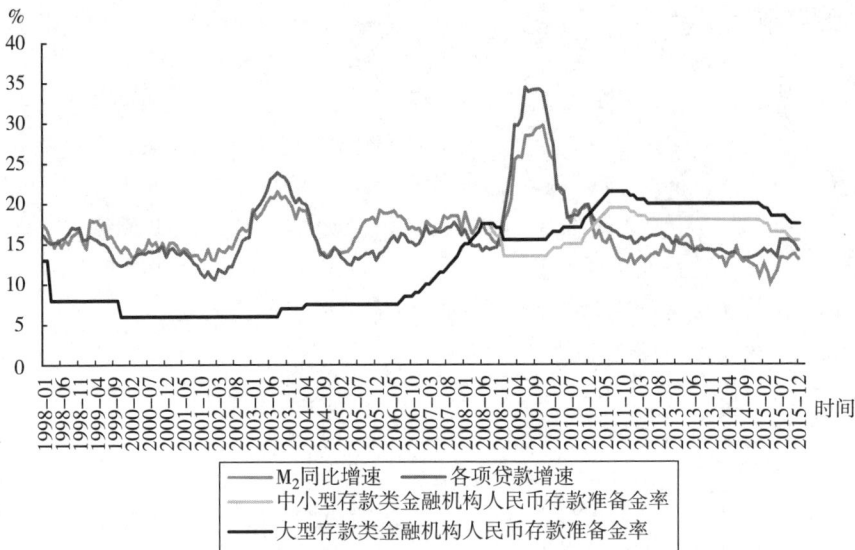

数据来源：Wind 资讯。

**图 7–1 1998 年以来我国人民币存款
准备金率变动与货币供应量、各项贷款增速**

这段时间存款准备金率变动对货币供应量变化的影响不显著，主要是由于当时金融机构超额准备金率较高（见图 7–2），2001—2005 年金融机构超额准备金率分别为 7.6%、6.47%、5.38%、5.25% 和 4.17%，人民银行调高/调低法定存款准备金率，仅引起商业银行超额准备金率相应下降/提高，而商业银行不必收缩或扩大信用规模就能对法定准备金率的调整作出反应。如 2004 年 4 月法定存款准备金率提高 0.5 个百分点，金融机构超额准备金率由 2004 年第一季度末的 4.28% 下降为第二季度末的 3.75%，变动 0.53 个百分点，正好抵消法定准备金率变动的影响，期间货币乘数也比较稳定，因而法定准备金率的调整对货币供应量的影响较小。

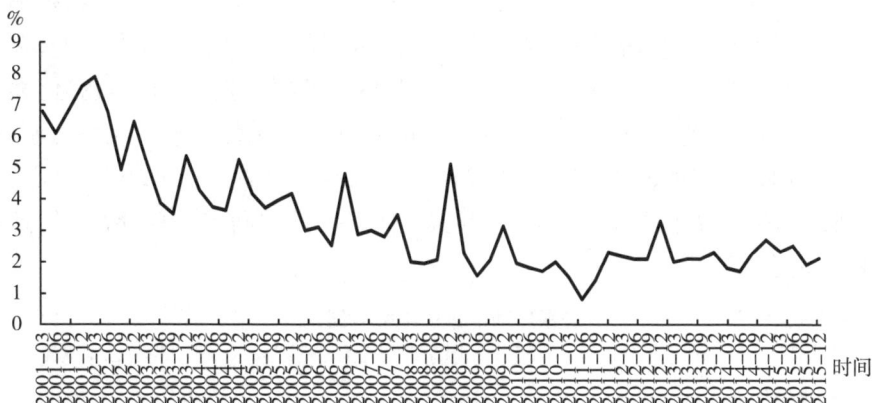

数据来源：Wind 资讯。

图 7-2　金融机构超额准备金率

（2）2006—2015 年：法定准备金率与货币供应量之间的反向关系显著，存款准备金率与 M_2 增速之间的相关系数为 -0.5[①]。法定准备金率与各项贷款增速之间的反向关系有所增强，存款准备金率与滞后 2 个月的各项贷款增速之间的相关系数为 -0.2。

2. 计量分析。下面我们通过建立 VAR 模型和脉冲响应函数，定量分析调整存款准备金率对货币政策中间目标（M_2 和贷款）的影响，以此评判调整存款准备金率的政策效果。

（1）变量的选择及数据源。本书选取了法定存款准备金率[②]、7 天期银行间同业拆借加权平均利率和未到期的央行票据作为三大货币政策工具的标志性指标，同时也作为影响 M_2 和各项贷款余额的主要因素进行分析。所有指标均取自 Wind 数据库，时间跨度为 2004 年 5 月至 2015 年 12 月。

---

① 中小型和大型存款类金融机构人民币存款准备金率与货币供应量增速相关系数的平均值，下同。

② 中小型和大型存款类金融机构人民币存款准备金率平均值，下同。

（2）数据预处理。我们对上述五个指标先用 Census – X12 方法进行季节调整，消除季节性因素后，留取趋势循环项（TC 项）；然后为消除异方差，对这些指标的趋势循环项再取对数。经过预处理后得到五个指标记为：存款准备金率（*LGDRR*）、广义货币供应量（LGM_2）、各项贷款（*LGLOAN*）、未到期的央行票据（*LGCB*）和银行间同业拆借利率（*LGMIR*）。

（3）单位根检验。从单位根检验的情况看，预处理后的五个指标均为非平稳序列。经过一阶差分后，存款准备金率、广义货币供应量、央行票据和银行间同业拆借利率的 ADF 检验值均小于 5% 的临界值，表明这些指标在 5% 的显著性水平下为平稳序列，而经过一阶差分后的各项贷款的 ADF 检验值大于5% 的临界值，但小于 10% 的临界值，即在 10% 的显著性水平下为平稳序列。综上，我们认为存款准备金率（*LGDRR*）、广义货币供应量（LGM_2）、各项贷款（*LGLOAN*）、央行票据（*LGCB*）和银行间同业拆借利率（*LGMIR*）均是一阶平稳序列。

表 7 – 10 变量序列的单位根检验结果

	ADF 检验值	检验方式	5% 临界值	10% 临界值
LGDRR	0.738	0, 0, 12	– 1.943	– 1.615
d(*LGDRR*)	– 2.905	0, 0, 12	– 1.943	– 1.615
LGM_2	0.135	c, t, 12	– 3.444	– 3.147
d(LGM_2)	– 4.226	c, t, 12	– 3.444	– 3.147
LGLOAN	– 0.577	c, 0, 12	– 2.883	– 2.578
d(*LGLOAN*)	– 3.503	c, 0, 12	– 2.883	– 2.578
LGCB	– 0.716	c, 0, 12	– 2.883	– 2.578
d(*LGCB*)	– 3.887	c, 0, 12	– 2.883	– 2.578
LGMIR	– 2.552	c, 0, 12	– 2.883	– 2.578
d(*LGMIR*)	– 3.491	c, 0, 12	– 2.883	– 2.578

注：检验方式中 c 表示截距（intercept），t 表示趋势（trend），12 表示滞后阶数。

（4）协整检验。由于预处理后的五个指标均为非平稳序列，所以需进行协整检验。协整检验前，需先建立 VAR 模型，并确定最优滞后阶数。

建立货币供应量 LGM_2、存款准备金率 *LGDRR*、央行票据 *LGCB*、同业拆借利率 *LGMIR* 的 VAR 模型，进行滞后项长度选择检验。结果显示，滞后项 8 为最佳，VAR 模型最终确定为滞后项数为 8 的 VAR 模型（记为模型 1）。

建立各项贷款 *LGLOAN*、存款准备金率 *LGDRR*、央行票据 *LGCB*、同业拆借利率 *LGMIR* 的 VAR 模型，进行滞后项长度选择检验。结果显示，滞后项 8 为最佳，VAR 模型最终确定为滞后项数为 8 的 VAR 模型（记为模型 2）。

在此基础上，进行协整检验。模型 1 和模型 2 的协整检验结果见表 7 – 11

和表7－12。协整检验结果表明，存款准备金率与 M_2、各项贷款之间存在一定的协整关系。

表7－11　　　　　　　　模型1的 Johansen 协整检验结果

原假设	迹统计量	5%临界值	P 值
None*	67.18	47.86	0.00
At most 1*	37.93	29.80	0.00
At most 2	14.22	15.49	0.08
At most 3	2.04	3.84	0.15

表7－12　　　　　　　　模型2的 Johansen 协整检验结果

原假设	迹统计量	5%临界值	P 值
None*	81.39	47.86	0.00
At most 1*	45.88	29.80	0.00
At most 2	20.64	15.49	0.01
At most 3	0.27	3.84	0.61

ADF 单位根检验和协整检验结果表明，存款准备金率与 M_2、各项贷款之间存在一定的协整关系，因此可以通过脉冲响应函数分析准备金率变动对 M_2 和各项贷款的影响。

（5）脉冲响应分析。在前面 VAR 的基础上，我们施加协整个数约束，然后进行脉冲响应分析，结果显示（见图7－3 和图7－4）：①存款准备金率政策有效，存款准备金率的变动对 M_2 具有负向冲击，在第10个月达到最大，此后效应逐渐减弱。②存款准备金率的变动对各项贷款有负向冲击，在第11个月达到最大，之后效应逐渐减弱。

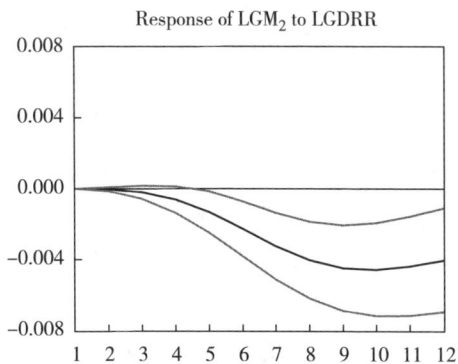

Response of LGM$_2$ to LGDRR　　　　　　Response of LGLOAN to LGDRR

图7－3　存款准备金率
对 M_2 的影响

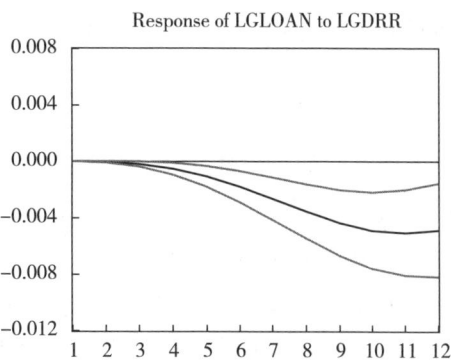

图7－4　存款准备金率对
各项贷款的影响

以上分析显示，2006年以来调整法定准备金率的政策效应明显增强，这与此期间超额准备金率显著下降，并维持较低水平有关，因为此时金融机构调整超额准备金率应对法定准备金率调整的空间大大缩小，法定准备金率的调整对商业银行货币创造能力的影响增强。如 2007 年法定准备金率累计上调 5.5 个百分点，超额准备金率不降反升，从第一季度的 2.87% 提高到第四季度的 3.5%，由此 M_2 货币乘数由 4.73 倍下降到 3.97 倍，M_2 增速从年中 18.5% 的高点在 5 个月内下调到年末的 16.72%。2010 年法定准备金率累计上调 2.5 个百分点，超额准备金率维持在 2% 左右的较低水平，准备金率调整导致货币乘数由第一季度的 4.35 倍下降到第四季度的 3.92 倍，M_2 增速下降 7.96 个百分点。2011 年法定准备金率累计上调 3 个百分点，超额准备金率从第一季度的 1.5% 提高到第四季度的 2.3%，货币乘数由 3.94 倍下降到 3.79 倍，M_2 增速下调 6.12 个百分点。

这期间超额准备金的下降与以下因素有关：第一，随着大型商业银行改革的逐步完成，商业银行财务约束加大，为扩展利润空间纷纷降低超额准备金率；第二，国民经济持续向好，信贷需求相对旺盛，金融机构超额准备金率因此下降；第三，银行间同业拆借市场逐步发展完善，调剂银行间资金余缺的作用加强，商业银行无须为流动性管理而保留较高的超额准备金；第四，随着中国人民银行支付清算技术的进步和系统发展，支付清算效率大大提高，为金融机构进一步降低超额存款准备金率提供了技术支持。

（二）存款准备金政策对最终目标的影响

我国货币政策的最终目标是保持货币币值稳定，并以此促进经济增长。货币币值稳定主要体现为物价稳定，物价稳定可以用 CPI 指标量化分析，而经济增长可以通过 GDP 数据进行分析。

1. 统计分析

（1）存款准备金政策与 GDP。由于货币政策存在传导过程，法定准备金率的调整与货币政策最终目标之间存在较长的时滞。用 1998—2015 年的人民币存款准备金率与 GDP 当季同比增速的季度数据（见图 7-5）分析得到：

a. 1998—2005 年，法定准备金率与滞后 1 个季度的 GDP 增速存在一定的负相关关系，相关系数 -0.17。

b. 2006—2015 年，法定准备金率与滞后 3 个季度的 GDP 增速存在明显的负相关关系，相关系数 -0.91，负相关关系明显增强。

（2）存款准备金政策与 CPI。用 1998—2015 年的人民币存款准备金率与 CPI 同比增速的月度数据（见图 7-6）分析得到：

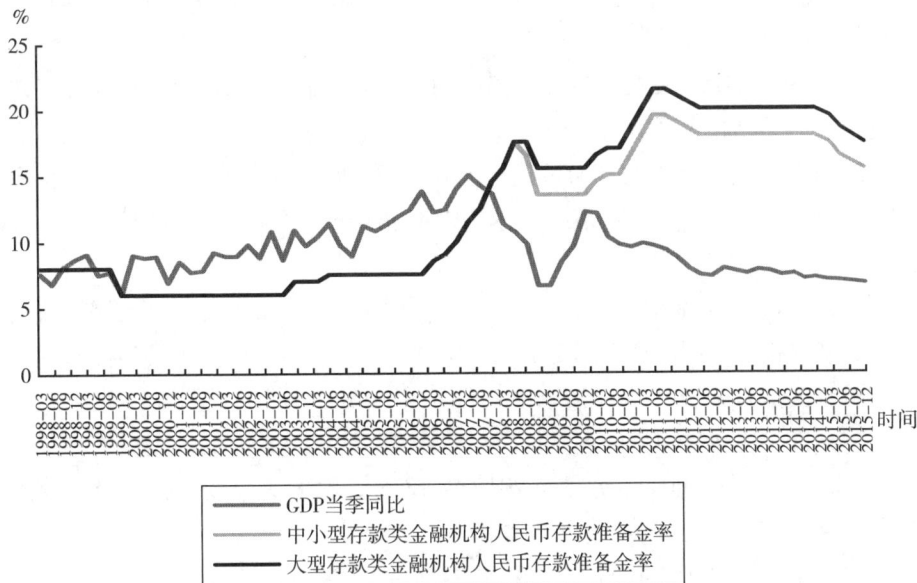

数据来源：Wind 资讯。

图 7-5　存款准备金率与 GDP 增速

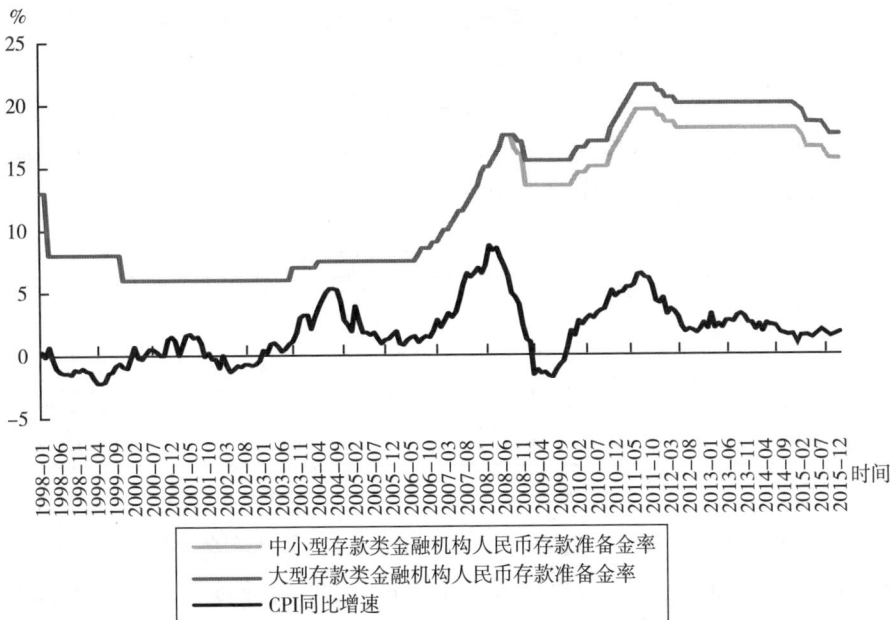

数据来源：Wind 资讯。

图 7-6　存款准备金率与 CPI 增速

a. 1998—2005 年，法定准备金率与滞后 13 个月的 CPI 同比增速存在一定的负相关关系，相关系数 -0.31。

b. 2006—2015 年，法定准备金率与滞后 13 个月的 CPI 同比增速存在一定的负相关关系，相关系数 -0.56，负相关关系有所增强。

2. 计量分析。下面我们通过建立 VAR 模型和脉冲响应函数，定量分析调整存款准备金率对货币政策最终目标（GDP 和 CPI）的影响，以此评判调整存款准备金率的政策效果。

（1）变量的选择及数据源。本书选取了法定存款准备金率、7 天期银行间同业拆借加权平均利率和未到期的央行票据作为三大货币政策工具的标志性指标，同时也作为影响 GDP（当季绝对额）和 CPI（当月同比涨幅）的主要因素进行分析。这些指标均取自 Wind 数据库。除 GDP 以外，其他数据均为月度数据，时间跨度为 2004 年 5 月至 2015 年 12 月，GDP 为季度数据，时间跨度为 2004 年第三季度至 2015 年第四季度。

（2）数据预处理。我们对上述五个指标先用 Census – X12 方法进行季节调整，消除季节性因素后，留取趋势循环项（TC 项）。然后为消除异方差，对这些指标的趋势循环项再取对数。经过预处理后得到五个指标记为：存款准备金率 $LGDRR$、未到期的央行票据 $LGCB$、同业拆借利率 $LGMIR$、国内生产总值 $LGGDP$、消费者价格指数 $LGCPI$。

（3）单位根检验。由于前面已经对存款准备金率、央行票据和银行间同业拆借利率做过平稳性检验，此处只对 GDP 和 CPI 做平稳性检验。从检验结果看，$LGGDP$ 为一阶平稳序列，$LGCPI$ 原始序列即为平稳序列。

表 7 – 13　　　　　　　　　　变量序列的单位根检验结果

	ADF 检验值	检验方式	5% 临界值	10% 临界值
$LGGDP$	-0.866834	c, t, 4	-3.520787	-3.191277
$d(LGGDP)$	-3.982443	c, t, 4	-3.520787	-3.191277
$LGCPI$	-2.594760	c, 0, 12	-2.883239	-2.578420
$d(LGCPI)$	-4.216107	c, 0, 12	-2.883239	-2.578420

注：检验方式中 c 表示截距（intercept），t 表示趋势（trend），12 表示滞后阶数。

（4）协整检验。建立国内生产总值 $LGGDP$、存款准备金率 $LGDRR$、央行票据 $LGCB$、同业拆借利率 $LGMIR$ 的 VAR 模型，进行滞后项长度选择检验。结果显示，滞后项 4 为最佳，VAR 模型最终确定为滞后项数为 4 的 VAR 模型（记为模型 3）。

建立消费者价格指数 $LGCPI$、存款准备金率 $LGDRR$、央行票据 $LGCB$、同

业拆借利率 *LGMIR* 的 VAR 模型，进行滞后项长度选择检验。结果显示，滞后项8 为最佳，VAR 模型最终确定为滞后项数为 8 的 VAR 模型（记为模型 4）。

在此基础上，进行协整检验。模型 3 和模型 4 的协整检验结果见表 7 - 14 和表 7 - 15。协整检验结果表明，存款准备金率与 GDP、CPI 之间存在一定的协整关系。

表 7 - 14　　　　　　　　　模型 3 的 Johansen 协整检验结果

原假设	迹统计量	5%临界值	P 值
None*	120. 4484	47. 85613	0
At most 1*	72. 45003	29. 79707	0
At most 2*	31. 75726	15. 49471	0. 0001
At most 3*	15. 74152	3. 841466	0. 0001

表 7 - 15　　　　　　　　　模型 4 的 Johansen 协整检验结果

原假设	迹统计量	5%临界值	P 值
None*	57. 72954	47. 85613	0. 0045
At most 1*	30. 66452	29. 79707	0. 0396
At most 2	10. 91101	15. 49471	0. 217
At most 3	0. 235872	3. 841466	0. 6272

（5）脉冲响应分析。在前面 VAR 的基础上，我们施加协整个数约束，然后进行脉冲响应分析，结果（见图 7 - 7 和图 7 - 8）显示：①存款准备金率政策对 GDP 的作用有一定滞后。存款准备金率提高之后的第四个季度其对 GDP 的负向冲击作用才会逐渐显现，并在 8 个季度后 GDP 降幅达到最大。②存款准备金率政策对 CPI 作用效果较为直接，基本不存在时滞。且随着时间的推移，对 CPI 的作用逐渐增强。

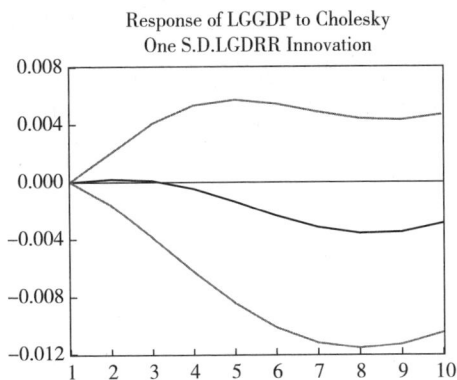

图 7 - 7　存款准备金率
对 GDP 的影响

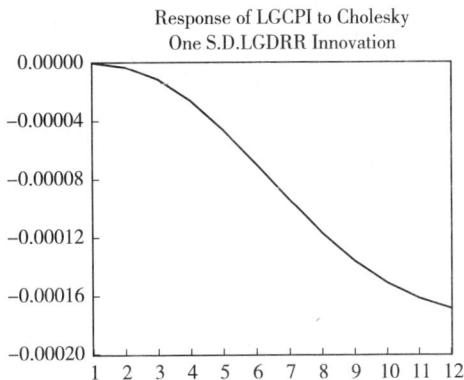

图 7 - 8　存款准备金率
对 CPI 的影响

（三）我国存款准备金政策效应总体评价

以上实证分析显示，2006 年以来我国存款准备金政策调整与货币政策中间目标、最终目标的负相关关系增强，货币政策效应明显提高。

为什么存款准备金政策在西方国家是威力巨大的"猛药"，而在我国却是近年来货币政策主要的操作工具，甚至其控制货币供给量的有效性还逐步增强呢？这主要是不同国家货币政策面对的金融环境不同。

一是流动性环境不同。当银行流动性偏紧时，提高存款准备金率确是一剂"猛药"，因为此时商业银行超额准备金保持在较低水平，一旦提高法定准备金率，为了在较短时间内满足新的准备金比例要求，银行就必须收缩信贷、债券等其他资产，市场利率将上升，市场预期随之发生变化。正是由于提高存款准备金率威力较大，国外主要中央银行一般已不再将其作为常规性的货币政策调控工具。

然而，近年来我国货币政策操作所面临的流动性环境与上述情形正好相反：我国银行体系存在着持续性的、不断积累的流动性过剩。造成这种状况的主要原因是由于国际收支严重失衡，中央银行通过外汇占款渠道被动地向银行体系投放了大量基础货币。为控制货币信贷过快增长，货币政策操作面临的主要问题是如何对冲银行体系大量过剩的流动性，威力较大的存款准备金政策就成了主要操作工具。

二是公开市场操作的深度不同。尽管近年来我国公开市场业务有了长足的发展，但相比发达国家，我国公开市场操作的深度相对有限。目前我国商业银行持有大量国债、政策性金融债等变现能力很强的高流动性资产，因而很难通过公开市场操作来有效回收流动性，而且公开市场操作的数量和进度还取决于商业银行的购买意愿，中央银行调控的主动性和有效性因此受到制约。而存款准备金具有"深度"冻结流动性的功能，在中央银行被动吐出基础货币的情况下，可以作为对冲工具。通过提高存款准备金率将一部分过剩流动性深度冻结，有效地增强了宏观调控效果。

第八章　再贴现政策与货币供给

再贴现政策是中央银行传统的货币政策工具。再贴现政策的功能体现在两个方面：一是中央银行运用再贴现政策调节货币供给和市场利率，二是中央银行通过向商业银行提供贷款履行最后贷款人职责。

本章在分析再贴现政策内涵的基础上，以美联储再贴现政策职能的演变为主线，分析再贴现政策的作用。分析发现，再贴现政策虽然是联储最早采用的货币政策工具之一，但贴现窗口的职能现已基本被公开市场操作所取代。再贴现政策已经演变为调节利率的一种辅助性手段。目前贴现窗口的作用更多体现在央行最后贷款人职能方面。贴现窗口是中央银行作为最后贷款人解决银行流动性紧张的重要操作手段，是维护金融体系稳定、防止金融恐慌的一个基本保证。在本章的分析中我们可以看到，在应对多次银行危机的实践中，美联储运用再贴现政策履行最后贷款人职责也经历了几次大的方向性转变。

此外，本章还介绍我国的再贴现和再贷款政策实践。再贷款及再贴现曾经是人民银行投放基础货币的重要渠道，但近年来国际收支持续顺差使基础货币供应结构发生重大变化，再贷款及再贴现占基础货币的比重逐年下降。在这种情况下，人民银行运用再贷款、再贴现工具主要是发挥其引导信贷资金投向和促进信贷结构调整的功能。

第一节　再贴现政策概览

一、再贴现政策内涵

再贴现政策（Rediscount Rate Policy）又称银行利率政策（Bank Rate Policy），是指中央银行通过直接制定或调整对合格票据的贴现利率，来影响市场利率以及货币市场供给和需求，从而调节货币供应量的一种货币政策。

再贴现政策不仅是中央银行调节货币供给和市场利率的传统货币政策工具，而且是防止金融业恐慌的重要手段。中央银行履行最后贷款人职责就是通过向商业银行提供贴现和贷款实现的。中央银行通过贴现和贷款可以在短时间内将资金注入需求最迫切的银行，以防止银行业恐慌和金融危机传染，因而在银行业危机期间，央行的贴现和贷款是向银行体系提供流动性的有效手段。

再贴现政策调节货币供给和市场利率的机制为：中央银行提高再贴现率，商业银行向中央银行融资的资金成本上升，商业银行降低向中央银行的借款意愿及超额准备金持有量。同时，由于融资成本上升，商业银行会提高对企业放款的利率，社会信贷需求会减少，信贷规模和货币供应量由此而收缩。反之，中央银行降低贴现率，则会出现相反的效果。此外中央银行还可以通过规定何种票据具有贴现资格来影响商业银行的资金投向。调整再贴现率还有一种所谓的"告示性效应"，即再贴现率的变动，可以作为向银行和公众宣布中央银行政策意向的有效办法。

在调节货币供给和市场利率方面，再贴现政策有一定的局限性。一方面，中央银行处于被动地位，再贴现政策的调整往往不能达到预期的效果。因为尽管中央银行可以通过变动再贴现率，使商业银行的融资成本发生变化，并影响其准备金数量，但不能强迫或阻止商业银行向中央银行申请再贴现，而且商业银行还可以通过其他渠道获得资金。也就是说，通过对借款成本和放款收益之间的比较，以及对流动性资产需求的机会成本高低等因素的综合考虑，商业银行未必会增加或减少向中央银行的借款量。另一方面，由于货币市场的发展，商业银行对中央银行贴现窗口的依赖性大大降低，再贴现政策只能影响办理贴现的银行，对其他银行只能间接地发生作用。另外，再贴现政策缺乏弹性，中央银行若经常调整再贴现率会引起市场利率的经常性波动，使企业或商业银行无所适从。

由于以上缺陷，目前在各国货币政策操作中，再贴现政策普遍属于辅助性政策工具，用以配合公开市场操作。但是，在以银行准备金为操作目标的货币政策框架下，贴现窗口借款和再贴现率的变动会对短期银行同业拆借利率产生较大影响。

二、关于再贴现政策有效性的理论[①]

实际上，再贴现政策在影响货币供给的同时，也影响利率水平，因为再贴现率本身就是一种利率，它的变动将引起市场利率的相应变动。所以，有关这

---

① 本部分内容来自盛松成、施兵超、陈建安：《现代货币经济学》，第三版，333－334页，北京，中国金融出版社，2012。

一政策工具之有效性的分析主要围绕利率政策理论而展开。在现代西方经济学界，关于利率政策之有效性问题的理论主要有两种：一是利率刺激效应理论，二是一般流动性效应理论。

利率刺激效应理论最初散见于古典经济学家的有关论著。在古典经济学家看来，利率对借款人存在刺激效应。这是因为利息是借款人所获得的利润中被割让的部分。利率的高低直接影响借款人的借款意愿和投资规模。同时，利率的高低还影响或决定投资者对投资机会的选择。费雪曾指出："高利率鼓励收获迅速的投资，低利率鼓励收获遥远的投资。"[①] 依费雪之意，对于一种必须经过很长时间才能有收获的投资，利率越高，投资者所要付出的利息越多，于是，他进行这种投资就越少。可见，利率刺激效应理论实际上从不同的角度强调借款人对利率的敏感性。根据这种理论，投资与利率一般呈负相关关系。

20 世纪 30 年代后，凯恩斯虽然批判古典利率理论，但他仍然同意古典经济学家关于投资与利率呈负相关关系的论述。在《就业利息和货币通论》一书中，凯恩斯指出，投资决定于利率与资本边际效率之比。在资本边际效率一定时，利率越低，投资越多，而利率越高，则投资越少。所以，凯恩斯实际上也强调利率对投资者（即借款人）的刺激效应。

一般流动性效应理论由罗萨（R. V. Roosa）提出。1951 年，罗萨发表《利率与中央银行》一文，提出著名的信用可得性理论。该理论从贷款人的利率敏感性角度，论证了利率政策的有效性。罗萨认为，中央银行可以通过利率政策（如再贴现政策）来影响市场利率，进而影响贷款人之金融资产的流动性。贷款人出于流动性的考虑，必将调整其资产结构，从而改变贷款人的信用可供量和借款人的信用可得量。如果中央银行通过利率政策提高市场利率，则贷款人持有的金融资产的市场价格就会下降，从而使贷款人的一般流动性降低。为提高流动性，贷款人将增持流动性相对较高的金融资产，而减少流动性相对较低的贷款。在这种情况下，投资者纵使愿付较高利息亦将因资金来源减少而不得不减少投资。[②]

由以上分析可看出，无论是利率刺激效应理论，还是一般流动性效应理论，都坚持认为利率政策是有效的。然而，也有一些经济学家对利率政策的有效性表示怀疑，甚至予以否认。萨耶（R. S. Sayer）认为，再贴现率变动的影

---

① 费雪：《利息理论》，117 页，上海，上海人民出版社，1959。

② 罗萨：《利率与中央银行》（R. V. Roosa, Interest Rate and Central Bank, in Money, Trade and Economic Growth），英文版，288–289 页，1951。

响面不广，它只影响一部分经济活动，而不是影响整个经济活动。这是因为，只有部分经济部门对利率的变动比较敏感，而大多数经济部门则对利率的变动并无明显的反应。同时，在设备投资趋于长期化、公共事业部门不断扩大、社会信用取得显著发展的情况下，人们对利率短期变动的反应更为迟钝。① 弗里德曼则认为，再贴现政策是在"真实票据论"（Real Bill Doctrine）盛行的条件下所采取的货币政策工具。当时，商业银行在准备金过少的情况下，将自己对社会公众贴现而取得的商业票据向中央银行要求再贴现，以增加准备金，从而增强贷款能力。中央银行则以一定的再贴现率对那些在实际经济活动中产生的"真实票据"进行再贴现。在这种情况下，再贴现政策或许还有一定的作用。然而，随着经济环境的变迁，这种利率政策发挥作用的条件已经不复存在。商业银行已不必用商业票据向中央银行请求再贴现，而可以用其他方式从中央银行融得资金。这样，单一的利率政策不足以影响商业银行向中央银行筹措资金的规模，因而也难以有效地控制商业银行创造存款货币的能力。同时，再贴现率的高低表示着不同的政策意向。所以，它的不断变动将增加人们对未来预期的不确定性，引起经济活动的进一步混乱。② 弗里德曼由此认为，利率不适宜作为货币政策的工具。

第二节　美联储再贴现政策实践与货币供给

本节我们以美联储的再贴现政策实践为主线，分析美联储再贴现政策职能的演变过程。

一、美国再贴现政策职能演变

（一）罗斯福新政前：为会员银行提供准备金，并保障商业银行流动性

1913 年，美国《联邦储备法》（Federal Reserve Act）确立再贴现政策为美国货币政策的工具之一。美联储在 A 条例（Regulation A，贴现窗口制度）中规定，以贴现窗口作为联储向会员银行提供准备金的主要渠道，从而建立银行扩张信用的规则。联储成立后，再贴现成为联储投放货币的主要方式，联储

---

① 萨耶：《作为经济政策工具的利率》（The Rate of Interest as a Weapon of Economic Policy），载威尔森与安德鲁斯合编：《牛津价格机制研究》（Oxford Studies in Price Mechanism, edited by T. Wilson and P. W. S. Andrews），英文版，15－16 页，1951。
② 参见弗里德曼：《货币稳定计划》（A Program for Monetary Stability），26－39 页，1959。

通过再贴现率的变动，来影响市场利率和调节信贷，并在很大程度上保证会员银行的流动性——维持会员银行流动性是建立联储的主要目的之一。

经历周期性修订后，A条例规定了银行使用贴现窗口的程序。最初贴现窗口接受短期的农业、工业和商业票据贴现，这些票据被定义为合格票据。后来，为满足一战期间财政融资的需要，联储银行获准可以向会员银行直接提供抵押贷款，抵押品可以是合格票据，也可以是美国政府债券。直到20世纪30年代，尽管美联储已逐步运用公开市场购买为会员银行提供准备金，但在联储资产组合中贴现票据的规模仍然超过美国政府债券的规模。

贴现窗口为非农业票据提供90天以内的再贴现，为农业票据提供9个月以内的再贴现、以合格票据和美国政府债券为抵押的90天以内的再贷款。在20世纪20年代的大部分时期，联储的再贴现率远低于市场利率，于是会员银行可以不通过存款业务，只需通过向联储再贴现并向工商企业贷款就能获利。因而在20年代，商业银行持续通过贴现窗口借入资金①。1918年9月到1921年7月，联储银行贴现票据余额超过了各会员银行在联储的准备金余额（见图8-1）。

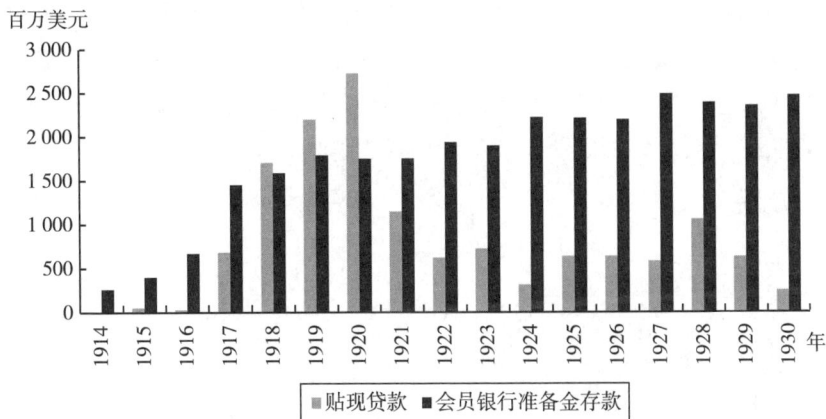

数据来源：历年的美联储年报。

图8-1　1914—1930年美联储贴现贷款与会员银行准备金存款

为应对大危机时期的银行倒闭，美国贴现窗口制度进行了修订。1932年2

① 联储在1954年的一份文件中批评这种向联储持续借入资金的行为，认为这可能到30年代中期使会员银行形成了过度依赖贴现窗口获取资金来源的习惯。Hackley也同样指出，会员银行长期向联储借入资金将使会员银行使用联储信贷作为其资本的替代品。1973年版的A条例指出，作为一般性准则，联储信贷不应该是银行资本的替代品。

月 27 日颁布的《格拉斯—斯蒂格尔法案（Glass - Steagall Act）》① 授权联储在特定条件下，可以向会员银行提供以不合格资产为抵押的贷款，贷款期限为 4 个月以内；利率为惩罚性利率，不低于现行最高贴现率再加 1.5 个百分点。在《1935 年银行法》中，允许联储向会员银行发放紧急贷款成为了永久规定。

1932 年 7 月 21 日通过的《紧急救济和建设法》（Emergency Relief and Construction Act）准许联储向银行之外的机构提供贴现，对象为没有其他资金来源、没有合格票据向会员银行贴现的个人、合伙企业、公司等。罗斯福新政确认了这种授权，允许联储向个人、合伙企业和公司提供以美国政府债券为抵押，期限在 90 天内的贷款，利率由联储确定。

（二）罗斯福新政之后到二战后：向工商企业提供营运资本贷款

罗斯福新政允许联储向非银行机构提供清偿/资本贷款（Solvency/Capital Loans）。1934 年 6 月 19 日，《联邦储备法》增加了新的一节 13（b），准许联储直接或在会员/非会员银行的参与下，为工商企业提供营运资本；这些工商企业为不能通过常规渠道获得融资的企业；如果发生损失，参与的会员/非会员银行将承担至少 20% 的损失责任；贷款期限在 5 年以内。1935 年联储发放的工商企业贷款余额达到 3 200 万美元（见图 8 - 2）。1939 年，联储批准了 2 800 个此类贷款申请，发放贷款共计 1.88 亿美元，利率在 2.5% ~ 6%；但由于前期贷款已逐步到期偿还，贷款余额降为 1 100 万美元。

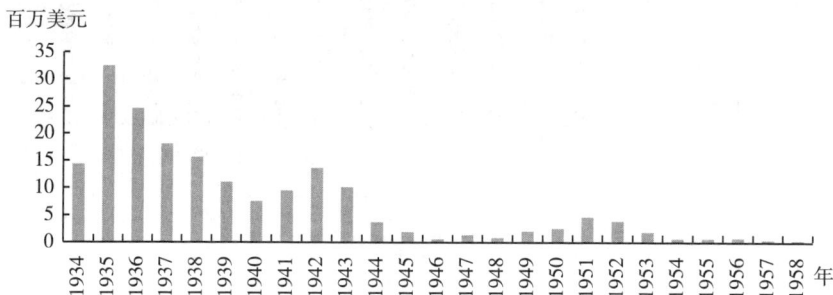

百万美元

数据来源：历年的美联储年报。

图 8 - 2　1934—1958 年美联储工商企业贷款余额

---

① 美国有两部叫作《格拉斯—斯蒂格尔法》的法律，它们都是卡特·格拉斯和亨利·B. 斯蒂格尔提出的。这里所指的 1932 年的《格拉斯—斯蒂格尔法》的目的在于消除通货紧缩，使联储系统能为更多形式的资产如政府公债和商业票据提供再贴现。1933 年的银行法案则是对大危机期间美国商业银行系统崩溃的反应，该法案对美国银行管理有很大的影响，因此一般在文献中提到《格拉斯—斯蒂格尔法》的时候多指的是这部法案。

1946 年联储试图取消直接向企业贷款的法律授权，但没能成功。因而接下来的 10 年联储继续向工商企业提供营运资本贷款。最终，1958 年的《小企业投资法》（Small Business Investment Act）取消了联储直接向企业提供营运资本贷款的规定。

（三）20 世纪 70 年代以后：从短期流动性支持转变为对清偿能力不足银行的长期性支持

在罗斯福新政以及二战的非常时期，联储向工商企业开放贴现窗口，直接向工商企业提供营运资本贷款。这是非常时期的非常之举。在这一时期之前，贴现窗口的作用一直被限定为向银行提供短期流动性支持。然而上世纪 70 年代以后，随着大量银行危机的爆发，贴现窗口作为最后贷款人的职能得到加强，联储开始向清偿能力不足的银行提供长期性支持。

1974 年，当媒体报道富兰克林国民银行（Franklin National Bank）有一笔巨大的外汇交易损失后，那些未进入存款保险保障范围的存款人开始了挤兑。对此，联储没有像大危机期间一样坐视不管，而是采取了与传统原则相反的行动。联储决定从 5 月开始通过贴现窗口向富兰克林银行提供贷款，直到联邦存款保险公司（Federal Deposit Insurance Corporation，FDIC）找到收购该银行的买家。在接下来的五个月，纽约联储银行持续向富兰克林银行提供贷款。1974 年 10 月 7 日，贷款额达到最大——17.5 亿美元，几乎是富兰克林银行资产的一半。10 月 8 日，该银行宣布破产，并被一家外国财团收购。

由贴现窗口向富兰克林银行贷款建立了联储援助困境银行的一系列先例。在这一事件中，富兰克林银行伦敦分行的资产作为了抵押物，联储借款第一次覆盖了富兰克林银行伦敦分行的提款需求，将其与国内分支机构的提款需求同样对待。不仅富兰克林银行通过贴现窗口获得了借款，而且联储还宣布对富兰克林银行的外汇交易合同履行承担责任，因为银行的收购者不愿意承担这些合同的履行责任。同时，联储还同意如果收购方有需要，贴现窗口还可以为收购方提供支持。此外，FDIC 也没有像常规救助行动那样，立即偿付贴现窗口贷款，而是签发了三年期票据，承诺当富兰克林银行提供的抵押物清偿时偿还贷款。实际上，联储还为 FDIC 提供了资本金以供收购银行。联储资助贷款的利息成本估计有 2 000 万美元。在执行富兰克林银行的外汇交易合同方面，联储也产生了机会成本，包括员工时间耗费、部分投资组合的利息损失等。

1984 年大陆伊利诺伊国民银行（Continental Illinois National Bank）也处于

相同的困境。7 月，FDIC 试图拯救该银行，安排了高达 45 亿美元的保险基金。尽管如此，美联储还是通过贴现窗口向银行贷款。此外，大陆伊利诺伊国民银行还获得了紧急信贷支持①。联储借款不仅覆盖大陆伊利诺伊银行本身，还覆盖其控股公司，借款额总计约 80 亿美元。联储贷款同样是由 FDIC 承担偿还责任，它通过清算银行的资产来偿付，最终以 1989 年 9 月一笔高达 21 亿美元的巨额现金支付结束。

在此之前，贴现窗口一直被作为联储向商业银行提供暂时性流动支持的手段。然而，70 年代联储向面临破产的富兰克林银行和大陆伊利诺伊国民银行提供大量援助贷款，以及 80 年代后期数百家陷入财务困境的骆驼评级为 4 级和 5 级②的银行接受联储援助，这标志着联储贴现窗口的作用从提供短期流动性支持转变成了对清偿能力不足银行的长期性支持，直至银行财务困境最终解决。联储转变贴现窗口职能的原因在于：一是联储认为大型机构的倒闭可能引发挤提或金融系统震荡。由于担心危机在金融机构间传染，联储不得不向清偿能力不足的银行提供贷款，以防止银行业恐慌和系统性金融危机。二是在富兰克林银行和大陆伊利诺伊国民银行案例中，联储的行动本应该是 FDIC 做的，但当时大范围的银行破产事件使 FDIC 的保险基金出现损失，联储的行动缓解了 FDIC 的困境。

（四）2003 年以后：公开市场操作的辅助性政策工具，次贷危机中最后贷款人职能进一步拓展

1. 贴现窗口的调整。2003 年 1 月，美联储调整了贴现窗口的管理程序，将原有的调整性信贷（Adjustment Credit）和延续性信贷（Extended Credit）相应调整为一级信贷（Primary Credit）和二级信贷（Secondary Credit），季节性信贷（Seasonal Credit）则保持不变。

最主要的变化有：一级信贷取代了调整性信贷。一级信贷是货币政策中最为重要的贴现贷款。与调整性信贷相比，一级信贷的主要不同点在于：（1）贴现利率水平不同。原有的调整性信贷的贴现率一般低于联邦基金目标利率（通常低 25~50 个基点），而一级信贷的贴现利率比联邦基金目标利率

---

① 1974 年 9 月 25 日 A 条例的修正案，允许银行在以接近市场利率水平接受 8 周的贴现贷款后，可以申请特殊利率的紧急信贷支持。

② 骆驼评级体系 CAMEL 根据资本充足性、资产质量、管理能力、盈利性和流动性将银行的稳健性由高到低评为 1－5 级。根据该评级体系，评级为 4 级的银行具有严重财务脆弱性或其他方面指标不令人满意，而且银行稳健性方面的主要问题没有得到重视或解决。评级为 5 级的银行有极高的概率立即或在近期倒闭。

高 50 个基点。（2）申请银行的资格和使用限制要求不同。由于原有调整性信贷的贴现率低于市场利率水平，因此联储会对申请这一信贷的银行予以限制，联储通常要求银行在寻求其他融资渠道之后才能使用调整性信贷。由于有这些要求，银行通常不愿意使用贴现窗口，由此降低了贴现窗口作为应对货币市场冲击缓冲器的作用。而一级信贷主要是向财务健全的银行提供短期借款（通常为隔夜），因此也被称为常备贷款便利（Standing Lending Facility）①。尽管使用一级信贷的银行要求更加严格，但联储对满足资格要求银行使用一级信贷几乎不加限制。

二级信贷便利取代了延续性信贷便利，着眼于长期信贷的展期。二级信贷发放的对象是那些陷入财务困境或者面临严重流动性问题的银行。二级信贷的利率高于贴现率（即一级信贷贴现利率）50 个基点。由于这些贷款是面向财务状况欠佳的银行，因此利率属于惩罚性的高利率。

季节性信贷是为了满足位于度假区或农业区、存款具有季节性变动特征的为数不多的银行的需要。季节性信贷的利率与联邦基金利率和定期存款利率的平均值挂钩。由于信用市场的完善，联储体系曾经就季节性信贷是否能改善信贷市场产生过质疑，并考虑未来取消这一便利。

此次贴现窗口调整的主要意义在于：一是一级信贷取代调整性信贷，使贴现窗口更加开放。在原有的贴现窗口管理程序下，市场容易形成"经营状况出现问题的银行才会求助于贴现窗口"的偏见。调整后的管理规定强调，符合一级信贷要求的都是经营稳健的银行，使得过去担心被认为出了问题而不愿意使用贴现窗口的银行重新认识了这一融资渠道，加强了贴现窗口作为整个银行体系准备金提供者的功能，提高了对银行流动性的支持。

二是一级信贷贴现率为联邦基金利率设置了上限，防止联邦基金利率过度偏离目标。由于一级信贷的贴现率通常高于市场利率水平，因此在大部分情况下，一级信贷便利的贴现和贷款规模都不大。那么美联储为何设置这一便利呢？原因在于一级信贷便利可以作为财务健全银行的后备流动性来源，确保联邦基金利率不会过度高于联邦公开市场委员会制定的联邦基金目标利率。当准备金需求持续增加时，联邦基金利率上升到贴现率附近时便不会再继续上升，因为此时银行可以通过一级信贷便利借入准备金，因此准备金需求的增加不会

① 这一常备贷款便利在其他国家通常被称为伦巴第便利（Lombard Facility），这些贷款的利率被称为伦巴第利率（Lombard Rate）。这一称谓得名于意大利北部的伦巴第地区，该地区在中世纪是重要的银行业中心。

导致联邦基金利率的持续上升。于是一级信贷贴现率相当于为联邦基金利率设置了上限，贴现窗口成了防止联邦基金利率过度偏离目标的后备设施。

2. 次贷危机中最后贷款人职能进一步拓展。2007 年次贷危机的爆发引发全球金融市场动荡，危机向实体经济蔓延。在应对危机过程中，美联储为增加流动性、维护市场信心，创设了许多新型货币政策工具。中央银行最后贷款人职能得到极大拓展，援助对象从传统的银行延伸到了非银行金融机构、金融市场，甚至企业、国外中央银行。

（1）多次大幅下调再贴现率。次贷危机中美联储不仅鼓励商业银行从贴现窗口获得资金，还缩小了再贴现率与联邦基金利率之间的利差。2008 年 3 月，联储将贴现率调整为仅高出联邦基金目标利率 25 个基点。2007 年 8 月到 2008 年末联储 12 次下调再贴现率，累计下降 575 个基点至 0.5%。

（2）延长贴现贷款期限。2007 年 9 月和 2008 年 3 月，联储延长了贴现贷款期限：危机前，贴现贷款是隔夜或期限非常短的；2007 年 9 月和 2008 年 3 月，贴现贷款的期限分别延长到 30 天和 90 天。

（3）改善对商业银行的融资。一是设立短期资金标售工具（Term Auction Facility，TAF），通过竞争性拍卖的方式向财务健康的存款类机构提供贷款。由于该工具的利率通过竞争方式确定，不是惩罚性利率，因而利率水平会低于贴现率。这促使 TAF 的应用较传统贴现窗口更为广泛，是贴现窗口供给流动性的延伸。二是为商业银行提供大量援助。2008 年 11 月联储提供 2 000 多亿美元，以弥补联邦政府担保下的花旗银行风险资产 90% 的损失。2009 年 1 月又以同样的理由向美国银行提供了 800 多亿美元。

（4）向非银行金融机构、金融市场拓展贴现窗口。一是创设一系列工具，向一级交易商（很多是投资银行）提供大量融资便利，包括定期证券借贷工具（Term Securities Lending Facility，TSLF）和一级交易商信用工具（Primary Dealer Credit Facility，PDCF）。其中，TSLF 用于将国债贷放给一级交易商，期限长于隔夜。该工具旨在增加向一级交易商供给的国债数量，这样一级交易商就拥有足够的国债来作为抵押品，从而帮助金融市场有序运转。PDCF 允许一级交易商可以像存款类金融机构一样从贴现窗口借款。

二是对贝尔斯登、AIG 等非存款性金融机构提供大量援助。2008 年 3 月 14 日，在贝尔斯登流动性枯竭之际，联储宣布买入贝尔斯登 300 亿美元抵押类资产，从而为 J. P. 摩根收购贝尔斯登提供了便利①。2008 年 9 月末，联储同意为救助 AIG 提供 1 000 多亿美元贷款，并且批准纽约联储银行从 AIG 买入抵押支持证券与其他风险较高的证券，以向其提供更多的流动性。

三是创设新工具向金融市场提供流动性救助。为解决货币市场共同基金投资者大量的偿付请求，联储设立了资产支持商业票据货币市场共同基金融资工具（Asset – Backed Commercial Paper Money Market Mutual Fund Liquidity Facility，AMLF），向一级交易商提供贷款，帮助其购买货币市场共同基金持有的资产支持商业票据。货币市场投资者融资工具（Money Market Investor Funding Facility，MMIFF）与 AMLF 类似，通过向特殊目的机构贷款以帮助其购买类别非常广泛的货币市场共同基金的资产。为缓解资产支持证券市场的压力，联储推出定期资产支持证券贷款工具（Term Asset – Backed Securities Loan Facility，TALF），承诺为 2 000 亿美元（后来提高到 1 万亿美元）的资产支持证券提供融资，期限为 1 年。

（5）向企业、外国央行拓展贴现窗口。2008 年 3 月联储批准增加被称为互换协定（Swap Lines）的互惠性货币安排（Reciprocal Currency Arrangements），即为获取外币而向外国中央银行贷放美元，于是这些中央银行就可以向本国银行发放美元贷款。2008 年 10 月为促进已陷入停滞的商业票据市场正常运转，联储创设了商业票据融资工具（Commercial Paper Funding Facility，CPFF），直接从发行人手中买入商业票据。这一举措意味着，自大萧条以来，联储首次绕过银行，直接向企业放贷。2008 年 11 月联储推出政府发起机构购买计划（Government Sponsored Entities Purchase Program），承诺购买房利美和房地美以及其他政府发起企业发行的债券 1 000 亿美元，同时购买由这些企业担保的抵押支持证券 5 000 亿美元。

二、对美国再贴现政策作用的认识

（一）再贴现政策作为货币政策工具调节货币供应量的作用非常有限

从以上对美国贴现窗口职能的历史演变分析中，我们看到，在 20 世纪 30 年代大危机以前，再贴现政策曾经被美联储视为最主要的货币政策工具，然而，由于下述一系列原因，联储并未有意识地通过调整再贴现率来调控货币

---

① 美联储这一举动是基于《联邦储备法》13（c）条款的一个不引人注目的规定，该规定是在大萧条期间加入的。它允许联储在"异常和紧急情况下"只要符合一些特定的要求，就可以向任何个人、合伙人或者企业提供贷款。

供给。

一是当时美联储独立性不够。由于提高贴现率会影响美国国债的利率水平，进而影响国债的价格和销售，因而联储提高贴现率的想法通常都遭到财政部反对而不能成行。如1919年联储委员会注意到再贴现率低于同期市场利率，而且这种情况加剧了货币扩张和通货膨胀，但联储委员会也没有采取提高再贴现率的方法控制货币扩张。《1919 年联储年度报告》的第 3 页写到："……显然当政府拥有巨额的浮息债务且自由债券仍有很大部分没有被吸收时，贴现率的提高可能加剧政府融资的难度。联储委员会认为通过过早的调整贴现率来控制货币供应将不利于财政部的处境。"当时的财政部部长 Carter Glsss（同时任联储委员会主席）和副部长 Russell C. Lemngwen 把任何紧缩货币市场的计划都视为对财政融资方案的粗暴干涉，拒绝了纽约联储银行提高再贴现率的提议①，使之不能得到联储委员会的批准②。

二是联储成立初期，联储内部尤其是联储委员会与联储银行之间存在严重的政策分歧，在如何运用再贴现政策来调控货币供给方面存在长期争议。如1919年联储委员会认为应该采取道义劝告，而纽约联储银行认为应该通过提高再贴现率，来抑制货币供给。同样，1925—1929 年在如何抑制证券市场投机行为问题上，联储委员会和纽约联储银行也爆发了长时间的争论。联储委员会认为遏制证券投机的方法是取消发放证券贷款的会员银行的再贴现权力，而以纽约联储银行为代表的联储银行认为应该采取提高再贴现率的方法。事实证明，联储委员会所推行的对提供证券贷款的银行直接施压的方式并没有取得明显成效，最终委员会批准提高了再贴现率，但此时经济形势已经发生变化，政策调整错过了有利时机，反而加剧了经济的波动。

三是当时大部分时间再贴现率低于无违约风险的短期贷款利率，会员银行持续向联储借款在一定程度上引起了联储的反感，因为联储认为自己是最后贷款人，而不是持续的资金来源。因而，联储制定了一项政策，规定"除特殊情况外，向联储银行连续的借款是对联储银行信贷的滥用"，"为满足暂时性与季节性需求才是向联储银行借款的正当理由。"③ 这项规定限制了再贴现的使用，使贴现贷款数量少于应有的水平，也影响了再贴现政策调控货币供给的

---

① 联储体系中，尽管各储备区的贴现率由各个联储银行"确立"，但最终都需由联储委员会审查并决定。

② 米尔顿·弗里德曼、安娜·J. 施瓦兹：《1867—1960 年的美国货币史》，中文版，128 – 130 页，北京，北京大学出版社，2009。

③ 《1928 年联储年度报告》，8 页；《1925 年联储年度报告》，16 页。

效果。

此外，还有一个重要的原因，当时的联储"从未系统或不系统地考虑过将总的货币存量视为联储应该控制的指标，也没有考虑将货币存量的变化视为衡量联储影响力的因素[①]"。也就是说当时的联储尚未清晰地认识到货币供应量与经济增长的联系，加上自身独立性不足，从而未将调节货币供应量明确地作为自身的政策目标。因而，联储不仅对大危机期间货币的急剧收缩无动于衷，在大危机之后的 40 年代、50 年代初也未对货币供应量的变化采取积极的调控措施。尤其是在二战及战后的一段时间，联储体系支持政府债券价格的政策[②]，更使其没有发挥独立能动性。

1951 年联储与财政部达成协议，联储不再承担以盯住价格维持政府债券市场的责任，这标志着联储独立性的提高。两年后，联储明确放弃将支持政府债券价格作为政策目标。也就是从此时开始，新的政策目标逐步形成，并引导联储货币政策。

联储的一个政策目标是货币供应量长期合理增长。《1952 年联储年度报告》中，联储委员会为联储体系制定的目标是："为满足经济增长的要求，限制银行信贷和货币扩张。"在同一份年报中指出："1952 年联储信贷政策的目标是限制银行信贷的扩张，使之与无通货膨胀的高速经济增长保持一致。"这代表了一种近似于改革的转变。之前，联储只考虑货币政策操作的信贷方面——对利率、市场资金的可得性以及贷款的成本和可得性的影响，而从未关注货币供应量的变化。50 年代后，与长期产出相适应的货币供应量的平均增长率，成为了联储的长期政策目标。也就是在这个时期，联储开始在年报中披露货币供应量数据，并从 1960 年开始正式公开发布货币供应量统计指标。

另一个政策目标是，联储应着眼于制造反周期的信用变动和货币供应量变动，即逆周期调节信贷和货币供应，在经济扩张期采取紧缩性政策，在经济紧缩期采取扩张性政策。50 年代反周期学说被普遍认为可以避免通货膨胀和通

---

① 米尔顿·弗里德曼，安娜·J. 施瓦兹：《1867—1960 年的美国货币史》，中文版，311－313 页，北京，北京大学出版社，2009。

② 1942 年 4 月，联邦公开市场委员会宣布，把国库券（大部分的期限为 90 天）的年利率固定在 0.375%，并承诺会购买或出售任意数量的国库券来维持该利率水平。一直到 1947 年 6 月该利率都保持不变。同时，公开市场委员会还为其他政府债券建立了有效的价格体系——1 年期国债的利率约为 0.875%，13 个月国债的利率约为 0.9%，4.5 年期国债的利率约为 1.5%，长期国债的利率约为 2.5%。此期间，由短期国债担保的贴现贷款的利率高于短期国债利率，因而对银行而言，出售短期国债来获得所需准备金，比以这些债券为抵押向联储申请贴现贷款更为划算。这使得再贴现率的变化没有任何意义。

货紧缩，货币供应量的变化开始得到重视。

经历政策目标的转变后，联储的货币政策框架逐步完善。70年代后美联储日益重视货币供应量指标，并在80年代完全盯住货币供应量指标。然而由于公开市场操作的作用早已得到联储体系的认同，贴现窗口调控货币供给的职能已经被公开市场操作所取代。早在20年代联储体系就认识到再贴现与公开市场操作的相关性，即所谓的"剪刀效应"，也就是联储体系出售证券，降低会员银行准备金，这可能引起会员银行通过再贴现增加从联储体系的借款，反之亦然。因此，如果再贴现率的上升伴随着货币紧缩计划的公开市场操作，则实际上可能导致贴现量的上升。也就是说再贴现率的调整，并不必然引起贴现量的反向变动，其调节货币供应量的作用可能大打折扣。此外，再贴现政策有两个重要的缺点，使许多经济学家建议不应该将它当作货币控制的工具。

一是美联储调整贴现率的目的，可能会被人们误读。联邦基金利率升高，会使贴现贷款的规模增大，美联储为了防止贴现规模过大，会提高再贴现率使之与市场利率相协调。但市场可能会将之解读为美联储转向更紧缩的政策，而这并非美联储的本意。

二是当美联储设定一个特定水平的再贴现率时，随着市场利率的变动，市场利率和再贴现率之间的利差就会发生剧烈波动。这些波动会导致贴现贷款规模波动，进而导致货币供给产生非计划中的更大波动。所以，再贴现政策使控制货币供给变得更加困难。

同时，还有两个原因，使得对货币供给的控制，贴现政策不如公开市场操作来得有效：一是美联储能完全控制公开市场操作，但它不能控制贴现贷款的规模。美联储可以变动再贴现率，但不能强求银行借款。二是公开市场操作能够通过对冲操作来纠正出错，而贴现政策没有纠错机制。

因而，尽管在理论上，再贴现政策可以影响准备金、基础货币和货币供给，但实践中再贴现政策却较少作为联储货币政策的主要操作手段。尤其是随着联储货币政策中间目标的调整，再贴现政策已经演变为调节利率的一种辅助性手段：以一级信贷的再贴现率为联邦基金利率设置上限，准备金利率为联邦基金利率设置下限，上下限起到防止联邦基金利率波动过度偏离目标的目的。这里贴现窗口是预防联邦基金利率过度偏离目标的后备设施，是配合公开市场操作的辅助性手段。

（二）目前贴现窗口的作用更多体现在最后贷款人职能方面

美联储建立之前的1873年、1893年和1907年美国爆发了多次金融危机。

尽管当时已经建立法定存款准备金制度以维持银行流动性，但实践中该制度没能保证这一目标的实现。人们反思法定存款准备金制度缺陷的同时，还意识到当时金融制度存在另一个缺陷，即没有形成银行流动性的最后提供者。为弥补这一缺陷，美国通过《联邦储备法》成立了美联储，并建立了再贴现制度——允许商业银行以其持有的商业票据向联邦储备银行申请再贴现。这样，联储银行就成了商业银行准备金的最后提供者，从而在很大程度上保证了商业银行的流动性。这是建立再贴现政策的初衷。

起初，中央银行作为最后贷款人，是以贴现贷款为操作手段，为银行临时性资金需求提供资金来源，解决银行临时性资金短缺和流动性紧张问题。基于这一理念，面对大萧条期间大量银行倒闭，联储对倒闭银行并没有采取救助措施。联储认为银行倒闭是银行自身管理不善或操作不当的结果，或者是对以往过度投机的必然反应，也可能是当时愈演愈烈的金融和经济崩溃的结果，而不是崩溃的起因[①]。因而联储针对银行倒闭问题采取的措施仅仅是一些建议。建议中联储尤其强调的是，应当采取措施使得银行资产能够更为自由地定价，而不是等到危机爆发时资产价格才大幅下降。无论是对内还是对外，联储强调银行倒闭是由于银行管理出了问题，而不是联储体系的责任，也不是提供短期临时性流动性支持能够解决的问题。

然而事后的分析表明，1930—1933 年间银行业恐慌造成了美国历史上最严重的货币供给萎缩。许多经济学家将此视为大萧条期间经济下滑的推动力，并认为银行危机会干扰金融中介和金融市场向具有投资机会的人转移资金，因而会对经济体系造成严重破坏。美联储吸取了其中的教训。当 20 世纪 80 年代和 90 年代初的银行危机爆发时，联储贴现窗口的作用从短期流动性支持转变成了对清偿能力不足的银行提供长期性支持，从而成功地履行了最后贷款人职责，这是以贴现窗口履行最后贷款人职责的第一次方向性转变。

这一转变在当时引起了经济学家的激烈讨论。部分经济学家批评联储的做

---

① 米尔顿·弗里德曼、安娜·J. 施瓦兹：《1867—1960 年的美国货币史》，中文版，209 页，北京，北京大学出版社，2009。书中作者还列出了四个原因来解释为什么联储没有采取积极的措施应对银行倒闭：一是联储体系的官员对非会员银行缺乏责任感。在 1921—1929 年和 1930 年前 10 个月时间里，大多数倒闭的银行都是非会员银行，非会员银行持有的存款在所有倒闭银行的存款总量中占有非常高的比例。二是这一期间倒闭的银行大多是规模较小的银行，而联储内具有影响力的是那些大城市的银行家，他们强烈反对小银行的存在，因此小银行倒闭可能多少让他们感到自鸣得意。三是即便在 1930 年 11 月和 12 月，当银行倒闭数量急剧增长时，80% 以上的倒闭银行仍为非会员银行。四是 1930 年底，相对少数的一些大会员银行倒闭了，但许多联储官员将这些银行的倒闭看成是管理不善的结果，因而中央银行没有采取任何救助行动。

法，部分经济学家认可这种做法。如安娜·J. 施瓦兹（Anna J. Schwartz）就认为联储不应该向清偿能力不足的银行提供援助[1]，理由在于：一是以政治决策代替市场竞争机制，导致资源错配。银行倒闭是市场竞争的结果，倒闭银行不应该得到联储的资金救助。二是联储救助危机银行的理由之一是担心风险在机构之间传染，类似 1930—1933 年间银行业恐慌造成了货币供给萎缩，推动经济下滑。施瓦兹认为，可以通过公开市场购买向金融市场提供流动性，并通过稳定货币供应来避免危机传染，因而救助危机银行的理由并不成立。三是1985 年来贴现窗口援助过的银行多数破产了，而不是得到重建。联储的救助使这些机构的损失没有得到立即确认，损失延缓确认可能增大了损失。如未进入存款保险保障范围的存款人可以有更多时间提取存款，延缓银行破产使联邦存款保险公司承担了更大的成本。四是联储救助产生了道德风险，救助措施鼓励银行去冒更大的风险，而不必承担由此产生的后果。

支持联储做法的经济学家认为，中央银行可以向不具有清偿力的银行提供援助。索洛（Solow）[2] 认为无论银行是否到了无法偿债的境地，当出现银行危机时，最后贷款人都应进行援助。当某个银行（尤其是大银行）将要倒闭时，会引起人们对整个金融体系的信任危机。联储既然对整个金融体系负责，它就必须援助陷入危机中，甚至资不抵债的银行。索洛也承认，这种做法会产生某种道德风险，鼓励其他银行冒更大的风险经营，而公众也失去了监督银行的热情。

古德哈特（Goodhart）[3] 主张中央银行可以给不具有清偿力的银行提供帮助。主要有三个理由：第一，中央银行在履行最后贷款人职责时，实际上很难区分商业银行究竟是流动性危机还是清偿性危机。商业银行向中央银行申请援助时，存在潜在的声誉损失成本。因为即使是流动性不足的银行，如果向中央银行借款，也表明它在同业市场上已经不具有融资能力，从而被怀疑有清偿力问题。因此，中央银行向商业银行贷款时，无须考虑他们面临的是流动性问题还是清偿力问题，只要有足够的抵押品即可。第二，由于商业银行在信息生产方面的特殊作用，如果中央银行让处于困境中的银行破产，有价值的、难以替

---

① 安娜·J. 施瓦兹（Anna J. Schwartz）：《联储贴现窗口的错误使用》（The Misuse of the Fed's Discount Window），载《圣·路易斯联储评论》，1992 年 9/10 月合刊。

② R Solow：《关于最后贷款人》（On the Lender of Last Resort），载《金融危机理论、历史和应对政策》（Financial Crises：Theory，History and Policy），剑桥大学出版社，1982。

③ Charles A. E. Goodhart：《中央银行演变》（The Evolution of Central Banks），第三版，麻省理工大学出版社，1991。

代的"客户—银行"关系将会失去，而保持这些关系的社会利益超过其成本。第三，大银行的破产将摧毁社会对整个银行体系的信心，所以大银行即使没有偿付能力，央行也只能向其贷款。

考夫曼（Kaufman）[①] 认为，随着经济环境的变化，最后贷款人的职能也在发生变化。设立最后贷款人的理由之一是其可以防止或减轻金融危机对实际收入和经济活动产生负面影响。早期，金融危机会引起货币供应收缩，从而对其他部门，甚至整体经济产生溢出效应。因而，早期的分析认为，最后贷款人可以维护货币供应的稳定，从这一点看最后贷款人的援助是非常必要的。但随着金属本位制的终结，以及后来存款保险制度的建立，货币供应崩溃的情况几乎不再可能发生，设立最后贷款人的该点理由已不复成立。设立最后贷款人的另一理由是其可以缓解冲击带来的暂时性流动性紧张，因为流动性紧张会引起资产市场价格下跌，价格重估后，大量市场参与者将不得不出售部分资产。如果特定市场的交易机制不够完善，这会引起资产贱卖和产生损失，并进一步降低整个经济体的总收入。而最后贷款人通过提供融资，可以缓解流动性紧张，防止这一情况发生。目前这一理由仍然成立，但需要注意的是，最后贷款人应仅限于避免与冲击有关的潜在资产贱卖损失，而不是冲击本身带来的收入减少。也就是说，流动性问题不应当掩盖清偿能力问题。对丧失清偿能力的银行和其他机构的直接援助是不适当和无效的。作为最后贷款人，联储应该通过公开市场操作提供流动性，而不应该直接援助特定机构。只有当联储证明其比市场掌握了更多信息，并获得联邦存款保险公司将承担最终损失的承诺的情况下，联储才可以通过贴现窗口进行贷款援助，这有助于减少道德风险。总之，最后贷款人是否进行援助，需要进行全面的成本—收益评估；只有评估认为，援助带来的收益大于其成本时，最后贷款人才应该进行援助。

古德哈特和黄（Goodhart & Huang）[②] 认为，一家银行的倒闭会引致金融不稳定，市场主要表现是恐慌，此时很难预测存款人的行为，货币政策操作容易失误。当一家银行向最后贷款人寻求流动性支持时，最后贷款人很难有时间准确判断这家银行是否有清偿力。如果最后贷款人向这家银行提供了贷款援助，而事后证明这家银行是无清偿力的，则最后贷款人必然要承担财务和声誉

---

① G Kaufman：《对最后贷款人的当代观点》（Lender of Last Resort：A Contemporary Perspective），Research Paper of Federal Reserve Bank of Dallas，1990 年 4 月。

② Charles A. E. Goodhart，Haizhou Huang：《一个关于最后贷款人的模型》（A Model of the Lender of Last Resort），IMF Working Papers WP199139，1999。

方面的损失。因此，最后贷款人对出现危机的银行究竟进行救助还是破产清算，还需谨慎地判断。他们通过建立最后贷款人道德风险模型认为，在单一时期模型下，即在银行倒闭的概率、最后贷款人救助的概率和风险概率既定的情况下，最后贷款人是否实施救助取决于银行规模的大小；在动态和跨时期模型中，即各种概率不确定的情况下，最后贷款人是否实施救助取决于对道德风险和传染性风险的权衡。如果关注道德风险，最后贷款人会慎重考虑是否实施救助；如果关注系统性风险，则最后贷款人有动力进行救助。

2007 年爆发的次贷危机中，美联储创设了多种货币政策工具，采取非常规方式，多方位、多角度地提供流动性，贴现窗口的援助对象从传统的银行延伸到了非银行金融机构（投资银行、保险公司、货币市场基金等）、金融市场，甚至企业、国外中央银行。这表明在金融运行环境更加错综复杂，系统性风险深度和广度大大超过传统认知范围的情况下，最后贷款人的内涵与外延都发生了深刻变化。

对于此次联储拓宽贷款对象，也有经济学家提出了批评：一是联储贷款对象扩大可能会使纳税人蒙受新的损失。比如很多商业票据贷款都没有抵押品作为担保。尽管联储采取了各种措施降低风险敞口，但如果企业违约上升，联储或政府仍可能蒙受损失。二是 2008 年后联储实际从事了商业银行的业务，成为了整个社会的信用提供者。历史上中央银行一般都不直接对企业和个人发放贷款，也缺乏办理此类贷款应有的治理机制和风险防范机制。三是这一举措将道德风险从金融领域扩展到了所有行业。一般认为，只有商业银行才可以享受最后贷款这个"免费午餐"，但在这次危机后，投资银行、汽车、通信等行业的大公司也会产生类似的依赖心理，他们今后的行为可能会更加不负责任。

此外，对联储的批评还集中在于，过量的货币发行会在未来引发无法控制的通货膨胀，这将影响世界经济复苏。美国用发行美元来为本国金融机构提供贷款，实际上是利用美元的国际地位将本国金融危机转嫁给其他国家，而这正是世界金融业中最大的道德风险。

然而，客观地看，联储所面对的是一场全球性的金融危机。既然是危机，就决定了这必然是一个小概率事件而且难以预测。治理危机从来都是非常困难的。考虑到这次危机的破坏性和复杂性，我们不能用求全责备的态度去评价联储应对危机的行为。在危机中，监管机构如果要经过充分讨论并取得一致意见后才采取某个措施，其结果极有可能是错过最佳的救助时机。其中，美联储的一些表现值得肯定：

1. 联储面对危机采取了灵活而务实的态度，暂时搁置了对道德风险的担忧，全力以赴救助有系统重要性的金融机构，体现了美国式的实用主义精神。格林斯潘在访谈中就承认，关于道德风险问题，"你必须作出选择。是惩罚这些人重要，还是平衡经济重要？很显然，公开市场委员会作出的判断是他们并不想保释这些人，问题在于他们必须权衡是否惩罚这些人比他们要做的事情更重要"。针对道德风险，联储也作出了一些努力。包括：（1）并非所有金融机构都能得到贷款，竞争失败的机构仍然面临强制退出的风险。（2）贷款的投向偏重于同业拆借市场而不是个别金融机构。（3）在提供贷款的过程中，联储保持了一个基本准则，就是以保护金融机构的债权人为核心。如在花旗银行和通用汽车的案例中，尽管公司通过联储贷款免于倒闭，但股东还是蒙受了巨大损失。这至少可以在一定程度上消除金融机构和各类公司的机会主义。

2. 通过更加严格的信息披露制度防止公共资源被滥用。美国在推出大规模救助计划的同时就推出了信息披露计划。仅仅在金融救援方面，美国政府就开设了三大网站，它们分别是政府财政预算网站、复苏网站、中产阶级网站。其中，复苏网站的内容最为全面和及时，有各种详细的金融救援最新新闻，从联邦到地方，从宏观到微观。这一举措旨在增加政府行为的透明度，有助于防止公共资金被滥用。

金融业已成为现代社会中最重要的支柱产业之一，这一行业的发展状况直接关系到全社会的根本利益。因此，从中央银行的最后贷款职能中受益的不仅仅是金融业一个行业，而是整个社会。中央银行在危机时期发放最后贷款是保证国家支付体系、信用体系正常运作的必要手段或最后手段，是维护金融体系稳定、防止金融恐慌的基本保证。从这一点看，在反危机的道路上中央银行的最后贷款人职责仍然任重而道远。

第三节　我国再贴现和再贷款政策实践

一、我国再贴现政策实践[①]

上世纪 80 年代初，我国的票据业务开始起步发展。1986 年人民银行在上海等中心城市开始试办再贴现业务以来，再贴现业务经历了试点、推广到规范发展的过程。再贴现作为中央银行货币政策工具，在完善货币政策传导机制、

---

① 本节第一部分"我国再贴现政策实践"和第二部分"我国再贷款政策实践"内容大部分来源于人民银行官网：www. pbc. gov. cn。

促进信贷结构调整、引导金融机构扩大中小企业融资、推动票据市场发展等方面发挥了重要作用。

1986 年，针对当时经济运行中企业之间严重的货款拖欠问题，人民银行下发了《中国人民银行再贴现试行办法》，决定在北京、上海等十个城市对专业银行试办再贴现业务。这是自人民银行独立行使中央银行职能以来，首次进行的再贴现实践。

1994 年下半年，为解决一些重点行业的企业货款拖欠、资金周转困难和部分农副产品调销不畅等问题，中国人民银行对"五行业、四品种"（煤炭、电力、冶金、化工、铁道等五个行业和棉花、生猪、食糖、烟叶等四个商品品种）领域专门安排 100 亿元再贴现限额，推动上述领域商业汇票业务的发展。再贴现作为选择性货币政策工具，为支持国家重点行业和农业生产开始发挥作用。

1995 年末，人民银行规范再贴现业务操作，开始把再贴现作为货币政策工具体系的组成部分，注重通过再贴现传递货币政策信号。人民银行初步建立了较为完整的再贴现操作体系，并根据金融宏观调控和结构调整的需要，不定期公布再贴现优先支持的行业、企业和产品目录。

1998 年以来，人民银行出台了一系列完善商业汇票和再贴现管理的政策，以加强再贴现传导货币政策的效果、规范票据市场的发展。改革再贴现、贴现利率生成机制，使再贴现率成为中央银行独立的基准利率，通过再贴现率传导货币政策信号。适应金融体系多元化和信贷结构调整的需要，扩大再贴现的对象和范围，把再贴现作为缓解部分中小金融机构短期流动性不足的政策措施，对资信情况良好的企业签发的商业承兑汇票允许办理再贴现；将再贴现的最长期限由 4 个月延长至 6 个月。

2008 年以来，为有效发挥再贴现促进结构调整、引导资金流向的作用，人民银行进一步完善再贴现管理：适当增加再贴现转授权窗口，以便于金融机构尤其是地方中小金融机构法人申请办理再贴现；适当扩大再贴现的对象和机构范围，城乡信用社、存款类外资金融机构法人、存款类新型农村金融机构，以及财务公司等非银行金融机构均可申请再贴现；推广使用商业承兑汇票，促进商业信用票据化；通过票据选择明确再贴现支持的重点，对涉农票据、县域企业和金融机构及中小金融机构签发、承兑、持有的票据优先办理再贴现；进一步明确再贴现可采取回购和买断两种方式，提高业务效率。

二、我国再贷款政策实践

自 1984 年人民银行专门行使中央银行职能以来，再贷款一直是我国中央银行的重要货币政策工具。我国的再贷款政策曾经经历了三次转型①。

（一）再贷款政策的第一次转型

1984 年以前，人民银行实行"分级管理、差额包干"的信贷资金管理办法。在这种体制下，人民银行通过核定专业银行和人民银行分行的"借差计划"和"存差计划"来实现对货币供应量的控制。虽然这种差额管理是通过调节基础货币来控制信贷总量，但由于当时尚未形成中央银行体制，也不具备基础货币概念，因此人民银行对存、借差计划的控制只能看作是运用再贷款手段调控基础货币的萌芽。

1985 年 1 月，我国开始实行"实贷实存"的信贷资金管理体制，再贷款政策开始成为基础货币调控工具，这是再贷款政策的第一次转型。从此，再贷款成为人民银行投放基础货币的重要渠道。

表 8－1　　　　　　　　　我国再贷款制度变迁情况一览表

时间	信贷体制类型	转型条件	再贷款的方式与手段
1984 年以前	"分级管理、差额包干"		通过核定专业银行和人民银行分行的"借差计划"和"存差计划"，调节货币供应总量
1985.01—1994.10	"统一计划、划分资金、实贷实存、相互融通"	建立中央银行制度	通过再贷款工具的运用调控基础货币
1994.10—1998.01	对商业银行实行存贷比例管理	作为基础货币投放主要渠道的作用逐步减弱，外汇占款逐步成为基础货币投放的重要渠道	再贷款调控基础货币的功能逐步减弱。再贷款开始履行政策性金融的职能
1998.01 至今	取消对商业银行的贷款规模指令性计划	向市场经济管理模式转化，金融宏观调控方式由直接向间接转变	再贷款开始承担化解金融风险、支持金融体制改革的重任，且作用不断强化

资料来源：曹新军：《论我国再贷款制度的变迁及其金融稳定功能的拓展》，载《武汉金融》，2009（8）。

（二）再贷款政策的第二次转型

再贷款政策的第二次转型始于 1994 年，主要表现在再贷款成为人民银

---

① 参见袁江：《中央银行再贷款政策及转型研究》，载《广东金融学院学报》，2006 年 7 月。

行投放基础货币主渠道作用的逐步减弱以及再贷款开始履行政策性金融的职能。

一方面，1994 年外汇管理体制改革后，我国基础货币供应结构发生变化，外汇占款逐步成为基础货币投放的主要渠道。再贷款占同期基础货币的比率开始下降，再贷款作为基础货币投放渠道的作用逐步减弱。

另一方面，1994 年为适应经济发展的需要，遵循政策性金融与商业性金融相分离的原则，我国相继组建成立了国家开发银行、中国进出口银行和中国农业发展银行等 3 家政策性银行。政策性银行的资金来源主要是央行再贷款以及发行政策性金融债券等。自 1994 年起，再贷款开始成为政策性金融的手段。

（三）再贷款政策的第三次转型

1998 年，人民银行取消了对商业银行贷款规模的指令性计划，标志着我国金融宏观调控方式由直接调控向间接调控转变，再贷款开始成为间接调控工具。这一时期，自 1994 年以来的再贷款调控基础货币作用弱化趋势仍在延续。同时，由于 1997 年亚洲金融危机爆发，再贷款开始承担化解金融风险、支持金融体制改革的任务，且作用不断强化。央行再贷款开始充当"最后贷款人"的角色并履行相关职责。

目前，再贴现和再贷款占同期基础货币的比率已不到 10%，再贷款的结构与投向也发生了很大变化。新增再贷款主要用于促进信贷结构调整、引导县域和"三农"信贷投放。

2013 年人民银行调整再贷款分类，由原有的三类调整为四类，即将原流动性再贷款进一步细分为流动性再贷款和信贷政策支持再贷款，金融稳定再贷款和专项政策性再贷款分类不变。

作出上述调整，主要是考虑到原来的流动性再贷款承担了双重功能。其中，人民银行总行对全国性存款类金融机构发放的流动性再贷款和分支机构对地方性存款类法人金融机构发放的短期再贷款，发挥了流动性供给功能；而支持城市商业银行扩大中小企业贷款和消费信贷的中小金融机构再贷款，以及支持农村金融机构扩大涉农信贷投放的支农再贷款，主要发挥促进信贷结构调整的作用。本次调整后，流动性再贷款和 2013 年创设的常备借贷便利[①]一起，

---

① 常备借贷便利（Standing Lending Facility，SLF）是人民银行正常的流动性供给渠道，主要功能是满足金融机构期限较长的大额流动性需求。对象主要为政策性银行和全国性商业银行。利率水平根据货币政策调控、引导市场利率的需要等综合确定。常备借贷便利以抵押方式发放，合格抵押品包括高信用评级的债券类资产及优质信贷资产等。

用于向符合宏观审慎要求的金融机构按需提供流动性支持；信贷政策支持再贷款则包括支农再贷款和支小再贷款（即原中小金融机构再贷款）。

在分类调整的基础上，进一步优化再贷款管理。为贯彻落实国务院办公厅《关于金融支持经济结构调整和转型升级的指导意见》，支持金融机构扩大小微企业贷款投放，将中小金融机构再贷款更名为"支小再贷款"。支小再贷款发放对象由原城市商业银行调整为小型城市商业银行（按人民银行统计标准确定）、农村商业银行、农村合作银行和村镇银行等四类金融机构，用途由支持扩大中小企业贷款和消费信贷调整为支持以上金融机构发放小微企业贷款。贷款条件设定为小微企业贷款增速和增量"两个不低于"，即上季度末小微企业贷款增速不低于同期各项贷款平均增速、贷款增量不低于上年同期水平。支农再贷款管理规定不变。

调整优化再贷款分类体系、发放对象和用途，有利于进一步加强对金融机构的流动性管理，促进信贷结构调整。流动性再贷款和常备借贷便利等工具将一起发挥流动性供给功能，可以丰富央行流动性管理工具箱，强化对金融机构流动性管理的激励和约束，提高货币政策传导效率，稳定市场预期。同时，单独设立信贷政策支持再贷款，可以更好地发挥央行引导信贷资金流向、促进信贷结构调整的功能，强化央行"支农支小"的信贷导向作用。支农再贷款和支小再贷款在用途上各有侧重，进一步提高了信贷支持的针对性。

2014 年 9 月，人民银行创设了中期借贷便利（Medium – term Lending Facility，MLF）。中期借贷便利是中央银行提供中期基础货币的货币政策工具，对象为符合宏观审慎管理要求的商业银行、政策性银行，可通过招标方式开展。中期借贷便利采取质押方式发放，金融机构提供国债、央行票据、政策性金融债、高等级信用债等优质债券作为合格质押品。2014 年和 2015 年，人民银行累计开展中期便利操作 1.14 万亿元和 2.2 万亿元，年末余额分别为 6445 亿元和 6658 亿元。总体看，在外汇占款渠道投放基础货币出现阶段性放缓的情况下，中期借贷便利起到了主动补充流动性的作用，有利于保持中性适度的流动性水平。人民银行在提供中期借贷便利的同时，引导金融机构加大对小微企业和"三农"等国民经济重点领域和薄弱环节的支持力度。中期借贷便利的利率发挥了中期政策利率的作用，引导金融机构降低贷款利率，并促使社会融资成本下降，支持实体经济发展。

三、我国再贴现和再贷款政策效应

（一）再贴现和再贷款政策在调节货币供给方面的作用

根据第三章第四节第二部分对我国基础货币供应结构的分析，上世纪 80 年代到 90 年代，再贴现及再贷款曾经是人民银行投放基础货币的主要渠道。1993 年再贴现和再贷款占同期基础货币的比率达到了 86.8%。1993—2000 年再贴现和再贷款占同期基础货币的比率平均为 70.2%。

本世纪以来，国际收支持续顺差使我国的基础货币供应结构发生重大变化，再贴现和再贷款占基础货币的比重逐年下降。2007 年以后再贴现和再贷款占同期基础货币的比率降至 20% 以下。再贴现、再贷款在总量上增加的余地不大，再贷款甚至是以回收为主，再贴现的规模也比较小。在这种情况下，人民银行运用再贷款、再贴现工具主要是发挥其引导信贷资金投向和促进信贷结构调整的功能。

最近四年来，外汇占款增长速度显著放缓，2015 年更是负增长，外汇占款占基础货币的比率下降。为保持货币供应的平稳增加，人民银行一方面通过公开市场操作、新创设中期借贷便利等货币政策工具提供基础货币，另一方面通过降低准备金比率提高货币乘数。总体看，在外汇占款渠道投放基础货币出现阶段性放缓的情况下，中期借贷便利起到了主动补充基础货币的作用，有利于引导货币信贷和社会融资稳定增长，为稳增长和调结构营造中性适度的货币金融环境。

（二）亚洲金融危机期间及国有银行改革过程中，再贷款发挥重要作用

在经济转轨过程中，我国金融业曾积累大量风险和历史包袱。到上世纪 90 年代中期，尤其是 1997 年亚洲金融危机爆发后，这些长期积累的风险显现。为化解长期以来金融业积累的风险和历史包袱，国务院对爆发风险的金融机构采取了整顿、收购、债转股、关闭、直至破产等措施，有效防止了金融风险蔓延。同时，人民银行会同有关部门，积极推动金融体制改革，使我国金融业的整体水平得到了全面提升。在这一过程中，为关闭清理各类金融机构，促进国有银行改革，中国人民银行发放了大量再贷款[①]，为化解地方中小金融机构支付风险、维护金融稳定、推动金融机构改革发挥了重要作用。

1. 为国有商业银行不良资产剥离发放再贷款。从 1999 年开始的第一次国有商业银行不良资产剥离中，四大资产管理公司共收购了 1.4 万亿元不良资

---

① 相关数据及资料来源：于宁：《细解央行再贷款》，载《财经》，2005（15）。

产。其中，华融资产管理公司从中国工商银行收购了4 077亿元不良资产，其资金来源为央行再贷款947亿元，以及向工商银行发行的3 130亿元10年期债券，利率都为2.25%；长城资产管理公司从农业银行收购了3 458亿元不良资产，资金全部来自央行再贷款；东方资产管理公司从中国银行收购了2 672亿元不良资产，其中来自央行的再贷款为1 162亿元；信达资产管理公司收购了建行和国家开发银行3 500亿元不良贷款，资金来源为发行债券3 470亿元及央行再贷款30亿元。2000—2001年间，信达资产管理公司又借了445亿元央行再贷款用以收购建行和开发银行的不良贷款。在第一次四大国有银行不良资产剥离中，央行总计向四大资产管理公司发放再贷款6 041亿元。

在2004—2005年的第二次不良资产剥离中，2004年6月30日，信达资产管理公司向央行借款1 604.84亿元，为期5年，用于收购中国银行、建设银行、交通银行的可疑类贷款（中行、建行剥离2 787亿元可疑类贷款，交行剥离414亿元可疑类贷款，总计3 201亿元）。2005年6月27日，工行将4 590亿元可疑类贷款转让给四家资产管理公司，四家公司按照100%名义价格，获得5年期4 590亿元央行再贷款。但是按照实际中标价格——平均转让价格为资产面值的26.38%——偿还本息，超过中标价格部分由人民银行停息挂账。此次剥离的不良资产属于商业性收购，再贷款期限均为5年，年利率2.25%。第二次剥离中央行总计发放6 195亿元再贷款，加上第一次剥离中发放的再贷款，央行为支持国有银行改革发放的再贷款达到12 236亿元。

2. 为兑付市场退出金融机构债务发放再贷款。1997年大量中小金融机构面临支付危机。1997年到2001年，中国人民银行采取撤销、解散、关闭、破产等办法，对427家严重违法违规经营、资不抵债、不能支付到期债务的中小金融机构以及28 588家农村基金会实施市场退出。2001年，通过更名、合并重组、商业银行并购、组建城市商业银行、撤销等方式，处置城市信用社766家。始自1998年的全国范围信托业整顿中，239家信托投资公司最终只保留60余家。为兑付市场退出的这些金融机构的债务，26个省区市以财政担保的形式向人民银行申请了1 411亿元再贷款。

3. 对证券公司再贷款。2002年，证券行业全面亏损。由于操作经营不规范，许多证券公司暴露出巨额的保证金窟窿和个人债务问题。在当时证券投资者保护基金尚未建立的背景下，为维护社会稳定，经国务院同意，人民银行对处于流动性困难的证券公司提供再贷款。据统计，人民银行累计向证券公司发放再贷款570亿元，其中300亿元为向创新类证券公司提供的周转再贷款，270亿元为偿还被关闭或被托管证券公司的债务。

第九章　公开市场操作与货币供给

公开市场操作是目前大多数发达国家最重要的货币政策工具，是这些国家基础货币和央行目标利率变动的最主要决定因素，是货币供给变动的重要来源。本章在概要介绍公开市场操作运行机理的基础上，讨论经济学家们对公开市场操作有效性的不同看法。

本章第二节回顾美联储公开市场操作职能的历史演变。在美联储成立之初，公开市场操作并不是联储的货币政策工具。各个联储银行为维持收支平衡，在公开市场买卖证券等资产。20 世纪 30 年代大危机之后，美联储发现公开市场操作可以极大地影响信用条件，于是大加运用。1933 年，美国正式建立公开市场委员会，以负责协调和指导公开市场操作。50 年代初美联储从财政部独立后，美联储的货币政策框架逐步完善，公开市场操作成为继存款准备金、再贴现政策之后的又一重要货币政策工具。

上世纪七八十年代美联储以货币供应量为中间目标，但在实践中联储未能对货币供应实施有效控制。部分经济学家特别是联储的经济学家认为，控制货币供应量的任务是不可能完成的。但许多经济学家争辩说，联储之所以未能成功地控制货币供应，是因为联储并不想真正地控制它，尽管联储的声明与之相反。然而，考虑到上世纪 90 年代，美国货币供应量与经济运行之间的稳定关系已经不复存在，联储已没有必要加强对货币供应量的控制。

目前，联储通过公开市场操作调节银行准备金的供给，使联邦基金利率达到其设定的目标水平。通常情况下，公开市场购买导致联邦基金利率下跌，公开市场出售导致联邦基金利率上升。但联邦基金利率不会低于准备金利率，因为准备金利率是联邦基金利率的下限。

本章还探讨公开市场操作对联邦基金利率的控制力以及对利率结构的影响。1994 年 2 月后，公开市场委员会在每次会议当天宣布联储基金利率目标的变动，并对变动原因加以解释。大多数研究认为，中央银行在传统公开市场操作的基础上，通过宣布利率目标，强化了目标利率的传导，具有公告操作效应，提高了对联邦基金利率的控制力。

美联储在历史上曾两次实施买入长期国债和卖出短期国债并举的"扭曲操作",希望以此改变利率结构。1961 年为阻止黄金外流并刺激经济增长,美联储第一次实施扭曲操作。莫迪利亚尼等著名经济学家的分析表明,此次扭曲操作的成效并不大。最近一轮国际金融危机中,美联储第二次启用了扭曲操作。2011—2012 年,扭曲操作的总额度达到 6 670 亿美元。此次扭曲操作同样吸引了众多学者的目光,其政策效果也备受争议,理论界与实务界对此尚未形成一致意见。

本章第三节回顾人民银行的公开市场操作制度和操作的主要特点,并分析人民银行公开市场操作对我国货币供应量的影响。由于公开市场操作已成为我国基础货币变动的重要决定因素,同时基础货币与货币供应量的关系比较稳定,因而人民银行公开市场操作能有效影响货币供应量。从 1996—2015 年广义货币 M_2 增速实际值与人民银行年初设定的目标值的对比情况看,除 1997 年、2003 年和 2009 年外,多数年份 M_2 增速实际值与目标值间的偏离较小。因而,总体看来,人民银行能有效控制我国的货币供应量。

第一节 公开市场操作概览

一、公开市场操作运行机理

公开市场操作(Open Market Operation,OMOs)也称公开市场业务,是指中央银行在公开市场上买进或卖出有价证券,以投放或回笼基础货币,从而控制货币供给,并影响市场利率的货币政策工具。

实际上,银行在公开市场买卖有价证券的行为产生于中央银行形成之前,所以,它原本并不是一种货币政策的工具。19 世纪初,英格兰银行为维持国库券价格的稳定而在公开市场买卖国库券,这可作为公开市场操作的开端。1833 年,英格兰银行获政府授权,统一发行银行券,从而事实上成为英国的中央银行,而公开市场操作则被用来辅助再贴现政策。美联储成立之初,各个联储银行为维持收支平衡进行公开市场操作。20 世纪 30 年代大危机之后,美联储发现公开市场操作可以极大地影响信用条件,从而大加运用。1933 年,美国正式建立公开市场委员会,以负责协调和指导公开市场操作。于是公开市场操作就成为继存款准备金、再贴现政策之后的又一重要的货币政策工具。

目前,公开市场操作是大多数发达国家最重要的货币政策工具,公开市场操作成为央行目标利率和基础货币变动的最主要决定因素,是货币供给变动的重要来源。一般说来，公开市场购买可以扩大银行准备金和基础货币规模，从而增加货币供给和降低市场利率。公开市场出售会减少银行准备金和基础货币，进而降低货币供给和提高市场利率。此外，公开市场操作还可用来调节长短期利率结构。例如，中央银行在抛售短期证券的同时，购进长期证券，可以推高短期市场利率，压低长期利率，从而影响投资结构。

分析公开市场操作需注意以下几点：首先，公开市场业务对货币供应量和利率的影响，应视其买卖净值而定。其次，中央银行购入证券，固然能增加商业银行的准备金，但这只能为银行体系的信贷扩张创造条件，而不能强迫商业银行扩张信贷。反之，中央银行出售证券，固然能使商业银行的准备金减少，但若银行准备金仍在法定准备金之上，即银行体系仍有超额准备，则银行体系就无须立即收缩信贷。只有当超额准备等于或接近于零时，银行体系才非收缩信贷不可。再次，公开市场政策运用的前提条件是有一个高度发达的证券市场。中央银行也必须持有相当规模的库存证券，才能开展公开市场业务。

二、关于公开市场操作有效性的理论[①]

一般认为，公开市场操作既能有效地控制货币供给，又能影响市场利率，甚至还能通过扭曲操作这一特殊的方法，调整利率的期限结构。所以，大多数经济学家都充分肯定公开市场操作的有效性，尤其是货币学派领袖米尔顿·弗里德曼，更是对公开市场操作十分推崇。

弗里德曼认为，公开市场操作实际上是唯一有效的货币政策工具。在他看来，其他货币政策工具所能做到的，公开市场操作也都能做到。在出版于1948年的《货币稳定计划》一书中，弗里德曼提出公开市场业务有如下优点：

第一，中央银行能及时运用公开市场操作，并可按任何规模买卖有价证券，从而非常精确地控制银行体系的准备金和基础货币，使之达到合理水平。虽然公开市场操作发生作用的途径与再贴现政策和存款准备金政策基本相同，但前者的效果比后两种政策工具更为确定和精确，且不受银行体系反应程度的影响。在公开市场操作的过程中，中央银行始终处于积极主动的地位，完全可以按自己的意愿来实施货币政策。依弗里德曼之意，中央银行实施公开市场操作是"主动出击"，而不是"被动等待"，因此，它比再贴现政策更为优越。

第二，公开市场操作没有"宣示效应"，不会引起社会公众对货币政策意

---

① 本部分内容来自盛松成、施兵超、陈建安：《现代货币经济学》，第三版，335－336 页，北京，中国金融出版社，2012。

向的误解，从而不会对经济活动产生错误的诱导。同时，中央银行可以连续地、灵活地进行公开市场操作，自由决定买卖有价证券的数量、时间和方向，从而产生一种连续性的效果，因此公众不会对公开市场操作作出强烈的反应。而且，公开市场业务还可随时进行反向操作，以及时矫正某些操作失误。所以，它比具有强烈"宣示效应"而又难以灵活运用的再贴现政策和存款准备金政策更为优越。

第三，中央银行进行公开市场操作，不需要决定有价证券的收益率或利率，因而不会直接影响银行的收益。此外，公开市场操作可以普遍地实施，因而可以广泛地影响社会经济活动。

总之，鉴于公开市场操作的各种优点及其他政策工具的缺点，弗里德曼极力主张，中央银行只能开展公开市场业务，而应完全取消其调整法定准备金率和再贴现的权力[1]。

但是，就在弗里德曼等经济学家充分肯定公开市场操作之有效性的同时，也有一些经济学家提出截然相反的观点。他们完全否认公开市场操作这一货币政策工具的有效性。20世纪50年代和60年代，达西（W. M. Dacy）和金（W. T. C. King）等人纷纷对公开市场操作的有效性提出质疑。于是，西方经济学界产生了公开市场操作的有效性与无效性之争。

持无效论观点的经济学家认为，公开市场操作最终不会影响银行体系的准备金、存款货币及现金的数量。当中央银行买入有价证券时，确实会降低有价证券的收益率，增加银行体系的准备金，银行也将降低利率，增加贷款，以减少多余的准备金。但是，随着利率的下降，银行体系持有超额准备金的机会成本也会下降。所以，银行体系将增持超额准备金。于是，中央银行通过买入有价证券而投放的基础货币将被银行体系吸收为新增的超额准备金。由于银行体系并不将这部分新增的超额准备金用于贷款，所以由公开市场操作而投放的这部分基础货币，并不会通过存款货币的创造而增加货币供给[2]。

另外，公开市场委员会通常每隔一个月召开一次会议，来表决公开市场操作。于是，有些经济学家提出，在如此短的时间内，人们很难确切地把握经济的发展动态，也难以判断经济的变动是本质性的还是偶然性的。如此决定的公

---

① 米尔顿·弗里德曼：《货币稳定计划》，29－31页、50－52页，1959。

② 达西：《摇摆不定的债务问题》（Floating Debt Problem），载《劳埃德银行评论》（Lloyd's Bank Review），1956年4月号，28－31页；金：《流动性比率是否要加以规定？》（Should Liquidity Ratio be Prescribed?），载《银行家》，1956年5月，189－198页。

开市场操作就未必是正确的，其实际作用的方向也未必符合政府干预经济的初衷。同时，公开市场操作见效的速度远不如再贴现政策和存款准备金政策。总之，这些经济学家认为，公开市场操作不宜作为中央银行货币政策工具①。

第二节　美联储公开市场操作实践及其有效性

一、美联储公开市场操作职能演变

（一）上世纪 30 年代前：公开市场操作是联储银行获利的手段

1913 年通过的《联邦储备法》14 节规定②，联邦储备银行可以在联邦储备委员会制定的规则范围内，在国内外的公开市场与本国或外国的银行、企业、公司、个人进行资产买卖交易，买卖标的可以是：（1）金币和金块。（2）美国国债、汇票、票据、收益偿付债券（Revenue Bonds）和各级地方政府、市政机构以预期税收及其他收入为保证发行的权证（Warrants）。（3）外汇汇票。

在美联储成立之初，公开市场操作并不是联储的货币政策工具。各个联储银行出于运用盈余资金的动机，即为维持收支平衡，在公开市场买卖证券等资产。买卖过程中，联储委员会逐渐意识到，联储银行的公开市场交易行为会影响利率和信贷扩张。在《1923 年联储年度报告》中，联储第一次明确指出，公开市场操作与再贴现对总体信贷政策具有同等重要性；同时，报告认为应该对单个储备银行以获利为目的的公开市场交易行为进行协调。该报告为公开市场投资委员会的成立提供了理论依据。

1921 年 10 月到 1922 年 5 月，各联邦储备银行总计购买了约 4 亿美元的政府债券以获取收益。显然，他们未考虑这些购买行为对货币市场的影响。这种各自为政的操作扰乱了政府债券市场。1922 年 5 月，东部地区的 5 家储备银行的总裁组成一个委员会，负责共同买进和卖出政府债券，以避免与财政部账户指令冲突。

1923 年春季，联储委员会授权成立"公开市场投资委员会"，它取代了原部分储备银行总裁组成的委员会，之前的 5 名委员得到联储委员会的任命继续

① 宋恩：《货币银行学导论》（R. S. Thorn, Introduction in Money and Banking），340 - 342 页，1976。

② 《1914 年联储年度报告》，35 - 36 页。

在公开市场投资委员会任职①。公开市场投资委员会代表所有储备银行进行公开市场操作，从而实现了联储体系在公开市场操作上的自主协调。联储委员会由此将公开市场操作置于自身监督之下。1923 年 11 月，联邦储备体系建立了交易账户。各储备银行仍保留其单独操作，但由公开市场投资委员会代为执行，且总体规模很小。1928 年公开市场投资委员会的委员扩大到所有 12 家储备银行的总裁。

（二）大危机期间：大规模公开市场操作的开端，公开市场操作成为货币政策调控手段

大危机初期，纽约联储银行主张进行扩张性的公开市场操作。这一建议逐渐得到联储委员会主席、其他董事会成员和一些储备银行总裁的支持，但大部分储备银行总裁反对这一主张。1932 年 4 月，在国会的压力下，并且新的《格拉斯—斯蒂格尔法》也明确赋予联储体系实行扩张性货币政策的权力，大规模的公开市场操作才得以批准。到 6 月末，联储共购买了 10 亿美元债券，但同期联储的黄金储备减少 5 亿美元、再贴现和票据购买减少 4 亿美元，因而公开市场操作仅仅阻止了信贷紧缩，而远未达到刺激信贷扩张的目的。7 月后，由于联储体系的内部分歧，债券购买行动未能继续进行。

1933 年，国会通过了《1933 年银行法》。《联邦储备法》也得以修订，新增 12（A）节，正式建立公开市场委员会（the Federal Open - Market Committee，FOMC），以负责协调和指导公开市场操作。该法案认为，公开市场操作可用来改善信贷环境，以调节商业、贸易活动。由此，公开市场操作明确成为联储的货币政策调控工具。12（A）节还规定，公开市场委员会由 12 名委员组成，各储备银行分别任命 1 名委员。公开市场委员会每年至少召开 4 次会议。联储委员会的委员也可以参加公开市场委员会的会议。各储备银行不再参与公开市场操作，除非联储委员会有特殊规定②。

1935 年国会通过的《1935 年银行法》赋予联储委员会委员更长的任期和更高的薪酬。根据该法，1936 年 2 月联储委员会进行了改组，新的联储委员会由 7 名任命委员组成，而之前委员会是由 6 名任命委员、财政部部长和货币监理官（Comptroller of Currency）作为当然委员（Ex - officio Member）组成。该法案也改组了 FOMC。1936 年 3 月，新的 FOMC 成立。新的 FOMC 由联储委

---

① 米尔顿·弗里德曼、安娜·J. 施瓦兹：《1867—1960 年的美国货币史》，中文版，144 - 145 页，北京，北京大学出版社，2009。

② 《1933 年联储年度报告》，276 页。

员会的 7 名委员加上 5 名储备银行的代表组成。联储委员会在 FOMC 的地位也得以加强。这些调整，加上对联储委员会的其他一些授权，使联储委员会有了更多的制定货币政策的职能和权力①。

（三）上世纪 40—50 年代初：通过公开市场操作盯住低利率政策

尽管大危机之后，公开市场操作的作用得到联储体系的认同，但在 40 年代和 50 年代初联储并未通过公开市场操作主动调控货币供应量，而是运用公开市场操作，实施其支持政府债券价格的政策。

二战期间及之后一段时间，美联储为帮助财政部发债筹资，采取盯住利率政策，通过公开市场操作维持长期低利率。1942 年 4 月，FOMC 宣布，把国库券（大部分的期限为 90 天）的年利率固定在 0.375%，并承诺会购买或出售任意数量的国库券来维持该利率水平。同时，FOMC 还为其他期限的政府债券建立了有效的价格体系——1 年期国债的年利率约为 0.875%，13 个月国债的年利率约为 0.9%，4.5 年期国债的年利率约为 1.5%，长期国债的年利率约为 2.5%。

这一政策一直延续到 1950 年朝鲜战争爆发，美国国内货币供应扩张，引发了严重的通货膨胀。1951 年美联储和财政部达成协议，开始取消盯住低利率政策。同时，美联储正式脱离财政部，美联储独立制定货币政策的时代从此开启。

（四）上世纪 50 年代后：公开市场操作转变为货币政策的主要手段

上世纪 50 年代初美联储完全独立后，联储的货币政策框架逐步完善，公开市场操作的对象和功能都发生了转变。在盯住低利率政策期间，联储公开市场操作的对象主要是短期国库券，功能是维持长期低利率。之后，公开市场操作的重点从国库券利率转向联邦基金利率，联邦基金利率逐渐成为美联储调控的主要对象；公开市场操作转变为货币政策的主要手段。

50 年代以来，美联储的货币政策中介目标、货币政策框架经历了几次大的调整，但公开市场操作始终是联储最主要的货币政策工具。尤其是 90 年代后法定准备金率大幅降低，联储实质上已经不把它作为一项货币政策工具来使用。同时，再贴现政策也已演变为调节利率的一种辅助性手段。因而，公开市场操作在美联储货币政策操作中的作用越来越重要，成为联储主要的货币政策工具。

---

① 《1935 年联储年度报告》，6 页。

二、公开市场委员会及公开市场操作类型

（一）公开市场委员会

公开市场委员会是联储体系决策制定的核心。在联储体系中，公开市场委员会设定联邦基金利率目标，具体操作则由纽约联邦储备银行的交易室执行。此外，公开市场委员会还对法定存款准备金率和再贴现率的制定负有"建议权"。因而，公开市场委员会是美国货币政策的主要决策机构之一。

目前，公开市场委员会每年举行 8 次会议（大约 6 周一次），决定公开市场操作的大致方针。该委员会由联储委员会的 7 位委员、纽约联邦储备银行行长和 4 位其他联邦储备银行的行长组成（这 4 名委员由除纽约联邦储备银行行长外的其他 11 个联邦储备银行的行长每年轮流担任）。联储委员会主席通常还担任公开市场委员会的主席。虽然只有 5 位联邦储备银行的行长是公开市场委员会的投票成员，但其他 7 位联邦储备银行行长也列席公开市场委员会的会议，并参加讨论，因此他们对委员会的决策也有一定的影响力。

联储主席是公开市场委员会的实际操纵者。尽管主席只是公开市场委员会 12 个投票成员之一，并且法律没有赋予委员会主席控制公开市场委员会的权力，但委员会主席是整个联储体系的发言人，并代表联储与美国总统、国会协商。他还通过制定联储委员会和公开市场委员会的会议议程对整个联储体系决策过程施加影响。主席还通过职位权力和个人魅力来影响委员会。历史上的委员会主席，包括马里纳·埃克尔斯、威廉·麦克切斯尼·马丁、阿瑟·伯恩斯、保罗·沃尔克、艾伦·格林斯潘和本·伯南克，他们通常都具有强大的人格魅力，形成了相当大的权力。

联储委员会主席还通过管理委员会的研究团队（职业经济学家和顾问）来行使权力。因为研究团队负责信息搜集，并为委员会的决策提供分析，可以对货币政策实施一定的影响。此外，一些主席人选来自专业研究队伍，这使其影响比 4 年任期更为深远和持久。

（二）美联储公开市场操作类型

美联储的公开市场操作有两种操作类型：一是旨在改变准备金和基础货币规模的能动性公开市场操作（Dynamic Open - Market Operation），二是旨在抵消其他因素（如在美联储的财政存款和浮款）变动对准备金和基础货币影响的防御性公开市场操作（Defensive Open - Market Operation）。

美联储公开市场操作的对象主要是美国国债和联邦机构债券，尤其是美国

国库券。美联储大部分公开市场操作是针对国债进行的，因为国债市场最具流动性，且交易规模最大。这一市场有能力吸收美联储庞大的交易量，而不致引起交易价格过度波动和市场混乱。

三、美联储公开市场操作对货币供给的影响[①]

（一）公开市场操作对基础货币的影响

公开市场操作是美联储变动基础货币的主要方法。美联储购买债券被称为公开市场购买，美联储出售债券被称为公开市场出售。

1. 向商业银行进行的公开市场购买。假定美联储从银行购买 100 美元债券，并支付 100 美元联储支票。银行要么将支票存入它在联储的账户，要么将其兑换成现金，即转变成商业银行的库存现金。无论哪种行为都意味着银行增加 100 美元的准备金，减少 100 美元的证券资产。银行体系的资产负债变动如下。

表 9 - 1　　向银行进行的公开市场购买引起的银行体系资产负债变动

资产		负债
证券	－ 100 美元	
准备金	＋ 100 美元	

同时，联储的负债方增加 100 美元的准备金存款，资产方增加 100 美元的证券持有。联储的资产负债变动如下。

表 9 - 2　　向银行进行的公开市场购买引起的联储资产负债变动

资产		负债	
证券	＋ 100 美元	准备金	＋ 100 美元

这笔公开市场购买的结果是，准备金增加了 100 美元，等于公开市场购买的规模。由于流通中的现金没有变动，基础货币同样增加了 100 美元。

2. 向非银行公众进行的公开市场购买。我们分两种情况来分析美联储向非银行公众进行公开市场购买的结果。一是假定向联储出售 100 美元债券的个人或企业将联储的支票存入当地银行。交易结束后，非银行公众的账户变动如下。

---

① 本部分引自弗雷德里克·S. 米什金（Frederic S. Mishkin）：《货币金融学》，中文第四版，336 - 339 页、442 - 449 页，北京，中国人民大学出版社，1998 年，文字有所改动。

表 9 – 3　　　　　　　　　　向非银行公众进行的公开
市场购买引起的非银行公众资产负债变动 1

资产		负债
证券	– 100 美元	
支票存款	+ 100 美元	

银行收到支票后，贷记储户的账户 100 美元，之后将支票存入其在联储的账户，从而增加了银行的准备金。银行体系的资产负债变动如下。

表 9 – 4　　　　　　　　向非银行公众进行的公开市场
购买引起的银行体系资产负债变动

资产		负债	
准备金	+ 100 美元	储户存款	+ 100 美元

对联储资产负债表的影响是，资产方增加 100 美元的证券，而负债方增加 100 美元的准备金。

表 9 – 5　　　　　　　　向非银行公众进行的公开市场
购买引起的联储资产负债变动 1

资产		负债	
证券	+ 100 美元	准备金	+ 100 美元

从以上账户可以看出，如果公众将联储的支票存入银行，联储向非银行公众进行公开市场购买的结果，同向银行进行公开市场购买的结果是相同的：准备金增加的金额等于公开市场购买的规模，基础货币也等量增长。

然而，如果将债券出售给联储的个人或企业将联储的支票在当地银行或联邦储备银行兑换成现金，对准备金的影响就有所不同。出售方收到 100 美元现金，证券资产减少 100 美元，其账户变动如下。

表 9 – 6　　　　　　　　向非银行公众进行的公开市场
购买引起的非银行公众资产负债变动 2

资产		负债
证券	– 100 美元	
现金	+ 100 美元	

银行体系的资产负债不受影响。而联储则相当于将 100 美元现金兑换为 100 美元证券，其资产负债变动如下。

表9-7　　　　　　向非银行公众进行的公开市场
购买引起的联储资产负债变动 2

资产		负债	
证券	+100 美元	发行货币	+100 美元

在这种情况下，公开市场购买的结果是，准备金保持不变，而流通中的现金增加 100 美元，于是基础货币增加 100 美元，等于公开市场购买的规模。这与出售方将联储支票存入银行的结果不同，在这种情况下，准备金和基础货币都增加 100 美元。

以上分析表明：公开市场购买对准备金的影响取决于债券出售方将销售所得以现金还是存款形式持有。如果所得以现金形式持有，公开市场购买对准备金没有影响；如果所得以存款形式持有，准备金增加的金额等于公开市场购买的规模。

然而，无论债券出售方将所得以存款还是现金形式持有，公开市场购买对基础货币的影响都是相同的，基础货币的增加额等于公开市场购买的规模。因而，公开市场购买对基础货币的影响是确定的，而对准备金的影响是不确定的。

3. 公开市场出售。如果联储向银行或非银行公众出售 100 美元债券，基础货币就会减少 100 美元。例如，联储向个人出售债券，收入现金，个人的 100 美元现金转换为 100 美元债券，其账户变动为：

表9-8　　　　　　向非银行公众进行的公开市场
出售引起的非银行公众资产负债变动

资产		负债
证券	+100 美元	
现金	-100 美元	

联储减少了 100 美元的证券资产。由于接受了现金作为出售债券的所得，货币负债也随之减少，即流通中的现金减少 100 美元，联储资产负债变动如下。

表9-9　　　　　　向非银行公众进行的公开市场
出售引起的联储资产负债变动

资产		负债	
证券	-100 美元	发行货币	-100 美元

在公开市场上出售 100 美元债券的影响是，基础货币相应减少 100 美元，

而准备金保持不变。如果债券购买方是银行，或者购买者用银行支票存款账户签发的支票来支付，同样会引起基础货币减少 100 美元，因为银行准备金减少了 100 美元。

通过对公开市场购买和出售的分析，可以得出下列结论：公开市场操作对基础货币的影响比对准备金的影响更具确定性。因此，美联储通过公开市场操作控制基础货币的有效性强于对准备金的控制①。

（二）美联储以货币供应量为中间目标的操作实践

在货币供给模型中，联储通过公开市场操作和贴现贷款影响基础货币、通过确定法定准备金率影响货币乘数，进而影响货币供给；公众通过对现金持有水平的决策、银行通过对超额准备金的决策影响货币乘数，进而影响货币供给。此外，公众的行为会影响银行对存款外流的预期，进而会对银行有关超额准备金的决策产生影响。所以公众也是超额准备金水平的决定者之一。

20 世纪 70 年代，作为对早期通货膨胀的反应，一些国家实行以货币供应量为中间目标的货币政策，特别是德国、瑞士、加拿大、英国、日本和美国。实践中，以货币供应量为目标的操作策略和米尔顿·弗里德曼建议的方法大不相同。在弗里德曼的建议中，作为中间目标的货币供应量应该按一个不变的比率增长。实际上，在所有这些国家中，中央银行从来没有严格遵守过固定不变的货币供应量增长规则，而且其中一些国家并没有认真地实行过以货币供应量为中间目标的制度。下面我们考察美联储以货币供应量为中间目标的操作实践，来分析美联储对货币供应量的控制力。

1. 上世纪 70 年代：货币供应量作为货币政策中间目标

1970 年，阿瑟·伯恩斯（Arthur Burns）当选联储委员会主席。之后不久，美联储宣布在货币政策操作中，以货币供应量作为中间目标。但实践证明，美国 70 年代的货币政策与 50 年代和 60 年代一样，仍然是顺周期的。为什么货币政策的运用没有得到改善？答案在于该时期联储的操作程序，这一程序表明联储把货币供应量作为中间目标的承诺并不坚定。

联邦公开市场委员会每六个星期要为各种货币供应量指标的增长率确定目标区间，并决定多高的联邦基金利率是联储认为同这一目标相一致的。货币供应量的增长率目标区间相当宽——M_1 增长率的典型区间通常为 3%～6%，M_2 的区间为 4%～7%，而对联邦基金利率规定的区间却很窄，比如说，7.5%～

---

① 即使联储不进行公开市场操作，存款转换为现金也会影响银行体系的准备金，但不会影响基础货币，这是联储对基础货币比对准备金控制力更强的另外一个原因。

8.25%。然后，纽约联邦储备银行交易室受命去实现这两套目标。但是，利率目标和货币供应量目标可能并不相容。如果两个目标不一致，比如说，当 M_1 增速过快时，联邦基金利率开始逐渐上升到高出它的目标区间的上限；交易室奉令优先考虑联邦基金利率目标。在上述情况下，这将意味着：虽然 M_1 的增长率已经很高，但交易室仍将进行公开市场购买，以使联邦基金利率保持在它的目标区间内。

实际上，联储将联邦基金利率作为它的操作目标。在联邦公开市场委员会两次会议之间的六个星期内，收入的意外上升（这也许会使联邦基金利率达到目标区间的上限）将引起公开市场购买和货币供应量的过快增长。当联邦公开市场委员再次开会时，它将提高联邦基金利率的目标区间，试图以此把货币供应量的增长率重新"纳入轨道"。可是，如果收入继续意外地上升，那么货币供应量增长率将再次突破界限。这正是 1972 年 6 月到 1973 年 6 月所发生的情况，当时经济出人意料地繁荣：M_1 的增长率大大超过了目标，达到大约 8%，而联邦基金利率从 4.5% 上升到 8.5%。经济很快变得过热，通货膨胀的压力开始加大。

1974 年底，经济紧缩的严重程度大大超出人们的预料，相反的连锁事件发生了。联邦基金利率从 12% 以上猛降到 5%，而且不断地冲击其目标区间的下限。交易室运用公开市场出售来防止联邦基金利率下降，货币供应量增长率随即急剧下降，1975 年初货币供应量增长率实际上已成为负数。显然，当时美国正经受第二次世界大战后最糟糕的经济紧缩，而货币供应增长率如此急剧下降则是一个严重的错误。

尽管联储口头上说要以货币供应量为目标，但以联邦基金利率作为操作目标仍然造成了顺周期的货币政策。如果联储真的想要坚持货币供应量的政策目标，那么，选择利率而不是准备金作为操作目标似乎是很奇怪的。对上述问题的解释是：联储仍然非常关注实现利率的稳定，在是否取消对利率变动的控制这个问题上犹豫不决。到了 1979 年 10 月，联储的政策程序同它所宣称要把货币供应量作为中间目标这两者之间的不一致已经变得非常明显，从而，联储的政策程序有了重大修改。

2. 1979 年 10 月至 1982 年 10 月：新的操作程序

1979 年 10 月，在保罗·沃尔克成为委员会主席之后两个月，联储终于不再强调把联邦基金利率作为操作目标，并把它的目标区间放宽了 5 倍多：典型的区间可以从 10% 到 15%。基本的操作目标变成了非借入准备金；联储在估计银行借入的贴现贷款量以后确定上述操作目标。1979 年 10 月后联邦基金利率的波动较以前有所增大。但是，不再强调联邦基金利率目标并没有引起货币控制的改善。1979 年 10 月后，货币供应量增长率的波动也增大了，而不是像人们希望的那样有所缩小。另外，在 1979—1982 年期间的三年中，联储都未能达到它的 M₁ 增长目标区间。解释这个问题有几种答案。第一种答案是，在此期间美国经济经受了几次冲击，使得货币控制更加困难：金融创新和加速放松管制使货币供应量的计量又增添了新的存款种类，比如 NOW 账户等；1980 年 3 月至 7 月的信贷管制限制了消费及工商业贷款的增长；以及相继发生的 1980 年和 1981—1982 年间的经济萧条。

另外一种解释强调了在滞后法定准备金制度条件下，将非借入准备金作为操作目标进行货币控制存在技术难度[①]。

然而，对软弱的货币控制力更具说服力的解释是，控制货币供应量从未是沃尔克政策改变的真正目的。尽管沃尔克宣称要以货币供应量为目标，但他没有公开承诺保证实现这些目标。而且，他更关心用利率变动来消除经济中的通货膨胀。沃尔克改变联储操作程序的首要原因是，这能使他自由地操纵利率，以制止通货膨胀。如果沃尔克在为抑制通胀而需放慢经济增长时能迅速提高利率，他就必须放弃利率稳定目标。沃尔克战略中的这一观点说明，联储宣布把目标重点放在货币供应量上，可能是它所施放的烟幕弹，为的是使联储不因实施新政策所导致的高利率而受到责难。

图 9 - 1 中的利率变动支持了对联储战略的这种解释。在 1979 年 10 月公告以后，短期利率几乎上升了 5%，到 1980 年 3 月超过了 15%。随着 1980 年实施的信贷管制以及 1980 年第二季度实际 GDP 的急剧下降，联储减缓了政策力度，允许利率急剧下降。1980 年 7 月经济开始复苏，通货膨胀率仍在 10% 以上。因为未能抑制住通货膨胀，联储又加强了控制，使短期利率再次高于 15%。最终，伴随着 1981—1982 年的萧条，产出大幅度下降，失业高企，促使通胀下降。由于通胀性心理被明显打破，利率也回落了。

3. 1982 年 10 月以后：不再侧重货币总量

1982 年 10 月，随着通胀被抑制，联储实际上又转向了平稳利率政策。它放松了对货币供应量目标的关注而转向借入准备金。为了了解借入准备金目标是如何实现利率平稳的，让我们考察在经济扩张（Y↑）时利率上升的情况。

---

① David Lindsey：《非借入准备金目标和货币控制》（Nonborrowed Reserve Targeting and Monetary Control），《改善对货币供应量的控制》（Improving Money Stock Control），3 - 41 页，Kluwer - Nijhoff 出版社，1983。

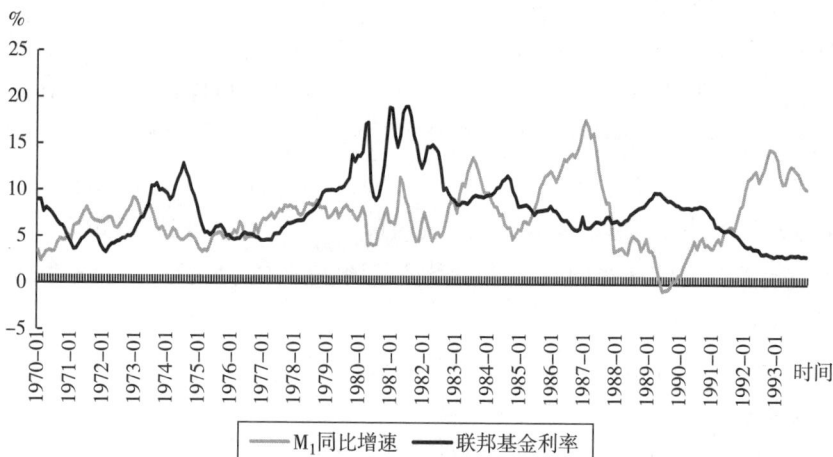

数据来源：CEIC 数据库，数据频率为月。

图 9 - 1 1970—1993 年美国 M₁ 增速与联邦基金利率

利率上升（i↑），银行从联储借入贷款的动机增强，因此，借入准备金上升（DL↑）。为了阻止借入准备金超过目标水平，联储必须通过公开市场购买来提高债券价格，以降低利率。那么，以借入准备金为目标的结果是联储防止了利率上升。然而，在这样操作的同时，联储的公开市场购买却扩张了基础货币（MB↑），并引起货币供应量增加（M↑），这导致货币供应量与国民收入之间的正向关联（Y↑→M↑）。可以用公式表示为

$$Y\uparrow \rightarrow i\uparrow \rightarrow DL\uparrow \rightarrow MB\uparrow \rightarrow M\uparrow$$

经济萧条时则会出现方向相反的连锁反应：借入准备金目标阻止了利率下降，并造成基础货币减少，从而导致货币供应量下降（Y↓→M↓）。

1982 年 10 月，联储不再侧重货币供应量调控而转向借入准备金目标后，联邦基金利率波动较小，但货币供应量增长率仍然有大幅度的波动。最终，在 1987 年 2 月，联储宣布它不再设定 M₁ 目标。M₁ 目标的取消，有两个主要原因：一是金融管制放松及金融创新快速发展使得货币的定义及计量十分困难。二是 M₁ 与经济活动间的稳定关系已不复存在。这说明，像 M₁ 这样的指标可能不再是货币政策的可靠指标。结果是，联储把关注重点转向更宽泛的货币总量 M₂，因为联储感觉 M₂ 与经济活动有着更稳定的关系。然而，在 90 年代初期，这一关系也破裂了。1993 年 7 月，联储主席格林斯潘在国会作证时说，联储不再以任何货币供应量指标作为实施货币政策的目标，包括 M₂ 在内。这实际上意味着联储已经回到利率目标上来了。

在考察联储将货币供应量作为中间目标的历史后，我们得出如下结论：联储并未对货币供应实施有效控制。这是否意味着联储不能有效控制货币供应？有些经济学家特别是联储的经济学家认为，联储过去未能成功控制货币供应的事实蕴含着：这个目标是不可能实现的。因为在货币供应模型中，我们已经看到几项不在联储控制范围内的因素影响着基础货币和货币乘数。可是，实证研究又表明，在基础货币（通过公开市场操作很容易控制）与货币供应量之间有着很强的联系，因而在较长的时期内（六个月到一年），货币供应是能够很精确地加以控制的。

许多经济学家争辩到，联储在过去之所以未能成功地控制货币供应，是因为联储并不想真正地控制它，尽管它的声明正好相反。特别是，联储不愿承担一定要采取那种会保证较好控制货币供应的政策程序的义务。他们指出，联储能够对货币供应实施更多的控制，如果它愿意做下列两件事的话：（1）把再贴现率同市场利率固定地联系起来，以减少贴现贷款量的不必要波动；（2）减少对利率的关注，多注意对基础货币和货币供应量的控制。有不少证据表明，上述新政策措施能改善对货币供应的控制，这种改善即使在短时期（比如3个月）内都将是明显的。当然，由于上世纪90年代，货币供应量与经济活动之间的关系已不稳定，加强货币供应控制的必要性已不复存在。

四、美联储公开市场操作对联邦基金利率的影响

（一）联邦基金利率水平的决定

1994年开始，泰勒规则[①]代替货币主义成为美联储货币政策制定的理论依据，相应地以实际利率为中介目标的"中性"货币政策[②]取代以货币供应量为中介目标的政策。泰勒规则的政策含义是联邦基金名义利率（Federal Funds Rate，美国银行间隔夜拆借利率）要顺应通货膨胀率的变化，以保持实际均衡利率的稳定性。如果产出增长率超过潜在水平，或失业率低于自然失业率，以及预期通胀率超过目标通胀率，则实际利率已低于实际均衡利率，货币当局就应该运用政策工具适当提高名义联邦基金利率，使实际利率恢复到实际均衡

---

① 泰勒规则公式为：$i_t = \pi_t + r_f + h\,(\pi_t - \pi^*) + gy_t$，其中 i_t 为名义利率，即联邦基金利率，r_f 为均衡实际联邦基金利率，π_t 为近期通货膨胀的均值（预期通货膨胀率），π^* 为目标通货膨胀率，$\pi_t - \pi^*$ 为通胀缺口，y_t 为产出缺口，h、g 是调整项的反映系数，一般确定为0.5。

② 中性货币政策是指货币当局根据宏观经济形势灵活调整利率，使利率水平保持中性，既不对经济起抑制作用，也不起刺激作用，从而使经济在潜在的低通胀条件下稳定增长。

水平。

目前，联储通过公开市场操作调节银行准备金的供给，使联邦基金利率达到其设定的目标水平。下面我们通过准备金市场的需求与供给曲线，寻求联邦基金利率的均衡状态①。

1. 准备金市场的需求曲线。准备金总额包括法定准备金和超额准备金两部分。商业银行对准备金的需求量等于法定准备金加上所需要的超额准备金。超额准备金是应对存款外流的保障，持有超额准备金的成本是其机会成本，即将这些准备金贷放出去所赚取的利率减去联储对超额准备金支付的利率 i_{er}。2008 年之前，美联储不对准备金存款支付任何利息，2008 年 10 月开始，联储对准备金存款付息：法定准备金存款的利率为准备金保持期间的联邦基金目标利率的平均值，超额准备金存款的利率水平为准备金保持期间的联邦基金目标利率的最低值，因而超额准备金利率 i_{er} 随联邦基金目标利率的变动而变动。当联邦基金利率高于超额准备金利率 i_{er} 时，如果联邦基金利率下跌，意味着持有超额准备金的机会成本减少。若其他条件不变，准备金需求将增加。因此，当联邦基金利率高于超额准备金利率 i_{er} 时，见图 9 - 2，准备金的需求曲线 R^d 是向下倾斜的。然而，如果联邦基金利率下跌到低于超额准备金利率 i_{er} 的水平时，银行就不愿意按照较低的利率水平在隔夜市场上放款，而会无限增加其持有的超额准备金规模。结果就是，图 9 - 2 中的准备金需求曲线 R^d 变为水平（具有无限弹性）。

2. 准备金市场的供给曲线。准备金的供给 R^s 可以分为两个部分：联储公开市场操作所供给的准备金，被称为非借入准备金（Non - Borrowed Reserve，NBR）；向联储借款所形成的准备金，被称为借入准备金（Borrowed Reserve，BR）。向联储借款的主要成本是联储就这些贷款所收取的利率，即再贴现率（i_d），它往往被设定为高于联邦基金目标利率的一个固定水平，随联邦基金利率的变动而变动。通常在联邦基金市场向其他银行借款同向联储借款可以相互替代。如果联邦基金利率 i_{ff} 低于再贴现率 i_d，由于在联邦基金市场上筹资成本更低，银行因而不会向联储借款，借入准备金的规模为零。因此，只要 i_{ff} 低于 i_d，准备金的供给量就等于联储提供的非借入准备金的数量 NBR。见图 9 - 2，此时的供给曲线是垂直的。然而，如果联邦基金利率开始上升并超过再贴现率，银行就乐意在 i_d 的水平上增加借款，并在联邦基金市场上以较高的利率 i_{ff}

---

① 对准备金市场供给和需求的推导参考弗雷德里克·S. 米什金（Frederic S. Mishkin）：《货币金融学》，中文第九版，351 - 352 页，北京，中国人民大学出版社，2010。

将这些资金贷放出去。结果是，如图 9 - 2 所示，供给曲线在 i_d 的利率上变为水平（具有无限弹性）。

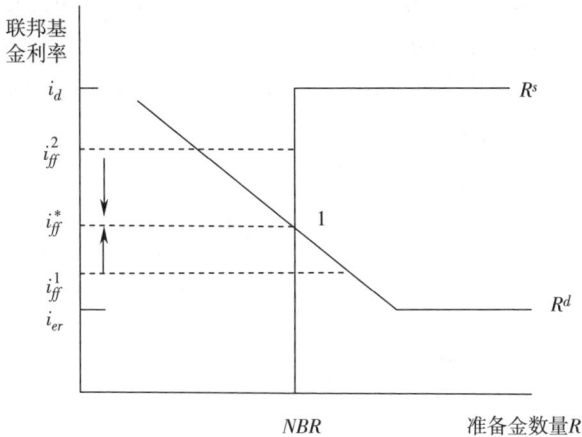

图 9 - 2　准备金市场供求曲线

3. 准备金市场的均衡。当准备金的需求量等于供给量时，即 $R^s = R^d$，就实现了准备金市场的均衡。因此，均衡出现在 R^s 与 R^d 相交的点 1 上，均衡的联邦基金利率为 i_{ff}^*。如果联邦基金利率为 i_{ff}^2，高于均衡利率，准备金的供给量就会大于需求量（超额供给），联邦基金利率就会下跌到 i_{ff}^*，如图 9 - 2 中向下的箭头所示。相反，如果联邦基金利率为 i_{ff}^1，低于均衡利率，准备金的需求将超过供给（超额需求），如向上的箭头所示，联邦基金利率就会上升到 i_{ff}^*。

（二）美联储公开市场操作对联邦基金利率的影响

公开市场操作对联邦基金利率的影响，取决于准备金市场的供给曲线与需求曲线最初相交的位置，处于需求曲线的向下倾斜部分还是水平部分。

图 9 - 3 说明了最初的交点位于需求曲线的向下倾斜部分的情况。联储公开市场购买可以增加准备金的供给量，非借入准备金的规模增加，从 NBR_1 增加到 NBR_2。因此，公开市场购买推动供给曲线从 R_1^s 右移到 R_2^s，均衡点从点 1 移动到点 2，联邦基金利率从 i_{ff}^1 下跌到 i_{ff}^2。反之，公开市场出售会减少非借入准备金的供给量，推动供给曲线左移和联邦基金利率上升。由于联储通常会让联邦基金目标利率高于准备金利率，因此以上所述是典型的情况。由此可以得出结论，公开市场购买导致联邦基金利率下跌，而公开市场出售导致联邦基金利率上升。

然而，如果供给曲线最初与需求曲线相交于后者的水平部分，即图9-4所描述的情形，公开市场操作就不会对联邦基金利率产生任何影响。为了解这一点，让我们再来观察公开市场购买增加准备金供给量的情况，并推动供给曲线从 R_1^s 移至 R_2^s，但是现在最初的情况是 $i_{ff}^1 = i_{er}$。供给曲线的位移使得均衡点由点 1 移至点 2，但联邦基金利率依然在 i_{er} 的水平上不变，这是因为准备金利率 i_{er} 是联邦基金利率的下限。

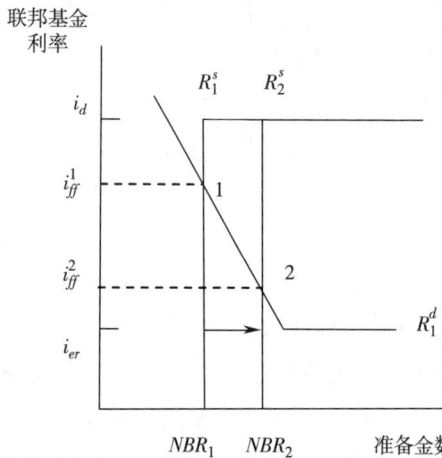

（供给曲线与需求曲线相交于需求曲线向下倾斜部分）

图 9 - 3　公开市场操作对联邦基金利率的影响 1

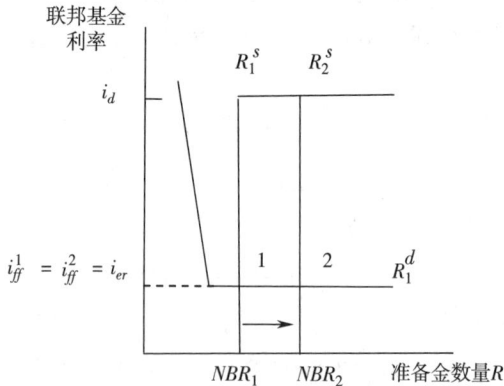

（供给曲线与需求曲线相交于需求曲线水平部分）

图 9 - 4　公开市场操作对联邦基金利率的影响 2

（三）美联储公开市场操作对联邦基金利率控制力的评价

1994 年 2 月后，公开市场委员会开始在每次会议当天宣布联储基金利率

目标的变动，并对变动原因加以解释。在此之前，没有类似的公告，因此市场
不得不猜测政府的政策意向。公布这一信息是美联储向更大透明度方向努力的
重要一步①。

　　这一政策的出台，激发了一些学者和研究人员的兴趣和研究热情。Guthrie
和 Wright、Demiralp 和 Jorda、Taylor、Thornton、Woodford 等学者，开始研究中
央银行在实行新政策情况下控制联邦基金利率的能力。大多数研究认为，中央
银行在传统公开市场操作的基础上通过发布利率目标公告强化了目标利率的传
导，能有效地引导公众预期。

　　Guthrie 和 Wright 解释了中央银行如何运用公告实施货币政策②。在极端情
况下，央行不动用货币政策工具，市场利率也会沿着其期望的方向变动。他们
对新西兰的货币政策公告实践进行实证研究后发现，货币政策公告会引起所有
期限利率的大幅变动，而这些变动并不是由公开市场操作引起的，即存在
"公告操作/开口操作"现象（Open Mouth Operation Phenomenon）。

　　任职于联储委员会货币事务部的 Demiralp 和戴维斯大学的经济学教授
Jorda 将公告效应定义为与利率目标公告相联系的那部分联邦基金利率波动，
这部分波动不由常规的公开市场操作引起③。传统观点认为，公开市场操作通
过流动性效应影响联邦基金利率。Demiralp 和 Jorda 认为，通过发布利率目标
公告，联储对联邦基金市场施加了可靠的影响，取得了与流动性效应相同的效
果。因此，在联储没有进行公开市场操作的情况下，联邦基金利率也能达到新
的利率目标。他们的研究表明，联储可以将流动性效应和公告效应结合起来实
施货币政策。此外，他们还研究了公告效应对利率结构和理性预期假设的
影响。

----

　　①　上世纪 90 年代中期以来，美联储决策风格发生巨大转变，从不主张政策透明到认同政策透明，
并不断提高透明度。美联储提高货币政策透明度的过程如下：1992 年以来，美联储逐渐将政策调控行
为安排在预定的公开市场委员会的会议召开之际；1993 年 3 月，美联储开始公布公开市场委员会的会
议记录；1994 年 2 月，公开市场委员会在其会议当天开始公布联邦基金利率目标的变动；1994—2003
年，美联储公布公开市场委员会会议决议的详细内容；1999 年 5 月开始，即使联邦基金利率目标没有
变化，公开市场委员会也会发表对经济形势的看法，并开始宣布政策倾向，表明未来联邦基金利率最可
能的走势；2000 年 1 月，公开市场委员会开始宣布对未来经济整体风险的分析（可能出现高通货膨胀
还是经济萎靡不振），以代替政策倾向；2002 年 3 月，公开市场委员会公开每个委员的投票情况以及反
对者主张的政策。

　　②　Graeme Guthrie and Julian Wright：《公告操作》（Open Mouth Operations），载《货币经济学》杂
志（Journal of Monetary Economics），2000 年 10 月。

　　③　Selva Demiralp and Oscar Jorda：《美联储利率公告的巴甫洛夫响应》（The Pavlovian Response of
Term Rates to Fed Announcements），联储委员会《金融和经济讨论系列》，2000 年 11 月。

泰勒（John B. Taylor）将预期因素引入对公开市场操作的研究，并在此基础上建立了一个基准模型来研究中央银行对联邦基金利率的控制能力[①]。泰勒考察了联邦基金利率相对联储设定目标水平的偏差，尤其是 1998 年中期至 2000 年的 9 次利率目标变动时的偏差水平。他发现，这段时间内偏差有减小的趋势。当利率目标变动时，偏差大幅减小。这表明，联邦基金市场能很快地将有关利率目标的信息融入价格发现过程中。泰勒的研究发现，即使交易室不立即操作，联邦基金利率目标的变动，也能引起联邦基金利率的变动，即公告操作效应确实存在。通过建立交易室反应方程，以及引入准备金需求与联邦基金利率走势预期的联系，泰勒建立的模型展示了公告操作如何影响联邦基金利率。当利率目标变动时，联邦基金利率相对目标水平的偏差有所减小的原因是，由于此时 FOMC 的利率目标更加透明，市场交易者提高了对交易室反应方程的信赖程度。

然而，来自圣路易斯联储银行研究部门的 Thornton 研究认为，没有足够证据支持公告操作效应[②]。Thornton 指出，如果联储通过公开市场操作控制联邦基金利率，当联储调整联邦基金利率目标时，联邦基金利率应随之变动；因而可以通过考察联邦基金利率是否随利率目标的变动而变动，来检验公开市场操作的效果。而如果联储通过公告操作控制联邦基金利率，只有当公众意识到目标改变时，联邦基金利率才会对利率目标的变动作出反应。因而检验公告操作的效果，需要将利率目标的改变划分为市场已经意识到的目标改变和市场未意识到的目标改变。根据以上原理，Thornton 对 1974—1979 年、1984—1990 年的数据进行检验后发现，无论对公告操作，还是对公开市场操作，都没有足够证据证明，它们使联邦基金利率与利率目标密切相关，即公告操作和公开市场操作都不是引起联邦基金利率向目标水平移动的根本原因。Thornton 认为，导致这一现象的原因可能是，利率目标的调整是联储对经济形势变化作出的内在反应，而这些经济形势变化早已为市场所察觉并已作出调整。这符合自然均衡利率由实际因素决定的理论，该理论为古典主义、新古典主义经济学家，以及传统和现代货币主义经济学家所普遍接受。面对实体经济或物价水平的冲击，货币政策的制定者只是被动地调整联邦基金利率目标。如果政策制定者的反应

---

① John B. Taylor：《预期、公开市场操作与联邦基金利率的变动》（Expectation, Open Market Operations, and Changes in the Federal Funds Rate），载《圣·路易斯联储评论》，2001 年 7/8 月合刊。

② Daniel L. Thornton：《联邦基金利率与联储设定的联邦基金利率目标的关系：公开市场操作还是公告操作？》（The Relationship Between the Federal Funds Rate and the Fed's Federal Funds Rate Target: Is It Open Market or Open Mouth Operations?），圣·路易斯联储工作论文，2000 年 12 月。

慢于市场，联邦基金利率的调整就可能先于利率目标的调整。这并不意味着联邦基金利率的调整引起了利率目标的调整，利率和利率目标的调整都由同一冲击引起，只是一部分经济机构的反应慢于其他机构而已。

上世纪末，本杰明·弗里德曼指出[①]，联储等中央银行所能调控的基础货币规模相比经济规模越来越小，这种规模上的不对等会削弱基础货币的功能。未来信息技术的发展将使这一情况更加严峻。如果不采取应对措施，未来中央银行将只剩信号工具可以使用，即只能向公众宣示央行认为货币环境应该如何发展，而没有足够的政策工具来影响货币环境。前任英格兰银行行长 Mervyn King 认为，未来电子货币的发展会削弱央行提供支付手段的垄断[②]。

Woodford 认为上述观点夸大了潜在的问题[③]。Woodford 考察中央银行对基准利率的控制力后，认为：（1）在央行不对准备金存款付息的情况下，即使所有交易中法定货币的支付职能都为其他方式所替代，中央银行控制短期名义利率的能力都不受影响，短期利率与实体经济和物价水平的传导方式也不会因此变得更加复杂。（2）对于新西兰等在货币政策实施中使用公告操作的国家，电子货币在小额交易中的应用或银行间电子结算方式的发展也不会威胁中央银行控制名义利率的能力。（3）支持上述研究结论的原因在于，一是目前的信用货币没有内在价值，只是中央银行赋予其特定的交换价值。在没有中央银行干预的情况下，价格水平的路径选择与市场均衡一致，与价格总水平的路径选择相联系的是短期名义利率的路径选择。也就是说，没有干预时，市场就没有内在的均衡利率水平；因此，中央银行可以通过施加影响力来达到既定的利率操作目标。二是一国的记账单位根据中央银行的负债定义。对于承诺在未来某特定时间交付一定量美元的金融合同，它们可以通过在央行的账户结算，也可以通过收款人接受的其他方式结算。在 Mervny King 想象的技术乌托邦中，金融市场参与者乐于接受非央行提供的电子网络进行资金结算。这些资金结算活动之所以被接受，是因为它们在央行有结算账户。也就是说，这些所谓的电子货币，必须与中央银行负债相联系，才会被市场所认可。因而，央行通过调整其结算账户的名义利率水平就能够影响整个市场的隔夜利率水平。

---

① Benjamin Friedman：《谁需要货币?》（Who Needs Money?），载《经济学家》，2000 年 1 月。

② Mervyn King：《对货币政策的新旧挑战》（Challenges for Monetary Policy：New and Old），英格兰银行季度公告，1999（39）。

③ Michael Woodford：《货币消失后的世界中货币政策将如何运作》（Monetary Policy in a World Without Money），普林斯顿大学出版社，2000。

五、美联储公开市场操作对利率结构的影响

(一)"专营国库券"政策的引入与取消

1953年3月,公开市场委员会对公开市场操作程序进行了大量修改,主要的变动在于引入了"在目前情况下,联储体系账户操作应限制在短期市场(不包括整顿无序市场)"条款。随后,联储体系采用该政策并一直持续到1961年2月。这一"国库券偏好"政策也称为"专营国库券政策"(Bill - Only Policy)。

联储体系支持该政策的理由在于:一是国库券市场比其他政府债券市场更广阔、更完善,能够承受大额交易量而价格波动很小。二是把公开市场操作限制在国库券市场可以使对债券市场运行的干预最小化。三是通过将公开市场操作限制在一种债券上,联储体系仅需要决定买卖债券的数量,而不需要考虑买卖债券的种类。联储认为,买卖债券种类的决策会影响市场利率结构,而影响利率结构的做法非常类似于战时维持利率的措施,非特殊时期不宜采用。

对"专营国库券"政策的主要批评是,对短期国库券的操作也能潜在地影响利率结构,且影响力很强。对此,联储体系辩护称,债券市场的流动性和关联性过强,以至于市场上任何买卖行为所产生的影响都会很快传播到市场的其余部分。此外,联储还认为,公开市场操作主要影响银行准备金,进而影响货币供应量,而对利率结构的直接影响要小于银行为适应其准备金变化而买卖资产对利率结构的影响。

实际上,"专营国库券"政策反映的是美联储与美国财政部之间的债务管理责任划分问题。在该政策下,财政部不得不承担起管理债务期限的责任,而联储则可以以该政策为借口要求财政部配合,从而在不承担债券期限管理责任的前提下完成相应的货币政策操作。假设当局希望通过减少公众持有的长期国债来增加基础货币,由于"专营国库券"政策,联储体系不能直接购买长期国债以完成这一操作,而需改为购买国库券,然后财政部出售同等规模的国库券,并利用出售所得资金赎回长期国债。相反,假设当局希望通过增加公众持有的长期国债来减少基础货币,在"专营国库券"政策下,联储体系没有长期国债出售给公众,而会出售国库券,然后财政部出售同等规模的长期国债并利用出售所得资金回收国库券。因而,在"专营国库券"政策下,联储体系通过要求财政部合作,也能够完成相应的货币政策操作,而不必承担管理债券期限的责任。

然而,国会对财政部发行债券的条件是有限制的。当时立法中最重要也是

备受争议的限制条款是，5 年期及以上期限国债的利率不得超过 4.25% 的法定
利率上限。在二战后的十年，这一法定利率高于市场利率，因而没有实际影
响。然而，1956 年后市场利率的上升改变了这一局面。到 1959 年 9 月，政府
长期债券的市场利率超过了票面利率的法定上限。这也使得针对"专营国库
券"政策的争论愈演愈烈[①]。财政部反复要求议会取消这一限制而未果。1960
年 2 月以后，市场利率开始下降，取消票面利率法定上限的压力减轻了。但这
一年底，"专营国库券"政策在总统竞选时成为一个政治问题。1961 年 2 月在
政府换届之后不久，联储体系放弃了这一个政策，并且财政部宣布，在必要的
情况下，它将通过折价发行的方式来废除利率上限。

（二）第一次扭曲操作及其影响

1961 年"专营国库券"政策的取消还与当时的黄金外流有关。在当时的
布雷顿森林体系下，美国需要阻止黄金外流来维持美元与其他国家货币之间的
固定汇率关系。阻止黄金外流需要高利率以诱使外国人持有美元，而当时国内
经济紧缩则需要采用扩张性的货币政策，于是联储希望有一个能协调这两个相
互矛盾目标的政策。该政策的目标是改变利率结构：保持短期国库券的高利
率，以鼓励持有美元；保持长期债券的低利率，以刺激国内经济扩张。为达到
这一政策目标，联储体系放弃了"专营国库券"政策，历史上第一次实施了
买入长期债券和卖出短期债券并举的"扭曲操作"（Operation Twist，OT）。

扭曲操作即卖出较短期国债，买入较长期限国债，从而延长所持国债资产
的整体期限，这样的操作将压低长期国债收益率。从收益率曲线看，这相当于
使曲线的较远端向下弯曲。扭曲操作得名于当时的一首热门歌曲 The Twist 以
及风靡一时的扭摆舞（Twist Dance）。

1961 年 2 月肯尼迪政府宣布财政部和联储将相互配合，以改变长期及短
期国债在公开市场上的相对供给水平。联储保持联邦基金利率目标不变，但买
入长期国债以降低长期利率。同时，财政部减少长期国债的发行量，改为以发

---

① 若不存在"专营国库券"政策，长期政府债券的利率上限可以通过联储体系和财政部的共同
行动规避，而不需要利用折价发行债券的办法。假定财政部想要发行一种长期债券，其利率高于法定
利率，那么财政部可以发行一个其利率在法律许可范围内的债券，并通过市场中介直接或间接地将它
们平价出售给联储体系，联储体系可以随后以市场价格再将其出售（由于市场利率高于票面利率，因
而是折价出售），或从联储的投资组合中出售类似的债券。联储体系从财政部购入债券的价格必然高于
之后出售该债券的价格。这一损失会减少联储体系的收入，相应抵减联储向财政部的转交额。在联储
体系和财政部的合作操作下，由此引起的两者合并的资产负债表和收入账户的变动，与财政部直接折
价发行债券的账目相同。

行短期国债为主。根据纽约联储银行的统计数据，此次操作中联储共买入 88
亿美元长期国债，而同期短期国债的持有量减少 74 亿美元。此次操作中，国
债的买入规模与同期 GDP 的比值为 1.7%，与同期国债市场规模的比值为
4.6%，与同期国债加联邦政府担保债务规模的比值为 4.5%（见表 9 - 10）。

表 9 - 10　　　　　　　　　第一次扭曲操作的相对规模

	规模（万美元）	扭曲操作与经济指标的比值（%）
扭曲操作规模	88	
GDP	5 280	1.7
国债市场规模	1 893	4.6
国债加联邦政府担保债务的规模	1 969	4.5

数据来源：Eric T. Swanson：《再次扭曲：对扭曲操作的高频数据分析以及它对 QE2 的含义》，载
《旧金山联储银行经济研究》，2011 年 4 月。联邦政府担保债务主要是抵押支持证券。

　　然而，经济学家的分析表明，此次扭曲操作的成效并不大。1966 年莫迪
利亚尼和苏茨通过建立预期模型对该操作的政策效果进行了评估[1]，结论是：
（1）实施扭曲操作政策后国债市场长、短期利率间的利差比实施该政策之前
平均低 12 个基点。这个差异应主要归于 Q 条例下利率上限的持续上升[2]——
这使新发明的大额可转让存单（CDs）[3] 可以发挥最大作用。（2）进一步的研
究证明，扭曲操作政策所产生的任何直接或间接影响，使利差的缩小几乎都不
可能超过 10~20 个基点——这种缩小充其量也只是有限的。

　　1967 年莫迪利亚尼和苏茨对影响利率期限结构的因素作了进一步研究[4]。
他们建立区间偏好模型或利用预期假设的相关变形，更好地解释了不同到期日
利率之间的关系。他们研究发现，预期可以很好地解释利差的变动情况，并且
误差惊人地小。这表明，利差的变动情况几乎不需要包括债务管理在内的其他
变量来解释，即债务管理对利率期限结构的影响相当有限。

　　（三）第二次扭曲操作及其影响

　　最近一轮国际金融危机中，美联储历史上第二次启用了扭曲操作。2011

---

[1]　Franco Modigliani and Richard Sutch：《利率政策的创新》（Innovations in Interest Rate Policy），载
《American Economic Review》，1966（2）。

[2]　1962 年 1 月开始，在 Q 条例下商业银行定期存款和储蓄存款的利率上限不断上升。

[3]　1961 年出现大额可转让定期存单。

[4]　Franco Modigliani and Richard Sutch：《债务管理与利率期限结构：近期经验的一个实证分析》
（Debt Management and the Term Structure of Interest Rates：An Empirical Analysis of Recent Experience），载
《Journal of Political Economy》，1967（4）。

年 9 月 FOMC 宣布，维持 0~0.25% 的现行联邦基金利率目标不变；将在 2012 年 6 月底之前购买 4 000 亿美元的 6 年期至 30 年期国债，同时出售同等规模的 3 年期或更短期国债。2012 年 6 月 21 日，由于就业状况仍然欠佳，美联储决定将已经到期的 OT 延期至年底，额度再增加约 2 670 亿美元。

美联储在两轮量化宽松政策之后实施扭曲操作，其目的是希望在基础货币投放总量不变的情况下，通过扭曲操作买入长期国债，推低长期利率，从而推低与长期利率挂钩的贷款利率，包括按揭贷款和汽车贷款利率，以鼓励投资者买入高风险资产，进而推动股票等资产价格上升、引导资金投向长期投资领域，以此促进经济增长。扭曲操作不会引起美联储资产负债表扩张，因而有助于避免通胀上升。

表 9 – 11　　　　　　　　　　第二次扭曲操作的相对规模

	规模（亿美元）	扭曲操作与经济指标的比值（%）
扭曲操作规模	6 670	
GDP	155 179	4.3
国债市场规模	99 284	6.7
国债加联邦政府担保债务的规模	212 992	3.1

数据来源：国债和抵押支持证券数据来自于美国证券行业和金融市场协会 www.sifma.org，GDP 数据来自美国经济分析局 www.bea.gov。联邦政府担保债务主要是抵押支持证券。

美联储的此次扭曲操作同样吸引了众多学者的目光，其货币政策效果也备受争议，理论界与实务界对此尚未形成一致意见。

联储委员会货币事务部的 D'Amico 和 B.· King 采用日频面板数据，研究了联储 2009 年大规模购买国债的存量和流量效应[1]。他们研究发现，每一次的购买操作，能够使所购买的长期国债收益率平均下降 3.5 个基点，这是购买操作的流量效应；此外，整个购买计划还引起收益率曲线持续下移约 50 个基点，对 10~15 年期国债收益率的影响最大，这是购买操作的存量效应。这些表明，大规模国债购买计划达到了联储提高国债市场流动性和降低信贷成本的目标。

Torsten Ehlers 对美联储扭曲操作的有效性进行了评估[2]。他认为，虽然只是简单地买入长期债券和卖出短期债券，扭曲操作的公告效应与第二轮大规模

---

[1]　Stefania D'Amico and Thomas B. King：《大规模国债购买的流量和存量效应》（Flow and Stock Effect of Large - Scale Treasury Purchases），美联储委员会金融和经济讨论系列，2010 年第 52 篇。

[2]　Torsten Ehlers：《美联储期限延长的第二次扭曲操作的有效性：资产组合重新配置渠道与公共债务管理》（The Effectiveness of the Federal Reserve's Maturity Extension Program - Operation Twist 2：the Portfolio Rebalancing Channel and Public Debt Management），世界清算银行工作论文，2012 年 5 月。

资产购买计划取得的效果相当。扭曲操作通过引导市场重新配置资产组合，达到改善财政融资环境的目标。然而同期国债发行量的增大，部分抵消了资产组合重新配置渠道的影响。在某种意义上，扭曲操作可以弥补国债发行量增大对利率的负面影响。

Swanson 运用事件研究法（Event – Study）评估了扭曲操作的效应[1]。他认为扭曲操作的规模接近于 QE2 的规模。联储在扭曲操作实施过程中发布了 6 个大的公告。Swanson 研究发现，其中的 4 个公告在统计上对金融市场具有显著影响[2]。这 6 个公告对长期国债收益率的影响在统计上显著，但影响力中等，只有约 15 个基点。扭曲操作对长期机构债和公司债券收益率的影响在统计上同样显著，但影响力更小，扭曲操作使长期机构债收益率下降 13 个基点，而使长期公司债收益率下降 2 ~ 4 个基点。

第三节　中国人民银行公开市场操作实践及其有效性

一、人民银行公开市场操作制度[3]

中国公开市场操作包括人民币操作和外汇操作两部分。外汇公开市场操作 1994 年 3 月启动。人民币公开市场操作始于 1996 年，但是当年仅做了几笔交易，交易量仅 20 多亿元，1997 年实际停止了公开市场业务操作。亚洲金融危机爆发后，中国经济发展遇到外需不足的困难。根据中央统一部署，人民银行先后四次降息、两次下调存款准备金率，并于 1998 年 5 月 26 日正式恢复公开市场操作。1999 年以来，公开市场操作发展较快，目前已成为人民银行货币政策日常操作的主要工具之一，对于调节银行体系流动性水平、引导货币市场

---

① Eric T. Swanson：《再次扭曲：对扭曲操作的高频数据分析以及它对 QE2 的含义》（Let's Twist Again：A High – Frequency Event – Study Analysis of Operation Twist and Its Implications for QE2），载《旧金山联储银行经济研究》，2011 年 4 月。

② Swanson 的研究方法与 1966 年和 1967 年莫迪利亚尼和苏茨的研究方法有所不同。Swanson 使用高频数据（日数据），采用事件研究法。事件研究法将研究限定于分析在扭曲操作中发表的大的公告对国债收益率的影响。由于围绕每次公告的时间窗口很小，事件研究法就能将其他相关宏观经济变量视为不变，从而得出公告自身对国债收益率曲线的影响。莫迪利亚尼和苏茨的研究使用的低频数据（季度数据），在季度数据间隔期间除扭曲操作外还有其他因素的变动会影响收益率曲线，因而他们在研究过程中必须采取一定方法控制这些其他因素，才能分离出扭曲操作对收益率曲线的影响。由于影响收益率曲线的一些因素难以观测，如金融市场对未来利率和通胀的预期等，因而要控制这些因素比较困难。

③ 本部分大部分内容来源于《公开市场操作概述》，中国人民银行官网：www. pbc. gov. cn。

利率走势、促进货币供应量合理增长发挥了积极作用。

1998 年开始，人民银行建立了公开市场业务一级交易商制度，选择了一批能够承担大额债券交易的商业银行作为公开市场业务的交易对象。近年来，公开市场业务一级交易商制度不断完善，先后建立了一级交易商考评调整机制、信息报告制度等相关管理制度，一级交易商的机构类别也从商业银行扩展至证券公司等其他金融机构。

从交易品种看，人民银行公开市场业务债券交易主要包括回购交易、现券交易和发行中央银行票据。

1. 回购交易分为正回购和逆回购两种。正回购为中国人民银行向一级交易商卖出有价证券，并约定在未来特定日期买回有价证券的交易行为。正回购为央行从市场收回流动性的操作，正回购到期则为央行向市场投放流动性的操作。逆回购为中国人民银行向一级交易商购买有价证券，并约定在未来特定日期将有价证券卖给一级交易商的交易行为。逆回购为央行向市场上投放流动性的操作，逆回购到期则为央行从市场收回流动性的操作。

2. 现券交易分为现券买断和现券卖断两种。前者为央行直接从二级市场买入债券，一次性地投放基础货币；后者为央行直接卖出持有债券，一次性地回笼基础货币。

3. 中央银行票据（简称央票）是中央银行为调节商业银行超额准备金而向商业银行发行的短期债务凭证，央行通过发行央票可以回笼基础货币，央票到期则体现为投放基础货币。央票实质上是中央银行债券，之所以叫"中央银行票据"，是为了突出其短期性特点（从已发行的央票来看，期限最短的 3 个月，最长的也只有 3 年）。

根据货币调控需要，近年来人民银行不断创新公开市场业务工具。2013 年 1 月，立足现有货币政策操作框架并借鉴国际经验，人民银行创设了"短期流动性调节工具"（Short－term Liquidity Operations，SLO），作为公开市场常规操作的必要补充，在银行体系流动性出现临时性波动时相机使用。这一工具的及时创设，既有利于央行有效调节市场短期资金供给，熨平突发性、临时性因素导致的市场资金供求大幅波动，促进金融市场平稳运行，也有助于稳定市场预期和有效防范金融风险。

为完善公开市场操作机制，提高公开市场操作的针对性和有效性，2016 年 2 月开始，人民银行增加了公开市场操作频率。公开市场操作由原来的每周二、周四操作，改为每个工作日均开展操作。公开市场操作频率提高，不但有利于抚平市场波动，稳定市场预期，而且对于完善公开市场操作机制、培育利率走廊，进而推动货币政策调控机制改革具有重要意义。

二、人民银行公开市场操作特点

（一）随着外汇占款增长速度的阶段性变化，人民银行公开市场操作呈现不同特征

以人民银行资产负债表中每年的外汇资产变动额来衡量外汇公开市场操作对基础货币的影响，将之与人民币公开市场操作净投放的基础货币进行对比。从图 9－5 中，我们可以看到 2003 年以来我国公开市场操作的主要特征：

1. 2001—2008 年：外汇占款增长较快，外汇公开市场业务投放大量基础货币，人民币公开市场业务则通过净回笼基础货币对冲外汇占款增长。

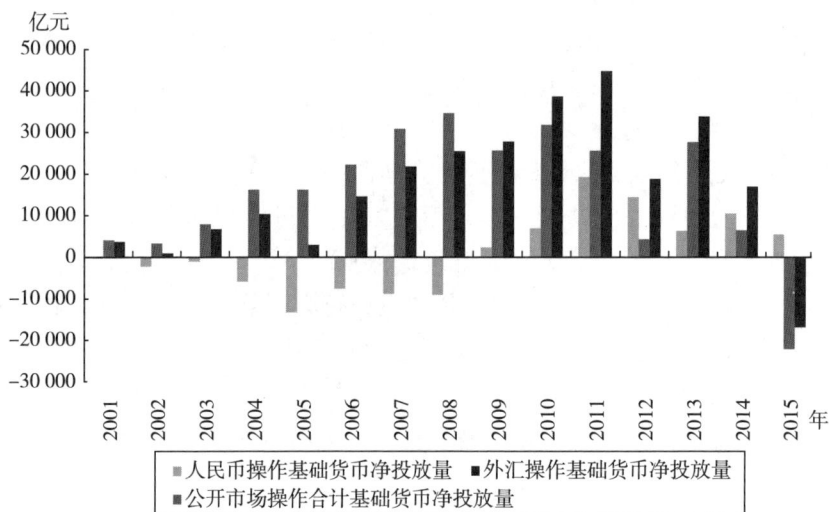

注：正值表示基础货币净投放，负值表示基础货币净回笼，下同。

数据来源：人民币操作基础货币净投放数据来自于 Wind 资讯。外汇操作基础货币净投放数据通过中国人民银行官网的人民银行资产负债表数据计算得到。

图 9－5　2001—2015 年人民银行人民币、外汇公开市场操作

2001—2008 年外汇公开市场业务净投放的基础货币从 4 000 多亿元增长到 3.4 万亿元，年均增长 35.8%（见图 9－5）；同期人民币公开市场业务净回笼基础货币从约 4 00 亿元增长到约 9 000 亿元（其中 2005 年达到 1.3 万亿元）。这 8 年中人民币公开市场业务净回笼的基础货币量与同期外汇公开市场业务净投放的基础货币量之比分别为 10%、73%、16%、37%、83%、35%、29% 和 26%。

2001—2008 年人民币公开市场业务累计净回笼基础货币 4.9 万亿元，同期外汇公开市场业务累计净投放基础货币量 13.4 万亿元，两者的比值为 36%，即人民币公开市场业务对冲了约 36% 的外汇占款，使基础货币保持了平稳增长。

2. 2009—2015 年：外汇占款增长速度放缓，人民币公开市场业务从基础货币净回笼转变为基础货币净投放。

2009 年外汇公开市场业务净投放基础货币 2.6 万亿元，比上年减少约 0.9 万亿元，减少 26%。当年人民币公开市场业务从上年的基础货币净回笼 0.9 万亿元转变为净投放 0.2 万亿元。当年人民币和外汇公开市场业务净投放基础货币 2.8 万亿元，比上年增加近 0.2 万亿元，增长 9%。

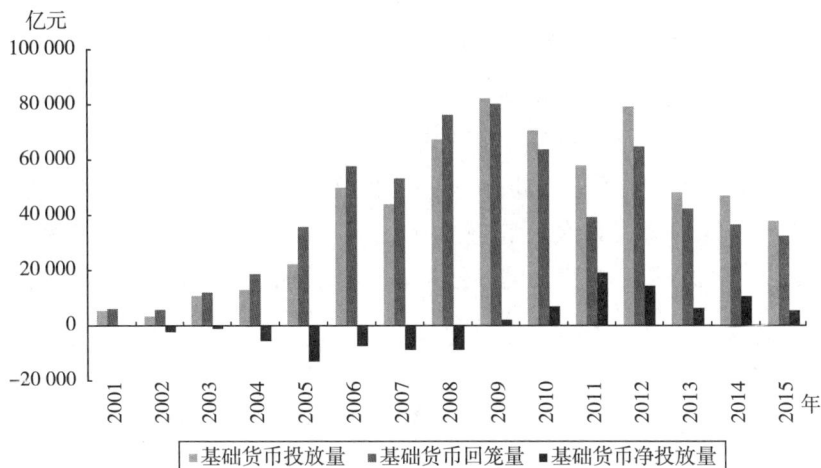

数据来源：Wind 资讯。

图 9 - 6　2001—2015 年人民银行人民币公开市场操作

2009—2014 年，人民币公开市场业务都是净投放基础货币；同期人民币公开市场业务净投放的基础货币与外汇公开市场业务净投放的基础货币的比值分别为 1:12、1:4.6、1:1.3、1:0.3、1:4.5 和 1:0.6。

（二）人民银行通过公开市场业务一定程度熨平信贷扩张的季节性波动

受"早投放、早收益"的惯性思维影响，我国金融机构信贷投放具有明显的季节性波动特点：全年信贷投放前高后低。通常，金融机构在年初大量放贷，第一季度的信贷增量能占到全年的 30% 以上，2009 年甚至接近 50%（见图 9 - 7）。

对此，人民银行不仅通过窗口指导、差别准备金动态调整机制等方式引导

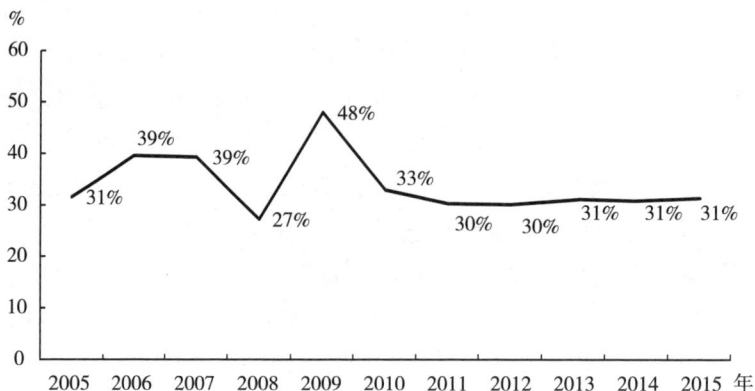

数据来源：Wind 资讯。

图 9 – 7　2005—2015 年第一季度人民币各项贷款增量占全年增量的比重

金融机构合理把握信贷投放节奏，也通过公开市场操作调节市场流动性，以增强贷款增长的均衡性，创造稳定的货币金融环境。

　　从分季度的人民币公开市场业务数据看，2004—2015 年（除个别年份外），第一季度的人民币公开市场业务通常都是大量净回笼基础货币（见图 9 -8）。第二、第三季度人民币公开市场业务通常是投放基础货币。

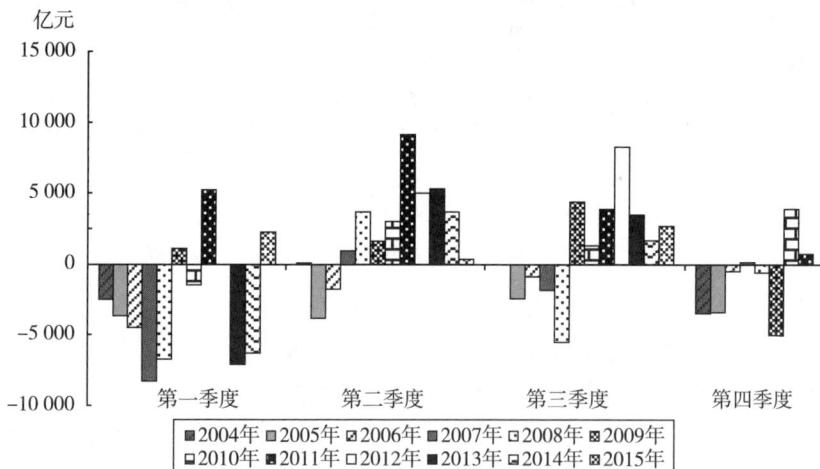

数据来源：Wind 资讯。

图 9 – 8　2004—2015 年分季度的人民银行人民币公开市场操作

　　从分季度的人民币和外汇公开市场操作整体情况看，2004—2015 年的大多数年份里，第一季度的基础货币净投放量在全年 4 个季度中也是最小的（见

图 9 - 9）。而第二、第三季度的基础货币净投放量往往较大。

人民银行通过这些操作，适当约束金融机构的信贷扩张冲动，一定程度熨平信贷增长的季节性波动，提高贷款增长的均衡性。

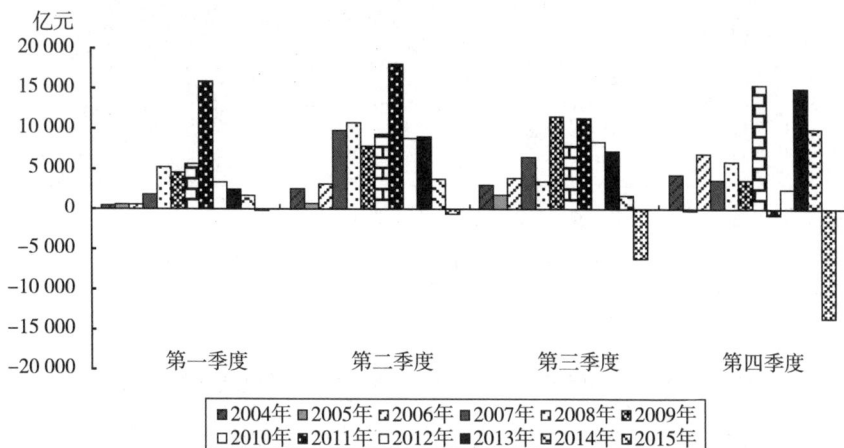

数据来源：Wind 资讯、中国人民银行官网 www. pbc. gov. cn。

图 9 - 9　2004—2015 年分季度的人民银行人民币加外汇公开市场操作

（三）人民币公开市场业务操作交易品种从以央票为主，转变为以回购交易为主

人民银行的人民币公开市场业务债券交易品种包括回购交易（正、逆回购）、现券交易和发行中央银行票据。实际上，2004 年以来人民银行较少进行现券交易，公开市场操作以央票和回购交易为主。2004 年以来，人民币公开市场业务的交易品种结构变化可以划分为以下两个阶段。

1. 第一阶段（2004—2011 年）：人民币公开市场业务以发行和回收央票为主，正回购为辅。

逆回购的交易量、正回购的到期量、央票的到期量、买入债券量和短期流动性调节工具（SLO）投放量构成当期的人民币公开市场操作基础货币投放量。2004—2011 年，公开市场业务的基础货币投放以收回到期的央票为主，正回购的到期为辅（见图 9 - 10）。在此期间，回收的央票占同期公开市场业务基础货币投放量的比重超过 50%，2004 年和 2005 年超过 70%，2007 年超过 80%。同时，到期的正回购占同期公开市场业务基础货币投放量的比重在 20% ~40%。

逆回购的到期量、正回购的交易量、央票的发行量、卖出债券量和 SLO 回笼量构成当期的人民币公开市场操作基础货币回笼量。2004—2011 年，公

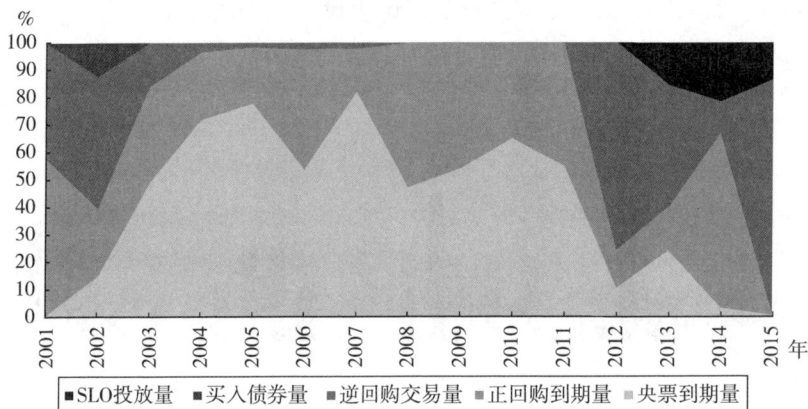

数据来源：Wind 资讯。

图 9 – 10   2001—2015 年人民币公开市场操作基础货币投放交易结构

开市场业务的基础货币回笼以发行央票为主，正回购交易为辅（见图 9 – 11）。在此期间，央票发行量占同期公开市场业务基础货币回笼量的比重超过 50%，2005 年和 2007 年超过 70%，2004 年超过 80%。同时，正回购的交易量占同期公开市场业务基础货币回笼量的比重在 20%～60%。

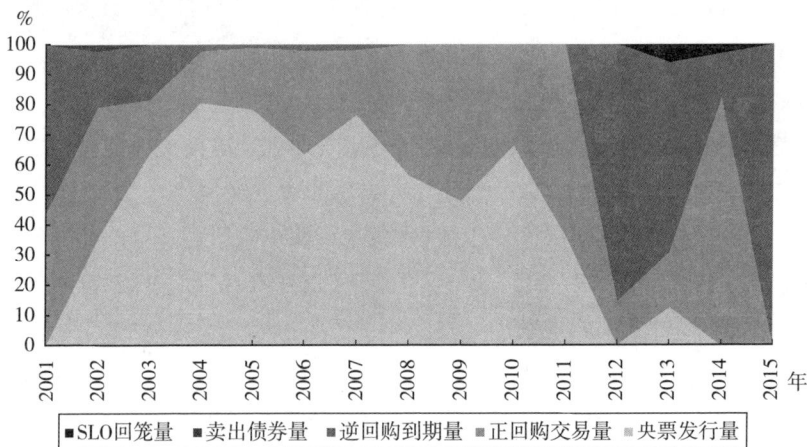

数据来源：Wind 资讯。

图 9 – 11   2001—2015 年人民币公开市场操作基础货币回笼交易结构

2002 年 9 月，人民银行将当时未到期的正回购转换为央票。2003 年 4 月 22 日，人民银行在公开市场操作中首次发行期限为 6 个月的 50 亿元央票，央票正式成为我国公开市场操作工具之一。人民银行通过发行和回收央票，在保持资产规模不变的情况下，对自身负债结构进行调整，从而实现影响商业银行准备金和基础货币、调节货币供应量的目标。创新央票为操作工具，是我国公开市场操作的现实选择。央票在我国公开市场操作中发挥了积极作用。

（1）央票的出台缓解了人民银行公开市场操作工具不足的困境，保证了货币政策目标的实现。1998 年 5 月人民银行恢复公开市场操作以来，公开市场操作主要以国债为操作对象，操作规模受央行实际持有的国债数量影响。2002 年在外汇储备增长投放大量基础货币的情况下（当年人民银行外汇资产增加 3 257 亿元），人民银行急需在公开市场进行卖出国债的正回购交易，以对冲外汇占款增长，这要求人民银行持有足够多的国债。2002 年末人民银行资产中，政府债券约 2 864 亿元，占总资产的 5.6%。当时人民银行持有的国债数量很少，而且由于债券陆续到期，持有国债的规模可能进一步减少，因而公开市场操作可用债券有限，难以满足大量冲销操作的需要。人民银行适时推出央票，缓解了操作工具不足的困境，满足了货币政策操作的需要。

（2）发行央票使人民银行公开市场操作具有更高的灵活性和主动性。国债由财政部发行，财政部更多地从债务管理的角度考虑国债的发行规模、期限结构，因而难以充分支持央行的公开市场操作。而人民银行对央票的发行拥有自主权，不受其他部门影响。根据货币政策的需要，人民银行自主决定央票的发行规模、发行期限、发行时间。同时，人民银行还能以未到期央票为操作对象，进行多次回购交易。因而，央票的出台不仅满足了公开市场操作规模扩展的需要，而且也使操作更加灵活便利。

（3）央票的期限更合理、流动性更强，能契合人民银行货币政策操作的需要。1997—2001 年财政部几乎未发行 1 年期以下的短期国债，2002—2004 年发行的 1 年期以下短期国债也仅有几百亿元（见图 9 - 12），因而人民银行只能利用长期国债进行公开市场操作，难以满足货币政策操作的短期性要求。货币政策是总需求管理政策，它本质上是短期管理政策。在仅有长期债券的情况下，为实现短期货币政策操作目标，央行的公开市场操作只能做回购交易而不能做现券交易，因为现券交易必然会影响市场长期利率，由此会引起利率期限结构的扭曲[①]。舍弃现券交易后，公开市场操作的交易品种仅局限于长期债券的回购交易。由于当时债券市场容量有限，央行的操作会使债券市场价格波

[①]　各国央行在货币政策操作中普遍遵循的原则是：通常情况下，中央银行操作只影响短期利率，尽量不影响长期利率，长期利率的变动基本由市场自行调节。事实上，中央银行也很难对长期利率水平发挥长期影响。当然，特殊情况下的扭曲操作除外。

动，也难免影响长期利率。而央票的期限基本以短期为主，1 年期及以内的央票占所有央票的 80% ~ 90%，3 个月期限央票占 30% ~ 70%（见图 9 – 13）。人民银行通过对央票的操作，可以影响短期利率，调节货币供应量，提高货币政策执行效果。此外，由于央票流动性较强，商业银行可以将其持有的央票在市场上自由转让，央票也为商业银行流动性管理提供了新的工具。

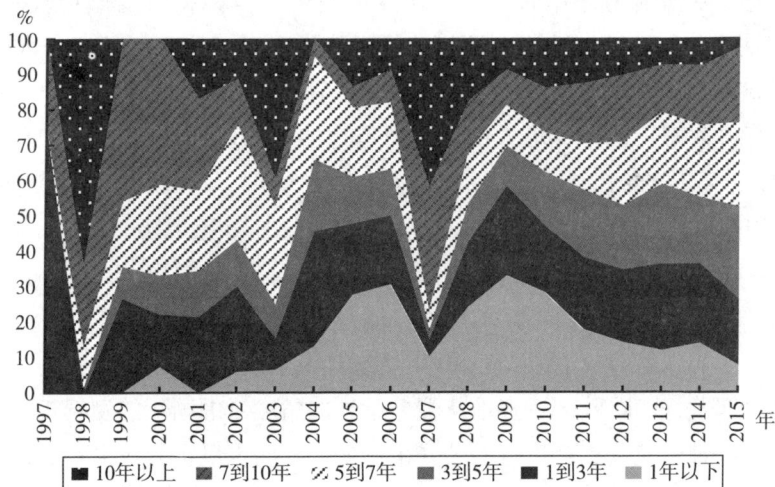

数据来源：Wind 资讯。

图 9 – 12 国债发行的期限结构

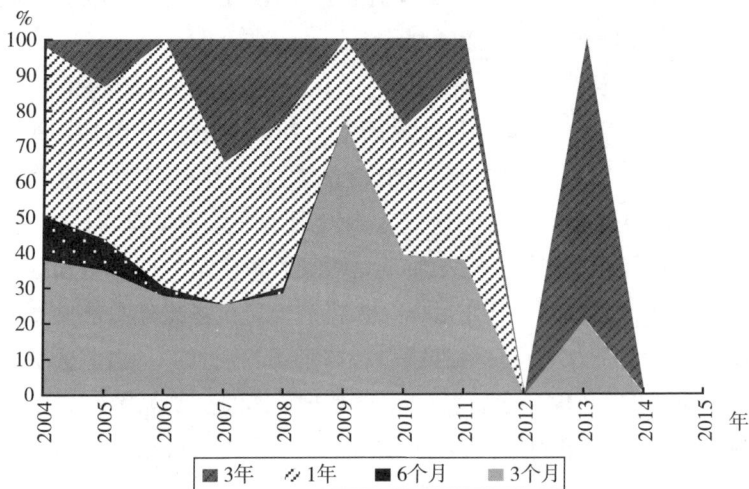

数据来源：Wind 资讯；其中 2012 年、2014 年和 2015 年，人民银行没有发行央票。

图 9 – 13 央票发行的期限结构

（4）央票的出台丰富了我国货币市场交易工具，有利于货币市场发展。我国中长期国债的交易在一定程度上促成了中长期基准利率的形成。但短期国债数量较少，货币市场短期交易工具相对匮乏，难以形成有影响力的短期基准利率。因此，人民银行通过连续滚动发行零风险的央票，不仅可以丰富货币市场短期交易工具，也有利于在货币市场形成均衡利率水平，为回购、拆借利率以及其他短期利率产品提供基准利率，促进货币市场的发展。

2. 第二阶段（2012—2015 年）：人民币公开市场业务以正逆回购为主，央票交易规模明显缩小。

其中，2012 年、2013 年和 2015 年公开市场业务的基础货币投放以逆回购交易为主，2014 年以正回购到期量为主，央票的到期量明显萎缩。2012 年央票的到期量和正回购的到期量分别为 7 850 亿元和 10 990 亿元，分别比上年减少 75% 和 58%。同期逆回购交易量为 60 380 亿元，而上年的逆回购交易量为零。2012 年、2013 年和 2015 年，逆回购交易量占同期公开市场业务基础货币投放量的比重达到 76%、45% 和 86%，而之前的逆回购交易量占比几乎可以忽略不计。同期，回收的央票量占同期公开市场业务基础货币投放量的比重降至 10%、24% 和 0。2014 年正回购到期量占同期公开市场业务基础货币投放量的比重为 64%，央票到期量的占比仅为 3%。

2012 年、2013 年和 2015 年公开市场业务的基础货币回笼也以逆回购的到期为主，央票的发行量明显萎缩。2012 年央票的发行量降为零，2013 年也仅为 5 362 亿元。2012 年正回购的交易量降为 9 440 亿元，比上年减少 62%；2013 年再降至 7 650 亿元，比上年减少 19%。2012 年逆回购的到期量为 5.5 万亿元，而上年的逆回购到期量为零；2013 年和 2015 年逆回购的到期量分别为 2.6 万亿元和 3.2 万亿元。2012 年、2013 年和 2015 年，逆回购到期量占同期公开市场业务基础货币回笼量的比重达到 85%、63% 和 100%，而之前的逆回购到期量比重几乎可以忽略不计。同期，央票发行量占同期公开市场业务基础货币回笼量的比重降至 0、13% 和 0。2014 年正回购交易量占同期公开市场业务基础货币回笼量的比重为 83%，央票发行量占同期公开市场业务基础货币回笼量的比重为 0。

人民币公开市场业务交易品种由央票为主转变为以回购交易为主，有两个主要原因：

一是随着外汇占款增长速度的放缓和货币政策取向的改变，人民币公开市场业务的交易需求有所下降。可将人民币公开市场操作的基础货币投放和回笼加总得到人民币公开市场操作的总规模，从图 9 - 14 可以看出，2010 年以来我国人民币公开市场操作规模总体上呈下降趋势。这是因为近年来我国外汇占款增长速度有所放缓，外汇公开市场的操作规模得以减少，因此也无须大规模的人民币公开市场操作去对冲外汇操作投放的基础货币。同时，由于宏观经济环境的变化，2011 年后我国的货币政策取向也由前三年的适度宽松回归稳健，基础货币投放量有所收缩。在人民币公开市场业务交易需求有所下降的情况下，央票的发行量明显减少（见图 9 - 15），公开市场操作的交易品种发生转换。

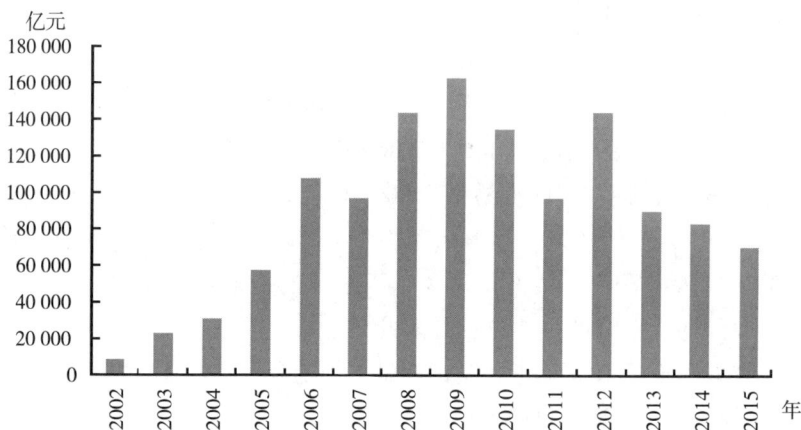

数据来源：Wind 资讯。

图 9 - 14　人民币公开市场操作总规模

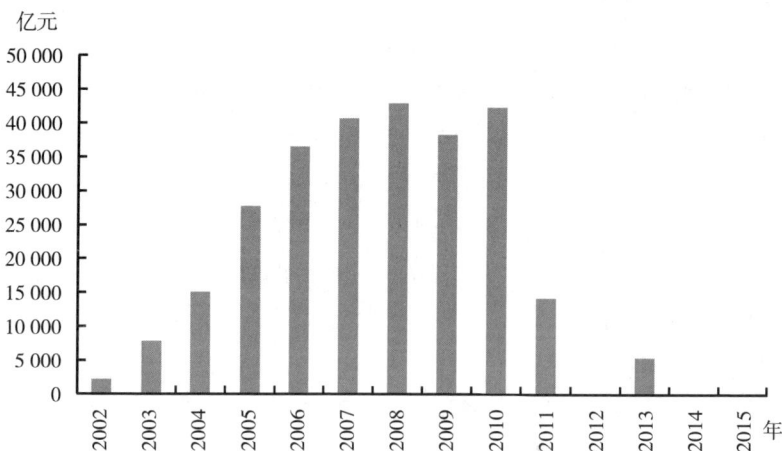

数据来源：Wind 资讯。

图 9 - 15　央票发行量

　　二是银行间债券市场的快速发展为公开市场业务提供了大量的操作工具。上世纪末以来，我国债券市场快速成长。银行间债券市场的债券余额从 1997 年末的 4 184 亿元，提高到 2015 年末的 32.7 万亿元，增加 77 倍；1997—2015 年银行间债券市场净价成交额从 4 亿元提高到 589.2 万亿元，增加 134.8 万倍。稳步、快速发展的银行间债券市场为人民银行公开市场操作提供了大规模的操作工具。目前，人民币公开市场业务的操作工具包括国债、政策金融债和央票等①。相比出台央票的 2002 年，我国国债、政策金融债的规模都已显著扩大。2015 年末银行间市场国债余额 9 万亿元，是 2002 年的 6.6 倍（见图 9 – 16）。同期，国家开发银行金融债和政策金融债的规模也逐年扩大。2015 年末银行间市场国家开发银行金融债和政策金融债余额 10.8 万亿元，是 2002 年的 11 倍。国债、政策金融债规模的扩大，推动了债券市场的发展，使人民银行得以在银行间市场持续大规模地开展公开市场业务操作。同时，人民银行持有的国债数量也有大幅度提高（见图 9 – 17）。因而，在人民币公开市场业务交易需求下降，国债、政策性金融债规模扩大的情况下，人民银行减少央票发行，不仅节约了公开市场操作成本，也符合货币政策的操作要求。

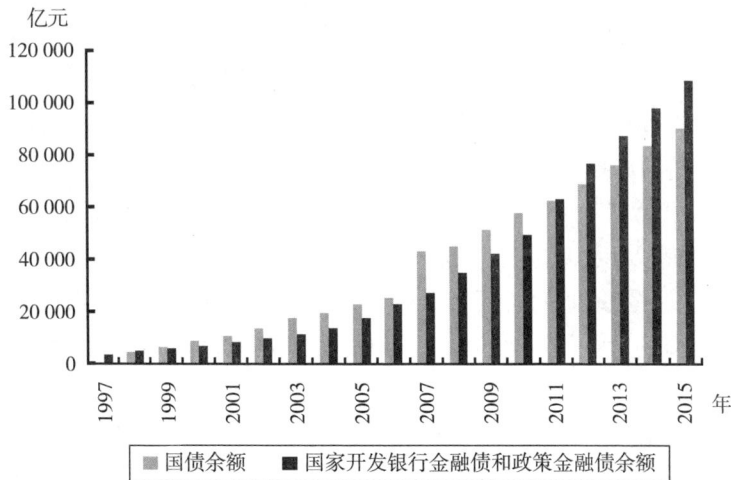

数据来源：中国债券信息网 www.chinabond.com.cn、中国人民银行官网 www.pbc.gov.cn。

图 9 – 16　银行间市场国债、政策金融债余额

---

　　①　根据《中国人民银行法》第二十三条第五款的规定，中国人民银行为执行货币政策，可以在公开市场上买卖国债、其他政府债券和金融债券及外汇。

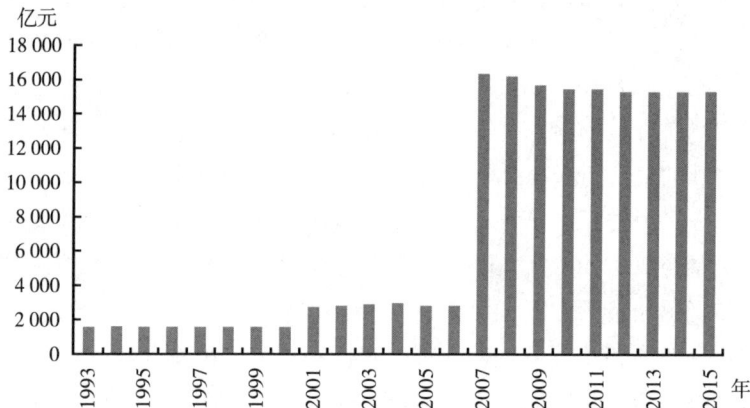

数据来源：中国债券信息网 www. chinabond. com. cn、中国人民银行官网 www. pbc. gov. cn。

图 9 – 17　人民银行持有的国债数量

三、人民银行公开市场操作的有效性分析

（一）公开市场操作对货币供应量的影响

1. 人民银行公开市场操作与基础货币的关系。公开市场操作直接影响基础货币，人民币加外汇公开市场操作已成为我国基础货币变动的重要决定因素。从图 9 – 18 看，2004—2015 年，我国基础货币的季环比变动额与人民银行公开市场操作的基础货币净投放额基本保持同向变动，相关系数为 0.6。

结合本书第三章第四节对人民银行资产负债表的分析也可以看出，本世纪以来，人民银行投放基础货币的主要渠道已由再贴现和再贷款转变为外汇占款。同时，人民银行通过人民币公开市场业务的对冲操作部分抵消外汇占款增长对基础货币的冲击。因而，人民银行公开市场操作对基础货币的影响非常重要。

2. 我国基础货币与货币供应量的关系。一般情况下，货币供应量与基础货币同向变动，但有时两者的变动并不完全一致。一是从货币政策操作到货币供应量的变化有一段时滞。二是货币乘数发生变化。当中央银行调整法定存款准备金率或金融机构超额准备金率变动时，货币乘数会随之变化，同样数量的基础货币会派生出不同的货币供应量。

目前，我国货币乘数总体稳定。2004—2015 年，我国广义货币乘数的平均值为 4.19，中位数为 4.08，标准差为 0.5（见图 9 – 19）。

在货币乘数基本稳定的情况下，我国基础货币与广义货币供应量 M_2 的同

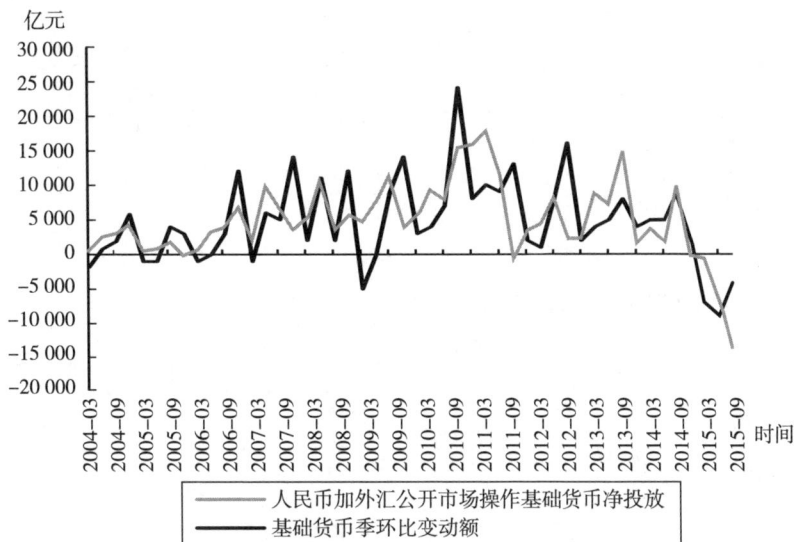

数据来源：Wind 资讯。

图 9 - 18　基础货币变动与公开市场操作

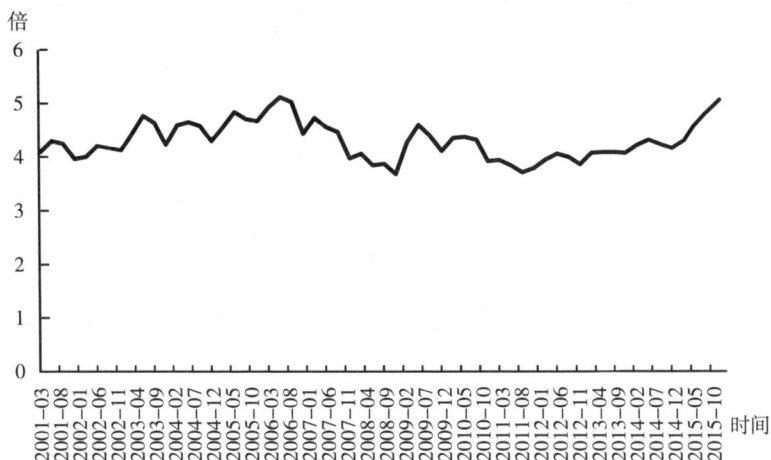

数据来源：Wind 资讯。

图 9 - 19　我国 M_2 货币乘数

步关系明显。从 2004—2015 年的基础货币与 M_2 季度数据看，基础货币与同期 M_2 的相关系数为 0.99（见图 9 - 20）。

3. 人民银行公开市场操作对货币供应量的影响。由于公开市场操作已成

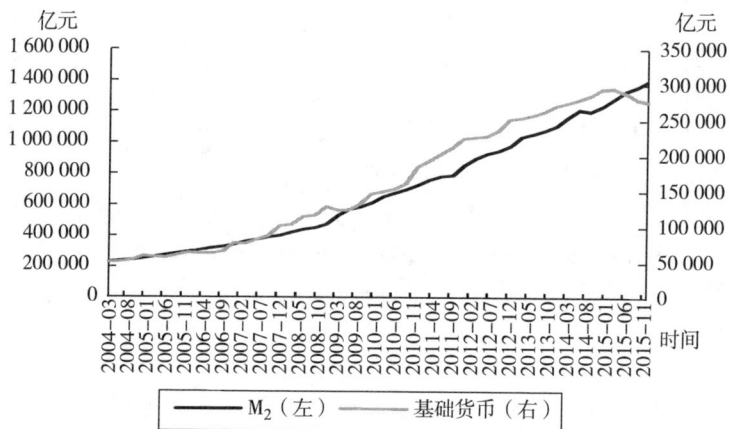

数据来源：Wind 资讯。

图 9－20　基础货币与货币供应量

为我国基础货币变动的重要决定因素，加上基础货币与货币供应量的关系比较稳定，因而人民银行公开市场操作能有效影响货币供应量。将 2004—2015 年的人民币加外汇公开市场操作基础货币净投放量与 M_2 的季环比变动额对比，公开市场操作与滞后 2 期的货币供应量之间的相关系数为 0.43。

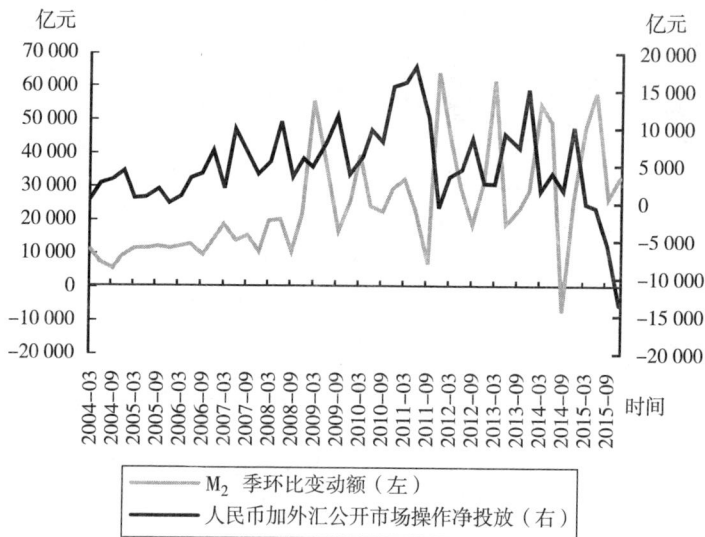

数据来源：Wind 资讯。

图 9－21　公开市场操作与货币供应量变动

（二）人民银行对货币供应量的控制力分析

中国人民银行从 1994 年第三季度开始公布货币供应量统计指标，1996 年货币供应量正式成为我国货币政策的中间目标[①]。下面我们通过考察广义货币供应量 M_2 的增速实际值与人民银行设定目标值之间的偏差，来衡量人民银行对货币供应量的控制力。

从 1996—2015 年 M_2 增速实际值与人民银行年初设定的目标值看，除 1997 年、2003 年和 2009 年外，M_2 增速实际值与目标值间的偏离较小（见图 9 – 22）；除上述 3 年外，M_2 增速实际值与目标值间偏离水平（取绝对值）的均值为 1.2 个百分点。1996—2015 年 M_2 增速实际值与目标值的相关系数为 0.6。因此，总体来看，人民银行能有效控制我国的货币供应量。

对 M_2 增速实际值与目标值间的偏离较大的 1997 年、2003 年和 2009 年，有学者探讨了货币政策有效性降低的原因。

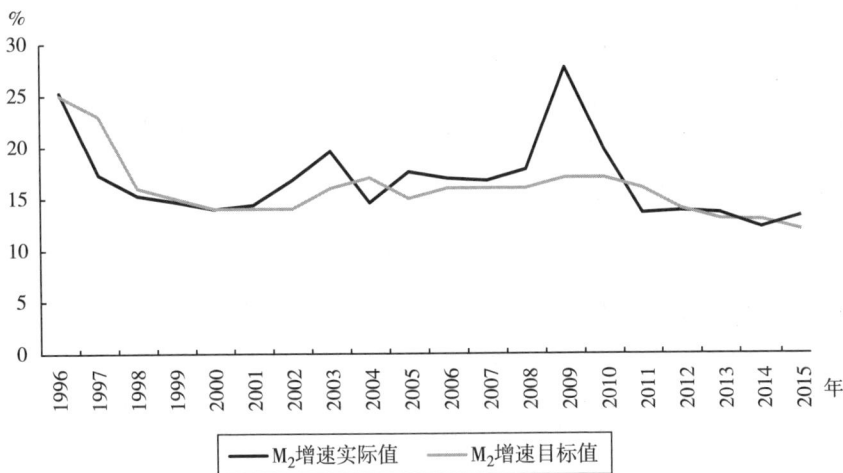

数据来源：M_2 实际增速来自 Wind 资讯；M_2 增速目标值来自各年的货币政策执行报告，其中 1998—2001 年的增速目标为一个上下限区间，图中数据为距离实际值最近的上/下限目标。

图 9 – 22　我国 M_2 增速实际值与目标值

1. 对 1997 年货币政策有效性降低原因的探讨

1997 年，为应对亚洲金融危机，我国实施积极的货币政策，人民银行先

[①]　1996—2006 年人民银行不仅设定广义货币供应量 M_2 的增速目标，还设定狭义货币供应量 M_1 的增速目标和贷款增量目标。2007 年后人民银行不再设定狭义货币供应量 M_1 目标和贷款增量目标。

后出台一系列扩张性货币政策，以期放松银根，推动经济增长。年初人民银行设定的 M_2 增速目标为23%，但当年 M_2 增速实际值为17.3%，低于目标水平5.7个百分点。对此，国内不少学者从不同角度对当时货币政策效果不尽如人意的原因进行了探讨和解释。

如黄达认为[①]，当时需要扩大货币供给，但货币供给的扩大在金融领域却重重受阻，特别是：上头说"松"、下头叫"紧"。他认为原因在于：一是在经济运行从热转冷的大形势下，微观主体对未来收益预期的不确定，引起其主动紧缩。二是当时的金融体制环境带来了紧缩效应。针对过去金融领域累积下来的种种问题，1997年开始我国推行了整顿金融机构、规范金融市场、加强金融监管的一系列措施，造成了或大或小的紧缩效应，使得上面明确力求松动而下面却营造不出松动局面。三是更深层的原因，建设金融体制的指导思想还没有能够摆脱计划经济管理思路的影响，使得具体的金融举措所伴随的紧缩效应过分强烈。

樊纲认为[②]，由于国有企业与国有银行、非银行金融机构之间的不良债务比率过高，各种金融机构不得不将压缩坏债作为首要目标，从体制上导致银行"惜贷"。同时，国有银行具有向国有企业投放信贷资金的偏好，其也不愿向非国有企业增加贷款。在这种情况下，央行不断采取放松银根的措施，而经济中却持续存在"信贷萎缩"。

夏德仁等认为[③]，货币政策的作用效果在很大程度上取决于地方政府、国有银行与国有企业的行为。随着我国经济市场化进程的加深，这些行为主体的盲目扩张冲动趋于理性。这使得货币政策传导机制发生巨大变化，短缺经济中的货币政策传导机制被供过于求市场条件下的货币政策传导机制逐步取代。扩张性货币政策不再像传统卖方市场条件下对经济的影响那样剧烈，影响也不像卖方市场中那样直接和迅速，这是在此次启动经济中，我国货币政策作用效果不明显的重要原因。

谢平认为[④]，90年代末货币政策之所以难以有效发挥作用，货币政策传导机制受阻是一个主要原因。货币政策传导机制受阻的原因有：一是基础货币投

[①] 黄达：《冷静思考经济紧缩带来的启示 重新审视我们对待经济、金融问题的思路》，载《财贸经济》，1999（8）。

[②] 樊纲：《克服信贷萎缩与银行体系改革》，载《经济研究》，1999（1）。

[③] 夏德仁、张奇：《经济为何难以启动：来自货币政策的一种解释》，载《经济研究》，1999（10）。

[④] 谢平：《新世纪中国货币政策的挑战》，载《金融研究》，2000（1）。

放渠道狭窄且增量不多。当时，再贷款作为基础货币投放主渠道的作用已经消失。受亚洲金融危机影响，外汇占款增速减缓。在公开市场上，持有大量国债的国有商业银行将国债视为优质资产，不愿出售，人民银行的公开市场业务缺乏交易基础。二是国有商业银行的行为影响货币政策传导。在垄断格局及其无利润约束的情况下，国有银行可以在国债市场上压低价格购入大量国债，在贷款风险较大时期不积极放贷。同时，人民银行的货币政策工具选择余地小，也增加了货币政策的执行难度。

熊鹏等认为[1]，国债市场在规模、流动性等方面发展滞后，仍是一个不成熟、不发达的市场，这使我国货币政策传导产生梗阻，严重抑制了货币政策效应的发挥。

2. 对 2003 年货币政策有效性降低原因的探讨

2002 年 9 月至 2003 年底，我国 CPI 增速较低，学者称之为通货适度紧缩时期。2002 年 8 月开始，货币供应量、信贷增速开始加快，到 2003 年年中虽然遇到"非典"，但货币供应量和信贷的增长速度仍在进一步提高。为此，央行频繁进行公开市场操作，意图收缩信贷。但货币供应量和信贷的增长势头一直无法得到遏制。于是，央行 8 月宣布，从 9 月起提高法定存款准备金率 1 个百分点。在窗口指导及力度较大的行政性影响因素的作用下，第四季度货币供应量增速才得到控制。但从 2003 年全年看，货币供应量和信贷增速都达到了亚洲金融危机后的最高水平。2003 年 M_2 增长 19.6%，高于目标值 3.6 个百分点。对此，学者们也进行了充分的探讨。

夏斌认为[2]，央行政策意图在银行体系中不能有效传导，货币政策不能取得预期政策效果的原因有六个方面：一是外汇占款不断增多的压力。二是国有商业银行以利差收入为主。降息后利差扩大，刺激银行增加贷款投放，减弱了货币政策效应。三是为处理金融机构坏账，央行再贷款增多，扭曲了央行调控意图。四是在前几年里由于商业银行惜贷，央行扩张性货币政策使市场总体流动性偏多；当宏观经济由通货紧缩转为通货扩张时，之前积累的流动性对央行宏观调控形成了压力。五是商业银行超额准备不平衡因素。六是金融市场欠发展，央行政策调控意图难以通过金融市场传导到实体经济。

---

① 熊鹏、王飞：《1997 年后中国货币政策传导梗阻的成因分析——兼论我国国债的公开市场业务发展》，载《广东经济管理学院学报》，2001 年第 19 卷第 6 期。

② 夏斌：《货币政策有效传导缘何受阻》，载《金融经济》，2004（7）。

米建伟和卜紫洲①的实证分析显示，央行在考虑货币供给时，上期的GDP、外汇储备是重要的参考变量。由此，他们认为我国的货币供给具有内生性；央行在实施货币政策时，由于利率、汇率的不能自由调整，操作遇到相当大的困难，人民银行并不能根据自己的合意水平来控制货币供应量。

3. 对2009年货币政策有效性降低原因的探讨

2009年第一季度，为应对国际金融危机，贷款增量达到了4.58万亿元的高点。对此，2009年4月、5月人民银行连续对商业银行进行"窗口指导"，要求商业银行成为经济增长的"稳定器"而不是"放大器"，合理把握信贷投放进度，正确处理金融支持经济发展与防范风险的关系。下半年，人民银行进一步加强窗口指导，提示金融机构加强对已发放贷款的风险评估。同时，人民银行也加大了公开市场操作力度，引导利率适当上行。7月初人民银行重启1年期央票发行，公开市场操作逐步从基础货币少量净投放过渡为持续净回笼，流动性回收力度增大，并对部分贷款增长过快的银行通过发行定向央票引导其注重贷款平稳适度增长。总体看，2009年货币信贷总量增长较快，M_2和M_1增速分别为27.7%和32.4%，分别为1996年和1993年以来最高，M_2增速高于目标水平10.7个百分点。

吴晓灵认为②，经历改革后，我国商业银行资本充足率大幅提高，不良资产大幅下降。在宽松的货币信贷环境下，商业银行由于资产负债表健康，有很强的放贷能力。同时，中国经济正处于工业化和城市化进程中，有广阔的发展空间；以及中国政府对经济有极大的掌控能力。因而，在利润压力下，我国商业银行有极大的放贷冲动。尽管2009年上半年货币信贷环境极度宽松，但我国经济的企稳基础并不牢固，同时为避免信贷波动过大，立即收紧信贷是不可取的，因而2009年下半年央行只能适度控制货币信贷的增长。

南方金融刊发的评论员文章认为③，宽松的货币政策有效阻断了经济的加速下滑和危机的进一步深化，为经济回升发挥了关键作用。但是由于国际经济前景仍不明朗，国内经济自主增长动力不足，一些经济刺激政策的效应将会递

① 米建伟、卜紫洲：《关于我国货币政策执行困难的实证分析——2003年1-9月货币供应量超常规增长的背后》，载《管理现代化》，2004（6）。
② 吴晓灵：《货币政策回归适度宽松是今后中国经济平稳发展的需要——解读数量宽松的货币政策和适度宽松的货币政策》，载《银行家》，2009（9）。
③ 南方金融特别评论员：《保持货币政策连续性 夯实经济回升基础》，载《南方金融》，2009（8）。

减。因而，维持宏观金融货币环境稳定非常重要，货币政策转向的条件尚不成熟，人民银行应保持货币政策的连续性，巩固和发展经济回暖的良好势头。

杨其广认为[①]，从以下两个方面看，2009 年我国货币政策执行力度是适度的，不存在"过度"的问题。一是实施适度宽松货币政策以来，人民银行五次下调利率、四次下调法定存款准备金率，下调后的利率和法定存款准备金率，仍明显高于西方国家。金融机构的存贷款利差，也比政策实施前小。二是为应对金融危机，美、欧等国家的政策主要是扩张国家信用，直接出资救助金融机构和企业。而我国分两年执行 4 万亿元投资计划及一揽子应对措施，启动扩大内需和创造相对宽松的货币环境并举。我国的应对措施具有标本兼治的作用，与西方国家的治表性措施有本质的不同，因而从根本上看我国货币政策操作是适合国情的。

张建华认为[②]，货币政策效应明显，体现在四个方面：一是对经济的企稳复苏发挥了重要作用；二是通缩预期基本消除；三是对稳定资产市场功不可没；四是通过优化信贷结构促进了"三农"、中小企业等经济薄弱环节的发展。

① 杨其广：《莫把"适度"当"过度"——当前我国货币政策评说》，载《中国金融家》，2010（1）。

② 张建华：《对当前经济金融形势的几点分析》，载《中国金融》，1999（13）。

第十章　货币供应量与货币政策中间目标

货币政策工具的运用需要通过对某些中间变量的影响传导至实体经济，从而达到最终目标。这些中间变量就是货币政策的中间目标（也称货币政策指标）。

本章首先介绍货币政策中间目标的理论，包括货币政策中间目标的选择标准，以及经济学界对具体选择何种变量作为货币政策中间目标的不同观点。较重要的理论有：凯恩斯主义者以利率作为中间目标的理论、弗里德曼以货币供给量作为中间目标的理论、托宾以股票价格作为中间目标的理论、布伦纳等人以基础货币作为中间目标的理论和波拉科等人以自由准备金为中间目标的理论等。

第二节简要回顾西方主要工业化国家货币政策中间目标的选择，重点考察上世纪 70 年代，部分国家以货币供应量为中间目标的货币政策。我们逐一考察五个国家的货币政策实践，尤其是德国的成功经验。在欧元诞生之前长达二十多年的时间里，德意志联邦银行都以货币供应量作为货币政策的中间目标，成功地保持了较低且稳定的通货膨胀率。

第三节，我们首先从历史比较和国际比较两个角度，考察上世纪 90 年代末以来我国货币政策最终目标的实现效果。90 年代末以来，我国总体上实现了低通胀下的高经济增长，经济发展成就世界瞩目。货币政策对于促进经济增长、维持物价稳定发挥了重要的作用。其次，我们运用计量方法对我国货币政策中间目标进行实证检验。检验结果表明，M_2 对经济变量的解释能力高于同业拆借利率、一年期储蓄存款利率等利率指标。同时，M_2 能够对实际工业增加值和 CPI 作出系统性的反应。这些都证明，M_2 与货币政策最终目标之间存在稳定联系，M_2 可作为货币政策中间目标。但我们将这一分析结果与本书作者 2008 年对 1998—2006 年数据进行研究的结果对比发现，M_2 与宏观经济变量之间的关联度有一定程度的减弱。这可能意味着，从未来发展趋势看，现行的货币政策模式面临调整、改革。

第一节　货币政策中间目标理论[①]

任何货币政策工具的运用都不能直接地作用于实际经济活动，从而不能直接地达到其预定的最终目标。货币政策工具的运用只能通过对某些中间变量的影响而影响实体经济，从而达到最终目标。这些中间变量就是货币政策的中间目标（也称货币政策指标）。

一、货币政策中间目标及其选择标准

货币政策的中间目标通常可分为操作目标和中间目标。它们都是介于货币政策工具与最终目标之间的那些中间变量。美国经济学家米什金对此作了如下描述："联储在其政策工具和所要达到的政策目的（指货币政策的最终目标——引者注）之间选定一些变量作为目标。联储的战略如下述：在确定就业和物价水平的政策目的以后，联储选择一套被称为中间目标的变量，诸如货币供应量（M_1、M_2 或 M_3）或利率（短期或长期）来进行'跟踪'，这些变量对就业和物价水平都有直接影响。可是，这些中间目标也不是联储政策工具所能直接影响的。所以它又选择另一套被称为操作目标的变量，诸如准备金总量（准备金、非借入准备金、基础货币或非借入的基础货币）或利率（联邦基金利率或国库券利率）来进行跟踪，这些变量对联储政策工具的反应较为灵敏。"[②]

可见，货币政策对实际经济活动的作用是间接的，而不是直接的。从货币政策工具的运用到最终目标的实现，必须经过许多中间环节，货币政策正是通过这些中间环节的传导来间接地对实际经济活动产生影响的。同时，在现实的经济生活中，许多货币政策以外的因素也将影响实际的经济活动。所以，中央银行实际上不可能通过货币政策的实施来直接地达到其最终目标，而只能通过观测和控制它所能控制的一些具体的指标来影响实际的经济活动，从而间接地达到其预期的最终目标。这些能为中央银行所控制和观测的指标，就是我们通常所说的货币政策的中间目标。

中央银行选择什么变量作为货币政策的中间目标，是决定货币政策能否达

[①]　本节内容来自盛松成、施兵超、陈建安：《现代货币经济学》，第三版，352－358 页，北京，中国金融出版社，2012。

[②]　米什金：《货币金融学》，中文第四版，433 页，北京，中国人民大学出版社，1998。

到最终目标的主要因素之一。一般说来，中央银行选择货币政策中间目标的标准主要有三个，即可测性、可控性和相关性。

"可测性"，是指中央银行能够比较精确地统计这些被作为货币政策中间目标的变量。所以，中央银行在选择以何种变量作为货币政策的中间目标时，必须遵循两个基本原则：一是这种变量必须具有比较明确的定义，以使中央银行能予以观察、分析和监测；二是中央银行能够迅速地获取这种变量的准确数据。

"可控性"，是指中央银行可以较有把握地将选定的中间目标控制在确定的或预期的范围内。所以，中央银行所选择的货币政策中间目标必须与它所运用的货币政策工具具有密切的、稳定的联系。

"相关性"，则是指被作为货币政策中间目标的变量与货币政策的最终目标有着紧密的关联性。于是，中央银行在执行货币政策时，只要能将其选择的中间目标控制在适当的范围内，即可达到或基本达到其预先确定的最终目标。

二、货币政策中间目标之争

关于中央银行选择货币政策中间目标的基本标准这一问题，经济学家之间并无太多的意见分歧。但是，在具体选择何种变量作为货币政策的中间目标，尤其是关于相关变量的可控性等问题，经济学界却有着不同的观点，从而形成了不同的货币政策中间目标理论。在这里，我们选择几种较重要的理论作一简述。

（一）以利率作为中间目标——凯恩斯主义者的理论

以利率作为货币政策的中间目标，是传统凯恩斯主义者的选择。这种选择的理论依据主要来自于凯恩斯的理论。根据凯恩斯的流动性偏好理论，货币供给量增加将使利率下降，从而刺激投资，并通过乘数作用而使就业和收入增加。因此，货币政策必须通过利率来传导。凯恩斯主义者认为，利率可由中央银行采取一定的措施予以控制。因此，它符合货币政策中间目标所应具备的基本条件。也就是说，它既与货币政策的最终目标——就业和国民收入水平密切联系，又可被中央银行所控制。同时，利率的变动还能迅速地起到宣示货币政策意向的作用，即利率上升表示货币政策紧缩，而利率下降则表示货币政策扩张。所以，凯恩斯主义者一直主张以利率作为货币政策的中间目标。然而，在20世纪40年代，美、英、德等国的很多实证研究表明，投资支出缺乏利率弹性，于是，凯恩斯主义者对此中间目标理论加以修正。他们提出，货币供给量只是间接地通过利率来影响社会经济活动。在他们看来，当货币供给量增加时，受到影响的实际上不只是利率，金融市场的所有变量几乎都会受到货币量增加所产生的冲击。因此，利率未必受到显著的影响。同时，投资支出对利率的变动也不是十分敏感。所以，与其间接地通过增加货币供给量来降低利率，以影响经济活动，还不如直接控制利率，以刺激投资增加，促进经济增长。

由此可见，凯恩斯主义者实际上自始至终地坚持以利率作为货币政策的中间目标的主张。由于凯恩斯革命的深刻影响和"二战"后西方各资本主义国家迫于发展经济、解决就业问题的政治压力，西方各国都长期奉行凯恩斯主义者的主张，主要以利率作为货币政策的中间目标而加以控制。

（二）以货币供给量作为中间目标——弗里德曼的理论

米尔顿·弗里德曼强烈反对凯恩斯主义者将利率作为货币政策中间目标的主张。他认为，货币政策只能控制货币供给量，而不能控制利率，因此，货币政策的中间目标只能是货币供给量，而不能是利率。

就货币供给量的可控性而言，其理论依据主要是弗里德曼—施瓦兹货币供给模型。根据该模型，货币供给量乃是基础货币与货币乘数之积。其中，基础货币系由中央银行直接控制，而货币乘数将受商业银行与社会公众之行为的影响。但是，由于基础货币由准备金与通货所构成，此二者的变动将影响货币乘数的两个决定因素，即存款与准备金之比及存款与通货之比。这就说明，中央银行不仅可直接控制基础货币，而且能间接控制货币乘数。也就是说，中央银行通过对基础货币的控制，即可抵消商业银行与社会公众的行为对货币乘数的影响。因此，就总体而言，货币供给量乃一外生变量。①

而至于货币政策为何不能控制利率，则主要源于弗里德曼的"三效应"利率理论。1968 年，弗里德曼发表《利率水平的决定因素》一文，对凯恩斯及凯恩斯学派的利率理论提出批评。根据弗里德曼的分析，货币供给量的增加虽可通过流动性效应而使利率一时下降，但从动态来看，货币供给量的增加将引起名义收入增加和物价水平上涨。名义收入增加将导致货币需求增加，而物价水平上涨将引起实际货币余额减少，这两种影响都将使利率回升，甚至升至原来的水平以上。这就是"收入与物价水平效应"。而在物价上涨过程中，人们将对未来的物价产生进一步上涨的预期，贷款人由此将索取更高的利率。于是，利率亦将随着预期通货膨胀率的提高而进一步上升，利率的这一上升和上

---

① 详见本书第二章第三节。

升的幅度都不是货币政策所能控制的。这一效应被称为"价格预期效应",亦称"费雪效应"。货币政策既然不能控制利率,则利率就不符合货币政策中间目标所必须具备的可控性条件。

弗里德曼的这一货币政策中间目标理论曾一度被英美等国的中央银行所接受,但实际操作并不成功。因此,这一理论也受到各方面的批评。其中最主要的是对货币供给外生性的质疑。凯恩斯主义者认为,货币供给乃一内生变量,中央银行无法加以控制。首先,决定货币乘数的那些变量都取决于商业银行和社会公众的选择行为,中央银行实际上无法控制;其次,各种非银行金融机构的建立和发展提供了大量的非货币金融资产,这些非货币金融资产也具有很高的流动性,它们与货币有着一定程度的替代性,使中央银行难以通过控制货币供给来影响总支出;再次,随着金融创新的蓬勃开展,各种新金融业务和新金融工具不断推出,中央银行控制货币供给的能力越来越弱。

除了凯恩斯主义者的批评之外,萨文、布伦纳、梅尔泽等人也从各种不同的角度对弗里德曼的货币政策中间目标理论提出异议,并认为货币供给量不适宜作为货币政策的中间目标。[①]

(三) 以股票价格作为中间目标——托宾的理论

将股票价格作为货币政策的中间目标是耶鲁学派的主张,托宾则是这一学派的主要代表。根据托宾的分析,货币政策是通过影响实物资本的供求来影响经济活动的。但是,货币政策无法直接决定实物资本的供求,它只能影响利率结构,并通过利率结构的变动来影响实物资本的供求,从而影响实际经济活动。由于股票是对实物资本的要求权,其价格反映着实物资本的供求状况,因此,货币政策的效果必须以实物资本要求权的市场价格来衡量,即以股票价格来衡量。同时,股票价格连接着货币政策与实际经济活动。实物资本需求增大,股票价格就上涨。这既说明生产趋于扩大,也说明货币政策趋于扩张。反之,若实物资本需求减少,则股票价格就下跌。这就说明生产趋于收缩,货币政策趋于紧缩。可见,股票价格是直接连接货币政策与社会经济活动的纽带。因而,它是货币政策的一个良好的指标,能迅速地反映货币政策的效果。

但是,如上所述,作为货币政策的中间目标,它必须具有可控性。所以,

---

① 参见萨文:《货币政策的目标与中间目标》(Monetary Target and Indicator),载《政治经济学杂志》,1967 年 8 月;布伦纳和梅尔泽:《货币政策中间目标的含义》(The Meaning of Monetary Indicator),载霍维茨:《货币的作用过程与政策文集》(Monetary Process and Policy:A Symposium,edited by George Horwich),1967。

中央银行能否有效地调控股票价格，就决定了股票价格是否适合作为货币政策的中间目标。在托宾看来，中央银行完全可以控制股票的价格。根据托宾的分析，随着国债数量的增长及其在整个社会债务总额中所占比重的增大，政府干预经济的能力不断增强，国债管理政策不断发展和完善。在这种环境中，中央银行不仅可以调节资产的规模、结构和收益率，而且也可以调节利率，并可以有效地调节股票的价格。同时，托宾还认为，公众在实物资产和金融资产之间的选择基本上取决于他们对风险与收益的评价和预期，中央银行完全能够通过适当的货币政策来影响或改变人们的预期以及承受风险的意愿，引导他们保持适当的对金融资产的需求，以使股票价格稳定在实现货币政策目标所要求的水平上。如果股票价格太低，中央银行可以通过货币政策扩大货币供给量，促使社会公众增加对金融资产的需求，使一般金融资产的价格上涨、收益率降低，从而迫使社会公众购买收益率相对较高的股票，以提高股票的价格，反之则反是。

基于以上分析，托宾认为，股票价格可以较好地反映资本市场的态势和货币政策的意向，且又完全为中央银行所能控制，所以，它可以作为货币政策的中间目标。

托宾的这一中间目标理论在分析逻辑上似有一定道理，但与实际经济运行却相去甚远，因此，它受到了很多经济学家的批评，这些批评主要有以下三个方面：第一，资本市场上影响股票价格的因素很多，其中有些因素是中央银行所能影响和控制的，而有些因素则是中央银行难以控制或根本无法控制的，因此，股票价格实际上不完全由中央银行所控制；第二，资本市场的变化是难以捉摸的，股票价格更是瞬息万变，它常常不能正确反映资本市场的态势，也不能正确反映货币政策的意向；第三，股票价格的选择比较困难。现实经济中股票的种类繁多，各种股票的价格会受到货币政策、行业政策、社会偏好、地区差异和企业经营状况等多种因素的影响。更重要的是，在受到这些影响后，各种股票价格的变动程度不尽相同，变动方向也不尽一致。因此，很难说某一股票价格或某种股价指数能真实地反映资本市场的供求状况，在经济萧条或经济过热的非常时期尤其如此。因此，股票价格不宜作为货币政策的中间目标。

（四）以基础货币作为中间目标——布伦纳等人的理论

根据现代货币供给理论，货币供给量为基础货币与货币乘数之积。其中，基础货币系由银行体系准备金与社会公众所持有的通货所构成。如果货币乘数是相对稳定的，则中央银行与其将整个货币供给量作为货币政策的中间目标，还不如只将其中的基础货币作为货币政策的中间目标。这种主张最初由安德森（L. C. Anderson）和乔顿（J. L. Jordan）提出[1]，后由布伦纳和梅尔泽著文加以支持。[2] 他们认为，货币乘数比较稳定，而基础货币又比货币供给量更易于被中央银行控制。同时，基础货币的增减能清晰地反映货币政策的意向。因此，基础货币比货币供给量更适宜作为货币政策的中间目标。20世纪70年代，这一理论曾受到一些国家的重视。1973年瑞士银行率先将基础货币作为货币政策的中间目标，借以控制货币供给量，维持物价水平的稳定。当时的相关分析认为，选择这种货币政策的中间目标来操作货币政策是正确的，也是有效的。

但是，以基础货币作为货币政策中间目标的理论也受到一些经济学家的批评，批评的焦点主要在于货币乘数的不稳定性。有些经济学家认为，要控制货币供给量，就必须同时控制基础货币和货币乘数。若只以基础货币作为货币政策的中间目标，则中央银行必须能准确地预测货币乘数。但是，货币乘数并非一成不变，现有的理论分析能力又十分薄弱，所以，人们实际上很难准确地预测货币乘数。既然货币乘数并非稳定，且其变化又难以预测，因此，基础货币就不能作为货币政策的中间目标。

（五）以自由准备金作为中间目标——波拉科等人的理论

早在20世纪60年代初，有些经济学家曾提出以自由准备金作为货币政策中间目标的主张。在这些经济学家中，较有代表性的有波拉科（J. J. Polak）、怀特（W. H. White）和麦格斯（A. J. Meigs）等人。[3]

"自由准备金"（也称剩余准备金），是指银行体系所持有的准备金总额扣除法定准备金和借入准备金后所剩余的那部分准备金，它可由各银行自由支配。而主张以自由准备金作为货币政策中间目标的经济学家提出如下理由：首先，自由准备金是货币政策影响整个社会信用供给量或货币供给量所必经的金融变量。它连接着货币政策和实际经济活动，既可以较好地反映货币政策的意向，又可以诱导社会经济活动的扩张或收缩。其次，在现有银行准备制度下，自由准备金可以为中央银行所控制，并且这种控制很方便。

当然，与其他各种理论或主张一样，以自由准备金作为货币政策中间目标

① 安德森与乔顿：《基础货币：解释与分析》（The Monetary Base: Explanation and Analytical Use），载《圣路易斯联邦储备银行评论》，7-11页，1968年8月。
② 布伦纳与梅尔泽：《对货币政策策略与目标的讨论》（Tactics and Targets of Monetary Policy: Discussion），载《货币总量控制》（Controlling Monetary Aggregates），96-103页，1969。
③ 参见麦格斯：《自由准备金与货币供给》（Free Reserves and the Money Supply），1962。

的理论也受到其他经济学家的批评。如有人提出，商业银行对自由准备金的需求将决定于利率和中央银行的再贴现率。所以，中央银行要控制自由准备金，必先控制利率。既然如此，还不如直接以利率作为货币政策的中间目标。同时，自由准备金数量的变化并不能明确地指示货币政策的方向。因此，他们认为，自由准备金不宜作为货币政策的中间目标。

尽管在关于货币政策中间目标的选择问题上，理论界争议颇大，但从西方主要国家货币政策的实践来看，利率和货币供给量被作为货币政策中间目标，似乎较为普遍，并被交替使用。这可能是因为这两种变量作为货币政策中间目标的适宜性已被大多数国家的中央银行所认可。

第二节　以货币供应量为中间目标的西方主要国家货币政策实践

一、西方主要工业化国家货币政策中间目标的选择

实践中，各国通常根据所处经济发展阶段的不同经济政策目标，选择作为货币政策中间目标的经济变量[①]。

第二次世界大战后，西方主要工业化国家比较普遍地采用了凯恩斯主义的政策主张，运用利率、信贷总量作为货币政策的中间目标。在当时生产能力相对过剩、有效需求不足的特定经济背景下，货币政策的运用以保持低利率和信贷扩张为目标，起到了支持国债发行以扩大政府支出、刺激投资和居民消费的作用，赢得了上世纪50—60年代的持续经济繁荣。

然而，70年代初，美国停止美元兑换黄金、布雷顿森林体系崩溃、石油危机等一系列冲击动摇了西方国家经济繁荣的基础，主要工业化国家普遍陷入了"高通胀、低增长"的困境，如何治理高通货膨胀成为政治经济界关注的焦点。在此背景下，货币主义的主张逐步受到各国的重视。货币主义者认为，过度货币供给是通货膨胀的根源，要稳定物价就必须保持货币供给增长率与经济增长一致。70年代后，西方国家纷纷转而采用货币供应量为货币政策的中间目标，并以高利率政策作为紧缩货币的手段。

在政策实践中，以货币供应量为目标的操作策略和米尔顿·弗里德曼建议

---

① 以下内容部分参考了陆昂：《关于货币政策中介目标问题的几点看法》，载《金融研究》，1998（1）。

的方法大不相同。在弗里德曼的建议中，作为中间目标的货币供应量应该按一个不变的比率增长。实际上，在以货币供应量为中间目标的这些国家中，中央银行从来没有严格遵守过固定不变的货币供应量增长规则，而且其中一些国家并没有认真地实行过以货币供应量为中间目标的政策操作。

到80年代初，西方主要工业化国家的通货膨胀率从之前的两位数降至一位数，货币主义的政策主张取得了成效。但这些国家的经济增长率却普遍没能恢复到石油危机之前的水平。因而也有部分经济学家认为，并不是货币主义的政策成功控制了通货膨胀，而是由于金本位制崩溃、石油危机等冲击消退，通货膨胀率得以回落。

80年代中期以来，金融自由化浪潮模糊了传统的货币供应量指标与产出、物价之间的稳定关系，货币当局对货币供应量的统计也越来越困难，部分国家相继放弃了货币供应量增长目标，或降低了货币供应量增长目标在货币政策目标中的地位。西方国家转向探索新的货币政策中间目标：（1）一些国家央行，如美联储，重新重视利率目标并改变货币政策操作方法。当物价总水平明显上涨时用高利率抑制通货膨胀；而当通货膨胀降为次要矛盾，经济增长或就业问题上升为主要矛盾时则运用低利率刺激经济增长。（2）一些国家央行继续沿用货币供应量指标，但调整了作为中间目标的具体货币供应量指标层次。（3）一些国家在放弃货币供应量作为中间目标的同时，放弃了对货币政策中间目标的追踪，宣称其货币政策没有中间目标而直接盯住通货膨胀率，即采用通货膨胀目标制。例如，新西兰、英国、澳大利亚、加拿大、芬兰和瑞典等国家，其中央银行直接公布通货膨胀率的控制目标，其他多种经济、金融指标只是作为货币政策的参考指标。

在一些经济高度开放的国家和地区，也有将汇率作为货币政策中间目标的实践，或将汇率放在货币政策目标中的次重要地位。但是，90年代末亚洲金融危机爆发，东南亚国家中央银行追求汇率稳定的做法一度成为众矢之的，这种政策模式受到了批评。

从以上历史回顾中，我们可以得出以下两点结论：一是货币政策中间目标的选择，是以一个国家特定的经济金融环境与特定的货币政策最终目标为依据的。不同国家由于经济金融环境的不同，可以选择不同的中间目标。同一国家在经济发展的不同阶段，由于经济金融环境的变化，货币政策最终目标的侧重点不同，也可以适时调整中间目标。二是货币政策中间目标，无论以哪一个指标体现，都仅仅是货币政策的手段，货币政策如何取向，最终都取决于实际面临的经济问题。因而，我们不能抛开具体的金融环境和经济问题，抽象地评价不同的货币政策框架。

二、部分国家以货币供应量为中间目标的货币政策实践

20 世纪 70 年代，作为对早期通货膨胀的反应，一些国家采用了以货币供应量为中间目标的货币政策策略，包括德国、瑞士、加拿大、英国、日本和美国等国。美联储的货币政策实践已在本书第九章第二节中介绍。下面我们逐一考察其他五个国家以货币供应量为中间目标的货币政策实践，其中尤以德国的货币政策最为成功。

（一）德国[①]

1974 年，德国的中央银行——德意志联邦银行，采用设定货币供应量目标的方式来应对 70 年代早期较高的通货膨胀率。德国以货币供应量为中间目标的货币政策实践长达 20 多年。即使 90 年代部分国家已经相继放弃了货币供应量增长目标或降低了货币供应量增长目标在货币政策目标中的地位，但在欧元诞生之前，德国一直奉行货币供应量增长目标[②]。正如德意志联邦银行在其年度报告中所阐述的，"德意志联邦银行遵循货币供应量目标的信条已经超过 20 年；这种连续性实际上已经成为德国'稳定文化'的象征。"[③]

德意志联邦银行委员会通常在每年的 12 月公布下一年的货币供应量增长目标，并在来年的 7 月对这一目标的实际执行情况进行评价。在制定货币供应量增长目标时，德意志联邦银行委员会主要考虑三个因素：（1）对德国经济潜在产出增长水平的预计；（2）通货膨胀的最高可容忍程度；（3）货币流通速度的变化。如德意志联邦银行在制定 1997 年货币供应量增长目标时，假定潜在的产出增长率为 2.5% ~2.75%，通货膨胀率为 2%，M_3 的流通速度递减 1%。

1. 以控制"中央银行货币"为货币政策中间目标

1974 年 12 月，德意志联邦银行成为世界上第一家公开宣布货币供应量增

---

① 本部分内容部分参考了胡坤：《德国货币政策中介目标研究》，载《德国研究》，1997（4），并参考了 1995—1998 年的《德意志联邦银行年度报告》。

② 伴随德国加入欧洲货币一体化，采用统一货币欧元，德国不得不向欧央行让渡货币主权，德意志联邦银行难以测度基础货币投放量。而欧央行作为欧盟共同货币政策的制定者，其统一的货币政策是本着欧元区的整体利益制定的，很难兼顾某一成员国的利益。所以，德意志联邦银行难以按照流动性原则统计本国不同层次的货币供应量。在这种情况下，联邦银行改为将同业拆借利率作为货币政策中间目标。

③ 《1995 年德意志联邦银行年度报告》，75 页。

长目标的中央银行。它选择了一个口径较窄的货币供应量指标作为货币政策中间目标，称为"中央银行货币"，即活期存款、期限小于 4 年的定期存款和储蓄存款等三类银行存款分别乘以对应的 1974 年的法定准备金率再加上流通中的现金[①]。在最初的四年时间里（1975—1978 年），货币供应量的实际增长速度并未能实现德意志联邦银行设定的目标（见表 10 -1），人们对中央银行货币与联邦银行货币政策行为之间的关系产生了怀疑。

1979 年德意志联邦银行对货币供应量目标作了两项调整：一是测量方法上由原来的年增长速度改为每年第四季度到第二年第四季度的增长速度，二是货币供应量增长目标由原来的一个目标值变为一个目标区间。其中第二项调整使德意志联邦银行在货币政策实施中获得了更大的灵活度，表明联邦银行已经意识到很难准确预测短期的货币供应量增长水平。在作出这两项调整后，直到 1986 年，中央银行货币的增长速度都在德意志联邦银行的计划目标范围内。

表 10 - 1　　　　德意志联邦银行货币供应量增长目标及实际执行结果

年份	计划目标	实际执行结果（取整数）	是否达到目标
1975	8	10	否
1976	8	9	否
1977	8	9	否
1978	8	11	否
1979	6 - 9	6	是
1980	5 - 8	5	是
1981	4 - 7	4	是
1982	4 - 7	6	是
1983	4 - 7	7	是
1984	4 - 6	5	是
1985	3 - 5	5	是
1986	3.5 - 5.5	8	否
1987	3 - 6	8	否
1988	3 - 6	7	否
1989	大约 5	5	是
1990	4 - 6	6	是
1991	3 - 5	5	是
1992	3.5 - 5.5	9	否
1993	4.5 - 6.5	7	否

---

① 具体为流通中的现金，加活期存款乘以 16.6%，加期限小于 4 年的定期存款乘以 12.4%，加储蓄存款乘以 8.1%，其中各项乘数代表 1974 年 1 月生效的三类存款对应的法定准备金率。

续表

年份	计划目标	实际执行结果（取整数）	是否达到目标
1994	4 – 6	6	是
1995	4 – 6	2	否
1996	4 – 7	8	否
1997	5（3.5 – 6.5）	5	是
1998	5（3 – 6）	6	是

数据来源：1996 年之前的数据来自《1995 年德意志联邦银行年度报告》第 77 页表 9，1997 年和 1998 年数据来自当年的《德意志联邦银行年度报告》。

1986 年，中央银行货币的增长速度超过目标区间上限 2.5 个百分点。尽管如此，德意志联邦银行并没有在这一年里调高官方利率，这是由以下几方面因素造成的。在这一年，马克相对于美元升值 35%，给德国的出口造成了压力。另外，世界市场上石油价格下跌，也加剧了德国国内价格水平下降的压力。当年德国的消费者价格指数出现负增长，为 – 0.1%。价格水平的下降，再加上产出的低增长，鼓励人们持有包括中央银行货币在内的短期金融资产，从而使货币供应量大幅度增长。在当时的情况下，如果调高利率，马克将会进一步升值，从而会抑制经济增长，并会进一步降低国内的价格水平。因而，尽管中央银行货币增速超过了目标区间，德意志联邦银行仍没有调高官方利率。1987 年，由于现钞发行过多，中央银行货币的增长速度又一次大幅度超过当年的目标区间上限。

2. 由控制中央银行货币转为控制 M_3

1986 年和 1987 年中央银行货币增长失控，德意志联邦银行由此将货币供应量的控制重点转为货币供应量 M_3，并从 1988 年开始将 M_3 正式作为货币政策的中间目标。德意志联邦银行在其月度报告中指出，作出这项调整的原因是，"在过去的两年里，由于现金在中央银行货币中占有很大份额，以及现金的超常快速增长，中央银行货币倾向于加剧货币增长。长期中，中央银行货币与货币供应量 M_3 是平行变化的。因此，作为中期货币政策的参照目标，它们具有相似的价值。"[①]

1989 年，M_3 的增长速度再度实现了德意志联邦银行设定的计划目标。此后，德意志联邦银行将 1990 年的货币供应量增长目标又重新设定为一个目标区间，这主要是基于以下两方面考虑：一是德意志联邦银行认识到两德统一可能对德国经济增长带来不确定性；将 M_3 增长速度目标由具体数值改为目标区

---

① 《1988 年 2 月德意志联邦银行月度报告》，9 页。

间，可以提高货币政策的灵活性，联邦银行以此向公众重申，统一不会改变其奉行以币值稳定为货币政策最终目标的价值取向。二是目标区间有利于联邦银行协调 1990 年 7 月 1 日开始的欧洲货币联盟第一阶段的各国货币目标。

尽管统一后德国经济发生了很大变化，但直到 1992 年联邦银行的货币供应量增长目标都实现得很好。1992 年，多种因素导致 M_3 的增长速度高达 9.5%，超出目标区间上限 4 个百分点。M_3 过快增长主要有四方面的原因：一是东欧和前苏联国家对马克的大量需求。二是 1992 年欧洲汇率危机爆发，德国投入大量马克（920 亿马克，约合 630 亿美元）进行干预，导致现金供应增长过快。三是对利息收入征收预提税的政策将于 1993 年 1 月 1 日起重新生效，这促使投资者提前将不包括在 M_3 中的长期存款转换为现金，加速了 M_3 的增长。四是当年德国长期利率降低到短期利率水平之下，大量不包括在 M_3 以内的长期金融资产转换为包括在 M_3 以内的期限小于 4 年的定期存款。

1993 年初，由于现金转换减少，以及对预提税征收的放松，M_3 的增长速度明显放慢。但 7 月欧洲货币体系危机再次爆发，德意志联邦银行对外汇市场加以干预，M_3 的增长速度又开始加快。最终，M_3 的全年增长速度达 7.4%，高出目标区间。

1994 年 8 月 1 日生效的一项法律鼓励在德国大力发展货币市场基金①。尽管德国有关当局早已原则上同意发展货币市场基金，但只允许其将不超过总资产 49% 的部分投资于短期票据或银行存单，从而实际上限制了货币市场基金的发展。新的立法取消了货币市场基金投资短期金融工具的资产比例限制。1994 年 8 月到 12 月期间，460 亿马克的资金投入到货币市场基金。受此影响，M_3 的增长速度有所降低。因而，货币市场基金的发展在某种程度上帮助德意志联邦银行实现了当年的货币供应量增长目标。

1995 年前三个月，M_3 呈现出收缩的趋势。尽管德意志联邦银行针对大量资金流入货币市场基金账户，采取了相应的调整措施，但 M_3 的增长仍不理想。6 月，M_3 又出现了负增长。为阻止 M_3 的继续萎缩，8 月德意志联邦银行降低了官方利率，M_3 的增速有所回升。但当年 M_3 的全年增速仅为 2%，低于目标区间（4% ~6%）下限 2 个百分点，未能达到计划目标。

1996 年 2 月和 3 月，由于资本市场利率上升，货币市场基金的发行几乎

---

① 德意志联邦银行由于担心短期金融工具的快速发展会导致货币供应量增长失控，所以一直反对发展货币市场基金。1994 年 9 月，德意志联邦银行停止发行短期票据，实际上减少了货币市场基金可以投资的短期金融工具。

停滞，M_3 的增速大幅上升。此后，投资者将资金转为银行长期金融资产的倾向逐步趋于正常，M_3 的增速有所缓和。然而，第四季度 M_3 的增速再次加快。最终，M_3 的全年增速为 8.1%，超出了目标区间。

1996 年末，德意志联邦银行将货币供应量目标的实现时间延长为两年。1997—1998 年 M_3 的增长目标为年均 5%。这是为达到欧洲货币联盟第三阶段条件，联邦银行所作的特别考虑。在统一货币联盟形成之初，联邦银行试图通过建立一个清晰的货币政策程序，延续公众对无通胀货币政策的信心。此外，联邦银行为 1997 年附加设定了一个货币供应量增长区间为 3.5%~6.5%，为 1998 年附加设定的货币供应量增长区间为 3%~6%。这表明，德意志联邦银行允许短期货币供应量增速在一定范围内波动。1997 年和 1998 年货币供应量的实际增速均达到了联邦银行设定的目标，分别为 4.7% 和 5.5%；1997—1998 年的年均增速为 5.1%，也达到了联邦银行设定的两年的货币供应量增长目标。

在 1975—1998 年的 24 年时间里，德意志联邦银行有 13 年实现了其设定的货币供应量增长目标，11 年未能实现目标。尽管如此，联邦银行以货币供应量为中间目标的货币政策，却在保持较低且稳定的通货膨胀率方面非常成功。70 年代末期，德国的通货膨胀率降至 3%~4%。80 年代和 90 年代的通货膨胀率年平均值为 2.6%。1975—1998 年，德国的通货膨胀率年平均值为 3%，在西方七国中处于最低水平。同一时期，美国的通胀率年平均值为 5.1%，英国为 7.6%，日本为 3.1%，法国为 6.0%，意大利为 9.7%，加拿大为 5.4%（见图 10-1）。正如林进成教授所指出的，"实践证明，正是由于德意志联邦银行采取了强有力的措施，控制了货币供应量，联邦德国的物价水平才得以保持在比较稳定的水平上。"[①]

3. 德国货币政策的启示

德国的货币政策成功控制了通货膨胀。部分国家央行仍支持以货币供应量为货币政策中间目标。欧洲中央银行的货币政策战略也很大程度上受到德国成功经验的影响[②]。

---

① 林进成：《联邦德国：控制物价的优等生》，49 页，上海，复旦大学出版社，1994。

② 欧洲中央银行实施了混合的货币政策战略，该战略与德意志联邦银行以前使用的以货币供应量为目标的策略有许多相似之处，但它也有一些通货膨胀目标制的因素。与通货膨胀目标制相类似，欧洲中央银行公布中期通货膨胀目标，即"低于，但接近2%"。欧洲中央银行货币政策战略有两个关键的"支柱"：一是货币供应量和信贷总量对于"未来的通货膨胀率和经济增长率有着重要的意义"，二是使用了许多其他的经济变量来评价未来的经济业绩（在 2003 年之前，欧洲中央银行使用类似于货币供应量的指标，确定 M_3 的货币供应量增长率的"参考价值"）。

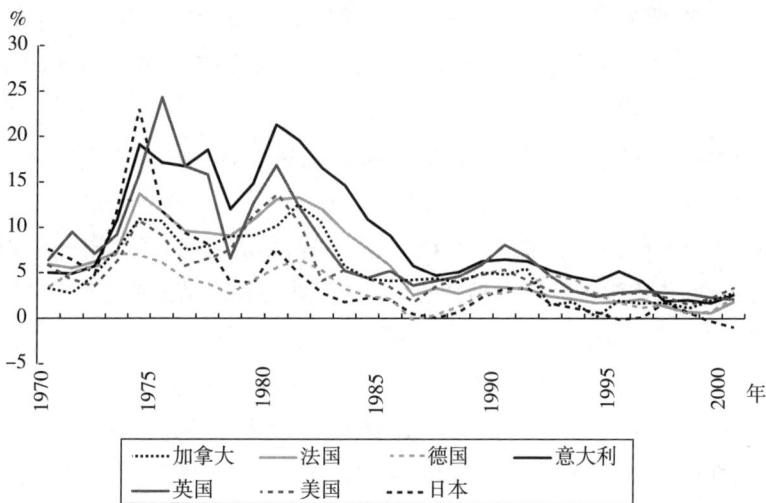

数据来源：国际货币基金官网（www.imf.org）的世界经济展望数据库（The World Economic Outlook Database），2003 年 4 月。

图 10 - 1　上世纪 70—90 年代西方七国通货膨胀率对比

　　德国联邦银行货币政策成功有多方面的原因：一是德国金融创新的发展和金融自由化的程度相对较低，使德意志联邦银行可以在相当长的时期里有效控制货币供应量的增长。

　　二是德意志联邦银行拥有高度的独立性，使其能够长期坚持"物价稳定高于一切"的理念，将控制通胀率作为货币政策的首要目标。艾芬格（Sylvester C. W. Eijffinger）和德·汉（Jakob De Haan）的研究表明，在测度央行独立性强弱的阿勒辛那指标和艾芬格—沙林指标上，德意志联邦银行的指标值甚至高于以独立性强著称的美联储[①]。

　　三是德意志联邦银行的货币政策操作具有相当的灵活性。对德意志联邦银行来说，以货币供应量为目标绝不是一个刚性的政策规则。联邦银行的货币政策实践相当灵活：一是它允许货币供应量增长率在 2～3 年的时间里超过目标区间，随后才修正超出值。实践中，由于德意志联邦银行经常关注其他目标，包括产出和汇率，因而它有近一半的时间没能实现货币供应量增长目标。二是它允许通货膨胀目标随时间的推移而变动，并逐渐趋近于长期的通货膨胀目标，因而其设定的货币供应量增长目标区间也不是一成不变的。

---

　　①　塞尔维斯特尔·C. W. 艾芬格和雅各布·德·汉：《欧洲货币与财政政策》，中文版，67 页，北京，中国人民大学出版社，2003。

四是在德意志联邦银行努力践行货币政策目标的长期实践中，公众建立了对其实现物价稳定目标的信任。因而，德意志联邦银行能够以货币供应量为目标，向公众传达其关注长期因素和控制通货膨胀的货币政策战略。

首先，德意志联邦银行在计算货币供应量目标区间时，就强调政策透明化（清晰、简单及可理解）和与公众的定期沟通。其次，德意志联邦银行经常使用货币供应量增长目标来解释其货币政策战略框架。联邦银行花费了大量精力，通过官方出版物和中央银行官员的频繁演说，向公众阐明中央银行的货币政策意图。最后，德国以货币供应量为中间目标的货币政策，向普通公众清楚地表达了其控制通胀的坚定承诺。由于以上原因，德意志联邦银行的货币供应量框架被认为是清楚阐明货币政策如何实现通货膨胀目标的最好机制，它与公众的沟通方式也被认为是增强中央银行责信度的最好方法。

通过对德国货币政策的分析，我们可以得到两个重要启示。首先，即使允许货币供应量实际增速大幅偏离目标区间，在长期内中央银行仍可以较好地控制通货膨胀。因此，要取得治理通货膨胀的较大成效，就不必恪守刚性的政策规则。其次，货币供应量目标成功的一个关键因素是，中央银行清楚地阐明货币政策目标，并就货币政策战略与公众积极沟通，以增强货币政策的透明度和中央银行的责信度。

（二）英国[1]

与美国、德国等国一样，1973 年晚期，为应付不断增长的对通货膨胀的关注，英国引入货币供应量 M_3 作为货币政策中间目标。英格兰银行定义的 M_3 包括流通中公众持有的现钞和硬币、英国私人和公共部门存于英国银行体系的英镑和非英镑存款[2]。

实践中，英格兰银行并未严格实施以 M_3 为目标的货币政策，这使英国的货币供应量比美国更加变化无常。到 70 年代晚期，通货膨胀率加速上升后，玛格丽特·撒切尔首相于 1980 年提出了中期金融战略，计划逐渐减慢 M_3 的增长速度。不幸的是，M_3 目标产生了与美国 M_1 目标相类似的问题，即它们并非是可靠的货币政策紧缩指标。1983 年后，英国经济学界对金融创新是否破坏了 M_3 与收

---

[1] 英国、加拿大、瑞士和日本的货币政策实践部分参考弗雷德里克·S. 米什金（Frederic S. Mishkin）：《货币金融学》，中文第四版，447—449 页，北京，中国人民大学出版社，1998。

[2] 1984 年后 M_3 指标经修订，不再包含英国公共部门在英国银行体系的英镑存款。有关英格兰银行货币供应量口径的定义参考来自英格兰银行官网的《英国货币供应量主要定义的变化》（UK Monetary Aggregates：Main Definitional Changes）。

入间的关系产生了争议，英格兰银行开始降低 M_3 的重要性，并倾向于使用口径较窄的货币供应量 M_0。英格兰银行定义的广义基础货币 M_0（Wide Monetary Base）包括公众持有的现钞和硬币、商业银行库存现金和商业银行在英格兰银行的操作账户余额（Banks's Operational Balances with the Bank of England）。

1985 年 10 月英格兰银行暂停使用 M_3 目标，1987 年彻底取消了 M_3 目标，只留下 M_0 作为唯一的货币供应量目标。1984 年以来，英格兰银行多次降低 M_0 增长率的目标区间，并且 M_0 的实际增长率也降到或接近目标区间。事实证明，M_0 的确是一个非常有用的指标。但在实际操作中，英格兰银行从未将货币供应量增长目标看作是货币政策操作的唯一指标，而且 80 年代英国的货币供应量与物价水平的关系并不紧密。

1990 年 10 月，英国加入欧洲汇率机制，放弃了货币供应量目标而转向汇率目标。然而，1992 年欧洲汇率危机爆发，英国宣布退出欧洲汇率机制，让英镑自由浮动，汇率目标宣告结束。1992 年 10 月，即英国退出欧洲汇率机制的一个月后，英格兰银行与财政部协商后，宣布以通货膨胀目标制作为新的货币政策框架：英格兰银行不再使用广义或狭义的货币供应量指标作为货币政策中间目标，而是直接盯住通货膨胀率，即以控制短期利率为主要手段来实现通货膨胀控制目标。但当时的通胀目标由英国的财政部设定。1997 年英格兰银行被赋予独立实施货币政策的权力，政府将设定通货膨胀目标的权力交给英格兰银行。采用通胀目标制后，英格兰银行将货币供应量仅仅作为宏观经济分析的参考指标。

（三）加拿大

由于加拿大与美国之间有着很强的经济联系，加拿大元的价值曾与美元紧密相联，因而加拿大的货币政策经历与美国极为相似。

作为对 70 年代早期通货膨胀的反应，加拿大银行提出"货币渐进主义"计划。该计划设定了 M_1 增长率的目标区间，并计划逐步降低该目标区间。与美国及英国设定货币供应量目标的尝试一样，加拿大的货币渐进主义计划也并不成功。到 1978 年，货币供应量目标启动仅三年，加拿大银行出于对汇率的考虑，开始摆脱这一战略。由于与汇率目标相矛盾，也由于 M_1 作为货币政策目标所产生的不确定性，1982 年 11 月加拿大银行取消了 M_1 目标。

随后，加拿大银行转变了货币政策战略。1988 年 1 月，加拿大银行总裁（行长）约翰·格罗（John Grow）宣布，加拿大银行以后要实施物价稳定目标。1991 年 2 月，加拿大银行行长与财政部部长的联合公告正式确立了通货膨胀目标制。加拿大银行最初的计划是在实施通胀目标制的过程中，逐步降低通货膨胀率目标，到 1995 年末将通货膨胀率由 1990 年末的 5% 降至 2%，并继续降低通胀率直至实现物价稳定。1993 年新政府就职后，将 1995 年 12 月至 1998 年 12 月间的通胀目标区间设定为 1% ~ 3%（中值为 2%）。

在 1998 年与加拿大政府联合重新设定通胀目标时，加拿大银行认为应考察加拿大经济在整个经济周期的表现，来决定长期的通胀目标，因而延长了 2% 的通胀目标。2% 的通胀目标成功地使加拿大实现了低通胀经济增长。同时，加拿大银行对进一步降低通胀目标的必要性存有疑虑。因而，2001 年、2006 年和 2011 年加拿大银行仍将通胀目标设定为 2%[①]。

采用通货膨胀目标制后，加拿大银行将货币供应量 M_2 以及建立在利率及汇率基础之上的货币条件指数作为货币政策的参考指标。

（四）瑞士

瑞士国家银行（瑞士的中央银行）于 1974 年末开始宣布货币供应量目标，并以 M_1 作为货币政策中间目标。瑞士的货币政策操作在两方面与其他国家有所不同：一是中间目标设定为确定的数值，而不是区间；二是瑞士国家银行以基础货币为操作目标，而不像其他国家以利率为操作目标。

瑞士国家银行实现货币政策中间目标的方法与德国所采用的方法相似，它允许货币供应量偏离目标。从 1980 年开始，瑞士国家银行将中间目标转向 M_0（基础货币），从而不但把 M_0 作为货币政策的操作目标，而且也作为货币政策的中间目标。

上世纪末，瑞士的货币供应量与通货膨胀之间的关系变得很不稳定，因此瑞士国家银行降低了货币供应量目标的重要性。

（五）日本

1973 年晚期石油价格上涨，日本的通货膨胀率急剧上升，1974 年日本 CPI 涨幅高达 20% 以上。1973 年日本的货币供应量增长率超过 20%，也对通货膨胀的急剧上升起了推波助澜的作用。于是，日本银行开始将注意力放在控制货币供应量增长率上。

1978 年，日本银行开始在每季度之初公布 M_2 + CDs 的"预报"。尽管日本银行并未正式承诺货币供应量增长目标，但 1978 年后的货币政策显然更加关注货币供应量因素。例如，在 1979 年第二次石油价格冲击后，日本银行迅

---

① 加拿大银行官网：《加拿大通胀目标为何设定为 2%》（Why has Canada's Inflation Target Been Set at 2 Percent?）。

速降低了 M$_2$ + CDs 的增长率，而不是允许它像第一次石油危机后那样大幅上涨。日本银行货币政策所采取的操作程序在很多方面与美联储采用的方式相似，如日本银行也是以银行同业拆借市场利率作为货币政策操作目标，这与美联储 70 年代的操作相一致。

1978—1987 年间，日本银行的货币政策成就远远大于美联储。从 70 年代中期开始，日本的货币供应量增长速度逐渐放缓，波动性比美国小得多。并且它较快地遏制了通货膨胀，平均的通货膨胀率达到较低水平。此外，日本在有效治理通货膨胀的同时，其实际产出的波动性也小于美国。1978—1987 年间日本货币政策以利率为操作目标，取得了成功；而 1970—1979 年间美联储采用了相似的操作程序，却没能成功。这说明，以利率作为操作目标并非一定是货币政策成功的障碍。决心实现一个较低的通货膨胀率可能更为重要。对于这一时期的日本银行来说，就是如此。

与美国相似，金融创新和放松管制也逐渐削弱了日本货币供应量 M$_2$ + CDs 作为货币政策指示器的作用。由于担心日元升值，日本银行在 1987—1989 年大幅提高了货币供应量增长率。许多评论者指责，货币供应量增长率的上升促使房地产及股票价格上涨，引发投机泡沫。为抑制这些投机行为，1989 年日本银行转向旨在实现较低货币供应量增长率的较紧缩的货币政策。由此产生的结果是，日本的土地和股票价格急剧下跌，泡沫经济崩溃。

此后，日本经济陷入增长停滞，这被称作"失去的十年"。直至目前，日本经济仍长期低迷，因而也有经济学家称之为"失去的二十年"。90 年代土地和股票价格的暴跌造成了银行业危机，严重地阻碍了日本的经济增长。由此引起的经济疲软导致了通货紧缩，进一步加剧了金融动荡。许多批评家认为日本银行实施了过分紧缩的货币政策。为帮助经济走出困境，日本银行采取了降低利率，并长期维持低利率、定量宽松等措施，但新世纪以来，日本经济增长仍处于低潮，通缩也趋于长期化。

三、以货币供应量为中间目标的优缺点

（一）以货币供应量为中间目标的优点

米什金认为[①]，以货币供应量为中间目标的一个优点是，公众几乎可以立刻获得有关中央银行是否实现目标的信息——官方通常在月后两周之内公布货

---

① 弗雷德里克·S. 米什金（Frederic S. Mishkin）：《货币金融学》，中文第九版，373 页，北京，中国人民大学出版社，2010。

币供应量数据。于是，以货币供应量为目标可以向公众和市场发送近乎实时的关于货币政策动向和政策制定者控制通货膨胀意图的信号。反过来，这些信号有助于稳定通货膨胀预期，降低通货膨胀率。此外，货币供应量目标也使得保持低通货膨胀的货币政策近乎直接公开，因而有助于限制货币政策制定者陷入时间不一致性陷阱①。

（二）以货币供应量为中间目标的缺点

上述以货币供应量为中间目标的优点取决于一个基本的假设：货币政策的最终目标变量（通货膨胀率或名义收入）和中间目标变量之间必须存在稳定且可靠的联系。如果货币供应量和最终目标变量之间的联系十分微弱，以货币供应量为中间目标的政策就不能有效发挥作用，而这个问题在美国及其他采取货币供应量为中间目标的国家中似乎很严重。微弱的联系意味着，即便实现这个中间目标，最终目标变量也不会得到预想的结果。于是货币供应量并不能充分反映货币政策的动向，以货币供应量为中间目标也不会有助于稳定通胀预期。此外，如果货币供应量和最终目标变量之间的联系不可靠，以货币供应量为中间目标的政策就难以提高货币政策透明度，也难以增强中央银行可信度。

第三节　我国以货币供应量为中间目标的货币政策有效性

一、我国货币政策最终目标的实现效果

根据《中国人民银行法》，我国货币政策的最终目标是，"保持货币币值的稳定，并以此促进经济增长。"下面，我们从历史比较和国际比较两个角度，考察 90 年代末以来我国货币政策最终目标的实现效果。

（一）从历史比较和国际比较看，最近十多年来我国通胀率都处于较低水平

上世纪八九十年代我国曾出现较为严重的通货膨胀，但从上世纪 90 年代

---

① 时间不一致性（Time Inconsistency）又称"动态不一致性"，是指政策当局在 t 时按最优化原则制定一项 $t+n$ 时执行的政策，但这项政策在 $t+n$ 时已非最优选择。1977 年，在 Kydland 和 Prescott 的论文："Rules Rather Than Discretion：The Inconsistency of Optimal Plans"中，他们提出了货币政策的动态不一致性，并认为这种不一致性是欧美各国在 20 世纪 70 年代产生"经济滞胀"的根本原因。两位经济学家也因为此方面的理论贡献和"商业周期驱动力"理论方面的贡献而分享 2004 年的诺贝尔经济学奖。

末以来，我国并未爆发严重的通货膨胀，通胀率长期处于较低水平。1997—2015 年，我国居民消费价格指数（CPI）年均涨幅仅 1.9%（见图 10-2）；同期工业生产者出厂价格指数（PPI）、工业生产者购进价格指数、固定资产投资价格指数和 GDP 平减指数年均涨幅分别为 0.7%、2.1%、1.8% 和 3%。

我国最近十多年来的通胀水平不仅明显低于之前历史时期，也低于多数 OECD 国家的同期通胀水平（美国、英国、澳大利亚、西班牙和韩国等国家 1997—2015 年年均通胀率分别为 2.2%、2.0%、2.6%、2.3% 和 3%），以及其他四个"金砖国家"的通胀水平（俄罗斯、南非、印度和巴西同期年均通胀率分别为 16.8%、6%、6.7% 和 6.4%）（见图 10-3）。总体上看，我国货币政策对于控制通货膨胀是有效的。

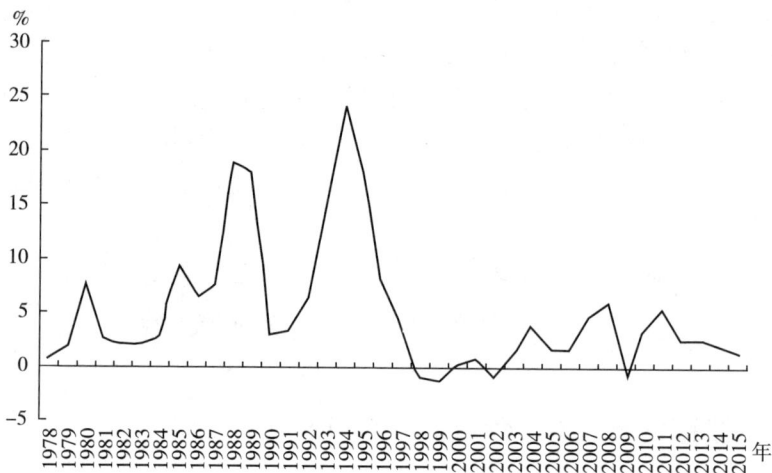

数据来源：国家统计局。

图 10-2　我国 CPI 同比增速

我国 CPI 中食品权重较高（大约占 1/3），在一些年份里我国 CPI 涨幅相对较高主要是由食品价格上涨引起的。如 2004 年、2007—2008 年、2010—2011 年 CPI 涨幅超过 3%，其中食品价格涨幅都在 10% 左右（见图 10-4），食品价格上涨对 CPI 上涨的贡献率超过 70%。食品价格上涨的背后是粮食价格上涨。粮价主要由粮食供求关系决定，货币政策对粮食供给和粮食需求的调节作用都非常有限，因而不能通过货币政策来控制食品价格涨幅。如果为了压低食品价格而严控货币供给，则可能导致过于严厉的紧缩政策。但食品价格过快上涨确实严重影响中低收入人群的生活质量。对此，各国普遍采取收入调节和价格补贴的政策。如美国向低收入者发放食品券的做法已有 40 年历史。这

%

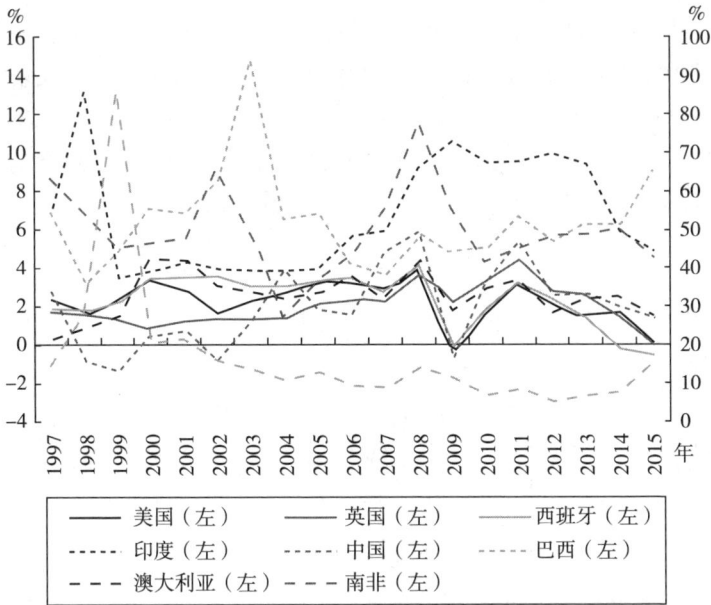

数据来源：IMF 世界经济展望数据库（The World Economic Outlook Database），2016 年 4 月。

图 10－3　通胀率国际比较

种财政补贴措施既不损害生产者利益和粮食供给，又保障了低收入者的生活水平。所谓货币政策，就是在物价与经济增长、就业之间寻找一个平衡点。解决贫富差距、收入分配等结构性问题，主要有赖于收入分配政策，而不是货币政策所能完成的任务。

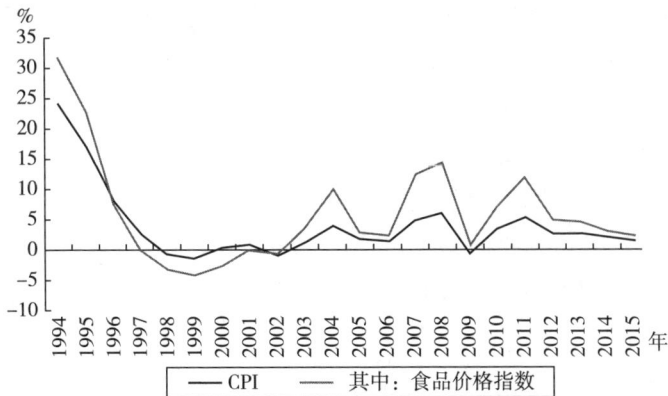

数据来源：国家统计局。

图 10－4　CPI 及其中的食品价格指数

近年来我国资产价格尤其是房价上涨较快，成为社会关注热点。但即使考虑资产价格，我国的总体物价水平也并不很高。用 CPI、企业商品价格指数（CGPI）中的投资品价格指数、商品房销售均价指数①和上证综合指数分别代表消费领域、投资领域、房地产市场和金融市场的价格指数，用动态因子法②确定各指数权重，加权得到综合物价指数。计算结果显示，1997—2015 年我国综合物价指数年均上涨2.1%（见图 10-5），19 年里仅有 6 年时间综合物价指数超过 3%。

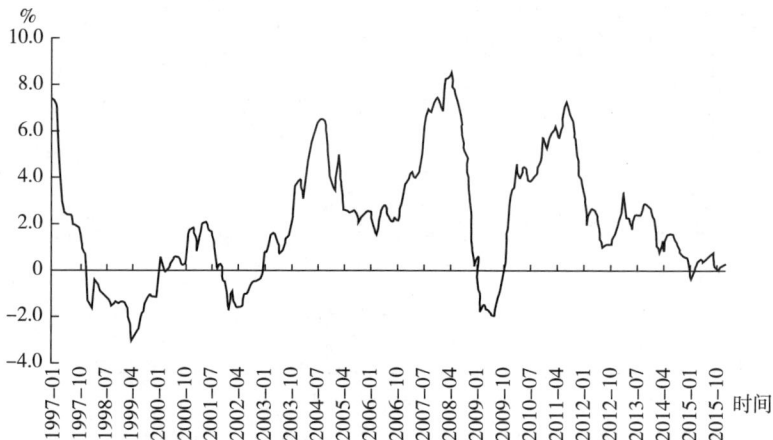

数据来源：根据相关价格指数测算。

图 10-5 综合物价指数

（二）上世纪 90 年代末以来，我国总体上实现了低通胀下的经济高增长，经济发展成就世界瞩目

改革开放以来，我国经济实现了长期、持续、快速、平稳增长。1978—2015 年我国 GDP 年均增速高达 9.7%，大大高于改革开放以前 1953—1977 年年均增长 6.5% 的水平（见图 10-6）。但 80 年代和 90 年代上半期，我国通胀率较高。90 年代末，我国通胀水平得到有效控制，经济发展进入了"低通胀、高增长"的历史最好发展阶段。

根据国际货币基金组织的《世界经济展望》数据库数据，在全世界 174 个国家/地区 1997—2015 年的年均 GDP 增速排序③中（由高到低），我国的 GDP 年均增速 9.3%，位列第 6 位，仅低于赤道几内亚、卡塔尔、土库曼斯坦、苏丹和

---

① 销售均价＝销售额/销售面积，以此为基础计算价格指数。

② Wynne（2000）给出的一种确定综合价格指数权重的方法。在加权计算综合价格指数时，单个价格指数的权重与其波动成反比，等于该单一价格波动率的倒数占全部单一价格指数波动率倒数之和的比例。

③ 该数据库有 191 个国家的数据，其中 175 个国家有 1997 年以来的 GDP 时序数据。

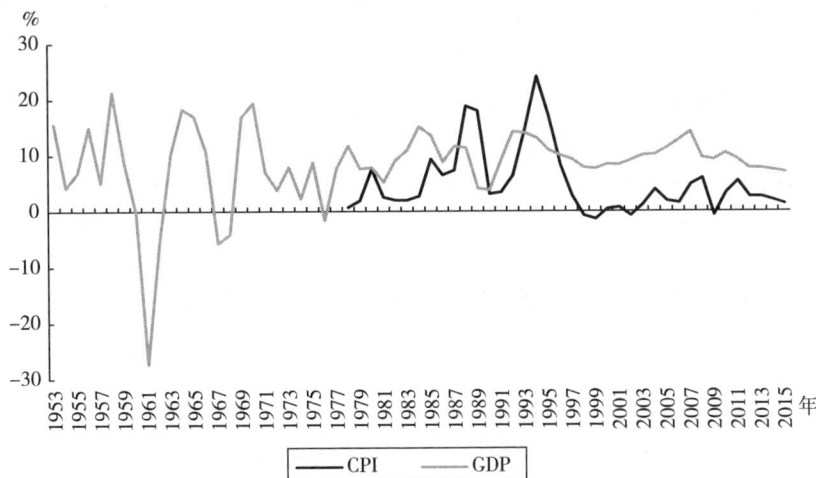

数据来源：国家统计局。

图 10 - 6 我国 CPI、GDP 同比增速

阿塞拜疆等 5 个国家。同期，其他四个"金砖国家"俄罗斯、南非、印度和巴西的 GDP 年均增速分别为 3.6%、2.9%、6.9% 和 2.7%；美国、英国、德国、意大利、日本、加拿大和法国等西方七国的 GDP 年均增速分别为 2.3%、2.1%、1.3%、0.4%、0.7%、2.5% 和 1.6%（见图 10 - 7）。

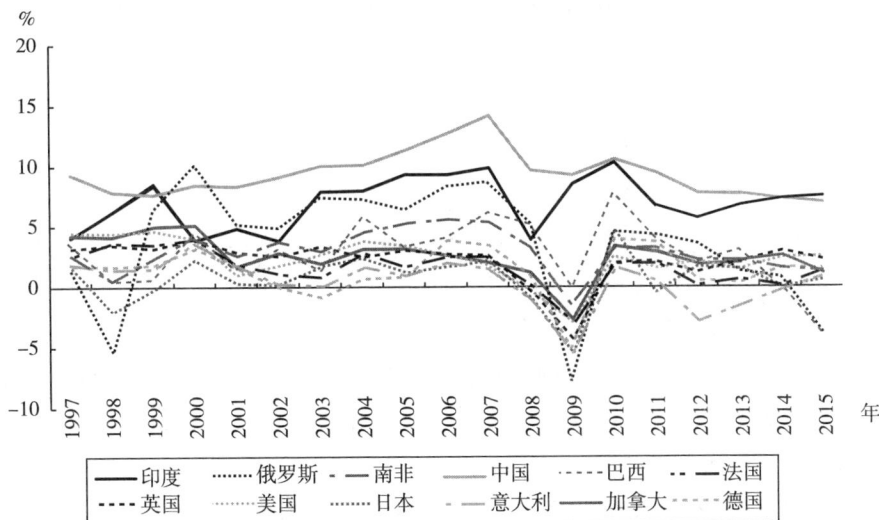

数据来源：IMF 世界经济展望数据库（The World Economic Outlook Database），2016 年 4 月。

图 10 - 7 GDP 增速国际比较

在全世界 176 个国家/地区 1997—2015 年的年均 CPI 增速排序[1]中（由高到低），我国 CPI 年均增速 1.9%，位列第 145 位。

我国经济发展的成就世界瞩目。我国经济发展主要得益于市场经济体制建设，改善了生产关系，解放了生产力，极大地提高了供给能力和经济增长水平，并保持了物价总体稳定。在这期间，货币政策对于促进经济增长、维护物价稳定也发挥了重要的作用。

二、从货币供应量与货币政策最终目标间的关系看我国货币政策有效性

在改革开放以前及以后的较长时期，我国货币政策的中间目标都是信贷规模限额和现金投放计划，1979—1984 年期间还采用过存贷差额。1996 年中国人民银行正式引入货币供应量指标，与信贷规模限额一起作为我国货币政策的中间目标。1998 年 1 月 1 日，人民银行改革了货币调控方式，取消了对商业银行信贷规模的直接控制，转而实行资产负债比例管理，并以货币供应量为中间目标。这标志着我国货币政策调控由直接调控向间接调控转变。

本书第九章第三节通过考察我国广义货币供应量 M_2 增速与人民银行设定目标值之间的偏差，来衡量人民银行对货币供应量的控制力。1996—2015 年期间，除 1997 年、2003 年和 2009 年外，我国 M_2 增速实际值与目标值间的偏离较小，偏离水平（取绝对值）的均值为 1.2 个百分点。总体看，人民银行能有效控制货币供应量。

下面我们进一步分析我国货币供应量与货币政策最终目标之间的关系，以考察我国货币政策的有效性。

（一）国内学者研究综述

国内学者对我国货币政策中间目标的有效性已经做了大量的研究。夏斌和廖强[2]认为，货币供应量在可测性、可控性及其与宏观经济的相关性等方面均已出现明显问题，货币供应量已经不适宜作为货币政策中间目标。

秦宛顺等[3]从货币政策规则角度，考虑了以货币供应量和短期利率作为中间目标的福利损失，提出以货币供应量和短期利率作为我国货币政策中间目标

---

[1] 该数据库有 191 个国家的数据，其中 176 个国家有 1997 年以来的 CPI 时序数据。

[2] 夏斌、廖强：《货币供应量已不宜作为当前我国货币政策的中介目标》，载《经济研究》，2001 (8)。

[3] 秦宛顺、靳云汇、卜永祥：《从货币政策规则看货币政策中介目标选择》，载《数量经济技术经济研究》，2002 (6)。

是无差异的。

范从来[1]认为，货币供应量作为货币政策中间目标存在一定的局限性，但要克服这种局限性，不是简单地放弃货币供应量目标，而是要调整货币供应量的统计内涵，应该创造出一种有利于货币供应量发挥中介作用的货币控制机制，提高货币政策有效性。

刘明志[2]认为，由于货币供应量增长率变化对通胀变化有明显影响，现阶段继续使用货币供应量作为货币政策中间目标仍具有一定程度的合理性，但由于货币流通速度不稳定，应将中间目标动态化。

陈利平[3]认为，由于货币政策对通货膨胀、产出和货币供应量的影响存在时滞，而这些宏观经济变量并不是同一时间被观察到的，因而货币政策中间目标可以成为当前冲击的一个信号，提供额外的信息，使中央银行和公众可以调整预期，提高货币政策效率。但如果货币政策传导机制不畅通，则货币供应量中介目标无法对经济中的扰动做出意愿的响应，因而无法避免货币政策的低效率问题，反而会损害中央银行承诺的可信度。他的研究表明，我国当前将中间目标定为一个综合目标，重点看 M_2 和贷款量，同时参考货币市场利率，虽然是一种权宜之计，但不失为一种明智的选择。在这种制度安排下，中央银行可以将货币供应量、贷款量和市场利率作为参考变量，从中得到额外的信息，以修正预期，作出最优响应；同时中央银行不必承诺要达到某个中间目标，从而不会因未实现目标而丧失信誉。

黄安仲和毛中根[4]的研究表明，影响货币供应量作为货币政策中间目标的主要因素，是流通速度的可预测性以及货币当局对货币流通速度的预测能力，货币流通速度的不稳定并不必然意味着货币供应量作为货币政策中间目标是无效的。他们的实证研究表明，我国广义货币 M_2 的流通速度是可以被精确预测的。因而，广义货币供应量可以作为我国货币政策的中间目标。

李春琦和王文龙[5]的实证研究表明，货币供给的内生性增强，货币供给的可控性降低；短期货币需求和货币流通速度不稳定，货币供给的可测性较差，

---

① 范从来：《论货币政策中间目标的选择》，载《金融研究》，2004（6）。

② 刘明志：《货币供应量和利率作为货币政策中介目标的适用性》，载《金融研究》，2006（1）。

③ 陈利平：《货币存量中介目标制下我国货币政策低效率的理论分析》，载《金融研究》，2006（1）。

④ 黄安仲、毛中根：《货币流通速度不稳定不能成为否定货币供给量作为货币政策中介目标的依据》，载《经济评论》，2006（3）。

⑤ 李春琦、王文龙：《货币供应量作为货币政策中介目标适应性研究》，载《财经研究》，2007（2）。

但货币供应量与 GDP 和物价之间的相关性较好。

上述研究多有创新之处，研究结论也基本与政策实践相一致。但我们认为，这些研究仍存在一定局限，主要有：（1）部分研究仅从金融变量与宏观经济的相关性入手来进行实证检验，由相关性高低来确认其是否适宜作货币政策中间目标，这是不够的，因为我国间接融资占据主导地位，信贷规模与宏观经济的相关性较强，但不能由此就确认信贷规模应该是中间目标[①]。（2）部分研究不大关注计量检验的前提条件。比如，利用非约束 VAR 模型的前提条件是不同变量间不存在同期影响，而以季度或年度数据表示的不同变量之间很难排除这种同期关系，因而，在检验非约束 VAR 模型时用季度或年度数据可能是存在问题的。

（二）本文作者的研究

2008 年，本书作者曾利用 1998 年 1 月至 2006 年 6 月的月度经济金融数据，主要运用 VAR 模型对我国货币政策的中间目标进行实证检验[②]，结果表明，广义货币供应量 M_2 是由央行控制的货币政策中间目标。同时，利率对实体经济基本没有传导功能，货币政策主要的传导渠道是银行贷款，信贷规模是事实上的中间目标，直接调控经济，并引导货币供应量的变化。因而，我国的货币政策中间目标实际上是两个——信贷规模和货币供应量 M_2，这种调控模式在 1998 年人民银行取消对商业银行信贷规模的直接控制后并没有发生根本性改变。两个中间目标调控不同的领域：信贷规模主要针对实体经济，货币供应量主要针对金融市场，这是人民银行的一种现实选择，而且人民银行也较为成功地实现了两者之间的一致和协调。

近年来，我国的金融环境发生了明显变化，尤其是利率市场化取得重大进展。这里，我们仍沿用之前的研究方法，利用近十年的最新数据，对近十年来的货币政策中间目标进行实证检验，并将研究结果与之前的研究结果对比。

1. 研究模型和研究方法

我们主要运用 VAR 模型进行研究。一个普遍适用的结构 VAR 模型（结构向量自回归模型，SVAR，Structural Vector Auto – regression Model）可表述如下：

---

① 当信贷规模完全随中间目标变量的变化而变化时，尽管信贷规模与宏观经济之间关系密切，但仍不能将其视为中间目标。

② 盛松成、吴培新：《中国货币政策的二元传导机制——"两中介目标，两调控对象"模式研究》，载《经济研究》，2008（10）。

$$Y_t = A_0 Y_t + A_1 Y_{t-1} + B_0 P_t + B_1 P_{t-1} + \mu_t \qquad (10-1)$$

$$P_t = C_0 Y_t + C_t Y_{t-1} + D P_{t-1} + \nu_t \qquad (10-2)$$

式中，Y 是以向量形式表示的宏观经济变量（如经济增长、通货膨胀等）；P 是以向量形式表示的政策变量（如政策利率、货币供应量等）；μ 和 ν 分别是以向量形式表示的经济变量和政策变量的随机扰动项。该模型方程的等式表示等号右边决定或解释等号左边的变量，A、B、C、D 分别是相应变量的系数矩阵。

由于时滞的存在，可以假定宏观经济变量 Y_t 不对当期的政策变量 P_t 发生影响，也就是政策决策对宏观经济的反应存在时滞，即式（10-2）中的 $C_0 = 0$。将式（10-2）代入式（10-1），可得

$$P_t = C_t Y_{t-1} + D P_{t-1} + \nu_t \qquad (10-3)$$

$$Y_t = (I - A_0)^{-1} \left[(A_t + B_0 C_t) Y_{t-1} + (B_0 D + B_t) P_{t-1} + \mu_t + B_0 \nu_t \right]$$
$$(10-4)$$

这是标准的非约束 VAR 模型（Unrestricted Auto-regression Model）。货币政策方程为这个模型的第一个方程。Y_t 除了受自身扰动项的影响外，也受政策变量扰动项 ν_t 的影响。货币政策效应可以通过经济变量 Y 对货币政策扰动项 ν 的脉冲-响应函数来描述。

类似地，可以假定政策变量 P_t 不对当期的宏观经济变量 Y_t 产生影响，也就是货币政策对经济发生作用是有时滞的，即式（10-1）中的 $B_0 = 0$。于是，方程式（10-1）、式（10-2）变形如下：

$$Y_t = (I - A_0)^{-1} \left[A_t Y_{t-1} + B_t P_{t-1} + \mu_t \right] \qquad (10-5)$$

$$P_t = \left[C_t + C_0 (I - A_0)^{-1} A_t \right] Y_{t-1} + \left[D + C_0 (I - A_0)^{-1} D \right] P_{t-1}$$
$$+ \nu_t + C_0 (I - A_0)^{-1} \mu_t \qquad (10-6)$$

在这个模型中，货币政策方程为模型的最后一个方程。政策变量 P_t 除了受自身扰动项 ν_t 的影响外，也受经济变量扰动项 μ_t 的影响。这里，我们将根据不同需要，分别运用不同模型进行检验。

值得指出的是，上述经济变量和政策变量之间没有同期影响的假设是重要的，因为这样，模型就可由结构式转化为简约式，不存在约束条件问题。也正是这个原因，我们运用月度数据而不能用季度数据来检验。

本研究使用统计软件 Eviews5.1 进行检验，具体运用了单位根检验、协整检验、Granger 因果检验、方差分解、最小二乘估计等方法，并在严格检验结果的基础上展开分析研究。

2. 各货币指标对经济变量的解释能力

从本章第二节的分析可以看到，货币政策中间目标的选择主要是在利率和货币供应量之间展开的，各国对货币政策中间目标的选择以本国特定的经济金融环境与特定的货币政策最终目标为依据。在上世纪70、80年代，西方主要工业化国家曾选择货币供应量作为中间目标。之后，部分国家放弃货币供应量，转而选择利率作为中间目标，也有些国家放弃了对中间目标的选择。在本部分，我们比较货币的价格指标和数量指标对宏观经济变动的重要性。

在我国的利率体系中，储蓄存款利率和贷款利率对社会公众和宏观经济的影响较大。央行根据当前及未来一段时期的通货膨胀状况及其他因素来调整一年期储蓄存款基准利率，而贷款基准利率一般是由央行在一年期储蓄存款利率的基础上，根据银行的经营管理成本测算加点而成，因而，一年期储蓄存款利率在存贷款利率体系中具有标杆性作用。同时，同业拆借利率是银行间市场利率，与金融机构关系密切，市场化程度高，其利率水平也有一定代表性。本研究将这两个利率作为货币的价格指标，与广义货币供应量 M_2 和本外币各项贷款一起，加上货币政策工具变量存款准备金率和未到期的央票余额构成货币指标体系，用以解释宏观经济变化。

在选取宏观经济变量时，考虑了两个条件：（1）数据的可得性。本研究需要月度数据并能将其名义值折成实际值。（2）变量的代表性。要求变量对宏观经济活动具有代表性，数值受进出口因素的影响较小。本文选取了工业增加值、水泥产量、发电量和粗钢产量等4个指标作为宏观经济变量。

先用 Granger 因果检验法比较各货币指标对宏观经济变量的重要性。为避免宏观经济变量之间的干扰，为每个宏观经济变量构建一个 VAR 模型[1]，用 Granger 因果检验法来测定各货币指标对宏观经济的解释能力[2]。这种方法实际上是运用非约束普通最小二乘法（Unrestricted Ordinary Least Squares）。检验排除某一个列变量的滞后项对方程预测能力的影响，排除后方程的预测能力以概

---

[1] 这是非约束 VAR 模型。该模型的一个隐含假设是变量间不存在同期影响，在实际使用时对该假设作出检验。若采用季度数据，显然不能满足这个条件，就需用结构 VAR 模型（SVAR），而 SVAR 的检验结果受人为设定的约束条件的影响，其结论的客观性难以得到保证；此外，由于需要估计的系数较多，季度数据样本不能满足统计要求。

[2] 由于结果对滞后阶数的选择比较敏感，因而对 VAR 模型进行了单位根检验（Unit Root Test），滞后长度准则（Lag Length Criteria），滞后排除检验（Lag Exclusion Tests），Granger 因果检验，残差相关检验（Residual Tests）等由高阶向低阶开始逐阶排除，以使选定的阶数为合适的。

率 P 值表示。P 值越小，表明排除该变量对方程的预测能力影响越大，该变量对宏观经济变量的解释能力越显著。于是，通过比较各货币指标的 P 值就可以比较各货币指标对宏观经济的解释能力，即对宏观经济的影响能力。

检验结果见表 10-2。列中的经济变量（结果没有显示在表中）、货币变量用来解释左侧相应的经济变量。从表 10-2 可见，货币供应量 M_2 和本外币各项贷款对宏观经济变量具有显著的解释能力，对 4 个经济变量都具有比其他货币指标更好的解释能力，而同业拆借利率、一年期储蓄存款利率等利率指标，存款准备金率和未到期的央票余额缺少解释能力。

表 10-2　　　各货币指标对宏观经济变量的
边际解释能力显著水平检验结果

	存款准备金率	同业拆借利率	一年期储蓄存款利率	M_2	本外币各项贷款	未到期的央票余额
工业增加值	0.9967	0.3301	0.8637	0.0000	0.0000	0.9843
发电量	0.5008	0.0533	0.3552	0.0003	0.0000	0.8692
粗钢	0.3848	0.5525	0.3671	0.0321	0.0204	0.8414
水泥	0.1194	0.6397	0.8984	0.0000	0.0000	0.8522

注 1：名义值折成实际值的方法。实际工业增加值 = 名义工业增加值/定基 PPI 指数（2004 年 5 月 = 100）；实际一年期定期存款利率 = 名义一年期定期存款利率 - CPI 当月同比涨幅；实际 M_2 余额 = M_2 名义值/定基 CPI 指数（2004 年 5 月 = 100）；实际本外币各项贷款余额 = 本外币各项贷款余额名义值/定基 CPI 指数（2004 年 5 月 = 100）；实际未到期央票余额 = 未到期央票名义值/定基 CPI 指数（2004 年 5 月 = 100）。

注 2：数据缺失问题的处理。2006 年 12 月以后，国家统计局仅公布工业增加值的实际增速，不再公布名义工业增加值。2006 年后的名义工业增加值 = 上一年的名义工业增加值 ×（1 + 工业增加值实际增速）×（1 + PPI 同比增速）。得到 2006 年后的名义工业增加值后，再按注 1 的方法折成实际值。

2013 年开始，国家统计局仅公布 1-2 月的工业增加值实际增速，不公布 1 月、2 月各自的增速。我们首先计算 1-2 月累计名义工业增加值：1-2 月名义工业增加值 = 上一年 1-2 月的名义工业增加值 ×（1 + 1-2 月的工业增加实际增速）×（1 + 1-2 月的 PPI 同比增速）。再根据 1 月、2 月的工作日天数对 1-2 月的累计名义工业增加值进行分配，得到 1 月、2 月的名义增加值。最后按注 1 的方法折成实际值。

2014 年和 2015 年国家统计局也仅分布了 1-2 月的水泥产量数据，不公布 1 月、2 月各自的产量数据，我们也是根据 1 月、2 月的工作日天数进行分配，得到 1 月、2 月的产量数据。

注 3：所用模型 VAR 滞后阶数都为 8。

数据来源：Wind 数据库；样本期：2004 年 5 月至 2015 年 12 月。

但是，Granger 因果检验法有一个严重的缺陷：解释变量之间可能存在多重共线性，即解释变量中的某一变量为另一解释变量所决定，由此扭曲相关变量的实际解释能力。尽管在计量软件的编程时已经考虑到这个问题，并力求避免由此而对统计结果的影响，但是，由于上述模型中的解释变量较多，共线性问题对检验结果的影响难以避免。本研究试用另外的方法——方差分解法来检验。

以下用方差分解法（Variance Decomposition）来比较各货币指标对宏观经济的解释能力。方差分解是指对 VAR 模型的残差矩阵进行方差分解，其主要思想是，把系统中每个内生变量的波动，按其成因分解为与各方程新息相关联的组成部分，从而可以比较各新息对模型内生变量的重要性。该方法也有一定的缺陷，即检验结果受 VAR 模型内方程设定顺序的影响。方程设定顺序靠后的，其影响会被低估。从数值上来说，某指标的方差分解数值越大，表明该指标对宏观经济变量的解释能力越强。用上述已经构建的 VAR 模型进行检验，方差分解期限设定为 24，检验结果见表 10 - 3。

表 10 - 3　　　　　　　　宏观经济变量的方差分解结果　　　　　单位：%

	滞后变量	存款准备金率	同业拆借利率	存款利率	M_2	本外币各项贷款	央行票据
工业增加值	62.47	1.58	2.26	2.08	28.22	1.83	1.56
发电量	40.28	8.80	17.40	8.27	10.13	11.84	3.29
粗钢	30.73	22.89	3.21	9.51	15.56	7.81	10.28
水泥	50.39	5.02	4.38	2.88	27.70	4.64	4.99

注：①本表的数据来源、处理情况及建模同表 10 - 2。
②在 VAR 内方程的设定顺序如表所示由左至右排列；各行相加值为 100%。

表 10 - 3 显示，从总体来看，M_2 对宏观经济变量的解释能力还是优于其他货币变量，因而，用方差分解法所得的检验结果与前述 Granger 因果检验的结果基本一致。

Granger 因果检验法和方差分解法各有优势，也各有缺陷。由于本研究主要关注各货币指标对经济变量的解释能力的排序及相对强弱，而不太关注具体的数值，因而，使用这两种方法，已基本能比较各货币指标对实体经济的解释能力。

3. M_2 的反应函数

上一部分确认了货币供应量 M_2 对宏观经济的解释能力远优于其他货币变量。本部分将要研究的是，如果货币供应量 M_2 是我国中央银行货币政策的中间目标，那么，M_2 应该与宏观经济的目标变量（如通货膨胀、经济增长、充分就业、国际收支平衡等）之间存在系统的、有规则的关联，M_2 应对宏观经济变量作出系统性的反应，即存在 M_2 的反应函数（Reaction Function）。同时也检验 M_2 是如何决定的。

　　根据《中国人民银行法》，我国货币政策的目标是：保持物价稳定，并以此促进经济增长。也就是说，通货膨胀和经济增长是我国央行主要关注的两个指标。我们假定 M_2 为政策变量，且不对当期的宏观经济变量（工业增加值和通胀）产生影响①，这样，就可以利用前述式（10-5）和式（10-6）的非约束 VAR 模型求得脉冲—响应函数，来表示政策反应函数。因而，选择居民消费价格指数 CPI、实际工业增加值 IVA② 与货币供应量 M_2，构建三变量的 VAR 模型。Granger 因果检验结果见表 10-4。

表 10-4　　　　　　　CPI、实际工业增加值和货币供应量

M_2 之间的因果关系检验

原假设	Chi-统计量	P 值
LCPI 不能 Granger 引起 LM_2	3.59073	0.00154
LIVA 不能 Granger 引起 LM_2	8.76546	0.00000
LCPI、LIVA 不能同时 Granger 引起 LM_2	49.45406	0.0000

　　注：LCPI = ln（CPI），LIVA = ln（IVA），LM_2 = ln（M_2）；模型的滞后阶数为7。

　　表 10-4 显示，CPI 和工业增加值不能分别 Granger 引起货币供应量 M_2 的假设，均在99%以上的置信度下被拒绝，即 CPI 和工业增加值都对货币供应量 M_2 有较强的解释能力，货币供应量 M_2 对 CPI 和工业增加值的变化作出反应。

　　此外，对模型进行协整检验表明，这三个变量之间存在协整关系（秩为3），即三变量之间存在长期均衡关系。协整检验结果见表 10-5。

表 10-5　　　　　　　模型的 Johansen 协整检验结果

原假设	迹统计量	5%临界值	P 值
None*	62.94827	29.79707	0.0000
At most 1*	20.72687	15.49471	0.0074
At most 2*	4.511915	3.841466	0.0336

---

　　①　这个假定至少在以货币的数量指标为政策变量的情况下是合理的，因为公众难以根据数据指标，在短期内形成因政策变化而导致经济变化的一致预期，这样，政策变量对宏观经济的影响就存在时滞。

　　②　因为 GDP 只有季度数据，所以用工业增加值来代替。

对 LCPI、LIVA 和 LM$_2$ 三变量建立 VAR 模型，并做脉冲响应函数，如图 10-8 所示。

Response of LM$_2$ to Nonfactorized
One S.D. Innovations

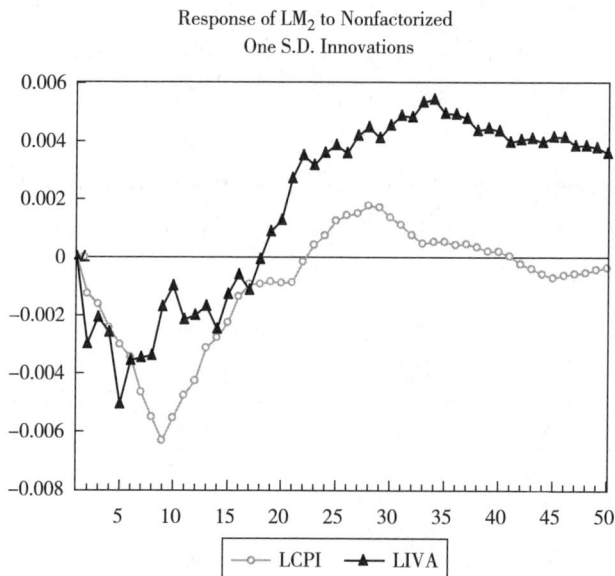

图 10-8　货币供应量 M$_2$ 对工业增加值和通货膨胀冲击的反应①

由图 10-8 可知，LIVA 方程残差的一个标准差冲击，在前 5 个月会导致 LM$_2$ 发生反向变化，但在 5 个月以后，逐渐转为正向变化，并在第 40 个月后趋于稳定，且始终保持在正值水平；而 LCPI 方程残差的一个标准差冲击，在前 9 个月会导致 LM$_2$ 发生反向变化，但在 9 个月以后，也逐渐转为正向变化，并在第 43 个月后趋于稳定。这表明通货膨胀将导致央行的紧缩性的货币政策，使货币供应量水平下降。

由此，我们通过对货币政策中间目标的实证检验，得出如下结论：

1. 利用 VAR 模型，分别用 Granger 因果检验法和方差分解法检验同业拆借利率、一年期储蓄存款利率、广义货币供应量 M$_2$、本外币各项贷款、存款准备金率、未到期的央票余额等货币变量对宏观经济变量的解释（预测）能力。我们发现，M$_2$ 对经济变量的解释能力远高于其他变量。

2. 实证检验表明：广义货币供应量 M$_2$ 对实际工业增加值和 CPI 作出系统性的反应。

——————————

① 用 liva 和 lcpi 方程残差的一个标准差（Residual - One Std. Devia）作为脉冲。

以上两点说明，M_2 与货币政策最终目标之间存在稳定的联系，M_2 作为货币政策中间目标是有效的。

3. 与本书作者 2008 年的研究（数据时间范围为 1998 年 1 月到 2006 年 6 月）相比，上述研究结论并没有发生根本性的改变，但 M_2 与宏观经济变量之间的关系却有一定程度的减弱。之前研究中，LCPI 方程残差的一个标准差冲击将导致 LM_2 发生反向变化，并在较长时滞后趋于稳定。这次研究中，LCPI 方程残差的一个标准差冲击，在前 9 个月会导致 LM_2 发生反向变化，在 9 个月以后，却逐渐转为正向变化，并最终趋于零。

通过以上分析，我们得出初步结论：尽管目前 M_2 与货币政策最终目标之间仍存在相对稳定的联系，但金融技术的发展和金融产品的创新，已经在一定程度上削弱了这种联系。现行的货币政策模式将面临调整、改革，以利率为中间目标的货币政策框架是未来的必然选择。当然，这需要很多基础性条件，如货币政策的独立性、利率市场化调控机制的形成、商业银行完善的公司治理结构及良好的风险定价、风险管理能力以及实际经济体的财务硬约束等，而创造这些基础性条件将是长期的任务。

第四节　未来的货币政策模式

——数量型调控与价格型调控相结合

2015 年 10 月，人民银行取消了对利率浮动的行政限制，利率市场化改革进入了新阶段，核心是要建立健全与市场相适应的利率形成和调控机制，提高央行调控市场利率的有效性。深入推进利率市场化改革、我国货币政策框架从数量型向价格型调控转型，已经成为"十三五"期间宏观经济调控体系改革的一项重要内容。

以利率为中间目标的货币政策框架是未来的必然选择，但目前我国的利率调控机制还有待进一步完善。在未来较长时期中，我国的货币调控仍将是价格型调控和数量型调控相结合，并逐步从以数量型调控为主，转变为以价格型调控为主。

一、我国利率调控机制建设的可行性

（一）我国形成了较为丰富的利率体系

利率调控理论和主要国家的实践表明，从"数量型"调控向利率调控转

变需要相应的利率体系为基础，所有利率调控国家在利率市场化进程中均逐步形成了合理的利率体系——简化的央行政策利率体系与丰富的货币市场利率体系。随着利率市场化的不断推进，我国央行政策利率市场化程度不断提高，货币市场利率体系不断丰富。

1. 央行政策利率体系市场化程度不断提高

央行政策利率体系由诸多政策利率构成，当前我国政策利率仍具有"二元"特征：一是"数量型"政策利率，主要包括法定存款准备金利率、超额存款准备金利率、人民币再贷款利率、再贴现利率。二是"价格型"政策利率，主要有人民币存贷款基准利率、央行正逆回购利率（包括短期流动性调节 SLO 利率）、央票发行利率以及常备借贷便利（SLF）利率、抵押补充贷款（PSL）利率、中期借贷便利（MLF）利率等。三是我国政策利率中市场化的利率（5 个）要多于管制化的利率（4 个，其中法定准备金和超额准备金利率在 2008 年 11 月以后无调整，再贷款和再贴现利率在 2012 年 12 月以后无调整，实际上其功能已基本被其他市场化的政策利率所替代，如最近两年发展的常备借贷便利 SLF 或抵押补充贷款 PLS 利率）。我国政策利率的品种、期限、定价及操作方式见表 10－6。对比各国关键政策利率选择经验，我国央行政策利率在利率品种和期限上已基本具备可供选择的关键政策利率。

表 10－6　　　　　　　我国政策利率体系构成及其特点

利率品种	操作标的期限	利率定价及操作方式	交易操作对手
再贷款利率	1 天至 1 年	央行指定	商业银行
再贴现利率	不超过 6 个月	央行指定	存款性金融机构及企业集团财务公司等非银行金融机构
法定存款准备金利率、超额存款准备金利率	—	央行指定	商业银行和存款性金融机构
存款基准利率	存款利率：活期至 5 年	央行制定或浮动	商业银行
贷款基准利率	贷款利率：6 个月以内至 5 年以上	央行制定或浮动	商业银行
央行正逆回购利率	1 天至 1 年等 9 个期限	采用市场化利率招标方式	银行（含外资）、证券公司、投融资公司

续表

利率品种	操作标的期限	利率定价及操作方式	交易操作对手
央票发行利率	3 个月至 3 年等 8 个期限	公开采用利率招标或价格招标方式	央行对公开市场业务一级交易商
自动质押融资利率	隔夜、日间	日间自动质押融资利率由再贴现利率减 0.27 个百分点确定；隔夜自动质押融资利率由再贴现利率加 7.20 个百分点确定	开展自动质押融资业务的存款类金融机构及其授权的分支机构（9 家）
短期流动性调节 SLO 利率	以 7 天期内短期回购为主（目前实施的有 1～5 天期限），遇节假日可适当延长操作期限	采用市场化利率招标方式	目前仅有 12 家银行
常备借贷便利 SLF 利率	隔夜、7 天、14 天、1～3 个月	利率水平根据货币调控需要；主要以抵押贷款方式发放；必要时也可采取信用借款方式发放	政策性银行及存款性金融机构
抵押补充贷款 PLS 利率	3 年	央行根据市场利率指定	政策性银行

2. 货币市场利率体系不断丰富

我国货币市场利率体系已基本实现市场化，有如下主要特点（见表 10－7）：一是利率品种从无到有，逐步丰富。先后形成了全国银行间同业拆借利率、各类市场回购利率、商业票据利率、短期融资券利率等，并在一些利率基础上培育（如从全国银行间市场成员中挑选出有代表性的交易对象形成 SHIBOR 报价利率）或衍生出其他利率（回购定盘利率、利率衍生产品）。二是利率定价市场化程度不断提高，主要表现为衍生品定价中市场化利率占比提高。2015 年我国金融市场人民币利率互换共交易 6.6 万笔，名义本金额 8.8 万亿元，其中以 7 天回购定盘利率、SHIBOR 定价的占比分别为 84.5% 与 15.1%，而以 1 年期存款基准利率定价的交易规模仅为 0.4%。

表 10－7　　　　我国货币市场利率体系构成及其操作

利率品种	操作标的期限	利率定价及操作方式	交易操作对手
全国银行间同业拆借利率 CHIBOR	隔夜到 1 年等 8 个期限	询价交易	商业银行

续表

利率品种	操作标的期限	利率定价及操作方式	交易操作对手
上海银行间同业拆借利率 SHIBOR	隔夜到 1 年等 8 个期限	银行团成员自主报价	信用等级较高的 16 家商业银行
银行间债券质押式回购利率	隔夜至 1 年等 11 个期限	询价交易	债券持有方、资金贷出方
银行间债券买断式回购利率	隔夜至 3 个月等 7 个期限	询价交易	融资方、融券方
回购利率的组合利率	隔夜、7 天、14 天	隔夜回购定盘利率、7 天回购定盘利率和 14 天回购定盘利率分别以这三个品种在每个交易日上午 9：00 到 11：00 的全部利率为计算基础获得	
商业票据利率	2～270 天	银行自主定价	企业

（二）央行利率调控能力不断提高

利率市场化进程中，我国利率调控大致经历了三个阶段："粗放式"的"单轨"模式（直接规定存贷款基准利率）、"半开放式"的"双轨"模式（存贷款基准利率及其浮动区间调控与再贴现利率调控结合）、"基本市场化"的"双轨"模式（央行正逆回购利率引导货币市场利率与存款基准利率浮动区间）。2015 年 10 月 26 日，央行宣布对商业银行、农村合作金融机构、村镇银行、财务公司等金融机构不再设置存款利率浮动上限，这标志着我国利率管制基本放开，历经 20 年的利率市场化改革迈出了关键一步，利率调控会更加倚重市场化的货币政策工具和传导机制。

一是央行政策利率体系已基本从"双轨"向"并轨"转换。作为政策利率之一的央行贷款基准利率已转变为市场化的贷款基础利率（LPR）[①]，后者成为信贷市场定价基准；作为调控票据市场的央行再贴现利率已不再起决定性作用，金融机构的贴现与转贴现定价已基本以 SHIBOR 为参考。二是市场化的政策利率地位逐步增强，货币政策调控已基本由"二元"转向"一元"，基本处在从"数量型"为主向"价格型"为主的过渡阶段。市场化的政策利率如正逆回购利率（包含 SLO 利率）对货币市场利率引导作用逐步加强。三是实

---

① LPR 不属于央行的政策利率，它对市场利率的影响类似于 SHIBOR 在货币市场的作用。

际操作中，"数量型"调控次数逐步减少。从政策调整的频率看，利率市场化初期（1994—2004 年），"数量型"工具调整频率（27 次）多于"价格型"工具（主要是存贷款基准利率）调整频率（9 次）；但利率市场化中后期（2005—2014 年），"价格型"工具（22 次）运用次数多于"数量型"（11次）；纵向对比看，"数量型"工具在利率市场化中后期调整次数逐步减少，而"价格型"工具调整次数逐步增加。从公开市场操作来看，一方面，操作方式上，公开市场操作的招标方式由最初以数量招标为主转变为目前以利率招标为主；另一方面，正逆回购的操作次数和利率变化频率在利率市场化中后期均有所提高。四是根据国内外宏观经济环境变化，多次创新货币政策调控。如2003 年 4 月，央行创造性地启动央行票据回收流动性，并成为长期运用的灵活管理流动性的有效工具。金融危机后，央行于 2009 年开始系统研究并试行宏观审慎管理。2011 年引入差别准备金动态调整制度，将信贷投放与宏观审慎要求的资本水平相联系[①]。2013 年 6 月发生"钱荒"后，通过运用各类新型利率调控手段来弥补"数量型"调控不足，如创设常备借贷便利（SLF）、短期流动性调节工具（SLO）、抵押补充贷款（PSL）、中期借贷便利（MLF）等，对稳定货币市场利率起到了至关重要的作用。

（三）利率传导机制基本通畅

政策利率能有效传导到其他市场利率（包括债券收益率、存贷款利率）和实体经济，是货币政策调控框架转型的必要条件之一。从国内最新的研究来看，马骏带领的课题组（2015）通过一系列的数据和事件分析、beta 分析、SVAR 模型、DSGE 模型对利率传导的有效性进行了详尽的实证分析，基本结论是我国短期利率的变化能够在一定程度上，通过债券市场和银行渠道传导至债券收益率和贷款利率，但传导效率低于发达国家和一些发展中国家。张辉和黄泽华（2011）[②] 认为，作为"准市场利率"的货币市场利率对部分实体经济变量有较强的解释能力，但对另外一部分宏观经济变量的波动的影响不显著。贺聪（2015）[③] 从微观领域研究了货币政策利率传导的有效性，结论显示，利率传导机制对于民营企业是通畅的，其投资对融资成本的敏感性远高于对融资约束的敏感性，但另一方面，国有企业对融资价格的敏感性还有待提高。

---

① 周小川：《新世纪以来中国货币政策的主要特点》，载《中国金融》，2013（2）。
② 张辉、黄泽华：《我国货币政策利率传导机制的实证研究》，载《经济学动态》，2011（3）。
③ 贺聪：《利率市场化与货币政策框架转型》，博士论文，2015。

近年来，随着利率调控的持续推进，以及社会总体市场化程度的发展，国内微观经济主体的利率敏感性和承受能力日益增强，为利率调控创造了条件和微观基础。一是银行资金定价能力逐步提高。从资产方看，贷款定价市场化程度在逐步提高。2013 年推出的贷款基础定价利率 LPR，正逐步成为银行贷款定价的参照利率。从负债方看，银行负债业务的市场化定价范围有所扩大。一方面，SHIBOR 定价对银行理财产品的引导作用逐步加强。另一方面，银行存款定价也在向市场化迈进。同业存款利率和同业存单利率已基本按同期限的SHIBOR 利率进行定价。二是企业投资对利率的敏感程度不断增强。随着股票市场、债券市场等直接融资市场的迅速发展，企业投资对利率的敏感性比过去单一依赖银行贷款时大大提高。据统计，本外币贷款增量占社会融资规模增量的比重由 2002 年的 95.5% 下降至 2015 年的 69.5%，而表外融资和直接融资占社会融资规模增量的比重由 2002 年的 2.6% 提高至 27.2%[①]。三是居民对利率敏感性较强的金融资产所持比重逐渐提高。西南财经大学中国家庭金融与研究中心调查数据显示，2011 年，股票所占比重已从 2002 年的不足 10% 提高至15.45%，基金占 4.09%，银行理财产品占 2.43%，债券占 1.08%。居民所持资产结构的变化，使居民对利率的敏感性更强。

二、我国利率调控机制建设的难点

总体来看，我国已具备实施利率调控的基本条件，但仍然存在诸多差距和不足，制约了利率调控的实际效果。

一是从政策利率看，我国政策利率体系品种已基本满足利率调控的要求，但短期限操作频率占比过低（见表 10 - 8）。目前我国已具备 10 余种政策利率工具，品种较为丰富，然而，具有市场代表性的正逆回购利率期限操作频率结构不合理。相比较而言，不论是美、日公开市场购买国债，还是加拿大、英国、印度、土耳其的央行正逆回购中短期操作频率占比均较高。与印度和土耳其央行正逆回购操作相比，从操作总次数看，我国明显偏低。截至 2015 年末，我国正逆回购总操作频率为 1205 次（包括短期流动性调节工具 SLO），分别为印度的 26.6%、土耳其的 16.4%。从期限操作频率占比看，我国短期限占比远低于印度和土耳其，7 天及以下占比仅为 28.4%，分别低于印度和土耳其66.8 个和 64.6 个百分点。

---

① 2013 年本外币贷款在新增社会融资规模中的占比仅为 54.8%，表外融资和直接融资占比分别为 29.8% 和 11.7%。

表 10 - 8 我国央行与印度、土耳其央行正逆回购操作频率比较

国家	总次数	1 天及占比	7 天及占比	7 天及以下占比	28 天及占比	其他期限
中国	1205	1/0.08%	329/27.3%	342/28.4%	375/31.1%	488/40.4%
印度	4526	2962/65.4%	148/3.3%	4310/95.2%	5/0.1%	211/4.7%
土耳其	7349	5608/76.3%	1015/13.8%	6838/93%	301/4.1%	210/2.9%

注：印度样本为 2001 年 4 月至 2015 年 12 月，我国与土耳其的样本均为 1999 年 10 月至 2015 年 12 月。根据各国央行网站整理。

二是从货币市场利率看，利率期限和品种均具备市场基准利率选择标准，但货币市场利率与交易结构有待进一步完善。从利率结构看，同一类交易性质的利率有多种，容易形成套利空间。如债券回购在银行间市场和证券交易所均可交易。以质押式回购为例，可分为银行间质押式回购利率、上海证券交易所质押式回购利率和深圳交易所质押式回购利率等 3 个利率。同一个交易对手可在不同的市场交易，容易形成套利。而大部分国家质押式回购仅 1 个唯一的利率，一些国家甚至将央行回购利率与市场回购利率统一，如加拿大从 1996 年起市场回购利率包含了金融机构与央行的回购交易。从货币市场交易结构看，拆借资金基本呈单一流向，表明我国商业银行尤其是中资大型银行普遍持有较高的超额准备金，而这些银行均属于 SHIBOR 利率报价成员，可能会形成垄断利率。目前，债券回购市场上，中资大型银行是资金的净拆出方，中资小型银行、证券及基金公司等其他金融机构是资金的拆入方；同业拆借市场上，中资大型和小型银行为资金的净拆出方，而证券及基金公司等其他金融机构是资金的拆入方。

三是我国仍缺乏一条完整光滑的基准收益率曲线。在发达经济体，国债收益率曲线是整个经济面的"脉搏"。我国目前国债收益率曲线尚不成熟。从国债发行看，我国国债的期限结构过于单一。截至 2015 年底，我国 1 年期以下国债占比仅为 22.1%，而美国、加拿大等国占比均在 70% 以上。从央行持有国债占其总资产比例看，与美国和加拿大等国比较，我国央行持有国债比例明显偏低（见表 10 - 9）。

表 10 - 9 2004—2015 年我国与美国、加拿大央行持有国债占总资产比例 单位：%

年份	2004	2005	2006	2007	2008	2009	2010	2011	2012	2013	2014	2015
中国	3.8	2.8	2.2	9.6	7.8	6.9	5.9	5.5	5.2	4.8	4.5	4.8
美国	88.3	87.5	89.1	84.4	21.2	34.7	41.9	57.1	57.0	54.8	54.7	54.9
加拿大	63.3	62.1	58.4	54.5	37.2	44.8	55.1	67.8	72.3	73.0	75.5	74.9

数据来源：根据经各国央行网站整理。

四是降低法定存款准备金率可能面临两难选择——短期内流动性过剩和货币市场利率波动幅度加大与长期内利率传导有效性提高之间的权衡。一方面,理论研究表明,从长期看,较低的存款准备金率有助于减少货币市场利率波动,提高利率传导的有效性(Woodfood,2001[①];胡海鸥,2006[②])。同时,部分国家的利率调控实践也表明,较低的准备金率甚至零准备金率在长期并未引起货币市场利率大幅波动,如印度2001—2014年的实证结果表明,存款准备金率降低1个百分点,隔夜拆借利率下降0.11个百分点。但另一方面,部分国家利率调控的实践表明,降低存款准备金率短期内可能会引起利率大幅波动。如在美联储1990年末降低法定准备金要求后,联邦基金利率连续几周大幅上升。同时,由于当前我国面临的国内外环境比20世纪90年代部分发达国家更为复杂,降低法定存款准备金率对我国的冲击可能会更大。从国际上看,主要体现在主要经济体非常规货币政策仍未完全退出;从国内看,我国 M_2 已处于历史高位。在国内外流动性整体充裕的背景下,即使逐步降低法定存款准备金率,在短期内也会释放大量流动性,加大我国央行流动性管理难度,从而可能引起货币市场利率大幅波动。

五是我国利率传导渠道仍有待进一步完善。尽管利率传导逐步呈现有效性,但与发达经济体相比,我国利率传导仍有很多障碍。又比如广泛诟病的国有企业、政府融资平台对利率不敏感的问题,在无形之中推高了市场无风险利率水平;比如部分金融产品刚性兑付问题,会导致市场风险定价缺失。上述种种因素会干扰利率调控机制的高效运行,拖延利率调控机制建设的顺利推进。马骏带领的课题组(2015)从计量角度对存贷比、贷款的数量限制、较高的存款准备金率、贷款主体的预算软约束、影子银行的监管套利等多方面造成的利率传导阻滞进行了实证研究,证实了现行体制存在的障碍。

综上所述,要实现利率市场化和真正的价格型调控,我国还有一长段路要走。所以,在未来较长时期中,我国的货币调控仍将是价格型调控和数量型调控相结合,并逐步从以数量型调控为主,转变为以价格型调控为主。为此,我们还需重视货币供应量指标,这也是本书写作的意义所在。

---

① Woodfood M. "Monetary Policy in the information Economy". NBER Working Paper, NO. 8674, Dec. 2001.

② 胡海鸥、季波、贾德奎:《"利率走廊"调控含义、机理与机制》,载《当代经济科学》,2006(1)。

第十一章　国际金融危机后非常规货币政策与货币供给

非常规货币政策思想最早起源于凯恩斯主义和货币主义对 20 世纪 30 年代大萧条和流动性陷阱的理论之争。20 世纪 90 年代后期以来，日本面临通货紧缩和低利率困境，日本央行于 2001 年 3 月 19 日首次实施量化宽松货币政策，在零利率下以对抗通缩和经济下滑。为期五年的量化宽松货币政策稳定了日本经济，扭转了日本长期通货紧缩的形势，促进了日本经济的复苏。这推动了非常规货币政策的理论研究与政策实践进入实质性阶段。本次国际金融危机爆发后，全球主要发达经济体的中央银行先后实施了大规模的非常规货币政策，关于非常规货币政策的讨论进入新阶段。

在常规的货币政策框架下，中央银行货币政策的中介目标通常包括短期利率与货币供给；而在应对金融危机的过程中，以美日欧为代表的发达经济体的中央银行采取非常规手段，例如量化宽松政策，通过大量购买长期国债与机构债券，达到降低长期利率的目的。此类政策极大地改变了中央银行资产负债表，造成其规模的扩张或结构的改变，以此促使长期利率下降和刺激经济快速复苏。

目前学术界对非常规货币政策的内涵尚无统一的定义。Borio（1997）、Nelson（2008）认为，中央银行的常规货币政策可称为利率政策，当受到"流动性陷阱"的约束而难以发挥作用时，中央银行就需要采取非常规货币政策，通过改变自身的资产负债规模与结构，直接对中长期利率甚至私人部门的投融资行为产生影响。Smaghi（2009）将非常规货币政策措施界定为中央银行为直接解决银行、个人和非金融类公司所面临的外部融资成本与供给问题而采取的政策措施。Borio、Disyatat（2009）将非常规政策称为"资产负债政策"，他们认为，资产负债政策重在对流动性总体水平及中长期利率直接产生影响。

综合各种含义以及非常规货币政策实施特点，可将其定义为：非常规货币政策是相对常规货币政策而言的，当利率达到零利率或者接近零利率水平时，经济状况陷入"流动性陷阱"，传统的货币政策对实体经济的影响不再明显或者基本失效，央行通过调整资产负债表结构或扩大资产负债表规模向市场注入流动性的行为，以缓解金融机构资金压力，以期达到稳定金融体系、刺激经济增长的目的。非常规货币政策最主要的方式是量化宽松。

目前有关非常规货币政策效果的研究普遍认为，非常规货币政策对于稳定金融市场作用明显，尤其是在降低市场利率、缩小利差方面起到了重要作用；但其是否对实体经济产生显著影响仍有待进一步论证。围绕本书的主题，本章仅就非常规货币政策与货币供给的关系展开论述。从非常规货币政策与货币供给的关系看，严格而论，非常规货币政策并不直接扩大货币供给而是创造基础货币——银行准备金。而且并不是所有的非常规货币政策均能创造基础货币，从基础货币的来源看，只有扩张央行资产负债表的非常规货币政策才能达到扩大基础货币的目的，如量化宽松货币政策。而且央行要实现量化宽松政策预定目标，还需将基础货币转化为货币供给，这既需要银行有贷款动力和能力，也需要市场有借贷需求。即短期内量化宽松政策并不必然带来货币供应量的大幅扩张。但在金融危机中，由于货币乘数大幅下降，量化宽松政策的确有助于稳定货币供给，这可以避免货币供应量更大幅度下滑，从而起到防止通货紧缩和刺激信贷复苏的作用。

第一节　非常规货币政策的理论基础

一、流动性陷阱

上世纪 30 年代的全球性大萧条，引发了学术界对大萧条成因以及复苏时期货币政策作用的分析。传统的凯恩斯主义者提出"流动性陷阱"理论，认为在经济衰退时期，由于投机动机的存在，当利率降低到零或接近于零的某一水平时，债券与货币完全可替代，公众不再投资而选择持有货币，货币需求的利率弹性趋于无穷大，货币当局无论发行多少货币，都会被人们储存起来，从而陷入"流动性陷阱"。凯恩斯主义进而认为，一旦短期名义利率达到零下限，央行无论怎样增加货币供应量，投资者都不会购买证券，货币政策对物价和投资、消费需求不产生任何影响，无法增加产出，货币政策失效。因此，在经济衰退时期，财政政策才是刺激总需求，拉动经济增长的可靠策略。这也是上世纪 30 年代大萧条中凯恩斯主义支持运用财政政策拉动经济复苏的理论基础。

然而，以弗里德曼为代表的货币主义学派对大萧条的成因给出了完全不同的解释。与凯恩斯学派侧重于利率研究不同，弗里德曼认为货币数量的变化才是研究货币对实体经济作用的关键所在。他认为，1930—1933 年间，在美联储的错误政策、金融恐慌和银行倒闭的共同作用下，美国的货币供应量减少了1/3。货币供应量下降才是导致大萧条期间经济不景气的主要原因，而通过宽松货币增加货币供应量，则可以作为扩张总需求、摆脱萧条的有效手段。

Paul Krugman（克鲁格曼，2000）[①] 进一步发展了"流动性陷阱"理论，提出了广义的"流动性陷阱"理论，即在名义利率已经降到零时，总需求仍然小于生产能力，此时可以认为该经济体已经陷入"流动性陷阱"。利率降到一定点时，人们仍然选择将钱存入银行，以至于储蓄总量超过充分就业所需要的量，但又不能通过金融机构完全转化为投资。因此导致总需求不足的原因不是投机性货币需求的利率弹性无限大，而是预防性货币需求的利率弹性无限大。克鲁格曼引入预期因素，认为如果消费者预期到未来收入会因为经济衰退而下降，从而预防性地增加储蓄，减少现期消费。特别是，如果经济衰退严重打击人们的信心，人们不会增加对债券、股票、房地产等资产的需求，即使短期利率为零而长期利率仍将很高。预期的"自促成"效应使预期真正实现，形成恶性循环，流动性陷阱的本质实际上是"信心"或"预期"问题。预期的引入对古典流动性陷阱是一个重要修正，即对未来通货膨胀的预期可以打破名义利率不能小于零的约束，使实际利率下降，从而推动经济重新达到均衡。Paul Krugman（克鲁格曼，1998）[②] 认为日本在 20 世纪 90 年代就陷入了"流动性陷阱"，并强烈支持用量化宽松货币政策来应对。

二、流动性陷阱下的货币政策手段

不管是否存在流动性陷阱，在零利率情况下，货币政策传导都存在着很大的困难。但不少研究认为，即使短期名义利率为零，货币政策仍可以发挥重要的作用，而且也必须发挥不可推卸的作用，量化宽松货币政策就是其中的一种选择。根据弗里德曼对大萧条的研究，美联储在大危机前后的失误导致了货币政策过分紧缩，并且长时间忽视银行部门存在的问题，引起了物价下跌和随后的产出下滑，弗里德曼由此得出货币紧缩是大萧条的罪魁祸首。包括克鲁格曼

---

① Krugman, R. P.，《对流动性陷阱的思考》（Thinking About the Liquidity Trap），Journal of the Japanese and International Economies，2000 年第 14 期，221－237 页。

② Krugman, R. P.，《日本衰退和重返流动性陷阱的背景》It's back：Japan's Slump and the Return of the Liquidity Trap，《布鲁斯金经济活动论文集》（Brookings papers on Economic Activity），1998 年第 2 期，137－205 页。

在内的经济学家基本达成共识，在低利率的条件下，货币政策必须继续发挥作用，应该增加货币供应量，不能任由货币供应量下降。

前美联储主席伯南克（Ben Bernanke）是量化宽松货币政策的重要推手，他认为对付危机必须加大货币供应量。在零利率条件下，传统货币政策的替代方法是：（1）央行向投资者保证未来的利率将比投资者预期的要低，从而改变投资者预期，降低长期利率；（2）改变中央银行资产负债表的资产结构，如购买长期债券，甚至股票，引导其他投资者跟随购买，如果短期债券和长期债券等各种资产之间不是完全替代的话，这样做将可以降低长期利率；（3）增大中央银行资产负债表的规模，使其规模大大超过维持零利率所需的水平。这样，中央银行仍然可以在零利率的条件下，发挥货币政策的作用。这三项政策往往是相互补充的。

量化宽松货币政策主要有三种效应（Bernanke，2009）①。一是资产配置再平衡效应（Portfolio Rebalancing Effect）。央行向金融机构提供大量资金，以期金融机构将其运用于贷款、债券或股票投资，以刺激企业生产和居民消费。同时，如果各项资产之间不是完全可替代的，央行调整资产结构将使投资者重新调整自身的资产配置结构。二是预期效应或告示效应（Signaling Effect）。资金投放增加很可能使人们对景气的恢复产生期待，使人们走出悲观心理，促进消费和投资，特别是市场可以看到央行大量买入资产，比央行口头的承诺要更加实在。三是时间轴效应（Time－lag Effect）。在实施量化宽松货币政策中，很多中央银行都承诺在一定期限内保持稳定的低利率不变，根据利率期限结构理论，这样便可以保证市场价格的稳定，也可以促进消费和投资。总之，量化宽松货币政策通过这三种效应可望达到稳定金融体系，促进消费和投资，刺激经济增长的效果。

第二节　国际金融危机后美日欧等国非常规货币政策及其对货币供给的影响

美国次贷危机于 2008 年 9 月演变成全球金融危机。美联储先是创设诸如信贷拍卖机制、商业票据融资便利等多种流动性工具向市场注入流动性。其后随着雷曼兄弟的破产，次贷危机影响力扩大，2008 年 11 月 25 日美联储开始首

---

① 伯南克于 2004 年提出，并于 2009 年在华尔街日报（The Wall Street Journal）发表《美联储策略》（The Fed's Strategy）中系统阐述了这一理论。

轮量化宽松货币政策。随着国际经济金融形势的继续恶化，刚刚好转的日本经济再次陷入僵局，日本中央银行于 2009 年 12 月 1 日决定，为金融机构提供最多 10 万亿日元的 3 月期贷款，并于 2010 年 10 月宣布实施共计 35 万亿日元的资产购置计划，其后不断扩大资产购买计划，最终于 2014 年 10 月末宣布开始实施质化和量化宽松货币政策。而 2010 年以来欧洲主权债务危机不断恶化，利率传导机制不再有效，欧央行采取了非常规货币政策操作，主要工具包括证券市场计划（SMP）、担保债券购买计划（CBPP）、扩大长期再融资操作（LTRO）等资产购买计划，以确保部分失调的主权债市场的流动性和深度。尽管欧央行一直实行非常规货币政策，但通胀指数和预期仍然持续下降。2015 年 1 月 22 日，欧央行宣布推出欧版量化宽松货币政策。至此，美日欧这世界三大经济体均实施了量化宽松货币政策。

一、美国非常规货币政策及其对货币供给的影响[①]

在本轮危机救助过程中，美联储非常规货币政策工具采用了 Bernanke、Reinhart（2004）的三种方法。一是向金融机构等提供短期流动性的工具，如保证金融机构得到短缺信贷的信贷拍卖机制和保证一级交易商有资格获得窗口贴现工具等。二是向借款人和投资者直接注入流动性的工具，如购买商业票据和向货币基金市场提供流动性补充的工具，以及美联储和财政部联合推出的面向 3A 级资产支持贷款抵押证券的融资机制等。三是购买长期证券，主要是政府债券，以降低长期债券收益率。

（一）流动性救助（2008 年初至 2008 年 11 月）及第一轮量化宽松货币政策（2008 年 11 月至 2010 年 3 月）

1. 非常规货币政策内容及效果

尽管次贷危机在 2007 年初就初露端倪，到年中爆发，但直到 2008 年 9 月 15 日雷曼兄弟正式宣布申请破产保护，次贷危机才升级为全球性金融风暴（吴晓灵，2009）。因此，美联储在 2008 年 9 月之前并没有过多地通过流动性注入来应对危机，而是在总资产规模基本保持稳定的同时主要通过传统的利率政策来放松货币政策，以缓解危机造成的负面冲击。2007 年 8 月开始，美联储逐步下调联邦基金利率，从 5.25% 连续十次下调到 2008 年 12 月的 0 ~ 0.25%。

随着危机的不断加深，传统的中央银行货币政策工具作用开始显得很有

---

① 本部分与本书第三章第三节的个别内容重复，但两处内容侧重点有所不同。

限，仅仅靠利率政策已不足以解决危机冲击下诸多机构的流动性不足问题，美联储就开始通过创造资产来稳定金融体系。一是由于市场不确定性不断累积，交易对手风险加大，市场上各机构之间的拆借利率有所上升，即使联邦基金利率处于低位，也难以使市场利率下行。二是利用传统的公开市场业务给金融机构输入流动性的空间很小。公开市场业务标的主要是风险很低的国库券，而急需流动性支持的金融机构持有的更多的是风险较高的各种金融资产，无法通过中央银行的公开市场买入行为获得流动性支持。三是美联储传统的贴现窗口主要是面向存款性金融机构的。然而，在此次危机中，除了商业银行，保险公司、投资银行、共同基金等金融机构受到的冲击可能更大。因此，为稳定金融体系，中央银行必须向这些机构提供必要的流动性支持，一种是为处理这些金融机构出现的破产等情况提供资金，如贝尔斯登、雷曼兄弟等，一种是直接为这些机构注入流动性，如美国国际集团（AIG）等。在实现这些流动性注入的过程中，就形成了美联储资产负债表中诸多的新资产项目。

表 11-1　美联储创设的向金融机构和货币市场融资的主要政策工具

名称	创设时间	工具对象	主要内容
定期拍卖便利（TAF）	2007 年 12 月 12 日	面向存款类机构	通过招标方式向财务健康的存款类金融机构提供贷款，投标利率最高的机构将得到资金，以解决标准贴现窗口借款不活跃的问题。期限有 28 天、84 天和远期三种
短期证券借贷工具（TSLF）	2008 年 3 月 11 日	面向一级交易商	允许一级交易商以缺乏流动性的证券作抵押品与美联储的高流动性政府债券交换。抵押品的范围包括机构担保抵押支持债券、较高信用等级的住房抵押支持债券和其他资产支持债券等
一级交易商融资便利（PDCF）	2008 年 3 月 16 日	面向一级交易商	允许一级交易商像存款类金融机构那样通过贴现窗口借款。资金数量取决于交易商的需要，且利率固定不变
货币市场共同基金流动性工具（AMLF）	2008 年 9 月 19 日	面向存款类机构和银行控股公司	以贴现率向存款机构和银行控股公司提供无追索权贷款，供其从货币市场共同基金购入商业票据
商业票据融资便利（CPFF）	2008 年 10 月 7 日	面向票据发行机构	通过特殊目的载体（SPV）从符合条件的商业票据发行机构购买评级较高的资产抵押商业票据和无抵押商业票据，为商业银行和投资银行等大型商业票据发行者提供流动性支持。此举开创了美联储直接向企业贷款的先河

续表

名称	创设时间	工具对象	主要内容
货币市场投资者融资便利（MMIFF）	2008 年 10 月 21 日	面向货币市场投资者	美联储授权纽约联邦储备银行向一系列特殊目的公司（SPV）提供优先担保融资，促使 SPV 从合格投资者手中购买美元定值存单和商业票据等合格资产。MMIFF 旨在增加货币市场投资者的流动性，增强金融机构满足企业和居民贷款需求能力
定期资产支持证券信贷便利（TALF）	2008 年 11 月 25 日	面向有价证券持有和发行机构	向持有资产抵押证券的金融机构提供无追索权贷款，资产支持证券信贷便利的范围包括住房贷款支持证券、企业设备贷款或租赁支持证券、交通工具租赁支持证券等

为刺激房贷市场，2008 年 11 月 25 日，美联储宣布了 6 000 亿美元的资产购买计划，包括购买 1 000 亿美元房地美、房利美以及联邦住房贷款银行发行的债券（GSE 债券）；此外，还从两房和吉利美（Ginnie Mae）购买最高达 5 000 亿美元的抵押贷款支持证券（MBS）。为进一步向市场提供充足的流动性，提振市场信心，避免投资者陷入抛售美国国债的"羊群效应"，2009 年 3 月 18 日，美联储宣布将在未来 6 个月内购买 3 000 亿美元长期国债，并准备再次购买 8 500 亿美元机构债（主要是两房担保的房产抵押债券）。通过购买资产向金融机构注入大量美元，美联储事实上已放弃了将联邦基金利率目标作为货币政策主要手段，这标志着美联储在正式实施量化宽松货币政策的道路上迈出了决定性的一步。

第一轮量化宽松政策的启动以美国第四大投行雷曼兄弟破产倒闭为直接背景，其主要目的是通过向市场提供流动性支持，以提振市场信心、平复金融市场恐慌情绪。2010 年 3 月第一轮量化宽松货币政策结束，美联储购买了 1.25 万亿美元的抵押资产支持证券、3 000 亿美元的美国国债和 1 750 亿美元的机构证券，累计金额为 1.725 万亿美元左右。从实际效果来看，第一轮量化宽松政策之后，美国金融体系有所企稳，量化宽松的目标初步达到。到 2010 年第一季度，美国经济增长率从一年前的 − 6.7% 增至 3.9%。2009 年 3 月到 2010 年 3 月的一年间，美股标普 500 指数上涨 37.1%，道琼斯工业指数也上涨 28%。

2. 美联储资产总额快速扩张，创设较多新的资产项目

2005 年至 2008 年 9 月之前，美联储的总资产[①]较为平稳，一直保持在 9 000亿美元左右的规模，上下波动幅度不超过 600 亿美元，但 2008 年 9 月以后，总资产规模开始快速跳升，于 2008 年 10 月末突破 2 万亿美元，2009 年第一季度略有下降，但其后一直在 2 万亿美元以上，到 2010 年 3 月末第一轮量化宽松结束时达到 23 484 亿美元，是 2008 年 9 月前的 2.5 倍。

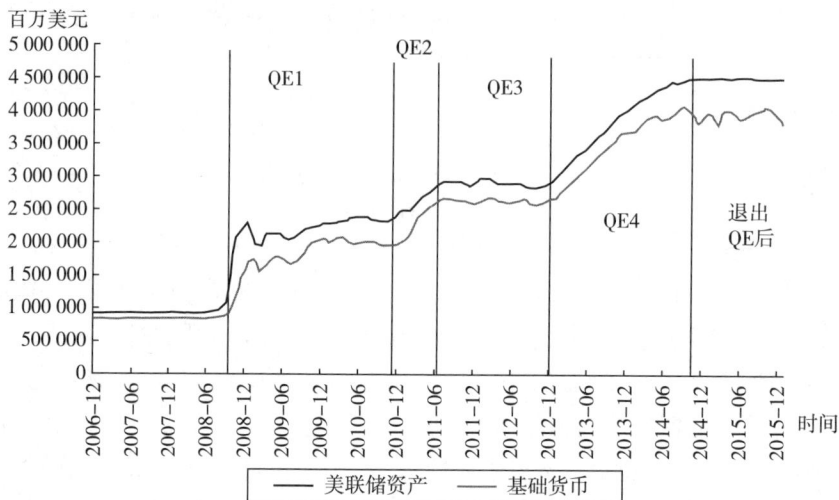

数据来源：美联储网站。

图 11 -1   非常规货币政策前后美联储资产和美国基础货币变化情况

从资产结构看，美联储资产主要是信贷和证券资产，占比一直在 95% 左右，其他资产的占比较低。其中，持有的证券大量增加，由量化宽松前的不足 5 000 亿美元快速提升至 20 144 亿美元，增长了 3.1 倍；占总资产的比重由 2008 年 11 月末的 22.8% 提高至 2010 年 3 月末的 85.8%，提高了 63.0 个百分点。其中持有国债由 2008 年 11 月末的 4 764 亿美元增至 2010 年 3 月末的 7 767亿美元，增加了 3 003 亿美元，占总资产的 33.1%，基本上均为中长期国债。持有的联邦机构债券由 2008 年 11 月末的 122 亿美元升至 2010 年 3 月末的 1 690 亿美元，而持有的抵押贷款支持债券（MBS）则由 0 增至 2010 年 3 月末的 10 687 亿美元，两项资产合计由量化宽松前的几乎为零增至 12 377 亿美元，占总资产的 52.7%。

此外，为解决特定机构流动性问题的资产也出现较快增长。如定期拍卖便

---

① 由于美联储资产负债表按周统计，因此本章的月末数据均采用第四周的数据。

利，在次贷危机高峰时期（2008 年第四季度至 2009 年第一季度）达到峰值 4 931 亿美元，占总资产的 22.5%，其后逐步呈下降趋势，到 2010 年 4 月初余额降至 0。商业票据融资便利在 2009 年 1 月初达到 3 505 亿美元的高位后持续下降，在 2010 年 4 月末降至 1 亿美元以下并最终在 2010 年 8 月末余额降至 0。美联储的资产负债表中持有的 Maiden Lane①、Maiden Lane II LLC 和 Maiden Lane III LLC 三家公司的资产在 2008 年底合计高达 752 亿美元，其后呈小幅下降趋势，2010 年 3 月末下降至 649 亿美元。此外，向一级交易商提供的贷款便利、定期资产支持证券信贷便利等也都成为美联储资产的主要来源，前者在 2008 年 10 月末最高达到 1 107 亿美元，后者在 2010 年 3 月中旬最高达到 482 亿美元。美联储在 2007 年 12 月推出的中央银行流动性互换资产在 2008 年 12 月达到 5 831 亿美元高峰后持续下降，到 2010 年 2 月降为零。

3. 基础货币快速扩张，但货币供给并未明显上升

在此阶段，美国基础货币快速扩张，从 2008 年 9 月以前的不足 9 000 亿美元增至 2010 年 3 月末的 20 796 亿美元，增长了 1.5 倍，而同期货币供应量并没有明显增长，M_1、M_2 分别从 2008 年 8 月末的 14 009 亿美元、77 131 亿美元增至 2010 年 3 月末的 17 288 亿美元和 85 433 亿美元，仅分别增长 23.4% 和 10.8%。这表明货币乘数出现了明显下降，M_1、M_2 货币乘数分别由 2008 年 8 月的 1.65 倍和 9.10 倍降至 2010 年 3 月末的 0.83 倍和 4.11 倍，下降了一半以上。所以，虽然美联储资产快速扩张，但由于货币乘数下降，整体上信用规模并没有明显扩张。货币乘数的大幅度下降反映了银行业剧烈的去杠杆化过程，货币乘数下降背后不仅有商业银行惜贷的因素，也有信贷需求不足以及信贷周期等因素。

据美联储数据，2010 年 3 月末美国所有商业银行贷款和租赁比 2008 年 9 月末下降 2.2%。即虽然美联储和财政部向银行体系注入了庞大的资金，但是银行却宁愿将这部分资金以超额准备金的形式存放在美联储，此时货币政策传导并未立即奏效。

---

① 为了妥善处理注入贝尔斯登、AIG 等具有系统重要性的金融机构的破产，美联储启用美联储法案（Federal Reserve Act）10b5 条款（即紧急预防条款），亲自入市，收购部分资产，为其提供融资。2008 年 3 月，摩根大通收购贝尔斯登时，美联储成立了一家名为 Maiden Lane 的有限责任公司，旨在收购因风险过高不能被完全重组的部分资产并对其实施管理。2008 年 6 月 26 日，纽约联储银行对该公司贷款 288 亿美元，因此，从 2008 年 7 月起，这家公司资产也以公允价值计价列入美联储的资产负债表。此后，为了支持美国国际集团的重组，美联储先后成立了 Maiden Lane II LLC 和 Maiden Lane III LLC 两家公司，用于收购 AIG 的 MBS 和 CDO。

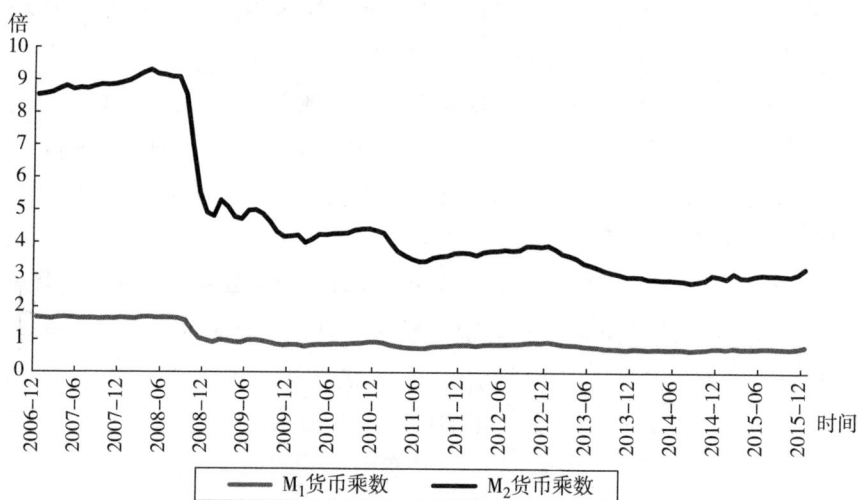

数据来源：美联储网站。

图 11 - 2　第一轮量化宽松货币政策前后美国货币乘数变化情况

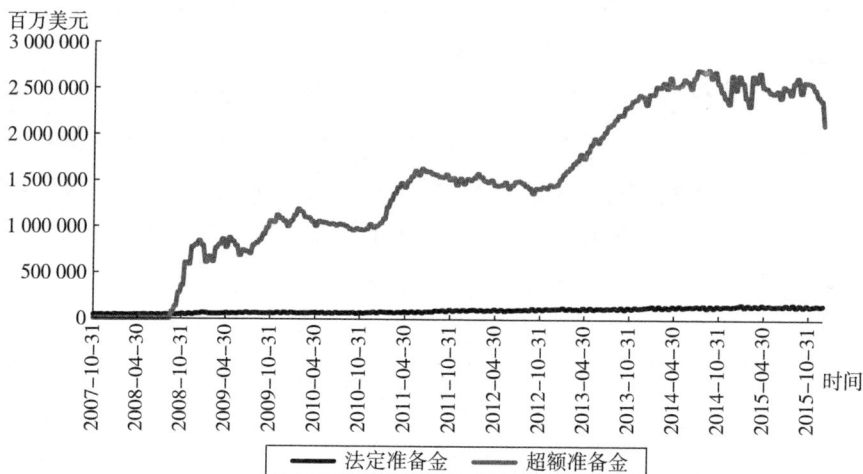

数据来源：美联储网站。

图 11 - 3　非常规货币政策前后美国存款准备金变化情况

（二）第二轮量化宽松货币政策及其对货币供给的影响（2010 年 11 月至 2011 年 6 月）

在一系列政策刺激下，美国 GDP 环比增速从 2009 年第三季度开始恢复正增长，到 2010 年第三季度已经连续 5 个季度增长，但回升势头有减弱趋势，

GDP 环比增速下降，且失业率居高不下，经济出现了通货紧缩的迹象，美国经济的复苏前景依然存在不确定性。

2010 年 11 月 3 日美联储推出第二轮量化宽松政策：在 2011 年 6 月末前购买 6 000 亿美元美国长期国债，并维持 0 ~ 0.25% 的现行联邦基金利率不变。从这一阶段开始，美国的量化宽松货币政策目标从第一轮的稳定金融体系变为通过压低长期利率刺激实体经济。

在此期间，美联储通过大量购买长期国债，促进资产规模再次扩张，资产总额由 2010 年 10 月末的 23 376 亿美元上升到 2011 年 6 月末的 29 094 亿美元，上升了 5 718 亿美元。其中持有的国债从 8 378 亿美元增至 16 171 亿美元，增持了 7 793 亿美元①，但联邦机构债减少 330 亿美元，抵押贷款支持债券（MBS）减少 1 421 亿美元。同期，基础货币由 2010 年 10 月末的 19 617 亿美元增至 2011 年 6 月末的 26 485 亿美元，提高了 6 868 亿美元。

从资产结构看，国债占总资产的比重从 35.8% 上升到 55.6%，提高 19.8 个百分点；联邦机构债占总资产的比率从 6.4% 下降到 4.0%，下降 2.4 个百分点；MBS 占总资产的比率从 45.0% 下降到 31.2%，下降 13.8 个百分点。

货币乘数继续下降，但下降的幅度有所减缓。M_1、M_2 货币乘数分别从 2010 年 10 月末的 0.9 倍、4.42 倍降至 2011 年 6 月末的 0.74 倍、3.43 倍。货币供应量增速有所回升，2011 年 6 月末，M_1、M_2 同比增速达到 12.8% 和 5.9%，分别比 2010 年 10 月末提高 6.6 和 2.5 个百分点，并在其后一个季度延续了走高态势。

（三）扭曲操作（2011 年 9 月至 2012 年 12 月）和第三轮量化宽松货币政策（2012 年 9 月至 12 月）

经过前两轮的量化宽松货币政策，美国经济并没有明显的起色，失业率连续 8 个月维持在 9% 左右的水平，更重要的是欧洲陷入债务危机的泥沼，加重了美国经济复苏的难度。当量化宽松政策效微力乏时，2011 年 9 月美联储推出了扭曲操作（Operation Twist，OT）：在 2012 年 6 月末之前购买 4 000 亿美元的 6 年期至 30 年期国债，并同时出售同等规模的 3 年期或更短期国债。通过买入长期国债，推低长期利率，从而推低与长期利率挂钩的贷款利率，刺激企业中长期投资和居民房地产消费意愿，以此促进经济增长。扭曲操作不会引

---

① 根据 2010 年 11 月 3 日联储通过的第二轮量化宽松货币政策的决议，国债的计划购买总量为 6 000 亿美元。但 QE2 实际实施期间，联储增持的国债规模约为 7 800 亿美元。比计划多增持的部分主要是用以弥补同期机构债和 MBS 持有量的减少。

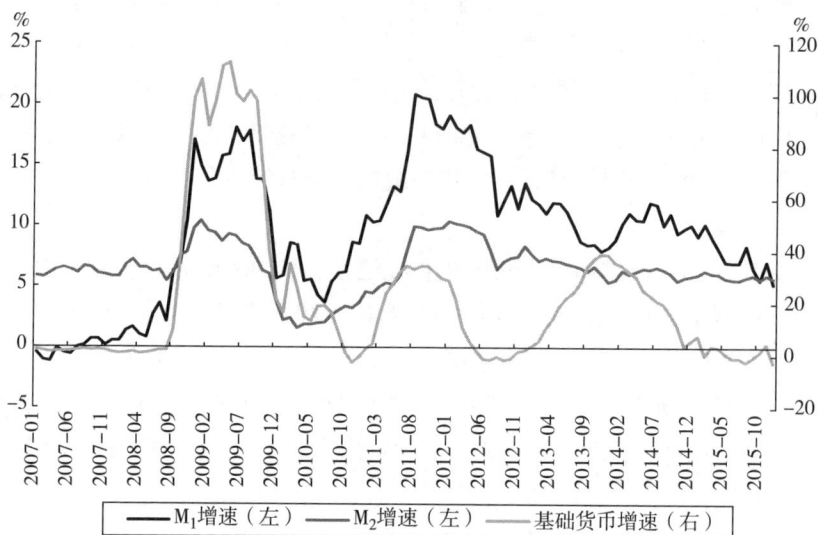

图 11-4 非常规货币政策前后美国货币供应量和基础货币增速

起美联储资产负债表扩张，有助于避免通胀上升。2012 年 6 月 21 日，由于就业状况仍然欠佳，美联储决定将已经到期的 OT 延期至年底。通过扭曲操作，美国中长期利率出现明显下降，30 年期国债实际收益率由 2011 年 8 月的 1.18% 降至 2012 年 12 月的 0.41%。

经济增长的乏力及不稳定，促使美国政府再次出台量化宽松货币政策。2012 年 9 月 13 日，美联储公布了"第三轮量化宽松政策"（QE3），其基本内容和目标是通过每月购买 400 亿美元的抵押贷款支持债券，直至就业市场明显持续改善；同时继续执行卖出短期国债、买入长期国债的"扭曲操作"到 2012 年底，并将超低的联邦基金利率维持至 2015 年中。与以往有限期的计划不同，本次资产购买计划不设具体结束时间，采取行动直到经济改善。扭曲操作和购买抵押贷款支持证券使得美联储每月购买的长期债券达到 850 亿美元。

QE3 出台的目的是刺激经济，增加就业。QE3 的推出给企业带来了信心，制造业新订单开始增多，经济疲软状态开始改变。2012 年 9 月美国供应管理协会的国内工厂活跃指数从前一个月的 49.6 上升至 51.5；该月非农岗位增加 11.4 万个，失业率下降到 7.8%，为 2009 年以来最低。

这一阶段美联储资产并没有明显扩张。美联储资产从 2011 年 8 月末的 28 976 亿美元略增至 2012 年 12 月末的 29 491 亿美元，仅增长 515 亿美元。但资产结构出现了一些变化，国债总额保持稳定，仅增加 48 亿美元，其中扭曲操作使短期国债在 2012 年 8 月降至零，中长期名义国债增加 138 亿美元，中长期通胀指数国债增加 79 亿美元。同时，持有的联邦机构债券出现下降，由 2011 年 8 月末的 1 098 亿美元下降至 2012 年 12 月末的 768 亿美元，下降了 330 亿美元。抵押贷款支持债券在扭曲操作期间基本保持在 8 500 亿美元左右，但第三轮量化宽松货币政策出台后出现了持续增长，由 2012 年 9 月末的 8 350 亿美元增至 2012 年 12 月末的 9 266 亿美元，增加了 916 亿美元。

在此阶段，由于资产规模仅小幅扩张，基础货币基本无变化，2011 年 8 月末为 26577 亿美元，而 2012 年 12 月末为 26 759 亿美元。但货币乘数明显回升，M_1、M_2 货币乘数分别由 2011 年 8 月末的 0.79 倍、3.55 倍回升至 2012 年 12 月末的 0.94 倍、3.92 倍。货币供给量相应扩大，M_1、M_2 总量分别由 2011 年 8 月末的 21 008 亿美元、94 257 亿美元提高至 2012 年 12 月末的 25 054 亿美元、105 001 亿美元；货币供应量增长相对稳定，2012 年 12 月 M_1、M_2 同比增速分别为 13.5% 和 8.4%。

（四）第四轮量化宽松货币政策（2013 年 1 月至 2014 年 10 月）

由于第三轮量化宽松货币政策中的"扭曲操作"在 2012 年底到期，为了维持必要的国债购买规模，解决美国"财政悬崖"问题，2012 年 12 月 12 日，美联储量化宽松政策再次升级，即在原有每个月购买 400 亿美元机构抵押贷款支持债券的基础上，从 2013 年 1 月起，每个月再购买 450 亿美元的长期国债，从而使得美联储每个月的资产购买量扩大到 850 亿美元。第四轮量化宽松货币政策并非纯正意义上的新一轮量化宽松，是对第三轮量化宽松货币政策的补充。从 2014 年 1 月开始，美联储开始以每月 100 亿美元的速度削减资产购买规模。由于经济逐步复苏，失业率降至 6% 以下，2014 年 10 月 29 日，美联储宣布于 10 月结束资产购买计划，为六年前开始实施的量化宽松货币政策画上句号，同时明确下一步政策重点将转向加息，并最终在 2015 年 12 月 16 日宣布上调利率至 0.25%~0.5%。

这一阶段，美联储资产规模扩张较快，由 2012 年 12 月末的 29 491 亿美元增至 2014 年 10 月末的 45 305 亿美元，增加了 15 814 亿美元。从结构看，国债同期增加了 8 047 亿美元，抵押贷款支持债券增加了 7 913 亿美元。截至 2014 年 10 月末，国债占总资产的 54.9%，比 2012 年 12 月末下降 2.3 个百分点；抵押贷款支持债券占总资产的 37.9%，比 2012 年 12 月末提高 6.5 个百分点。

随着美联储资产的扩张，基础货币也出现了明显提升，由 2012 年 12 月末的 26 759 亿美元增至 2014 年 10 月末的 40 015 亿美元，增加了 13 256 亿美元。同期，货币乘数持续呈小幅下降趋势，2014 年 10 月末 M_1、M_2 货币乘数分别为 0.71 倍和 2.87 倍。M_1、M_2 分别由 2012 年 12 月末的 25 054 亿美元和 105 001 亿美元增至 2014 年 10 月末的 28 604 亿美元和 114 964 亿美元，分别增加了 3 550 亿美元和 9 963 亿美元。

总体来看，本次金融危机期间，美国的量化宽松政策促使基础货币从 2007 年 8 月的 8 296 亿美元扩张到 2014 年 10 月的 40 015 亿美元，扩张 382%，平均月同比增速为 27.1%；M_1 乘数、M_2 乘数分别从 1.65 倍、8.82 倍下降至 0.71 倍、2.87 倍，分别下降 57% 和 67%；同期 M_1 和 M_2 分别扩张 108% 和 57%，平均月同比增速分别为 10.3% 和 6.6%。

下面我们分析各因素变化对广义货币供应量变化的贡献度。根据美国 M_2 的定义：

$$M_2 = C + D' + F \tag{11-1}$$

其中，M_2 为广义货币供应量；C 表示非银行公众持有的通货；D' 表示包含在 M_2 之中的全部存款（包括活期存款、其他支票存款、非银行发行的旅行支票、储蓄存款和小额定期存款等）；F 表示包括在 M_2 内的零售货币市场基金。

同时，$M_2 = m_2 \times B$ $\tag{11-2}$

其中，m_2 为广义货币供应量的乘数；B 为基础货币，由通货加准备金（R）组成，即 $B = C + R$。

对式（11-2）求自然对数，得到

$$\ln M_2 = \ln B + \ln m_2 \tag{11-3}$$

代入第四章第一节的公式（4-10）$\ln m_2 = \ln\left(1 + \dfrac{C}{D'} + \dfrac{F}{D'}\right) - \ln\left(\dfrac{C}{D'} + \dfrac{R}{D'}\right)$，得到

$$\ln M_2 = \ln B + \ln\left(1 + \frac{C}{D'} + \frac{F}{D'}\right) - \ln\left(\frac{C}{D'} + \frac{R}{D'}\right) \tag{11-4}$$

再对式（11-4）求时间导数：

$$\frac{\mathrm{d}\ln M_2}{\mathrm{d}t} = \frac{1}{B}\frac{\mathrm{d}B}{\mathrm{d}t} + \frac{1}{1 + \dfrac{C}{D'} + \dfrac{F}{D'}}\left(\frac{\mathrm{d}\left(\dfrac{C}{D'}\right)}{\mathrm{d}t} + \frac{\mathrm{d}\left(\dfrac{F}{D'}\right)}{\mathrm{d}t}\right) - \frac{1}{\dfrac{C}{D'} + \dfrac{R}{D'}}\left(\frac{\mathrm{d}\left(\dfrac{C}{D'}\right)}{\mathrm{d}t} + \frac{\mathrm{d}\left(\dfrac{R}{D'}\right)}{\mathrm{d}t}\right)$$

$$= \frac{1}{B}\frac{\mathrm{d}B}{\mathrm{d}t} + \left(\frac{1}{1 + \dfrac{C}{D'} + \dfrac{F}{D'}} - \frac{1}{\dfrac{C}{D'} + \dfrac{R}{D'}}\right)\frac{\mathrm{d}\left(\dfrac{C}{D'}\right)}{\mathrm{d}t} + \frac{1}{1 + \dfrac{C}{D'} + \dfrac{F}{D'}}\frac{\mathrm{d}\left(\dfrac{F}{D'}\right)}{\mathrm{d}t} - \frac{1}{\dfrac{C}{D'} + \dfrac{R}{D'}}\frac{\mathrm{d}\left(\dfrac{R}{D'}\right)}{\mathrm{d}t}$$

$$\tag{11-5}$$

式（11-5）的左边表示 M_2 的变化率，等式右边的四项分别代表基础货币的变化率、通货比率（C/D'）的变化率、零售货币市场基金比率（F/D'）的变化率和准备金比率（R/D'）的变化率对 M_2 变化率的作用。

利用以上等式，我们运用统计手段，检验分析本次国际金融危机期间各决定因素在 M_2 变化中的作用。测算结果表明，基础货币、通货比率、零售货币市场基金比率和准备金比率对 M_2 变化率的贡献度分别为 290%、2%、-22% 和 -170%。美联储的量化宽松货币政策使基础货币大幅扩张，对促进货币供应量平稳增长起到了关键作用。

本次国际金融危机中美联储采用量化宽松政策保持货币供应量平稳增长，这与大萧条期间美联储放任货币紧缩形成鲜明对比。大萧条期间美国货币供应量下降 35%，其中高能货币的贡献率仅为 -37%[①]。

目前学术界对量化宽松政策对实体经济的影响尚未达成一致意见，但学术界在大萧条研究中得出的结论是"货币很重要"。经济学家基本达成共识，应对经济危机，货币政策必须继续发挥作用，应该增加货币供应量，不能任由货币供应量下降。实践证明，量化宽松货币政策的确有助于稳定货币供给，这可以避免货币供应量更大幅度下滑，从而起到防止通货紧缩和刺激信贷复苏的作用。

（五）美联储退出量化宽松货币政策（2014 年 11 月至今）

美联储退出量化宽松货币政策后，资产总额保持平稳，维持在 4.5 万亿美元左右。截至 2015 年 12 月末，美联储资产总额为 45 320 亿美元，仅比 2014 年 10 月末多 15 亿美元。资产结构也基本保持平稳，持有国债 24 616 亿元，占总资产的 54.3%；持有抵押贷款支持债券 17 475 亿元，占总资产的 38.6%，两项资产合计占总资产的 92.9%。

基础货币从 2014 年 10 月末的 40 015 亿美元降至 2015 年 12 月末的 38 358 亿美元，下降了 1 657 亿美元，主要是美联储用逆回购协议进行了对冲，此期间逆回购增加了 2 618 亿美元。但由于美国经济持续复苏，货币乘数有所提高，M_1、M_2 乘数分别由 2014 年 10 月的 0.71 倍、2.87 倍提升至 2015 年 12 月的 0.82 倍、3.23 倍。在基础货币略微下降的背景下，货币乘数提高促使 M_1 和 M_2 仍有所提升，分别由 28 604 亿美元、114 964 亿美元提高至 31 416 亿美元和 123 857 亿美元，2015 年 12 月 M_1 和 M_2 同比增速分别为 5.2% 和 5.7%，继续保持平稳增长。

---

① 米尔顿·弗里德曼、安娜·J. 施瓦兹：《1867—1960 年的美国货币史》，中文版，192-193 页，北京，北京大学出版社，2009。

二、日本量化宽松货币政策及其对货币供给的影响

在 2008 年的全球金融危机中，日本经济再受重创，从 2008 年第二季度开始连续四个季度负增长。消费者价格指数自 2009 年 2 月以来持续负增长。日本再次面临经济衰退的困境。在此背景下，日本银行于 2010 年 10 月公布了新一轮的资产购置计划，也就是说，事实上日本新一轮量化宽松货币政策是在安倍上台之前就已经开始实施了。安倍上台之后，日本银行分别于 2013 年 1 月和 4 月正式宣布扩大量化宽松的规模。

安倍上台前后，日本宽松货币政策的主要内容如下：在金融危机的大背景下，日本银行于 2008 年 10 月将银行间隔夜拆借目标利率由 0.5% 下调至 0.3%，于 12 月进一步下调至 0.1%；于 2009 年 12 月 1 日宣布将以 0.1% 的利率向金融机构提供总额约 10 万亿日元的 3 月期贷款，并于 2010 年 10 月宣布实施共计 35 万亿日元的资产购置计划，其后共七次上调资产购买计划至 101 万亿日元。

表 11 – 2   2008—2012 年日本银行主要货币政策

2008 年 12 月	将银行间隔夜拆借利率目标下调至 0.1%
2009 年 12 月 1 日	将以 0.1% 的利率向金融机构提供总额约 10 万亿日元的 3 月期贷款
2010 年 3 月 17 日	将银行间隔夜拆借利率目标维持在 0.1%，准备实施固定利息担保资金供给计划
2010 年 8 月 30 日	将银行间隔夜拆借利率目标维持在 0.1%，实施 6 个月的固定利息担保资金供给计划，以降低长期利率
2010 年 10 月 28 日	将银行间隔夜拆借利率目标下调至 0~0.1%，开始实施共计 35 万亿日元的资产购置计划
2011 年 3 月 14 日	将银行间隔夜拆借利率目标维持在 0~0.1%，追加新的资产购买计划，将总规模提高至 40 万亿日元
2012 年 2 月 14 日	将资产购置计划的规模提高至 60 万亿日元（将长期国债的购置规模由 9 万亿日元提高至 19 万亿日元）
2012 年 3 月 27 日	将资产购置计划的规模提高至 65 万亿日元（将长期国债的购置规模由 19 万亿日元提高至 29 万亿日元），将固定利息担保资金计划的规模由 35 万亿日元缩减至 30 万亿日元
2012 年 7 月 12 日	将资产购置计划的规模提高至 70 万亿日元，将固定利息担保资金供给计划的规模缩减至 25 万亿日元

续表

2012 年 9 月 19 日	将资产购置计划的规模提高至 80 万亿日元
2012 年 10 月 30 日	将资产购置计划的规模提高至 91 万亿日元
2012 年 12 月 20 日	将资产购置计划的规模提高至 101 万亿日元

2012 年 12 月日本新任首相安倍晋三上任后，推出了被称为"安倍经济学"的一系列大胆、激进的经济刺激政策，其中包括新一轮的量化宽松货币政策（作为"安倍经济学"的第一步，足见其在这一政策组合中的重要地位）。2013 年 1 月 22 日，日本银行决议进一步扩大宽松政策，主要出台了两项措施：第一，调整通货膨胀目标，将核心消费者价格指数的目标设定为 2%；第二，从 2014 年起实施新的资产购置计划，每月购买 13 万亿日元资产，该计划不设总额度限制和结束期限。

表 11 - 3　　　　　　　**2013 年 1 月日本银行公布的资产购置计划**　　　单位：万亿日元

资产类型		每月购置量
长期国债		2
国库贴现票据（短期国债）		10
其他资产	商业票据（CP）	1
	公司债券	
	交易所交易基金（ETFs）	
	日本不动产信托投资基金（J - REITs）	
合计		13

2013 年 3 月，黑田东彦接任日本银行行长，采取了更为激进的量化宽松货币政策。2013 年 4 月 4 日，日本银行决定提前实行开放式 QE，推行"质化和量化宽松货币政策"（Quantitative and Qualitative Monetary Easing），主要包括三个方面的内容：第一，为核心消费者价格指数 2% 的目标设定两年的达成期限；第二，把日本银行货币政策操作目标转向基础货币，以每年 60 万亿 ~ 70 万亿日元的速度增加基础货币，计划在两年内将基础货币规模扩大近一倍（由 2012 年末的 138 万亿日元扩大至 2014 年末的 270 万亿日元）；第三，丰富日本银行资产购置计划中的资产种类，每年分别购买 1 万亿日元交易型开放式指数基金（ETF）和 300 亿日元房地产投资信托基金（REIT），并推出新的国债购置计划，将包括 40 年期国债在内的所有长期国债列入收购对象，并将国债的剩余期限从目前的不到 3 年延长至 7 年左右，大幅提高日本银行持有国债的存量和剩余期限。

表 11 - 4   2013 年 4 月日本银行公布的资产购置计划   单位：万亿日元

时间	长期国债（浮动利率债券和通胀指数债券除外）				浮动利率债券	通胀指数债券	合计
	剩余期限						
	1 年以内	1~5 年	5~10 年	10 年以上			
2013 年 4 月	0.11	2.1	3.05	0.8	0.14	0	6.2
2013 年 5 月起	0.22	3	3.4	0.8	0	0.02	7.44

注：该计划从 2013 年 4 月开始实施，日本银行为 4 月编制了单独的计划（6.2 万亿日元），从 2013 年 5 月起实施每月固定量（7.44 万亿日元）的资产购置计划。

政策初期的效果喜人，日元贬值，日本股市大幅上涨。但日元贬值并未带来出口增长，2013 年日本对外贸易创第二次石油危机以来最大赤字，其后日本提高了旨在控制预算赤字的消费税，导致日本经济疲软。特别是大宗商品价格下跌，对日本物价造成下行压力。2014 年 9 月剔除上调消费税影响的核心通胀率仅为 1%，低于预期目标。与此同时，9 月日本家庭支出较上年同期下降 5.6%，连续 6 个月表现疲软。在此背景下，2014 年 10 月 31 日，日本央行宣布追加货币宽松，进一步扩大正在实施的质化和量化宽松政策。主要内容包括：将每年的基础货币宽松规模从 60 万亿~70 万亿日元扩大至 80 万亿日元；进一步增购国债，从每年 50 万亿日元扩大至 80 万亿日元，同时延长国债的剩余期限，从 7 年延至 10 年。日本央行为刺激股市，还决定增加购买高风险的股市联动型基金，此后一年将购入 3 万亿日元的交易型开放式指数基金（ETF）和 900 亿日元的房地产投资信托基金（REIT）。

2015 年 12 月 18 日，日本央行宣布维持宽松货币政策不变，并将从 2016 年 4 月起新增一项每年 3 000 亿日元的 ETF 购买计划，并将持有国债的剩余期限由此前的 10 年延长至 12 年。

从日本银行资产负债表看[①]，2010 年 10 月实施资产购买计划以前，日本银行总资产基本保持低速增长，2009 年部分月份出现负增长。2011 年 3 月后，增速明显加快，达到 10% 以上，2011 年末增速达到 11.1%。但 2012 年增速放缓，部分月份负增长，2012 年 12 月增速为 10.7%。2012 年 12 月末，日本央行资产余额为 158 万亿日元，比 2010 年 10 月末增加 37 万亿日元。从结构看，政府债券占比出现明显提升，持有额由 78 万亿日元提高至 114 万亿日元，增长了 46.4%，占总资产的比重由 64% 提高至 71.8%，提高了 7.8 个百分点。商业票据、公司债券在 2010 年 12 月后出现快速增长，其中商业票据余额由

---

① 日本银行资产负债表按周编制，月末数据采用当月第四周数据。

2010 年 11 月为零增至 2012 年 12 月末的 2.05 万亿日元，占总资产的 1.3%；公司债券余额由 2010 年 10 月的 82.27 亿日元增至 2012 年 12 月的 2.92 万亿日元，占比由 0.01% 提高至 1.8%。日本央行持有的交易型开放式指数基金（ETF）和房地产投资信托基金（REIT）则从无到有，2012 年 12 月末余额分别为 1.47 万亿日元和 1108 亿日元，分别占总资产的 0.9% 和 0.1%。

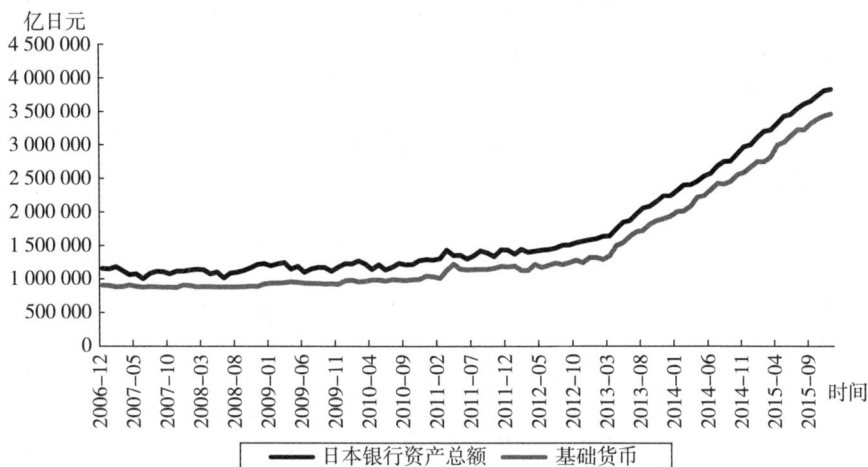

数据来源：日本银行网站。

图 11-5　非常规货币政策前后日本银行资产及基础货币变化情况

在正式实施质化和量化宽松货币政策后，日本银行资产规模出现明显跃升。2013 年 4 月资产增速达到 23.7%，其后逐步攀升，在 2014 年 2 月达到 47.0%，其后波动下降，2015 年 12 月末增速仍达到 27.6%。2015 年 12 月末，日本银行资产 383 万亿日元，是政策前 2013 年 3 月的 2.3 倍。从结构看，政府债券比重持续提升，持有额由 2013 年 3 月的 125 万亿日元提高至 2015 年末的 325 万亿日元，占比由 76.3% 提升至 84.8%；交易型开放式指数基金（ETF）和房地产投资信托基金（REIT）持有额分别由 2013 年 3 月的 1.54 万亿日元和 1175 亿日元提高至 2015 年末的 6.90 万亿日元和 2696 亿日元，占比在 2015 年末分别达到 1.8% 和 0.1%。

由于基础货币是日本银行货币政策的操作目标，因此基础货币的规模可以作为衡量日本量化宽松货币政策实施进度的变量指标。数据显示，在 2010 年 10 月日本银行开始执行资产购置计划之后，日本的基础货币规模并没有明显扩大。基础货币月平均余额仅从 2010 年 10 月的 99 万亿日元提高至 2012 年 12 月的 132 万亿日元，两年多仅增加 33 万亿日元，略低于同期资产购买规模。

2013 年第一季度，日本基础货币甚至出现了小幅下降。直到 2013 年 4 月开始实施质化量化宽松货币政策，基础货币的规模才有了明显扩大，而且扩大的速度很快。2013 年 4 月，日本基础货币月平均余额达到 150 万亿日元，比 3 月提高 15 万亿元，比同期资产购买规模高 5 万亿日元，增速达到 23.1%。从 2013 年 5 月开始，基础货币增速达到 30% 以上，并在 2014 年 2 月达到 55.7% 的峰值，其后波动下降但仍保持较高增幅，至 2015 年末增速仍高达 29.5%。2015 年 12 月，日本基础货币月平均余额达到 346 万亿日元，是 2013 年 3 月的 2.6 倍。这表明 2013 年 4 月日本银行开始实施质化量化宽松货币政策之后，日本才真正进入了"量化宽松"的轨道，而之前的资产购买对基础货币扩张的影响不明显。

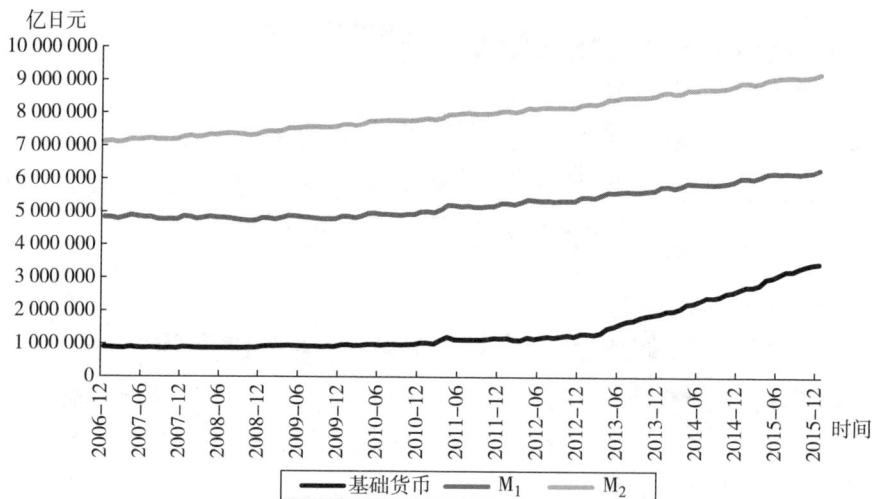

数据来源：日本银行网站。

图 11 – 6　非常规货币政策前后日本银行资产及基础货币变化情况

从货币供应量数据看，日本宽松货币政策对货币供给的影响并不是特别明显。在实施量化宽松货币政策之前，日本 M_2 月平均余额从 2010 年 10 月的 778 万亿日元增至 2012 年 12 月的 828 万亿日元，增加了 50 万亿日元，略大于同期基础货币扩张规模，但增速呈现波动下滑态势，由 2010 年 10 月的 2.8% 降至 2012 年 12 月的 2.6%。质化量化宽松货币政策实施后，M_2 增速出现快速提升，2013 年 4 月达到 3% 以上，之后持续提升，到 2014 年 1 月达到 4.3%，其后逐步回落至 2014 年 8 月的 3%，但在 2014 年 10 月扩大宽松政策后，又出现小幅回升。2015 年 12 月，日本 M_2 月平均余额为 922 万亿日元，是 2013 年 3

月的 1.1 倍，远低于同期基础货币的增长速度。

这说明日本量化宽松货币政策在实施过程中传导机制不畅通，宽松货币政策并没有带来信贷扩张。尽管 2010 年 10 月开始日本银行实施了宽松货币政策，但银行贷款总量不增反降，持续负增长直至 2011 年 8 月，其后贷款增速出现了小幅回升，但增速仍在 2% 以下。在 2013 年 4 月日本银行公布了质化量化宽松货币政策之后，银行贷款也基本保持稳定增长，并没有大幅提升，2015年 12 月末贷款增速也仅为 3.2%。量化宽松政策传导效果不佳的深层原因，在于日本在实施量化宽松期间受到了诸多负面冲击，泡沫经济破裂打击了日本金融机构，沉重的不良资产包袱增加了资金的预防性需求，而经济前景的悲观预期也降低了银行的放贷意愿和实体经济的借贷需求，信贷市场的调整使货币政策的传导受阻。

三、欧央行量化宽松货币政策及其对货币供给的影响

（一）采用各种非常规货币政策工具向市场注入流动性（2008—2014 年）

国际金融危机后，欧央行也加入了全球各大央行的降息行动，2008 年 10月 8 日，欧元区基准利率降低了 50 个基点至 3.75%。其后欧央行持续降息，至 2009 年 5 月基准利率下调为 1%。但由于信贷市场持续萎缩及债市不振，欧央行开始实行一系列非常规货币政策操作，主要政策工具包括长期再融资操作（LTRO）、担保债券购买计划（CBPP）、证券市场计划（SMP）、直接货币交易（OMT）等，目的是确保部分失调的主权债市场的流动性和深度，恢复货币政策传导机制的有效性。欧央行虽有短暂的加息举措，但债务危机的压力迫使其不得不于 2011 年下半年开始持续降息，并最终降至零利率。

1. 长期再融资操作（LTRO）。2008 年欧央行曾多次推出期限为 6 个月的LTRO，2009—2011 年进行了四次 1 年期的 LTRO。2011 年 12 月，为了应对不断恶化的欧债危机，欧央行首次推出了无限量的 3 年期长期再融资操作，以缓解欧洲银行业流动性几近枯竭的局面。第一轮 LTRO 为 523 家欧洲银行提供了4 892 亿欧元的 3 年期贷款。2012 年 2 月，欧央行再度出手，实施第二轮无限额 3 年期贷款招标，向欧元区 800 家银行提供了总额 5 295 亿欧元的资金。

2. 资产担保债券购买计划（CBPP）。2009 年 7 月，欧央行正式推出资产担保债券购买计划。该计划主要是通过欧央行和 16 个成员国央行直接购买以欧元计价的资产担保债券，总额度为 600 亿欧元。欧央行希望以此为资产担保债券市场提供有力支持，以增加私人债券市场的流动性，活跃融资环境，扩大

信贷规模。受欧元区主权债务危机的影响，2011 年 11 月，欧央行重启新一轮资产担保债券购买计划（CBPP2），额度为 400 亿欧元。尽管第二轮资产担保债券购买计划仅完成了 164 亿欧元，但为抵御通货紧缩、促进欧元区经济复苏，欧央行于 2014 年 10 月 20 日第三次启动资产担保债券购买计划（CBPP3）。

3. 证券市场计划（SMP）。证券市场计划主要是指欧央行直接购买政府和私人债券的行为。该计划于 2010 年 5 月正式启动，欧央行相继从希腊等重债国购买了大量政府债券，但随后中止了这一计划。2011 年 8 月，面对日益严峻的欧债危机，为稳定债券市场，缓解欧元区金融市场的紧张情绪，欧央行又重新启动证券市场计划，开始购买政府债券，并向欧元区成员国银行提供贷款。仅在第一周内，欧央行就购进了西班牙、意大利等重债国的政府债券 220 亿欧元。直到 2012 年 9 月，随着直接货币交易（OMT）的推出，证券市场计划才随之终止。

4. 直接货币交易（OMT）。面对欧元区经济复苏乏力，债市严重扭曲的现状，欧央行于 2012 年 9 月推出了直接货币交易（OMT）政策，希望通过该政策干预欧元区国债市场，抵御市场波动，起到保持物价稳定，维护欧元区金融市场稳定的效果。从客观上讲，欧央行此次推出的 OMT 政策是一种"无限量冲销式"购债计划，而且不为购债计划设定特定的收益率目标，即欧央行可以自行介入二级市场决定购买债券的起止期限，对债券购入数量不进行限制，但是会将购入的债券全部进行冲销。从某种程度上讲，欧央行推出的 OMT 政策本质上是对两年前实施的 SMP 政策的取代，其目的是期望通过直接介入债券市场帮助重债国度过债务危机，促进经济复苏。

从数据看，在启动资产担保债券购买计划以前，欧央行资产规模总体呈小幅下降趋势，由 2009 年初的 20 889 亿欧元降至 2009 年 6 月中旬的 17 197 亿欧元。其后欧央行开始实行资产担保债券购买计划，资产扩张至 2009 年 7 月初的 19 116 亿欧元，其后持续小幅波动。在启动证券市场计划后，欧央行资产升至 20 000 亿欧元以上，其后持续震荡波动。长期再融资操作对扩张欧央行资产负债表作用明显，2012 年 2 月第二轮长期再融资操作后，欧央行资产在 3 月初突破 30 000 亿欧元，其后持续在 30 000 亿欧元上下波动。但 2013 年以来出现明显下降趋势，2014 年 9 月一度跌回至 20 000 亿欧元以下。2014 年末[1]，欧央行总资产为 21 502 亿欧元。

---

① 欧央行资产负债表按周编制，月末数据采用第四周数据。

从货币供给看，欧元区广义货币供应量 M_3 增速自 2008 年以来持续下降，由 2007 年 11 月的 12.4% 逐步降至 2009 年 6 月的 3.6%。其后实施的非常规货币政策也未能阻止这一下滑趋势，2009 年 11 月 M_3 降至负增长，并连续 7 个月处于负增长状态。2010 年 6 月后欧元区广义货币供应量 M_3 增速走出负增长，并呈现小幅爬升的趋势，2012 年 11 月末达到 3.8%，此后又出现下降，2014 年 4 月降至 0.6%，其后又出现明显回升，2014 年 12 月末增速升至 3.6%。

表 11-5   欧债危机期间欧央行的主要应对措施

时间	措施	数量	备注
2009 年 7 月至 2010 年 6 月	担保债券购买计划（CBPP）	在一级和二级证券市场购买 600 亿欧元的以欧元计价的担保债券	
2010 年 6 月至 2012 年 1 月	证券市场计划（SMP）	每月 740 亿欧元，共买入政府债券超过 2 130 亿欧元	
2011 年 11 月至 2012 年 10 月	担保债券购买计划（CBPP2）	在一级和二级证券市场购买 400 亿欧元的以欧元计价的担保债券	截至 2012 年 10 月，仅完成了 164 亿欧元
2011 年 12 月	首轮 3 年期长期再融资操作（LTRO）	向欧元区 523 家银行提供 4 890 亿欧元低息贷款，其中包括约 2 130 亿欧元流动性净投放	
2012 年 2 月 29 日	第二轮 3 年期长期再融资操作（LTRO）	向欧元区 800 家银行提供总额 5 295 亿欧元的资金	
2012 年 6 月 6 日	延长 3 个月期 LTRO 至 2012 年底	7 月 25 日、8 月 29 日、9 月 26 日、10 月 31 日、11 月 28 日和 12 月 19 日延续 3 个月期 LTRO	
2012 年 9 月	直接货币交易（OMT）	在二级市场无限量购买符合条件的欧元区成员国主权债，主要是期限为 1~3 年的国债	证券市场计划（SMP）终止
2014 年 10 月	资产支持证券购买计划（ABSPP）和担保债券购买计划（CBPP3）	购买简单透明的资产支持证券和以欧元计价的担保债券，于 2014 年第四季度启动，10 月下旬从购买担保债券开始，计划将持续两年	

（二）实施量化宽松货币政策（2015 年至今）

美联储和日本银行更大数量级的量化宽松货币政策，削弱了欧央行政策的效果。尽管欧央行一直实行非常规货币政策，但通胀指数和预期仍持续下降。

在美联储和日本银行大规模 QE 刺激并取得成效的示范作用影响下，2015 年 1 月 22 日，欧央行宣布推出欧版 QE，以应对长期低物价可能引发的经济萎缩冲击。该计划的主要内容包括四个方面：一是欧央行扩大资产购买计划范围，可以购买欧元区成员国中央政府、机构和欧盟机构所发行的债券。二是每月购买资产的规模上限为 600 亿欧元，该规模包括 2014 年 10 月所施行的资产支持证券购买计划（ABSPP）和资产担保债券购买计划（CBPP3）。欧央行此次宣布的购债计划是一个"扩大的"计划，是针对此前资产支持证券和资产担保证券购买计划而言的。三是购债计划预期至少执行至 2016 年 9 月，或直至通胀出现与欧央行通胀目标（中期内低于但接近 2%）相一致的迹象。这意味着，到 2016 年 9 月欧央行资产负债表将扩大 1.14 万亿欧元。在美联储逐步退出量化宽松货币政策之后，欧元区量化宽松货币政策才缓缓到来。

在实施量化宽松货币政策后，欧央行资产出现回升，由 2015 年 1 月末的 21 820 亿欧元逐步提升至 2015 年末的 27 678 亿欧元，提高了 5 858 亿欧元，完成其资产购买目标规模的一半以上。

2015 年欧元区广义货币供应量 M_3 增速延续了 2014 年末的上升趋势，由 2015 年 1 月的 4.1% 震荡上升至 2015 年 12 月的 4.8%。

第三节　国际金融危机后中国货币政策及其对货币供给的影响

2015 年 3 月，中国人民银行行长周小川在"2015 博鳌亚洲论坛"上表示，中国的货币政策还是常规的货币政策，而不是像美日欧那样采取了非常规货币政策。为了应对国际金融危机，在 2008 年底到 2009 年，一直持续到 2010 年初，中国实施了经济刺激政策。从量上看，经济刺激政策是非常规的，但其实质并不是非常规的，只是财政政策、货币政策有效地实现了逆周期的调控效果。总体来看，中国的货币政策在他来看还是属于常规的货币政策。

一、适度宽松的货币政策（2008 年 9 月至 2009 年 12 月）

（一）国际金融危机后我国实施了适度宽松的货币政策

为了应对国际金融危机的影响，我国在 2008 年 11 月 5 日首度明确提出实施适度宽松的货币政策，通过五次下调贷款基准利率，四次下调存款准备金率，取消信贷规划硬约束等综合措施，配合国家扩大内需等经济刺激政策，实现国民经济平稳增长。总体来看，人民银行仍是采用利率、存款准备金率、公开市场操作等传统货币政策工具来扩大货币供给。

1. 下调存贷款基准利率和存款准备金率。从 2008 年 9 月到 12 月先后五次下调了金融机构存贷款基准利率：一年期存款基准利率从 4.14% 下调到 2.25%，下降 1.89 个百分点；一年期贷款基准利率从 7.47% 下调到 5.31%，下降 2.16 个百分点。两次下调中国人民银行对金融机构的存贷款利率，其中法定准备金和超额准备金存款利率分别由 1.89% 和 0.99% 下调至 1.62% 和 0.72%；一年期流动性再贷款利率由 4.68% 下调至 3.33%；再贴现利率由 4.32% 下调至 1.80%。此外，四次下调了存款准备金率，其中，大型存款类金融机构共下降 2 个百分点，中小型存款类金融机构下降 4 个百分点。

2. 增加信贷规模。2009 年末，金融机构本外币贷款余额为 42.6 万亿元，同比增长 33.0%，增速比上年同期高 15.1 个百分点，比年初增加 10.5 万亿元，同比多增 5.5 万亿元。2009 年信贷总量较快增长，信贷支持经济发展的力度很大。

3. 加大货币投放，灵活开展公开市场操作。一是及时调整了中央银行票据的发行力度和节奏。2009 年发行中央银行票据 3.8 万亿元①，比 2008 年减少约 4 700 亿元。二是优化操作工具组合，发挥公开市场操作预调和微调作用，提高银行体系应对短期流动性冲击的灵活性。如在 2009 年上半年以 3 个月内短期操作为主，7 月初恢复了一年期中央银行票据发行，适当延长了流动性冻结时间。同时，灵活调整 3 个月以内的短期正回购操作期限结构，与中央银行票据在期限上形成互补，增强了流动性管理的针对性和灵活性。三是针对国际金融市场动荡加剧的新情况，研究创设了短期招标工具（TAF），及时为流动性出现暂时困难的境内金融机构提供资金支持。

4. 积极参与国际金融危机应对合作。自 2008 年 12 月 12 日以来，人民银行相继与韩国、马来西亚、白俄罗斯、印尼、阿根廷等央行及香港金融管理局签署总额约为 6 500② 亿元人民币的双边货币互换协议，主要是通过货币互换手段来解决短期流动性问题，以便更有效地应对金融危机，维护金融体系稳定。

我国实施适度宽松货币政策，对扩张总需求、支持经济回升、遏制通货紧

---

① 数据来源：各季度《中国货币政策执行报告》。

② 此数据截至 2009 年末。为了推进人民币国际化，2010 年、2011 年、2012 年每年人民银行与外国央行均有签署双边货币互换协议。

缩预期发挥了关键性作用。国内生产总值增速在 2009 年第一季度跌入低谷后呈上升态势，增速在 2010 年第一季度达到 12%。通缩预期显著缓解，2009 年 11 月，消费物价指数在连续下降 9 个月后首次出现同比增长。国内需求稳定增长，2009 年全社会固定资产投资增长 30.1%。扣除价格因素，全年社会消费品零售总额实际增长 16.9%，比上年提高 2.1 个百分点。

(二) 适度宽松货币政策对货币供给的影响

从我国央行资产负债表看，2007 年以来，人民银行总资产延续了之前的高增长态势，2007 年资产增速达到 31.5%，其后持续波动下降，2008 年、2009 年增速分别为 22.4% 和 9.9%。2009 年末我国央行资产达到 22.75 万亿元，比 2008 年 8 月末增加了 2.04 万亿元。

从结构看，在此期间央行资产的扩张仍主要是由国外资产拉动，其中外汇储备是主要拉动力量。2009 年末，外汇资产 17.52 万亿元，比 2008 年 8 月末增加 3.56 万亿元。外汇占总资产比重在 2008 年 8 月超过 70%，其后持续上升，2008 年、2009 年末占比分别为 72.2% 和 77%，总资产增速走势也基本与外汇增速走势一致。相对而言，央行国内资产基本保持稳定。对政府债权、对其他存款性公司债权、对其他金融公司债权、对非金融公司债权总体来看变化不大，四类资产合计在 5 万亿元上下波动，由 2008 年 8 月的 5.33 万亿元微降至 2009 年末的 5.01 万亿元。因此，适度宽松货币政策并没有对央行资产造成明显影响，而主要是国际收支顺差造成的外汇储备持续较快增长引致央行资产扩张。2009 年，外汇资产对央行总资产增长的贡献率达到 124.9%。可见，适度宽松货币政策并没有对我国央行资产负债表产生明显影响，央行资产的扩张仍是外汇占款增长引起的被动扩张。

我国基础货币由 2008 年的 12.92 万亿元增至 2009 年末的 14.40 万亿元，增加了 1.48 万亿元，低于同期资产增加额。2009 年末，基础货币同比增长 11.4%。适度宽松货币政策通过利率渠道、信贷渠道对货币供给的影响更为明显。2009 年后我国货币供应量持续以 20% 以上的速度快速增长。2009 年末，我国广义货币供应量 M_2 为 61.02 万亿元，同比增长 27.7%，狭义货币供应量 M_1 余额为 22.14 万亿元，同比增长 32.4%，增速分别为 1996 年和 1993 年以来最高，余额分别是 2008 年 8 月末的 1.36 倍和 1.41 倍。同时，货币乘数也明显提高，M_2、M_1 货币乘数分别由 2008 年 9 月末的 3.86 倍、1.33 倍增至 2009 年 12 月末的 4.21 倍、1.53 倍。

```
%
60
50
40
30
20
10
0
-10
-20
```

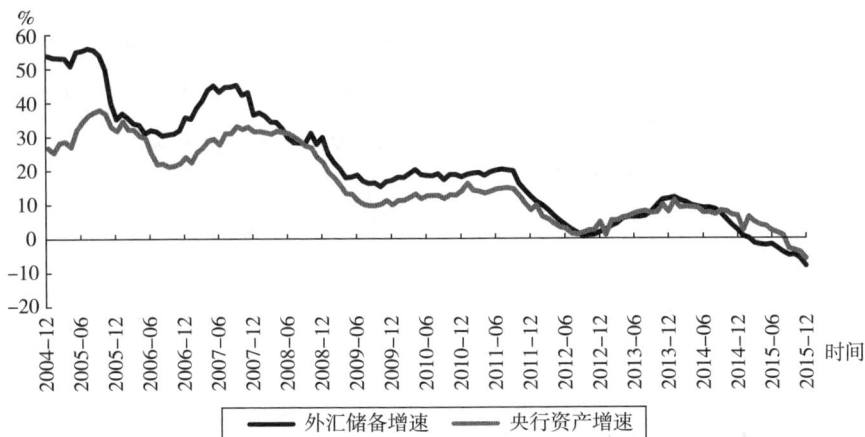

图例:外汇储备增速 —— 央行资产增速

数据来源:根据中国人民银行网站相关数据计算。

图 11-7 中国外汇储备及央行资产增速变化情况

二、稳健的货币政策(2010 年至今)

在一系列政策刺激下,中国经济成功扭转了国际金融危机导致的增速下滑局面,2009 年第四季度经济增速达到 10.7%,2010 年第一季度达到 12.1%。在经济增速回升的同时,货币供给的快速上涨也带来了物价的明显回升,2010 年 7 月物价超过 3.3%,并迅速在 2010 年 10 月达到 4% 以上。我国开始逐步退出"非常规政策",2010 年 12 月的中央经济工作会议提出实施稳健的货币政策。此后,我国仍主要采用利率、存款准备金、再贷款、再贴现及公开市场操作等传统货币政策工具来调控市场,并从 2013 年开始与结构性货币政策工具相配合。

(一)传统货币政策工具的使用

1. 多次调整存款准备金率、存贷款基准利率。针对物价快速上涨的状况,2010 年 1 月至 2011 年 7 月,我国央行 12 次上调大型金融机构存款准备金率至 21.5%,8 次上调中小金融机构存款准备金率至 19.5%。2010 年 10 月至 2011 年 7 月,5 次提高存贷款基准利率,一年期存款基准利率从 2.25% 提高至 3.5%,一年期贷款基准利率从 5.31% 提高至 6.56%。针对 2011 年以来我国经济增长持续下行的局面,从 2011 年 12 月至 2015 年 10 月,央行共 7 次下调存款准备金率,大型和中小型金融机构存款准备金率分别降至 17.5% 和 15.5%;2012 年 6 月至 2015 年 12 月,共 8 次下调存贷款基准利率,其中一年期贷款基准利率降至 4.35%，一年期存款基准利率降至 1.5%。尤其是 2015 年，经济快速下行，央行连续 5 次降息，以促进实体经济融资成本下降。

2. 上调再贷款、再贴现利率。央行于 2010 年 12 月上调对金融机构再贷款、再贴现利率，其中一年期再贷款利率由 3.33% 提高至 3.85%，一年期再贴现利率由 1.8% 上调至 2.25%。

3. 加大公开市场操作调控力度。近年来，央行根据市场流动性状况，适时开展公开市场操作，保持流动性总量合理充裕，促进流动性供求大体均衡。如 2010 年和 2011 年为加大流动性回收力度，央行合计发行中央银行票据 5.6 万亿元。之后外汇占款逐渐减少，央票发行量也随之下降，2015 年末余额仅为 4 222 亿元。2012 年，随着国际收支和人民币汇率逐渐趋向合理均衡，加之欧洲主权债务危机引发国际金融市场动荡，外汇流入减少，央行大量开展逆回购操作以投放基础货币，全年逆回购交易量达到 6.04 万亿元，正回购交易量 9 440 亿元。同样，2015 年为有效对冲外汇占款下降等因素对流动性的影响，公开市场累计开展逆回购操作 32 380 亿元，未开展正回购操作。

（二）结构性货币政策工具的使用

新常态下的中国经济面临多重结构失衡，传统的总量性货币政策调控难以解决产能过剩、促进产业结构优化转型。在稳健货币政策导向下，中国人民银行加大结构性货币政策即定向宽松货币政策实施力度，通过普遍调控和精准调控的政策组合以有效调控宏观经济，以期实现"保增长、促改革、调结构、惠民生"的政策目标。

2013 年以来，央行创设了多种结构性货币政策工具，并大量运用于货币政策调控中，主要包括定向降息、定向降准、定向公开市场操作、定向再贷款、再贴现等定向调控工具，同时也包括公开市场短期流动性调节工具（Short－term Liquidity Operations，SLO）、抵押补充贷款（Pledged Supplemental Lending，PSL）、常备借贷便利（Standing Lending Facility，SLF）、中期借贷便利（Medium－term Lending Facility，MLF）等新型货币政策工具。

1. 多次出台定向降准降息政策

2014 年和 2015 年人民银行多次定向下调部分金融机构存款准备金率。这是在信贷总量较大的情况下，引导金融机构将更多资金配置到"三农"、小微企业和棚户区改造等国民经济重点领域和薄弱环节，发挥结构性货币政策工具优化信贷结构的作用，有利于实现稳增长与调结构的双重目标。

定向降息政策也是央行结构性货币政策的另一主要手段，主要体现在对不同主体贷款利率基准水平的结构性调整上。如 2014 年 3 月和 2014 年 8 月，人民银行联合其他部门分别对贫困地区符合条件的金融机构新增支农再贷款利率实行降 1 个百分点的优惠政策，以降低"三农"融资成本。

2. 频繁使用定向再贷款、再贴现政策

定向再贷款、再贴现政策是中央银行为实现支持特定对象融资而采取的特别措施。2012 年以来，为加大对"三农"的服务力度，中央银行多次运用支农再贷款措施，对办理"三农"业务的金融机构在符合一定标准或条件下增加其三农信贷资金供给；支小再贷款再贴现也是央行引导金融机构增加对小微企业信贷投放的另一主要措施。

另外，信贷资产质押再贷款也是央行进行定向调控的重要手段，并于 2015 年 10 月 10 日扩大地区试点范围。信贷资产质押再贷款可以发挥央行"最后贷款人"职能，向流动性困难的金融机构特别是中小金融机构提供流动性支持。该政策在提供总量流动性的同时，还可以调整流动性结构并影响信贷结构。如央行通过调整信贷资产质押的范围和折价率、信贷额度分配对象的差异等就可以在一定程度上影响到利率结构和信贷结构。

3. 大量创设新型结构性货币政策工具

2013 年以来，人民银行创设常备借贷便利、抵押补充贷款和中期借贷便利等新型货币政策工具，以期通过对不同类型金融机构、不同货币产品类型规模和价格的调控，改善金融市场上的货币供给节奏、利率期限结构水平，或者支持特定行业发展。

其中，常备借贷便利（SLF）是人民银行 2013 年初创设、用于满足金融机构的大额流动性需求的新型货币政策工具。央行通过常备借贷便利向贷款符合国家产业政策和宏观审慎要求、有利于支持实体经济、总量和进度比较稳健的金融机构提供流动性支持，同时通过抵押品管理框架调整，来引导金融机构改善自身资产负债管理，稳定信贷投放节奏，改善期限错配。常备借贷便利的期限一般为 1 ~ 3 个月，较短的期限方便央行进行操作，以满足金融机构短期流动性需求，防止出现暂时的流动性不足。如 2013 年第一季度部分金融机构由于信贷投放过快出现资金缺口，当年 6 月货币市场受多重因素影响出现波动时，央行适时对部分金融机构开展了常备借贷便利操作；2014 年和 2015 年操作主要集中在一季度，以缓解春节因素造成的金融机构流动性季节性缺口。

抵押补充贷款（PSL）是人民银行于 2014 年 4 月 25 日创设的为开发性金

融（目前主要是国家开发银行）支持棚改提供长期稳定、成本适当的资金来源的新型货币政策工具，是支持国民经济重点领域、薄弱环节和社会事业发展而提供的期限较长的大额融资。2015 年 12 月末，抵押补充贷款余额为 10 812 亿元。此外，抵押补充贷款利率水平从创设之初的 4.50% 下降至 2015 年 12 月末的 2.75%，在促进国开行加大对保障房等基建领域投资力度的同时，引导社会融资成本下降。

中期借贷便利（MLF）是央行于 2014 年 9 月创设的主动补充流动性的政策工具。同时，央行通过有选择地对特定金融机构提供不同规模的中期借贷便利，还可以发挥中期政策利率价格调节的作用，引导金融机构降低贷款利率和社会融资成本。如 2015 年 11 月 27 日对 11 家金融机构开展中期借贷便利 1 000 亿元，期限为 6 个月的 MLF 利率为 3.25%，当天 6 个月 SHIBOR 为 3.20%。2015 年 12 月末，中期借贷便利余额为 6 658 亿元。

4. 补充利用其他结构性货币政策调节工具

其他结构性货币政策工具主要是针对特定产业、行业的发展而出台的，如消费信贷控制、房地产信贷控制等。央行通过对信贷利率水平、信贷期限规定、信用额度、最低金额等信贷条件的调整，来实现对特定行业的信贷投向结构及其规模流向的调控，以期实现特定的政策目标。如 2014 年下半年以来，为促进房地产市场的恢复发展，央行多次调低房贷首付比例，以促进房地产消费，延缓房地产下行趋势。另外，如窗口指导、道义劝告、金融检查等其他直接、间接信用控制手段也具有较强的政策结构性调控作用。

总之，2013 年以来人民银行选择和创新多种结构性货币政策工具进行宏观调控，以此通过明确的政策导向引导和激励金融机构加大金融支持实体经济发展的力度。但是综观各种政策工具的运用，人民银行的政策调控还是以传统的数量调控方式为主，在降低总量式调控比重的同时，增强对增量流向分布结构的引导和疏通功能，同时通过价格引导功能调节市场利率。

（三）稳健货币政策对我国货币供应量的影响

从人民银行资产负债表看，2010 年和 2011 年外汇资产变动依然是影响我国央行资产变动的主要因素。2010 年至 2011 年前三季度，我国央行资产保持较为平稳增长，2011 年 9 月末资产总量为 28.49 万亿元，同比增长 14.6%。但之后外资的流出导致资产增速快速下降，2012 年仅为 1.2%。其后随着汇率的稳定，增速小幅回升，2014 年第一季度增速达到 9% 左右。但 2014 年以来出口形势的逆转以及外资的流出导致外汇储备持续减少，2015 年 9 月以来央行资产持续负增长。2015 年 12 月末，人民银行总资产 31.78 万亿元，同比下降 6.0%。随着外汇占款影响逐步下降，2013 年以来的结构性货币政策对央行资产的影响越来越明显，2015 年末对其他存款性公司债权 2.66 万亿元，占资产总额的 8.4%，比 2012 年末提高 2.7 个百分点。

从基础货币看，基础货币增长的波峰波谷与央行总资产增速变动基本一致，但前者的波动明显大于后者。2011 年 9 月末，基础货币增速达到 32.8%，高于同期总资产增速 18.2 个百分点。主要原因是 2010 年发行的央行票据大量到期以及 2011 年发行的央行票据明显减少，导致央行负债中的债券发行持续下降，2011 年下半年下降幅度持续在 40% 以上，其中 9 月末余额比上年同期减少 2.16 万亿元，同比下降 49%，对基础货币的冲销力度减弱。其后随着基础货币与央行总资产的比率逐步提升，其与央行资产变动的一致性得到加强。2015 年末，基础货币占央行总资产的比重达到 86.8%，比 2011 年 9 月提高 12.4 个百分点。

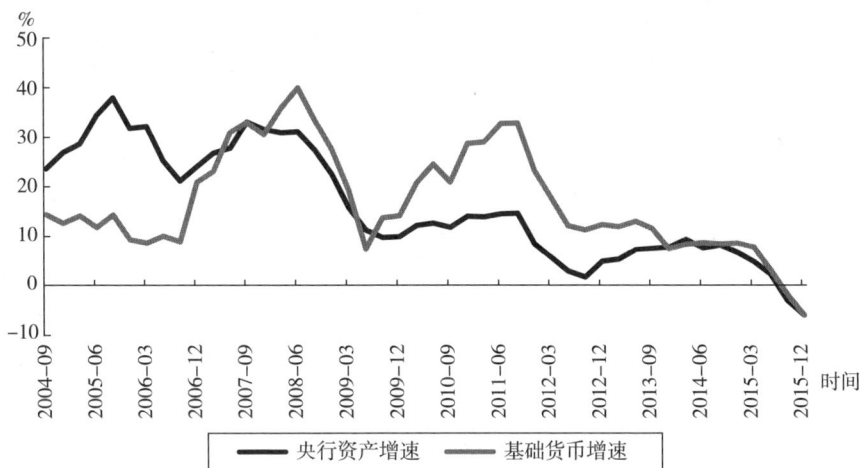

数据来源：根据中国人民银行网站及各季度货币政策执行报告相关数据计算。

图 11－8　我国央行资产与基础货币增速

但货币供应量与基础货币的走势并不完全一致。2010 年和 2011 年基础货币增速高于同期广义货币供应量增速；2012 年之后广义货币供应量仍保持平稳增长，但基础货币增速却持续下降，低于同期广义货币供应量增速，且差距越来越大。这反映了货币乘数的变化，由于法定存款准备金率的阶段性调整，我国货币乘数在 2010 年和 2011 年趋于下降，而 2012 年之后明显提升。尤其是 2015 年下半年基础货币持续负增长，但货币乘数的显著提升促使广义货供应量平稳较快增长。2015 年 12 月末，M$_2$余额为 139.23 万亿元，同比增长 13.3%。

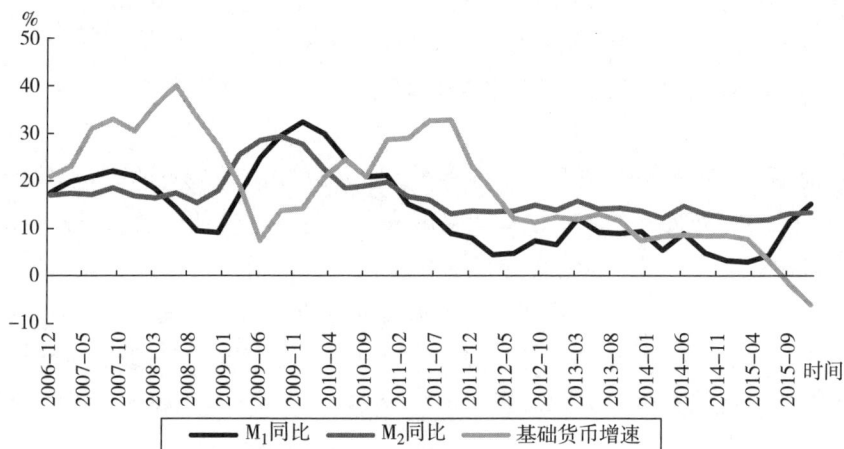

数据来源：根据中国人民银行网站及各季度货币政策执行报告相关数据计算。

图 11 - 9　我国货币供应量与基础货币增速变化情况

第十二章　社会融资规模与货币供给

　　传统的货币银行学认为，要观察货币政策传导过程及效应，只需观察商业银行等金融机构的负债方（即货币）即可；资产方的贷款、债券、股票等均归为"债券"，这使得负债方处于货币政策传导的核心位置，而资产方则被忽略了。这就是传统的货币政策传导机制的货币观点。但最近几十年来，货币观点存在的前提和基础已经发生重大变化：市场竞争并不完全，信息并不充分，信用创造的过程远非完善；贷款、债券、股票等非货币金融资产之间的差异明显，忽略这些差别、将之统一归为"债券"并不恰当。基于此，以货币为代表的负债方并不能全面反映货币政策的传导过程和影响，而贷款、债券、股票等资产方也能反映货币政策对实体经济的影响。

　　近年来，我国金融市场快速发展，金融创新日趋活跃，表外融资发展迅速，直接融资不断上升。如果只控制贷款，其他融资就可能较快增长，出现"按下葫芦浮起瓢"的现象。因此，我国的金融实践也迫切需要一个从金融机构资产方编制，并且涵盖和超越人民币贷款的总量指标。为此，人民银行于2011年研究推出了社会融资规模指标。这是我国首次在金融机构的负债方之外，从资产方提出的涵盖范围最为全面的货币政策监测分析和调控指标。从世界范围来看，这也是第一次将资产方的指标如此大规模、强力度地应用于货币政策理论与实践。

　　社会融资规模是指实体经济（非金融企业和住户）从金融体系获得的资金。其中，增量指标是指一定时期内（每月、每季或每年）获得的资金额，存量指标是指一定时期末（月末、季末或年末）获得的资金余额。这里的金融体系是整体金融的概念。当前，人民银行已公布了2002年以来的社会融资规模增量和存量的历史数据，并按月公布当期数据。

　　社会融资规模与货币供应量，分别代表了金融机构资产负债表的资产方和负债方，是一个硬币的两个面。两者分别是货币政策传导机制信用观点和货币观点在货币政策实践中的具体体现，分别从不同方面反映了货币政策传导过程。社会融资规模与货币供应量具有不同的经济含义，两者互为补充，相互印证，不可替代。

我们的实证分析也表明，社会融资规模和货币供应量，与货币政策最终目标和操作目标之间存在较强的相关性，两者对货币政策最终目标的影响以及对操作目标的反应是一致的。货币供应量从金融机构的负债方，在货币政策传导机制中长期稳定地承担了中介目标的角色，而社会融资规模作为来自于资产方的"镜像"指标，是货币供应量的有益补充，两者共同构成了货币政策的二元传导机制。

第一节 社会融资规模产生的背景与过程

传统的金融与经济关系，一般是指银行体系通过其资产负债活动，促进经济发展和保持物价水平的基本稳定，在金融机构资产方主要体现为新增贷款对实体经济的资金支持，负债方主要体现为货币的创造和流动性的增加。近年来，我国金融总量快速扩张，金融结构多元发展，金融产品和融资工具不断创新，证券、保险类机构对实体经济的资金支持力度显著加大，商业银行表外业务对贷款表现出明显的替代效应。人民币贷款已不能完整反映金融与经济的关系，也不能全面反映实体经济的融资规模。同时，货币与信贷的关系也变得日益模糊，两者越来越不相匹配。理论研究与政策操作都需要能全面、准确地反映金融与经济关系的更大口径的统计指标，这就是社会融资规模。

一、社会融资规模产生的背景

（一）从金融体系资产方看，实体经济融资方式和格局发生了变化

1. 融资提供主体发生变化

融资的提供主体是指通过自身的资产负债活动创造流动性的金融资产持有部门。传统的融资提供主体，一般是指以银行为主体的存款性金融机构。随着金融市场的快速发展和金融创新的不断涌现，证券公司、保险公司、基金公司、小额贷款公司、贷款公司等其他金融性公司，特殊目的载体（Special Purpose Vehicle，SPV）等"影子银行"机构，也成了实体经济融资的重要提供部门。

2. 金融深化程度不断提高，金融工具和融资结构多元发展

第一，金融业已从过去单一的银行业，演变为银行、证券、保险等多业并存的大金融业。截至 2015 年末，不包括中央银行在内的我国金融业总资产达

218.71 万亿元①，比 2006 年末增长了 4 倍，其中银行业、保险业和证券公司总资产分别为 199.35 万亿元、12.36 万亿元和 7.01 万亿元，分别比 2006 年末增长 3.5 倍，5.3 倍和 8.8 倍。因此，金融统计也要随之发展，不仅需要反映银行对实体经济的支持，也要反映证券业、保险业等其他金融机构对实体经济的资金支持。

第二，金融市场发生深刻变化，交易规模明显扩大，交易方式较过去更为多样和复杂。截至 2015 年末，我国沪、深两市股票市值合计达 53.13 万亿元，是 2006 年末的 6 倍；中央国债登记结算有限责任公司本币债券托管余额达 35.04 万亿元，是 2006 年末的 3.8 倍；银行间本币市场成员 1.1 万家，约是 2006 年的 6 倍。2015 年全年银行间人民币市场以拆借、回购和现券累计成交 608.71 万亿元，比 2006 年同期增长 14 倍；期货市场累计成交 554.23 万亿元，比 2006 年同期增长 18 倍；保险市场原保险保费收入 2.43 万亿元，比 2006 年同期增长 3 倍。

第三，金融与经济关系更加紧密和复杂，金融工具和品种结构呈现多元化发展态势。近年来，随着金融深化程度的不断提高，我国金融总量快速扩张，非信贷工具创新步伐明显加快，贷款在全社会融资中的比例明显下降，其他方式融资的金额与占比显著上升，呈明显多元发展态势。2015 年，除人民币贷款外的其他方式合计融资 4.1 万亿元，是 2002 年的 25 倍；占社会融资规模增量的 26.9%，比 2002 年提高了 18.8 个百分点。其中，直接融资 3.7 万亿元，是 2002 年的 37 倍；银行表外融资 5 778 亿元，而 2002 年时这些表外业务量还非常小②。我国金融多元化的发展趋势，要求反映金融总量的统计指标也要有所创新和发展。

3. 金融调控面临挑战，"按下葫芦浮起瓢"

较长时期以来，我国货币政策中介目标和主要监测分析指标分别是广义货币 M_2 和新增人民币贷款。在某些年份，新增人民币贷款甚至比 M_2 受到更多关注，因为在过去相当长的时间内，人民币贷款一直是金融对实体经济最直接、最主要的资金支持。随着金融市场快速发展，贷款占整个社会融资规模的比重不断下降，对实际经济运行产生重大影响的金融变量不仅包括传统意义上的货

---

① 金融业总资产涵盖银行业金融机构、证券公司、期货公司和保险公司。其中，证券公司总资产包括自营和客户资产两部分，银行业金融机构总资产不包括中央银行资产。

② 本书中的直接融资指社会融资规模统计中的非金融企业境内债券和股票融资，表外融资包括委托贷款、信托贷款和未贴现的银行承兑汇票。

币和信贷，也包括信托、理财、债券和股票等其他金融产品。宏观调控如果只控制贷款规模，其他方式的融资就可能较快增长，出现"按下葫芦浮起瓢"的现象。以 2010 年为例，全年新增人民币贷款 7.95 万亿元，同比少增 1.65 万亿元，但是实体经济通过委托贷款、信托贷款和未贴现银行承兑汇票从金融体系新增融资高达 3.60 万亿元，同比多增 2.02 万亿元。可见，新增人民币贷款已经不能完全反映金融体系对实体经济的资金支持。

如果只观察贷款和广义货币 M_2 的增长，忽视这种"按下葫芦浮起瓢"的现象，就可能混淆调控视线，影响调控效果，贻误宏观调控的时机。只有将商业银行表外业务、非银行金融机构提供的资金和直接融资都纳入统计范畴，才能全面监测和分析社会融资整体状况，也才能从根本上避免"按下葫芦浮起瓢"的现象，即商业银行通过表外业务绕开贷款规模。

4. 融资的币种不局限于本币

随着企业和个人外币贷款的大量增加，外币贷款对我国货币政策和宏观经济的影响也日益明显。金融机构发放的外币贷款是实体经济融资的重要方式之一，由此形成的外币存款，也是企业和居民持有的具有较高流动性的金融资产，能直接影响他们的投资与消费。截至 2015 年末，我国中资、外资金融机构的外币贷款余额 8 303 亿美元，外币存款余额 6 272 亿美元，分别是 2006 年末的 5 倍和 3.9 倍。按期末汇率折算，2015 年末外币贷款和外币存款余额折合人民币分别为 5.4 万亿元和 4.1 万亿元，分别占同期本外币贷款和存款余额的 5.4% 和 2.9%。国际货币基金组织的统计指南和不少国家的统计实践都将外币贷款计入信贷总量，相应将外币存款计入广义货币 M_2。

从目前的发展趋势看，未来企业和个人对外币融资的需求还会上升，对总需求的影响也会越来越大。

（二）从金融体系负债方看，金融市场发展对货币划分产生了一定的影响

1. 部分金融工具的流动性发生变化，原有货币的划分受到冲击

随着我国结售汇制度的改革，外币存款与人民币存款可以较为灵活地相互转换，外币存款因此具有较强的流动性。同时，创新型金融工具（如银行代客理财等）发展迅速，对货币的替代能力显著增强。

2. 货币发行部门发生变化

货币的发行部门是指通过自身的负债活动能创造流动性的机构部门，一般包括中央银行和其他存款性公司。随着金融市场的快速发展，一些非金融性公司签发票据或发行债券，这些票据和债券也具有较强的流动性，由此扩大了货

币和流动性的发行部门。

3. 货币持有部门发生变化

我国地方财政存款具有比中央财政存款更强的流动性，还可作为地方经济建设的资本金，或为投资项目提供隐性担保，其变动对商业银行信用扩张产生了较大影响。同时，非银行金融机构作用明显增强。证券公司、保险公司、住房公积金中心等机构，它们在存款性金融机构的存款虽与企业和个人存款不完全相同（存放或提取时有一定的限制条件），但也具有较强的流动性。因此，货币的持有部门除包括住户部门和非金融性公司，也可以包括存款性公司以外的其他金融性公司、社会保险基金和社保理事会、机关团体事业单位和政府部门。

二、社会融资规模概念的形成过程

基于对上述情况的考量和宏观监测分析的实际需要，2010 年 12 月召开的中央经济工作会议首次提出了要"保持合理的社会融资规模"这一概念。随后，2011 年 1 月国务院第五次全体会议上，时任国务院总理的温家宝同志在部署 2011 年第一季度工作时，要求货币政策要综合运用多种工具，强调要"保持合理的社会融资规模和节奏"。2011 年 3 月第十一届全国人民代表大会第四次会议上，温家宝总理在《政府工作报告》中明确提出当年货币政策的目标是，"实施稳健的货币政策。保持合理的社会融资规模，广义货币增长目标为 16%"。

在 2011 年中国人民银行年度工作会议上周小川行长指出，要"加强对社会融资总规模的研究"，"保持合理的社会融资规模"。随后在当年的"两会"记者招待会上，周小川行长强调"我们最近除了观察贷款总量以外，还注意观察社会融资总规模，也就是说，还有很多中间变量都会反映整个经济情况对货币政策的需求"。

为适应宏观金融监测和调控的需要，中国人民银行于 2010 年 11 月开始社会融资规模统计指标的研究与编制。在中国证券监督管理委员会、中国保险监督管理委员会、中央国债登记结算有限责任公司和中国银行间市场交易商协会等有关部门的鼎力支持下，经过多方努力和专家论证，2011 年初，中国人民银行正式建立社会融资规模增量统计制度，并于同年按季向社会公布社会融资规模增量季度数据。2012 年起由按季公布改为按月公布，并于同年 9 月公布了 2002 年以来社会融资规模增量的月度历史数据，同年也建立了地区社会融资规模增量统计制度，按季编制地区社会融资规模增量统计指标。

截至 2014 年底，社会融资规模只公布增量数据，而其他一些金融指标如人民币贷款、存款、货币供应量等都分别编制、公布增量和存量数据。编制和公布社会融资规模存量数据能够更好地满足各方需要，完善社会融资规模统计制度，更全面地反映金融与实体经济的关系，更好地支持金融宏观调控。同时，社会各界十分关注社会融资规模，一些研究人员和机构自己测算和使用了社会融资规模存量数据，他们使用的数据各不相同，而统一编制和公布社会融资规模存量数据能够确保统计口径和统计数据的一致性和可比性。为此，2014年以来，人民银行对社会融资规模存量数据进行了深入研究，并就指标编制方法及公布事宜广泛征求了相关政府部门、市场机构和专家学者的意见。最终报请国务院同意，人民银行于 2015 年 2 月 10 日，对外正式发布了 2002—2014年的社会融资规模存量历史数据，于 2015 年起按季公布存量数据，并于 2016年起按月公布。

中央许多重要会议上都重点提到社会融资规模统计指标。2012 年 1 月第四次全国金融工作会议指出，金融工作要"保持合理的社会融资规模，坚持金融服务实体经济的本质要求"；2012—2014 年中央经济工作会议，以及 2012—2015 年政府工作报告也都强调社会融资规模这一概念，并将其作为我国货币政策重要的监测分析指标。2011 年以来，社会融资规模指标已连续六年写入《政府工作报告》，多次列入中央经济工作会议文件和全国金融工作会议文件，得到了各级领导和社会各界的广泛重视，成为我国金融宏观调控的重要监测分析指标。

2016 年 3 月 5 日，李克强总理在《2016 年政府工作报告》中提出："稳健的货币政策要灵活适度，今年广义货币 M_2 预期增长 13% 左右，社会融资规模余额增长 13% 左右"。这是我国第一次在国家层面提出社会融资规模增长目标。由此，社会融资规模与广义货币供应量一起共同作为货币政策的调控指标。

第二节　社会融资规模的内涵与构成

一、社会融资规模的定义和内涵

社会融资规模是指实体经济（非金融企业和住户）从金融体系获得的资金。其中，增量指标是指一定时期内（每月、每季或每年）获得的资金额，存量指标是指一定时期末（月末、季末或年末）获得的资金余额。这里的金融体系是整体金融的概念。从机构看，包括银行、证券、保险等金融机构；从市场看，包括信贷市场、债券市场、股票市场、保险市场以及中间业务市场等。

具体看，社会融资规模统计指标主要由四个部分构成：

一是金融机构通过表内业务向实体经济提供的资金支持，包括人民币贷款和外币贷款。

二是金融机构通过表外业务向实体经济提供的资金支持，包括委托贷款、信托贷款和未贴现的银行承兑汇票。例如，银行承兑汇票是 A 企业向 B 企业签发的能够进行支付交易的，并且银行承诺在 A 企业不能兑付时银行保证兑付的一种商业汇票。银行承兑汇票并不动用银行资产，但它又与银行信誉直接相关，因为最后如果企业不能兑付，是需要银行支付的。也就是说，银行承兑汇票代表了持有方的无条件债权和承兑银行的无条件负债。因此，即使没有发生资金的交换，银行承兑汇票仍被 A 企业视为承兑银行的资产，被 B 企业视为承兑银行的负债。

三是实体经济利用规范的金融工具，在正规金融市场所获得的直接融资，主要包括非金融企业境内股票筹资和企业债券融资。

四是其他方式向实体经济提供的资金支持，主要包括保险公司赔偿、投资性房地产、小额贷款公司贷款和贷款公司贷款。但社会融资规模存量指标，则不包括保险公司赔偿。这是因为赔偿是指一定时期内因履行赔偿义务而发生的金额，它没有存量或余额的概念。

可见，社会融资规模与传统的贷款指标不同，它既包括实体经济从银行业获得的融资，也包括实体经济从证券业和保险业获得的融资。

二、社会融资规模统计指标的构成

社会融资规模统计指标由多项子指标构成，其中，社会融资规模增量指标由十项子指标构成，即人民币贷款、外币贷款、委托贷款、信托贷款、未贴现的银行承兑汇票、企业债券、非金融企业境内股票融资、保险公司赔偿、投资性房地产和其他融资工具。社会融资规模存量指标由九项子指标构成，即不包括上述十项子指标中的保险公司赔偿。

这些子指标的具体定义如下：

1. 人民币贷款

人民币贷款是指金融机构向非金融企业、个人、机关团体以贷款、票据贴现、垫款等方式提供的人民币贷款，是实体经济部门传统的主要融资工具。社会融资规模统计中的人民币贷款不包含银行业金融机构拆放给非银行业金融机构的款项。

从期限结构看,人民币贷款主要由三项构成:短期贷款、中长期贷款和票据融资。其中,短期贷款是指银行业金融机构发放的期限在一年以内(含一年)的人民币贷款;中长期贷款是指银行业金融机构发放的期限在一年以上(不含一年)的人民币贷款;票据融资是指银行业金融机构通过对客户持有的票据进行贴现而提供的融资。

人民币贷款属于银行业金融机构的表内业务,历来是我国金融业为实体经济提供的最主要的融资服务。

2. 外币贷款

外币贷款是指金融机构向非金融企业、个人、机关团体以贷款、票据贴现、垫款、押汇、福费廷等方式提供的外币贷款,也属于银行业金融机构的表内业务。改革开放以来,我国逐步成为国际贸易大国,外币贷款由小变大,日益成为实体经济特别是外贸型企业的重要融资渠道。由于是以外币计价,外币贷款的增长会受到世界经济形势、境内外利差和外汇管理政策等多种因素的叠加影响。因此,在社会融资规模各子项中,外币贷款的波动相对较大。社会融资规模统计中的外币贷款也不包含银行业金融机构拆放给非银行业金融机构的款项。

3. 委托贷款

委托贷款是指由企事业单位及个人等委托人提供资金,由金融机构(即贷款人或受托人)根据委托人确定的贷款对象、用途、金额、期限、利率等代为发放、监督使用并协助收回的贷款。社会融资规模统计指标中只包括一般委托贷款,不包含现金管理项下的委托贷款。委托贷款业务是金融机构(受托方)的表外业务。目前委托贷款比较活跃,这主要与两个因素有关:一是在我国企业之间的直接借贷方面还存在一些制度性约束,需要借助金融机构作为媒介;二是金融机构在贷款方面的专业能力可以帮助委托人降低管理成本。

4. 信托贷款

信托贷款是指信托投资公司在国家规定的范围内,运用信托投资计划吸收资金,对信托投资计划规定的单位和项目发放的贷款。它不列入信托投资公司自身的资产负债表,是其表外业务。社会融资规模中的信托贷款,实际上是信托投资公司所管理的资金信托计划中的一种资金运用方式。近些年来,资金信托计划规模扩张较快,信托贷款相应也快速增长。其中的一个重要原因是,我国总储蓄率较高,许多个人和企业有庞大的理财需求,而实体经济又存在旺盛的融资需求，这就为信托贷款的增长提供了肥沃的土壤。

5. 未贴现的银行承兑汇票

未贴现的银行承兑汇票是指企业签发的银行承兑汇票中未到金融机构进行贴现融资的部分，即境内金融机构表内表外并表后的银行承兑汇票。统计上体现为企业签发的全部银行承兑汇票扣减已在银行表内贴现的部分，其目的是为了保证社会融资规模不重复计算。

银行承兑汇票是作为企业的一种延期支付的信用工具而诞生的。它是商业银行的一项表外业务，实质上是银行用自己的信用提高了企业所签发汇票的接受程度。目前银行承兑汇票分为纸质和电子两种，都是短期限的。通常，纸质的期限不超过六个月，电子的期限不超过一年。

6. 企业债券

企业债券是指由非金融企业发行的各类债券，是一种在金融市场上的直接融资工具。具体包括企业债、超短期融资券、短期融资券、中期票据、中小企业集合票据、非公开定向融资工具、资产支持票据、公司债、可转债、可分离可转债和中小企业私募债等券种。

目前银行间市场是上述大部分券种的主要发行和交易场所。其中，短期融资券是 2005 年 5 月后在银行间市场推出的新券种。它的发行是我国融资方式的重大突破，是金融市场建设的重要举措，对拓宽企业直接融资渠道、改变直接融资与间接融资比例失调、完善货币政策传导机制、促进货币市场与资本市场协调发展、维护金融整体稳定具有重要的战略意义。2008 年 4 月，中国人民银行发布《银行间债券市场非金融企业债务融资工具管理办法》，超短期融资券、短期融资券、中期票据、中小企业集合票据、非公开定向融资工具和资产支持票据都属于非金融企业债务融资工具范畴。该办法明确，银行间市场交易商协会对债务融资工具的发行和交易实施自律管理，标志着银行间债券市场管理方式的重大转变。

需要指出的是，企业债券融资的重要性还在于它对我国货币创造的影响。银行业金融机构是企业债券的重要投资者。与银行发放人民币贷款创造货币的过程类似，银行购买债券也能创造出新的货币。从这点出发，特别是考虑到我国金融体系仍是银行业机构占据主导地位，企业债券融资就显得尤为重要了。

7. 非金融企业股票融资

非金融企业股票融资是指非金融企业通过正规金融市场进行的股票融资，是当前非金融企业重要的直接融资方式。目前计入社会融资规模的是非金融企业在我国境内沪深两市的股票融资，主要是 A 股融资。从历史数据看，该项融资受市场环境影响较大，在年度之间有不小的波动。在启动股权分置改革后的较长时间里，我国非金融企业股票融资总体呈上升趋势，但近些年又趋于下降。

8. 保险公司赔偿

保险公司赔偿是指保险公司在保险合同有效期内履行赔偿义务而提供的各项资金。具体包括财产险赔款、健康险赔款和意外伤害险赔款。

保险赔偿相关业务是保险业的特色，是保险业在业务上有别于其他金融行业的最根本特征。新中国成立以来，我国保险业的发展可以说是跌宕起伏：1949 年 10 月 20 日成立了中国人民保险公司，先后建立了 2000 多个分支机构，对国民经济的较快恢复起到了积极的经济补偿作用；1959—1978 年的 20 年，是其业务发展的低谷期，那时候国内保险业务基本被停办，只保留了少量涉外业务；改革开放以来，保险业获得了新生并实现了较快发展，其经济补偿和资金融通两项功能得到了较好发挥。

9. 投资性房地产

投资性房地产是指金融机构为赚取租金或资本增值，或者两者兼有而持有的房地产，包括出资的土地所有权、持有的土地使用权、已出租的建筑物等。目前纳入社会融资规模的投资性房地产，包括银行业金融机构投资性房地产和保险公司投资性房地产两项，其中保险公司投资性房地产的量相对较大。目前，保险业机构的投资性房地产业务主要受保监会分别在 2010 年和 2012 年所发布的两个文件规范，即《保险资金投资不动产暂行办法》（保监发〔2010〕80 号）和《关于保险资金投资股权和不动产有关问题的通知》（保监发〔2012〕59 号）。

10. 其他融资

其他融资指实体经济从小额贷款公司、贷款公司等获得的资金，目前主要包括小额贷款公司贷款、贷款公司贷款等。

小额贷款公司和贷款公司是近年来新出现的两类机构。其中，前者数量增长极为迅速。目前，小额贷款公司主要由地方政府批准设立，贷款公司的设立则由银监会审批。自《中国银行业监督管理委员会、中国人民银行关于小额贷款公司试点的指导意见》（银监发〔2008〕23 号）以及《中国人民银行、中国银行业监督管理委员会关于村镇银行、贷款公司、农村资金互助社、小额贷款公司有关政策的通知》（银发〔2008〕137 号）等文件发布以来，小额贷款公司迅速发展，其发放的贷款金额远远超过贷款公司。

从上述定义我们可以看到，社会融资规模包含的内容主要是金融机构的资产，是非金融企业和个人的负债，可从金融机构（金融市场）统计，也可从非金融企业和个人统计。考虑到对非金融企业和个人开展统计，点多面广且统计基础薄弱，因此社会融资规模主要从金融机构的资产方和金融市场的发行方进行统计。

目前，社会融资规模基础数据主要来源于中国人民银行以及国家发展改革委员会、中国证券监督管理委员会、中国保险监督管理委员会、中央国债登记结算有限责任公司和中国银行间市场交易商协会等有关部门。通过完善金融统计制度，加强中央银行与各金融监管部门等有关方面的协调配合，我们不仅能及时获取当期数据，也可追溯历史数据。

随着我国金融市场发展和金融创新深化，实体经济还会增加新的融资渠道，如私募股权基金、对冲基金等。未来条件成熟时，可考虑将其计入社会融资规模。

第三节　我国社会融资规模的基本情况和主要特点

当前，人民银行已公布了 2002 年以来的社会融资规模增量和存量的历史数据，并按月公布当期数据，使社会融资规模这一指标与人民币贷款、M_2 等金融统计数据一起，全面地反映金融与实体经济的关系，支持金融宏观调控。从社会融资规模增量看，2002 年以来，社会融资规模增量快速扩大，融资结构多元发展，有效促进了经济平稳较快发展。从社会融资规模存量看，2002年以来，我国社会融资规模存量不断扩展，增速经历了一个由 2002—2008 年较快增长，到 2009—2010 年迅猛增长再到 2011 年以来缓中趋稳的过程，这与每个阶段的经济发展状况是相适应的，体现了金融对实体经济的支持。

一、2002—2015 年间我国社会融资规模增量情况和结构特点

（一）社会融资规模快速扩大，有效促进了经济平稳较快发展

2002—2015 年，我国社会融资规模增量总体呈扩大趋势，有效促进了经济平稳较快发展。据统计，2015 年社会融资规模增量 15.41 万亿元，是 2002 年的 8 倍；2015 年社会融资规模增量与名义 GDP 的比率为 22.8%，比 2002 年上升 6.6 个百分点（见图 12 - 1）。

从年度数据看，社会融资规模增量变化大体分成三个阶段：2002—2005 年在 2 万亿~3.5 万亿元的区间内波动，2006—2008 年抬升并保持在 4 万亿~

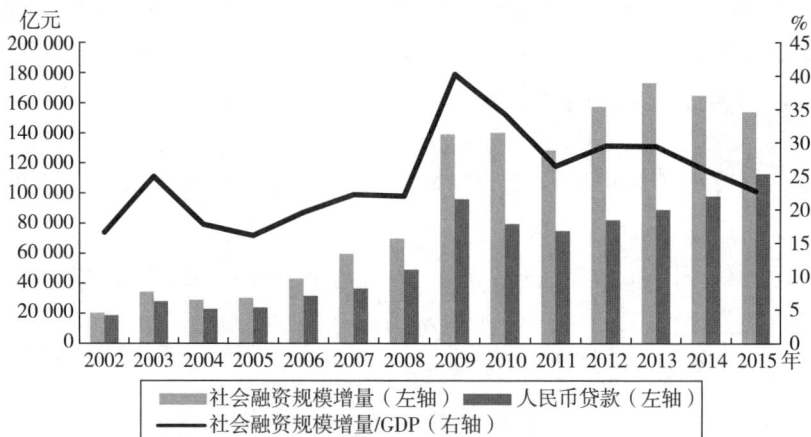

图 12-1　2002 年以来我国社会融资规模增量及其与名义 GDP 之比

7 万亿元的区间内，2009—2015 年攀升至 14 万亿～18 万亿元的区间内。从历史情况看，社会融资规模运行区间的每一次变化，都与新增人民币贷款的大幅上升有关。如新增人民币贷款 2006 年迈上 3 万亿元的台阶，2009 年超过 9 万亿元，几乎较 2008 年翻番。

（二）融资结构多元发展，金融对资源配置的作用不断提高

2002 年以来我国融资结构呈现多元发展态势，金融对资源配置的积极作用不断提高，表现为：

一是人民币贷款占比大幅下降。2015 年人民币贷款增加 11.27 万亿元，是 2002 年的 6.1 倍；占同期社会融资规模增量的 73.1%，比 2002 年低 18.8 个百分点。

二是外币贷款先升后降。2015 年外币贷款折合人民币减少 6 427 亿元，比 2002 年少增 7 158 亿元；占同期社会融资规模增量的 -4.2%，比 2002 年下降 7.8 个百分点。

三是直接融资特别是企业债券融资快速发展。2015 年非金融企业境内债券和股票合计融资 3.70 万亿元，比 2002 年多 3.60 万亿元；占同期社会融资规模增量的 24.0%，比 2002 年高 19.1 个百分点，占比达到历史峰值。其中，2015 年企业债券净融资 2.94 万亿元，非金融企业境内股票融资 7 590 亿元，都是年度历史最高水平。

四是实体经济通过金融机构表外的融资迅速增长。2015 年实体经济以委托贷款、信托贷款和未贴现银行承兑汇票方式合计融资 5 778 亿元，而 2002

年这些表外融资的业务量还很小。

五是非银行金融机构对实体经济的支持力度稳步提高。2015 年保险公司赔偿和小贷公司及贷款公司新增贷款合计为 4 903 亿元，比 2002 年多 4 472 亿元。

二、2002—2015 年间我国社会融资规模存量情况和结构特点

初步统计，2015 年末社会融资规模存量为 138. 28 万亿元，是 2002 年末的 9. 3 倍，年均增长 18. 7%，比同期人民币贷款增速高 2. 4 个百分点；与同期名义 GDP 的比率为 204. 3%，比 2002 年高 75 个百分点（见图 12 - 2）。

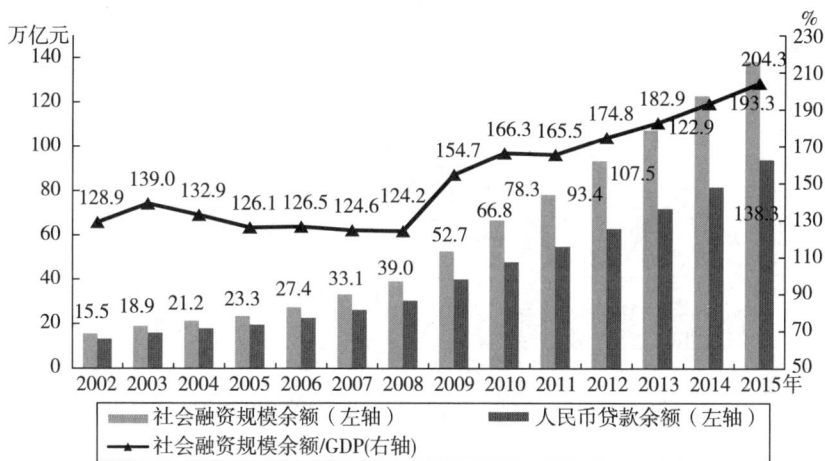

图 12 - 2　2002 年以来我国社会融资规模存量及其与名义 GDP 的比率

2002 年以来社会融资规模存量增长变化大体可分为三个阶段。

第一阶段：2002—2008 年。这一阶段，社会融资规模存量总体呈平稳较快增长态势，由 2002 年末的 14. 9 万亿元，增长至 2008 年末的 38. 0 万亿元，年均增速为 16. 9%，年均新增额为 3. 9 万亿元。除个别年份外，这一阶段社会融资规模存量与 GDP 的比率基本稳定在 125% 左右，金融支持与经济发展总体是相适应的。

第二阶段：2009—2010 年。这一阶段，社会融资规模存量呈迅猛增长态势。为积极应对国际金融危机的影响，2008 年下半年起，我国实施了适度宽松的货币政策，加大金融对实体经济的支持力度，社会融资规模存量由 2008 年末的不到 40 万亿元，快速增长至 2010 年末的 65 万亿元，年均增速达 30. 8%，比 2002—2008 年的年平均增速提高 13. 9 个百分点；社会融资规模存

量年均新增额 13.5 万亿元，是 2002—2008 年年均新增额的 3.5 倍。同时，社会融资规模存量与 GDP 的比率呈快速上升态势，由 2002—2008 年的 125% 左右，上升至 150% 以上。

第三阶段：2011 年至今。这一阶段，社会融资规模存量缓中趋稳。2011—2015 年社会融资规模存量年均增长 15.8%，增速比 2009—2010 年平均增速低 15 个百分点，比 2002—2008 年平均增速低 1 个百分点。从与 GDP 的比例关系看，这一阶段，社会融资规模存量与 GDP 的比率由 2011 年的 165.5% 升至 2015 年末的 204.3%（见图 12 - 3）。

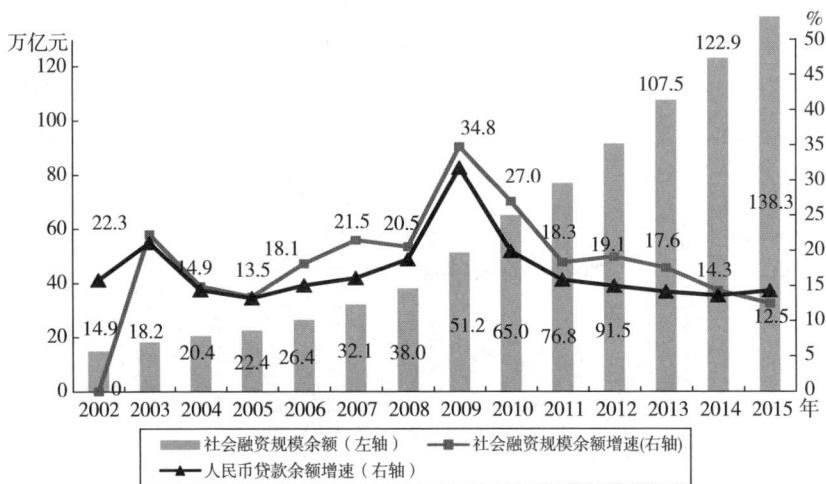

图 12 - 3　2002 年以来我国社会融资规模存量及其增速

第四节　社会融资规模和货币供应量是一个硬币的两个面

社会融资规模与货币供应量，分别代表了金融体系的资产方和负债方，是一个硬币的两个面，两者具有不同的经济含义，两者分别从不同方面反映了货币政策传导的过程，两者互为补充，相互印证，而不是相互替代的关系。

一、社会融资规模和货币供应量分别从金融机构的资产方和负债方统计，二者相互补充

社会融资规模推出之初，有人指出社会融资规模是货币供应量统计口径的

扩大，但这实际上是一种误解。

首先，从金融机构资产方和金融市场发行方来看，主要体现为金融机构对实体经济的资金支持，包括人民币贷款、外币贷款、委托贷款及信托贷款的投放；非金融性企业及其他部门股票以及企业债券的持有；投资性房地产和银行承兑汇票等。金融机构负债方主要体现为金融机构的货币创造和社会流动性增加，包括流通中现金、非金融性企业及其他部门存款、非居民存款、居民储蓄存款和证券公司客户保证金存款等。

社会融资规模是从金融机构资产方和金融市场发行方进行统计，是从全社会资金供给的角度反映金融对实体经济的支持。也就是说，社会融资规模是金融体系的资产，是实体经济的负债。而货币供应量正好相反，是从金融机构负债方统计的，是金融体系对实体经济提供的流动性和购买力，反映了社会的总需求。

其次，货币供应量指标尽管可以按流动性高低划分为若干层次，但其主要反映的是全社会的流动性总量，具体到一个地区、一个行业，则难以用货币供应量来衡量流动性的结构情况，也就是说很难统计货币供应量的区域、行业结构。而社会融资规模指标不仅能完整反映实体经济从金融体系获得的资金总额，也能具体反映实体经济通过不同金融工具融资的结构，以及不同行业、地区、部门融资结构的变化。因此，社会融资规模指标有利于避免货币供应量等总量指标所导致的结构数据缺失、信息反映不足、政策透明度不高的问题。同时，社会融资规模较为符合我国目前的行政体制，社会融资规模可分地区统计，有利于地方政府掌握本地区的融资情况，用于地区之间的比较。

此外，社会融资规模统计的是整个金融体系，而货币供应量仅从存款性金融机构进行统计。货币供应量所代表的流动性并不直接作用于实体经济，而社会融资规模更能反映金融体系对实体经济的直接资金支持。

二、社会融资规模和货币供应量分别是货币政策传导机制信用观点和货币观点在货币政策实践中的具体体现

(一) 从负债方论述货币政策传导机制——货币观点

货币政策传导机制从金融机构资产和负债两个角度分析，大体可分为货币观点（负债方）和信用观点（资产方）两大派。货币观点强调商业银行等金融机构资产负债表中负债一方（如活期和定期存款）的变化，认为货币变

动无论是由银行增加或减少贷款发放，还是由买卖证券引起，都会对实体经济产生同样的影响，也就是说，引起货币供给变化的原因并不重要，因此可以忽略资产一方。同时，货币观点将贷款、债券和其他债务工具均归为"债券"，就使得银行体系的负债方处于货币政策传导的核心位置，而资产方则被忽略了。

货币观点只强调负债方的货币，有其原因：一是货币作为银行部门的负债，对应着企业、家庭等部门的资产，是实体经济部门拥有的购买力，同时，货币也构成了整个经济体系中的流动性。无论是购买力还是流动性，均反映了社会的总需求。二是银行贷款与货币总量之间的相关度非常高，因此忽略贷款（资产方），而只关注货币供应量（负债方），也是可行的。

货币观点是目前西方经济学占主流地位的货币政策传导机制理论，但对这一理论也有不少争议。一是货币观点成立的前提条件之一是市场机制健全、信息充分和对称，但现实往往是信息并不完全，买卖双方信息并不对称，市场结构并不完善。二是货币观点简单地将金融资产划分为货币和债券两种类型并不全面。事实上，非货币金融资产（比如政府债券、股票、银行贷款、消费者信用）之间的差异是明显的，对经济的影响也不完全相同。三是贷款增长与货币增长经常背离，因此，从商业银行的负债方（货币）和资产方（贷款）分别观察货币政策传导，结论可能不一样。

（二）从资产方论述货币政策传导机制——信用观点

由于货币观点存在上述一系列缺陷，从上世纪 50 年代开始，伯南克、斯蒂格利茨以及托宾等经济学家陆续提出并最终形成了货币政策传导的信用观点。根据信用观点，以货币为代表的负债方并不能全面反映货币政策的传导过程及其影响，贷款等资产方的主要项目，也能反映货币政策对实体经济的影响。信用观点认为在经济运行中，市场竞争并不完全，信息并不充分，信用创造的过程远非完善，有些情况下可能很糟糕甚至濒临崩溃（比如金融危机期间），信用创造的波动也将影响产出、就业、投资等实体经济变量，而且非货币金融资产之间并不能完全替代。

经济学家们进一步发现，货币政策除影响银行贷款外，还可以引起债券融资、股票融资等其他的资产方的变动，进而影响总支出水平。比如，托宾定义 Q 为：企业的市场价值／资本重置成本。当货币政策扩张时，利率下降，股票价格上升，Q 上升（因为企业股票市值超过资本重置成本）。此时，企业发行新股票就有利可图，于是企业股票融资额增加，投资扩大，总支出水平上升。

莫迪利亚尼的生命周期理论也指出，影响人们消费的不仅是当前收入，还有未来收入，这些收入或财富也包括债券、股票、不动产等。货币政策通过利率变动，影响股票、债券和不动产价格，并导致个人财富变动，从而影响居民借款和消费行为，最终影响总支出。

信用观点的进一步发展还表明，货币政策除了通过影响商业银行的资产负债表来影响贷款数量，还可通过影响企业、居民和其他金融机构的资产负债表，来使融资额发生变动并最终影响总支出。

需要指出的是，经济学家们提出信用观点，不是为了完全否定和取代货币观点，而是试图对货币观点予以补充和完善。

（三）社会融资规模和货币供应量分别体现了货币政策传导机制的信用观点和货币观点

货币观点和信用观点分别从金融机构负债和资产两个方面，阐述了货币政策传导的机理。根据货币观点，货币政策应该以金融机构负债方的货币供应量作为中介目标，而信用观点表明，货币政策还应监测资产方的贷款和社会融资规模。因此，社会融资规模和货币供应量，分别是货币政策传导机制信用观点和货币观点在货币政策实践中的具体体现。

第五节　社会融资规模和货币供应量共同构成了货币政策的二元传导机制

通过实证检验社会融资规模和货币供应量与货币政策最终目标（实体经济指标）、操作目标的关系，我们发现两者与货币政策最终目标和操作目标之间存在较强的相关性，两者对货币政策最终目标的影响以及对操作目标的反应是一致的。货币供应量在货币政策传导机制中长期稳定地承担了中介目标的角色，作为来自于资产端的"镜像"指标，社会融资规模存量是货币供应量的有益对照和补充，两者共同构成了货币政策的二元传导机制。

一、社会融资规模与货币供应量有着较强的相关性

一是社会融资规模存量和增量均与 M_2 存在紧密的联系。社会融资规模和广义货币供应量存量间的相关系数为 0.99，增量间的相关系数为 0.95，均在 0.9 以上，两者存量间的相关性略高于增量。

表 12 - 1   社会融资规模与 M_2 变动情况

年份	期末存量（亿元）		期末存量同比增速（%）	
	M_2	社会融资规模	M_2	社会融资规模
2003	221 223	181 655	19.6	22.3
2004	253 208	204 143	14.7	14.9
2005	298 756	224 265	17.6	13.5
2006	345 578	264 500	16.9	18.1
2007	403 401	321 326	16.7	21.5
2008	475 167	379 765	17.8	20.5
2009	610 225	511 835	27.7	34.8
2010	725 852	649 869	19.7	27.0
2011	851 591	767 791	13.6	18.3
2012	974 149	914 675	13.8	19.1
2013	1 106 525	1 075 217	13.6	17.6
2014	1 228 375	1 229 386	12.2	14.3
2015	1 392 278	1 382 824	13.3	14.3

数据来源：人民银行调查统计司。

　　二是社会融资规模存量增速走势与 M_2 大体一致。从社会融资规模存量和
M_2 增速看，2009 年 5 月之前，二者的变化趋势大致相同，之后大多数时间社
会融资规模存量增速持续高于 M_2（见图 12 - 4）。造成这一现象的原因可能
是：金融创新快速发展导致传统银行体系外的融资工具增长加快；二者统计口

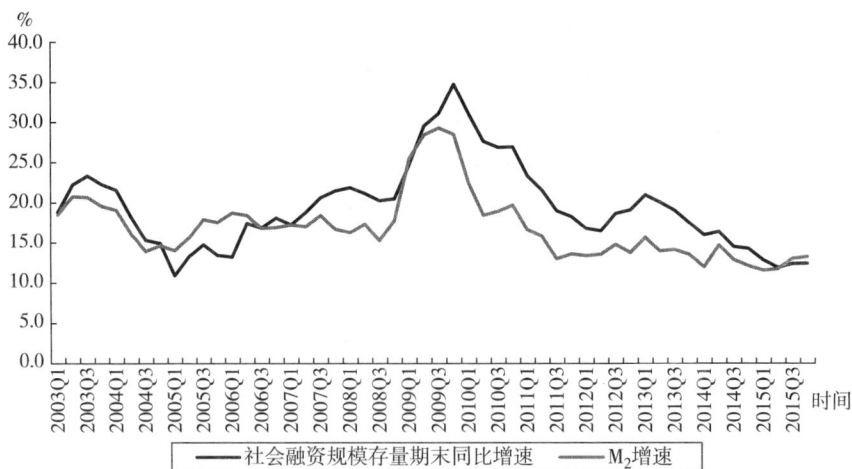

图 12 - 4　社会融资规模存量与 M_2 存量同比增速

径涵盖范围不同，二者所反映的金融总量信息存在差异，社会融资规模存量比 M_2 包括了更广阔的金融信息，能更全面地反映金融与经济的关系。因此，社会融资规模与货币供应量是一个硬币的两个面，能够从不同角度为金融宏观调控提供信息支持。

二、社会融资规模和货币供应量都可以显著地影响实体经济变量

（一）社会融资规模和货币供应量增量与实体经济变量之间存在较强的相关性

相关性分析显示，社会融资规模增量与 GDP、固定资产投资完成额、社会消费品零售总额、进出口总额、CPI 和发电量间的相关系数都在 0.9 左右，比 M_2 与这些经济指标间的相关系数高 0.1 左右（见表 12-2），这表明社会融资规模与货币供应量一样，能显著地影响实体经济的变动，且这种影响力要略强于货币供应量。

表 12-2　　　社会融资规模、M_2 与主要实体经济指标的相关性

指标/相关系数	社会融资规模增量	M_2 新增额
GDP	0.94	0.87
固定资产投资完成额	0.94	0.87
社会消费品零售总额	0.94	0.86
进出口总额	0.89	0.82
CPI	0.92	0.84
发电量	0.92	0.85

（二）脉冲响应图显示，社会融资规模和货币供应量存量的增速能影响通胀率和工业增加值等实体经济变量

通过构建 SVAR 模型，图 12-5 显示了通胀率、工业增加值受社会融资规模存量增速或 M_2 增速一单位冲击后的脉冲响应图[①]。首先，从通胀率的脉冲响应图来看，受社会融资规模存量增速一单位冲击后，通胀率持续显著上升，直至第 7 个月上升幅度达到 0.17 个百分点；受 M_2 增速一单位冲击后，通胀率几

---

　①　本章脉冲响应图均建立在 VAR 模型稳定的基础上，其稳定性已通过检验，特征根均在单位圆内。由于水平期只有 24 期或 18 期，脉冲响应图在更多期后趋于收敛。

乎以相同形态上升，并于第 6 个月最大上升幅度达到 0.24 个百分点。其次，从工业增加值的脉冲响应图来看，受社会融资规模存量增速一单位冲击后，当期工业增加值会有所下降，第 2 个月后上升 0.007%，之后影响效应震荡下降；受 M_2 增速一单位冲击后，当期工业增加值也会有所下降，之后影响效应震荡上升直至第 5 个月后显著上升 0.005%。由此可见，社会融资规模存量和 M_2 增速变化对通胀率和工业增加值均有不同程度影响。

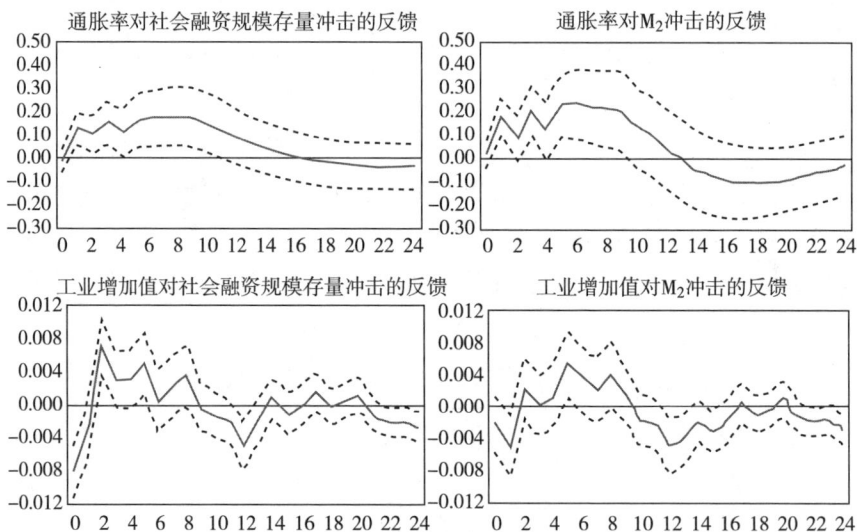

图 12 - 5　实体变量对社会融资规模或 M_2 冲击的反馈

三、通过基础货币和利率等货币政策操作目标能调控社会融资规模和货币供应量

（一）社会融资规模和货币供应量，与基础货币、利率等金融变量之间存在较强的相关性

相关性分析显示，社会融资规模增量与基础货币之间的相关系数为 0.7，高于 M_2 新增额与基础货币的相关系数（0.55）。从与利率的关系来看，社会融资规模增量与 Shibor、银行间市场同业拆借利率和银行间市场质押式债券加权平均利率间存在较为明显的负相关关系，且相关性均高于 M_2 新增额与市场利率的相关性（见表 12 - 3）。这表明，与 M_2 一样，通过基础货币和利率等金融变量，能有效影响和调控社会融资规模，且这种调控力要略强于 M_2。

表 12 – 3　　　　　社会融资规模增量、M_2 与基础货币和利率的相关性

指标/相关系数	社会融资规模增量	M_2 新增额
基础货币	0.70	0.55
上海银行间同业拆借利率（Shibor）	– 0.43	– 0.20
银行间市场同业拆借利率	– 0.65	– 0.54
银行间市场质押式债券加权平均利率	– 0.65	– 0.48

（二）货币政策操作目标能够影响社会融资规模和货币供应量

通过估计 SVAR 模型，我们可以得到社会融资规模存量、M_2 对基础货币供应量或贷款基准利率冲击的脉冲响应图，如图 12 – 6 所示。首先，从两者对基础货币供应量冲击的响应来看，受基础货币供应量一单位冲击后，当期社会融资规模存量上升约 1%，之后影响效应逐渐下降；当期 M_2 上升约 0.82%，之后影响效应以相同形态下降。其次，从两者对贷款基准利率冲击的响应来看，受基准利率一单位冲击后，当期社会融资规模存量有所下降，之后影响效应震荡调整；M_2 的响应与之相似。观察社会融资规模存量和 M_2 对基础货币和基准利率的冲击反馈，可以发现，两者对货币政策操作目标的反应高度一致，并且对数量型调控工具的反馈更加显著。

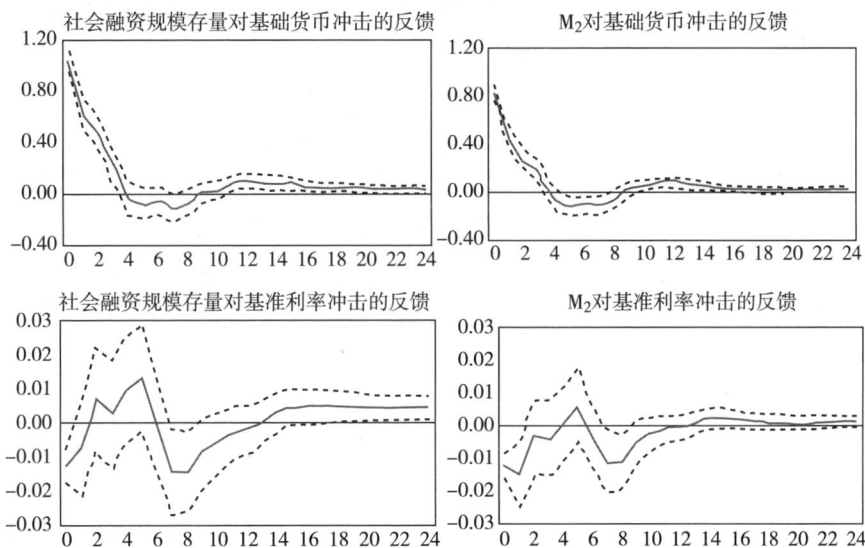

图 12 – 6　社会融资规模和货币供应量对基础货币或贷款基准利率冲击的反馈

第十三章　央行数字货币与货币供给[①]

随着互联网的发展以及支付技术的进步，央行数字货币引起了学术界和实务界的广泛关注。本章首先从货币本质、现代货币发行基础、货币政策与现代国家的关系等角度论证，央行数字货币与私人数字货币大不同，央行数字货币才是真正意义上的货币；数字货币的技术创新无法取代央行货币发行和货币政策；央行数字货币将提升货币供给和货币政策的有效性。

其次，根据我国支付体系发展特点和各社会主体支付习惯，综合考虑可行性和有效性，笔者认为央行数字货币的合理推广应遵循以下几个原则：先非现金，后现金；先金融机构，后非金融部门；先中央银行与商业银行，后非银行金融机构；先单位，后个人。合理可行的推广有利于数字货币的发行和流通，可以更好地支持经济和社会发展，助力普惠金融的全面实现。

最后，笔者根据央行数字货币的推广路径，研究了央行数字货币将怎样影响货币供给，为央行数字货币的设计提供参考。

第一节　为什么是央行的数字货币？

2016 年 1 月 20 日，中国人民银行数字货币研讨会在北京召开，会议就数字货币发行的总体框架、货币演进中的国家数字货币、国家发行的加密货币等专题进行了研讨和交流[②]。自会议召开以来，央行数字货币引起了国内学术界和业界的广泛关注。

在对央行数字货币这一新兴事物的讨论中，不免存在有争议和模糊的观点。有评论认为，央行数字货币将采用与比特币等数字货币一样的发行和运行框架，只是名称和发起人不同而已，并由此认为央行对比特币的态度发生了改变。还有评论认为，数字货币技术将使国家无法和不再需要控制货币发行，也将使货币政

[①]　需要郑重申明的是，本章完全是盛松成、蒋一乐的理论研究成果，不代表所供职单位意见。

[②]　中国人民银行，"中国人民银行数字货币研讨会在京召开"，http：//www.pbc.gov.cn/goutongjiaoliu/113456/113469/3008070/index.html。

策不复存在。这些观点都与央行设计发行数字货币的初衷相违背。本节将从货币本质、现代货币发行基础、货币政策与现代国家的关系等角度讨论这些话题。

一、央行数字货币是将纸币电子化又超越电子货币的技术创新

货币是经济社会发展到一定阶段的产物，并随着经济发展和社会组织形态的演变而发展。金属货币时代，金银因具有质地均匀、体积小、价值大、便于分割、易于携带等自然属性而逐渐固定地充当了一般等价物，成为各国普遍接受的货币。随着社会商品价值总量的不断增长，黄金储备无法满足货币发行的需要，这是金本位制崩溃的根本原因。随着布雷顿森林体系解体，货币价值由内在价值决定的金属货币体系发展成货币价值由国家信用支撑的现代信用货币体系。信用货币的价值不决定于任何商品的价值，而主要取决于通货发行方的信用。本位币以国家信用为支撑，具有法偿性和强制性。

纸币是各国本位币最初和广泛的实现形式。但是纸币技术含量低，从安全、成本等角度看，被新技术、新产品取代是大势所趋。近年来，我国现金发行量（M_0）占 GDP 和 M_2 的比重持续下降（见图 13 - 1)[①]。特别是随着互联网

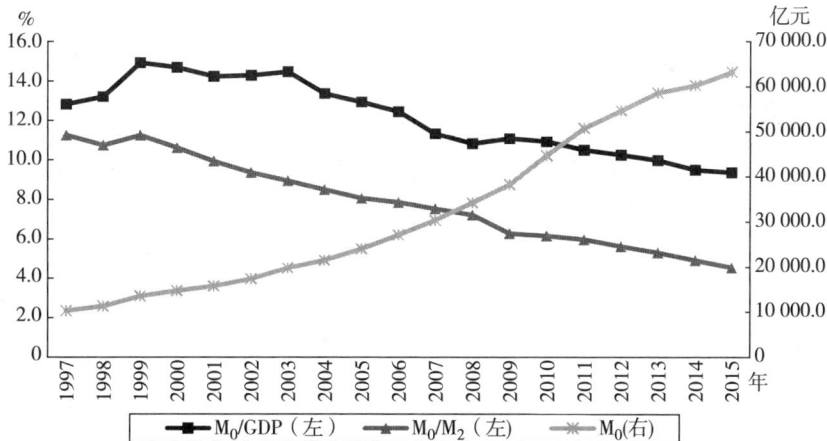

注：数据来源于 Wind。

图 13 - 1　我国现金发行量（M_0）占经济总量和货币总量的比重

[①]　据中国人民银行统计，2015 年末，我国流通中现金（M_0）的发行量达 6.99 万亿元，占同期 GDP 的 10.3%。据 Rogoff（2014）统计，2014 年美国、欧元区与日本流通中现金发行量占 GDP 的比重分别为 7.1%、10% 和 18.9%（Kenneth Rogoff：《纸币退出流通的成本和收益》（Costs and Benefits to Phasing out Paper Currency），载 NBER 工作论文（NBER Working Paper），2014 年，第 20126 期）。

的发展，全球范围内支付方式都发生了巨大的变化，本位币正在逐渐发展为多种形式的电子货币。目前我国较流行的是基于银行账户以及第三方支付账户的电子形式本位币，正在研发设计的央行数字货币也不例外。

与现有电子形式的本位币不同，未来的央行数字货币将可能是基于区块链①、移动支付、可信可控云计算、密码算法以及安全芯片等技术的本位币。结合 BIS 和 IMF 的定义，数字货币是基于区块链技术（The Block Chain Technology）、具有分散式账簿（The Distrib uted Ledgers）特点的②。目前，英国央行正在开发测试由央行发行和控制的、基于区块链技术的加密数字货币 RSCoin③。不过周小川行长也指出，区块链技术是一项可选的技术，其特点是分布式簿记、不基于账户，而且无法篡改。如果数字货币重点强调保护个人隐私，可选用区块链技术，但是到目前为止区块链占用资源还是太多，不管是计算资源还是存储资源，应对不了现在的交易规模，未来能不能解决，还要看④。

虽然我国央行数字货币还在设计阶段，但可以预测的是，现有的数字货币技术将从各方面有助于我国建设全新的金融基础设施，进一步完善我国支付体系，提升支付结算效率。并且，央行数字货币最终可形成一个大数据系统，提升经济交易活动的便利性和透明度，减少洗钱、逃漏税等违法犯罪行为。

二、央行数字货币与私人数字货币大不同，央行数字货币才是真正意义上的货币

充当商品交易的媒介，是货币的本质属性和最基本的职能，也是货币区别

---

① 区块链本质上就是交易各方信任机制建设的一个完美的数学解决方案，特点是利用数学算法建立交易双方的信任关系，不需要借助第三方，并且其数据库由所有的网络节点共享，所有人都可以共享和更新，并确认记录的交易是独一无二的（梅兰妮·斯万：《区块链—新经济蓝图及导读》，新星出版社，2016）。

② 国际结算银行（BIS）将数字货币看作是传统电子货币（Electronic money, E－money）的扩展，具有"分散式账簿"的特点，价值储藏和转移并不局限于主权货币（国际结算银行（Bank for International Settlements, BIS）：《电子货币的发展对中央银行的启示》（Implications for Central Banks of the Development of Electronic Money），1996；《数字货币》（Digital Currencies），2015）。而国际货币基金组织（IMF）则将数字货币定义为广义数字货币，包括传统电子货币、虚拟货币等等（国际货币基金组织（International Monetary Fund, IMF）：《对虚拟货币等的一些观点》（Virtual Currencies and Beyond: Initial Considerations），2016）。结合 BIS 和 IMF 的定义，当下大家热衷讨论的是最狭义的数字货币，即基于区块链技术（The Block Chain Technology）、具有分散式账簿（The Distributed Ledgers）特点的数字货币。

③ George Danezis、Sarah Meiklejohn：《中心化发行的加密数字货币》（Centrally Banked Cryptocurrencies），来自于互联网协会（Internet Society）举办的"网络与分布式系统安全"研讨会（Network & Distributed System Security (NDSS) Symposium）专题报告。

④ 《专访周小川》，载《财新周刊》，2016（6）。

于其他事物的鲜明标志，在信用货币条件下尤其如此①。在现代信用货币体系中，国家发行的本位币有国家信用的支撑，充当着商品交易的媒介。国家根据全社会商品生产和交易的需要发行本位币，以法律保证本位币的流通，并通过中央调节机制保持本位币的价值稳定，从而维持现代信用货币体系正常运行。作为本位币的新兴形态，央行发行的数字货币是真正意义上的货币，并具有本位币的所有特征。

相反，私人创造和发行的数字货币并不是真正意义上的货币。以比特币为例，首先，比特币缺乏国家信用支撑，难以作为本位币履行商品交换媒介职能。一是比特币自身没有价值，也没有国家信用支撑，不具备货币的价值基础，因而不能充当商品交换媒介。二是由于没有法偿性和强制性，比特币的流通范围有限也不稳定，难以真正发挥流通支付手段的作用。三是比特币具有很强的可替代性，很难固定地充当一般等价物。任何有自己的开采算法、遵循P2P协议、限量、无中心管制的数字"货币"都有可能取代比特币。

其次，比特币数量规模设定了上限，难以适应现代经济发展的需要。比特币的产生过程完全基于技术而非经济学原理，其上限数量和达到上限的时间已被技术上固定，即在2140年达到2 100万数量上限。数量的有限性是很多人认为比特币优于其他虚拟货币，甚至可以媲美黄金的重要原因。但正是由于数量有限，比特币难以成为与现代经济发展需要相适应的交换媒介。若比特币成为本位币，有限的货币数量与不断扩大的社会生产和商品流通之间的矛盾将日益扩大，会引发通货紧缩，抑制经济发展。

再次，比特币缺少中央调节机制，与现代信用货币体系不相适应。没有集中发行和调节机构即所谓的"去中心化"是比特币的又一特征，也被认为是比特币优于其他虚拟货币的一个重要原因。然而，以货币当局为核心的中央调节机制正是现代信用货币体系正常运行的基本保证。比特币没有集中发行方，容易被过度炒作，引起价格大幅波动（见图13-2，图13-3），而且货币当局也不可能通过改变比特币的供应来调节宏观经济，因此比特币无法满足现代信用货币体系的基本要求②。

包括比特币在内的私人数字货币在某种程度上体现了货币非国家化的思

---

① 盛松成、张璇：《虚拟货币本质上不是货币——以比特币为例》，载《中国金融》，2014（1）；盛松成、翟春：《货币非国家化理念与比特币的乌托邦》，载《中国金融》，2014（7）。

② 盛松成、张璇：《虚拟货币本质上不是货币——以比特币为例》，载《中国金融》，2014（1）；盛松成、翟春：《货币非国家化理念与比特币的乌托邦》，载《中国金融》，2014（7）。

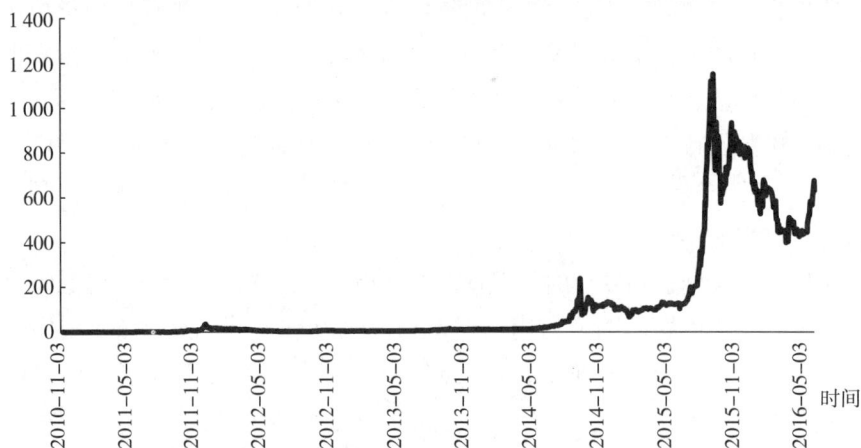

数据来源：比特币价格来源于 http：//blockchain. info。

图 13 - 2　比特币价格波动

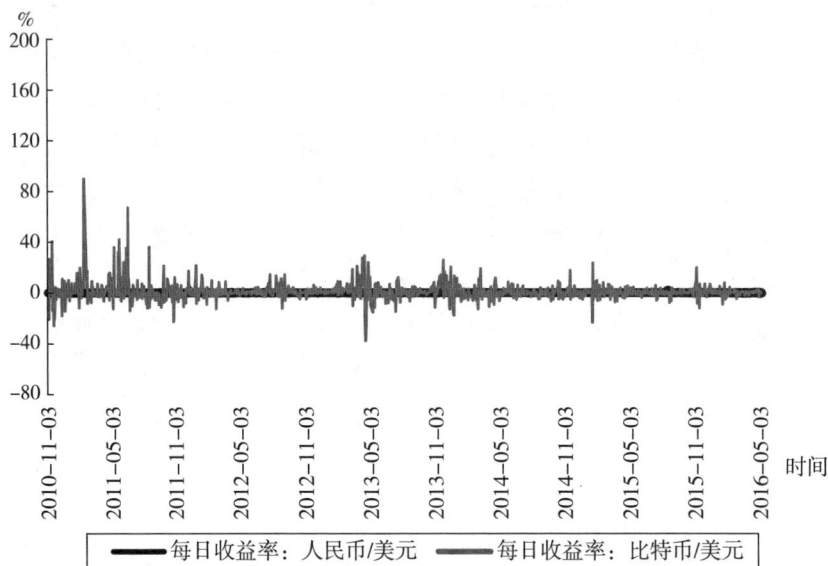

数据来源：美元兑人民币中间价来源于 Wind 数据库，每日收益率由笔者计算得出。

图 13 - 3　比特币每日收益率

想。货币非国家化观点最早由英国经济学家哈耶克在 20 世纪 70 年代所提出。然而，哈耶克所设想的非国家货币体系存在诸多缺陷，不具备可操作性，他的货币非国家化理念也难以成为现实①。第一，私人货币缺乏稳固的信用基础；第二，同一经济体系中，不可能存在价值标准和兑换比例不相统一的多种货币同时流通的货币体系；第三，私人货币的调节机制存在缺陷，难以保持物价稳定②。因此不论形式怎样变化，例如莱特币（Litecoin）和瑞波币（Ripple），只要现代信用货币体系还存在，私人数字货币的非货币本质就不会改变。

由于央行数字货币与私人数字货币的本质不同（见表13-1），二者当然不会采用相同的发行和流通框架。在财新专访中，周小川行长也指出，对于央行掌控的数字货币，会采用一系列的技术手段、机制设计和法律法规，来确保数字货币运行体系的安全，一开始就与比特币的设计思想有区别③。英格兰银行副行长布劳德本特也撰文称，尽管私人版本和央行数字货币会使用同样的技术、用同样的名字，但它们是完全不同的，二者是此消彼长的关系④。

表 13-1　　　　　　　　　**央行数字货币与比特币的区别**

	央行数字货币	比特币
发行机制		
是否有中央发行机构	有	没有
发行量	灵活	固定
发行量决定因素	货币政策目标	电脑程序
发行成本	低	高（电脑成本）
是否有中央调节机制	有	无
经济价值		
内在价值	无	无
是否央行负债	是	不是
交易媒介	是	小范围是
价值尺度	是	不是
储值手段	是，但有通胀风险	是，但有价格波动和信用风险
是否本位币	是	否

---

① 哈耶克本人也承认，"这种方案也留下很多有待解决的难题，而我并没有现成的答案。"（里德里希·冯·哈耶克著、姚中秋译：《货币的非国家化》，100页，新星出版社，2007）。

② 盛松成、张璇：《虚拟货币本质上不是货币——以比特币为例》，载《中国金融》，2014（1）；盛松成、翟春：《货币非国家化理念与比特币的乌托邦》，载《中国金融》，2014（7）。

③ 《专访周小川》，载《财新周刊》，2016（6）。

④ 本·布劳德本特：《中央银行与数字货币》，载《中国金融》，2016（8）。

三、数字货币的技术创新无法取代央行货币发行和货币政策

数字货币的技术创新主要体现在"去中心化"。比特币除了具有"去中心化"的支付结算功能之外，更特别的是它没有中心化的货币发行和调节机构。有评论预测央行数字货币将采用和比特币一样的发行和运行框架，由此得出数字货币技术将取代货币发行和货币政策的结论。实践将证明，这一结论是错误的。相反，以货币当局为核心的中央调节机制正是现代信用货币体系正常运行的基本保证，中央银行货币发行和货币政策对现代经济的至关重要的作用是无法替代的。

首先，现代经济活动有多种内生性摩擦，需要国家进行调节。信息不对称和道德风险在市场经济活动中普遍存在，过度自信和动物精神是人们通常具有的非理性信念，过度信贷和金融投机是金融运行中难以避免的。多种内生性摩擦使经济呈现顺周期运行的特点，并可能伴随着较大幅度的波动，因此国家需要利用逆周期的调控手段来熨平经济波动。

其次，现代货币是国家调节经济的重要手段，货币政策是现代经济的主要调节手段之一。货币供应量的变化对经济的影响十分广泛，与物价、收入、就业、经济增长等宏观经济指标密切相关。正如凯恩斯所说，"货币经济之特征，乃是在此经济体系之中，人们对于未来看法之改变，不仅可以影响就业之方向，还可以改变就业之数量。"① 因此货币当局一般通过调节货币供应量和利率等来调节经济。如果数字货币被普遍使用但不由货币当局发行和调控，现代经济将因此失去一个重要的调控手段，经济将因为不受调节而无法正常运行。

再次，货币当局能够通过中央调节机制维持币值稳定。价值相对稳定是一种货币充当价值尺度和流通手段的前提条件，而且经济波动常伴随着币值波动，因此维持币值稳定也是现代经济正常运行的必要条件。数字货币一旦被全社会普遍接受，如果货币当局无法通过中央调节机制稳定币值，这不仅会引起经济波动，也会动摇以国家信用为基础的货币体系。

最后，相对于同为总量调节手段的财政政策，货币政策的微调功能更加明显。税收、国债及预算收支等财政政策手段在一定时期内一经确定就有相当的刚性，不能轻易变动，而货币政策则相对灵活。经济运行和金融运行常会出现意料不到的变化，而货币当局的基本职责之一就是适时作出恰当的货币政策决

---

① 凯恩斯：《就业、利息和货币通论》，2 页，1936。

策，以应对形势变化。

因此，货币政策是国家调节经济的最重要手段之一。货币政策与税务、警察、法院等国家机器一样，是现代国家运行的基础，是国家机器的重要组成部分。央行数字货币的创新是为了适应形势的发展、紧跟时代的步伐，更好地服务于货币发行和货币政策。周小川行长指出，货币生成机制和货币供应量是需要调节的。总体看，央行在设计数字货币时会对现有的货币政策调控、货币的供给和创造机制、货币政策传导渠道都做出充分考虑①。

四、央行数字货币将提升货币供给和货币政策的有效性

私人发行和创造的数字货币在一定程度上反映了互联网时代对货币支付功能的要求，包括便利、快捷、低成本等。但由于它们不受央行的监管和调控，其发展正在对中央银行的货币发行和货币政策带来新的挑战。周小川行长明确指出，央行发行数字货币要保留货币主权的控制力，并且有利于货币政策的有效运行和传导②。

首先，央行数字货币的信息优势可以帮助监管当局更准确、更灵活地运用政策工具，追踪资金流向，以及全面监测和评估金融风险。在央行数字货币被全社会普遍接受并使用后，经济活动的透明度将大大提高，监管当局能够根据需要采集不同频率、不同机构的实时交易账簿，这可为货币政策和宏观审慎政策提供巨大的数据基础。

其次，央行数字货币技术有利于货币政策的利率传导。现有的数字货币技术支持"点对点"支付结算，这可提高市场参与者的资金流动性。只有被全社会普遍接受的央行数字货币才能将这一优势辐射至不同金融市场的参与者，从而提高不同金融市场间的资金流动性和单个金融市场的市场流动性。这将降低整个金融体系的利率水平，使利率期限结构更平滑，货币政策利率传导机制更顺畅。

综上所述，央行数字货币与私人数字货币的本质大不同，只有央行数字货币具有国家信用支撑，才能成为真正意义上的货币。虽然央行数字货币未来可能采用与私人数字货币类似的底层技术，但本质的不同决定了二者将采用不同的发行和流通框架。央行数字货币是由中央银行发行和调控的，这样才能维持由国家信用支撑的现代货币体系的稳定，才能更好地服务于现代经济的发展。

---

① 《专访周小川》，载《财新周刊》，2016（6）。
② 《专访周小川》，载《财新周刊》，2016（6）。

数字货币技术将提升中央银行对货币发行和流通的控制力，有利于货币政策的有效运作和传导。

当然，所谓数字货币技术将取代中央银行货币发行的观点并不新鲜，与此前比特币将挑战主权货币的观点如出一辙，这在某种意义上反映了人们对信用货币条件下通货膨胀的忧虑，也反映了人们对货币的本质和特征，以及央行货币政策在现代经济中的不可或缺作用的模糊认识。因此，各国央行应该加强流动性管理，合理调控货币供应，保持物价基本稳定，促进经济社会平稳发展。

第二节　如何推广央行数字货币的使用？

2016 年 1 月 20 日，中国人民银行数字货币研讨会在北京召开。会议要求，人民银行数字货币研究团队要积极吸收国内外数字货币研究的重要成果和实践经验，在前期工作基础上继续推进，建立更为有效的组织保障机制，进一步明确央行发行数字货币的战略目标，做好关键技术攻关，研究数字货币的多场景应用，争取早日推出央行发行的数字货币。

如何推广央行数字货币的使用是数字货币设计的重要组成部分。一方面，如果在全社会各部门中同时推广央行数字货币，这不仅难度和阻力大，而且短期效果可能不明显。另一方面，虽然中央银行计划发行央行数字货币的目的之一是为了取代传统纸币从而降低货币发行、流通的高昂成本，但央行数字货币何时取代纸币呢？央行数字货币在发行初期便取代纸币是否可行？本节将基于数字货币的设计原则，研究如何合理推广央行数字货币的使用。

央行数字货币的推广需要考虑有效性和可行性。有效的推广是指央行数字货币可以覆盖大部分交易，从而提高大部分交易的效率，即所谓的"广覆盖"。可行的推广是指中央银行可以较容易并且低成本地推广央行数字货币，即所谓的"低成本"①。因此，根据我国支付体系发展特点和社会主体支付习惯，综合考虑有效性和可行性，央行数字货币的合理推广应满足以下几个原则。

1. 先在非现金支付中推广，后取代现金

央行数字货币以数字形式储存和转移货币，与现代非现金支付的使用类似，而且非现金支付业务量逐年上升（见图 13 - 4），现金发行量逐年下降。因此基于有效性的判断，应首先在非现金支付中推广央行数字货币。

---

① 这里的成本包括系统成本、制度设计成本、激励成本、协调成本和时间成本。

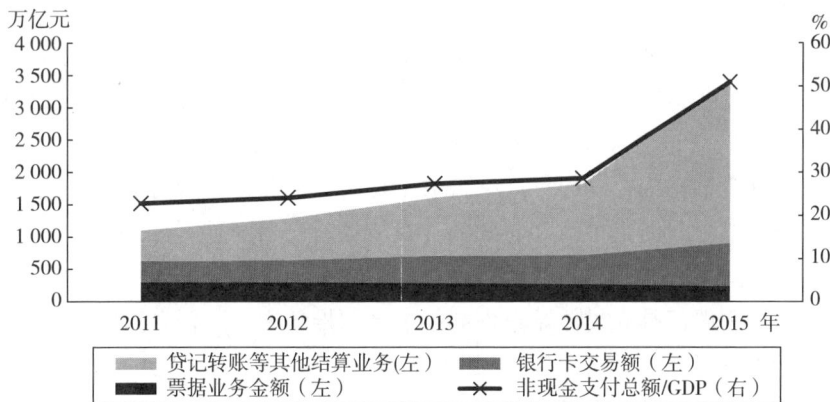

数据来源：中国人民银行，《中国支付体系发展报告 2011—2014》以及《2015 年支付体系运行总体情况》，http：//www. pbc. gov. cn/zhifujiesuansi/128525/index. html。

注：非现金支付业务含票据、银行卡及其他结算业务。其中，其他结算业务含贷记转账、直接借记、托收承付及国内信用证业务。

图 13 - 4　我国非现金支付总额占经济总量比重

虽然现金的使用量逐年下降，它仍是社会公众长期和广泛使用的支付工具。对社会公众来说，完全抛弃纸币现金而选择数字货币不仅挑战公众长期形成的习惯，也冲击他们的传统观念。要完全突破这两个限制是很困难的，不仅需要时间，还需要好的制度设计以及政策把握。此外，货币当局还需要警惕用数字货币替代纸币给预期带来影响。如果数字货币过快取代纸币，可能会对通胀预期和宏观经济稳定带来负面影响[1]。因此从可行性角度看，央行数字货币在短时间内将很难取代现金。正如周小川行长所言，数字货币和现金在相当长时间内都会是并行、逐步替代的关系[2]。

2. 先在金融部门中推广，后在非金融部门中推广

首先，在我国非现金支付体系中，各类金融机构直接或间接地服务于非金融部门生产经营和投资活动的支付结算。经过多年的发展，我国已形成中国人民银行、银行业金融机构、银行间资金清算机构、支付机构、证券登记结算机构、中央对手和交易登记机构各有侧重、功能互补的支付清算结算服务组织格局[3]。

---

① Kenneth Rogoff：《纸币退出流通的成本和收益》（Costs and Benefits to Phasing out Paper Currency），载 NBER 工作论文（NBER Working Paper），2014（20126）。

② 《专访周小川》，载《财新周刊》，2016（6）。

③ 中国人民银行：《中国支付体系发展报告 2014》，http：//www. pbc. gov. cn/zhifujiesuansi/128525/index. html。

其次，与非金融部门相比，我国金融部门的牌照审批、业务发展等都接受严格监管，在金融部门推广央行数字货币将会更容易也更安全。因此可行的方案是，先在金融机构中推广央行数字货币，然后在非金融部门中予以推广。

3. 先在中央银行和商业银行间推广，后在非银行金融机构中推广

在所有金融机构中同时推广央行数字货币并不容易，这将面临系统和统计等各方面的整合。而更可行和有效的方案应该是"抓大放小"，先在发生交易量大的机构间推广使用央行数字货币，随后在其他机构中推而广之。

中国人民银行是支付体系建设的组织者、推动者、监督者，银行业金融机构是中国支付服务的供给主体①。因此央行数字货币应首先在中央银行和商业银行间推广。从表13-2可以看出，我国目前共有9个人民币支付系统，业务金额占比最大的两个支付系统是，中国人民银行大额支付系统（业务金额占比67.45%）和银行业金融机构行内支付系统（业务金额占比27.28%）。这两个支付系统的主要参与者是中央银行和商业银行，如果它们使用央行数字货币进行支付结算，央行数字货币体系便可覆盖绝大部分非现金支付。

表 13-2　　　　　　　　2015 年支付系统人民币业务统计

系统类别	业务量		业务量占比（%）	
	笔数（亿笔）	金额（万亿元）	笔数	金额
中国人民银行大额实时支付系统	7.89	2952.06	1.68	67.45
中国人民银行小额批量支付系统	18.35	24.94	3.91	0.57
全国支票影像交换系统	0.09	0.45	0.02	0.01
网上支付跨行清算系统	29.66	27.76	6.32	0.63
同城清算系统	3.95	124.34	0.84	2.84
银行业金融机构行内支付系统	197.08	1194.01	41.98	27.28
银行卡跨行支付系统	206.68	49.28	44.03	1.13
城市商业银行汇票处理系统和支付清算系统	0.03	0.54	0.01	0.01
农信银支付清算系统	5.73	3.60	1.22	0.08

数据来源：中国人民银行，《2015 年支付体系运行总体情况》，http：//www.pbc.gov.cn/zhifujiesuansi/128525/index.html。

随后可将非银行金融机构（证券、基金、保险、信托等）的支付结算纳入央行数字货币体系中，使其直接与央行进行支付结算，而不再依赖商业银行。

---

① 中国人民银行建设运行的大小额支付系统、网上支付跨行清算系统、全国支票影像交换系统、境内外币支付系统等重要业务系统，对于加速社会资金周转、促进经济金融发展发挥了重要作用。国有商业银行是银行业金融机构行内支付系统的主要支付服务提供方（中国人民银行：《中国支付体系发展报告2014》，http：//www.pbc.gov.cn/zhifujiesuansi/128525/index.html）。

4. 先在单位①账户中推广，后在个人账户中推广

一方面，单位和个人的非现金支付结算主要依赖商业银行。与个人账户相比，单位账户数量少、账户平均存款多，因此在单位账户中推广央行数字货币的成本更低。据中国人民银行统计，截至 2015 年末，全国共开立人民币银行结算账户 73. 70 亿户，其中单位银行结算账户 4 439. 03 万户，占银行结算账户的 0. 60% ；个人银行结算账户 73. 25 亿户，占银行结算账户的 99. 40% 。同期单位存款（境内人民币存款）达 43 万亿元，个人存款（境内人民币存款）达 54. 6 万亿元。据有关统计，平均每个单位账户存款是 97 万元，而平均每个个人账户存款仅有 7 455 元。

另一方面，与单位相比，个人的支付习惯和支付需求更加复杂。例如，有人选择 ATM 支付，有人选择 POS 机支付，还有人选择网上支付和电话支付。在个人非现金支付中推广央行数字货币将会面临对各种支付工具的整合，这需要大量的系统投入和制度设计，成本较高。因此从可行性看，应首先在单位账户中推广央行数字货币，随后在个人账户中推而广之。

综上所述，可依照以下顺序推广央行数字货币的使用：

1. 在中央银行和商业银行间推广使用央行数字货币；
2. 在非银行金融机构中推广使用央行数字货币；
3. 在单位账户中推广使用央行数字货币；
4. 在个人账户中推广使用央行数字货币；
5. 央行数字货币取代现金。

如图 13 - 5 所示。

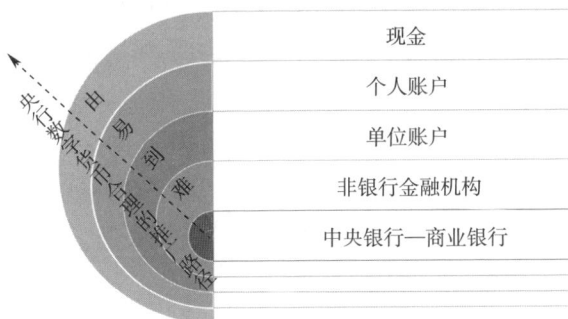

图 13 - 5　央行数字货币合理的推广路径

---

① 这里的"单位"指，除个人和财政部门以外的非金融机构（包括企业、机关团体、社保基金、部队、住房公积金）。

上述央行数字货币的推广路径，不仅坚持了经济、便民和安全的原则，而且保证了数字货币应用的低成本、广覆盖，提升了数字货币的适用性和生命力。一方面，根据我国支付体系的发展特点，这一推广路径可在短期内将大量交易纳入央行数字货币体系中；另一方面，通过适应单位和个人的支付习惯和支付需求，这一推广路径可在长期中逐步扩大央行数字货币的使用范围，最终实现央行数字货币在全社会的统一发行和使用。

第三节　央行数字货币与货币供给

在财新专访中，周小川行长指出，中国央行数字货币现处于设计阶段，中央银行要在保留主权货币控制力的基础上，设计和发行有利于货币政策有效运行和传导的央行数字货币[①]。目前我国货币政策主要以货币供应量为中介目标[②]，政策传导也主要以基础货币和货币乘数的变化为基础。因此，研究央行数字货币将怎样影响货币供给，也是央行数字货币设计的一部分。

虽然我国央行数字货币还在设计中，但根据目前数字货币发展情况预测，未来央行数字货币将不仅可以以数字形式储存和转移货币，而且可能具有"点对点"的支付结算功能（Peer – to – Peer Payment and Settlement）。由于"点对点"支付结算明显异于我国现有的金融基础设施，并可能对我国未来货币调控带来一定的挑战，因此研究这一功能如何影响货币供给不仅是一项创新，更可以为央行如何利用央行数字货币调控货币供应量提供一定的参考。

"点对点"支付结算将改变不同经济部门的行为，从而影响货币供给。同时，央行数字货币将怎样影响货币供给还取决于央行数字货币的使用范围。货币供给理论指出，货币供给由中央银行、金融机构和社会公众共同决定，但这并未回答如何合理确定和扩大央行数字货币的使用范围。在本章第二节中，笔者指出，央行数字货币应首先在中央银行和商业银行间推广，随后依次分别在非银行金融机构、单位账户和个人账户中推广，最后将取代现金。因此，本节将根据这一推广路径研究央行数字货币将如何影响货币供给。

---

① 《专访周小川》，载《财新周刊》，2016（6）。

② 2016 年《政府工作报告》（2016 年 3 月 5 日）中指出"稳健的货币政策要灵活适度。今年广义货币 M_2 预期增长 13% 左右，社会融资规模余额增长 13% 左右。"这意味着社会融资规模正式作为货币政策的调控指标。

一、央行数字货币在中央银行和商业银行①之间普遍使用

由于央行数字货币技术允许商业银行之间进行"点对点"支付结算而不再依赖中央银行（专栏1），因此商业银行可减少存放在中央银行的超额准备金，这将对基础货币和货币乘数产生影响。

专栏1

央行数字货币将怎样提高商业银行结算效率

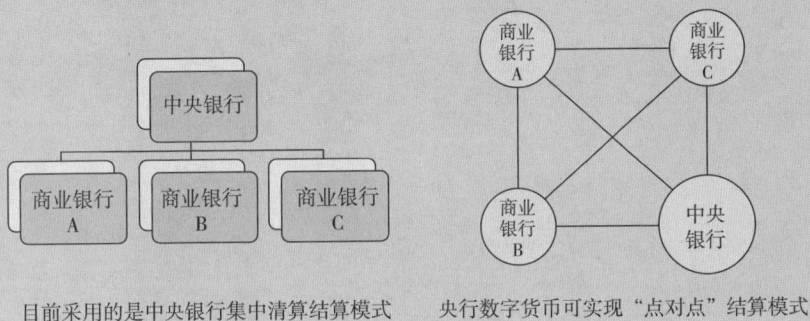

目前采用的是中央银行集中清算结算模式　　　央行数字货币可实现"点对点"结算模式

具体说来，基础货币由通货和商业银行准备金构成，即

$$B = C + R = C + RR + ER \qquad (13-1)$$

其中，C 为通货；R 为商业银行准备金，由法定存款准备金 RR 和超额准备金 ER 构成。货币乘数为货币供应量和基础货币的比值，即

$$m = \frac{M}{B} = \frac{C+D}{C+RR+ER} = \frac{C/D+1}{C/D+RR/D+ER/D} = \frac{c+1}{c+r+e} \quad (13-2)$$

其中，货币供应量由通货 C 和存款 D 构成②；c 为现金存款比（也称为现金漏损率）；r 为法定存款准备金率；e 为超额准备金率。

因此，短期内在其他条件（C，D，RR）不变的情况下，超额准备金（ER）的下降将使基础货币（B）下降，货币乘数（m）上升，而货币供应量则不受影响。在长期中，商业银行可通过货币创造过程将闲置的超额准备金（ER）转化为新增通货（C）和存款（D），因此基础货币将

---

① 准确地说，这里的"商业银行"为除中央银行以外的银行业存款类金融机构。

② 这里的存款不区分定期存款和活期存款，即不区分 M_1 和 M_2。同时假设基础货币中的"通货"就是货币供应量中的"流通中的现金"，即不考虑商业银行的库存现金。

恢复至央行数字货币使用前的水平，货币乘数和货币供应量都将上升（专栏2）。

专栏2

长期中，超额准备金下降将怎样影响货币供给

假设在央行数字货币推广后，商业银行将全部超额准备金转化为贷款并形成原始存款。经过长期的货币创造过程后，新增存款为

$$\Delta D = ER + (1-r-c)ER + (1-r-c)^2 ER + \cdots = \frac{1}{r+c} ER$$

新增通货为

$$\Delta C = c \cdot ER + c(1-r-c)ER + c(1-r-c)^2 ER + \cdots = \frac{c}{r+c} ER$$

因此，新增货币供应量为

$$\Delta M = \Delta C + \Delta D = \frac{1+c}{r+c} ER$$

法定存款准备金增加：

$$\Delta RR = r \cdot \Delta D = \frac{r}{r+c} ER$$

因此，新增基础货币为

$$\Delta B = \Delta C + \Delta RR = ER$$

这抵消了商业银行减少超额准备金所带来的基础货币的缩减，因此长期中基础货币将恢复至央行数字货币使用前的水平。

货币乘数则为

$$m' = \frac{M'}{B'} = \frac{M + \Delta M}{B} = \frac{M + \dfrac{1+c}{r+c} ER}{B}$$

其中，m'、M' 以及 B' 是央行数字货币长期使用后的货币乘数、货币供应量以及基础货币；M、B 以及 ER 是央行数字货币使用前的货币供应量、基础货币以及超额准备金。

因此，在长期中，与商业银行使用央行数字货币之前相比，基础货币将不变，货币乘数将上升，货币供应量将增加。

二、央行数字货币在中央银行和金融机构之间普遍使用

这里的金融机构包括商业银行、证券公司、基金公司和保险公司等在内的所有金融机构[①]。央行数字货币一旦在金融机构中普遍使用，将通过两个途径影响货币供给，一是通过结算机制，二是通过资产配置机制。

现将存款细分为活期存款、定期存款和同业存款，基础货币则表示为

$$B = C + R = C + RR + ER = C + (RR_d + RR_t + RR_i) + ER \quad (13-3)$$

其中，RR_d 为活期存款法定准备金；RR_t 为定期存款法定准备金；RR_i 为同业存款法定准备金，RR_i 暂为 0[②]。货币乘数则表示为

$$m = \frac{M}{B} = \frac{C+D}{C+RR+ER} = \frac{C+D_d+D_t+D_i}{C+RR_d+RR_t+RR_i+ER}$$

$$= \frac{C+D_d+D_t+D_i}{C+r_d \cdot D_d+r_t \cdot D_t+r_i \cdot D_i+ER}$$

$$= \frac{C/D_d+1+D_t/D_d+D_i/D_d}{C/D_d+r_d+D_t/D_d \cdot r_t+D_i/D_d \cdot r_i+ER/D_d} = \frac{1+c+t+i}{c+r_d+t \cdot r_t+i \cdot r_i+e}$$

$$(13-4)$$

其中，D_d、D_t、D_i 分别是活期存款、定期存款和同业存款，同业存款 D_i 由结算同业存款（D_i^a）和一般同业存款（D_i^b）构成；r_d、r_t、r_i 分别是活期存款、定期存款和同业存款的法定准备金率（其中 r_i 暂为 0），t、i 分别为定期存款和同业存款与活期存款的比率。

金融机构在实现"点对点"支付结算后，效率将大幅提高，这意味着商业银行在减少超额准备金（ER）的同时，非银行金融机构同样可减少在商业银行存放的结算同业存款（D_i^a）。在短期内，后者会使存款（D）下降，但并不会影响法定存款准备金（RR）。因此，在其他条件（C，D_d，D_t，RR_d，RR_t，ER）不变的情况下，结算同业存款（D_i^a）的下降将降低货币供应量，但不影响基础货币，货币乘数将因此而下降。

在长期中，非银行金融机构可将闲置的结算同业存款（D_i^a）转化为一般同业存款（D_i^b）并投资于金融市场。如果一般同业存款（D_i^b）通过一级市场

---

① 准确地说，这里的金融机构包括除中央银行以外的银行业存款类金融公司、银行业非存款类金融公司以及非银行业金融公司。

② 2014 年 12 月 27 日，人民银行正式下发文件（银发〔2014〕387 号），将原属于同业存款项下的存款纳入各项存款范围，其中包括存款类金融机构吸收的证券类及交易结算类存款、银行业非存款类存放等。同时规定上述计入存款准备金的存款适用存款准备金率暂时为零。

转化为企业存款（D_d 与 D_t），货币供应量将回升至央行数字货币使用前的水平。不同于同业存款，企业存款需缴存法定存款准备金，因此法定存款准备金 RR_d 和 RR_t 将较央行数字货币使用前上升，这将增加基础货币，降低货币乘数。如果一般同业存款（D_i^b）通过二级市场成为其他金融机构的同业存款，货币供应量也将回升至央行数字货币使用前的水平，但同业存款准备金 RR_i 仍为 0，这将不会影响基础货币和货币乘数。

结合第一部分对商业银行超额准备金下降的分析，当中央银行和金融机构普遍使用央行数字货币时，央行数字货币将通过结算机制对货币供给产生以下影响。

表 13 - 3　　　　　央行数字货币通过结算机制产生的直接影响

	短期			长期			
	基础货币	货币供应量	货币乘数	长期变化机制	基础货币	货币供应量	货币乘数
超额准备金下降	下降	不变	上升	通过贷款转化为原始存款	不变	上升	上升
结算同业存款下降	不变	下降	下降	通过一级市场转化为企业存款	上升	不变	下降
				通过二级市场转化为其他机构同业存款	不变	不变	不变

除了降低金融机构对结算资金的需求，央行数字货币也将提高金融机构结算效率，从而增强金融市场资金流动性，这将进一步影响货币供应。以中国股票市场为例，该市场目前实行的是证券公司、商业银行（资金托管行）以及交易所每日共同清算结算的模式，投资者在 T + 1 日才能转出或提取 T 日卖出股票的资金。[①] 如果证券公司和商业银行都加入央行数字货币体系，通过提高证券结算效率，投资者资金到账时间将由一天缩短至几小时甚至几分钟（专栏 3）。[②]

[①] 证券交易的清算（Clearing），指在每一营业日中对每个结算参与人证券和资金的应收或应付，数量或金额进行计算的处理过程。证券结算（Settlement）是根据交易结果和交易所有关规定对会员交易保证金、盈亏、手续费、交割货款和其他有关款项进行的计算、划拨。二者的区别在于，清算不涉及债权债务的转移，而结算是债权债务关系的转移。

[②] 虽然在使用央行数字货币后，证券公司可以帮助客户实现"点对点"支付结算，但出于监管要求（《客户交易结算资金管理办法》（中国证券监督管理委员会令第 3 号）），证券公司仍需客户在商业银行开立专户，证券投资资金由商业银行存管。

专栏3

央行数字货币将怎样提高证券结算效率
——以股票市场为例

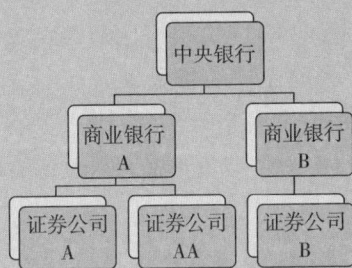

目前证券公司A在T日卖出股票的资金可在T+1日提取到账

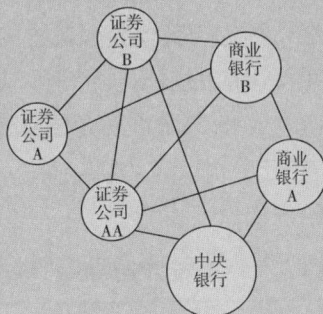

央行数字货币可使证券公司实现"点对点"结算模式

我国股票市场目前实行的是证券公司、商业银行（资金托管行）以及交易所每日共同清算结算的模式。证券公司A在T日执行客户a的卖出指令后，客户a的账面可用资金即刻增加，但客户只有在T+1日才可将这部分卖出资金从托管银行A取出。假设证券公司B执行了客户b的买入指令，恰好买入了客户a卖出的股票，客户b的账面可用资金即刻被扣除，这部分资金将在T+1日到达客户a的账户。

如果证券公司和商业银行都加入央行数字货币体系，证券公司可代客进行"点对点"结算，客户b的资金可直接划转至客户a的账户，客户a资金的到账时间将由一天缩短至几小时甚至几分钟。

更重要的是，投资者随即可将这部分资金投资到其他金融市场（如银行间市场、债券市场、外汇市场等）。如果所有金融机构都使用央行数字货币进行支付结算，所有金融市场的资金到账时间都将大幅缩短。这将降低市场参与者的交易成本（尤其是时间成本），提高资产配置的效率。

对于储户来说，更有效率的资产配置意味着部分活期存款将转化为金融市场投资，这将降低储户活期存款（D_d），增加客户保证金，后者为同业存款（D_i）的一部分。从公式（13–3）和公式（13–4）可以看出，短期内在其他条件（C，RR_t，ER，D_t，r_d，r_t）不变的情况下，活期存款（D_d）的下降将降低活期存款法定准备金（RR_d），但同业存款（D_i）的上升并不会影响同业存款法定准备金（RR_i），因此基础货币将下降。由于 D_d 的下降带来 D_i 的等量上升，货币供应量将不变，货币乘数将上升。

在长期中，储户对金融市场的投资将通过一级市场或者二级市场回到银行体系中。如果金融投资通过一级市场转化为企业存款（D_d 与 D_i），货币供应量、基础货币和货币乘数都将回升至央行数字货币使用前的水平。如果金融投资通过二级市场成为其他金融机构的同业存款（D_i），货币供应量将恢复至央行数字货币使用前的水平。由于同业存款的法定存款准备金率（r_i）暂为 0，同业存款（D_i）的增加并不会带来同业存款法定准备金（RR_i）的上升，因此基础货币将下降，货币乘数将上升。因此，央行数字货币将通过资产配置机制对货币供给产生以下影响。

表 13－4 　　　　　央行数字货币通过资产配置机制产生的直接影响

	短期			长期			
	基础货币	货币供应量	货币乘数	长期变化机制	基础货币	货币供应量	货币乘数
活期存款转化为同业存款	下降	不变	上升	通过一级市场转化为企业存款	不变	不变	不变
				通过二级市场转化为其他机构同业存款	下降	不变	上升

综合结算机制和资产配置机制，当中央银行和金融机构间广泛使用央行数字货币时，与央行数字货币使用前相比，短期内基础货币和货币供应量都将下降，货币乘数变化则不确定；长期中货币供应量将上升，但基础货币和货币乘数的变化仍然无法确定。

在资产配置机制中，除了影响货币供给，央行数字货币还将影响不同金融市场（间）的利率定价和利率传导。首先，"点对点"的支付结算方式将加速金融机构之间的资金流动，使其出现资金缺口和资金盈余的规模和概率下降，这将降低银行间市场的利率水平并减小利率波动；其次，更高效的支付结算将会提高不同市场间资金的流动性（inter－fund－liquidity），从而加强不同市场利率间的关联；再次，市场间资金流动性的增加会提高单个市场内的资金流动性（inner－fund－liquidity），在一定条件下，这将进一步改善单个市场的市场流动性（inner－market－liquidity），利率定价将更合理，流动性溢价和利率水平都将下降。因此，在资产配置机制中，央行数字货币将使整个金融体系的利率水平下降，利率期限结构更平滑，货币政策利率传导机制更顺畅。

三、央行数字货币推广至单位和个人账户

根据本章第二节，央行数字货币宜先在单位账户中推广，随后在个人账户中推广。由于二者对货币供应的影响机制相同，本部分简化为央行数字货币同时推广至单位和个人账户。

目前单位和个人主要通过商业银行进行非现金支付。一旦单位和个人账户中的资金是央行数字货币，单位和个人便可进行"点对点"支付结算，突破跨行、跨区域的限制（专栏4）。因此，单位和个人可以将不同银行的账户整合成一个银行账户，并且减少以结算为目的的活期存款。这将通过结算机制影响货币供给。

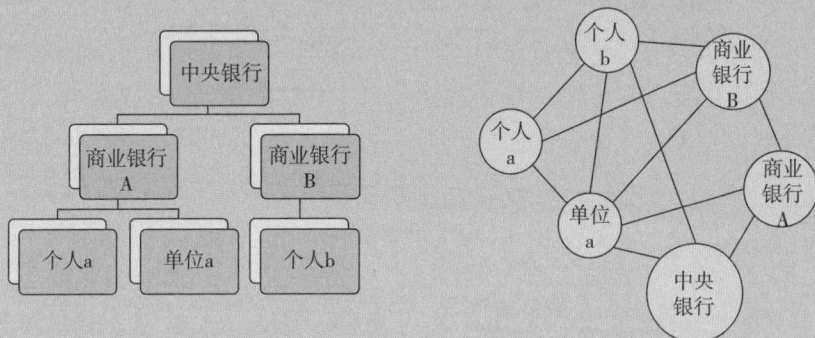

专栏4

央行数字货币将怎样提高单位和个人的支付结算效率

目前单位和个人主要通过商业银行进行非现金支付

央行数字货币可是单位和个人实现"点对点"结算模式

在目前支付结算机制下，个人 a 与单位 a 间的支付只需通过商业银行 A 调整贷记记账即可，无须发生实际资金转移。如果个人 a 与个人 b 间要进行跨行支付结算，这便需要中央银行汇划商业银行 A 和商业银行 B 在中央银行的资金。

如果单位和个人账户中的资金是央行数字货币，个人 a 和个人 b 便可以进行"点对点"支付结算，无须依赖中央银行和商业银行。

根据公式（13－3）和公式（13－4）可知，活期存款（D_d）下降将降低存款（D）和活期存款法定准备金（RR_d）。短期内，在其他条件（C，D_t，D_i，RR_t，RR_i，ER）不变的情况下，基础货币和货币供应量将下降。货币乘

数的变化则取决于现金（C）、活期存款法定准备金率（r_d）、同业存款（D_i）以及超额准备金（ER）（专栏5）。

专栏5

短期内，活期存款下降将怎样影响货币乘数

根据公式（13-4）得

$$m = \frac{M}{B} = \frac{C+D}{C+RR+ER} = \frac{C+D_d+D_t+D_i}{C+RR_d+RR_t+RR_i+ER}$$

$$= \frac{C+D_d+D_t+D_i}{C+r_d \cdot D_d+r_t \cdot D_t+r_i \cdot D_i+ER}$$

货币乘数（m）对活期存款（D_d）的导数为

$$\frac{\partial m}{\partial D_d} = \partial(\frac{C+D_d+D_t+D_i}{C+r_d \cdot D_d+r_t \cdot D_t+r_i \cdot D_i+ER})/\partial D_d$$

$$= \frac{(1-r_d)C+(r_t-r_d)D_t+(r_i-r_d)D_i+ER}{(C+r_d \cdot D_d+r_t \cdot D_t+r_i \cdot D_i+ER)^2}$$

在我国，活期存款法定准备金率（r_d）与定期存款法定准备金率（r_t）一致，并且同业存款准备金率（r_i）为0，因此

$$\frac{\partial m}{\partial D_d} = \frac{(1-r_d)C-r_d \cdot D_i+ER}{(C+r_d \cdot D_d+r_t \cdot D_i+ER)^2}$$

如果 $(1-r_d)C-r_d \cdot D_i+ER > 0$，则 $\frac{\partial m}{\partial D_d} > 0$。当活期存款下降时，货币乘数也下降。

如果 $(1-r_d)C-r_d \cdot D_i+ER < 0$，则 $\frac{\partial m}{\partial D_d} < 0$。当活期存款下降时，货币乘数上升。

如果 $(1-r_d)C-r_d \cdot D_i+ER = 0$，则 $\frac{\partial m}{\partial D_d} = 0$。当活期存款下降时，货币乘数不变。

在长期中，活期存款将转化为定期存款或者金融投资从而回到银行体系。如果单位和个人将活期存款（D_d）转化为定期存款（D_t），货币供应量、基础货币和货币乘数都将回升至央行数字货币使用前的水平。如果单位和个人选择

将活期存款（D_d）投资于金融市场，货币供应的变化与第二部分资产配置机制的结果相同。

结合第二部分对中央银行和金融机构的分析，当中央银行、金融机构、单位和个人普遍使用央行数字货币时，央行数字货币将通过结算机制对货币供应产生以下影响。

表 13 - 5　　　　　　　　央行数字货币通过结算机制产生的直接影响

	短期			长期			
	基础货币	货币供应量	货币乘数	长期变化机制	基础货币	货币供应量	货币乘数
超额准备金下降	下降	不变	上升	通过贷款转化为原始存款	不变	上升	上升
结算同业存款下降	不变	下降	下降	通过一级市场转化为企业存款	上升	不变	下降
				通过二级市场转化为其他机构同业存款	不变	不变	不变
活期存款下降	下降	下降	不确定	转化为定期存款	不变	不变	不变
				金融投资 通过一级市场转化为企业存款	不变	不变	不变
				通过二级市场转化为其他机构同业存款	下降	不变	上升

在这一阶段，央行数字货币将同时通过结算机制（见表 13 - 5）和资产配置机制（见第二阶段表 13 - 4）影响货币供应。综合来看，与央行数字货币使用前相比，短期内基础货币和货币供应量都将下降，货币乘数的变化则不确定；长期中货币供应量将上升，基础货币和货币乘数的变化仍不确定。这一阶段货币供应的变化与第二阶段类似。

四、央行数字货币在全社会普遍使用

在前三部分分析的基础上，现假设央行数字货币将取代现金，在社会公众中普遍使用。这相当于社会公众在中央银行负债端开了账户，账户中是社会公众持有的数字现金。由此中央银行获得了两个新的政策工具，一个是中央银行可以直接向社会公众发行数字现金，另一个是中央银行可以对公众持有的数字现金支付利息或者收取利息。中央银行如何使用这两个政策工具将对货币供给产生不同的影响。

一方面，如果中央银行直接向社会公众发放数字现金，由公式（13-1）和公式（13-2）得出，基础货币和货币供应量将增加，货币乘数将减小。

另一方面，如果中央银行对数字现金支付利息或者收取利息，这将会影响社会公众在数字现金（C）和银行活期存款（D_d）之间的选择，从而影响货币供给。从风险角度来看，央行数字现金的违约风险小于银行活期存款[①]；从收益角度来看，假设央行数字现金利息率为p[②]，活期存款利息率为q，则可分为以下几种情况。

当$0 \leqslant p \ll q$时（即p接近或者等于0，并且远小于q）[③]，社会公众在央行数字现金和活期存款间的选择与在纸质现金和活期存款间的选择大致相同。

当$p < 0 \leqslant q$时，央行数字现金实行负利率，其收益和风险都较银行活期存款小，此时社会公众可能将部分数字现金转化为活期存款。由公式（13-3）和公式（13-4）可以看出，短期内在其他条件（D_t，D_i，RR_t，RR_i，ER）不变的情况下，基础货币将下降，货币供应量将不变，货币乘数将上升。在长期中，通过银行货币创造的过程，基础货币将上升至央行数字货币取代纸币现金前的水平，货币供应量和货币乘数都将相应增加（专栏2）。

当$p \ll q < 0$时，央行数字现金和活期存款都实行负利率，社会公众将会同时减少对二者的需求，并增加消费和投资。因此，短期内在其他条件（D_t，D_i，RR_t，RR_i，ER）不变的情况下，基础货币和货币供应量将下降，货币乘数的变化则不确定。在长期中，消费和投资的资金将会通过各种形式又回到银行体系内，基础货币将恢复至央行数字货币取代纸币现金前的水平，货币供应量和货币乘数都将相应增加。

当$p \geqslant q$或$p \approx q$时（即p大于或等于q，或者p与q接近），出于风险和收益的考虑，社会公众会将全部活期存款转化为数字现金[④]。因此，短期内在其他条件（D_t，D_i，RR_t，RR_i，ER）不变的情况下，基础货币将上升，货币供应量将不变，货币乘数将下降。在长期中，基础货币将恢复至央行数字货币取代纸币现金前的水平，货币供应量和货币乘数都将相应减小。

因此在替代纸币现金后，央行数字货币将通过数字现金利率对货币供给产

---

① 目前我国存款保险制度仅对单个账户50万元以下的存款给予保障，而央行数字货币代表国家信用，是完全无违约风险的。

② 这里的利息率不仅包括名义利息（显性收益），还包括各种账户服务等隐形收益。

③ 为了与纸币现金形成对比，在此假设p接近或者等于0，并且远小于q。

④ 在$p \geqslant q$时，社会公众定会首选央行数字现金。在$p \approx q$时，由于央行数字货币的风险比银行活期存款低，社会公众仍会将所有活期存款转化为数字现金。

生以下影响。

表 13 - 6   央行数字货币通过数字现金利率机制产生的影响

	短期			长期		
	基础货币	货币供应量	货币乘数	基础货币	货币供应量	货币乘数
$0 \leqslant p \ll q$	不变	不变	不变	不变	不变	不变
$p < 0 \leqslant q$	下降	不变	上升	不变	上升	上升
$p \ll q < 0$	下降	下降	不确定	不变	上升	上升
$p \geqslant q$ 或 $p \approx q$	上升	不变	下降	不变	下降	下降

总的来看，当央行数字货币取代纸币现金并在全社会普遍使用后，货币供给的变化将是结算机制（见第三阶段表 13 - 5）、资产配置机制（见第二阶段表 13 - 4）以及数字现金利率机制（见表 13 - 6）三者叠加后的综合结果。在 $0 \leqslant p \ll q$、$p < 0 \leqslant q$ 与 $p \ll q < 0$ 的情况下，短期内基础货币和货币供应量将下降，但货币乘数的变化不确定；长期中货币供应量将上升，但基础货币和货币乘数的变化仍然难以确定。在 $p \geqslant q$ 或 $p \approx q$ 的情况下，短期内货币供应量将下降，但基础货币和货币乘数的变化则不确定；长期中，基础货币、货币供应量和货币乘数都将不确定。

在这一阶段中，央行数字现金将与商业银行存款（尤其是活期存款）形成竞争关系。在 $p \geqslant q$ 或 $p \approx q$ 的情况下，社会公众会将部分甚至全部银行活期存款转化为央行数字现金。英格兰银行副行长本·布劳德本特撰文指出，央行数字现金取代银行存款将对经济产生重要影响。一方面，如果大量银行存款账户被关闭，银行将立刻失去稳定的资金来源，从而更多依赖于资金批发市场。而批发市场的资金在经济危机时期是相当不稳定的，由此将导致银行减少对实体经济的信贷支持。

另一方面，由于中央银行和商业银行的资产类型不同，银行存款转化为央行数字现金将改变二者的资产结构。商业银行资产流动性相对较差，如果发生商业银行挤兑，这可能引发金融危机并损害实体经济。中央银行资产中流动性资产多，发生挤兑的可能性小。

因此，在取代现金时，央行数字货币对货币供应甚至经济的影响将取决于中央银行如何设计和使用数字货币。这时央行数字货币就不仅仅是一个关系到货币交易安全性和成本的技术考量，而是一项涉及宏观审慎的金融政策①。

---

① 本·布劳德本特：《中央银行与数字货币》，载《中国金融》，2016（8）。

综合来看，央行数字货币如何影响货币供应取决于数字货币的使用范围。按照使用范围的不同，央行数字货币将通过不同机制影响货币供应（见图 13 -6）。

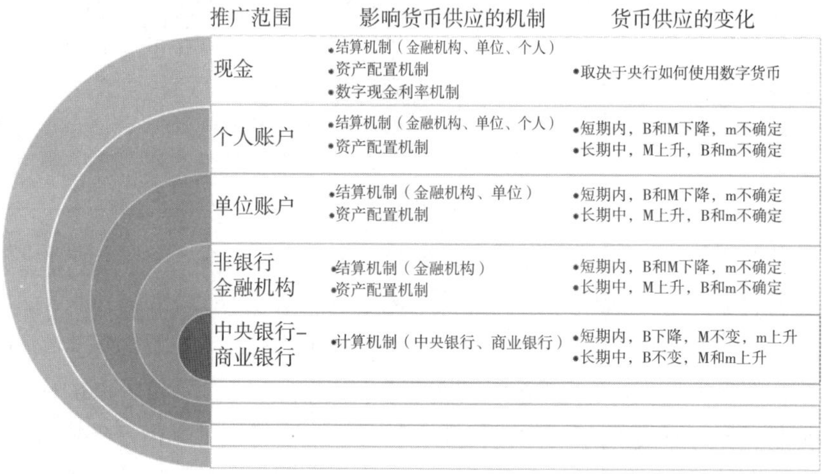

推广范围	影响货币供应的机制	货币供应的变化
现金	•结算机制（金融机构、单位、个人） •资产配置机制 •数字现金利率机制	•取决于央行如何使用数字货币
个人账户	•结算机制（金融机构、单位、个人） •资产配置机制	•短期内，B和M下降，m不确定 •长期中，M上升，B和m不确定
单位账户	•结算机制（金融机构、单位） •资产配置机制	•短期内，B和M下降，m不确定 •长期中，M上升，B和m不确定
非银行金融机构	•结算机制（金融机构） •资产配置机制	•短期内，B和M下降，m不确定 •长期中，M上升，B和m不确定
中央银行-商业银行	•计算机制（中央银行、商业银行）	•短期内，B下降，M不变，m上升 •长期中，B不变，M和m上升

图13 -6　央行数字货币对货币供给的影响

在央行数字货币取代现金之前，央行数字货币为金融机构、单位和个人提供"点对点"支付结算，这不仅可以节约结算资金，还能够加速资金流动，这将通过结算机制和资产配置机制影响货币供给。如果央行数字货币取代现金，中央银行如何设计使用央行数字货币对货币供应、银行信贷以及经济发展都将带来较大影响。

通过了解这些机制，中央银行可以根据其政策目标更明确地确定和规划央行数字货币的推广范围，监测可能发生的风险点，并且密切关注不同经济主体使用央行数字货币对货币供应带来的影响，尤其是文中所分析到的基础货币、货币供应量或者货币乘数不确定的情况。针对可能出现的情况，中央银行可通过数字货币制度设计，提高货币乘数和货币供应量的稳定性。这将有利于货币政策的有效运行和传导，使数字货币更好地支持经济和社会发展。

附录　虚拟货币本质上不是货币①

近年来，诞生于互联网世界的虚拟货币引起了越来越多的关注。虚拟货币以计算机技术和通信技术为手段，以数字化的形式存储在网络或有关电子设备中，并通过网络系统传输实现流通和支付功能。它没有实物形态，不由货币当局发行，使用范围有限。虚拟货币最初只能在互联网上购买虚拟商品，如网络游戏中的装备、服装等。但目前虚拟货币的种类越来越丰富，如 Q 币、百度币、盛大点券等，使用范围也超出了虚拟商品的范畴，可以用来购买一些实物，甚至出现了很多专门提供虚拟货币与法定货币双向兑换的网站，似乎虚拟货币已逐渐成为可以流通的交换单位。其中，2009 年出现的比特币（Bitcoin）发展最为迅速，影响也最为广泛，其使用范围已从互联网渗透到现实世界。

比特币具有无实物形态、数字化存储与支付等虚拟货币特征，同时也具有传统虚拟货币不具备的特点：没有集中发行方、数量有限、完全匿名、交易不可追踪等。2013 年我国的"比特币中国"（BTC China）网站成为全球第一大比特币交易平台。比特币的迅速发展引发了人们对虚拟货币是否是真正意义上的货币的思考。有人认为比特币的出现是对现行货币体系的巨大挑战，甚至有人称其为"未来的黄金"。2013 年 12 月 5 日，中国人民银行等五部委联合发布了《关于防范比特币风险的通知》（以下简称《通知》），指出比特币是一种特定的虚拟商品，不是真正意义上的货币。此后比特币在中国市场的价格迅速下跌，三周时间跌去约 60%，在国际市场上也应声大跌。事实上，从货币本质特征及其发展历史来看，以比特币为代表的虚拟货币本质上不是货币，也难以成为货币。

实际上，比特币所体现的货币非国家化理念早在 20 世纪 70 年代就由英国著名经济学家哈耶克所提出，但实践已经证明，这一理念也只是一种经济乌托

①　本文曾编著在杨凯生、盛松成、万建华等：《互联网金融》，149－161 页，北京，东方出版社，2014。本文为以下两篇文章的合稿：（1）盛松成、张璇：《虚拟货币本质上不是货币——以比特币为例》，载《中国金融》，2014（1）；（2）盛松成、翟春：《货币非国家化理念与比特币的乌托邦》，载《中国金融》，2014（7）。

邦思想而已。

一、货币最基本的职能是商品交换媒介

在众多货币定义理论中，对货币职能的概括主要有两种。一种认为货币是商品交换的媒介，这种观点为绝大多数经济学家所接受。马克思将货币定义为"价值尺度和流通手段的统一"。他还说，"在商品世界起一般等价物的作用就成了它（货币）特有的社会职能，从而成了它的社会独占权。"[①] 根据马克思的货币定义理论，货币就是固定地充当一般等价物的特殊商品，是执行价值尺度、流通手段以及由此发展的支付手段职能的金融资产。另一种观点认为货币是价值或财富贮藏的手段，其代表人物是美国货币学派经济学的主要创始者米尔顿·费里德曼。他将货币定义为"能使购买行为从售卖行为中分离出来的购买力的暂栖所"[②]。

充当商品交换的媒介，是货币的本质属性和最基本的职能，也是货币区别于其他事物的鲜明标志，在信用货币条件下尤其如此。货币价值尺度的职能最终是服务于其流通手段和支付手段职能的。正是在充当商品交换媒介的过程中，货币才发挥着价值尺度的职能；正是为了充当商品交换的媒介，货币才需要发挥价值尺度的职能。虽然货币可作为价值贮藏的手段，但不能反过来说，价值贮藏的手段就是货币，因为除货币外，还有许多东西也能被人们作为价值贮藏的手段。"在很大程度上，因为货币被作为交换媒介，所以它才必然地起价值贮藏的作用"[③]。也就是说，货币的本质是商品交换的媒介，而货币的价值贮藏功能只是其交换媒介功能的自然派生物。

二、货币是一定阶段经济社会发展特点的集中体现，国家信用是现代货币发行的基础

货币是经济社会发展到一定阶段的产物，并随着经济发展和社会组织形态的演变而发展。金属货币时代，金银因具有质地均匀、体积小、价值大、便于分割、易于携带等自然属性而逐渐固定地充当了一般等价物，成为各国普遍接受的货币。金银本身具有内在价值，同时又具有货币属性。然而，黄金储量和产量的有限性与商品生产的无限性之间存在矛盾。随着社会商品价值总量的不

---

① 马克思：《资本论》，中文版，第 1 卷，85 页，北京，人民出版社，2008。
② 费里德曼和施瓦兹：《1867—1960 年的美国货币史》，650 页，1963。
③ 纽纶和布特尔：《货币理论》，2 页，1978。

断增长，黄金储备无法满足货币发行的需要，这是金本位制崩溃的根本原因。

布雷顿森林体系崩溃后，美元与黄金脱钩，货币就完全脱离了金属价值，成为一种观念上的计量单位。货币价值由内在价值决定的金属货币体系发展为货币价值由国家信用支撑的现代信用货币体系。国家根据全社会商品生产和交易的需要发行本位货币，并以法律保证本位币的流通。纸币是各国本位币的实现形式。随着技术的进步，单一介质纸币可能发展为电子货币等多样介质，但货币本质是不变的，即由国家信用支撑的流通手段。本位币是一国范围内被普遍接受的商品交换媒介，也是社会财富的总代表。

从货币发展演变的历史可以看出，国家信用是国家垄断货币发行权的基础。金属铸币流通时期，国家以政府信用确保金属铸币具有准确的重量和十足的成色，避免了不同机构发行的、不同标准的铸币流通给经济活动带来的不便。信用货币时代，信用货币的价值不决定于任何商品的价值，而主要取决于通货发行方的信用。本位币以国家信用为支撑，具有法偿性和强制性，这是本位币履行货币职能的价值基础。

历史上，有些国家政府曾滥用货币发行权，尤其是在两次世界大战期间，一些国家央行直接为财政赤字融资，引发了长期的恶性通胀，国家信用遭受极大损害，理论界掀起了关于央行独立性的讨论。20 世纪 70 年代，经历经济"滞涨"的西方国家再次提出央行独立性的问题。此后，西方国家纷纷以立法形式赋予央行在制定和执行货币政策方面的独立性，以保证央行履行物价稳定的职责。尽管理论界对央行独立性与通货膨胀之间的关系仍有争议，但不可辩驳的是，随着央行独立性的增强，20 世纪 80 年代后美国、德国等发达国家的通胀水平得到了较好控制，这些国家基本杜绝了恶性通胀。各国央行独立性的普遍提高增强了现代货币的信用基础。国家信用仍是现代货币发行的基础。

三、货币政策是国家调节经济的主要手段之一，是国家机器的重要组成部分

货币政策是央行通过对货币供应、银行信贷及市场利率等实施调节和控制来间接影响总需求，以使总需求与总供给趋于均衡的一系列措施。货币供应量的变化对经济的影响十分广泛，与物价、收入、就业、经济增长等宏观经济指标密切相关。正如凯恩斯所说，"货币经济之特征，乃是在此经济体系之中，人们对于未来看法之改变，不仅可以影响就业之方向，还可以改变就业之数

量。"① 可见，现代货币是国家调节经济的重要手段。

相对于同为总量调节手段的财政政策，货币政策的微调功能更加明显。税收、国债及预算收支等财政政策手段在一定时期内一经确定就有相当的刚性，不能轻易变动，而货币政策则相对灵活。经济运行和金融运行常会出现意料不到的变化，而货币当局的基本职责之一就是适时做出恰当的货币政策决策，以应对形势变化。

当代各国中央银行无不充分运用货币政策来调控经济运行。西方主要国家近几十年来的宏观调控实践印证了"货币政策至关重要"，人们对货币政策重要性的认识也不断深入。第二次世界大战后，西方国家纷纷采纳凯恩斯主义的政策建议，运用财政政策刺激有效需求。在战后生产能力大量闲置的情况下，这一政策运用帮助西方国家走出萧条，并保持了 20 余年的经济繁荣。70 年代后，由于石油输出国组织的垄断提价及西方各国经济体系内部矛盾的积累，各国普遍出现了高通货膨胀和经济增长相对停滞的并发症。在这种情况下，一些国家政府相继采纳货币学派的政策主张，开始重视货币政策，把货币政策作为宏观经济调控的主要工具。货币政策为保持物价稳定和促进经济增长发挥了积极作用。为应对最近一次国际金融危机，美国实行量化宽松的货币政策，取得了明显成效。这是货币政策有效性的经典事例，也是运用货币政策调节经济、化解危机的最新实践。

可以说，货币政策是国家调节经济的最重要手段之一。货币政策与税务、警察、法院等国家机器一样，是现代国家运行的基础，是国家机器的重要组成部分。只要国家这一社会组织形态不发生根本性变化，以国家信用为基础的货币体系就将始终存在。

四、比特币不是真正意义上的货币

（一）缺乏国家信用支撑，难以作为本位币履行商品交换媒介职能

首先，比特币不具备作为货币的价值基础。比特币是利用复杂算法产生的一串代码。它不同于黄金，本身不具有自然属性的价值，这是所有虚拟货币最大的特点，即"虚拟性"。比特币能否具有价值，能否成为交换媒介，完全取决于人们的信任度。现代信用货币（纸币）代表的是国家信用，实际上代表全社会商品生产和交易。即使出现通货膨胀，只要不是不可控的恶性通胀，

---

① 凯恩斯：《就业、利息和货币通论》，2 页，1936。

最多是该国货币的信用受到侵蚀，但仍具备基本的信用保证。只要国家机器正常运转，国家法律的强制力就能赋予公众对本位货币的信任。而比特币不仅自身没有价值，也没有国家信用支撑，没有全社会商品生产和交易作为保证，因而不具有货币的价值基础。如果一国宣布比特币非合法货币，比特币在该国范围内就无法流通，也无法承担交换媒介职能，甚至可能一文不值，连价值贮藏功能都难以发挥。央行等五部委发布《通知》后，比特币价格大跌，许多商家相继宣布不接受比特币支付，就是有力的证明。

其次，比特币没有法偿性和强制性，流通范围有限且不稳定。无论是比特币还是其他虚拟货币，都可能在一定范围内换取商品或完成支付，但能换取商品的并非都是货币，如我国历史上的粮票、布票等都曾经在较长时期、在很大范围内公开或半公开地能换取日用品，但从来没有人把粮票、布票定义为货币。货币成为商品交换媒介的基本条件是其普遍接受性。由于缺乏国家强制力的支撑，是否接受比特币支付完全取决于人们的意愿。一开始，比特币主要在互联网上使用，可用来购买网游中的各种装备或电子商务网站的商品，后来一些实体商家开始接受比特币支付。然而，随着比特币价格的急剧波动，今天还对比特币大加追捧的商家很可能一夜之间就宣布不接受比特币了。可见，由于没有国家强制力支撑，比特币的流通范围是有限的也是不稳定的，难以真正发挥流通支付手段的作用。

再次，比特币具有很强的可替代性，很难固定地充当一般等价物。金属货币时代，金银作为货币的独特性是由其自然属性决定的，经过了数千年时间的检验，"货币天然是金银"；信用货币时代，一国本位币的独特性是国家法定的。从技术上来说，所有虚拟货币的产生方式、交易模式、储存方式等都不具备独特性，比特币也是如此。任何有自己的开采算法、遵循 P2P 协议、限量、无中心管制的数字"货币"都有可能取代比特币，例如逐渐为人们所熟知的莱特币（Litecoin）。可见，比特币既没有独特的自然属性，也没有法律赋予的排他性、独特性，因此很容易被替代，难以固定地充当一般等价物而成为商品交换的媒介。

（二）数量规模设定了上限，难以适应现代经济发展需要

比特币的产生过程完全基于技术而非经济学原理，其上限数量和达到上限的时间已被技术上固定，即在 2140 年达到 2100 万数量上限。数量的有限性是很多人认为比特币优于其他虚拟货币，甚至可以媲美黄金的重要原因。但正是由于数量有限，比特币难以成为与现代经济发展需要相适应的交换媒介。

首先，比特币有限的数量与不断扩大的社会生产和商品流通之间存在矛盾，若成为本位币，必然导致通货紧缩，抑制经济发展。货币供给应当与经济发展相适应。信用货币体系下，货币当局发行主权信用货币，并通过货币政策予以调节，使货币供应量符合社会商品生产和交易的需要，从而促进经济增长。而比特币的总量和供给速度由算法决定，与市场需求和经济发展无关。如果比特币成为一国本位币，它虽然从理论上消除了现行信用货币体系中货币供给可能过多的问题，避免了通货膨胀，但相对匮乏的总量必然无法适应不断扩大的社会生产和商品流通需求，从而导致通货紧缩，给经济发展带来更大危害。这也是金本位制崩溃的根本原因。

其次，数量的有限性使比特币作为流通手段和支付手段的功能大打折扣，更容易成为投机对象而不是交换媒介。正因为限定了数量上限，人们意识到囤积起来的比特币可能升值，持有比特币的人更愿意把它收藏起来而不是用于购买其他商品，结果必然导致比特币最终退出流通、失去货币的交换媒介功能而成为投机对象。现在虽然一些商家愿意接受比特币，但实际将比特币用于支付和购买商品的人很少。例如，上海某楼盘预售时打出接受比特币支付的旗号，却没有任何买家愿意用比特币支付房款。商家也并非认可比特币的交换媒介功能，而是想换回比特币等待升值，或利用比特币来做广告。比特币更多的是被投资者用来交易，以赚取买卖差价。这直接背离了货币作为商品交换媒介的本质。

（三）缺少中央调节机制，与现代信用货币体系不相适应

没有集中发行和调节机构即所谓的"去中心化"是比特币的又一个特征，也被认为是比特币优于其他虚拟货币的一个重要原因。然而以货币当局为核心的中央调节机制正是现代信用货币体系正常运行的基本保证。

首先，比特币没有集中发行方，容易被过度炒作，导致价格波动过大。价值相对稳定是一种货币充当价值尺度和流通手段的前提条件。现代信用货币受国家货币当局的调控，自身价值不会剧烈波动，因而不可能被恶性炒作。而比特币则缺少本位币的这种中央调节机制，币值波动难以熨平；币值的剧烈波动又提供了巨大套利空间，进一步推动过度炒作，形成恶性循环。历史上没有任何一种货币价值的波动像比特币那样剧烈。三年内，比特币增值近 5 000 倍。2013 年我国市场上一枚比特币价格最高时超过 7 000 元，随后又暴跌到 2 000 多元。比特币价格的剧烈波动使它无法成为计价货币和流通手段。大多数接受比特币支付的商品，其标价货币实际上仍然是国家的本位币（美元、人民币

等），比特币需要换算成本位币才能支付。如果以比特币计价，难以想象一件商品今天还是 100 比特币，明天就变成 200 比特币了。

其次，比特币不受货币当局控制，难以发挥经济调节手段的作用。比特币突出特点之一就是没有中央调节机制，它的发行、流通和管理不属于任何一个国家、组织或个人，任何人都没有权利改变比特币的供给量，甚至也没有中间机构记录比特币的交易信息。因此，货币当局不可能通过改变比特币的供应来调节宏观经济。

虚拟货币打上了现代科技的烙印，的确在一定程度上反映了互联网时代对货币支付功能的要求，包括便利、快捷、低成本等。但人们只是看到虚拟货币与本位货币个别表象上的类似，而误以为前者是后者的扬弃，甚至断言前者将取代后者。事实上，便利、快捷、低成本不是虚拟货币的特权。信用卡、网银等实际货币的电子载体都能满足这些要求，并且这些电子化的本位货币得到银行体系支持，更加便利和安全。科技发展能推动人类社会的进步，甚至在一定条件下改变人类社会形态，但任何技术都无法取代人类社会的本质属性，就像计算机无法取代人类的思维一样。最近几十年是计算机技术大发展的年代，但也是人类思想家涌现的时代吗？最近几十年是数理技术在经济学中得到广泛应用的年代，但为什么人们还在哀叹当代经济理论贫乏，也缺少对实践的指导意义？

五、哈耶克的货币非国家化理念并不可行

比特币的去中心化等特征在某种程度上体现了货币非国家化的思想。货币非国家化观点最早由英国经济学家哈耶克在 20 世纪 70 年代所提出。

20 世纪 50 年代到 70 年代，金本位制及发达国家固定汇率制度相继被废除，央行在货币发行方面获得更多主动，但由于央行并不独立，货币发行易受政府干预，一些国家央行直接为财政赤字融资，西方各国普遍爆发严重通货膨胀。为控制通胀，理论界展开了广泛的讨论，提出了多种思想主张：一是弗里德曼为代表的货币学派经济学家强调控制货币数量。受此观点影响，各国推行了一系列改革，包括加强央行独立性、引入货币政策规则、建立通货膨胀目标制等。二是哈耶克提出了货币非国家化的理念，其核心论点是只有废除各国政府对货币创造的垄断才能实现价格水平稳定。哈耶克的主要政策建议是，允许若干私人发钞行各自发行不同通货并展开竞争。各发钞行以选定的一篮子商品的价格稳定为目标调控各自通货的供应量。篮子商品的价格与通货的价值成反比，各通货之间的兑换比率随币值变化随时变化。哈耶克认为，在允许公众自

由选择的条件下，公众会选择持有或使用币值稳定的通货，而抛弃币值不稳定的通货。因而对发钞业务的竞争促使各发钞行不断调整自己的通货供应量，以使该通货币值稳定，由此实现物价水平的稳定。

然而，哈耶克所设想的非国家货币体系存在诸多缺陷，不具备可操作性，他的货币非国家化理念也难以成为现实。哈耶克本人也承认，"这种方案也留下很多有待解决的难题，而我并没有现成的答案。"①

（一）私人货币缺乏稳固的信用基础

一是非主权信用难以超越国家信用，以私人发钞行信用为基础的私人货币难以取代以国家信用为基础的国家货币。信用货币时代，通货的价值以货币发行者的信用为基础。国家主权信用一般高于国内任一机构的信用，国际三大评级机构也遵循企业评级通常低于所在国主权信用评级的原则。历史上，金融机构破产倒闭的概率远大于一国中央政府破产的概率。20 世纪 90 年代巴林银行破产，2008 年来的国际金融危机中 AIG、贝尔斯登、雷曼兄弟等大型金融机构的破产倒闭表明，大型金融机构也并不是"大而不能倒"。所以，以私人发钞行信用为基础的私人货币，难以取代以国家信用为基础、具有法偿性和强制性的国家货币。

二是由于信息不对称，私人发钞行的信用缺乏有效约束。哈耶克认为，人们会通过理性思考从若干彼此竞争的私人发钞行的通货中挑选币值稳定的货币，市场的优胜劣汰机制会自发约束发钞行的货币发行业务。然而，信息经济学的发展早已打破了自由市场在完全信息情况下的假设。信息不对称现象在市场经济活动中普遍存在，在现代金融领域表现更为普遍和突出。面对大量错综复杂的金融信息，公众很难甄别更好的发钞行，市场优胜劣汰机制难以发挥作用，发钞行的信用也缺乏有效约束。在信息不对称的情况下，为扩大自己的市场，受利润激励的发钞行可能会有意识地多投放货币而不易被公众察觉。由于缺乏有效约束，私人货币的信用基础并不稳固，因而私人货币体系不仅不能消除通胀隐患，而且私人货币不具备法偿性，公众的持币权益也得不到保障。

（二）同一经济体系中，不可能存在价值标准和兑换比例不相统一的多种货币同时流通的货币体系

一是货币价值标准不统一。哈耶克建议以一篮子商品价格作为货币价值标

---

① 弗里德里希·冯·哈耶克著、姚中秋译：《货币的非国家化》，100 页，北京，新星出版社，2007。

准。然而在现实生活中，人们乐意或偏好选择的篮子商品不尽相同，同一商品对不同人群的重要性也不一样，因此不同人群会以不同的标准衡量同一通货的价值，于是人们货币选择的结果也会不同。货币价值标准的不统一及由此带来的货币兑换比例的不统一，会引起价格体系的紊乱和经济体系的混乱。

二是多种通货同时流通，兑换比例随币值变化而随时变化将造成计价的不确定性，给经济活动带来不便和损失。在正常的、广泛的经济活动中，不同通货同时流通、兑换比率随时变化的设想并不现实。充当商品交换的媒介，是货币的本质属性和最基本职能。便利、快捷、低成本，是对货币充当商品交换媒介的基本要求，在信用货币条件下尤其如此。在多种货币同时流通且兑换比率随时可能波动的情况下，价值尺度的不统一将造成计价体系的紊乱，给经济交易、会计记账、经济计算等各种经济活动带来极大的不便和不确定性。这不仅会增加经济活动的成本，而且还可能造成经常性的兑换损失，使经济体系失去稳定和效率。

（三）私人货币的调节机制存在缺陷，难以保持物价稳定

一是由于存在非发钞行的信用创造，发钞行难以控制整个货币供应量。显然，并非所有银行都能够发行自己的通货。在哈耶克的设想中，除发钞行外还存在大量不能发行自己通货的银行。这些非发钞行只能接受以发钞行通货表现的存款和授信。非发钞行的业务活动同样创造信用，却不受维持通货币值稳定的约束。发钞行也难以控制非发钞行的经营活动，因而仅凭发钞行不能有效控制整个货币供应量。

二是发钞行难以应对大规模回赎和货币需求急剧增加。哈耶克设想，发钞行通过扩张或收缩自身的资产方业务实现货币供应量调节。正常情况下，发钞行的业务调整或许能满足货币供应量调节的需要，但一旦出现大规模回赎和货币需求急剧增加，发钞行将难以应对。如出现通货膨胀时，发钞行为维持本通货价值稳定，将不得不迅速撤出它的大量投资以回购自己发行的货币，或收缩其放贷活动。短期内，信贷尤其是中长期信贷规模难以快速收缩，发钞行只能主要依靠资产变现减少货币供给。如果多家发钞行都这么做，大量资产将难以迅速变现，金融市场也将剧烈波动。反之，当出现通货紧缩时，公众对该货币的需求可能急剧增加。为增加货币发行，发钞行需要迅速进行大量投资或增加放贷规模，这可能超出发钞行的业务调整能力，在短期内难以实现货币增发的目标。

三是仅调节货币供应量无法实现物价稳定。在哈耶克的设想中，一篮子商

品价格的稳定是货币供应量调节的目标，货币供应量需要对篮子商品价格的任何变动立即作出反应。而事实上，货币供应量对不同商品价格的调节效果并不相同，如果商品篮子中包含其价格较少受货币供应量影响的商品，或者篮子商品价格的波动由偶然性因素引起，仅凭私人发钞行的货币供应调节就无法实现物价稳定。

综上所述，货币与经济运行和经济发展密不可分。现代信用货币体系是经济社会发展到一定阶段的必然产物。只要现代经济社会组织形态不发生根本性变化，以国家信用为基础的货币体系就将存在，比特币以及其他虚拟货币就成不了一国的本位币，从而也成不了真正意义上的货币。比特币所体现的货币非国家化理念也不过是一种经济乌托邦思想而已。

货币非国家化的理念及其货币制度设计在理论上存在诸多缺陷，实践中也不具备可操作性。这一理念在沉寂四十多年后，由于比特币的出现再次引起人们的关注，这在某种意义上反映了人们对信用货币条件下通货膨胀的忧虑，对国际货币"锚"的渴求。尽管货币非国家化理念在现实经济运行中并不可行，但它警示人们，国家宏观调控必须符合经济规律，必须符合市场经济运行的要求。各国央行应该加强流动性管理，合理调控货币供应，保持物价基本稳定；要改革完善国际货币体系，增强国际货币体系的稳定性，消除引发全球金融危机的根源。